Juridicum – Bochumer Schriften zur Friedenssicherung und zum Humanitären Völkerrecht I Bochum Studies on the International Law of Peace and Armed Conflict

Band 69

Reihe herausgegeben von

Pierre Thielbörger, Inst. Friedensicherung Humanit. Völkerr.
Ruhr-Universität Bochum, Bochum, Deutschland

Hans-Joachim Heintze, Inst. Friedensicherung Humanit. Völkerr.
Ruhr-Universität Bochum, Bochum, Deutschland

In der Schriftenreihe des Bochumer Instituts für Friedensicherungsrecht und Humanitäres Völkerrecht werden regelmäßig Publikationen veröffentlicht, die sich mit aktuellen Fragen von Friedenssicherung und humanitärem Völkerrecht beschäftigen. Die Reihe erscheint seit 1988 unter dem Titel **Bochumer Schriften zur Friedenssicherung und zum Humanitären Völkerrecht**. Sie wurde 2017 nach einer Unterbrechung von zehn Jahren zunächst neu aufgelegt und wird seit 2025 bei Springer weitergeführt.

Die Bände behandeln vielfältige Themen der Friedens- und Konfliktforschung, etwa das Gewaltverbot und Selbstverteidigung, kollektive Sicherheit und das Recht der Vereinten Nationen, Friedenseinsätze, sowie die Menschenrechte, das Völkerstrafrecht, das Umweltrecht und – in all seinen Facetten – das humanitäre Völkerrecht und die humanitäre Hilfe.

This book series regularly publishes monographs and edited collections on current issues concerning the maintenance of international peace and security as well as international humanitarian law. The series has been published since 1988 under the title **Bochumer Schriften zur Friedenssicherung und zum Humanitären Völkerrecht**. It was reissued in 2017 after an interruption of ten years and has been continued by Springer since 2025.

The volumes cover a wide range of topics in peace and conflict studies, such as the use of force and self-defense, collective security and the law of the United Nations, peace missions, as well as human rights, international criminal law, environmental law and – in all its aspects – international humanitarian law as well as humanitarian action.

Theresa Ackermann

Terrorismusbekämpfung in der föderalen Sicherheitsarchitektur

Defizite und Reformoptionen

Springer

Theresa Ackermann
Berlin, Deutschland

Juridicum – Bochumer Schriften zur Friedenssicherung und zum Humanitären Völkerrecht I Bochum Studies on the International Law of Peace and Armed Conflict
ISBN 978-3-662-72232-9 ISBN 978-3-662-72233-6 (eBook)
https://doi.org/10.1007/978-3-662-72233-6

Die Deutsche Nationalbibliothek verzeichnet diese Publikation in der Deutschen Nationalbibliografie; detaillierte bibliografische Daten sind im Internet über https://portal.dnb.de abrufbar.

Springer ist ein Imprint der eingetragenen Gesellschaft Springer-Verlag GmbH, DE und ist ein Teil von Springer Nature.
Die Anschrift der Gesellschaft ist: Heidelberger Platz 3, 14197 Berlin, Germany

Danksagung

Diese Arbeit wäre ohne die Unterstützung vieler lieber Menschen nicht möglich gewesen.

Ich danke Lippold von Bredow für die Möglichkeit, als Mitarbeiterin der Bundestagsverwaltung im Untersuchungsausschuss zum Anschlag auf dem Breitscheidplatz so spannende Einblicke erhalten haben zu dürfen und dafür, mir gleichzeitig die notwendige Flexibilität eingeräumt zu haben, die die Verfolgung eines Promotionsprojektes benötigt.

Meinem Doktorvater Prof. Dr. Pierre Thielbörger danke ich für seine konstruktive Begleitung dieser Arbeit und Prof. Dr. Tobias Singelnstein für sein Zweitgutachten. Den lieben Professoren Dr. Hans-Joachim Heintze und Dr. Markus Kaltenborn danke ich für die akademische Unterstützung.

Ein besonderer Dank gilt der Studienstiftung des deutschen Volkes für die Förderung des Projektes.

Auch ohne den regelmäßigen fachlichen und emotionalen Austausch mit meiner „Diss-Selbsthilfegruppe", insbesondere während der Corona-Pandemie, wäre der Verlauf dieses Projektes zweifelhaft gewesen. Für eure Unterstützung, Benedikt Behlert, Maximilian Bertamini und Cäcilia Hermes bin ich zutiefst dankbar.

Laura Hofmann danke ich nicht nur für ihre großartige Unterstützung, sondern auch für ihre inspirierende Art und vor allem für die tiefe Freundschaft.

Auch meinen lieben Freundinnen und Freunden, Dr. Sarah Wilcken, Karsten Meyer zu Selhausen, Annika Johnson und Lucas Bieker, gebührt ein liebstes Dankeschön für die emotionale Begleitung nicht nur während dieses Promotionsprojektes, sondern bei eigentlich allem.

Meinen Großeltern danke ich für ihre endlose Zuneigung und meinen Großvater besonders dafür, dass er mich die Begeisterung für die Juristerei gelehrt hat.

Meinen Eltern danke ich für ihre so vielseitige Unterstützung bei all meinen Bestrebungen, vor allem aber für das Wissen, dass ich immer auf ihren Rückhalt zählen kann. Ein besonderer Dank geht auch an meine größte Cheerleaderin, meiner Schwester Leonie.

Nicht in Worte zu fassen ist der Dank für meinen Partner, meinen Formatierungshelden, meinen Therapeuten, meinen Lektor, meinen schärfsten Kritiker und größten Fan – meinen Mann, Dr. Tobias Ackermann. Ich kann mir kein besseres Team vorstellen als uns beide, für unsere Promotionsprojekte und für das Leben. Danke für alles.

Inhaltsverzeichnis

Abkürzungsverzeichnis

a. A.	andere(r) Ansicht
a. D.	außer Dienst
a. E.	am Ende
a. F.	alte Fassung
ABl.	Amtsblatt der Europäischen Union
Abs.	Absatz/Absätze
AfD	Alternative für Deutschland
AGH	Abgeordnetenhaus (Berlin)
Amri-Untersuchungsausschuss	1. Untersuchungsausschuss des Deutschen Bundestages der 19. Wahlperiode zum Terroranschlag auf dem Breitscheidplatz in Berlin vom 19.12.2016
Art.	Artikel
ATD	Antiterrordatei
ATDG	Gesetz zur Errichtung einer standardisierten zentralen Antiterrordatei von Polizeibehörden und Nachrichtendiensten von Bund und Ländern vom 22.12.2006 (Antiterrordateigesetz), BGBl. I S. 3409
Aufl.	Auflage
Az.	Aktenzeichen
BAO	Besondere Aufbauorganisation
Bd.	Band
BfV	Bundesamt für Verfassungsschutz
BGBl.	Bundesgesetzblatt
BGH	Bundesgerichtshof

BKA	Bundeskriminalamt
BKAG	Gesetz über das Bundeskriminalamt und die Zusammenarbeit des Bundes und der Länder in kriminalpolizeilichen Angelegenheiten vom 01.06.2017 (Bundeskriminalamtgesetz), BGBl. I S. 1354
BMI	Bundesministerium des Innern (und für Heimat)
BMVg	Bundesministerium der Verteidigung
BND	Bundesnachrichtendienst
BNDG	Gesetz über den Bundesnachrichtendienst vom 20.12.1990 (BND-Gesetz), BGBl. I S. 2954, 2979
BT	Deutscher Bundestag
BtM	Betäubungsmittel
BtMG	Gesetz über den Verkehr mit Betäubungsmitteln vom 01.03.1994 (Betäubungsmittelgesetz), BGBl. I S. 358
BVerfG	Bundesverfassungsgericht
BVerfGE	Entscheidungen des Bundesverfassungsgerichts (amtliche Sammlung)
BVerfSchG	Gesetz über die Zusammenarbeit des Bundes und der Länder in Angelegenheiten des Verfassungsschutzes und über das Bundesamt für Verfassungsschutz vom 20.12.1990 (Bundesverfassungsschutzgesetz), BGBl. I S. 2954, 2970
BVerwG	Bundesverwaltungsgericht
CDU	Christlich Demokratische Union Deutschlands
CSU	Christlich-Soziale Union in Bayern e. V.
DDR	Deutsche Demokratische Republik
DGST	Direction Générale de la Surveillance du Térritoire (Marokko)
Drs.	Drucksache
EG	Ermittlungsgruppe
EGMR	Europäischer Gerichtshof für Menschenrechte

EK	Ermittlungskommission
EMRK	Europäische Menschenrechtskonvention vom 22.10.2010, BGBl. II S. 1198
EU	Europäische Union
EuGH	Europäischer Gerichtshof
EUV	Vertrag über die Europäische Union vom 13.12.2007, ABl. C 306/1
f./ff.	folgende (Seite(n), Randnummer(n) etc.)
FDP	Freie Demokratische Partei
Fn.	Fußnote
Föderalismusreform I	Gesetz zur Änderung des Grundgesetzes vom 28.08.2006, BGBl. I S. 2034
G10	Gesetz zur Beschränkung des Brief-, Post- und Fernmeldegeheimnisses vom 26.06.2001 (Artikel-10-Gesetz), BGBl. I S. 1254
GAD	Gesetz über den Auswärtigen Dienst vom 30.08.1990, BGBl. I S. 1842
GBA	Generalbundesanwalt
GenStA	Generalstaatsanwaltschaft
GETZ	Gemeinsame Extremismus- und Terrorismusabwehrzentrum
GG	Grundgesetz für die Bundesrepublik Deutschland vom 23.05.1949, BGBl. S. 1
GIZ	Gemeinsames Internetzentrum
GRC	Charta der Grundrechte der Europäischen Union vom 12.12.2007, ABl. C 303/1
GTAZ	Gemeinsames Terrorismusabwehrzentrum
GV./GVBl.	Gesetz- und Verordnungsblatt
GVG	Gerichtsverfassungsgesetz vom 09.05.1975, BGBl. I S. 1077
GVOBl.	Gesetz- und Verordnungsblätter
Hrsg.	Herausgeber:in(en)
i. V. m.	in Verbindung mit
IS	„Islamischer Staat“
IT	Informationstechnik
KD	Kriminaldirektion
KSK	Kommando Spezialkräfte
LfV	Landesamt für Verfassungsschutz
LKA	Landeskriminalamt

LT	Landtag
m. w. N.	mit weiteren Nachweisen
MAD	Militärischer Abschirmdienst
MADG	Gesetz über den Militärischen Abschirmdienst vom 20.12.1990 (MAD-Gesetz), BGBl. I S. 2954
MdB	Mitglied des Deutschen Bundestages
n. F.	neue Fassung
NPD	Nationaldemokratische Partei Deutschland
Nr.	Nummer(n)
NRW	Nordrhein-Westfalen
NSA	National Security Agency (USA)
NSU	„Nationalsozialistischer Untergrund“
NSU-Untersuchungsausschuss I	2. Untersuchungsausschuss des Deutschen Bundestages der 17. Wahlperiode zur Aufarbeitung der Geschehnisse um den sog. NSU
NSU-Untersuchungsausschuss II	3. Untersuchungsausschuss des Deutschen Bundestages der 18. Wahlperiode zur Aufarbeitung der Geschehnisse um den sog. NSU
OLG	Oberlandesgericht
PKGr	Parlamentarisches Kontrollgremium
PKGrG	Gesetz über die parlamentarische Kontrolle nachrichtendienstlicher Tätigkeit des Bundes vom 29.07.2009 (Kontrollgremiumgesetz), BGBl. I S. 2346
RED	Rechtsextremismusdatei
RED-G	Gesetz zur Errichtung einer standardisierten zentralen Datei von Polizeibehörden und Nachrichtendiensten von Bund und Ländern zur Bekämpfung des gewaltbezogenen Rechtsextremismus vom 20.08.2012 (Rechtsextremismus-Datei-Gesetz), BGBl. I S. 1798
RiStBV	Richtlinien für das Strafverfahren und das Bußgeldverfahren
Rn.	Randnummer
S.	Seite(n)/Satz (Sätze)

SPD	Sozialdemokratische Partei Deutschland
StA	Staatsanwaltschaft
StGB	Strafgesetzbuch vom 13.11.1998, BGBl. I S. 3322
StPO	Strafprozessordnung vom 07.04.1987, BGBl. I S. 1074
ThürVerfSchG	Thüringer Gesetz zum Schutz der freiheitlichen demokratischen Grundordnung und zur Vorbeugung vor Gefahren für die freiheitliche demokratische Grundordnung vom 08.08.2014 (Thüringer Verfassungsschutzgesetz), GVBl. S. 529
ThürVSG	Thüringer Verfassungsschutzgesetz vom 29.10.1991, GVBl. S. 527
TKÜ	Telekommunikationsüberwachung
TLfV	Thüringer Landesamt für Verfassungsschutz
TLKA	Landeskriminalamt Thüringen
UN	United Nations (Vereinte Nationen)
USA	United States of America
VG	Verwaltungsgericht
vgl.	vergleiche
z. B.	zum Beispiel
zit.	zitiert
ZOB	Zentraler Omnibusbahnhof

Einführung: Neue Herausforderungen für die Terrorismusbekämpfung 1

Terroristische Bestrebungen, unabhängig aus welchen Motiven, stellen weltweit Gefährdungen für Sicherheit und Freiheit dar. Dabei sind Sicherheit und Freiheit, wie *Anter* schreibt „keine selbstverständlichen Produkte einer politischen Ordnung. Es bedarf vielmehr erheblicher und dauerhafter Anstrengungen, um sie garantieren zu können".[1] Auch in Deutschland und der EU stellen terroristische Gefahren eine anhaltende und ernstzunehmende Bedrohung dar, wie zuletzt etwa der von Europol herausgegebene „Terrorism Situation and Trend Report 2023" betont hat.[2] Die Entwicklung des Terrorismus und seiner Bekämpfung im Westen[3] sind dabei besonders bemerkenswert, da sie sich – anders als in den meisten anderen Regionen der Welt – außerhalb des Kontextes bewaffneter Konflikte abspielen.[4] Die größten terroristischen Bedrohungen für den Westen ergeben sich dabei aktuell durch rechtsterroristische Bestrebungen, wobei die höchsten Todeszahlen bislang dem fundamentalistischen (islamistischen) Terrorismus zuzurechnen sind.[5] Wie der Verfassungsschutzbericht 2023 zeigt, lässt sich eine immer stärkere Radikalisierung

[1] Anter 2012, S. 136.

[2] Europol 2023, S. 6.

[3] Damit gemeint ist insoweit Westeuropa, Nordamerika und Australien sowie Neuseeland, siehe Institute for Economics & Peace 2023, S. 35.

[4] 98 % aller durch Terrorismus verursachten Todesfälle außerhalb des Westens betrafen Staaten, die Partei in einem bewaffneten Konflikt waren, vgl. Institute for Economics & Peace 2023, S. 35.

[5] Institute for Economics & Peace 2023, S. 38.

T. Ackermann, *Terrorismusbekämpfung in der föderalen Sicherheitsarchitektur*, Juridicum – Bochumer Schriften zur Friedenssicherung und zum Humanitären Völkerrecht I Bochum Studies on the International Law of Peace and Armed Conflict 69,
https://doi.org/10.1007/978-3-662-72233-6_1

der Akteure feststellen: So bildete die Anzahl extremistischer Straftaten im Jahr 2023 mit 39.433 einen traurigen Höchststand.[6] Politik und Gesellschaft müssen diesen Entwicklungen entgegenwirken. Es ist dabei von immenser Bedeutung, dass Debatten über die Terrorismusprävention sachlich und basierend auf wissenschaftlichen Erkenntnissen geführt werden, damit sie nicht zu sozialen Spaltungen führen und damit den Boden für weitere Radikalisierungen nähren.

Die vorliegende Untersuchung liefert Erkenntnisse für diesen wissenschaftlich fundierten Diskurs, indem sie zeigt, dass und wie die staatliche Sicherheitsgewährleistung in Anbetracht terroristischer Bedrohungen durch strukturelle Reformen der Sicherheitsarchitektur optimiert werden kann. Sie liefert dabei einen Beitrag zur der in Anbetracht der modernen Erscheinungsformen des Terrorismus (dazu unter Abschn. 1.1) notwendigen Evaluierung der traditionell gewachsenen Strukturen des Sicherheitsrechts (dazu unter Abschn. 1.2), die (auch) auf Grundlage einer verfassungsrechtlichen Untersuchung vorgenommen werden muss (dazu unter Abschn. 1.3).

Ziel der Untersuchung ist es, Möglichkeiten herauszuarbeiten, die Strukturen der Terrorismusbekämpfung an die Herausforderungen des globalisierten und digitalisierten Terrorismus anzupassen. Bevor die Untersuchung mit der wissenschaftlichen Analyse beginnt, definiert dieser Abschnitt zunächst ihren konkreten Umfang. Dies soll den Leser:innen den Zugang zu der Untersuchung erleichtern. Dabei werden zunächst der Untersuchungsgegenstand (unter Abschn. 1.4) und die konkrete Forschungsfrage (unter Abschn. 1.5) dargelegt. Anschließend wird die Methodik erläutert, mit der diese Untersuchung eine Antwort auf die gestellte Forschungsfrage sucht (unter Abschn. 1.6). Zwecks Transparenz werden in einem letzten Schritt Herausforderungen bei der Untersuchung dargestellt (unter Abschn. 1.7), damit die Leser:innen die Relevanz der herausgearbeiteten Ergebnisse entsprechend einordnen können.

1.1 Der „moderne" Terrorismus

Terrorismus ist ein globales und dynamisches Problem. Seine Erscheinungsformen haben sich in den letzten Jahren in vielfacher Hinsicht gewandelt.[7] So stellte der ehemalige Präsident des Bundesamtes für Verfassungsschutz *Fromm* noch 2008

---

[6] Bundesministerium des Innern und für Heimat, Verfassungsschutzbericht 2023, S. 27.

[7] Vgl. Jenkins 2006, S. 182–184; Desker und Acharya 2006, S. 159–161; Weinberg 2021, S. 355. Kritisch zu dem Begriff des „modernen“ Terrorismus Spencer 2006a, der diese Entwicklungen und Veränderungen jedoch nicht negiert (siehe S. 24), sondern lediglich als Fortsetzung bisheriger Formen des Terrorismus ansieht (S. 25 f.).

fest, dass es sich bei dem modernen internationalen Terrorismus um ein relativ neues Phänomen mit neuartigen Strukturen und Methoden handelt.[8]

Zu diesen neuen Strukturen zählt erstens, dass Terrorist:innen immer häufiger „homegrown" sind. Gemeint sind damit Personen, die sich in ihrem Heimatland radikalisiert haben.[9] Dies ist nicht so sehr im Bereich des Rechtsterrorismus, aber im Bereich des islamistischen Terrorismus als Veränderung einzustufen.

Zweitens agieren Terrorist:innen inzwischen regelmäßig als vermeintliche Einzeltäter:innen (sog. „Lone Wolf"-Phänomen).[10] Der Begriff der Einzeltäter:innen ist hier jedoch mit Vorsicht zu genießen, da sie terroristische Akte vor Ort zwar alleine oder in kleinen Gruppen verüben, aber auf Grundlage einer bestimmten, global vertretenen Ideologie handeln.[11] Das weltweite Verbreiten einer gemeinsamen Ideologie und das Gewinnen von Anhänger:innen gestaltet sich für extremistische Gruppierungen aufgrund des technologischen Wandels immer einfacher.[12] Nicht selten radikalisieren sich Personen durch den Austausch im Internet.[13] Einmal radikalisiert, nutzen Terrorist:innen ebenfalls das Internet, insbesondere die sozialen Netzwerke, um sich über Staatsgrenzen hinweg zu vernetzen und in Echtzeit zu kommunizieren.[14] Beispiele dafür sind neben *Anis Amri*, der den islamistisch motivierten Anschlag auf den Weihnachtsmarkt auf dem Berliner Breitscheidplatz 2016 verübte, auch die rechtsterroristischen Attentäter von Hanau im Jahr 2019 und Halle im Jahr 2020 sowie z. B. von Christchurch (Neuseeland), ebenfalls im Jahr 2019.[15] All diesen Tätern ist gemein, dass sie nicht analog, sondern digital vernetzt waren und „Inspiration", Bestätigung und Unterstützung im Internet erfahren haben.[16] Die Digitalisierung spielt somit im Radikalisierungsprozess eine bedeutsame Rolle und wirft neue rechtliche und faktische Probleme in der Terrorprävention auf.[17]

[8] Fromm 2008, S. 51.

[9] Bäcker et al. 2016, S. 6; Engelke 2008, S. 32; Barczak 2023, Rn. 1.

[10] Bouhana et al. 2019, S. 112–124; Bäcker et al. 2016, S. 6–7.

[11] Bakker und van Zuijdewijn 2022, S. 237–238. Siehe auch Goertz 2020, S. 30, der dieses Phänomen auch als „Low Level-Terrorismus" bezeichnet.

[12] Vgl. Europol 2023, 19 f.; Sensburg 2017, S. 102–105; Könen 2017, S. 45–60.

[13] Vgl. Brown und Pearson 2019, S. 149–151.

[14] Bäcker et al. 2016, S. 8–9; Gusy 2004, S. 156; Masing 2018, S. 7.

[15] Christchurch-Attentäter spendete mehr an Identitäre als bislang bekannt 2020; Steinke 2019; Evangelischer Pressedienst 2022; Gensing 2019; Camps im Irak und in Syrien: Wo die Dschihadisten trainieren, 2014; Biermann et al. 2021.

[16] Vgl. Goertz und Streitparth 2019, S. 135.

[17] Gärditz 2018, S. 11; Daase und Rühlig 2016, S. 23; Masala und Scheffler 2022, Rn. 49.

Darüber hinaus lässt sich drittens ein „Trend zur einfachen Tatausübung“ feststellen.[18] Damit wird die zunehmende Begehung von Anschlägen mit Alltagsgegenständen wie einem Küchenmesser, einer Axt oder auch mittels eines Fahrzeugs beschrieben.[19]

Zusammenfassend lässt sich folgende Entwicklung festhalten: Anstelle von organisierten terroristischen Gruppen, die lokal begrenzt agieren, ergeben sich terroristische Bedrohungen heutzutage zumeist aus kleineren Zellen oder radikalen Einzeltäter:innen, die sich über Staats- und Landesgrenzen hinaus vernetzen.[20] Man kann daher auch von einer „globalisierten Sicherheitslage“ sprechen.[21]

1.2 Notwendigkeit der Evaluierung traditioneller Strukturen des Sicherheitsrechts

Auf diese veränderte, globalisierte Sicherheitslage müssen staatliche Stellen reagieren, denn die Gewährleistung von Sicherheit ist die Kernaufgabe des Staates.[22] Die aktuellen Entwicklungen stellen die Sicherheitsgewährleistung vor neue Herausforderungen und die traditionell gewachsenen Strukturen des Sicherheitsrechts infrage. Aus der Veränderung der Strukturen und Methoden des Terrorismus folgt die Notwendigkeit, zu überprüfen, ob die Terrorismusbekämpfung den veränderten Bedingungen weiterhin entspricht, ob die Sicherheitsarchitektur also in der Lage ist, den Bedrohungen effektiv zu begegnen.[23] Ist sie dies nicht, so müssen Reformen ergriffen werden, um die Sicherheit der Bevölkerung angesichts terroristischer Gefahren bestmöglich zu gewährleisten.[24]

Der Begriff der Sicherheitsarchitektur erfasst dabei

[18] Schindler 2020, S. 45.

[19] Wie etwa die Messerangriffe in Dresden, Würzburg, Paris und die Ermordung des Lehrers *Samuel Paty* in Frankreich, siehe dazu Bossert 2022, S. 1–2; Bakker und van Zuijdewijn 2022, S. 238–239.

[20] Gärditz 2018, S. 11; Lowe 2022.

[21] Hanning 2012, Rn. 8.

[22] Hobbes 2005, S. 168; Locke 2008, Kap. 8 (Rn. 99). Vgl. Isensee 2011, Rn. 129–135.

[23] Hofmann et al. 2020, S. 244.

[24] Gusy 2004, S. 180.

„das Geflecht von Behörden, Aufgaben und Befugnissen, das von dem supranationalen Recht, dem Verfassungsrecht und einfachen Recht von Bund und Ländern zur Gewährleistung der Sicherheit geschaffen wird.“[25]

Im Kontrast zu den Veränderungen des Terrorismus entspricht die Sicherheitsarchitektur im Wesentlichen den traditionellen Strukturen, die seit Inkrafttreten des Grundgesetzes gelten.[26] Dabei haben sich durch die rasante Entwicklung digitaler Technologien die Bedingungen der Aufgabenwahrnehmung der Sicherheitsbehörden grundlegend geändert.[27] Wenn sich Terrorist:innen digital vernetzen, müssen sich auch die Behörden vernetzen, um auf die Bedrohungen reagieren zu können. Das gilt auch über Staatsgrenzen hinweg. Offene Grenzen ermöglichen es Terrorist:innen, international zu agieren. Die EU-Kommission bemüht sich daher derzeit um eine stärkere Vernetzung der EU-Mitgliedstaaten im Kampf gegen den Terrorismus,[28] da zur Verfolgung mobiler Akteure ein effizienter und schneller Informationsaustausch zwischen den Staaten erforderlich ist.[29] Sowohl auf internationaler als auch auf nationaler Ebene ist somit ein koordiniertes Vorgehen angezeigt.

Dies stellt bereits auf der nationalen Ebene aufgrund der Anzahl der beteiligten Akteure eine erhebliche Herausforderung dar. In der Bundesrepublik Deutschland gibt es, wenn man Bundes- und Landesbehörden betrachtet, insgesamt 40 Akteure, die für die Sicherheitsgewährleistung zuständig sind.[30] Ihre Befugnisse sind in jeweils eigenen rechtlichen Grundlagen festgeschrieben. Anders ausgedrückt ist Deutschland „[v]on einem einheitlichen Recht auf dem Gebiet der Gefahrenabwehr [...] weiter entfernt denn je.“[31] Es bestehen daher ernste Zweifel daran, dass die aktuelle Sicherheitsarchitektur den Herausforderungen einer globalisierten Welt und damit auch des globalen Terrorismus effektiv begegnen kann.[32] Aus

[25] Wolff 2018, S. 14–15.

[26] Fromm 2018, S. 14.

[27] Masing 2018, S. 4.

[28] Europäischer Rat und Rat der EU 2022.

[29] Bird 2019, S. 653–654.

[30] Dies sind namentlich die 16 Landeskriminalämter und 16 Landesverfassungsschutzbehörden, das Bundeskriminalamt, die Bundespolizei, den Generalbundesanwalt, das Zollkriminalamt, das Bundesamt für Verfassungsschutz, den Bundesnachrichtendienst, den Militärischen Abschirmdienst und das Bundesamt für Migration und Flüchtlinge. Siehe Gärditz 2018, S. 44.

[31] Ebert 2017, S. 12.

[32] Vgl. etwa Frauenrath 2018, S. 163: „Es gilt den neuen Herausforderungen effizient zu begegnen und Bestehendes zukunftsfähig zu gestalten. Dazu stellt sich auch die Frage, inwieweit die deutsche Sicherheitsarchitektur anzupassen ist.“

diesem Grund wurden zuletzt immer öfter Reformen, etwa durch die Bündelung von Kompetenzen und Informationen, gefordert.[33] Auch die Bundesregierung erklärte Anfang 2020, dass „eine Anpassung der Sicherheitsarchitektur in Deutschland an die gegenwärtigen und zukünftigen Herausforderungen erforderlich" sei.[34]

In den letzten Jahren, insbesondere seit den Terroranschlägen in den USA vom 11. September 2001, wurde daher das Sicherheitsrecht verschiedenfach geändert[35] – allerdings nur mit ganz vereinzelten strukturellen Reformen. Die Strukturen der Sicherheitsgewährleistung sind zum Großteil starr geblieben, während das Sicherheitsrecht hingegen verschiedenfach geändert worden und damit dynamischer geworden ist.

Die vorgenommenen Anpassungen des Sicherheitsrechts lagen besonders in der Ausweitung von Befugnissen der Sicherheitsbehörden, etwa im Bereich der (Telekommunikations-) Überwachung.[36] Darüber hinaus ist zu beobachten, dass Kompetenzen zunehmend beim Bund zusammengeführt werden.[37] Expert:innen sehen darin eine schleichende Zentralisierung des Sicherheitsrechts.[38] Diese Entwicklungen werden aus verschiedenen Gründen kritisiert. Zum einen sehen manche darin eine Gefährdung für die föderale Kompetenzverteilung, nach der grundsätzlichen die Länder für die Sicherheitsgewährleistung zuständig sind.[39] Zum anderen wird bemängelt, dass die bisherigen Bemühungen nicht ausreichend seien, um die Sicherheitsarchitektur an die veränderte Bedrohungslage anzupassen und damit immer noch Reformbedarf bestehe.[40]

Bäcker spricht im Hinblick auf den bestehenden Reformbedarf sogar von einer „allgemeinen Regelungskrise des Sicherheitsrechts"[41] und sieht die Notwendigkeit

---

[33] Vitzthum 2020; Steinke 2020. Ein Überblick zu der Diskussion über solche Forderungen findet sich auch bei Münch 2019.

[34] Bundesregierung 2020, S. 1.

[35] Vgl. Mehde 2005, S. 815; Denninger 2003.

[36] Siehe überblicksartig Gärditz 2018, S. 4–6; Roggan 2009, S. 259–261; Rademacher und Perkowski 2020; Fischer und Masala 2016, S. 2–4; Graulich 2017, S. 283–285.

[37] Siehe dazu unten, Kap. 2. Zu nennen ist hier insbesondere die Einfügung von Art. 73 Abs. 1 Nr. 9a GG, Gesetz zur Änderung des Grundgesetzes vom 28.08.2006 (Föderalismusreform I), BGBl. 2006 I S. 2034.

[38] Für einen Überblick siehe Bäcker 2018a; Roggan 2009; Marscholleck 2015.

[39] Siehe dazu Kap. 2.

[40] Löffelmann 2018, S. 90. Vgl. Bäcker 2018b, S. 145; Marscholleck 2015, S. 3616; Roggan 2009, S. 262.

[41] Roggan 2009, S. 262; Bäcker 2018b, S. 135.

„einer kritischen Evaluation ihrer Verfassungskonformität und Aufgabenadäquanz“.[42] Er fordert daher „eine grundsätzlichere Reformdiskussion [...], an der Sicherheitspolitik, Behördenpraxis, Wissenschaft und Zivilgesellschaft teilnehmen sollten.“[43] Stimmen aus der Praxis geben ihm Recht. So beklagt etwa der ehemalige Präsident des Bundesnachrichtendienstes (BND) *Schindler* das Fehlen eines Diskurses über den Stellenwert von Sicherheit und der Sicherheitsbehörden, der seiner Auffassung nach im Idealfall die Basis für notwendige strukturelle und inhaltliche Veränderungen der Sicherheitsarchitektur darstellen könne.[44] Dort, wo aber ein solcher Diskurs geführt wird, wird er regelmäßig von politischen Motiven beeinflusst und betrifft nur punktuelle Änderungen und nur selten strukturelle Reformen.

1.3 Notwendigkeit differenzierter (und) verfassungsrechtlicher Analysen

Üblicherweise werden nach Anschlägen schnell Rufe nach erweiterten Befugnissen der Sicherheitsbehörden laut. So war es auch nach dem Anschlag auf dem Magdeburger Weihnachtsmarkt am 20. Dezember 2024.[45] In Reaktion forderten Politiker:innen unter anderem die Vorratsdatenspeicherung von IP-Adressen[46] und die „biometrische Überwachung von Ausländern“[47].

Dabei zeigen bereits die wenigen Erkenntnisse, die Ende 2024 vorliegen: Die Sicherheitsbehörden kannten den Attentäter.[48] Grünen-Politiker *von Notz* bemängelte: „Man hat hier kein Defizit an Durchgriffsoptionen, man hat ein

---

[42] Bäcker 2018b, S. 151.

[43] Bäcker 2018b, S. 151.

[44] Schindler 2020, S. 28.

[45] Nach Anschlag auf Weihnachtsmarkt – Fünf Tote, 200 Verletzte - Magdeburg trauert, Tagesschau (21.12.2024), https://www.tagesschau.de/inland/gesellschaft/magdeburg-anschlag-104.html.

[46] Nach Anschlag in Magdeburg – Söder fordert „Zeitenwende“, SPD will genaue Aufklärung, Tagesschau (29.12.2024), https://www.tagesschau.de/inland/innenpolitik/anschlag-magdeburg-soeder-klingbeil-100.html.

[47] Nach Anschlag in Magdeburg – Innenministerin Faeser drängt auf Beschlüsse zur inneren Sicherheit, Spiegel Online (22.12.2024), https://www.spiegel.de/politik/magdeburg-innenministerin-faeser-draengt-auf-beschluesse-zur-inneren-sicherheit-a-2a8840db-33fc-4f8c-845c-a36b4f13f9b2; Nach Anschlag in Magdeburg – Debatte über Versäumnisse und Konsequenzen, Tagesschau (22.12.2024), https://www.tagesschau.de/inland/innenpolitik/anschlag-magdeburg-bundestag-102.html.

[48] Bewarder/Flade et al., Todesfahrt in Magdeburg – Das wissen wir über Taleb A., Tagesschau (21.12.2024), https://www.tagesschau.de/inland/gesellschaft/attentaeter-magdeburg-100.html.

Handlungsdefizit."[49] Auch mögliche Versäumnisse bei dem Austausch von Informationen stehen im Raum.[50]

Welche Lehren aus dem Magdeburger Anschlag gezogen werden können, ist wenige Tage nach dem Anschlag offen. Die bereits entfachten Diskussionen zeigen aber, dass reflexartig mangelnde Befugnisse angenommen werden, auch wenn die Erkenntnisse kein Informationsdefizit, sondern ein Informations*verarbeitungs*defizit und ein Informations*austausch*defizit nahelegen. Diese Defizite reichen aber nicht aus, um eine Erweiterung der Befugnisse zur Informationserhebung verfassungsrechtlich zu rechtfertigen. Statt Reformen bezüglich der Informationserhebung würden diese Reformen bezüglich des Umgangs mit den gewonnenen Informationen erfordern.

Für Reformen sind daher bedachte, strukturierte und detaillierte Analysen der Geschehnisse und verfassungsrechtlicher Anforderungen notwendig.

Für den geforderten Diskurs bedarf es differenzierter (und) verfassungsrechtlicher Analysen. Überlegungen dazu, wie die Sicherheitsarchitektur effektiver gestaltet werden könnte, müssen verfassungsrechtliche Vorgaben beachten, die den Gestaltungsspielraum des Gesetzgebers abgrenzen. So herrscht sowohl seitens der Rechtswissenschaft als auch seitens des Bundesverfassungsgerichts bereits Kritik an bisherigen Reformen, etwa an Vorstößen des Polizeirechts[51] und den Überwachungsbefugnissen der Nachrichtendienste.[52] Um Befugnisse der Sicherheitsbehörden auszuweiten und damit insbesondere intensive Grundrechtseingriffe zu rechtfertigen, sind pauschale Verweise auf die bestehende Terrorgefahr nicht ausreichend. Vielmehr bedarf es einer dezidierten verfassungsrechtlichen Rechtfertigung.

Skepsis ist aber auch in Bezug auf strukturelle Reformen geboten. So mahnt z. B. *Lange*:

---

[49] Sicherheitsdebatte nach Tat in Magdeburg – „Erinnert an den Anschlag vom Breitscheidplatz" Tagesschau (24.12.2024), https://www.tagesschau.de/inland/magdeburg-konsequenzen-102.html.

[50] Nach Anschlag in Magdeburg – Bundestag will Antworten auf offene Fragen, Tagesschau (30.12.2024), https://www.tagesschau.de/inland/magdeburg-anschlag-sitzungen-100.html.

[51] BVerfG, NVwZ 2024, 1736 (Bundeskriminalamt II); Löffelmann 2018, S. 89.

[52] Bäcker 2018a, S. 215–216; Moini; „Mehr verfassungswidrige Vorschriften denn je" – Neue Verfassungsbeschwerde gegen reformiertes BND-Gesetz 2023; Roggan und Hammer 2016, S. 3067; BVerfG, Beschluss vom 08.10.2024, Az. 1 BvR 1743/16, 1 BvR 2539/16.

„Die Vision des „Neuen“ mag immerzu beflügeln, ein rechtsstaatlich bewährtes System einfach einem „Systemwechsel“ zu unterziehen, sollte jedoch eine genaue Defizitanalyse und ein noch genaueres Nachdenken über die Folgen voraussetzen.“[53]

Da das Sicherheitssystem auf Kooperation zwischen Bund und Ländern angelegt sei, könne die staatliche Sicherheitsgewährleistung weder „auf einige wenige zentrale Superbehörden konzentriert werden“, noch könne der Staat überhaupt ein umfassendes Sicherheitsversprechen abgeben.[54] Sicherheit, so *Lange* weiter, werde „auch weiterhin bedeuten, dass die unterschiedlichen Ebenen, allen voran die Länder und der Bund, in einem föderalen Sicherheitsverbund zusammenarbeiten müssen“.[55]

Strukturelle Veränderungen erfordern daher eine detaillierte Analyse der Defizite und der Implikationen von Reformoptionen. Dabei darf das durch die Verfassung vorgegebene kooperative System der Sicherheitsgewährleistung nicht infrage gestellt werden. Soll die Sicherheitsarchitektur strukturell verbessert werden, ist stattdessen zu prüfen, welche Defizite *innerhalb* dieses kooperativen Systems bestehen und wie diese im verfassungsrechtlichen Rahmen zulässigerweise behoben werden können. Dazu „bedarf es einer Evaluierung der aktuellen Struktur, ihrer Grundsätze, Gebote und Schwachstellen.“[56] *Gärditz* bemängelt, dass die wissenschaftliche Auseinandersetzung mit der Sicherheitsarchitektur angesichts der neuen Entwicklungen weder ausreichend noch differenziert genug sei.[57] Diese Untersuchung trägt dazu bei, diese Lücke zu schließen.

1.4 Der Untersuchungsgegenstand

Die Untersuchung widmet sich der Analyse der nationalen operativen Terrorismusbekämpfung im präventiven Bereich. Um zu verstehen, was davon umfasst ist, müssen zunächst die Begriffe des Terrorismus (unter Abschn. 1.4.1) sowie seiner Bekämpfung (unter Abschn. 1.4.2) geklärt werden.

---

[53] Heinrich und Lange 2008, S. 290.

[54] Heinrich und Lange 2008, S. 290.

[55] Heinrich und Lange 2008, S. 290.

[56] Hofmann et al. 2020, S. 237.

[57] Gärditz 2017, S. 6.

1.4.1 Der Begriff des Terrorismus

Während es auf internationaler Ebene lediglich einen Minimalkonsens bezüglich einer Begriffsbestimmung des Terrorismus gibt,[58] ist der Begriff auf nationaler und EU-Ebene definiert. Unter einer terroristischen Handlung werden schwerwiegende Straftaten verstanden, die die Bevölkerung in erheblicher Weise einschüchtern oder die Grundstrukturen eines Staates oder einer internationalen Organisation erheblich beeinträchtigen sollen. Diese Definition findet sich in Art. 29 Abs. 2 sowie Art. 31 Abs. 1 lit. e EUV sowie in Art. 2 Abs. 2 des Rahmenbeschlusses 2002/475/JI des Rates der EU vom 13.06.2002.[59] § 129a Abs. 2 StGB greift diese Definition auf.[60] Es handelt sich bei terroristischen Handlungen somit um ein abstraktes Gefährdungsdelikt,[61] deren Gefahr in der Regel von privaten Akteuren ausgeht,[62] wobei sich aber auch sog. hybride Bedrohungen (als „state-sponsored terrorism") finden lassen.[63] Diese Untersuchung arbeitet mit der dargestellten Definition des Terrorismus.

1.4.2 Der Begriff der Terrorismusbekämpfung

Der Begriff der Terrorismusbekämpfung kann verstanden werden als

> „complex set of strategies, policies and programmes designed to take direct action against terrorists or their sponsors and supporters. CT [Counterterrorism] can include

[58] Die Debatte wird regelmäßig durch die Phrase „One man's terrorist is the other man's freedom fighter" zusammengefasst, siehe Schmid 2023, S. 2; Golder und Williams 2004, S. 273; Guillaume 2004, S. 539–540; Goertz und Streitparth 2019, S. 2–3; Greene 2017, S. 413–415; Bubnoff 2002, S. 2672; Verhoeven 2022, S. 697; Chenoweth und Gofas 2019, S. 3; Saul 2019, S. 46. Kritisch Miller und Feltes 2021; Bakker und van Zuijdewijn 2022, S. 29–31.

[59] Rahmenbeschluss des Rates vom 13. Juni 2002 zur Terrorismusbekämpfung (2002/475/JI), ABl. L 164/3 Dieser wurde zwar durch die Richtlinie (EU) 2017/541 des Europäischen Parlaments und des Rates vom 15.03.2017 zur Terrorismusbekämpfung und zur Ersetzung des Rahmenbeschlusses 2002/475/JI des Rates und zur Änderung des Beschlusses 2005/671/JI des Rates, ABl. L. 88/6, ersetzt. Diese Richtlinie nimmt jedoch in ihrem Erwägungsgrund 3 Bezug auf die damals aufgestellte Definition und bezeichnet sie als „Eckpfeiler des strafrechtlichen Vorgehens der Mitgliedstaaten".

[60] Vgl. Gesetz zur Umsetzung des Rahmenbeschlusses des Rates der Europäischen Union v. 13.6.2002 zur Terrorismusbekämpfung und zur Änderung anderer Gesetze vom 20.12.2013, BGBl. 2003 I S. 2836.

[61] Schäfer und Anstötz 2021, Rn. 4.

[62] Schmid 2023, S. 5.

[63] Hummer 2017, S. 148; Jules 2023, insb. 442. Siehe auch Chubb 2022.

both proactive and passive measures designed and implemented across a wide array of fields and domains, including those of politics, law, finance, communications, defence, intelligence and infrastructure. CT may engage and be implemented by a variety of actors, including government, law enforcement, the military, private sector and civil society actors, and the general public."[64]

Bei der Terrorismusbekämpfung handelt es sich also um ein weites Feld von aktiven und passiven Maßnahmen der Gesellschaft und der Politik gegen Terrorist:innen und ihre Unterstützer:innen. Diese Untersuchung kann es nicht leisten, sich jeglichen Aspekten der Terrorismusbekämpfung zu widmen, ohne sich dabei zwangsläufig in Oberflächlichkeiten zu verlieren. Aus diesem Grund wird der Untersuchungsgegenstand in dreifacher Hinsicht begrenzt.

Erstens wird nur die nationale Terrorismusbekämpfung untersucht. Die Eingrenzung auf nationale Fragen ergibt sich daraus, dass die internationale Terrorismusbekämpfung nur dann effektiv gestaltet werden kann, wenn auf nationaler Ebene keine Defizite bestehen. Gemeinsame Vorhaben können nur dann realisiert werden, wenn die jeweiligen Staaten in ihrem eigenen Zuständigkeitsbereich eine weitgehend reibungslose Umsetzung garantieren können. Finden sich also schon innerstaatliche Defizite, so leidet darunter zwangsläufig auch die internationale Terrorismusbekämpfung.

Zweitens beschränkt sich die Analyse auf die operative Terrorismusbekämpfung. Unter der operativen Terrorismusbekämpfung versteht man „die Beobachtung oder imperative Beeinflussung des terroristischen Milieus“, wobei solche Behörden operativ tätig werden, „die die Entscheidung über solche Maßnahmen zumindest grundsätzlich eigenständig fällen können“.[65] Hauptakteure in diesem Sinne sind die Landespolizeibehörden und Landesnachrichtendienste, das Bundeskriminalamt, die Bundespolizei, die Nachrichtendienste des Bundes sowie der Generalbundesanwalt.[66] Die Untersuchung nimmt somit die exekutiven Kompetenzen in den Blick. Im Gegensatz dazu steht das politisch-institutionelle Umfeld der

[64] Bellasio et al. 2018, S. 24.

[65] Bäcker 2018a, S. 214. Zu beachten ist in diesem Zusammenhang, dass den Nachrichtendiensten jedoch *keine* operativen Befugnisse im Bereich der Gefahrenabwehr zustehen, vgl. Bäcker 2018b, S. 148. Dies ist besonders angesichts eines zunehmenden Verschwimmens der Grenzen zwischen polizeilichen und nachrichtendienstlichen Kompetenzen zu beachten.

[66] Zu erwähnen sind hier auch das Zollkriminalamt und, nach einigen Stimmen, das Bundesamt für Migration für Flüchtlinge. Die Ausführungen beschränken sich zwecks Übersichtlichkeit auf die genannten Akteure, die hauptsächlich von den Forderungen nach Reformen betroffen sind.

Terrorismusbekämpfung, zu dem etwa die Arbeit der Innenminister:innenkonferenz sowie des Bundeskanzleramtes zählt.[67]

Drittens wird sich die Untersuchung dem präventiven Bereich zuwenden. Die Untersuchung widmet sich dem Ziel, Strukturen zu erarbeiten, die versprechen, die Durchführung terroristischer Akte zu verhindern. Zwar ist auch die repressive Aufarbeitung terroristischer Taten relevant. Die Effektivität der präventiven Terrorismusbekämpfung bedingt jedoch die Erforderlichkeit repressiver Bemühungen. Die Untersuchung fokussiert sich daher auf erstere. Anzumerken ist jedoch bereits in diesem Zusammenhang, dass durch die Ausweitung des Strafrechts auf schon die Bildung von und die Mitgliedschaft in terroristischen Vereinigungen (§§ 129a, 129b StGB) die Bereiche von Prävention und Repression in gewissem Maße verschwimmen.[68]

1.5 Die Forschungsfrage

Die Forschungsfrage dient dazu, das Ziel der Untersuchung – die Anpassung der Sicherheitsarchitektur an Herausforderungen des globalisierten und digitalisierten Terrorismus – zu erreichen. Gleichermaßen wird den Anforderungen des kooperativen Föderalismus[69] Rechnung getragen. Die Forschungsfrage dieser Untersuchung lautet daher:

> „Welche strukturellen Defizite bestehen in der Zusammenarbeit der nationalen Sicherheitsbehörden bei der Terrorismusbekämpfung und wie können diese behoben werden?"

Die Behebung der herausgearbeiteten Defizite obliegt freilich der Politik, nicht den Rechtswissenschaften. Diese Untersuchung soll aber dazu dienen, dem Gesetzgeber strukturelle Schwachstellen und verfassungsrechtlich zulässige Reformoptionen aufzuzeigen.

Neben der verfassungsrechtlichen Bewertung der Thematik und des gesetzgeberischen Spielraums liegt der Mehrwert der Untersuchung in der Arbeit mit Fallstudien, die die aktuellen Defizite herausarbeiten. Zwar haben sich schon Untersuchungsausschüsse des Bundes und der Länder mit den ausgewählten Fällen befasst. Die Untersuchung ist jedoch nicht von politischen Motiven geprägt,

---

[67] Vgl. Lange 2012, S. 110.

[68] Siehe dazu ausführlich unten, Kap. 3, unter Abschn. 3.3.2.

[69] Siehe dazu ausführlich unten, Kap. 3.

sondern nimmt eine objektive rechtswissenschaftliche Analyse vor. Zu diesem Zweck erfolgt auch eine Subsumption der Geschehnisse unter einfach- und verfassungsrechtliche Vorschriften. Darüber hinaus liegt der Fokus dieser Untersuchung ausschließlich auf der Zusammenarbeit der Sicherheitsbehörden, sodass die relevanten Punkte für die Leser:innen prägnant dargestellt werden. Schließlich vergleicht die Untersuchung die Erkenntnisse der durchgeführten Fallstudien. Dadurch wird geprüft, ob von den Defiziten in den konkreten Fällen auf generelle Defizite geschlossen werden kann. Auf diese Weise produziert die Untersuchung allgemeingültige Erkenntnisse.

1.6 Aufbau und Methodik der Untersuchung

Um den Leser:innen den Umfang der Untersuchung darzulegen, werden im Folgenden der Aufbau der Untersuchung (unter Abschn. 1.6.1) und die konkrete Methodik (unter Abschn. 1.6.2) dargestellt.

1.6.1 Aufbau der Untersuchung

Die Untersuchung gliedert sich in drei Schritte:

Die Untersuchung analysiert zunächst die verfassungsrechtlichen Rahmenbedingungen der Terrorismusbekämpfung und steckt so den *Spielraum für einfachgesetzliche Reformoptionen* ab. Hierzu stellt es vor allem die Abwehr- und Schutzpflichtdimension der Grundrechte sowie die der Sicherheitsarchitektur zugrunde liegende föderale Struktur dar und arbeitet ihre konkreten Auswirkungen für die Gestaltung der Terrorismusbekämpfung heraus. Kap. 2 zeigt, dass es sich bei der Terrorismusbekämpfung um eine grundrechtliche Optimierungsaufgabe handelt, die – wie Kap. 3 darstellt – durch Kooperation und Koordination zu erfüllen ist. Will man die Sicherheitsarchitektur reformieren, gilt es daher, die Kooperation und Koordination zwischen den Sicherheitsbehörden zu optimieren. Kap. 4 macht allerdings deutlich, dass der Optimierung verfassungsrechtliche Grenzen gesetzt sind. Diese ergeben sich aus der Begrenzung staatlicher Macht, die dem Grundgesetz inhärent ist. Kap. 5 fasst die Ergebnisse und ihre Bedeutung für die Ausgestaltung der Terrorismusbekämpfung zusammen.

Die Untersuchung analysiert im zweiten Schritt die *strukturellen Defizite* der Terrorismusbekämpfung. Dafür werden in Kap. 6 zunächst die Kriterien für die Bestimmung von Defiziten und Effektivität herausgestellt. Ein anerkannter Faktor, an dem die Effektivität der Terrorismusbekämpfung gemessen werden kann, ist dabei das Sicherstellen eines koordinierten, d. h. einheitlichen, Vorgehens. Ein solches erfordert eine wirksame Zusammenarbeit zwischen den Sicherheitsbehörden. Die Untersuchung prüft in zwei Fällen, ob die Zusammenarbeit der Sicherheitsbehörden ein einheitliches Vorgehen ermöglicht hat. Kap. 7 widmet sich der Zusammenarbeit der Sicherheitsbehörden im Fall um den sogenannten „Nationalsozialistischen Untergrund“ (NSU), Kap. 8 im Fall der fehlgeschlagenen Prävention des Anschlags auf dem Berliner Breitscheidplatz („Fall Amri“). Dem Gebot, die rechtlichen Strukturen der Sicherheitsarchitektur vor dem Hintergrund neuer Entwicklungen regelmäßig zu evaluieren,[70] trägt die Untersuchung so dezidiert Rechnung. Dabei bedient sich die Untersuchung Fallstudien aus zwei unterschiedlichen Phänomenbereichen (Rechtsterrorismus und islamistischer Terrorismus), deren Erkenntnisse im Wege einer qualitativen Inhaltsanalyse zunächst separat herausgearbeitet und dann miteinander verglichen werden. Die Untersuchung erforscht, ob es sich bei gefundenen Mängeln tatsächlich um strukturelle Defizite oder Fehlverhalten im Einzelfall handelt. Dazu werden die einschlägigen einfachgesetzlichen Vorgaben des Sicherheitsrechts untersucht und in Kap. 9 der bestehende Reformbedarf zusammengefasst.

Schließlich erarbeitet und analysiert die Untersuchung in einem letzten Schritt *Reformoptionen,* die die identifizierten Defizite beheben sollen. Die Untersuchung reflektiert in Kap. 10 die faktischen Grenzen struktureller Reformen und stellt Reformoptionen dar, die ohne Veränderung der föderalen Kompetenzordnung umsetzbar wären. Im weiteren Verlauf wird aber den Reformoptionen besondere Aufmerksamkeit gewidmet, die die föderale Kompetenzordnung in ihrer aktuellen Form berühren. Die Untersuchung prüft, ob diese infrage stehenden Reformoptionen mit den verfassungsrechtlichen Vorgaben vereinbar sind. Kap. 11 diskutiert, ob die einfachgesetzliche Einführung von Weisungsbefugnissen für das Bundeskriminalamt (BKA) und das Bundesamt für Verfassungsschutz (BfV) gegenüber den jeweiligen Landesbehörden für die Behebung der herausgearbeiteten Defizite zweckmäßig und verfassungsgemäß wäre. Kap. 12 prüft, ob das Grundgesetz eine andere Struktur der Nachrichtendienste zulassen würde, die die Sicherheitsarchitektur an aktuelle Herausforderungen anpassen könnte. Kap. 13 zieht ein Fazit zu möglichen Reformoptionen, bevor die Untersuchung in Kap. 14 mit einem Gesamtergebnis schließt.

[70] Vgl. Frauenrath 2018, S. 163.

1.6.2 Methodik der Untersuchung

Die Untersuchung bedient sich in methodischer Hinsicht vornehmlich der klassischen juristischen Auslegung.

Im Fokus der Untersuchung steht die einfach- und verfassungsrechtliche Analyse der Strukturen der Terrorismusbekämpfung. Zur Bestimmung der einfach- und verfassungsrechtlichen Vorgaben für die Terrorismusbekämpfung sowie für die verfassungsrechtliche Bewertung von Reformoptionen ist es mitunter notwendig, den Gehalt der einschlägigen Regelungen durch Interpretation zu bestimmen. Die Interpretation einzelner Normen erfolgt im Wege klassischer juristischer Auslegung, d. h. anhand des Wortlauts, des Zwecks, der Systematik und der Historie einer Norm.[71] Die Untersuchung zieht dabei auch die Rechtsprechung des Bundesverfassungsgerichts zu den Kompetenzen der Sicherheitsbehörden heran, um relevante verfassungsrechtliche Vorgaben für Reformvorhaben zu identifizieren. Das Bundesverfassungsgericht war schon des Öfteren – insbesondere nach Reformen des Sicherheitsrechts – mit den verfassungsrechtlichen Grenzen für das Ergreifen staatlicher Maßnahmen zur Sicherheitsgewährleistung befasst.[72] Dabei setzt sich die Untersuchung kritisch mit der Spruchpraxis des Bundesverfassungsgerichts und deren wissenschaftlicher Rezeption auseinander.

An geeigneten Stellen werden die für die deutsche Rechtsordnung relevanten internationalen Regelungen und einschlägige Rechtsprechung herangezogen. Beispielsweise haben sich mit der Frage staatlicher Schutzpflichten und der Konsequenzen der Schutzpflichten für die Ausgestaltung der Terrorismusbekämpfung wiederholt der Europäische Gerichtshof (EuGH) sowie der Europäische Gerichtshof für Menschenrechte (EGMR) auseinandergesetzt.[73] Die europäische Rechtsprechung wird ebenso wie die auf internationaler Ebene gesammelten Erfahrungen und teils auch für Deutschland verbindlichen Vorgaben punktuell, aber gebührend in die Untersuchung einbezogen. Dies ist nicht zuletzt wegen des Prinzips der Völkerrechtsfreundlichkeit des Grundgesetzes geboten.[74]

---

[71] Vgl. etwa Larenz und Canaris 1995, S. 133–135.

[72] So z. B. BVerfGE 120, 274 (Online-Durchsuchungen), BVerfGE 133, 277 (Antiterrordateigesetz); BVerfGE 141, 220 (Bundeskriminalamtsgesetz), BVerfGE 154, 152 (BND – Ausland-Ausland-Fernmeldeaufklärung); BVerfGE 155, 119 (Bestandsdatenauskunft II).

[73] Siehe z. B. EuGH, Urteil vom 06.10.2020, C-511/18, C-512/18, C-520/18 (La Quadrature du Net et al.); EGMR, Urteil vom 25.05.2021, App.no. 58170/13, 62322/14 and 24960/15 (Big Brother Watch et al./Vereinigtes Königreich).

[74] BVerfGE 111, 307, 317 (Görgülü).

Für die Arbeit mit Fallstudien wird auf sozialwissenschaftliche Methodik zurückgegriffen. Für die Bearbeitung der Fallstudien wird sich die Untersuchung an einer qualitativen Inhaltsanalyse nach *Mayring*[75] orientieren und diese um eine juristische Einordnung und Bewertung ergänzen. Dafür werden die für die Fragestellung wesentlichen Punkte für die Leser:innen im Wege der zusammenfassenden Inhaltsanalyse dargestellt und anschließend in den rechtlichen Kontext gestellt. Konkret werden die Geschehnisse der ausgewählten Fälle, d. h. das Vorgehen der Sicherheitsbehörden in diesen Fällen, erörtert und anhand der (damals geltenden) sicherheitsrechtlichen Regelungen bewertet. Die Nutzung von Fallstudien anstatt von Statistiken (und damit das Vorgehen im Wege qualitativer statt quantitativer Forschung) bietet sich diesbezüglich aus zwei Gründen an:

Erstens ist qualitative Forschung anwendungsorientiert[76] und stellt die Herausforderungen der Praxis greifbarer dar als statistische Untersuchungen[77]. Ziel der Fallstudien ist es, strukturelle Defizite in der Zusammenarbeit der Sicherheitsbehörden aufzuzeigen und Ursachen für die Probleme zu identifizieren. Daher sollen die Aspekte beleuchtet werden, die die Zusammenarbeit erschweren. Dies verlangt eine inhaltliche Auseinandersetzung mit der (Zusammen-)Arbeit der Sicherheitsbehörden und kann nicht über Statistiken abgebildet werden.

Zweitens sind Datenerhebungen in Bezug auf die Arbeit der Sicherheitsbehörden nur begrenzt möglich. Anhand der Veröffentlichungen der Sicherheitsbehörden, wie beispielsweise den Verfassungsschutzberichten und der Polizeilichen Kriminalstatistik, sind zwar quantitative Aussagen über terroristische Bestrebungen, aber – aufgrund der Natur der Materie, die von berechtigten Geheimhaltungsinteressen geprägt ist, nur begrenzt über die Terrorismusbekämpfung durch die Behörden möglich.[78] Die Erkenntnisse aus der Praxis, die in diesen Berichten zum Ausdruck kommen, werden aber an anderen Stellen für die Bewertung genutzt. Durch die Einbeziehung der Materialien der Fallstudien und der Berichte der Sicherheitsbehörden stellt die Untersuchung die Rückkopplung an die Praxis sicher.

[75] Mayring 2015.

[76] Flick et al. 2015, S. 13.

[77] Flick et al. 2015, S. 17.

[78] Diesbezüglich finden sich aber Angaben zur finanziellen und personellen Ausstattungen der Nachrichtendienste, vgl. Statista 2023.

1.7 Herausforderungen für die Untersuchung

Die Untersuchung sieht sich mehreren Herausforderungen ausgesetzt, die kritisch reflektiert werden, damit die Leser:innen die Reliabilität der Untersuchung einordnen können. Eine Herausforderung für die Untersuchung bildet erstens der Umstand, dass es sich bei dem Untersuchungsgegenstand um ein dynamisches Feld handelt. Die Erscheinungsformen des Terrorismus verändern sich[79] und führen dadurch zu entsprechenden Reaktionen der Gesetzgebung (auch wenn diese oft verzögert erfolgen[80]). Damit muss in den Fallstudien immer die jeweils zu dem Zeitpunkt des Geschehens aktuelle Rechtslage beachtet werden. Außerdem kann eine Analyse der Defizite und Reformoptionen somit nur eine Momentaufnahme darstellen. Nichtsdestotrotz liefert die Untersuchung einen langfristigen Beitrag für die Forschung im Sicherheitsrecht, indem Orientierungspunkte für den Gesetzgeber herausgearbeitet werden. Diese beziehen sich sowohl auf die Beurteilung der Effektivität der Terrorismusbekämpfung als auch auf den verfassungsrechtlichen Rahmen für die Terrorismusbekämpfung. Durch die Analyse der verfassungsrechtlichen Rahmenbedingungen der Terrorismusbekämpfung steckt die Untersuchung den Spielraum für einfachgesetzliche Reformoptionen ab und produziert dadurch im Rahmen einer Grundlagenforschung langfristig gültige Ergebnisse. So kann auch bei Reformen, die auf neue Entwicklungen des Terrorismus reagieren, auf die herausgearbeiteten Erkenntnisse zurückgegriffen werden.

Zweitens sind das Sicherheitsrecht und damit auch die Regelungen für die Terrorismusbekämpfung auf viele verschiedene Gesetze aufgeteilt. Die Untersuchung wird herausstellen, dass diese Zersplitterung auch ein Defizit für die Zusammenarbeit der Sicherheitsbehörden darstellt. Diese Zersplitterung führt dazu, dass eine rechtswissenschaftliche Analyse mitunter anspruchsvoll sein kann, weil zunächst alle einschlägigen Regelungen gefunden und dann in einen Zusammenhang gebracht werden müssen.

Drittens bildet die Terrorismusbekämpfung als Teilbereich des Sicherheitsrechts eine „Querschnittsmaterie".[81] Zum einen berührt die Terrorismusbekämpfung verschiedene Disziplinen: die Kriminologie, was die Erscheinungsformen und Entwicklungen des Terrorismus betrifft, die Sozialwissenschaften, was die Ursachen von Radikalisierung betrifft, die Rechtswissenschaften, was die Symptombekämpfung betrifft und die Polizeiwissenschaften, was die konkrete Prävention

[79] Siehe dazu schon oben, Einführung. Vgl. Hummer 2017, S. 146.

[80] Vgl. für die EU Hummer 2017, S. 146.

[81] Hummer 2017, S. 146. Vgl. Engelhart 2019, S. 288.

oder Repression von Straftaten angeht. Zum anderen muss man auch innerhalb der verschiedenen Disziplinen noch zwischen verschiedenen Bereichen differenzieren, die die Terrorismusbekämpfung betreffen. So sind in den Rechtswissenschaften das Strafrecht, das Verfassungsrecht, das Verwaltungsrecht und internationales Recht, insbesondere EU-Recht, für die Terrorismusbekämpfung von Belang. Somit muss eine Auseinandersetzung mit verschiedenen Materien und eine Eingrenzung auf bestimmte Aspekte erfolgen. In dem gewählten Rahmen unternimmt die Untersuchung den Versuch, den verschiedenen Materien gerecht zu werden und wird an den entsprechenden Stellen die Relevanz der jeweils einschlägigen Bereiche erläutern.

Viertens arbeiten die Sicherheitsbehörden, insbesondere die Nachrichtendienste, naturgemäß auch mit verdeckten Mitteln.[82] Die Untersuchung kann aber nur diejenigen Informationen einbeziehen, die öffentlich zugänglich sind. Um diesen Mangel an Informationen zumindest teilweise auszugleichen, sind besonders die Abschlussberichte von Untersuchungsausschüssen relevant. Diese machen wenigstens in ihren nichteingestuften Teilen die vormals verdeckte Arbeit der Sicherheitsbehörden jedenfalls ausschnittsweise sichtbar. Die ihnen beigefügten Anlagen enthalten konkrete Beispiele für die Bearbeitung vor Vorgängen in der Terrorismusbekämpfung. Darüber hinaus behandeln sie konkrete Beispiele für die Arbeit der Sicherheitsbehörden, die ansonsten der Öffentlichkeit kaum bekannt sind. Auch Veröffentlichungen von Urteilen gegen Terrorist:innen liefern Anhaltspunkte für die Arbeit der Sicherheitsbehörden. Hilfreich sind in diesem Zusammenhang auch die öffentlichen Berichte der verschiedenen Stellen, die die Arbeit der Sicherheitsbehörden kontrollieren (beispielsweise des Parlamentarischen Kontrollgremiums). Diese sind aber im Vergleich zu den Untersuchungsausschüssen in der Regel abstrakter gehalten. Die Untersuchung wird die Erkenntnisse der verschiedenen Quellen und somit Informationen zu generellen Arbeitsweisen sowie zu konkreten Fällen verbinden. Auch der Rückgriff auf Presseberichterstattungen ist sinnvoll, um die die Arbeit und beispielsweise Arbeitsbegriffe der Sicherheitsbehörden zu erfassen.

[82] Vgl. Spencer 2006b, S. 186.

Literatur

„Mehr verfassungswidrige Vorschriften denn je“ – Neue Verfassungsbeschwerde gegen reformiertes BND-Gesetz (2023, Januar 26). *Legal Tribune Online*. https://www.lto.de/recht/nachrichten/n/verfassungsbeschwerde-gff-rsf-reform-bnd-gesetz-ueberwachung-nachrichtendienste/. Zugegriffen am 22.10.2025.

Anter, A. (2012). Der Freiheitssicherheitskomplex. In R. Voigt (Hrsg.), *Sicherheit versus Freiheit. Verteidigung der staatlichen Ordnung um jeden Preis?* (S. 127–140). Springer VS.

Bäcker, M., Giesler, V., Harms, M., Hirsch, B., Kaller, S., & Wolff, H. A. (2016). *Bericht der Regierungskommission zur Überprüfung der Sicherheitsgesetzgebung in Deutschland*. https://publikationen.uni-tuebingen.de/xmlui/bitstream/handle/10900/63016/regierungskommission-sicherheitsgesetzgebung.pdf?sequence=1&isAllowed=y. Zugegriffen am 22.10.2025.

Bäcker, M. (2018a). Weitere Zentralisierung der Terrorismusbekämpfung? *Zeitschrift für das Gesamte Sicherheitsrecht, 2025*(5), 213–219.

Bäcker, M. (2018b). Zur Reform der Eingriffstatbestände im Nachrichtendienstrecht. In J.-H. Dietrich, K. F. Gärditz, K. Graulich, C. Gusy, & G. Warg (Hrsg.), *Nachrichtendienste im demokratischen Rechtsstaat. Kontrolle – Rechtsschutz – Kooperationen* (S. 137–151). Mohr Siebeck.

Bakker, E., & van Zuijdewijn, J. R. (2022). *Terrorism and counterterrorism. Comparing theory and practice* (2. Aufl.). Leiden University Press.

Barczak, T. (2023). BKAG § 5. In *Tristan Barczak: BKAG. Gesetz über das Bundeskriminalamt und die Zusammenarbeit des Bundes und der Länder in kriminalpolizeilichen Angelegenheiten*. Nomos.

Bellasio, J., Hofman, J., Ward, A., Nederveen, F., Knack, A., Meranto, A. S., & Hoorens, S. (2018). *Counterterrorism evaluation. Taking stock and looking ahead (RAND Research Report)*. https://www.rand.org/content/dam/rand/pubs/research_reports/RR2600/RR2628/RAND_RR2628.pdf. Zugegriffen am 22.10.2025.

Bewarder, M., Flade, F., Kaul, M., Mussawy, A., Pittelkow, S., & Riedel, K. (2024, Dezember 21). Todesfahrt in Magdeburg – Das wissen wir über Taleb A. *Tagesschau*. https://www.tagesschau.de/inland/gesellschaft/attentaeter-magdeburg-100.html. Zugegriffen am 22.10.2025.

Biermann, K., Fuchs, C., Geisler, A., Musharbash, Y., & Stark, H. (2021, Februar 11). Faschismus: Die braune Internationale. *Zeit Online*. https://www.zeit.de/2021/07/faschismus-international-awd-neonazi-terrorimus-rechtsextremismus. Zugegriffen am 22.10.2025.

Bird, J. (2019). Terrorism and counterterrorism. A policy perspective. In E. Chenoweth (Hrsg.), *The Oxford handbook of terrorism* (S. 640–658). Oxford University Press.

Bossert, O. (2022). Vorwort: Ein Blick zurück. In O. Bossert (Hrsg.), *Beiträge zur Terrorismusbekämpfung, Band 2* (S. 1–12). Hochschule des Bundes für öffentliche Verwaltung.

Bouhana, N., Malthaner, S., Schuurman, B., & Lindekilde, L. (2019). Lone-actor Terrorism. Radicalisation, attack planning and execution. In A. Silke (Hrsg.), *Routledge handbook of terrorism and counterterrorism* (S. 112–124). Routledge.

Brown, K. E., & Pearson, E. (2019). Social media, the online environment and terrorism. In A. Silke (Hrsg.), *Routledge Handbook of Terrorism and Counterterrorism* (S. 149–164). Routledge.

Bubnoff, E. 2002. Terrorismusbekämpfung – eine weltweite Herausforderung. *Neue Juristische Wochenschrift*, *55*(37), 2672–2676.

Bundesministerium des Innern und für Heimat, Verfassungsschutzbericht 2023. https://www.verfassungsschutz.de/SharedDocs/publikationen/DE/verfassungsschutzberichte/2024-06-18-verfassungsschutzbericht-2023.htm. Zugegriffen am 22.10.2025.

Bundesregierung. (2020). *Strategiepapier der Bundesregierung zur Stärkung der Sicherheits- und Verteidigungsindustrie*. https://www.bmwk.de/Redaktion/DE/Downloads/S-T/strategiepapier-staerkung-sicherits-und-verteidigungsindustrie.pdf. Zugegriffen am 22.10.2025.

BVerfG, Beschluss vom 14.10.2004, Aktenzeichen 2 BvR 1481/04. In: *Entscheidungen des Bundesverfassungsgerichts* 111, S. 307, BVerfGE 111, 307.

Camps im Irak und in Syrien: Wo die Dschihadisten trainieren (2014, Oktober 25). *Spiegel Online*. https://www.spiegel.de/politik/ausland/is-islamischer-staat-die-trainingslager-der-dschihadisten-a-999148.html. Zugegriffen am 22.10.2025.

Chenoweth, E., & Gofas, A. (2019). The study of terrorism. Achievements and challenges ahead. In E. Chenoweth (Hrsg.), *The Oxford handbook of terrorism* (S. 1–8). Oxford University Press.

Christchurch-Attentäter spendete mehr an Identitäre als bislang bekannt (2020, Dezember 10). *Der Standard*. https://www.derstandard.de/story/2000122404267/christchurch-attentaeter-spendete-mehr-an-identitaere-als-bislang-zugegeben. Zugegriffen am 22.10.2025.

Chubb, N. C. (2022). *Terrorism*. The case of Donbas and Ukraine (Eastern Illinois University, The Keep). https://thekeep.eiu.edu/lib_awards_2022_docs/3. Zugegriffen am 22.10.2025.

Daase, C., & Rühlig, T. N. (2016). Der Wandel der Sicherheitskultur nach 9/11. In S. Fischer & C. Masala (Hrsg.), *Innere Sicherheit nach 9/11. Sicherheitsheitsbedrohungen und (immer) neue Sicherheitsmaßnahmen?* (S. 13–33). Springer VS.

Denninger, E. (2003). Thesen zur „Sicherheitsarchitektur", insbesondere nach dem 11. September 2001. *Kritische Vierteljahresschrift für Gesetzgebung und Rechtswissenschaft*, *86*(3), 313–321.

Desker, B., & Acharya, A. (2006). Cooperation issues in the global war on terror. In P. Katona, M. D. Intriligator, & J. P. Sullivan (Hrsg.), *Countering terrorism and WMD. Creating a global Ccunter-Terrorism Network* (S. 158–178). Routledge.

Ebert, F. (2017). Entwicklungen und Tendenzen im Recht der Gefahrenabwehr. *Landes- und Kommunalverwaltung*, *2017*(1), 10–17.

Engelhart, M. (2019). Aiming for a new architecture of security law. In M. Engelhart & S. R. Vidlička (Hrsg.), *Dealing with terrorism. Empirical and normative challenges of fighting the Islamic State* (S. 287–296). Duncker & Humblot.

Engelke, H.-G. (2008). Terrorismusbekämpfung in Deutschland und die Bedeutung nachrichtendienstlicher Kooperation. In Bundesamt für Verfassungsschutz (BfV) (Hrsg.), *Terrorismusbekämpfung in Europa. Herausforderung für die Nachrichtendienste, Vorträge auf dem 7. Symposium des Bundesamtes für Verfassungsschutz am 8. Dezember 2008* (S. 31–39). Bundesamt für Verfasschungsschutz (BfV).

EuGH, Urteil vom 06.10.2020, Aktenzeichen Verb. Rs. C-511/18, C-512/18, C-520/18.

Europäischer Rat; Rat der EU. (2022). *Die Reaktion der EU auf den Terrorismus*. https://www.consilium.europa.eu/de/policies/fight-against-terrorism/. Zugegriffen am 22.10.2025.

Europol. (2023). *European Union Terrorism Situation and Trend Report 2023*. https://www.europol.europa.eu/publication-events/main-reports/european-union-terrorism-situation-and-trend-report-2023-te-sat. Zugegriffen am 22.10.2025.

Evangelischer Pressedienst. (2022, Februar 15). Interview: Rechtextremer Anschlag von Hanau keine Einzeltat. *indeon*. https://www.indeon.de/gesellschaft/rechtextremer-anschlag-von-hanau-keine-einzeltat. Zugegriffen am 22.10.2025.

Fischer, S., & Masala, C. (2016). Die Politik der inneren Sicherheit nach 9/11. In S. Fischer & C. Masala (Hrsg.), *Innere Sicherheit nach 9/11. Sicherheitsheitsbedrohungen und (immer) neue Sicherheitsmaßnahmen?* (S. 1–9). Springer VS.

Flick, U., Kardoff, E., & Steinke, I. (2015). *Qualitative Forschung. Ein Handbuch*. Rowohlt.

Frauenrath, R. (2018). Die Verfassungsschutzbehörden im Gefüge der deutschen Sicherheitsarchitektur. In H.-J. Lange & M. Wendekamm (Hrsg.), *Die Verwaltung der Sicherheit. Theorie und Praxis der Öffentlichen Sicherheitsverwaltung* (S. 155–163). Springer VS.

Fromm, H. (2008). Auftrag und Profil des Verfassungsschutzes im Zeichen neuer Bedrohungen. In Bundesamt für Verfassungsschutz (BfV) (Hrsg.), *Terrorismusbekämpfung in Europa. Herausforderung für die Nachrichtendienste, Vorträge auf dem 7. Symposium des Bundesamtes für Verfassungsschutz am 8. Dezember 2008* (S. 51–57). Bundesamt für Verfasschungsschutz (BfV).

Fromm, H. (2018). *Sicherheitsarchitektur und Terrorismusbekämpfung: Stellungnahme für die Anhörung des 1. Untersuchungsausschusses der 19. Wahlperiode des Deutschen Bundestages am 17. Mai 2018 (Ausschuss-Drs. 19(25)241(neu))*. https://www.bundestag.de/resource/blob/562144/4aaa3ccf4956ca915e900188f516e66a/19-25-241-neu%2D%2Ddata.pdf. Zugegriffen am 22.10.2025.

Gärditz, K. F. (2018). *Zustand der föderalen Sicherheitsarchitektur und Terrorismusbekämpfung: Stellungnahme zur Sachverständigenanhörung am 17. Mai 2018 (Ausschuss-Drs. 19(25)251)*. https://www.bundestag.de/resource/blob/562148/c33699fcb4eb442a45d9637de1f9149b/19-25-251-data.pdf. Zugegriffen am 22.10.2025.

Gärditz, K. F. (2017). Sicherheitsrecht als Perspektive. *Zeitschrift für das Gesamte Sicherheitsrecht*, *2017*(1), 1–6.

Gensing, P. (2019, Oktober 09). Angriff in Halle: Stream voller Hass. *Tagesschau*. https://www.tagesschau.de/inland/halle-taeter-101.html. Zugegriffen am 22.10.2025.

Gesetz zur Änderung des Grundgesetzes vom 28.08.2006 (Föderalismusreform I) (28.08.2006), BGBl. 2006 I S. 2034.

Gesetz zur Umsetzung des Rahmenbeschlusses des Rates der Europäischen Union v. 13.6.2002 zur Terrorismusbekämpfung und zur Änderung anderer Gesetze vom 20.12.2013 (20.12.2013), BGBl. 2003 I S. 2836.

Goertz, S. (2020). *Terrorismusabwehr. Zur aktuellen Bedrohung durch den islamistischen Terrorismus in Deutschland und Europa*. Springer.

Goertz, S., & Streitparth, A. E. (2019). *The new terrorism. Actors, strategies and tactics*. Springer.

Golder, B., & Williams, G. (2004). What is "terrorism"? Problems of legal definition. *University of South Wales Law Journal, 27*(2), 270–295.
Graulich, K. (2017). Aufgaben und Befugnisse des Bundeskriminalamts im digitalen Rechtsraum – Das Gesetz zur Neugestaltung des BKAG im Jahr 2017. *Kriminalpolitische Zeitschrift*, 278–287.
Greene, A. (2017). Defining Terrorism: One Size Fits All? *International and Comparative Law Quarterly, 66*(2), 411–440.
Guillaume, G. (2004). Terrorism and International Law. *International and Comparative Law Quarterly, 53*(3), 537–548.
Gusy, C. (2004). Gewährleistung von Freiheit und Sicherheit im Lichte unterschiedlicher Staats- und Verfassungsverständnisse: 2. Bericht. *Veröffentlichungen der Vereinigung der Deutschen Staatsrechtslehrer, 63*, 151–188.
Hanning, A. (2012). § 53 Föderalismus im Politikbereich Innere Sicherheit. In I. Härtel (Hrsg.), *Handbuch Föderalismus. Föderalismus als demokratische Rechtsordnung und Rechtskultur in Deutschland, Europa und der Welt, Band III: Entfaltungsbereiche des Föderalismus* (S. 47–68). Springer.
Heinrich, S., & Lange, H.-J. (2008). Erweiterung des Sicherheitsbegriffs. In H. Hans-Jürgen Lange, P. Ohly, & J. Reichertz (Hrsg.), *Auf der Suche nach neuer Sicherheit. Fakten, Theorien und Folgen* (S. 253–268). VS Verlag für Sozialwissenschaften.
Hobbes, T. (2005). *Leviathan (1651)*. Felix Meiner.
Hofmann, H., Lukosek, S., & Schulte-Rudzio, F. (2020). Das Gewicht der Sicherheit als Herausforderung des liberalen Verfassungsstaates: Sicherheit als Staatsaufgabe, Staatsziel, grundrechtliche Gewährleistung? *Zeitschrift für das Gesamte Sicherheitsrecht*, 233–244.
Hummer, W. (2017). Terrorismusbekämpfung in der Europäischen Union: Rahmenbedingungen, Strategien und Zuständigkeiten. *Zeitschrift für Europarechtliche Studien*, 145–160.
Institute for Economics & Peace. (2023). *Global terrorism index 2023. Measuring the impact of terrorism.* https://www.visionofhumanity.org/wp-content/uploads/2023/03/GTI-2023-web-170423.pdf. Zugegriffen am 22.10.2025.
Isensee, J. (2011). § 190 Grundrechtsvoraussetzungen und Verfassungserwartungen an die Grundrechtsausübung. In J. Isensee & P. Kirchhof (Hrsg.), *Handbuch des Staatsrechts der Bundesrepublik Deutschland, Band IX. Allgemeine Grundrechtslehren* (3. Aufl., S. 266–390). C.F. Müller.
Jenkins, B. M. (2006). From combating terrorism to the global war on terror. In P. Katona, M. D. Intriligator, & J. P. Sullivan (Hrsg.), *Countering terrorism and WMD. Creating a Global Ccunter-Terrorism Network* (S. 181–198). Routledge.
Jules, T. D. (2023). State-sponsored terrorism. In S. N. Romaniuk, M. S. Catino, & C. Augustus Martin (Hrsg.), *The handbook of homeland security* (S. 441–449). Routledge.
Könen, A. (2017). Gefahren für die innere Sicherheit aus dem Cyber-Raum. Wie kann Deutschland sich schützen? In P. E. Sensburg (Hrsg.), *Sicherheit in einer digitalen Welt* (S. 45–60). Nomos.

Lange, H.-J. (2012). Der Wandel des föderalen Sicherheitsverbundes in Deutschland. In T. Würtenberger, C. Gusy, & H.-J. Lange (Hrsg.), *Innere Sicherheit im europäischen Vergleich. Sicherheitsdenken, Sicherheitskonzepte und Sicherheitsarchitektur im Wandel* (S. 107–124). LIT-Verlag.

Larenz, K., & Canaris, C.-W. (1995). *Methodenlehre der Rechtswissenschaft* (3. Aufl.). Springer Lehrbuch.

Locke, J. (2008). *Zweite Abhandlung über die Regierung: Über den wahren Ursprung, die Reichweite und den Zweck der staatlichen Regierung (1689).* Suhrkamp.

Löffelmann, M. (2018). Die Zukunft der deutschen Sicherheitsarchitektur – Vorbild Bayern? *Zeitschrift für das Gesamte Sicherheitsrecht, 2018*(3), 85–91.

Lowe, D. (2022). *Terrorism, law and policy. A comparative study* (2. Aufl.). Routledge.

Marscholleck, D. (2015). Das Gesetz zur Verbesserung der Zusammenarbeit im Bereich des Verfassungsschutzes. *Neue Juristische Wochenschrift, 68*, 3611–3616.

Masala, C., & Scheffler, C. (2022). § 1 Sicherheitsbedrohungen. In J.-H. Dietrich, M. Fahrner, N. Gazeas, & B. von Heintschel-Heinegg (Hrsg.), *Handbuch Sicherheits- und Staatsschutzrecht.* C.H. Beck.

Masing, J. (2018). Nachrichtendienste im freiheitlichen Rechtsstaat. In J.-H. Dietrich, K. F. Gärditz, K. Graulich, C. Gusy, & G. Warg (Hrsg.), *Nachrichtendienste im demokratischen Rechtsstaat. Kontrolle – Rechtsschutz – Kooperationen* (S. 3–19). Mohr Siebeck. https://viewer.content-select.com/pdf/viewer?id=3740&id_type=isbn&identifiers=9783161562341&signature=e8262135298353fa6430afd6bedba0d4ff56c1ad&frontend=1&language=deu&session=rAj2AgpJclSzfogHtZDi2FWhXvm6NkKggbbJxSjwpx08nGL6OiPW7e4BRLGo4VWO. Zugegriffen am 22.10.2025.

Mayring, P. (2015). *Qualitative Inhaltsanalyse. Grundlagen und Techniken* (12. Aufl.). Beltz Verlagsgruppe.

Mehde, V. (2005). Terrorismusbekämpfung durch Organisationsrecht. *JuristenZeitung, 60*(17), 815–822.

Miller, S., & Feltes, J. (2021). The Definition of Terrorism. In S. Miller, A. Henschke, & J. Feltes (Hrsg.), *Counter-terrorism. The ethical issues* (S. 24–34). Edward Elgar Publishing.

Münch, U. (2019). Wenn Terrorangst auf Bundesstaatlichkeit trifft: Vor- und Nachteile der föderalen Organisation von Innerer Sicherheit. In H. Pelizäus & L. Nieder (Hrsg.), *Das Risiko – Gedanken übers und ins Ungewisse: Interdisziplinäre Aushandlungen des Risikophänomens im Lichte der Reflexiven Moderne. Eine Festschrift für Wolfgang Bonß* (S. 271–286). Springer.

Nach Anschlag auf Weihnachtsmarkt. (2024, Dezember 21). Fünf Tote, 200 Verletzte - Magdeburg trauert. *Tagesschau,*. https://www.tagesschau.de/inland/gesellschaft/magdeburg-anschlag-104.html. Zugegriffen am 22.10.2025.

Nach Anschlag in Magdeburg. (2024, Dezember 30). Bundestag will Antworten auf offene Fragen. *Tagesschau.* https://www.tagesschau.de/inland/magdeburg-anschlag-sitzungen-100.html. Zugegriffen am 22.10.2025.

Nach Anschlag in Magdeburg. (2024, Dezember 22). Debatte über Versäumnisse und Konsequenzen. *Tagesschau.* https://www.tagesschau.de/inland/innenpolitik/anschlag-magdeburg-soeder-klingbeil-100.htm. Zugegriffen am 22.10.2025.

Nach Anschlag in Magdeburg. (2024, Dezember 22). Innenministerin Faeser drängt auf Beschlüsse zur inneren Sicherheit. *Spiegel Online*. https://www.spiegel.de/politik/magdeburg-innenministerin-faeser-draengt-auf-beschluesse-zur-inneren-sicherheit-a-2a8840db-33fc-4f8c-845c-a36b4f13f9b2. Zugegriffen am 22.10.2025.

Nach Anschlag in Magdeburg. (2024, Dezember 29). Söder fordert „Zeitenwende", SPD will genaue Aufklärung. *Tagesschau*. https://www.tagesschau.de/inland/innenpolitik/anschlag-magdeburg-soeder-klingbeil-100.html. Zugegriffen am 22.10.2025.

Rademacher, T., & Perkowski, L. (2020). Staatliche Überwachung, neue Technologien und die Grundrechte. *Juristische Schulung*, *2020*(713), 713–720.

Rahmenbeschluss des Rates vom 13. Juni 2002 zur Terrorismusbekämpfung (2002/475/JI), ABl. L 164/3.

Roggan, F. (2009). Das neue BKA-Gesetz – Zur weiteren Zentralisierung der deutschen Sicherheitsarchitektur. *Neue Juristische Wochenschrift*, 257–262.

Roggan, F., & Hammer, T. (2016). Das Gesetz zum besseren Informationsaustausch bei der Bekämpfung des internationalenn Terrorismus – Ein Anti-Terror-Paket ohne unmittelbare terrorabwehrspezifische Inhalte. *Neue Juristische Wochenschrift*, 3063–3068.

Saul, B. (2019). Defining terrorism: A conceptual minefield. In E. Chenoweth (Hrsg.), *The Oxford handbook of terrorism* (S. 34–49). Oxford University Press.

Schäfer, J., & Anstötz, S. (2021). StGB § 129a. In: V. Erb & J. Schäfer (Hrsg). *Münchener Kommentar zum StGB* (3. Ergänzungslieferung. 4. Aufl.). C.H. Beck.

Schindler, G. (2020). *Wer hat Angst vorm BND? Warum wir mehr Mut beim Kampf gegen die Bedrohungen unseres Landes brauchen. Eine Streitschrift*. Econ.

Schmid, A. P. (2023). *Defininig Terrorism (International Centre for Counter-Terrorism (ICCT) Report)*. https://www.icct.nl/sites/default/files/2023-03/Schmidt%20-%20Defining%20Terrorism_1.pdf. Zugegriffen am 22.10.2025.

Sensburg, P. E. (2017). Nachrichtendienste im Zeitalter des Terrors 4.0. In P. E. Sensburg (Hrsg.), *Sicherheit in einer digitalen Welt* (S. 99–120). Nomos.

Sicherheitsdebatte nach Tat in Magdeburg. (2024, Dezember 24). „Erinnert an den Anschlag vom Breitscheidplatz". *Tagesschau*. https://www.tagesschau.de/inland/magdeburg-konsequenzen-102.html. Zugegriffen am 22.10.2025.

Spencer, A. (2006a). Questioning the Concept of „New Terrorism". *Peace, Conflict and Development, 8*, 1–33.

Spencer, A. (2006b). The problems of evaluating counter-terrorism. *UNISCI Discussion Papers*, 179–201.

Statista. (2023). *Sicherheit in Deutschland: Statistiken zu den Nachrichtendiensten des Bundes*. https://de.statista.com/themen/7686/nachrichtendienste/#topicOverview. Zugegriffen am 22.10.2025.

Steinke, R. (2019, März 15). Anschlag in Neuseeland: Wie rechte Terroristen sich weltweit vernetzen. *Süddeutsche Zeitung*. sz.de/1.4369948.

Steinke, R. (2020, August 19). Staatliche Spionagesoftware – Vom Trojaner zum Trojaner plus. *Süddeutsche Zeitung*. https://www.sueddeutsche.de/digital/staatstrojaner-quellen-tkue-verfassungsschutz-1.5001279. Zugegriffen am 22.10.2025.

Verhoeven, C. (2022). Shock and Awe, terrorism and theory. In C. Dietze & C. Verhoeven (Hrsg.), *The Oxford handbook of the history of terrorism* (S. 691–711). Oxford University Press.

Vitzthum, T. (2020, November 08). Dobrindt attackiert Maas: „Islamistischer Terror in einer neuen brutalen Qualität". *Die Welt.* www.welt.de/politik/deutschland/article219521322. Zugegriffen am 22.10.2025.

Weinberg, L. B. (2021). How terrorism ends. In M. Haner & M. M. Sloan (Hrsg.), *Theories of terrorism. Contemporary perspectives* (S. 345–375). Routledge.

Wolff, H. A. (2018). *Überblick über die föderale Sicherheitsstruktur: Schriftliche Stellungnahme für die Anhörung des 1. Untersuchungsausschusses der 19. Wahlperiode des Deutschen Bundestages am 17. Mai 2018 (Ausschuss-Drs. 19(25)240 (neu)).* https://www.bundestag.de/resource/blob/562142/e10342eb566fc638adb325c6158d7e56/19-25-240-neu%2D%2Ddata.pdf. Zugegriffen am 22.10.2025.

Teil I

Terrorismusbekämpfung als Optimierungsaufgabe

2 Terrorismusbekämpfung als grundrechtliche Optimierungsaufgabe

Die Gewährleistung der öffentlichen Sicherheit ist Staatszweck und Staatsziel zugleich: Nicht nur verleiht die Gewährung von Schutz der staatlichen Macht Legitimation, sie ist auch Handlungsaufforderung für alle staatlichen Stellen.[1] Naturgemäß zählt zu dem staatlichen Auftrag der inneren Sicherheit auch die Bekämpfung terroristischer Bedrohungen, d. h. insbesondere die frühzeitige Aufdeckung und Verhinderung terroristischer Gewalttaten.[2] Das Bundesverfassungsgericht hat den insoweit bestehenden staatlichen Schutzauftrag zutreffend wie folgt beschrieben:

> „Der Staat darf und muss terroristischen Bestrebungen – etwa solchen, die die Zerstörung der freiheitlichen demokratischen Grundordnung zum Ziel haben und die planmäßige Vernichtung von Menschenleben als Mittel zur Verwirklichung dieses Vorhabens einsetzen – mit den erforderlichen rechtsstaatlichen Mitteln wirksam entgegentreten."[3]

Hierzu ist der Staat jedoch nicht nur im Rahmen abstrakter Staatsaufgaben verpflichtet. Vielmehr folgt die Pflicht zur Wahrung der inneren Sicherheit unmittelbar auch aus den Grundrechten: Der Staat ist nicht nur dazu verpflichtet, die grund-

[1] Siehe Isensee 2006, Rn. 7–8 Ausführlich Möstl 2002.

[2] Götz 2006, Rn. 14–15.

[3] BVerfGE 115, 320, 357 (Rasterfahndung II). Ähnlich z. B. BVerfGE 49, 24, 56–57 (Kontaktsperregesetz).

T. Ackermann, *Terrorismusbekämpfung in der föderalen Sicherheitsarchitektur*, Juridicum – Bochumer Schriften zur Friedenssicherung und zum Humanitären Völkerrecht I Bochum Studies on the International Law of Peace and Armed Conflict 69,
https://doi.org/10.1007/978-3-662-72233-6_2

rechtlich geschützten Rechtsgüter der Menschen im Geltungsbereich des Grundgesetzes zu respektieren, indem er nicht in unverhältnismäßiger Weise in sie eingreift. Er muss sie, wie dieses Kapitel näher beleuchtet, ebenso vor Gefahren durch Dritte schützen. Zu diesen Gefahren gehören auch terroristische Akte, die sich gegen Leib und Leben ihrer unmittelbaren Opfer sowie gegen Freiheitsrechte und die freiheitlich-demokratische Grundordnung als solche richten können.[4]

Dieses Kapitel zeigt zunächst, dass sich diese aus der objektiv-rechtlichen Dimension der Grundrechte folgende staatliche Schutzpflicht in einem Dreiecksverhältnis entfaltet, das den Staat, die Gefährdenden und die gefährdeten Individuen umfasst (unter Abschn. 2.1). Im Anschluss wird argumentiert, dass sich der Inhalt der staatlichen Schutzpflichten im Kontext terroristischer Bedrohungen aus den einzelnen Grundrechten ableiten lässt, ohne dass es des Konstrukts eines separaten „Grundrechts auf Sicherheit" bedürfte (unter Abschn. 2.2). Ihr Umfang ist dabei allerdings verfassungsrechtlich nur zu einem gewissen Grad vorbestimmt. Der resultierende staatliche Umsetzungsspielraum findet – wie dieses Kapitel aufzeigt – seine Grenzen nicht nur im Untermaßverbot, sondern in einer Pflicht zur kontinuierlichen Evaluierung und Optimierung (unter Abschn. 2.3).

2.1 Grundrechtliche Schutzpflichten im Dreieckverhältnis

Explizit werden Schutzpflichten des Staates im Grundgesetz nur punktuell erwähnt.[5] So findet sich prominent in Art. 1 Abs. 1 S. 2 GG die Verpflichtung zum Schutz der Menschenwürde,[6] während etwa Art. 6 Abs. 1 GG die Ehe und Familie unter den „besonderen Schutze der staatlichen Ordnung" stellt.[7] Es ist aber – der Lehre von den grundrechtlichen Schutzpflichten[8] folgend – anerkannt, dass sich aus den Grundrechten des Grundgesetzes für den Staat darüberhinausgehende Schutzpflichten ergeben.

Die Grundrechte sind zwar grundsätzlich als Abwehrrechte gegen den Staat formuliert. Sie bilden aber, wie das Bundesverfassungsgericht erstmals im berühmten *Lüth*-Urteil festgestellt hat, in ihrer Gesamtheit eine objektive Wertordnung des

[4] Vgl. nur Krings 2015, S. 168; Isensee 2011, Rn. 216.

[5] Vgl. Kingreen und Poscher 2022, Rn. 150; Voßkuhle und Kaiser 2011, S. 412.

[6] Siehe dazu z. B. Wapler 2023, Rn. 123.

[7] Siehe dazu z. B. Badura, Rn. 73.

[8] Siehe z. B. Kingreen und Poscher 2022, Rn. 115–118; Epping 2021, Rn. 123–125; Isensee 2011, Rn. 146–150; Unruh 1996; Dietlein 1992; Klein 1989 ff.

Staates, aus der sich verfassungsrechtliche Grundentscheidungen für das gesellschaftliche Zusammenleben ergeben.[9] Aus dieser Wirkungsweise der Grundrechte, die auch als objektiv-rechtliche Dimension bezeichnet wird,[10] folgt zwar nicht, dass nichtstaatliche Akteure unmittelbar grundrechtsverpflichtet sind. Eine solche unmittelbare Drittwirkung kommt den Grundrechten grundsätzlich nicht zu.[11] Da der Staat aber für die objektive Wertordnung in allen Lebensbereichen einzutreten hat, muss dieser nichtstaatliche Gefährdungen abwehren, die die grundrechtlich geschützten Rechtspositionen ebenso beeinträchtigen können wie staatliche Eingriffe.[12]

Dies ist nicht zuletzt Kehrseite des Gewaltmonopols:[13] Weil grundsätzlich nicht die Einzelnen, sondern nur der Staat das Recht notfalls mit Zwangsmitteln durchsetzen darf, sind die Einzelnen darauf angewiesen, dass der Staat dieses Monopol auch ausübt, um nichtstaatliche Gefahren für grundrechtlich geschützte Rechtsgüter abzuwehren. Da sich der Einzelne mit anderen Worten gegen Grundrechtseingriffe von nichtstaatlicher Seite nur begrenzt zur Wehr setzen darf und kann,[14] muss den Staat eine Schutzpflicht treffen, um den Verzicht auf private Gewaltanwendung zu legitimieren und die objektive Wertordnung zu gewährleisten.[15] Das gilt erst recht im Bereich der präventiven Gefahrenabwehr, in dem die private Rechtsdurchsetzung schnell an ihre Grenzen stößt.

Die Wirkungskraft der verfassungsrechtlich verbürgten Freiheitsversprechen würde demnach für den Einzelnen erheblich gemindert, wenn der Staat zwar von eigenen Rechtsgutsverletzungen absehen müsste, gegenüber Beeinträchtigungen, die von Dritten ausgehen, aber untätig bleiben dürfte. In Erfüllung dieser Schutzfunktion[16] muss sich der Staat also, so das Bundesverfassungsgericht, „schützend

---

[9] BVerfGE 7, 198, 205–207 (Lüth). Ständige Rechtsprechung, z. B. BVerfG, NJW 2020, 1282, Rn. 37; BVerfGE 148, 267, Rn. 32 (Stadionverbot); BVerfGE 49, 89, 141–142 (Kalkar I); BVerfGE 25, 256, 188–189 (Blinkfüer) Siehe auch Rensmann 2007, S. 68–121 Vgl. zur Identitätsfunktion der Grundrechte bereits Smend 1928.

[10] Herdegen, Rn. 17–19; Jarass 2022b, Rn. 8; Saurer 2022, Rn. 16–17; Sauer 2023, Rn. 106–108. Siehe ausführlich Dreier 1993.

[11] Siehe Michael und Morlok 2023, Rn. 478–480. Zur „Ausstrahlung" der Grundrechte auf das Verhältnis zwischen Privaten siehe z. B. Cornils 2022.

[12] Epping 2021, Rn. 123.

[13] Siehe Bumke 2019, S. 58; Vosgerau 2008, S. 348.

[14] Siehe z. B. §§ 227 ff., 859 f., 904 BGB, § 32 StGB, § 15 OWiG.

[15] Möstl 2022b, Rn. 5; Epping 2021, Rn. 123; Klein 1989, S. 1635–1636.

[16] Als „Grundrechtsfunktion" wird die rechtliche Wirkung zugunsten des jeweiligen Schutzgutes verstanden, siehe Jarass 2022b, Rn. 2. Siehe zur Lehre von den Grundrechtsfunktionen auch Stern 2011, Rn. 31 m. w. N.

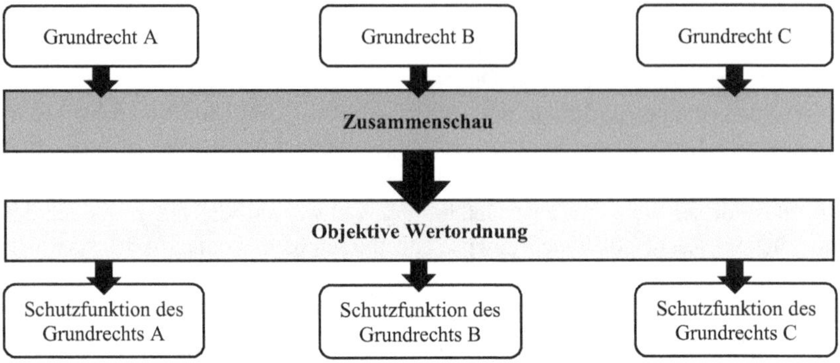

Abb. 2.1 Dogmatische Begründung der Schutzpflichten durch das Bundesverfassungsgericht

und fördernd" vor die Grundrechte des Einzelnen stellen.[17] Auf diese Weise wirkt die Schutzfunktion als „Geltungsverstärkung" der Abwehrfunktion.[18] Dieser Ansatz des Bundesverfassungsgerichts bzw. der Lehre von den Schutzfunktionen lässt sich anhand von Abb. 2.1 wie folgt veranschaulichen:

Die Schutzfunktion der Grundrechte entfaltet sich in einem Dreiecksverhältnis zwischen dem zu schützenden Individuum oder Rechtsgut auf der einen, des oder der Störer:in und der von ihr oder ihm ausgehenden Gefahr auf der zweiten und dem Staat auf der dritten Seite. Dieses als „Grundrechtsdreieck"[19] oder „Störerdreieck"[20] bezeichnete Verhältnis lässt sich anhand von Abb. 2.2 wie folgt veranschaulichen:

Der Staat kann demnach verpflichtet sein, im Verhältnis zwischen Störer:in und Opfer, das selbst nicht (unmittelbar) grundrechtsdeterminiert ist, zu intervenieren und der Grundrechtsbedrohung, vor allem durch Maßnahmen gegenüber der oder dem Störer:in, entgegenzuwirken. Damit kommt er seiner positiven Aufgabe gegenüber dem Opfer nach, dessen grundrechtlichen Rechtspositionen der Individuen gegen nichtstaatliche Bedrohungen zu sichern.[21] Ein Teilbereich dieser Sicherheitsgewährleistung ist die Abwehr terroristischer Gefahren.

[17] Z. B. BVerfG, Rn. 128 (EPA); BVerfGE 115, 118, Rn. 120 (Luftsicherheitsgesetz); BVerfGE 46, 160, 164 (Schleyer); BVerfGE 39, 1, 42 (Schwangerschaftsabbruch I).

[18] Unruh 1996, S. 56.

[19] Isensee 2011, Rn. 5; Unruh 1996, S. 21–23. Siehe auch Calliess 2006a, Rn. 18–19, 2006b, S. 326 („grundrechtlich determiniertes Dreieck").

[20] Klein 2006, S. 961–963; Horn 1999, S. 156.

[21] Calliess 2006a, Rn. 18; Unruh 1996, S. 20.

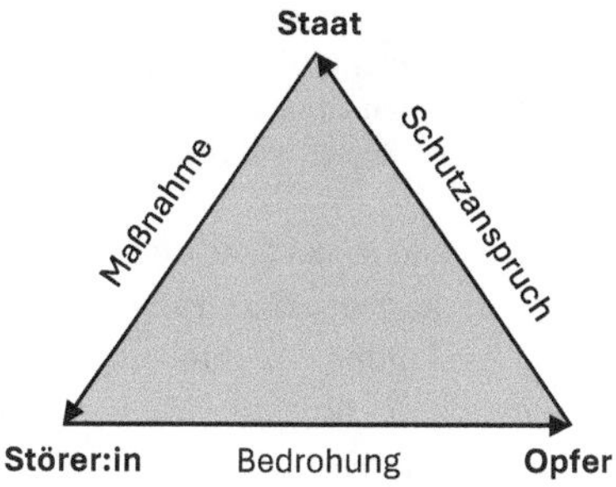

Abb. 2.2 Dreiecksverhältnis bei der Grundrechtsbedrohungen durch Dritte

2.2 Dogmatische Begründung der Pflicht zum Schutz vor terroristischen Gefahren

Im Folgenden wird näher untersucht, woraus sich die Pflicht zum Schutz vor terroristischen Gefahren dogmatisch im Einzelnen ergibt. Es wird argumentiert, dass – entgegen der Theorie eines „Grundrechts auf Sicherheit" – die Konstruktion eines eigenständigen, ungeschriebenen Grundrechts weder erforderlich noch überzeugend ist (unter Abschn. 2.2.1) und dass sich die staatliche Pflicht zur Abwehr terroristischer Gefahren stattdessen aus dem bestehenden Grundrechtekanon, d. h. aus den jeweils betroffenen Grundrechten, ableitet (dazu unter Abschn. 2.2.2). Darüber hinaus wird herausgearbeitet, dass sich vergleichbare Schutzpflichten auch in völkerrechtlichen Verpflichtungen der Bundesrepublik finden lassen (dazu unter Abschn. 2.2.3).

2.2.1 Schutzpflichten aufgrund eines Grundrechts auf Sicherheit?

Der Staatsrechtler *Isensee* schlug bereits 1982 vor, dass sich staatliche Schutzpflichten aus einem ungeschriebenen „Grundrecht auf Sicherheit"[22] ergeben. Diese Konstruktion wird jedoch zu Recht kritisiert und überzeugt im Ergebnis nicht.

Ein explizites Grundrecht auf Sicherheit findet sich in der Verfassung nicht. *Isensee* allerdings konstruiert dieses auf Grundlage einer Zusammenschau der Grundrechte.[23] Er erläutert dies wie folgt:

---

[22] Isensee 1983.

[23] Isensee 2011, Rn. 3.

> „Sicherheit bedeutet nunmehr: Unversehrtheit dieser Schutzgüter im Verhältnis der Bürger untereinander. Sie läßt sich auch analog zum Abwehrrecht definieren: als Freiheit des einen Grundrechtsträgers vom Übergriff des anderen. Die Rekonstruktion der Staatszwecke aus den Grundrechten ergibt das Grundrecht auf Sicherheit."[24]

Der Staatszweck, auf den sich *Isensee* bezieht, ist mit der Philosophie von *Hobbes*[25] die Sicherheit *durch* den Staat.[26] *Isensee* knüpft in seiner Argumentation an die Auslegung des Bundesverfassungsgerichts an, das die Grundrechte in ihrer Gesamtheit als objektive Wertordnung betrachtet und aus dieser objektiven Wertordnung Schutzaspekte der einzelnen Grundrechte herausarbeitet.[27] Er wiederholt diesen dogmatischen Schritt, indem er die Schutzaspekte der einzelnen Grundrechte zusammen betrachtet. Das Ergebnis seiner Auslegung zielt jedoch nicht wieder auf die einzelnen Grundrechte ab. Stattdessen leitet er aus der Gesamtheit der Schutzaspekte ein einzelnes Grundrecht ab – das Grundrecht auf Sicherheit.[28] *Isensees* Argumentation lässt sich anhand Abb. 2.3 wie folgt darstellen:

Die Freiheitsrechte allein können in der Konzeption *Isensees* als Abwehrrechte nicht die Grundlage eines angemessenen Schutzniveaus sein. Durch die Anerkennung eines Grundrechts auf Sicherheit soll der Schutzanspruch des Opfers gegenüber dem Staat gefestigt werden und den durch Schutzrechte gesicherten Individualrechtsgüter auch im Rahmen von Ermessenserwägungen ein höheres Gewicht zukommen.[29]

Isensees Ansatz überzeugt nicht. Erstens bleibt die dogmatische Herleitung eines solchen Grundrechts unklar. Denn die Metaebene, d. h. die Schutzfunktion der Grundrechte, und die konkrete Ausgestaltung der Schutzpflichten durch die einzelnen Grundrechte werden vermischt. Dass eine zentrale Aufgabe des Staates die Gewährleistung von Sicherheit ist,[30] erklärt noch nicht die Notwendigkeit eines eigenständigen Grundrechts auf Sicherheit, da die bestehenden Grundrechte bereits den Schutz verfassungsrechtlich garantierter Güter umfassen.

Die Vermischung von Metaebene und konkreten Schutzpflichten führt zweitens auch zu Unklarheiten bezüglich des Umfangs des umstrittenen Sicherheitsgrund-

---

[24] Isensee 2011, Rn. 185.

[25] Hobbes 2005.

[26] Siehe Calliess 2002, S. 4.

[27] BVerfGE 7, 198, 205–207 (Lüth).

[28] Isensee 1983, S. 33.

[29] Vgl. Isensee 1983, S. 50–56. Siehe auch die Diskussion bei Germann 2021, S. 149–153.

[30] Vgl. BVerfGE 115, 320, 357 (Rasterfahndung II); BVerfGE 49, 24, 56–57 (Kontaktsperregesetz).

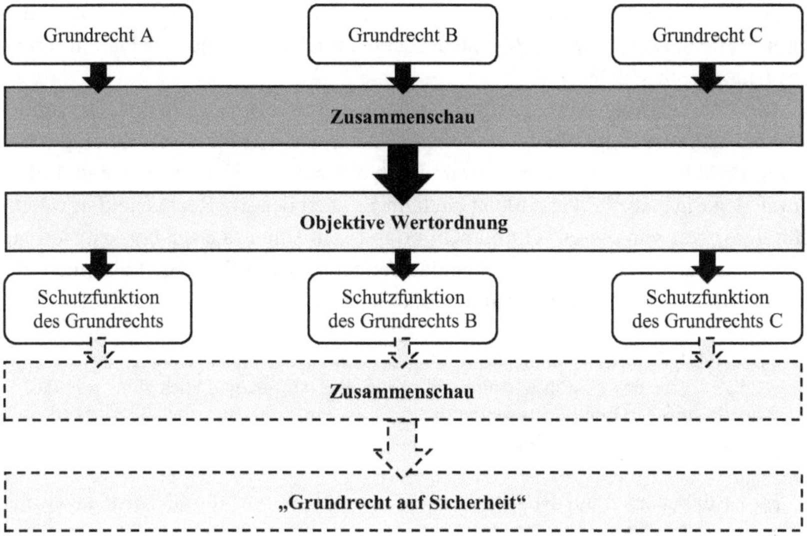

Abb. 2.3 Dogmatische Begründung des Grundrechts auf Sicherheit durch Isensee

rechts. Der Umfang der Schutzpflicht richtet sich grundsätzlich nach dem Grundrecht, dessen Schutzbereich konkret betroffen ist. So steckt beispielsweise Art. 6 GG den Rahmen für staatliche Handlungspflichten zum Schutz familiärer Belange ab,[31] Art. 2 Abs. 2 S. 1 GG denjenigen zum Schutz des Lebens und der körperlichen Unversehrtheit.[32] Was nun aber das Grundrecht auf Sicherheit konkret umfasst, ist nicht ersichtlich.[33]

Zwar wird auch auf EU-Ebene die Existenz eines Grundrechts auf Sicherheit diskutiert. Ausgangspunkt dieser Debatten ist Art. 6 Abs. 1 S. 1 der EU-Grundrechtecharta (GRC), in dem es heißt, dass „[j]ede Person [...] das Recht auf Freiheit und Sicherheit“ hat. Auf dieser Grundlage hat der EuGH ein Recht auf Sicherheit anerkannt, das auch im Zusammenhang mit der Bekämpfung des internationalen Terrorismus stehen soll.[34] Zwar würde, so verstanden, aus Art. 6 Abs. 1 S. 1 GRC die Pflicht zum Schutz vor terroristischen Gefahren

[31] Siehe Badura, Rn. 73.

[32] Siehe Jarass 2022a, Rn. 108–110.

[33] Vgl. auch schon die Kritik bei Hermes 1985 ff.

[34] EuGH, Urteil vom 08.12.2014, C-293/12, C-594/12, Rn. 42 (Digital Rights Ireland und Seitlinger et al.). Siehe auch EuGH, Urteil vom 15.02.2016, C-601/15, Rn. 53 (PPU - N.).

folgen.[35] Diese Pflicht bestünde gem. Art. 51 Abs. 1 S. 1 GRC für die Union und ihrer Stellen und für die EU-Mitgliedstaaten ausschließlich bei der Durchführung des Unionsrechts.

Die Anerkennung eines separaten Sicherheitsgrundrechts ist in der Literatur allerdings auf berechtigte Kritik gestoßen.[36] Denn Art. 6 GRC zielt – durch die Garantie der klassischen *habeas corpus*-Rechte – auf die Sicherheit *vor* und nicht *durch* den Staat ab.[37] Zudem bleibt auch im Kontext des EU-Rechts unklar, welche Güter konkret von diesem Grundrecht erfasst sein sollen. *Leuschner* kritisiert zurecht, dass dieses Rechtsverständnis das Verständnis von Sicherheit als einem der Freiheit dienenden Schutzgut aufhebt und die Sicherheit zum Selbstzweck erhebt:

> „Was infolge dieser Grundrechtsgewähr zu sichern ist, bleibt dabei völlig offen. Bezugspunkte des Gewährleistungsziels kann aber so gut wie alles sein, was das Potential dieses Grundrechts verdeutlicht: Es ist ein Einfallstor für alle möglichen Schutzgüter in den hehren Stand der Grundrechtsgüter."[38]

Es ist daher auch auf EU-Ebene nicht ersichtlich, was die Sicherheitsgewährleistung konkret erfordern würde. *Callies* nimmt etwa an, Art. 6 GRC habe insoweit eine Auffangfunktion als subsidiäres Schutzrecht,[39] dessen eigenständiger Anwendungsbereich angesichts der Fülle speziellerer Grundrechte allerdings fraglich erscheint. Und so hat der EuGH das Grundrecht auf Sicherheit bislang auch nur argumentativ zur Rechtfertigung von Eingriffen in (andere) Grundrechte angeführt.[40]

Würde man darüber hinaus einen eigenständigen individuellen Schutzanspruch aus einem (verfassungs- oder unionsrechtlichen) Grundrecht aus Sicherheit bejahen, hätte dies gravierende Folgen für die Abwägung grundrechtlicher Belange: Wenn jemand in die Grundrechte anderer eingreift, wäre wohl immer auch das Grundrecht auf Sicherheit betroffen. Jedem Freiheitsgrundrecht stünde dann das Grundrecht auf Sicherheit entgegen und die Abwägung der widerstreitenden Inter-

---

[35] Vgl. auch Entschließung des Europäischen Parlaments vom 12.12.2018 zu den Feststellungen und Empfehlungen des Sonderausschusses Terrorismus (2018/2044(INI)), ABl. C 388/42, Vorbemerkung B.

[36] Ablehnend z. B. Buchholtz 2016; Leuschner 2018, S. 72–80; Bernsdorff, Rn. 11; Augsberg 2015, Rn. 6; Leuschner 2016a; zustimmend aber z. B. Calliess 2022, Rn. 12–13; Streinz 2018, Rn. 6.

[37] Vgl. Jarass 2021, Art. 6 Rn. 2.

[38] Leuschner 2016b.

[39] Calliess 2022, Rn. 11–13.

[40] Vgl. Gärditz 2022, Rn. 78.

essen läge in der Einschätzungsprärogative des Staates. Dies würde zu einer Relativierung des grundrechtlichen Schutzes der Freiheitsgrundrechte führen.[41] Ein Grundrecht auf Sicherheit birgt daher die Gefahr, dass es missbraucht werden könnte, um unter dem Deckmantel der Sicherheit Freiheitsrechte weitläufig zu relativieren. In der Praxis hat es – etwa durch die ehemaligen Bundesinnenminister *Schily* (SPD)[42] und *Friedrich* (CSU)[43] – bereits Versuche gegeben, auf der Grundlage des vermeintlich bestehenden Grundrechts auf Sicherheit die Sicherheitspolitik entsprechend zu verschärfen.[44]

Dies widerspricht jedoch dem primären Zweck der Grundrechte als Abwehrrechte[45] und der dienenden Natur der Schutzpflichten gegenüber den subjektiven Freiheitsrechten.[46] Anderenfalls würde die Konstruktion des Grundrechts auf Sicherheit zu einer Abwertungsspirale des Grundrechtsschutzes führen. Es ist daher grundrechtsschonender, Schutzaspekte nicht immer, sondern nur dann in die Abwägung einzubeziehen, wenn konkrete Rechtspositionen betroffen sind.

Es scheint, dass die Konstruktion eines Grundrechts auf Sicherheit der Versuch war, das Konzept der Schutzpflichten zu vereinfachen. Leider führt dieser Versuch allerdings eher zu zusätzlichen Unklarheiten, die sowohl die Herleitung als auch den Umfang und somit den Mehrwert des Grundrechts betreffen. Versteht man das Grundrecht auf Sicherheit als „Querschnittsgrundrecht",[47] so ist das Grundrecht letztlich nur „die Summe seiner Teile"[48] und kann „über die allgemeinen grundrechtlichen Schutzpflichten hinaus allenfalls appellative Wirkungen haben."[49]

2.2.2 Schutzpflichten aufgrund einzelner Grundrechte

Ohne ein separates Sicherheitsgrundrecht konstruieren zu müssen, lassen sich Schutzpflichten des Staates zur Abwehr terroristischer Gefahren dogmatisch überzeugend aus den einzelnen Grundrechten ableiten. Diese können konkrete Anhalts-

[41] Gusy 2004, S. 176.

[42] Kilz und Prantl 2010.

[43] Bewarder und Jungholt 2013.

[44] Vgl. Hofmann et al. 2020, S. 235. Siehe auch z. B. Schäuble 2007.

[45] Leuschner 2018, S. 98–101 mit Blick auf das EU-Recht.

[46] Gärditz 2022, Rn. 78.

[47] Leuschner 2016a, S. 441, 2016b.

[48] Gusy 2004, S. 167.

[49] Gusy 2004, S. 170.

punkte dafür liefern, zu welchen Handlungen der Staat jeweils verpflichtet ist.[50] Für die Terrorismusbekämpfung sind insbesondere die Schutzpflichten, die sich aus dem Recht auf Leben und körperliche Unversehrtheit ergeben, von überragender Bedeutung (dazu unter Abschn. 2.2.2.1). Aber auch andere Freiheitsgrundrechte (dazu unter Abschn. 2.2.2.2) und in bestimmten Konstellationen das Fernmeldegeheimnis und das IT-Grundrecht (dazu unter Abschn. 2.2.2.3) können Schutzpflichten des Staates beinhalten, die im Rahmen der Terrorismusbekämpfung relevant werden.

2.2.2.1 Schutzpflichten aufgrund des Rechts auf Leben und körperliche Unversehrtheit

Terroristische Gefahren betreffen häufig in erster Linie das Leben und die körperliche Unversehrtheit. Diese Güter sind in Art. 2 Abs. 2 S. 1 GG geschützt,[51] wobei der Schutz das menschliche Leben, d. h. die biologisch-physische Existenz,[52] und die körperliche Unversehrtheit, also die Gesundheit im biologisch-physiologischen Sinne[53] bzw. die Integrität der körperlichen Substanz,[54] erfasst. Was bereits im Allgemeinen beschrieben worden ist, gilt auch für dieses Grundrecht im Besonderen: Vor dem Hintergrund der Gräueltaten des Nationalsozialismus ist die traditionelle Funktion dieses Grundrechts der Schutz vor staatlichen Eingriffen.[55] Es ist jedoch nicht auf diese Funktion begrenzt, sondern schließt nach ständiger Rechtsprechung des Bundesverfassungsgerichts „auch die staatliche Pflicht ein, sich schützend und fördernd vor die Rechtsgüter Leben und körperliche Unversehrtheit zu stellen und sie vor rechtswidrigen Eingriffen von Seiten anderer zu bewahren."[56]

Diese Schutzpflicht findet nach Ansicht des Bundesverfassungsgerichts auch „in Art. 1 Abs. 1 GG, der den Staat ausdrücklich zur Achtung und zum Schutz der Menschenwürde verpflichtet; ihr Gegenstand und – von ihm her – ihr Maß werden durch Art. 2 Abs. 2 GG näher bestimmt."[57] Nach der Rechtsprechung des Bundes-

[50] Vgl. Kluth 2015, S. 7; Krings 2003, S. 169–170.

[51] Siehe auch Art. 2 GRC und Art. 2 EMRK.

[52] Lang 2023, Rn. 58; Schmidt 2023, Rn. 101.

[53] BVerfGE 56, 54, 73 (Fluglärm).

[54] Vgl. Lang 2023, Rn. 62.

[55] Vgl. Lang 2023, Rn. 55.

[56] BVerfGE 157, 30, Rn. 145 (Klimaschutz). Siehe auch BVerfG, Rn. 145 (Inzidenzwertabhängiges Kulturveranstaltungsverbot); BVerfGE 142, 313, 337 (Zwangsbehandlung); BVerfGE 115, 320, 346 (Rasterfahndung II); BVerfGE 90, 145, 195 (Cannabis); BVerfGE 46, 160, 164 (Schleyer); BVerfGE 39, 1, 42 (Schwangerschaftsabbruch I).

[57] BVerfGE 88, 203, 251 (Schwangerschaftsabbruch II).

verfassungsgerichts muss die staatliche Schutzpflicht zugunsten des menschlichen Lebens „besonders ernst“ genommen werden, weil das menschliche Leben einen Höchstwert darstellt.[58] Dies folgt nicht zuletzt daraus, dass das menschliche Leben „die vitale Basis der Menschenwürde und die Voraussetzung aller anderen Grundrechte“[59] ist. Das Recht auf Leben ist daher denklogisch als „Voraussetzungsgrundrecht“[60] zu verstehen. Zum Schutz der von Art. 2 Abs. 2 GG erfassten Rechtsgüter hat der Staat daher Eingriffe Dritter grundsätzlich gesetzlich zu verbieten und diese Verbote auch effektiv durchzusetzen.[61]

Diese Einordnung darf allerdings nicht so verstanden werden, dass das Grundrecht auf Leben deshalb in der Abwägung stets Vorrang vor anderen Grundrechten hätte, wie schon der einfache Gesetzesvorbehalt in Art. 2 Abs. 2 S. 3 GG zeigt.[62] Allerdings ist zu beachten, dass an die Abwägung erhöhte Anforderungen zu stellen sind, wenn das Recht auf Leben betroffen ist. Dies ergibt sich daraus, dass ein Eingriff den Tod der oder des Betroffenen stets den gesamten Grundrechtsgehalt und damit auch denjenigen aller anderen Grundrechte aufgibt.[63] Das Recht auf Leben ist somit ein „Alles-oder-Nichts-Grundrecht“.[64]

2.2.2.2 Schutzpflichten aufgrund von anderen Freiheitsgrundrechten

Terroristische Gefahren betreffen jedoch nicht nur das Recht auf Leben und körperliche Unversehrtheit. Bereits die Definition des Terrorismus macht deutlich, dass es für ihn gerade kennzeichnend ist, dass seine Wirkungsweise über die konkrete Tat hinausgehen und die Gesellschaft insgesamt betreffen soll.[65] Denn unter terroristischen Handlungen versteht man gemeinhin schwerwiegende Straftaten, die die Bevölkerung in erheblicher Weise einschüchtern oder die Grundstrukturen eines Staates oder einer internationalen Organisation erheblich beeinträchtigen sollen.[66] Sie

[58] BVerfGE 46, 160, 164 (Schleyer); BVerfGE 39, 1, 42 (Schwangerschaftsabbruch I). Siehe auch Unruh 1996, S. 20–21.

[59] BVerfGE 39, 1, 42 (Schwangerschaftsabbruch I). Siehe auch Unruh 1996, S. 20–21.

[60] Vgl. Lang 2023, Rn. 56.

[61] Rixen 2021, Rn. 27.

[62] Vgl. Lang 2023, Rn. 57; Kunig und Kämmerer 2021, Rn. 89.

[63] Vgl. Lang 2023, Rn. 57.

[64] Vgl. Lang 2023, Rn. 73.

[65] Siehe Pfahl-Traughber 2016 ff.

[66] Siehe Richtlinie (EU) 2017/541 des Europäischen Parlaments und des Rates vom 15. März 2017 zur Terrorismusbekämpfung und zur Ersetzung des Rahmenbeschlusses 2002/475/JI des Rates und zur Änderung des Beschlusses 2005/671/JI des Rates, ABl. L 88/6, Art. 3; Bäcker 2021, Rn. 141. Siehe auch schon oben, Kap. 1, unter Abschn. 1.6.

richten sich regelmäßig gegen die freiheitlich-demokratische Grundordnung als solche. Terroristische Bewegungen berühren daher nicht nur die körperliche Sicherheit ihrer unmittelbaren Opfer, sondern können auch weitere Freiheits- und Gleichheitsgrundrechte der Bevölkerung betreffen. Je nach Ausprägung können sie sich z. B. gegen die Würde des Menschen, gegen die Religionsfreiheit, die Meinungsfreiheit oder auch die Wissenschaftsfreiheit richten.[67] Die folgenden Beispiele verdeutlichen dies:

- Die Ermordung von *Walter Lübcke* am 1. Juni 2019 auf der Terrasse seines Hauses[68] ist – über den tragischen Tod *Lübckes* hinaus – ein Beispiel für die Einschüchterung politisch unliebsamer Akteure. Der Mord, motiviert von Rassismus und Ausländerfeindlichkeit, wurde vor dem Hintergrund von *Lübckes* Flüchtlingspolitik begangen.[69] Er sollte damit zumindest auch ein Signal an alle Politiker:innen und sonstige Individuen senden, die sich für entsprechende Belange einsetzen, was etwa die Meinungsfreiheit des Art. 5 Abs. 1 GG und das allgemeine Persönlichkeitsrecht nach Art. 2 Abs. 1 i. V. m. Art. 1 Abs. 1 GG betrifft.
- Gleiches gilt für die wiederholten Angriffe auf Geflüchtete und Flüchtlingsheime, die aus Fremdenhass begangen werden.[70] Neben der Tatsache, dass hierdurch die Grundrechte der unmittelbar Betroffenen berührt werden, richten sich derartige Angriffe mittelbar gegen die von den gewählten Volksvertreter:innen bestimmte Flüchtlingspolitik.
- Am 04.10.2020 verübte ein Islamist ein Attentat auf ein homosexuelles Paar in Dresden. Das OLG Dresden, das den Attentäter wegen Mordes zu einer lebenslangen Freiheitsstrafe verurteilte, stellte heraus, dass der Attentäter das Paar aufgrund seiner homophoben-extremistischen Einstellung als Opfer ausgewählt habe.[71] Damit richtete sich der Angriff mittelbar auch gegen Homosexuelle insgesamt; das Paar war „lediglich" zufälliges Projektionsziel des Hasses des Täters. Damit richtete sich dieser terroristische Angriff auch gegen die Würde und das allgemeine Persönlichkeitsrecht dieser Gesellschaftsgruppe sowie gegen die Gesellschaftsordnung insgesamt, die sich in Art. 3 GG gegen Diskriminierungen positioniert.

[67] Vgl. Hummer 2017, S. 147; Kluth 2015, S. 6.

[68] Siehe Hessenschau 2021.

[69] BGH, NJW 2023, 89, 92.

[70] Vgl. für einen Überblick Landeszentrale für politische Bildung Baden-Württemberg 2021.

[71] OLG Dresden, Rn. 129 und 170 sowie Rn. 46, 53, 70, 80, 86 f. und 92, bestätigt durch BGH, BeckRS 2022, 1882.

Auch unterhalb der Schwelle von Anschlägen gibt es Beispiele, die eine Bedrohung der freiheitlich-demokratischen Grundordnung insgesamt belegen:

- In Wuppertal patrouillierten mehrfach Angehörige der salafistischen Szene mit Warnwesten mit der Aufschrift „*Sharia Police*" und forderten gezielt junge Muslime zum Verzicht auf Alkohol und Glücksspiel auf. Aufgrund der einschüchternden Wirkung auf die Bevölkerung wurden die Beteiligten (wegen eines Verstoßes gegen §§ 28, 3 Abs. 1 Versammlungsgesetz) zu Geldstrafen verurteilt.[72]
- Bedrohungen der Freiheitsrechte finden auch im digitalen Raum statt. So werden soziale Netzwerke zur Verbreitung von Hass bis hin zu Morddrohungen genutzt. Ein Beispiel für Hetze im Netz sind die von Rechtsextremist:innen genutzten „Feindeslisten", auf denen die Namen von unliebsamen Personen gesammelt sind und zum Teil mit expliziten Drohungen verbunden werden.[73] Dies stellt wegen des einschüchternden Charakters eine erhebliche Gefahr für die durch Art. 5 Abs. 1 S. 1 GG geschützte Meinungsfreiheit dar. Als Reaktion wurde ein Verbot des Messenger-Dienstes „Telegram", der besonders häufig mit der Verbreitung extremistischer Inhalte in Verbindung gebracht wird,[74] diskutiert.[75] Der Gesetzgeber hat zudem mit der Einführung des § 126a StGB reagiert, der die gefährdende Verbreitung personenbezogener Daten unter Strafe stellt[76] und damit den öffentlichen Frieden und die Sicherheit der Betroffenen schützen soll.[77]
- Auch Journalist:innen sind in der jüngsten Vergangenheit immer wieder Opfer von Hetze im Netz,[78] aber auch von Gewalt im Rahmen von Veranstaltungen[79] geworden. Die Täter:innen stammen zumeist aus dem rechtsextremen Spektrum und/oder der sog. „Querdenker"-Szene.[80] Relativ neu ist zudem das im Zuge der Corona-Pandemie aufgetretene Phänomen, dass auch Wissenschaftler:innen zu

---

[72] BGH, NStZ-RR 2020, 292 („Sharia Police").

[73] Vgl. Beukelmann 2021.

[74] Vgl. Kühl 2021.

[75] Vgl. Kahl und Liepert 2022.

[76] Gesetz zur Änderung des Strafgesetzbuches vom 14.09.2021, BGBl. I, 2. 4250.

[77] Gesetzentwurf der Bundesregierung, Entwurf eines Gesetzes zur Änderung des Strafgesetzbuches – Verbesserung des strafrechtlichen Schutzes gegen sogenannte Feindeslisten, BT-Drs. 19/28678, S. 8; siehe z. B. Rackow 2023, Rn. 3.

[78] Vgl. Wiebe 2022.

[79] Vgl. Fröhlich 2021; Hasselmann und Krüger 2020.

[80] Vgl. Magoley und Kid 2022.

den Betroffenen von Morddrohungen und Hetze gehören.[81] Diese Bedrohungen sind nicht nur Gefährdungen für die körperliche Unversehrtheit der Betroffenen, sondern können – wegen der potenziellen entmutigenden Wirkung – auch als Angriff auf die Meinungsfreiheit des Art. 5 Abs. 1 GG gewertet werden und tangieren ferner die in Art. 5 Abs. 1 S. 2 GG geschützte Pressefreiheit bzw. die durch Art. 5 Abs. 3 GG garantierte Wissenschaftsfreiheit.

Auch in diesen Beispielsfällen hat der Staat grundsätzlich die Pflicht, die einzelnen Grundrechte vor derartigen Bedrohungen durch Terrorist:innen, Extremist:innen oder sonstige Dritte zu schützen. Denn es ist insoweit anerkannt, dass aus jedem Grundrecht, etwa auch aus dem Allgemeinen Persönlichkeitsrecht[82] oder der Meinungsfreiheit[83] Schutzpflichten des Staates resultieren können.[84] Der Staat hat daher die Pflicht, die geschützten Belange – nicht nur als Individualrechtsgut, sondern auch als Teil der objektiven Wertordnung der Verfassung – zu schützen.[85]

2.2.2.3 Schutzpflichten aufgrund des Fernmeldegeheimnisses und des sog. IT-Grundrechts

Datenschutzgrundrechte wie das Fernmeldegeheimnis des Art. 10 GG und das Grundrecht auf Gewährleistung der Vertraulichkeit und Integrität informationstechnischer Systeme (sog. IT-Grundrecht)[86] werden bei der Terrorismusbekämpfung nicht nur im Rahmen der Abwehr-, sondern auch der Schutzfunktion relevant. Staatliche Überwachungsmaßnahmen begründen nicht nur einen staatlichen Eingriff in die Kommunikationsfreiheiten der Betroffenen – sei es in die Rechte mutmaßlicher Störer:innen bei gezielten Maßnahmen wie bei der sog. Online-Durchsuchung[87] oder auch unbeteiligter Personen bei der breit angelegten Vorratsdatenspeicherung.[88] Vielmehr können durch bestimmte staatliche

---

[81] Vgl. Wiebe 2022.

[82] Siehe z. B. Di Fabio, Rn. 135–136.

[83] Siehe z. B. Grabenwarter, Rn. 109.

[84] Calliess 2006a, Rn. 23. Aus Art. 3 Abs. 3 S. 1 GG ergeben sich demgegenüber grundsätzlich keine Schutzpflichten. Hier kann aber ggf. die Menschenwürdegarantie angeführt werden, wenn es um Gefährdungen durch Dritte geht. Vgl. Langenfeld, Rn. 83–85.

[85] Vgl. Kunig und Kämmerer 2021, Rn. 101 (zum Schutzgut Leben).

[86] Grundlegend BVerfGE 120, 274, 313–315 (Online-Durchsuchungen). Siehe ausführlich Hauser 2015, S. 46–100.

[87] Siehe z. B. BVerfGE 120, 274, 302–330 (Online-Durchsuchungen).

[88] Siehe z. B. BVerfGE 125, 260 (Vorratsdatenspeicherung).

Überwachungsmaßnahmen personenbezogene Daten auch einer Gefährdung durch Dritte ausgesetzt werden.

Dies ist z. B. dann der Fall, wenn der Staat etwa im Rahmen von sog. Online-Durchsuchungen gezielt Schwachstellen in informationstechnischen Systemen ausnutzt und aufrechterhält. Aus Art. 10 GG und dem IT-Grundrecht ergibt sich jedoch die Pflicht des Staates, Daten der Einzelnen zu schützen.[89] Der Staat muss daher sicherstellen, dass bei der Durchführung von Überwachungsmaßnahmen angemessene Schutzstandards eingehalten werden.[90] In diesem Zusammenhang sind etwa die Rolle des Bundesamts für Sicherheit in der Informationstechnik (BSI) sowie der Bundes- und die Datenschutzbeauftragten des Bundes (BfDI) und der Länder hervorzuheben.[91] Allerdings bleibt es dabei, dass der Staat insoweit auf ein Dilemma trifft, das das Bundesverfassungsgericht treffend wie folgt beschrieben hat:

> „Werden zur Infiltration bislang unbekannte Sicherheitslücken des Betriebssystems genutzt, kann dies einen Zielkonflikt zwischen den öffentlichen Interessen an einem erfolgreichen Zugriff und an einer möglichst großen Sicherheit informationstechnischer Systeme auslösen. In der Folge besteht die Gefahr, dass die Ermittlungsbehörde es etwa unterlässt, gegenüber anderen Stellen Maßnahmen zur Schließung solcher Sicherheitslücken anzuregen, oder sie sogar aktiv darauf hinwirkt, dass die Lücken unerkannt bleiben. Der Zielkonflikt könnte daher das Vertrauen der Bevölkerung beeinträchtigen, dass der Staat um eine möglichst hohe Sicherheit der Informationstechnologie bemüht ist.“[92]

Angesichts dieses „Zielkonflikts“ müsse, so das Bundesverfassungsgericht, gesetzlich eine Abwägung im Einzelfall vorgegeben sein, um der Schutzpflicht mit Blick auf das IT-Grundrecht zu entsprechen.[93]

[89] BVerfGE 158, 170, Rn. 34 (IT-Sicherheitslücken). Siehe auch Deusch und Eggendorfer 2022, Rn. 388–394.

[90] Siehe Derin und Golla 2019, S. 1114–1116.

[91] Siehe Golla 2021, Rn. 655 ff. und 663 ff.

[92] BVerfGE 120, 274, 326 (Online-Durchsuchungen).

[93] BVerfGE 158, 170, 189–190 (IT-Sicherheitslücken).

2.2.3 Schutzpflichten aufgrund internationaler Verpflichtungen

Auch aus internationalen Verpflichtungen folgen Schutzpflichten, die die Terrorismusprävention betreffen. So ergeben sich insbesondere aus dem Recht auf Leben aus Art. 2 der Europäischen Menschenrechtskonvention (EMRK), wie der Europäische Gerichtshof für Menschenrechte (EGMR) festgestellt hat, positive Pflichten – vergleichbar mit dem Umfang auf nationaler Ebene – nicht nur den Schutz der Einzelnen vor konkreten terroristischen Gefahren, sondern eine allgemeine Pflicht zum Schutz der gesamten Gesellschaft vor derartigen Bedrohungen.[94] Auch der Ministerrat des Europarates hat in seinen „Guidelines on Human Rights and the Fight against Terrorism" als erste Richtlinie festgelegt: „States are under the obligation to take the measures needed to protect the fundamental rights of everyone within their jurisdiction against terrorist acts, especially the right to life."[95] Die EMRK hat zwar den Rang eines einfachen Gesetzes, wird aber, zusammen mit den Entscheidungen des EGMR, aus Auslegungshilfe auch zur Bestimmung der Grundrechte herangezogen.[96]

Positive Schutzpflichten ergeben sich schließlich auch aus weiteren menschenrechtlichen Verpflichtungen der Bundesrepublik, insbesondere aus dem Internationalen Pakt über bürgerliche und politische Rechte.[97] Hieraus folgt für Staaten ebenfalls „an obligation to ensure the human rights of their nationals and others by taking positive measures to protect them against the threat of terrorist acts and bringing the perpetrators of such acts to justice."[98]

Neben den Menschenrechten sind besondere Abkommen zum Kampf gegen den Terrorismus zu nennen. So verlangen etwa das Europäisches Übereinkommen zur Bekämpfung des Terrorismus vom 27.01.1977 von 1977 und das Übereinkom-

[94] EGMR, Urteil vom 13.04.2017 – Tagayeva et al./Russland, Nr. 26562/07 et al., S. 482 ff. Siehe auch EGMR, Guide to the Case-Law of the European Court of Human Rights: Terrorism, Rn. 16. Siehe zu positiven Schutzpflichten auch z. B. EGMR, Urteil vom 24.10.2002 – Mastromatteo/Italien, Nr. 37703/97, Rn. 67 f.; EGMR, Urteil vom 15.12.2009 – Maiorano et al./Italien, Nr. 28634/06, Rn. 103 ff.; EGMR, Urteil vom 17.01.2012 – Choreftakis und Choreftaki/Griechenland, Nr. 46846/08, Rn. 44 ff.

[95] Europarat, Guidelines on Human Rights and the Fight against Terrorism adopted by the Committee of Ministers at its 804th meeting (11.07.2022), H (2002) 4.

[96] BVerfGE 131, 268, 295–296 (Sicherungsverwahrung); BVerfGE 111, 307, 316–319 (Görgülü). Siehe nur z. B. Epping 2021, Rn. 1021 m. w. N.

[97] UN-Menschenrechtsausschuss, General Comment No. 31: The Nature of the General Legal Obligation Imposed on States Parties to the Covenant, UN Dok. CCPR/C/21/Rev.1/Add.13, Rn. 6.

[98] Büro des Hohen Kommissars der Vereinten Nationen für Menschenrechte 2008, S. 11.

men des Europarats zur Verhütung des Terrorismus vom 16.05.2005 von 2005 bestimmte inner- und zwischenstaatliche Maßnahmen, insbesondere im Bereich des Strafrechts.[99] Nach Art. 3 Abs. 2 des Übereinkommens von 2005 trifft jede Vertragspartei darüber hinaus „die erforderlichen Maßnahmen, um die Zusammenarbeit zwischen den innerstaatlichen Behörden zu verbessern und weiterzuentwickeln, damit terroristische Straftaten und ihre nachteiligen Auswirkungen verhütet werden."

2.3 Der Umfang der Schutzpflichten: Untermaßverbot und Optimierungsgebot

Im Gegensatz zu den Abwehrrechten, die das Unterlassen konkreter staatlicher Handlungen verlangen, ist der Umfang der Schutzpflichten grundsätzlich unbestimmt.[100] Diese Relativierung ändert nichts daran, dass den Grundrechten und grundrechtlichen Schutzpflichten eine überragende Bedeutung zukommen.[101] Sie liegt vielmehr darin begründet, dass der Schutz eines Rechtsgutes vor Gefahren in der Regel durch eine von mehreren denkbaren Möglichkeiten erreicht werden kann. Im Ausgangspunkt liegt es daher im Ermessen des Staates, mit welchen Mitteln er seinen Schutzpflichten nachkommt.[102] Das gilt im Übrigen auch hinsichtlich der EMRK. Auch hiernach liegt die Wahl der konkreten Mittel zum Schutz der individuellen und nationalen Sicherheit in der Einschätzungsprärogative der Mitgliedstaaten und ist nur in gewissem Umfang durch den EGMR überprüfbar.[103]

Die Schutzpflichten entfalten mit *Möstl*[104] dabei sowohl eine von dem Untermaßverbot beschränkte subjektivrechtliche Dimension (dazu unter Abschn. 2.3.1.) als auch eine objektive Dimension, die als Optimierungsgebot ausgestaltet ist (dazu unter Abschn. 2.3.2).

---

[99] Siehe auch das Zusatzprotokoll vom 22.10.2015 zum Übereinkommen des Europarats vom 16.05.2005 zur Verhütung des Terrorismus, BGBl. 2019 II S. 636.

[100] BVerfGE 157, 30, Rn. 152 (Klimaschutz); BVerfGE 125, 39, 78–79 (Adventssonntage Berlin); BVerfGE 117, 202, 227 (Vaterschaftsfeststellung); BVerfGE 95, 56, 64 (Vaterschaftsauskunft); BVerfGE 92, 26, 46 (Zweitregister).

[101] Vgl. nur Alexy 1986, S. 122–124.

[102] Calliess 2006a, Rn. 26.

[103] Siehe z. B. EGMR, Urteil vom 30.01.2020 – *Breyer/Deutschland*, Nr. 50001/12, Rn. 79; EGMR, Urteil vom 29.06.2006 – *Weber und Saravia/Deutschland*, Nr. 54934/00, Rn. 106.

[104] Möstl 2022a, Rn. 12–14.

2.3.1 Subjektivrechtliche Dimension: Das Untermaßverbot

Aufgrund des staatlichen Einschätzungsspielraums ist das subjektive Recht auf Schutz[105] auf ein Mindestmaß beschränkt. Das Bundesverfassungsgericht hat im *Schleyer*-Urteil erläutert, dass das staatliche Ermessen gerade notwendig ist, damit die staatlichen Stellen auf die jeweiligen Umstände des Einzelfalls reagieren und dadurch die Schutzpflichten effektiv erfüllen können.[106] Insofern gilt für den Staat ein Untermaßverbot.[107] Eine (vollständige) Prüfung des Grundsatzes der Verhältnismäßigkeit findet in der verfassungsgerichtlichen Rechtsprechung insoweit nicht statt.[108] Wie das Bundesverfassungsgericht in der sog. Fluglärm-Entscheidung konkretisiert hat, verletzt der Staat seine Schutzpflichten nur dann,

> „wenn Schutzvorkehrungen entweder überhaupt nicht getroffen sind, wenn die getroffenen Regelungen und Maßnahmen offensichtlich ungeeignet oder völlig unzulänglich sind, das gebotene Schutzziel zu erreichen, oder wenn sie erheblich hinter dem Schutzziel zurückbleiben."[109]

Eine Schutzpflichtverletzung kann daher nur angenommen werden, wenn Schutzvorkehrungen gar nicht oder völlig unzureichend getroffen worden sind. In der Literatur ist diese Einschränkung des Prüfmaßstabs allerdings auf Kritik gestoßen und es wird vermehrt gefordert, das Untermaßverbot als Verhältnismäßigkeitsprüfung zu verstehen, in dem die bekannten Teilprinzipien der Geeignetheit, Erforderlichkeit und Angemessenheit mit „umgekehrten Vorzeichen" geprüft werden sollen.[110] Trotz dieser Kritik hält das Bundesverfassungsgericht jedoch in ständiger Rechtsprechung an seinem Verständnis des Untermaßverbots fest.[111]

---

[105] Zur im Einzelnen umstrittenen Herleitung des subjektiven Schutzanspruchs siehe z. B. Calliess 2006b, S. 323–325 m. w. N.

[106] BVerfGE 46, 160, 165 (Schleyer). Vgl. auch BVerfGE 158, 170, Rn. 49 (IT-Sicherheitslücken). Siehe ferner Alexy 1990, S. 62, der dies als „strukturellen Spielraum" der positiven Rechte bezeichnet.

[107] Vgl. BVerfGE 142, 313, Rn. 70 (Zwangsbehandlung); BVerfGE 88, 203, 254–255 (Schwangerschaftsabbruch II); Lang 2023, Rn. 76.

[108] Vgl. Möstl 2022a, Rn. 39 m. w. N. zu der nicht immer einheitlichen Rechtsprechung.

[109] BVerfGE 157, 30, Rn. 7 (Klimaschutz); BVerfGE 92, 26, 46 (Zweitregister). Vgl. auch BVerfGE 142, 313, Rn. 70 (Zwangsbehandlung); BVerfGE 125, 39, 78–79 (Adventssonntage Berlin); BVerfGE 77, 170, 215 (Lagerung chemischer Waffen); BVerfGE 56, 54, 80 (Fluglärm).

[110] Möstl 2022a, Rn. 41. Siehe auch z. B. Calliess 2006a, Rn. 31–33; Sodan 2000, S. 605–606.

[111] Siehe z. B. BVerfG, Rn. 129 (EPA); BVerfGE 158, 89, Rn. 129 (PSPP Vollstreckungsanordnung); BVerfGE 157, 30, 114 (Klimaschutz).

Nach der Rechtsprechung ist es im Einzelfall aber, z. B. bei einem besonders hohen Gefährdungspotenzial, möglich, dass das Ermessen des Staates auf Null reduziert ist und nur ein bestimmtes Handeln die Schutzpflicht erfüllt.[112] Die Ermessensreduzierung auf Null

> „hängt von der Art, der Nähe und dem Ausmaß möglicher Gefahren, der Art und dem Rang des verfassungsrechtlich geschützten Rechtsguts sowie von den schon vorhandenen Regelungen ab."[113]

Die Reichweite der Schutzpflichten ist daher „vielmehr im Blick auf die Bedeutung und Schutzbedürftigkeit des zu schützenden Rechtsguts [...] einerseits und mit ihm kollidierender Rechtsgüter andererseits zu bestimmen."[114]

Dabei muss der Staat nicht erst bei konkreten Gefahren tätig werden, sondern hat bereits auf der Ebene der Gesetzgebung die Rahmenbedingungen für einen effektiven Grundrechtsschutz zu schaffen und Risiken vorzusorgen.[115] Die Grundrechte können damit „organisationsnormierende Wirkung" haben.[116] Das Untermaßverbot verlangt dabei, dass

> „die gesetzlichen Schutzvorkehrungen ihrerseits – dem dynamischen Charakter der Schutzpflicht entsprechend – dem technischen und gesellschaftlichen Wandel im Wege einer Nachbesserung immer wieder angepaßt werden."[117]

Wegen des grundsätzlichen Gestaltungsspielraums des Gesetzgebers sind die verfassungsprozessualen Hürden für die Rüge von Schutzpflichtverletzungen allerdings hoch: Das Bundesverfassungsgericht hat klargestellt, dass die Beschwerdeführenden in diesen Konstellationen eine spezifische Darlegungslast tragen.[118] Diesem könne regelmäßig nur dann genügt werden, wenn der gesetzliche Regelungszusammenhang in seiner Gesamtheit, nicht nur in pauschalen und punktuellen Behauptungen, dargestellt und Unzulänglichkeiten herausgearbeitet werden würden.[119] Ansprüche, die sich aus der Schutzfunktion ergeben, sind daher grundsätzlich weniger justiziabel.

---

[112] Isensee 2011, Rn. 219.

[113] BVerfGE 49, 89, 142 (Kalkar I).

[114] BVerfGE 88, 203, 254 (Schwangerschaftsabbruch II) Siehe auch z. B. Calliess 2006a, Rn. 25.

[115] Vgl. auch EGMR, Urteil vom 13.04.2017 – *Tagayeva et al./Russland*, Nr. 26562/07 et al., Rn. 482, der eine „obligation to afford general protection to society" betont.

[116] Huber 1988, S. 40. Siehe auch Calliess 2006a, Rn. 25.

[117] Calliess 2006a, Rn. 26.

[118] BVerfGE 158, 170, Rn. 51 (IT-Sicherheitslücken).

[119] BVerfGE 158, 170, Rn. 51 (IT-Sicherheitslücken).

2.3.2 Objektive Dimension: Schutzpflichten als Optimierungsgebote

Sind die sich aus den Schutzpflichten ergebenden subjektiven Rechte auch nach der verfassungsrechtlichen Rechtsprechung auf die Reichweite des Untermaßverbots beschränkt, gehen die Schutzpflichten doch über diesen Mindeststandard hinaus. Denn im Ausgangspunkt sind die Grundrechte in großmöglichstem Umfang zu verwirklichen.[120] Das gebotene Maß der Verwirklichung hängt zwar von den jeweiligen Umständen und den tatsächlichen und rechtlichen Möglichkeiten ab.[121] Der Grundrechtschutz bringt damit grundsätzlich Abwägungsfragen mit sich. Jedoch verlangen sie mit *Alexy* „definitiv die Optimierung und nicht ein durch Abwägung je nach den Umständen zu bestimmendes optimales Maß der Optimierung".[122]

Wie *Möstl* erläutert, drängen die Schutzpflichten „den Staat zu einer – möglichst guten – Schutzverwirklichung", das über die Gewährleistung des durch das Untermaßverbot vorgegebenen Mindestmaßes an Schutz, das der Einzelne ggf. einfordern kann, hinausgeht.[123] Die Schutzpflichten der Grundrechte fungieren insofern also Optimierungsgebote:[124] Der Staat hat in diesem Sinn die verfassungsrechtliche Pflicht, seine originäre Aufgabe, Frieden zu sichern und individuelle Freiheit zu ermöglichen und zu bewahren, zu dem höchstmöglichen Grad zu erfüllen. Aus diesem Verfassungsziel entspringt die eingriffslegitimierende Kraft der Schutzpflichten: Der über das Mindestmaß hinausgehende Schutzauftrag ist Grundlage für staatliche Maßnahme, die in Grundrechte anderer eingreifen.[125] Dafür muss der Gesetzgeber einen Rahmen schaffen, in dem die Exekutive diesen Schutzauftrag wirksam erfüllen kann:

> „Die verfassungsrechtliche Garantie innerer Sicherheit gebietet es, daß die Tätigkeit der Sicherheitsverwaltung steuernde Recht so ausgestaltet und beschaffen ist, daß die Exekutive zu einer hinreichenden Einlösung des Verfassungsauftrags zur Gewährleistung öffentlicher Sicherheit und Ordnung in der Lage ist."[126]

---

[120] Huerta 2009, S. 185.

[121] Alexy 1986, S. 75–76.

[122] Alexy 2009, S. 22.

[123] Möstl 2022a, Rn. 14 und 36.

[124] Alexy 1986, S. 122–124. Ebenso z. B. Unruh 1996, S. 52.

[125] Möstl 2022a, Rn. 14.

[126] Möstl 2002, S. 419.

2.4 Zwischenergebnis

Die staatliche Aufgabe, terroristische Gefahren zu bekämpfen, ergibt sich nicht nur aus dem allgemeinen Staatsziel der inneren Sicherheit, sondern unmittelbar aus grundrechtlichen Schutzpflichten. Diese folgen aus den einzelnen Grundrechten und der in ihnen verkörperten Wertordnung des Grundgesetzes. Sie verpflichten den Staat, nicht nur angesichts konkreter Gefahren tätig zu werden, sondern auch angemessene Strukturen für die Terrorismusbekämpfung zu schaffen. Zwar ergeben sich aus den Schutzpflichten grundsätzlich keine individuellen Ansprüche auf die Schaffung *bestimmter* Strukturen oder auf das Ergreifen spezifischer Maßnahmen, denn dem Gesetzgeber kommt dabei ein Gestaltungsspielraum zu. Als Optimierungsgebote verlangen die grundrechtlichen Schutzpflichten aber dennoch grundsätzlich ihre bestmögliche Umsetzung. Der Gesetzgeber ist daher gehalten, möglichst effektive Strukturen für die Terrorismusbekämpfung zu schaffen.[127] Dabei genügt es im Interesse einer möglichst effektiven Grundrechtsgewährleistung nicht, dass der Staat diese Strukturen einmal geschaffen hat. Ein effektiver Schutz vor terroristischen Gefahren gebietet stattdessen, die Strukturen der Sicherheitsgewährleistungen an aktuelle Entwicklungen und damit an neue oder veränderte Gefahren anzupassen.

Literatur

Alexy, R. (1986). *Theorie der Grundrechte*. Suhrkamp.

Alexy, R. (1990). Grundrechte als subjektive Rechte und als objektive Normen. *Der Staat, 29*(1), 49–68.

Alexy, R. (2009). Ideales Sollen. In L. Clérico & J.-R. Sieckmann (Hrsg.), *Grundrechte, Prinzipien und Argumentation. Studien zur Rechtstheorie Robert Alexys* (S. 21–38). Nomos.

Augsberg, I. (2015). GRC Art. 6. In H. von der Groeben, J. Schwarze, & A. Hatje (Hrsg.), *Europäisches Unionsrecht* (7. Aufl.). Nomos.

Bäcker, M. (2021). Abschnitt B.II. Bundesstaatliche Grundlagen der Polizeiarbeit. In H. Lisken, E. Denninger, M. Bäcker, & K. Graulich (Hrsg.), *Handbuch des Polizeirechts. Gefahrenabwehr – Strafverfolgung – Rechtsschutz* (7. Aufl.). C.H. Beck. Rn. 99–212.

Badura, P. GG Art. 6. In R. Herzog, R. Scholz, M. Herdegen, & H. H. Klein (Hrsg.), *Grundgesetz Kommentar, 100. Ergänzungslieferung, Stand: Januar 2023*. C.H. Beck.

Bernsdorff, N. GRC Art. 6. In Meyer J., & Hölscheidt, S. (Hrsg.), *Charta der Grundrechte der Europäischen Union* (5 Aufl.). Nomos.

[127] Zum Einfluss der Grundrechte auf organisationsrechtliche Dimensionen siehe ausführlich Kap. 3, unter C; vgl. auch Huber 1988, S. 32–34.

Beukelmann, S. (2021). Die Strafbarkeit von Feindeslisten. *Neue Juristische Wochenschrift Spezial*, 248.

Bewarder, M., & Jungholt, T. (2013, Juli 16). Spähaffäre: Friedrich erklärt Sicherheit zum „Supergrundrecht“. *Die Welt*. https://www.welt.de/politik/deutschland/article118110002/Friedrich-erklaert-Sicherheit-zum-Supergrundrecht.html. Zugegriffen am 25.10.2025.

BGH, Beschluss vom 29.04.2020, Aktenzeichen 3 StR 547/19. In *Neue Zeitschrift für Strafrecht: Rechtsprechungsreport Strafrecht*, S. 292.

BGH, Beschluss vom 12.01.2022, Aktenzeichen Az. 3 StR 428/21. In *Beck-Rechtsprechung*, S. 1882.

BGH, vom 25.08.2022, Aktenzeichen 3 StR 359/21. In *Neue Juristische Wochenschrift*, S. 89.

Buchholtz, G. (2016, März 07). Der EuGH liefert „Grundrecht auf Sicherheit“ in Neuauflage. *Junge Wissenschaft im Öffentlichen Recht, Blog*. www.juwiss.de/25-2016/. Zugegriffen am 25.10.2025.

Bumke, C. (2019). Die Entwicklung der Grundrechtsdogmatik in der deutschen Staatsrechtslehre unter dem Grundgesetz. *Archiv des öffentlichen Rechts, 144*(1), 1–80.

Büro des Hohen Kommissars der Vereinten Nationen für Menschenrechte. (2008). *Human Rights, Terrorism and Counter-terrorism (Fact Sheet No. 32)*. https://www.ohchr.org/sites/default/files/Documents/Publications/Factsheet32EN.pdf. Zugegriffen am 25.10.2025.

BVerfG, Urteil vom 15.01.1958, Aktenzeichen 1 BvR 400/51. In *Entscheidungen des Bundesverfassungsgerichts* 7, S. 198, BVerfGE 7, 198.

BVerfG, Beschluss vom 26.02.1969, Aktenzeichen 1 BvR 619/63. In *Entscheidungen des Bundesverfassungsgerichts* 25, S. 256, BVerfGE 25, 256.

BVerfG, Urteil vom 25.02.1975, Aktenzeichen 1 BvF 1/74 u.a. In *Entscheidungen des Bundesverfassungsgerichts* 39, S. 1, BVerfGE 39, 1.

BVerfG, Urteil vom 16.10.1977, Aktenzeichen 1 BvQ 5/77. In *Entscheidungen des Bundesverfassungsgerichts* 46, S. 160, BVerfGE 46, 160.

BVerfG, vom 1.8.78, Aktenzeichen 2 BvR 1013/77, 2 BvR 1019/77, 2 BvR 1034/77. In *Entscheidungen des Bundesverfassungsgerichts* 49, S. 24, BVerfGE 49, 24.

BVerfG, Beschluss vom 08.08.1978, Aktenzeichen 2 BvL 8/77. In *Entscheidungen des Bundesverfassungsgerichts* 49, S. 89, BVerfGE 49, 89.

BVerfG, Beschluss vom 14.01.1981, Aktenzeichen 1 BvR 612/72. In *Entscheidungen des Bundesverfassungsgerichts* 56, S. 54, BVerfGE 56, 54.

BVerfG, Beschluss vom 29.10.1987, Aktenzeichen 2 BvR 624/83, 2 BvR 1080/83, 2 BvR 2029/83. In *Entscheidungen des Bundesverfassungsgerichts* 77, S. 170, BVerfGE 77, 170.

BVerfG, Urteil vom 28.05.1993, Aktenzeichen 2 BvF 2/90, 2 BvF 4/92, 2 BvF 5/92. In *Entscheidungen des Bundesverfassungsgerichts* 88, S. 203, BVerfGE 88, 203.

BVerfG, Beschluss vom 09.03.1994, Aktenzeichen 2 BvL 43/92, 2 BvL 51/92, 2 BvL 63/92, 2 BvL 64/92, 2 BvL 70/92, 2 BvL 80/92, 2 BvR 2031/92. In *Entscheidungen des Bundesverfassungsgerichts* 90, S. 145, BVerfGe 90, 145.

BVerfG, Urteil vom 10.01.1995, Aktenzeichen 1 BvF 1/90, 1 BvR 342/90, 1 BvR 348/90. In *Entscheidungen des Bundesverfassungsgerichts* 92, S. 26, BVerfGE 92, 26.

BVerfG, Beschluss vom 06.05.1997, Aktenzeichen 1 BvR 409/90. In *Entscheidungen des Bundesverfassungsgerichts* 95, S. 56, BVerfGE 95, 56.

BVerfG, Beschluss vom 14.10.2004, Aktenzeichen 2 BvR 1481/04. In *Entscheidungen des Bund*BVerfG*esverfassungsgerichts* 111, S. 307, BVerfGE 111, 307.
BVerfG, Urteil vom 15.02.2006, Aktenzeichen 1 BvR 357/05. In *Entscheidungen des Bundesverfassungsgerichts* 115, S. 118, BVerfGE 115, 118.
BVerfG, Beschluss vom 04.04.2006, Aktenzeichen 1 BvR 518/02. In *Entscheidungen des Bundesverfassungsgerichts* 115, S. 320, BVerfGE 115, 320.
BVerfG, Urteil vom 13.02.2007, Aktenzeichen 1 BvR 421/05. In *Entscheidungen des Bundesverfassungsgerichts* 117, S. 202, BVerfGE 117, 202.
BVerfG, Urteil vom 27.02.2008, Aktenzeichen 1 BvR 370, 595/07. In *Entscheidungen des Bundesverfassungsgerichts* 120, S. 274, BVerfGE 120, 274.
BVerfG, Urteil vom 01.12.2009, Aktenzeichen 1 BvR 2857/07, 1 BvR 2858/07. In *Entscheidungen des Bundesverfassungsgerichts* 125, S. 39, BVerfGE 125, 39.
BVerfG, Urteil vom 02.03.2010, Aktenzeichen 1 BvR 256/08 u.a. In *Entscheidungen des Bundesverfassungsgerichts* 125, S. 260, BVerfGE 125, 260.
BVerfG, Beschluss vom 20. Juni 2012. In *Entscheidungen des Bundesverfassungsgerichts* 131, S. 268.
BVerfG, Beschluss vom 26.07.2016, Aktenzeichen 1 BvL 8/15. In *Entscheidungen des Bundesverfassungsgerichts* 142, S. 313, BVerfGE 142, 313.
BVerfG, Beschluss vom 11.04.2018, Aktenzeichen 1 BvR 3080/09. In *Entscheidungen des Bundesverfassungsgerichts* 148, S. 267, BVerfGE 148, 267.
BVerfG, Beschluss vom 30.01.2020, Aktenzeichen 2 BvR 1005/18. In *Neue Juristische Wochenschrift*, S. 1282.
BVerfG, Beschluss vom 24.03.2021, Aktenzeichen 1 BvR 2656/18, 1 BvR 78/20, 1 BvR 96/20, 1 BvR 288/20. In *Entscheidungen des Bundesverfassungsgerichts* 157, S. 30, BVerfGE 157, 30.
BVerfG, Beschluss vom 29.04.2021, Aktenzeichen 2 BvR 1651/15 und 2 BvR 2006/15. In *Entscheidungen des Bundesverfassungsgerichts* 158, S. 89, BVerfGE 158, 89.
BVerfG, Beschluss vom 20.05.2021, Aktenzeichen Az. 1 BvR 928/21.
BVerfG, Beschluss vom 08.06.2021, Aktenzeichen 1 BvR 2771/18. In *Entscheidungen des Bundesverfassungsgerichts* 158, S. 170, BVerfGE 158, 170.
BVerfG, Beschluss vom 08.11.2022, Aktenzeichen Az. 2 BvR 2480/10 et al.
Calliess, C. (2002). Sicherheit im freiheitlichen Rechtsstaat: Eine verfassungsrechtliche Gratwanderung mit staatstheoretischem Kompass. *Zeitschrift für Rechtspolitik, 35*(1), 1–7.
Calliess, C. (2006a). § 44 Schutzpflichten. In D. Merten & H.-J. Papier (Hrsg.), *Handbuch der Grundrechte in Deutschland und Europa, Band II. Grundrechte in Deutschland – Allgemeine Lehren I* (S. 963–992). C.F. Müller.
Calliess, C. (2006b). Die grundrechtliche Schutzpflicht im mehrpoligen Verfassungsrechtsverhältnis. *JuristenZeitung, 61*(7), 321–330.
Calliess, C. (2022). GRC Art. 6. In C. Calliess & M. Ruffert (Hrsg.), *EUV/AEUV. Das Verfassungsrecht der Europäischen Union mit Europäischer Grundrechtecharta – Kommentar* (6. Aufl.). C.H. Beck.
Cornils, M. (2022). § 69 Grundrechtsgeltung im Privatrecht. In K. Stern, H. Sodan, & M. Möstl (Hrsg.), *Das Staatsrecht der Bundesrepublik Deutschland im europäischen Staatenverbund, Band III. Allgemeine Lehren der Grundrechte* (2. Aufl.). C.H. Beck.
Derin, B., & Golla, S. J. (2019). Der Staat als Manipulant und Saboteur der IT-Sicherheit? Die Zulässigkeit von Begleitmaßnahmen zu „Online-Durchsuchung“ und Quellen-TKÜ. *Neue Juristische Wochenschrift, 2019*(16), 1111–1116.

Deusch, F., & Eggendorfer, T. (2022). Kapitel 50.1 IT-Sicherheit. In J. Taeger & J. Pohle (Hrsg.), *Computerrechts-Handbuch: Informationstechnologie in der Rechts- und Wirtschaftspraxis*. C.H. Beck.

Deutscher Bundestag. *Gesetzentwurf der Bundesregierung, Entwurf eines Gesetzes zur Änderung des Strafgesetzbuches – Verbesserung des strafrechtlichen Schutzes gegen sogenannte Feindeslisten, BT-Drs. 19/28678.*

Di Fabio, U. GG Art. 2 Abs. 1. In R. Herzog, R. Scholz, M. Herdegen, & H. H. Klein (Hrsg.), *Grundgesetz Kommentar, 100. Ergänzungslieferung, Stand: Januar 2023*. C.H. Beck.

Dietlein, J. (1992). *Die Lehre von den grundrechtlichen Schutzpflichten*. Duncker & Humblot.

Dreier, H. (1993). *Dimensionen der Grundrechte. Von der Wertordnungsjudikatur zu den objektiv-rechtlichen Grundrechtsgehalten*. Hennies & Zinkeisen.

EGMR, Urteil (GK) vom 24.10.2002, Aktenzeichen 37703/97. In *ECHR* VIII, NJW 2003, 3259.

EGMR, Entscheidung zur Zulässigkeit vom 29.06.2006, Aktenzeichen 54934/00. In *ECHR* XI, NJW 2007, 1433.

EGMR, Urteil vom 15.12.2009, Aktenzeichen 28634/06.

EGMR, Urteil vom 17.01.2012, Aktenzeichen 46846/08.

EGMR, Urteil vom 13.04.2017, Aktenzeichen 26562/07 et al.

EGMR, Urteil vom 30.01.2020, Aktenzeichen 50001/12.

Entschließung des Europäischen Parlaments vom 12.12.2018 zu den Feststellungen und Empfehlungen des Sonderausschusses Terrorismus (2018/2044(INI)) (12.12.2018), ABl. C 388/42.

Epping, V. (2021). *Grundrechte* (9. Aufl.). Springer.

EuGH, Urteil vom 08.04.2014, Aktenzeichen Verb. Rs. C-293/12, C-594/12.

EuGH, Urteil vom 15.02.2016, Aktenzeichen Rs. C-601/15 PPU.

Europäischer Gerichtshof für Menschenrechte (EGMR). (2022). *Guide to the Case-Law of the European Court of Human Rights: Terrorism*. https://ks.echr.coe.int/documents/d/echr-ks/guide_terrorism_eng. Zugegriffen am 25.10.2025.

Europäisches Übereinkommen zur Bekämpfung des Terrorismus, BGBl. 1978 II S. 321.

Europarat: Guidelines on Human Rights and the Fight against Terrorism adopted by the Committee of Ministers at its 804th meeting (11 July 2002) (11.07.2002), H (2002) 4.

Fröhlich, A. (2021, Dezember 04). Querdenker-Demo in Berlin: Mehrere Journalisten von Rechtsextremisten angegriffen. *Tagesspiegel*. https://www.tagesspiegel.de/berlin/mehrere-journalisten-von-rechtsextremisten-angegriffen-4293013.html. Zugegriffen am 25.10.2025.

Gärditz, K. F. (2022). § 22 Innere Sicherheit. In K. Stern, H. Sodan, & M. Möstl (Hrsg.), *Das Staatsrecht der Bundesrepublik Deutschland im europäischen Staatenverbund, Band I. Grundlagen und Grundbegriffe des Staatsrechts, Strukturprinzipien der Verfassung* (2. Aufl.). C.H. Beck.

Germann, B. (2021). *Freiheit – Sicherheit – Unsicherheit. Zur Beschränkung wissenschaftlicher Publikationen aus Biosecurity-Erwägungen*. Nomos.

Golla, S. J. (2021). Abschnitt I.IX. IT-Sicherheitsrecht. In H. Lisken, E. Denninger, M. Bäcker, & K. Graulich (Hrsg.), *Handbuch des Polizeirechts. Gefahrenabwehr – Strafverfolgung – Rechtsschutz* (7. Aufl.). C.H. Beck.

Götz, V. (2006). § 85 Innere Sicherheit. In J. Isensee & P. Kirchhof (Hrsg.), *Handbuch des Staatsrechts der Bundesrepublik Deutschland, Band IV. Aufgaben des Staates* (3. Aufl.). C.F. Müller.

Grabenwarter, C. GG Art. 5 Abs. 1 und 2. In R. Herzog, R. Scholz, M. Herdegen, & H. H. Klein (Hrsg.), *Grundgesetz Kommentar, 100. Ergänzungslieferung, Stand: Januar 2023*. C.H. Beck.

Gusy, C. (2004). Gewährleistung von Freiheit und Sicherheit im Lichte unterschiedlicher Staats- und Verfassungsverständnisse: 2. Bericht. *Veröffentlichungen der Vereinigung der Deutschen Staatsrechtslehrer, 63*, 151–188.

Hasselmann, J., & Krüger, V. (2020, Mai 03). Nach Attacke auf „Heute-Show"-Team in Berlin: Seehofer spricht von Angriff auf die Pressefreiheit. *Tagesspiegel*. https://www.tagesspiegel.de/berlin/seehofer-spricht-von-angriff-auf-die-pressefreiheit-6865723.html. Zugegriffen am 25.10.2025.

Hauser, M. (2015). *Das IT-Grundrecht: Schnittfelder und Auswirkungen*. Duncker & Humblot.

Herdegen, M. GG Art. 1 Abs. 3. In R. Herzog, R. Scholz, M. Herdegen, & H. H. Klein (Hrsg.), *Grundgesetz Kommentar, 100. Ergänzungslieferung, Stand: Januar 2023*. C.H. Beck.

Hermes, G. (1985). Buchbesprechung: *Isensee, Josef.* Das Grundrecht auf Sicherheit. Zu den Schutzpflichten des freiheitlichen Verfassungsstaates. *Der Staat, 24*, 118–121.

Hessenschau. (2021). *Mord an Walter Lübcke: Nicht ganz aufgeklärt, nicht ganz aufgearbeitet (Video)*. https://www.youtube.com/watch?v=EqJePRP7s_k&ab_channel=hessenschau. Zugegriffen am 25.10.2025.

Hobbes, T. (2005). *Leviathan (1651)*. Felix Meiner.

Hofmann, H., Lukosek, S., & Schulte-Rudzio, F. (2020). Das Gewicht der Sicherheit als Herausforderung des liberalen Verfassungsstaates: Sicherheit als Staatsaufgabe, Staatsziel, grundrechtliche Gewährleistung? *Zeitschrift für das Gesamte Sicherheitsrecht, 2019*(6), 233–244.

Horn, H.-D. (1999). *Die grundrechtsunmittelbare Verwaltung. Zur Dogmatik des Verhältnisses zwischen Gesetz, Verwaltung und Individuum unter dem Grundgesetz*. Mohr Siebeck.

Huber, P. M. (1988). *Grundrechtsschutz durch Organisation und Verfahren als Kompetenzproblem in der Gewaltenteilung und im Bundesstaat*. V. Florentz.

Huerta, C. (2009). Normkonflikte im Lichte der Prinzipientheorie. In L. Clérico & J.-R. Sieckmann (Hrsg.), *Grundrechte, Prinzipien und Argumentation. Studien zur Rechtstheorie Robert Alexys* (S. 183–194). Nomos.

Hummer, W. (2017). Terrorismusbekämpfung in der Europäischen Union: Rahmenbedingungen, Strategien und Zuständigkeiten. *Zeitschrift für Europarechtliche Studien, 2017*(2), 145–160.

Isensee, J. (1983). *Das Grundrecht auf Sicherheit. Zu den Schutzpflichten des freiheitlichen Verfassungsstaats*. Walter de Gruyter.

Isensee, J. (2006). § 72 Ziele, Vorbehalte und Grenzen der Staatstätigkeit. In J. Isensee & P. Kirchhof (Hrsg.), *Handbuch des Staatsrechts der Bundesrepublik Deutschland, Band IV. Aufgaben des Staates* (3. Aufl.). C.F. Müller.

Isensee, J. (2011). § 191 Allgemeine Grundrechtslehren. In J. Isensee & P. Kirchhof (Hrsg.), *Handbuch des Staatsrechts der Bundesrepublik Deutschland, Band IX. Allgemeine Grundrechtslehren* (3. Aufl., S. 413–567). C.F. Müller.

Jarass, H. D. (2021). *Charta der Grundrechte der EU* (4. Aufl.). C.H. Beck.

Jarass, H. D. (2022a). GG Art. 2. In H. D. Jarass & M. Kment (Hrsg.), *Grundgesetz für die Bundesrepublik Deutschland. Kommentar* (17. Aufl.). C.H. Beck.

Jarass, H. D. (2022b). GG vor Art. 1: Allgemeine Grundrechtslehren. In H. D. Jarass & M. Kment (Hrsg.), *Grundgesetz für die Bundesrepublik Deutschland. Kommentar* (17. Aufl.). C.H. Beck.

Kahl, J., & Liepert, S. (2022, Januar 14). Regulierung von Telegram: Mit den Waffen eines Medienstaatsvertrags. *Legal Tribune Online*. https://www.lto.de/recht/hintergruende/h/rechtswidrige-inhalte-telegram-abschalten-verbot-medienstaatsvertrag. Zugegriffen am 25.10.2025.

Kilz, H. W., & Prantl, H. (2010, Mai 17). SZ-Interview: „Otto Schily ist Otto Schily". *Süddeutsche Zeitung*. https://www.sueddeutsche.de/politik/sz-interview-otto-schily-ist-otto-schily-1.312243. Zugegriffen am 25.10.2025.

Kingreen, T., & Poscher, R. (2022). *Grundrechte. Staatsrecht II* (38. Aufl.). C.F. Müller.

Klein, E. (1989). Grundrechtliche Schutzpflicht des Staates. *Neue Juristische Wochenschrift, 1989*(26), 1633–1640.

Klein, O. (2006). Das Untermaßverbot – Über die Justiziabilität grundrechtlicher Schutzpflichterfüllung. *Juristische Schulung, 2006*(11), 960–964.

Kluth, W. (2015). Verfassungsrechtliche Direktiven der Bekämpfung des internationalen Terrorismus am Beispiel der Dschihadisten. *Zeitschrift für Rechtspolitik, 48*(1), 6–9.

Krings, G. (2003). *Grund und Grenzen grundrechtlicher Schutzansprüche. Die subjektivrechtliche Rekonstruktion der grundrechtlichen Schutzpflichten und ihre Auswirkung auf die verfassungsrechtliche Fundierung des Verbrauchervertragsrechts*. Duncker & Humblot.

Krings, G. (2015). Terrorismusbekämpfung im Spannungsfeld zwischen Sicherheit und Freiheit. *Zeitschrift für Rechtspolitik, 48*(6), 167–170.

Kühl, E. (2021, Dezember 15). Radikalisierung: Telegram, immer wieder Telegram. *Zeit Online*. https://www.zeit.de/digital/internet/2021-12/telegram-radikalisierung-hass-regulierung-politik. Zugegriffen am 25.10.2025.

Kunig, P., & Kämmerer, J.-A. (2021). GG Art. 2. In J.-A. Kämmerer & M. Kotzur (Hrsg.), *Grundgesetz Kommentar, Band 1. Präambel bis Art. 69 GG* (7. Aufl.). C.H. Beck.

Landeszentrale für politische Bildung Baden-Württemberg. (2021). *Fremdenfeindliche Anschläge*. https://www.lpb-bw.de/fremdenfeindlichkeit. Zugegriffen am 25.10.2025.

Lang, H. (2023). GG Art. 2. In V. Epping & C. Hillgruber (Hrsg.), *Beck'scher Online-Kommentar Grundgesetz, 54. Edition, Stand: 15.02.2023*. C.H. Beck.

Langenfeld, C. GG Art. 3 Abs. 3. In R. Herzog, R. Scholz, M. Herdegen, & H. H. Klein (Hrsg.), *Grundgesetz Kommentar, 100. Ergänzungslieferung, Stand: Januar 2023*. C.H. Beck.

Leuschner, S. (2016a). EuGH und Vorratsdatenspeicherung: Erfindet Europa ein Unionsgrundrecht auf Sicherheit? *Europarecht*, 431–453.

Leuschner, S. (2016b, Februar 22). Es ist wieder da: Der EuGH bestätigt das Grundrecht auf Sicherheit. *Verfassungsblog*. https://verfassungsblog.de/es-ist-wieder-da-der-eugh-bestaetigt-das-grundrecht-auf-sicherheit/. Zugegriffen am 25.10.2025.

Leuschner, S. (2018). *Sicherheit als Grundsatz. Eine grundrechtsdogmatische Rekonstruktion im Unionsrecht am Beispiel der Cybersicherheit*. Mohr Siebeck.

Magoley, N., & Kid, M. (2022, Januar 14). Angriffe auf Journalisten nehmen zu: „Ihr geht sowieso bald alle hops". *Deutschlandfunk*. https://www.deutschlandfunk.de/angriffe-auf-journalisten-nehmen-zu-ihr-geht-sowieso-bald-100.html. Zugegriffen am 25.10.2025.

Michael, L., & Morlok, M. (2023). *Grundrechte* (8. Aufl.). Nomos.

Möstl, M. (2002). *Die staatliche Garantie für die öffentliche Sicherheit und Ordnung. Sicherheitsgewährleistung im Verfassungsstaat, im Bundesstaat und in der Europäischen Union*. Mohr Siebeck.

Möstl, M. (2022a). § 68 Schutzpflichten. In K. Stern, H. Sodan, & M. Möstl (Hrsg.), *Das Staatsrecht der Bundesrepublik Deutschland im europäischen Staatenverbund, Band III. Allgemeine Lehren der Grundrechte* (2. Aufl.). C.H. Beck.

Möstl, M. (2022b). § 8 Staatsgewalt in Bund und Ländern, unionale Hoheitsgewalt, die exekutivföderalistische Grundstruktur der Bundesrepublik und der EU. In K. Stern, H. Sodan, & M. Möstl (Hrsg.), *Das Staatsrecht der Bundesrepublik Deutschland im europäischen Staatenverbund, Band I. Grundlagen und Grundbegriffe des Staatsrechts, Strukturprinzipien der Verfassung* (2. Aufl.). C.H. Beck.

OLG Dresden, Urteil vom 21.05.2021, Aktenzeichen Az. 4 St 1/21, BeckRS 2021, 11754.

Pfahl-Traughber, A. (2016). Terrorismus – Merkmale, Formen und Abgrenzungsprobleme. *Aus Politik und Zeitgeschichte, 66*(24–25), 10–18.

Rackow, P. (2023). StGB § 126a. In B. von Heintschel-Heinegg (Hrsg.), *Beck'scher Online-Kommentar StGB* (58. Aufl.). C.H. Beck.

Rensmann, T. (2007). *Wertordnung und Verfassung. Das Grundgesetz im Kontext grenzüberschreitender Konstitutionalisierung*. Mohr Siebeck.

Richtlinie (EU) 2017/541 des Europäischen Parlaments und des Rates vom 15. März 2017 zur Terrorismusbekämpfung und zur Ersetzung des Rahmenbeschlusses 2002/475/JI des Rates und zur Änderung des Beschlusses 2005/671/JI des Rates, ABl. L 88/6.

Rixen, S. (2021). GG Art. 2. In M. Sachs (Hrsg.), *Grundgesetz Kommentar* (9. Aufl.). C.H. Beck.

Sauer, H. (2023). GG vor Art. 1. In F. Brosius-Gersdorf (Hrsg.), *Dreier Grundgesetz-Kommentar, Band I. Präambel, Art. 1 bis 19 GG* (4. Aufl.). Mohr Siebeck.

Saurer, J. (2022). § 63 Begriff der Grundrechte. In K. Stern, H. Sodan, & M. Möstl (Hrsg.), *Das Staatsrecht der Bundesrepublik Deutschland im europäischen Staatenverbund, Band III. Allgemeine Lehren der Grundrechte* (2. Aufl.). C.H. Beck.

Schäuble, W. (2007, November 15). Datenschutz: Dein Staat, dein Freund, dein Helfer. *Zeit Online* (Nr. 47), S. 4. https://www.zeit.de/2007/47/Schaeuble-Rede?utm_referrer=https%3A%2F%2Fwww.google.com%2F. Zugegriffen am 25.10.2025.

Schmidt, I. (2023). GG Art. 2. In R. Müller-Glöge, U. Preis, & I. Schmidt (Hrsg.), *Erfurter Kommentar zum Arbeitsrecht* (23. Aufl.). C.H. Beck.

Smend, R. (1928). *Verfassung und Verfassungsrecht*. Duncker & Humblot.

Sodan, H. (2000). Der Anspruch auf Rechtsetzung und seine prozessuale Durchsetzbarkeit. *Neue Zeitschrift für Verwaltungsrecht, 19*(6), 601–609.

Stern, K. (2011). § 185 Idee und Elemente eines Systems der Grundrechte. In J. Isensee & P. Kirchhof (Hrsg.), *Handbuch des Staatsrechts der Bundesrepublik Deutschland, Band IX. Allgemeine Grundrechtslehren* (3. Aufl., S. 57–119). C.F. Müller.

Streinz, R. (2018). GRC Art. 6. In R. Streinz (Hrsg.), *EUV/AEUV. Vertrag über die Europäische Union, Vertrag über die Arbeitsweise der Europäischen Union, Charta der Grundrechte der Europäischen Union* (3. Aufl.). C.H. Beck.

Übereinkommen des Europarats zur Verhütung des Terrorismus vom 16.05.2005 (16.05.2005), BGBl. 2011 II S. 300.

UN-Menschenrechtsausschuss: General Comment No. 31: The Nature of the General Legal Obligation Imposed on States Parties to the Covenant (26.05.2004), UN Dok. CCPR/C/21/Rev.1/Add.13.

Unruh, P. (1996). *Zur Dogmatik der grundrechtlichen Schutzpflichten*. Duncker & Humblot.

Vosgerau, U. (2008). Zur Kollision von Grundrechtsfunktionen. Ein zentrales Problem der Grundrechtsdogmatik. *Archiv des öffentlichen Rechts, 133*, 346–388.

Voßkuhle, A., & Kaiser, A.-B. (2011). Grundwissen – Öffentliches Recht: Funktionen der Grundrechte. *Juristische Schulung*, *51*(5), 411–413.

Wapler, F. (2023). GG Art. 1 Abs. 1. In F. Brosius-Gersdorf (Hrsg.), *Dreier Grundgesetz-Kommentar, Band I. Präambel, Art. 1 bis 19 GG* (4. Aufl.). Mohr Siebeck.

Wiebe, J.-H. (2022, Januar 05) „Querdenker"-Szene: Täglich Tötungsaufrufe auf Telegram. *Tagesschau*. https://www.tagesschau.de/investigativ/funk/todesdrohungen-telegram-101.html. Zugegriffen am 25.10.2025.

Zusatzprotokoll vom 22.10.2015 zum Übereinkommen des Europarats vom 16.05.2005 zur Verhütung des Terrorismus, BGBl. 2019 II S. 636.

3 Terrorismusbekämpfung als Kooperations- und Koordinationsaufgabe

Die vorherigen Kapitel haben aufgezeigt, dass es sich bei der Terrorismusbekämpfung um eine grundrechtliche Optimierungsaufgabe handelt. Daran wird erkennbar, *dass* der Staat die Terrorismusbekämpfung reformieren muss, wenn Defizite bestehen. Damit ist aber noch keine Aussage zu den Modalitäten der Aufgabenerfüllung getroffen. Diesen widmen sich dieses und das nachfolgende Kapitel. Dieses Kapitel zeigt, dass es sich bei der staatlichen Terrorismusbekämpfung um eine gemeinsame Aufgabe handelt, die durch Kooperation- und Koordination zu erfüllen ist.

Einleitend wird zunächst dargestellt, dass die Zuständigkeiten in diesem Bereich in mehrfacher Hinsicht von der grundsätzlichen föderalen Kompetenzverteilung abweichen: Zwar ist die Gewährleistung der öffentlichen Sicherheit grundsätzlich Aufgabe der Länder. Wie die Analyse darstellt, sind jedoch in der jüngeren Vergangenheit, insbesondere nach den Anschlägen vom 11.09.2001, zunehmend Zentralisierungstendenzen zugunsten des Bundes zu beobachten (dazu unter Abschn. 3.1). In einem zweiten Schritt wird gezeigt, dass die Verfassung im Bereich der Terrorismusbekämpfung eine Ausnahme vom grundsätzlichen Verbot der Doppelzuständigkeiten von Bund und Ländern vorsieht: Sowohl dem Bund als auch den Ländern kommen im Rahmen der Terrorismusbekämpfung Kompetenzen zu (dazu unter Abschn. 3.2).

Das Kapitel analysiert nachfolgend am Beispiel der für die Terrorismusbekämpfung relevanten Sicherheitsbehörden des Bundes, dass sich Zuständigkeitsüberschneidungen nicht nur auf der Ebene Bund-Länder, sondern auch innerhalb

T. Ackermann, *Terrorismusbekämpfung in der föderalen Sicherheitsarchitektur*, Juridicum – Bochumer Schriften zur Friedenssicherung und zum Humanitären Völkerrecht I Bochum Studies on the International Law of Peace and Armed Conflict 69,
https://doi.org/10.1007/978-3-662-72233-6_3

eines Verbandes zwischen den verschiedenen Bereichen der Exekutive ergeben (dazu unter Abschn. 3.3, 3.4, 3.5, 3.6, 3.7 und 3.8). Das Kapitel veranschaulicht, dass insbesondere die zunehmende Annäherung von Prävention und Repression, aber auch das Verschwimmen von innerer und äußerer Sicherheit dazu führen, dass ein Gefährdungssachverhalt in die Zuständigkeit verschiedener Akteure fallen kann (dazu unter Abschn. 3.9).

Derartige Kompetenzüberschneidungen zwischen den Sicherheitsbehörden führen, wie dieses Kapitel argumentiert, dazu, dass Kooperation und Koordination der Behörden bei der Terrorismusbekämpfung nicht nur praktisch erforderlich sind, um ein einheitliches Vorgehen zu ermöglichen, sondern auch verfassungsrechtlich vorgeschrieben sind (dazu unter Abschn. 3.10). Abschließend untersucht das Kapitel die in der Praxis erfolgten Versuche, diesen Kooperations- und Koordinationsanforderungen durch die Einrichtung von gemeinsamen Datenbanken und Zentren gerecht zu werden (dazu unter Abschn. 3.11) und zieht ein Zwischenergebnis angesichts der identifizierten Rechtszersplitterung und wachsenden Herausforderungen im Bereich der Terrorismusbekämpfung (dazu unter Abschn. 3.12).

3.1 Die föderale Kompetenzverteilung des Grundgesetzes

Die Kompetenzverteilung im Bereich der Terrorismusbekämpfung weicht von der grundsätzlichen föderalen Kompetenzverteilung des Grundgesetzes ab. Der Begriff der Kompetenz bezeichnet den

> „rechtlich umschriebene[n] Ausschnitt eines Handlungsbereichs, der einem bestimmten Adressaten zu eigenverantwortlicher Wahrnehmung rechtlich zugewiesen ist. Auf den Bundesstaat bezogen lässt sich Kompetenz knapp definieren als der rechtlich zugemessene Anteil des Bundes oder der Länder am Handlungspotential des Gesamtstaates.“[1]

Dabei ist die im Grundgesetz vorgesehene Kompetenzverteilung zwischen Bund und Ländern zwingend, d. h., sie steht nicht zur Verhandlung zwischen den verschiedenen Ebenen.[2] Diese Kompetenzverteilung ist geprägt durch den in der

[1] Isensee 2008b, Rn. 19.

[2] BVerfGE 32, 145, 156 (Beförderungsteuer); BVerfGE 63, 1, 39 (Schornsteinfegerversorgung); Schubert 2021, Rn. 11; März 2018, Rn. 26. Vgl. auch BVerfGE 4, 115, 139 (Besoldungsgesetz von Nordrhein-Westfalen); BVerfGE 41, 291, 311 (Strukturförderung).

Ewigkeitsklausel des Art. 79 Abs. 3 GG verankerten Föderalismus, der die Mitwirkung der Länder nicht nur über die Garantie des Art. 20 GG, sondern auch gesondert gewährleistet.[3] Föderalismus bedeutet „als politisches Grundprinzip die freie Einigung von differenzierten, grundsätzlich gleichberechtigten, in der Regel regionalen politischen Gesamtheiten, die auf diese Weise zu gemeinschaftlichem Zusammenwirken verbunden werden sollen."[4]

Aus diesem Grundprinzip ergibt sich eine Gewaltenteilung zwischen dem Gesamtstaat auf der einen und den Gliedstaaten auf der anderen Seite, die auch als vertikale Gewaltenteilung bezeichnet wird.[5] Sie folgt auch aus Art. 20 Abs. 1 GG, der das Bundesstaatsprinzip festschreibt.[6] Im föderalen Bundesstaat liegen aufgrund des Subsidiaritätsprinzips die Kompetenzen grundsätzlich bei den Gliedstaaten,[7] wie auch die Art. 30, 70 und 83 des Grundgesetzes zeigen, dass die Verfassung von einer föderalen Kompetenzverteilung ausgeht.

Da sowohl den Gliedstaaten als auch dem Gesamtstaat originäre Staatsgewalt zukommt,[8] spricht man auch von einem „System kompetenzgeteilter Staatlichkeit".[9] Es soll der Verhinderung von Machtakkumulation und damit von Machtmissbrauch,[10] der Optimierung des Grundrechtsschutzes und Effektivitätsüberlegungen dienen.[11] Die Vorgaben des Grundgesetzes knüpfen dabei an eine „lange föderale Tradition"[12] Deutschlands an.[13] Die Verfassung des Deutschen Reiches

---

[3] Vgl. Wieland 2021, Rn. 1; Isensee 2008a, Rn. 287.

[4] Hesse 1999, Rn. 219.

[5] Schulze-Fielitz 2015, Rn. 78; Hofmann et al. 2020, S. 237. Im Unterschied dazu betrifft die horizontale Gewaltenteilung die Aufteilung auf die Exekutive, Legislative und Judikative, siehe Schulze-Fielitz 2015, Rn. 69.

[6] Vgl. BVerfGE 34, 9, 20 (Besoldungsvereinheitlichung); BVerfGE 95, 250, 264 (Restitution des Länderbestands); BVerfGE 103, 81, 88 (Pofalla I).

[7] Starck 2012, Rn. 18.

[8] BVerfGE 1, 14, 34 (Südweststaat); BGH, NJW 2001, 1359, 1361 (Fall Eggesin); Klein 2012, Rn. 5; März 2018, Rn. 1, 9, 14 („duale Staatlichkeit"); Schubert 2021, Rn. 2–3; Gubelt und Hanschel 2021, Rn. 1, 10; Bäcker 2018b, S. 6.

[9] BVerfGE 104, 249, 282 (Biblis A) (abweichende Meinung der Richter *Di Fabio* und *Mellinghoff*). Siehe auch Klein 2012, Rn. 21.

[10] Siehe grundlegend z. B. Montesquieu 1748, Buch 11, Kap. 6, dessen Lehre, dass horizontale Gewaltenteilung der Verhinderung von staatlicher Willkür diene, auch auf die vertikale Gewaltenteilung übertragen werden kann. Vgl. auch Hanning 2012, Rn. 29; Sommermann 2018, Rn. 198.

[11] Löffelmann 2018, S. 89.

[12] Härtel 2012, Rn. 10.

[13] Eine detailliertere Darstellung findet sich z. B. bei März 2018, Rn. 3–6. Siehe auch Grzeszick 2012, Rn. 112; Weichlein 2012, Rn. 54; Langewiesche 2012, Rn. 50.

von 1871 enthielt zwar keine ausdrücklichen föderalen Regelungen, doch die Länder hatten ihre eigenen Verfassungen und konnten im „Bundesrath" bei der Reichsgesetzgebung mitwirken, verloren jedoch diejenigen Kompetenzen, die durch die Verfassung dem Reich übertragen wurden.[14] Auch in der Weimarer Reichsverfassung von 1919 waren die Kompetenzen föderal verteilt.[15] Die Länder waren durch Länderregierungen im Reichsrat vertreten, in dem sie an der Reichsgesetzgebung mitwirkten (Art. 60 ff. Weimarer Reichsverfassung).[16] Während der Zeit des Nationalsozialismus kam es zu einer umfänglichen Zentralisierung der staatlichen Gewalt, insbesondere der Polizeigewalt.[17] Auch in der DDR wurde die Polizeigewalt zentralisiert.[18] Als Gegenentwurf zur Zeit des Nationalsozialismus[19] sieht das Grundgesetz eine differenzierte Verteilung von Staatsaufgaben zwischen Bund und Ländern und entsprechende Zuständigkeiten für deren Wahrnehmung vor.

Aufgrund der föderalen Kompetenzverteilung der Art. 30, 70, 83 und 92 GG haben die Länder grundsätzlich auch die Verbandskompetenzen für die Gewährleistung der öffentlichen Sicherheit und Ordnung inne.[20] Besonders deutlich wird dies an Art. 35 und 91 Abs. 1 GG,[21] die den inneren Notstand regeln:[22] Die Polizeikräfte des Bundes dürfen nur dann die Länder bei der Erhaltung der inneren Sicherheit unterstützen, wenn ein bedeutender Fall vorliegt und das jeweilige zuständigen Land Hilfe anfordert. Neben der polizeilichen Gefahrenabwehr fallen auch der Vollzug des Strafprozessrechts und die nachrichtendienstliche Aufklärung in die grundsätzliche Zuständigkeit der Länder.[23] Die Kriminalämter der Länder (Landeskriminalämter) sind für die kriminalpolizeiliche Gefahrenabwehr und als Ermittlungsbehörden der Landesstaatsanwaltschaften für die Strafverfolgung zuständig.[24] Die Landesämter für Verfassungsschutz sind für die nachrichtendienstliche

[14] Kluth 2007, S. 45; Huber 2003, Rn. 20–22.

[15] Schneider 2003, Rn. 21–23.

[16] Schneider 2003, Rn. 57–58.

[17] Kugelmann 2012, Rn. 2–4.

[18] Vgl. Kugelmann 2012, Rn. 5.

[19] BVerfGE 124, 300, 327–328 (Wunsiedel).

[20] Kingreen und Poscher 2022, § 2 Rn. 34 ff.; Kugelmann 2012, Rn. 12; Hanning 2012, Rn. 30; Heintzen 2018, Rn. 109.

[21] Epping 2023, Rn. 18; Bauer 2015, Rn. 25; Heun 2018, Rn. 6.

[22] Vgl. dazu auch unten, Kap. 12, unter Abschn. 12.1.3.2.

[23] Gade und Kieler 2008, S. 33; Götz 2006, Rn. 33; von Ooyen 2020, S. 103. Vgl. Hofmann et al. 2020, S. 239; Kugelmann 2012, Rn. 12; Bäcker 2018b, S. 6, 2021a, Rn. 13.

[24] Weber und Werner 2022.

Aufklärung durch die Länder verantwortlich.[25] Die vorgesehenen Bundeskompetenzen ergeben sich vor allem aus den Art. 73 f., 87 und 96 Abs. 5 GG.[26] Das verfassungsrechtliche Regel-Ausnahme-Verhältnis zwischen Bund und Ländern ist in der Praxis der Terrorismusbekämpfung jedoch nicht mehr erkennbar. Nach den Anschlägen vom 11.09.2001 kam es, insbesondere durch die Föderalismusreform I im Jahr 2006,[27] zu einer Kompetenzverschiebung im Bereich des Sicherheitsrechts und auch der Terrorismusbekämpfung zugunsten des Bundes.[28] Durch die Reform wurden insbesondere durch die Einfügung des neuen Art. 73 Abs. 1 Nr. 9a GG die Kompetenzen des BKA erweitert.[29]

3.2 Das grundsätzliche Verbot von Doppelzuständigkeiten und Mischverwaltung

Das Grundgesetz weist die Kompetenzen grundsätzlich jeweils nur einem Verband zur ausschließlichen Wahrnehmung zu. Die Kompetenzregelungen des Grundgesetzes erfordern „eine Auslegung, die dem Wortlaut und dem Sinn der Kompetenznorm gerecht wird und eine möglichst eindeutige vertikale Gewaltenteilung gewährleistet."[30] Doppelzuständigkeiten sieht das Grundgesetz grundsätz-

[25] Weber 2022b.

[26] Diese Artikel betreffen die ausschließlichen Gesetzgebungskompetenzen des Bundes bspw. für den Schutz der Zivilbevölkerung oder die Zusammenarbeit des Bundes und der Länder im Bereich der Kriminalpolizei und des Verfassungsschutzes (Art. 73 Abs. 1 Nr. 1 und 10 GG), die konkurrierenden Gesetzgebungskompetenzen etwa für das Strafrecht (Art. 74 Abs. 1 Nr. 1 GG) und die Bundesgerichtsbarkeit in Staatsschutzangelegenheiten (Art. 96 Abs. 5 GG).

[27] Gesetz zur Änderung des Grundgesetzes vom 28.08.2006 (Föderalismusreform I), BGBl. 2006 I S. 2034. Dabei sollte die Reform ursprünglich die Kompetenzen von Bund und Ländern entflechten, vgl. Wolff 2022, Rn. 1.

[28] Riedl 2018, S. 40–43. Vgl. auch Münch 2019, S. 278–280; Klein 2012, Rn. 17–19; Korioth, Rn. 2; Hellermann 2023, Rn. 2.2; Gubelt und Hanschel 2021, Rn. 2; März 2018, Rn. 20; Masing 2018, S. 11.

[29] Siehe dazu unten, unter 3 4. Vgl. auch Barczak 2023, Rn. 3.

[30] BVerfGE 157, 223, 261 (Rn. 102) (Berliner Mietendeckel). Vgl. auch BVerfGE 12, 205, 228–229 (Rundfunkentscheidung); BVerfGE 37, 363, 405 (Bundesrat); BVerfGE 61, 149, 174 (Amtshaftung); BVerfGE 138, 261, 273 (Rn. 28) (Erbschaftsteuer); BVerfGE 145, 20, 58 f. Rn. 98 (Spielhallen).

lich nicht vor.[31] Im Bereich der Exekutive ist ein „aufgabenparalleles" Handeln beider Ebenen unter bestimmten Umständen verfassungsrechtlich zulässig,[32] aber

> „Kompetenzüberschneidungen im eigentlichen, also [...], dass Bund wie Länder für denselben Kompetenzbereich – und sei es auch nur teilw[eise] – gleichermaßen zuständig sind, lassen sich aber mit dem Grundsatz lückenloser und strikter Kompetenzverteilung, soweit eine gegenteilige Anordnung im GG fehlt, nicht vereinbaren."[33]

Für diese gilt dann die Pflicht zum bundesfreundlichen Verhalten und damit gegenseitigen Rücksichtnahme.[34] Darüber hinaus ist „jede funktionelle oder organisatorische Verflechtung der Verwaltung von Bund und Ländern",[35] die sogenannte Mischverwaltung,[36] grundsätzlich unzulässig, wie sich aus Art. 30 und 83 GG ergibt.[37] Insbesondere ist es unzulässig, in einem Bereich, der einer der beiden Ebenen zur alleinigen Erledigung übertragen wurde, die Mitwirkung oder Mitentscheidung der jeweils anderen Ebene vorzusehen.[38] Allerdings führt der Umstand, dass es sich um ein Zusammenwirken von Bund und Ländern handelt, für sich genommen noch nicht zu einem Verfassungsverstoß; vielmehr kommt es auf die besonderen verfassungsrechtlichen Vorgaben an, die die Zusammenarbeit in dem jeweiligen Verwaltungsbereich regeln.[39]

Für den Bereich des Sicherheitsrechts und insbesondere für den Bereich der Terrorismusbekämpfung enthält das Grundgesetz gegenteilige Anordnungen, die Doppelzuständigkeiten gerade voraussetzen.[40] Diese finden sich insbesondere in Art. 73 Abs. 1 Nr. 9a und Nr. 10 GG sowie Art. 87 Abs. 1 S. 2 GG.[41] Besonders

---

[31] BVerfGE 36, 193, 202–203 (Journalisten); BVerfGE 67, 299, 321 (Laternengarage); BVerfGE 104, 249, 267 (Biblis A); BVerfGE 106, 62 (Altenpflegegesetz); März 2018, Rn. 12, 25; Wittreck 2015a, Rn. 28.

[32] März 2018, Rn. 25.

[33] Schubert 2021, Rn. 17.

[34] BVerfGE 1, 299, 315 (Wohnungsbauförderung); Klein 2012, Rn. 12. Zum Prinzip der Bundestreue siehe auch z. B. Wittreck 2015a, Rn. 15–16.

[35] Eichhorn 1998, S. 25.

[36] BVerfGE 127, 165, 191–192; Schubert 2021, Rn. 13.

[37] März 2018, Rn. 30.

[38] Vgl. BVerfGE 32, 145, 156 (Beförderungsteuer); BVerfGE 41, 291, 311 (Strukturförderung); BVerfGE 63, 1, 38–39 (Schornsteinfegerversorgung); März 2018, Rn. 30. Vgl. ferner Klein 2012, Rn. 23; Trute 2012, Rn. 8.

[39] BVerfGE 63, 1, 38 (Schornsteinfegerversorgung).

[40] Heintzen 2018, Rn. 112.

[41] Wolff 2018, S. 38; Gusy 1993, S. 1120.

deutlich wird der Charakter der Sicherheitsgewährleistung an Art. 73 Abs. 1 Nr. 10 GG, der von einer Zusammenarbeit von Bund und Ländern unter anderem in den Bereichen der Kriminalpolizei und im Verfassungsschutz ausgeht. Die genannten Vorschriften werden im weiteren Verlauf der Untersuchung noch eingehend analysiert. An dieser Stelle genügt die Feststellung, dass es sich bei der Terrorismusbekämpfung um eine gemeinsame Aufgabe handelt, die abweichend von Art. 30 und 83 GG keinem Kompetenzträger ausschließlich zugewiesen ist.[42] Es handelt sich daher um einen Fall der verfassungsrechtlich ausnahmsweise zulässigen Durchbrechung des Verbots der Mischverwaltung und von Doppelzuständigkeiten.[43] Allerdings werden die Ebenen nicht zusammengelegt, sondern die Kompetenzen auf den beiden Ebenen parallel wahrgenommen.[44]

3.3 Die Sicherheitsbehörden des Bundes und ihre Zuständigkeitsüberschneidungen

Bei der Erfüllung einer gemeinsamen Aufgabe ist eine Abstimmung der Beteiligten erforderlich, wenn sich die Zuständigkeiten mehrerer behördlicher Akteure überschneiden. Nur so kann die effektive Aufgabenerfüllung gewährleistet werden. Im Folgenden werden die Zuständigkeiten der Sicherheitsbehörden des Bundes und ihre Befugnisse bei der Terrorismusbekämpfung untersucht und aufgezeigt, inwieweit es hier zu derartigen Zuständigkeitsüberschneidungen untereinander und mit den Sicherheitsbehörden der Länder kommt. Während die Kompetenz (oder auch Zuständigkeit) als übergeordneter Begriff den Aufgabenbereich und die zulässigen Handlungsformen eines Verwaltungsorgans beschreibt,[45] versteht man unter einer Befugnis dagegen die „materielle Ermächtigung zu konkretem Handeln, durch das Eingriffe in Grundrechte der Bürger:innen vorgenommen werden können."[46]

Für die vorliegende Untersuchung sind die Zuständigkeiten und Befugnissen derjenigen Akteure relevant, die in der operativen Terrorismusbekämpfung tätig werden. Unter operativer Terrorismusbekämpfung versteht man „die Beobachtung oder imperative Beeinflussung des terroristischen Milieus", wobei solche Behörden operativ tätig werden, „die die Entscheidung über solche Maßnahmen zumindest

[42] Vgl. Gärditz 2018, S. 25, 2019, S. 103; Oebbecke 2008, Rn. 10; Droste 2007, S. 33.

[43] Gusy 1993, S. 1120; Hermes 2018, Rn. 47; Ibler, Rn. 119.

[44] Gärditz 2019, S. 103.

[45] Vgl. Weber 2022a.

[46] Wittreck 2015a, Rn. 17. Siehe auch Kment 2022a, Rn. 3; Schubert 2021, Rn. 31; Gubelt und Hanschel 2021, Rn. 28.

grundsätzlich eigenständig fällen können."[47] Die operative Terrorismusbekämpfung erfolgt grundsätzlich mit polizeilichen und nachrichtendienstlichen Mitteln der Sicherheitsbehörden.[48] Daran ändert auch die Tatsache nichts, dass Staaten ihre Bemühungen zur Terrorismusbekämpfung gelegentlich als „*War on Terror*" deklarieren.[49] Die Bundeswehr ist grundsätzlich nicht für die Terrorismusbekämpfung tätig, sondern kann allenfalls ausnahmsweise und nur unter strengen Voraussetzungen nach terroristischen Anschlägen im Rahmen der Amtshilfe tätig werden.[50] Auch die in den Koordinationsplattformen zur Terrorismusbekämpfung vertretenen Akteure verdeutlichen den Fokus auf Polizei und Nachrichtendienste. So sind z. B. im Gemeinsamen Internetzentrum (GIZ) das BKA, das BfV, der BND, der Militärische Abschirmdienst (MAD) und der Generalbundesanwalt (GBA) vertreten.[51] Es darf jedoch nicht verkannt werden, dass in einer digitalisierten Welt, in der die Bedrohung durch Cyberangriffe zu einer realen Gefahr für die analoge Sicherheit geworden ist,[52] den Nachrichtendiensten in Zukunft unter Umständen ein ähnlich großes Gewicht zukommen könnte wie dem Militär.[53]

Vom Begriff der Sicherheitsbehörden sind in der Bundesrepublik insgesamt 40 Stellen erfasst: die Nachrichtendienste der sechszehn Bundesländer, d. h. die Landesämter für Verfassungsschutz, die sechszehn Landeskriminalämter sowie acht Sicherheitsbehörden[54] des Bundes.[55]

---

[47] Bäcker 2018a, S. 214. Zu beachten ist in diesem Zusammenhang, dass den Nachrichtendiensten jedoch *keine* operativen Befugnisse im Bereich der Gefahrenabwehr zustehen, siehe auch unten, Kap. 3, unter Abschn. 3.3.3.

[48] Bäcker 2018b, S. 5; Hummer 2017, S. 148.

[49] Grundlegend für den Begriff ist die Rede des damaligen US-Präsidenten Bush 2001. Siehe hierzu Stanford 2015, S. 9–11; Safferling 2019; Swan 2019; Feroz 2021, S. 57–59.

[50] Siehe dazu und zur Diskussion um den weitergehenden Einsatz der Bundeswehr zur Terrorismusbekämpfung Bäumerich und Schneider 2017 ff., insb. 194.

[51] Siehe Antwort der Bundesregierung auf die Kleine Anfrage der Abgeordneten Gisela Piltz et al. und der Fraktion der FDP –BT-Drs. 16/11943 – Gemeinsames Internetzentrum, BT-Drs. 16/12089, S. 2; Bundeskriminalamt (BKA) 2023b.

[52] Siehe z. B. Hofmann 2020, S. 420–422. Siehe auch z. B. Welchering 2018; Dowideit und Lindenau 2019.

[53] Masing 2018, S. 15. Vgl. auch Riegert 2022; Flade 2023.

[54] Zur Begrifflichkeit der Sicherheitsbehörden und ihrem Verhältnis zu Ermittlungsbehörden vgl. Wolff 2018, S. 35–37. Aber siehe auch Rachor und Roggan 2021, Rn. 101, die den Begriff der Sicherheitsbehörden eng verstehen und die Nachrichtendienste hiervon nicht einschließen.

[55] Zu den Bundessicherheitsbehörden zählen neben den nachstehend untersuchten Stellen die Bundespolizei, das Zollkriminalamt und das Bundesamt für Migration und Flüchtlinge (BAMF). Sie werden wegen ihrer untergeordneten Bedeutung für die vorliegende Unter-

3.3.1 Traditionelle Aufteilung der Sicherheitsarchitektur

Die Sicherheitsarchitektur und damit auch die Terrorismusbekämpfung lassen sich traditionell nach bestimmten Kriterien unterteilen. Man unterscheidet erstens zwischen repressivem und präventivem Handeln (dazu unter Abschn. 3.3.2), wobei die Prävention zweitens unterteilt werden kann in präventiv-polizeiliches und präventiv-nachrichtendienstliches Handeln (dazu unter Abschn. 3.3.3). Schließlich wird drittens traditionell danach unterschieden, ob Bedrohungen die innere oder die äußere Sicherheit betreffen (dazu unter Abschn. 3.3.4).[56] Diese Unterscheidungen finden sich in der traditionellen Kompetenzverteilung der Bundessicherheitsbehörden und ihren Befugnissen wieder. Aufgrund tatsächlicher und rechtlicher Entwicklungen in den letzten Jahren und Jahrzehnten ist allerdings fraglich, ob diese klassische Kategorisierung heute noch in strikter Form aufrechterhalten werden kann.[57]

3.3.2 Repressives und präventives Handeln

Die Terrorismusbekämpfung kann zunächst entweder repressiv oder präventiv erfolgen. Repressives Handeln bezeichnet das Handeln der Sicherheitsbehörden in Reaktion auf eine bereits realisierte Gefahr und damit auf die Begehung einer Straftat.[58] Die Zuständigkeit liegt bei den Staatsanwaltschaften, die die Polizei mit der Durchführung der erforderlichen Ermittlungsmaßnahmen beauftragen.[59] Präventives Handeln bezeichnet das Tätigwerden der Sicherheitsbehörden im Vorfeld der Gefahrrealisierung, wobei nicht feststeht, dass die Gefahr sich überhaupt realisieren wird.[60] Für die Prävention sind die Polizeibehörden und die Nachrichtendienste zuständig.

---

suchung nicht im Einzelnen analysiert. Die Bundespolizei unterstützt insbesondere lediglich das BKA gem. § 9 Abs. 1 S. 1 Nr. 3 des Gesetzes über die Bundespolizei (BPolG) bei der Abwehr von Gefahren des internationalen Terrorismus gem. § 5 BKAG. Die Unterstützung richtet sich dabei nach dem BKAG (vgl. § 9 Abs. 1 S. 2 BPolG).

[56] Wolff 2018, S. 24–26; Hofmann 2020, S. 411–413.

[57] Vgl. auch Bäcker 2021a, Rn. 44.

[58] Gusy 2010, S. 13; Coenen 2022, S. 113–115.

[59] Vgl. Bäcker 2021a, Rn. 11–12.

[60] Gusy 2010, S. 13; Coenen 2022, S. 113–115.

3.3.3 Präventiv-polizeiliches und präventiv-nachrichtendienstliches Handeln

Innerhalb der Prävention lassen sich polizeiliches und nachrichtendienstliches Handeln unterscheiden.[61] Beide, Polizei und Nachrichtendienste, sollen zur Erhaltung des sozialen Friedens tätig werden, verfolgen dabei aber verschiedene Zielrichtungen. Die Polizeibehörden sind grundsätzlich für die kurzfristige Sicherung des sozialen Friedens zuständig, indem sie im konkreten Fall (präventiv oder repressiv) tätig werden.[62] Sie sind zuständig, wenn konkrete Gefahren vorliegen und können zu deren Abwehr mit imperativen Maßnahmen (etwa durch Ingewahrsamnahme oder Durchsuchungen) reagieren.[63] Sie arbeiten grundsätzlich offen, das bedeutet, ihre Maßnahmen sind für die Öffentlichkeit erkennbar.[64]

Die Nachrichtendienste hingegen sollen zur Wahrung des sozialen Friedens beitragen, indem sie Strukturen verfassungsfeindlicher Bestrebungen identifizieren und mit diesem Wissen als „Frühwarnsysteme" den Gesetzgeber bei dem Ergreifen von politischen Maßnahmen beraten.[65] BfV, BND und MAD sind, neben den Verfassungsschutzbehörden der Länder, damit für die langfristige Sicherung des sozialen Friedens durch kontinuierliche Informationsbeschaffung verantwortlich.[66] Sie werden bereits im Vorfeld konkreter Gefahren und strafbaren Verhaltens tätig, denn ihre Aufgabe ist die Vorfeld- und Umfeldaufklärung.[67] Sie arbeiten hierzu „vor allem heimlich unter Einsatz nachrichtendienstlicher Mittel zum Zwecke der Sammlung und Auswertung bestimmter Informationen".[68] Zur Vornahme von Zwangsmaßnahmen sind sie nicht befugt.[69] Unter Informationsbeschaffung versteht man dabei „jede gezielte Maßnahme zur Gewinnung von Informationen unabhängig davon, ob es sich um personenbezogene Lage-, Sach-, oder Strukturdaten handelt".[70] Die Vorfeldaufklärung bezeichnet „die Gesamtheit derjenigen Handlungen, Zustände und Absichten, welche aktuelle oder spätere Erkenntnisse außen-

---

[61] Vgl. Hofmann 2020, S. 416.

[62] Vgl. Bäcker 2021a, Rn. 15.

[63] Siehe BVerfGE 133, 277, 325 f. (Rn. 117 f.) (Antiterrordateigesetz); Bäcker 2021a, Rn. 145–147; König 2005, S. 32.

[64] Vgl. BVerfGE 133, 277, 325 f. (Rn. 117 f.) (Antiterrordateigesetz).

[65] Meyer-Wieck 2006, S. 356; Droste 2007, S. 5; Hanning 2012, Rn. 41; Bäcker 2021a, Rn. 21.

[66] König 2005, S. 32; Herzog 1981, S. 8.

[67] Fromm 2008, S. 56; Brückner und Schmitt 1977, S. 55.

[68] Droste 2007, S. 27.

[69] Brückner und Schmitt 1977, S. 55; Schimpff 1990, S. 19.

[70] Gusy 2019a, Rn. 38.

oder sicherheitspolitischer Relevanz als möglich erscheinen lassen."[71] Darunter fallen auch Initiativermittlungen ohne konkrete Anhaltspunkte.[72] Diese müssen jedoch einer Wahrscheinlichkeitsbeurteilung standhalten: Das Auffinden nachrichtendienstlich relevanter Informationen muss in diesem Maße als wahrscheinlich erscheinen, dass diese Wahrscheinlichkeit das allgemeine Lebensrisiko übersteigt.[73]

Wie das Bundesverfassungsgericht festgestellt hat, unterscheidet die Rechtsordnung

> „zwischen einer grundsätzlich offen arbeitenden Polizei, die auf eine operative Aufgabenwahrnehmung hin ausgerichtet und durch detaillierte Rechtsgrundlagen angeleitet ist, und den grundsätzlich verdeckt arbeitenden Nachrichtendiensten, die auf die Beobachtung und Aufklärung im Vorfeld zur politischen Information und Beratung beschränkt sind und sich deswegen auf weniger ausdifferenzierte Rechtsgrundlagen stützen können."[74]

Polizei und Nachrichtendienste sind damit voneinander getrennte Institutionen, die unterschiedliche Aufgaben mit unterschiedlichen Befugnissen in der Sicherheitsgewährleistung wahrnehmen.

3.3.4 Innere und äußere Sicherheit

Im Bereich der Sicherheitsgewährung durch den Staat lässt sich neben der betroffenen repressiven oder präventiven Handlungsform auch an den territorialen Ursprung der Gefährdung anknüpfen. Die Unterscheidung zwischen innerer und äußerer Sicherheit ist dabei von traditionell hoher Bedeutung. Unter innerer Sicherheit versteht man „den Schutz der Gesellschaft und des Staates vor Kriminalität und vergleichbaren Bedrohungen, die sich aus dem Inneren der Gesellschaft selbst heraus entwickeln."[75] Die äußere Sicherheit hingegen „besteht in der Abwesenheit von äußeren Eingriffen in die Staatssphäre bzw. der entsprechenden Vorsorge."[76] Die Trennung richtet sich damit nach dem territorialen Ursprung der Bedrohung. Für die innere Sicherheit sind die Polizeibehörden, Strafverfolgungs-

[71] Gusy 2019a, Rn. 34.

[72] Gusy 2019a, Rn. 34.

[73] Gusy 2019a, Rn. 34.

[74] BVerfGE 133, 277, 328 f. (Rn. 122) (Antiterrordateigesetz). Vgl. auch Masing 2018, S. 9–10.

[75] Singer 2009, S. 267.

[76] Heinrich und Lange 2008, S. 253.

behörden und das BfV sowie die Landesämter für Verfassungsschutz verantwortlich. Für die äußere Sicherheit sind der BND und teilweise auch der MAD und damit nur Nachrichtendienste des Bundes, nicht aber solche der Länder, zuständig.

3.4 Das Bundeskriminalamt (BKA)

Das dem Bundesministerium des Innern und für Heimat (BMI) unterstellte[77] BKA lässt sich als Bundespolizeibehörde traditionell dem präventiven, genauer dem präventiv-polizeilichen Bereich zuordnen. Während Polizeibehörden üblicherweise für die Gewährleistung der inneren Sicherheit zuständig sind, hat das BKA Kompetenzen auch mit Blick auf die äußere Sicherheit. Im Folgenden werden zunächst die grundlegenden Aufgaben des BKA dargelegt (unter Abschn. 3.4.1) und sodann aufgezeigt, dass es bei seinem Tätigwerden zu verschiedenen Zuständigkeitsüberschneidungen kommen kann (unter Abschn. 3.4.2).

3.4.1 Aufgaben des BKA

Das BKA ist eine polizeiliche Bundesoberbehörde im Geschäftsbereich des Bundesministeriums des Innern und für Heimat.[78] Ihm kommen vier Funktionen zu:[79] Das BKA unterstützt die Landeskriminalämter als Zentralstelle (§ 2 BKAG), fungiert als Strafverfolgungsbehörde (§ 4 BKAG), ist als Ansprechpartner für die Belange der internationalen polizeilichen Zusammenarbeit tätig (§ 3 BKAG) und hat einen besonderen Auftrag für die Terrorismusbekämpfung (§ 5 BKAG).[80] Die verschiedenen Funktionen basieren auf unterschiedlichen kompetenzrechtlichen Grundlagen, die zum Teil sehr umstritten sind.[81] Sie schlagen sich auch im BKAG nieder: Abschnitt 3 regelt die Befugnisse für die Ausübung der Aufgaben als Zentralstelle, Abschnitt 4 diejenigen zur Strafverfolgung und Abschnitt 5 solche zur Abwehr von Gefahren des internationalen Terrorismus. Für diese Untersuchung sind insbesondere die Funktion des BKA als Zentralstelle und in der Terrorismusbekämpfung sowie deren Verhältnis zueinander relevant.

[77] Rachor und Roggan 2021, Rn. 80.

[78] Werner 2022.

[79] Siehe Bäcker 2021b, Rn. 126–128.

[80] Suerbaum 2023, Rn. 23. Siehe auch Kugelmann 2012, S. 50–52.

[81] Vgl. Ibler, Rn. 134; Heintzen 2018, Rn. 94.

Als Zentralstelle für den polizeilichen Informationsverbund unterhält das BKA ein einheitliches Verbundsystem zwischen Bund und Ländern (§§ 13, 29 BKAG) und führt die bei den Landesbehörden vorliegenden Informationen gem. § 32 BKAG zusammen. Dabei genügen die Vorschriften zur Bereitstellung der Daten in diesem Verbundsystem den verfassungsrechtlichen Anforderungen derzeit nicht.[82] Das Eingriffsgewicht der Bereitstellung von personenbezogenen Daten ist nach dem Bundesverfassungsgericht aufgrund der weitreichenden Verwendungsmöglichkeiten erheblich.[83] Dieses erhöhte Eingriffsgewicht stellt erhöhte Anforderungen an die Ausgestaltung der gesetzlichen Vorgaben. Da bislang die Speicherschwelle, also die Voraussetzungen für die Einstellung personenbezogene Daten, und die Speicherdauer nicht hinreichend normiert sind,[84] muss der Gesetzgeber die Regelungen des BKAG für den polizeilichen Informationsverbund überarbeiten.

Außerdem kann das BKA gem. § 9 BKAG eigenständig personenbezogene Daten mittels Auskünften oder Anfragen bei öffentlichen oder nichtöffentlichen Stellen erheben und nach §§ 18 f. BKAG weiterverarbeiten, sofern dies für seine Aufgabenerfüllung erforderlich ist. Darunter zählt auch die Bestandsdatenauskunft von Telekommunikationsbetreibern gem. § 10 BKAG (die mehrfach Gegenstand von Diskussionen um die sog. Vorratsdatenspeicherung war).

Bezüglich der Abwehr von Gefahren des internationalen Terrorismus durch das BKA ist umstritten, ob ein grenzüberschreitendes Element erforderlich ist oder es ausreicht, dass terroristische Bestrebungen in Deutschland durch internationale Strömungen inspiriert sind. Die Historie spricht dagegen, da in der Gesetzesänderung, durch die Art. 73 Abs. 1 Nr. 9a GG neu in das Grundgesetz eingefügt wurde, explizit auf Deutschland begrenzte terroristische Phänomene ausnimmt.[85] Ansonsten, so wird argumentiert, würde das Erfordernis der Internationalität uferlos werden.[86] Hingegen hielt der Gesetzgeber bei der Gesetzesbegründung zur Änderung des BKAG 2008 fest: „Auch bei lediglich in Deutschland tätigen Gruppen können diese Voraussetzungen durch Einbindung in international propagierte ideologische Strömungen, etwa eines weltweiten Dschihad, erfüllt sein."[87]

---

[82] BVerfG, NVwZ 2024, 1736.

[83] BVerfG, NVwZ 2024, 1736, 1749.

[84] BVerfG, NVwZ 2024, 1736, 1749.

[85] Gesetzentwurf der Fraktionen der CDU/CSU und SPD, Entwurf eines Gesetzes zur Änderung des Grundgesetzes, BT-Drs. 16/813, S. 12.

[86] Rusteberg 2018, S. 6.

[87] Gesetzentwurf der Bundesregierung, Entwurf eines Gesetzes zur Abwehr von Gefahren des internationalen Terrorismus durch das Bundeskriminalamt, BT-Drs. 16/10121, S. 20–21.

In der Tat wäre das Wort „internationaler“ überflüssig, würde man auf eine Grenzüberschreitung verzichten. Fraglich ist aber, was dieses grenzüberschreitende Element konkret verlangt. In der heutigen Zeit ist es unerheblich, ob Terrorist:innen die Grenze zu anderen Staaten überschreiten oder nicht, denn eine Vernetzung mit Akteuren in anderen Staaten kann ebenso gut im digitalen Raum stattfinden. Ebenso muss man in Zeiten der Digitalisierung nicht mehr vor Ort sein, um einen Anschlag zu begehen. So können etwa durch Cyberattacken terroristische Anschläge in anderen Staaten verübt werden, indem etwa ein Zusammenbruch der dortigen Infrastruktur herbeigeführt wird. Dazu müssen die Täter:innen keine Grenze überschreiten. Es kann bei der Grenzüberschreitung daher nicht auf Personen, sondern muss stattdessen auf ihr Verhalten ankommen, etwa auf ihre Kommunikation.[88] Eine digitale internationale Vernetzung oder die Verübung eines Anschlags auf einem anderen Staatsgebiet rechtfertigt den Austausch mit ausländischen Behörden. Für einen solchen Austausch ist es ebenso wie bei tatsächlichen Grenzüberschreitungen von Terrorist:innen sinnvoll, dass das BKA die Informationen zusammenführt und die Kommunikation mit den ausländischen Behörden übernimmt.

Für die Terrorismusbekämpfung kommen dem BKA gem. §§ 5, 38 ff. BKAG weitreichende Befugnisse zu. So kann das BKA nach § 38 Abs. 1 BKAG alle Maßnahmen ergreifen, die zur Gefahrenabwehr erforderlich sind, soweit das BKAG keine anderweitigen Regelungen enthält. Dazu gehören unter anderem Befugnisse zur Erhebung von Telekommunikationsverkehrs- und Nutzungsdaten, zur Ingewahrsamnahme (§ 57 BKAG) und zur Durchsuchung von Personen (§ 58 BKAG), von Sachen (§ 59 BKAG) sowie von Wohnungen (§ 60 BKAG).

Das Bundesverfassungsgericht hat die Befugnisse des BKA in der Terrorismusbekämpfung bereits wiederholt kritisiert.[89] Zuletzt hat es die Vorschriften zur heimlichen Überwachung von Kontaktpersonen, als verfassungswidrig bewertet.[90]

Bei Kontaktpersonen handelt es sich um Personen, gegen die selbst kein Verdacht terroristischer Aktivitäten besteht, die aber in einem Näheverhältnis zu einer verantwortlichen Person stehen.[91] Da die Kontaktpersonen nicht selbst polizeirechtlich verantwortlich sind, darf die Überwachung nur unter sehr engen Voraussetzungen erfolgen. Das Bundesverfassungsgericht verlangt hier eine spezifische individuelle Nähe zu der polizeirechtlich verantwortlichen Person und, dass eine Überwachung der verantwortlichen Person mit entsprechenden Mitteln zulässig

[88] Vgl. Bäcker 2009, S. 34–35.

[89] BVerfG, NJW 2016, 1781 – BKAG I; BVerfG, NVwZ 2024, 1736 – BKAG II.

[90] BVerfG, NVwZ 2024, 1736.

[91] BVerfG, NVwZ 2024, 1736, 1741.

wäre.[92] Denn, wenn schon keine die verantwortliche Person nicht mit eingriffsintensiven Maßnahmen überwacht werden darf, gilt dies erst recht für Kontaktpersonen.[93]

3.4.2 Zuständigkeitsüberschneidungen

Das Grundgesetz setzt in Art. 73 Abs. 1 Nr. 10 GG die Zusammenarbeit von Bund und Ländern in der Kriminalpolizei voraus. BKA und Landeskriminalämter stehen dabei grundsätzlich nicht in einem Hierarchieverhältnis zueinander.[94] Daher sind bereits gewisse Überschneidungen im Tätigkeitskreis von BKA und den Landeskriminalämtern immanent. Durch Reformen in der jüngeren Vergangenheit haben sich allerdings diese Überschneidungen zwischen dem BKA und den Landeskriminalämtern, aber auch zwischen dem BKA und den Strafverfolgungsbehörden sowie mit den Nachrichtendiensten vervielfacht. Dies hat seine Ursache in einem erweiterten Befugniskatalog des BKA (dazu unter Abschn. 3.4.2.1), in der Ermöglichung sog. doppelfunktionaler Maßnahmen (dazu unter Abschn. 3.4.2.2) sowie in der Einräumung nachrichtendienstähnlicher Befugnisse (dazu unter Abschn. 3.4.2.3).

3.4.2.1 Zuständigkeitsüberschneidungen durch erweiterte Befugnisse des BKA

Die Zuständigkeiten des BKA überschneiden sich teilweise mit denen der Landeskriminalämter. Ein wesentlicher Grund hierfür ist, dass die Befugnisse des BKA nach den Anschlägen vom 11.09.2001 erheblich erweitert wurden. Der im Zuge der Föderalismusreform I neu eingefügte Art. 73 Abs. 1 Nr. 9a GG[95] wird daher auch als „deutsche Ausgeburt des 11. September 2001“[96] bezeichnet. Er bezieht sich speziell auf die präventive Terrorismusbekämpfung[97] und gibt dem Bund die ausschließliche Gesetzgebungskompetenz über

---

[92] BVerfG, NVwZ 2024, 1736, 1743.

[93] BVerfG, NVwZ 2024, 1736, 1743.

[94] Vgl. Bäcker 2021b, Rn. 149.

[95] Gesetz zur Änderung des Grundgesetzes vom 28.08.2006 (Föderalismusreform I), BGBl. 2006 I S. 2034. Vgl. auch Deutscher Bundestag, Plenarprotokoll 16/44, S. 4326–4327 (Rede von *Binninger*, CDU/CSU).

[96] Wittreck 2015b, Rn. 63. Vgl. Wissenschaftliche Dienste des Deutschen Bundestages 2009, S. 15.

[97] BVerfGE 141, 220, 263 (Rn. 88) (Bundeskriminalamtsgesetz); BVerfGE 154, 152, 233 (Rn. 126) (BND – Ausland-Ausland-Fernmeldeaufklärung); Kment 2022b, Rn. 32.

> „die Abwehr von Gefahren des internationalen Terrorismus durch das Bundeskriminalpolizeiamt in Fällen, in denen eine länderübergreifende Gefahr vorliegt, die Zuständigkeit einer Landespolizeibehörde nicht erkennbar ist oder die oberste Landesbehörde um eine Übernahme ersucht."

Damit kann der Bundesgesetzgeber vorsehen, dass das BKA in bestimmten Fällen zur Abwehr terroristischer Gefahren tätig wird. Die Verwendung des Begriffs „Bundeskriminalpolizeiamt" diente der Anpassung an den Wortlaut in Nr. 10 desselben Artikels, meint aber das BKA.[98] Diese behördenspezifische[99] verfassungsrechtliche Kompetenzzuweisung wird einfachgesetzlich in § 5 BKAG konkretisiert.[100] Die Zuständigkeit des Bundes lässt die Zuständigkeit der Länder zur Abwehr terroristischer Gefahren unberührt,[101] sodass die Länder parallel zuständig bleiben.[102] Daraus ergeben sich Überschneidungen zwischen den Zuständigkeiten des BKA und den Landeskriminalämtern.

3.4.2.2 Zuständigkeitsüberschneidungen durch doppelfunktionale Maßnahmen

Darüber hinaus überschneiden sich die Zuständigkeiten des BKA aufgrund der Präventionstatbestände mit denen der Strafverfolgungsbehörden bei Ermittlungen im Bereich der §§ 89a ff. und §§ 129a, 129b StGB.[103] § 89a StGB stellt die Vorbereitung einer schweren staatsgefährdenden Gewalttat, § 89b StGB die Aufnahme von Beziehungen zur Begehung einer schweren staatsgefährdenden Gewalttat und § 89c StGB die Terrorismusfinanzierung unter Strafe. § 129a StGB schließlich normiert die Strafbarkeit der Bildung terroristischer Vereinigungen, dessen Anwendungsbereich von § 129b StGB auch auf terroristische Vereinigungen im Ausland

---

[98] Wolff 2022, Rn. 199. Es bleibt allerdings unklar, wieso in diesem Zuge nicht die Gelegenheit genutzt wurde, in beiden Nummern den Begriff „Bundeskriminalpolizeiamt" durch „Bundeskriminalamt" zu ersetzen.

[99] Gärditz 2018, S. 3.

[100] Vgl. Gesetzentwurf der Fraktionen der CDU/CSU und SPD, Entwurf eines Gesetzes zur Abwehr von Gefahren des internationalen Terrorismus durch das Bundeskriminalamt, BT-Drs. 16/9588, S. 14.

[101] Vgl. BVerfGE 141, 220, 263 (Bundeskriminalamtsgesetz).

[102] Wolff 2022, Rn. 213; Thiel 2020, Rn. 2; Bäcker 2018a, S. 214.

[103] Siehe für einen detaillierten Überblick Coenen 2022, S. 111–113. Siehe auch Bäcker 2021a, Rn. 40–41; Roggan 2017, S. 209.

ausgeweitet wird (sog. Organisationsdelikte[104]). Diese Vorschriften kriminalisieren in erheblichem Umfang Vorfeldhandlungen.[105]

Die Aufklärung derartiger Straftaten dient somit einerseits der Ahndung der verbotenen Vorfeldhandlungen selbst, andererseits aber auch der Verhinderung von möglichen weiteren Straftaten, insbesondere terroristischer Anschläge.[106] Die Polizeibehörden werden insoweit sowohl – eigenständig – präventiv als auch – als Ermittlungsbehörden der Staatsanwaltschaften – repressiv tätig. Dadurch können sich in der Tätigkeit der Polizeibehörden wie des BKA präventive und repressive Maßnahmen überschneiden.[107]

Die Thematik der doppelfunktionalen Maßnahmen und die Vorschläge, wie mit diesen umzugehen ist, werden kontrovers diskutiert.[108] Gerade im Bereich der Terrorismusbekämpfung kann es mitunter schwierig sein, auf den inhaltlichen Schwerpunkt der Maßnahme abzustellen, da dieser nicht immer zweifelsfrei bestimmt werden kann.[109] Als einfaches Beispiel kann man sich vorstellen, dass die Polizei die Wohnung einer Person durchsucht, weil der Verdacht besteht, dass diese Person Sprengstoff für einen terroristischen Anschlag herstellt. Einerseits würde die Maßnahme der Verhinderung des Anschlags (Prävention), andererseits der Ahndung einer strafbaren Handlung nach § 89a Abs. 2 Nr. 2 StGB (Repression) dienen.

Es ist nicht Gegenstand dieser Untersuchung, diese Abgrenzungsproblematik zu lösen. Dass diese Schwierigkeiten bestehen, zeigt allerdings erstens, dass es problematisch ist, es den Sicherheitsbehörden zu überlassen, den Schwerpunkt der Maßnahme und damit die im Einzelfall anwendbaren Vorschriften zu bestimmen. Insbesondere besteht die Gefahr, dass durch die Berufung auf die präventive Zielrichtung einer Maßnahme rechtsstaatliche Garantien des Strafrechts wie Beschuldigtenrechte oder der Richtervorbehalt umgangen werden.[110] So befürchtet etwa *Wolff*, dass sich die Polizeibehörden ungeachtet dieser strafprozessualen Garantien eher für den präventiven Bereich entscheiden könnten, auch um den Einfluss der Strafverfolgungsbehörden möglichst gering zu halten:

---

[104] Graulich 2019, Rn. 4.

[105] Vgl. Hofmann 2020, S. 411.

[106] Rusteberg 2018, S. 26–27.

[107] Graulich 2019, Rn. 4.

[108] Vgl. Bäcker 2018b, S. 15; Roggan 2009, S. 260.

[109] Bäcker 2018b, S. 15, 2009, S. 47.

[110] Bäcker 2018b, S. 15, 2018a, S. 218. Vgl. BGH, NJW 2017, 3173, 3179.

> „Zum anderen besteht hinsichtlich des repressiven Bereichs eine Weisungsbefugnis des Generalbundesanwalts, die nicht in den präventiven Teil hineinreicht. Es entsteht demnach folgende Befürchtung: Immer dann, wenn es dem BKA möglich ist den Schwerpunkt seiner Tätigkeit zu steuern, wird er vermutlich den neuen präventiven Bereich anvisieren.“[111]

Zweitens führen Überschneidungen zwischen den präventiv handelnden Polizeibehörden und Strafverfolgungsbehörden zu einem Abstimmungsbedarf.[112] Drittens können diese Überschneidungen zulasten der Länderkompetenzen gehen, da das Strafrecht zur konkurrierenden Gesetzgebung des Bundes nach Art. 74 Abs. 1 Nr. 1 GG gehört. Je weiter das Strafrecht in das Vorfeld verlegt wird, desto mehr kann der Bund das regeln, was grundsätzlich zum präventiven Polizeirecht der Länder gehört.[113]

3.4.2.3 Zuständigkeitsüberschneidungen durch nachrichtendienstähnliche Befugnisse

In den letzten Jahren wurde nicht nur die Repression, sondern auch die Prävention weiter in das Vorfeld verlagert.[114] Als Polizeibehörde wird das BKA zwar grundsätzlich bei konkreten Gefahren des internationalen Terrorismus tätig. Der Gefahrbegriff umfasst aber auch die Unterfälle des Gefahrenverdachts und der drohenden Gefahr: Der Gefahrenverdacht bezeichnet eine Situation,

> „in der zwar tatsächliche Anhaltspunkte für das Vorliegen einer Gefahr für die öffentliche Sicherheit oder die öffentliche Ordnung gegeben, aber zugleich Zweifel an ihrem Bestehen vorhanden sind und es daher seitens der Polizei weiterer Erkenntnisse bedarf, um das Geschehen beurteilen zu können.“[115]

Der Begriff der „drohenden Gefahr“ hat an Bedeutung gewonnen, seit ihn das Bundesverfassungsgericht in seinem Urteil zur Verfassungsmäßigkeit des BKAG verwendet hat.[116] Nach zutreffender Ansicht handelt es sich dabei jedoch nicht um eine neue Gefahrenkategorie, die den Polizeibehörden beliebige Befugnisse im

[111] Wolff 2009, S. 598.

[112] Zu Abstimmungsproblemen siehe Teil II dieser Untersuchung.

[113] Gusy 2010, S. 24.

[114] Vgl. Roggan und Bergemann 2007, S. 881.

[115] Borsdorff 2018.

[116] BVerfGE 141, 220, 272 ff. (Rn. 112 ff.) (Bundeskriminalamtsgesetz).

Vorfeld einer konkreten Gefahr einräumt.[117] Stattdessen sind die Ausführungen dahingehend zu interpretieren, dass die Anforderungen an den Kausalverlauf im Rahmen einer konkreten Gefahr abgesenkt werden. So müssen die Störer:innen nicht individualisiert werden und auch ein bestimmter Kausalverlauf muss nicht feststehen,[118] um eine konkrete Gefahr bejahen zu können, solange das Geschehen grob umrissen, zeitlich absehbar und der Kreis der Störer:innen abgrenzbar ist.[119] Welche Maßnahmen dann im Einzelfall ergriffen werden dürfen, ist wiederum anhand des Verhältnismäßigkeitsgrundsatzes zu bestimmen.[120] Auch wenn dies keine neue Gefahrenkategorie etabliert hat, bedeutet dies aber zumindest die Aufweichung des Gefahrenbegriffs.[121]

Eng verbunden mit der drohenden Gefahr ist der Begriff der Gefährder:innen, der für die vorliegende Analyse an verschiedenen Stellen von Bedeutung sein wird. Als Gefährder:in wird eine Person bezeichnet, „bei der bestimmte Tatsachen die Annahme rechtfertigen, dass sie politisch motivierte Straftaten von erheblicher Bedeutung, insbesondere solche im Sinne des § 100 a der Strafprozessordnung (StPO), begehen wird.“[122] 2023 führte das BKA 608 Personen als Gefährder:innen, davon 72 im rechtsextremen und neun im linksextremen Spektrum sowie 505 Personen als religiös motivierte Gefährder:innen.[123] Gefährder:innen sind somit die Personalisierung der drohenden Gefahr.[124] Die

[117] Z. B. Thiel 2018, S. 5. A. A. z. B. Degenhart 2021, Rn. 48. Vgl. auch zu der Kritik an der Verfassungsmäßigkeit insbesondere des Art. 11a des Bayrischen Polizeiaufgabengesetzes (BayPAG), der polizeiliche Maßnahmen bei „drohender Gefahr“ ermöglicht, z. B. Schmitt 2020.

[118] Schwarz 2018, S. 5; Thiel 2018, S. 5.

[119] BVerfGE 141, 220, 272 ff. (Rn. 112 ff.) (Bundeskriminalamtsgesetz).

[120] Vgl. BVerfGE 141, 220, 263 (Rn. 88) (Bundeskriminalamtsgesetz) („Grenzen einer Vorverlagerung von Maßnahmen in das Vorfeld konkreter Gefahren ergeben sich aus rechtsstaatlichen, insbesondere grundrechtlichen Anforderungen […].“). Ebenso Degenhart 2021, Rn. 48.

[121] Enders 2019, S. 208. Vgl. auch Welzel und Ellner 2019; Graulich 2021a, Rn. 140–146; Möstl 2021.

[122] Antwort der Bundesregierung auf die Kleine Anfrage der Abgeordneten Ulla Jelpke et al. und der Fraktion Die Linke – Drs. 18/6959 – Sogenannte islamistische Gefährder, BT-Drs. 18/7151, S. 2; vgl. auch Amri-Untersuchungsausschuss, Abschlussbericht, BT-Drs. 19/30800, S. 831.

[123] Bundeskriminalamt: Mehr als 600 Menschen gelten als Gefährder 2023.

[124] Austermann und Schlichte 2018, S. 482.

(polizeiinterne) Einstufung als „Gefährder:in“ dient dazu, ein unter den Sicherheitsbehörden abgestimmtes Vorgehen festzulegen.[125]

Dabei handelt es sich nicht um einen juristischen Terminus, sondern um einen Arbeitsbegriff der Sicherheitsbehörden.[126] Der ehemalige Bundesanwalt beim Bundesgerichtshof (BGH) *Jost* erklärte am Beispiel des Falls Amri, dass die Bezeichnung als Gefährder jedoch ein rein polizeilicher Begriff ist:

> „[E]r hat also keine strafprozessuale Bedeutung oder Funktion. Vor allem eröffnet die Stellung eines Gefährders für die Polizei keine eigenen Befugnisse, also nicht etwa so strafprozessuale Befugnisse wie TKÜ, Observation oder sonst irgendwas. Das bringt zunächst mal nur zusätzliche Aufgaben mit sich, nämlich insoweit, als die Polizei nun solche Personen etwas gezielter beobachten und betreuen muss.“[127]

Als Maßnahmen gegen Gefährder:innen kommen unter den jeweiligen Voraussetzungen die Speicherung in Datenbanken wie der Antiterrordatei[128] und dem Schengener Informationssystem, aber auch Überwachungsmaßnahmen in Betracht.[129] Insbesondere für den Umgang mit Gefährder:innen haben die Polizeibehörden nachrichtendienstähnliche Befugnisse erhalten. Dies betrifft insbesondere Befugnisse zur Informationsgewinnung und -verarbeitung.[130] Die Tendenz zum regelmäßigen Einsatz verdeckter Maßnahmen durch die Polizeibehörden hat „durch die Kumulation von immer weiterreichenden technischen Möglichkeiten, stetiger materiellrechtlicher Vorverlagerung des Strafrechts-Schutzes und von prozessualen wie polizeilichen Vorfeld-Befugnissen“[131] eine neue Dimension erhalten. Darunter fallen für das BKA Maßnahmen wie beispielsweise die Rasterfahndung (§ 48 BKAG), die Telekommunikationsüberwachung (§ 51 BKAG) oder der der Einsatz sog. IMSI-Catcher, die den Standort eines Mobiltelefons bestimmen können (§ 53 BKAG).[132] Diese Entwicklungen führen zu Überschneidungen zwischen polizeilichen und nachrichtendienstlichen Befugnissen, die eine verstärkte Abstimmung zwischen den Sicherheitsbehörden erfordern. Sie werfen zudem verfassungs-

[125] Kretschmer 2017, S. 100–101.

[126] Wissenschaftliche Dienste des Deutschen Bundestages 2017, S. 3; Wegner und Hunold 2017, S. 370; Zinell 2022, Rn. 11–13.

[127] Amri-Untersuchungsausschuss, Protokoll 16, S. 19 und vgl. auch S. 67 f. (Zeuge *Jost*).

[128] Siehe dazu detailliert unten, unter Abschn. 3.11.1.

[129] Unterrichtung durch das Parlamentarische Kontrollgremium, BT-Drs. 18/12585, S. 4.

[130] Rusteberg 2018, S. 24.

[131] Paeffgen und Gärditz 2000, S. 66.

[132] Vgl. insgesamt Hofmann 2018, S. 53; Wissenschaftliche Dienste des Deutschen Bundestages 2020, S. 4–5.

rechtliche Bedenken im Hinblick auf das Trennungsgebot auf, das in Kap. 4 näher untersucht wird.

3.5 Das Bundesamt für Verfassungsschutz (BfV)

Teilweise wird das BfV sowie auch die Landesämter für Verfassungsschutz schlicht als „Verfassungsschutz" bezeichnet,[133] womit ihre Kernaufgabe treffend in den Fokus geführt wird. Sie sind die Institutionen, die für die Erfüllung des verfassungsrechtlichen Auftrags des Verfassungsschutzes, der in Art. 73 Abs. 1 Nr. 10 b GG vorgegeben ist, zuständig sind.[134] Der Begriff des Verfassungsschutzes, der diesen Institutionen zugrunde liegt, bezeichnet die spezifische Ausprägung im Sinne der wehrhaften Demokratie (dazu sogleich), nicht die Vorkehrungen, die allgemein dazu gedacht sind, die Einhaltung verfassungsrechtlicher Vorgaben sicherzustellen.[135] Er dient dem Schutz der freiheitlich-demokratischen Grundordnung und dem Bestand und der Sicherheit der Bundes und der einzelnen Länder.

Nach einer Untersuchung der wesentlichen Aufgaben des BfV (unter Abschn. 3.5.1) wird auch für das BfV argumentiert, dass es bei seinem Tätigwerden zu Zuständigkeitsüberschneidungen kommen kann, die insbesondere in den Erweiterungen seiner Befugnisse begründet liegen (unter Abschn. 3.5.2).

3.5.1 Aufgaben des BfV

Das BfV wird auch als „Inlandsnachrichtendienst" bezeichnet und gehört ebenfalls zum Geschäftsbereich des BMI.[136] Die entsprechende Gesetzgebungskompetenz des Bundes ergibt sich aus Art. 73 Abs. 1 Nr. 10 b GG, der dem Bund die Regelung der Zusammenarbeit von Bund und Ländern in Angelegenheiten des Verfassungsschutzes zuweist.[137] Das BfV soll – so auch die einfachgesetzliche Konkretisierung in § 5 Abs. 1 BVerfSchG – insbesondere Gefahren abwehren, die sich gegen die freiheitlich-demokratische Grundordnung richten. Als Gefahren für die freiheitlich-demokratische Grundordnung sind

[133] Siehe z. B. Jaschke 1991, S. 118–120.

[134] Kortmann 1979, S. 10.

[135] Ostheimer und Lange 2000, S. 168–169.

[136] Vgl. Roth 2019, Rn. 2.

[137] Vgl. Roth 2019, Rn. 4, wonach der Verfassungsschutz des Bundes kraft Natur der Sache von der Gesetzgebungskompetenz mitumfasst ist.

„Verhaltensweisen zu verstehen, die gegen die Kernelemente unseres freiheitlichen Rechtsstaats gerichtet sind, also z. B. die Volkssouveränität, das Recht auf Ausübung einer Opposition, die Unabhängigkeit der Justiz oder die im Grundgesetz konkretisierten Menschenrechte."[138]

Der Verfassungsschutz ist damit eine Ausprägung der wehrhaften Demokratie.[139] Die Geschichte hat gezeigt, dass die verfassungsrechtlich garantierten Freiheitsrechte dazu missbraucht werden können, um sich gegen die Werte der Verfassung zu wenden.[140] Der Verfassungsschutz hat daher die Aufgabe, die in Art. 79 Abs. 3 GG i. V. m. Art. 1 GG und Art. 20 GG niedergelegten fundamentalen Prinzipien unseres Staates zu verteidigen.[141] Dies muss, insbesondere wegen der Pflicht des Staates, die Sicherheit seiner Bürger:innen zu garantieren, bereits unterhalb der Schwelle strafrechtlicher Relevanz möglich sein.[142]

Dabei ist eine Balance zwischen den durch die Verfassung vorgegebenen freiheitlichen Garantien und den kalkulierbaren Risiken für den Rechtsstaat zu finden: Der Extremismus darf nur dann staatlich bekämpft werden, soweit dies unbedingt erforderlich ist.[143] Dies hat das Bundesverfassungsgericht in seinem Urteil zu dem die Nationaldemokratische Partei Deutschland (NPD) betreffenden Verbotsverfahren bestätigt: Es hat hierin festgestellt, dass es sich bei der NPD zwar um eine verfassungsfeindliche Partei handelt, deren Bestrebungen sich gegen die freiheitlich-demokratische Grundordnung richten.[144] Aufgrund des geringen Gefährdungspotenzials sei jedoch das erforderliche Merkmal des „Darauf Ausgehens" im Sinne des Art. 21 Abs. 2 GG nicht erfüllt und ein Parteiverbot daher verfassungsrechtlich nicht zulässig.[145]

Diese Entscheidung ist jedoch vor dem Hintergrund der Erfahrungen aus der Vergangenheit kritisch zu betrachten: Wenn abzuwarten ist, bis ein bestimmtes Gefährdungspotenzial erreicht wird, kann ein Eingreifen zu spät sein.[146] Die Abwehrbereitschaft der Demokratie wird dadurch erheblich eingeschränkt. Dies gilt umso

---

[138] Frauenrath 2018, S. 157.

[139] Droste 2007, S. 5.

[140] Vgl. Droste 2007, S. 6; Volkmann 2019, S. 17–19. Vgl. auch z. B. Bulla 1973.

[141] Der Begriff der wehrhaften Demokratie enthält daher die Elemente der Wertgebundenheit, Abwehrbereitschaft und Vorverlagerung des Verfassungsschutzes, siehe Rose-Stahl 2006, S. 21–22.

[142] Droste 2007, S. 7.

[143] Droste 2007, S. 6.

[144] BVerfGE 144, 20, 116 (Rn. 246 ff.) (NPD-Verbotsverfahren).

[145] BVerfGE 144, 20, 134 (Rn. 307), 138 f. (Rn. 325 ff.) (NPD-Verbotsverfahren).

[146] Vgl. Droste 2007, S. 6; Evers 1960, S. 2.

mehr, als extremistische Bestrebungen auch gerne als „Wolf im Schafspelz" auftreten und versuchen, ihr extremistisches Potenzial zu verschleiern.[147] In jedem Fall ist aber zu beachten, dass das Parteiverbotsverfahren als Ultima Ratio zu bewerten ist,[148] während eine Beobachtung verfassungsfeindlicher Bestrebungen der Prävention (im Sinne des Auftrags der Nachrichtendienste als Frühwarnsysteme) dient und damit deutlich eher zulässig ist.

Die Beobachtung beginnt mit der internen Einstufung eines Beobachtungsobjekts als „Prüffall".[149] In dieser Phase prüft das BfV allein anhand offener Quellen, ob die von § 4 Abs. 1 S. 5 BVerfSchG geforderten „tatsächlichen Anhaltspunkte" für die Annahme einer verfassungsfeindlichen Bestrebung bestehen. Kommt das BfV zu dem Ergebnis, dass diese tatsächlichen Anhaltspunkte gegeben sind, wird der „Prüffall" zu einem „Verdachtsfall",[150] wie dies etwa mit Blick auf die Partei „Alternative für Deutschland" (AfD) der Fall gewesen ist.[151] Ab dieser Einstufung darf das BfV auf der Grundlage richterlicher Beschlüsse nachrichtendienstliche Mittel einsetzen.[152] Bei den „tatsächlichen Anhaltspunkten" handelt es sich um einen unbestimmten Rechtsbegriff, bezüglich dessen das BfV keinen Beurteilungsspielraum hat, der also in vollem Umfang gerichtlich überprüfbar ist.[153]

Zu den nachrichtendienstlichen Mitteln, die ab der Einstufung als Verdachtsfall eingesetzt werden dürfen, gehören etwa der Einsatz von „Observationen, Bild- und Tonaufzeichnungen, Tarnpapieren und Tarnkennzeichen" (§ 8 Abs. 2 BVerfSchG). Darüber hinaus kann das BfV Auskünfte von Unternehmen wie Kreditinstituten (§ 8a BVerfSchG) oder Telekommunikationsanbietern (§ 8d BVerfSchG) verlangen. Möglich ist auch der Einsatz von verdeckten Mitarbeitenden (§ 9a BVerfSchG) und Privatpersonen, deren planmäßige, dauerhafte Zusammenarbeit mit dem BfV Dritten nicht bekannt ist und die dem BfV Informationen über die beobachteten Szenen und Personen mitteilen (sog. Vertrauensleute, auch Vertrauenspersonen

---

[147] Vgl. König 2020.

[148] BVerfGE 144, 20 (NPD-Verbotsverfahren) (Ls. 1).

[149] Vgl. Wissenschaftliche Dienste des Deutschen Bundestages 2019, S. 3.

[150] Vgl. Wissenschaftliche Dienste des Deutschen Bundestages 2019, S. 5.

[151] Siehe Verfassungsschutz: Die AfD und der Verdachtsfall 2021; Bräutigam und Kehlbach 2021. Siehe auch VG Köln, BeckRS 2022, 3819, wonach das BfV die AfD als Verdachtsfall einordnen, behandeln, prüfen und beobachten (Rn. 73 ff.) und die Öffentlichkeit gem. § 16 Abs. 1 BVerfSchG hierüber informieren darf (Rn. 286 ff.). Vgl. zu der hiervon abzugrenzenden öffentlichen Bezeichnung der AfD als „Prüffall" VG Köln, NVwZ 2019, 1060, wonach dies mangels rechtlicher Grundlage unzulässig sei.

[152] Vgl. Bräutigam und Kehlbach 2021.

[153] VG Köln, BeckRS 2022, 3819, Rn. 268 m. w. N.

oder V-Personen genannt; § 9b BVerfSchG). Erhärtet sich der Verdacht einer verfassungsfeindlichen Bestrebung, spricht man vom Vorliegen einer „gesicherten extremistischen Bestrebung". Die Jugendorganisation der AfD wurde beispielsweise im April 2023 entsprechend eingestuft.[154] Im Vergleich zu den beiden Vorstufen können richterliche Beschlüsse dann i. d. R. öfter (auch für grundrechtsintensivere Maßnahmen) erteilt werden.[155] Als externe Kontrollorgane bezüglich der Arbeit des BfV dienen unter anderem gem. § 1 Abs. 1 PKGrG das Parlamentarische Kontrollgremium (PKGr) und gem. § 1 Abs. 2 des Gesetzes zur Beschränkung des Brief-, Post- und Fernmeldegeheimnisses (Artikel-10-Gesetz oder, wie im Folgenden, G10) die G10-Kommission (sowie das für diese Untersuchung weniger relevante Vertrauensgremium gem. § 10a Abs. 2 S. 2 der Bundeshaushaltsordnung).

3.5.2 Zuständigkeitsüberschneidungen

Auch im Bereich der Nachrichtendienste nehmen grundsätzlich die Landesämter für Verfassungsschutz die Kompetenzen in der Terrorismusbekämpfung wahr. Das BfV hat jedoch ebenfalls in den letzten Jahren mehr Befugnisse erhalten, die zu zunehmenden Überschneidungen mit den Landesämtern für Verfassungsschutz führen.[156] Die Problematik ist ähnlich wie bei dem Verhältnis zwischen BKA und den Landeskriminalämtern, insbesondere, weil auch die Landesämter für Verfassungsschutz dem BfV nicht untergeordnet sind.[157]

Nach § 5 Abs. 1 S. 2 BVerfSchG ist das BfV daher nur dann zuständig, wenn sich die jeweilige Bestrebung ganz oder teilweise gegen den Bund richtet (Nr. 1), sie darauf gerichtet sind, Gewalt anzuwenden, Gewaltanwendung vorzubereiten, zu unterstützen oder zu befürworten (Nr. 2); sich über den Bereich eines Landes hinausstreckt (Nr. 3), auswärtige Belange der Bundesrepublik Deutschland berührt (Nr. 4) oder wenn das Bundesamt von einer Landesbehörde um ein Tätigwerden ersucht wird (Nr. 5). Aber auch in diesen Fällen ist eine Zusammenarbeit mit den Landesbehörden vorgesehen, sodass sich vielfache Überschneidungen ergeben.[158] So bestimmt § 5 Abs. 1 S. 1 BVerfSchG, dass das BfV „in einem Lande

[154] Siehe z. B. Bubrowski 2023.

[155] Vgl. Bräutigam und Kehlbach 2021.

[156] Siehe insbesondere Gesetz zur Verbesserung der Zusammenarbeit im Bereich des Verfassungsschutzes vom 17.11.2015, BGBl. 2015 I S. 1938.

[157] Vgl. Hanning 2012, Rn. 31; Grumke und van Hüllen 2019, S. 22; Rose-Stahl 2006, S. 97.

[158] Vgl. Wolff 2018, S. 42–43.

im Benehmen mit der Landesbehörde für Verfassungsschutz Informationen, Auskünfte, Nachrichten und Unterlagen […] sammeln" darf.[159] Benehmen bedeutet dabei lediglich, dass der jeweiligen Landesverfassungsschutzbehörden Möglichkeit zur Stellungnahme gegeben und diese berücksichtigt werden muss, nicht aber, dass ein Einverständnis bzw. eine Zustimmung der Landesbehörde erforderlich ist.[160]

Darüber hinaus wertet das BfV gem. § 5 Abs. 2 S. 1 BVerfSchG „*unbeschadet der Auswertungsverpflichtungen der Landesbehörden* für Verfassungsschutzzentral alle Erkenntnisse über Bestrebungen und Tätigkeiten im Sinne des § 3 Abs. 1 aus."[161] Es koordiniert nach Abs. 3 die Zusammenarbeit der Verfassungsschutzbehörden und unterstützt diese nach Abs. 4 „als Zentralstelle". Den Dienstverkehr mit öffentlichen Stellen anderer Staaten führt grundsätzlich das BfV, unter bestimmten Voraussetzungen führen ihn aber auch die Landesämter für Verfassungsschutz (§ 5 Abs. 5 BVerfSchG).

Die Vorschrift des § 5 BVerfSchG zeigt, dass eine Überschneidung der Aufgabenbereiche und ein paralleles Tätigwerden des BfV und der Landesämter für Verfassungsschutz rechtlich vorgesehen sind. Dies ist Folge der verfassungsrechtlichen Anordnung der Zusammenarbeit in Art. 73 Abs. 1 Nr. 10 GG. Dabei ist der erwähnte Umstand besonders bemerkenswert, dass insbesondere Maßnahmen nach § 5 Abs. 1 BVerfSchG nur die formale Kenntnisnahme der Landesbehörde erfassen. Eine inhaltliche Abstimmung zwischen dem BfV und den Landesämtern für Verfassungsschutz ist nicht gesetzlich vorgesehen.[162]

3.6 Der Bundesnachrichtendienst (BND)

Der BND ist der Auslandsnachrichtendienst der Bundesrepublik. Er ist mit dem Sammeln und der Auswertung von Informationen mit außen- und sicherheitspolitischer Bedeutung beauftragt – ein Aufgabenfeld, das zunächst näher umrissen wird (unter Abschn. 3.6.1). Auch für den BND lassen sich mögliche Zuständigkeitsüberschneidungen, namentlich mit deren anderen Nachrichtendiensten des Bundes, identifizieren (dazu unter Abschn. 3.6.2).

[159] Hervorhebung hinzugefügt.

[160] Rose-Stahl 2006, S. 100–101.

[161] Hervorhebung hinzugefügt.

[162] Gärditz 2018, S. 25.

3.6.1 Aufgaben des BND

Der BND ist gem. § 1 Abs. 1 S. 1 des Gesetzes über den Bundesnachrichtendienst (BNDG) der Dienst- und Fachaufsicht des Bundeskanzleramts unterstellt. Gem. § 1 Abs. 2 S. 1 BNDG besteht sein Mandat darin, Erkenntnisse über das Ausland, die von außen- und sicherheitspolitischer Bedeutung für die Bundesrepublik Deutschland sind, zu gewinnen und auszuwerten.[163] Der Begriff der Erkenntnisse bezieht sich in diesem Fall „nicht allein auf die Sammlung von Informationen, sondern darüber hinaus auf deren Auswertung bzw. Bewertung iS [im Sinne] weitergehender Schlüsse und Einsichten über Handlungsoptionen, -alternativen und -chancen deutscher Außen- und Sicherheitspolitik".[164] Der BND sammelt Informationen, „die für Deutschland von außen- und sicherheitspolitischem Interesse sind und die von den anderen Staaten geheimgehalten [sic!] werden".[165] Die Grundlage der Gesetzgebungskompetenz des Bundes für den BND ergibt sich aus Art. 73 Abs. 1 Nr. 1 GG, der dem Bund die Zuständigkeit für die auswärtigen Angelegenheiten zuweist.[166]

Der BND bedient sich für die Sammlung relevanter Erkenntnisse auch der Mittel der Spionage. Er arbeitet im Geheimen[167] und kann gem. § 5 BNDG verdeckte Maßnahmen ergreifen. So ermöglichen die §§ 34 ff. BNDG etwa Online-Durchsuchungen bei Ausländer:innen im Ausland. Spionage zählt zu „den ältesten Formen des zwischenstaatlichen Verkehrs"[168] und ist als solche auch völkerrechtlich nicht unzulässig,[169] obwohl es gängige Staatenpraxis ist, Personen, die Spionage für fremde Mächte betreiben, strafrechtlich zu verfolgen.[170] Neue Formen der Spionage, etwa in Form von anlassloser Massenüberwachung über Staatsgrenzen hinweg,[171] stehen allerdings in Konflikt mit den völkerrechtlich garantierten

---

[163] Vgl. Gusy 2019a, Rn. 23. Siehe zur Geschichte des BND Ritter 1989, S. 63–65.

[164] Vgl. Gusy 2019a, Rn. 29.

[165] Droste 2007, S. 28–29.

[166] BVerfGE 100, 313, 368–369 (Telekommunikationsüberwachung I); BVerfGE 133, 277, 319–320 (Antiterrordateigesetz); BVerfGE 154, 152, 232–234 (BND – Ausland-Ausland-Fernmeldeaufklärung); BVerwG, NJW 2008, 2135, 2137 f. (Rn. 33 f.) (Strategische Telefonüberwachung durch den Bundesnachrichtendienst).

[167] Vgl. Weber 2022b.

[168] Matz-Lück 2017, S. 109.

[169] Völkerrechtlich sind nachrichtendienstliche Tätigkeiten im Ausland grundsätzlich nicht verboten, siehe Schweizer 2018; Lubin 2020; Duroy 2023, S. 32–35.

[170] Matz-Lück 2017, S. 140.

[171] Matz-Lück 2017, S. 109.

Menschenrechten, insbesondere dem im Art. 17 des Internationalen Pakts über bürgerliche und politische Rechte enthaltenen Recht auf Privatheit.[172]

Als externe Kontrollorgane für den BND dienen unter anderem das PKGr (§ 1 Abs. 1 PKGrG), die G10-Kommission (§ 15 Abs. 5 S. 2 G10) und das Vertrauensgremium (§ 10a Abs. 2 S. 2 Bundeshaushaltsordnung). Wie auch für die Aktivitäten des BfV sind effektive Kontrollen des BND besonders bedeutsam, da die Durchsetzung individueller Rechte auf dem Rechtsweg praktisch unmöglich ist, weil die Betroffenen bei verdeckten Maßnahmen nicht erkennen können, dass sie von diesen betroffen sind.[173] Auch wenn Einzelmaßnahmen verdeckt bleiben, verlangen das Rechtsstaatsprinzip und die notwendige Balance zwischen Freiheit und Sicherheit, dass zumindest die maßgeblichen Kriterien des Aktivwerdens des BND abstrakt vorgegeben und für die Bürger:innen erkennbar sind. Ziel muss die Schaffung einer „Transparenz der Intransparenz"[174] sein. Der rechtliche Rahmen für verdeckte Maßnahmen des BND muss mit anderen Worten gesetzlich festgelegt sein und seine Einhaltung im Rahmen einer Grundsatzkontrolle[175] durch die Kontrollorgane überprüft werden. Das Bundesverfassungsgericht hat in seinem Urteil zur Auslands-Auslands-Fernmeldeaufklärung des BND die Errichtung einer dualen Kontrollstruktur gefordert,[176] die zum einen ein gerichtsähnliches Gremium für die Einzelfallkontrolle,[177] zum anderen eine administrative Kontrolle zur Überprüfung der grundsätzlichen Organisation vorsieht.[178]

Als Reaktion auf das verfassungsgerichtliche Urteil hat der Gesetzgeber Änderungen am BNDG vorgenommen und unter anderem mit dem den Unabhängigen Kontrollrat (§§ 40 ff. BNDG) ein neues Kontrollgremium eingerichtet.[179] Dieser besteht aus einem gerichtsähnlichen (§§ 42 ff. BNDG) und einem administrativen Kontrollorgan (§§ 50 ff. BNDG). Kritiker:innen sehen in den Änderungen eine

[172] Matz-Lück 2017, S. 140–141.

[173] BVerfG, Beschluss vom 08.10.2024, Az. 1 BvR 1743/16, 1 BvR 2539/16, Rn. 207.

[174] Masing 2018, S. 13.

[175] Masing 2018, S. 13.

[176] BVerfGE 154, 152, 291 (Rn. 276) (BND – Ausland-Ausland-Fernmeldeaufklärung). Siehe auch Aust 2020, 721, 723.

[177] BVerfGE 154, 152, 291 (Rn. 275) (BND – Ausland-Ausland-Fernmeldeaufklärung).

[178] BVerfGE 154, 152, 291 ff. (Rn. 274 ff.) (BND – Ausland-Ausland-Fernmeldeaufklärung).

[179] Gesetz zur Änderung des BND-Gesetzes zur Umsetzung der Vorgaben des Bundesverfassungsgerichts sowie des Bundesverwaltungsgerichts vom 19.04.2021, BGBl. 2021 I S. 771. Siehe auch Gesetzentwurf der Bundesregierung, Entwurf eines Gesetzes zur Änderung des BND-Gesetzes zur Umsetzung der Vorgaben des Bundesverfassungsgerichts sowie des Bundesverwaltungsgerichts, BT-Drs. 19/26103.

Verbesserung, bemängeln aber, dass immer noch keine effektive Zusammenarbeit zwischen den einzelnen Kontrollorganen stattfinde.[180]

Auch das Bundesverfassungsgericht hat in seiner Entscheidung zur strategischen Inland-Ausland-Fernmeldeaufklärung in Bezug auf internationale Cybergefahren die Kontrolle nach wie vor als unzureichend bemängelt. Es sei nicht ausreichend, dass sich die Kontrolle im Wesentlichen auf die Überprüfung durch die G10-Kommission stütze. Die Verfassung gebiete, „eine fachlich kompetente, professionalisierte gerichtsähnliche Kontrolle sicherzustellen, die materiell und verfahrensmäßig einer gerichtlichen Kontrolle gleichwertig, insbesondere mindestens ebenso wirkungsvoll ist". Da die Mitglieder der G10-Kommission aber nur ehrenamtlich und nicht hauptamtlich tätig werden, genüge die Kontrolle in der aktuellen Form den Anforderungen auch nach den vorgenommenen Reformen nicht.[181]

Auf der anderen Seite haben weitere Neuerungen des BNDG teils zu heftiger Kritik geführt.[182] So darf der BND nun nach § 19 Abs. 8 BNDG in der Ausland-Ausland-Fernmeldeaufklärung, d. h. der Überwachung der Telekommunikation von Ausländern im Ausland, eine Datenmenge von bis zu 30 % der bestehenden Telekommunikationsnetze sammeln und sich nach § 19 Abs. 6 BNDG Zugang zu den informationstechnischen Systemen von ausländischen Telekommunikationsanbietern im Ausland verschaffen.

Nach der Negativerfahrung bezüglich der fehlerhaften Einschätzung der Lage in Afghanistan vor der Machtübernahme der Taliban 2021 ist derzeit darüberhinausgehend eine „umfassende Strukturreform" des BND geplant.[183] Ein Untersuchungsausschuss des Deutschen Bundestages befasst sich derzeit mit der Aufarbeitung der Fehler, die in diesem Zusammenhang gemacht wurden.[184] Es steht zu erwarten, dass in diesem Zuge auch Reformvorschläge für den BND präsentiert werden.

---

[180] Z. B. Graulich 2021b, S. 127–129. Kritisch zur Leistungsfähigkeit des Unabhängigen Kontrollrats auch Steiner 2023.

[181] BVerfG, Beschluss vom 08.10.2024, Az. 1 BvR 1743/16, 1 BvR 2539/16, Rn. 208.

[182] Siehe z. B. Amnesty International 2021. Siehe auch Meister 2021; Neue Verfassungsbeschwerde gegen reformiertes BND-Gesetz 2023.

[183] Siehe Steinke 2021.

[184] Siehe Deutscher Bundestag 2023.

3.6.2 Zuständigkeitsüberschneidungen

Neben möglichen Zuständigkeitsüberschneidungen mit dem MAD (dazu unter Abschn. 3.7) sind bei grenzüberschreitenden verfassungsfeindlichen Bestrebungen Überschneidungen des Tätigkeitsbereichs des BND mit dem des BfV möglich. Diese Überschneidungen nehmen aufgrund der Digitalisierung und Globalisierung weiter zu, da Gefährder:innen über soziale Netzwerke im Internet kommunizieren und Grenzübertritte, insbesondere im Schengen-Raum, einfacher zu bewerkstelligen sind als in der Vergangenheit.[185] Die Aufteilung von Gefahren nach ihrem territorialen Ursprung in innere und äußere Sicherheit gestaltet sich daher als immer anspruchsvoller. Diese Überschneidungen, die daraus resultierenden Komplikationen und mögliche Lösungsansätze wird die Untersuchung im weiteren Verlauf besonders behandeln (siehe insbesondere Kap. 12).

3.7 Der Militärische Abschirmdienst (MAD)

Der MAD ist als Teil der Streitkräfte[186] dem Bundesministerium der Verteidigung (BMVg) zugeordnet und gem. § 1 Abs. 1 S. 1 des Gesetzes über den Militärischen Abschirmdienst (MADG) für die Sammlung von Informationen über verfassungsfeindliche Bestrebungen zuständig, die den Geschäftsbereich des BMVg betreffen. Seine verfassungsrechtlichen Grundlagen finden sich in Art. 73 Abs. 1 Nr. 1 GG[187] und Art. 87a GG.[188] Als Nachrichtendienst ist auch der MAD zur Informationssammlung und -auswertung mandatiert, hat aber im Vergleich zu BfV und BND einen eingeschränkteren, da verteidigungsspezifischen Aufgabenbereich. Informationen über verfassungsfeindliche Bestrebungen, Spionage- und Sabotageaktivitäten innerhalb der Bundeswehr kann der MAD mit nachrichtendienstlichen Mitteln beschaffen. Die §§ 4 ff. MADG verweisen insoweit auf die Vorschriften des BVerfSchG und ermöglichen z. B. die Standortermittlung von Mobilfunkgeräten (§ 5 MADG i. V. m. § 9 BVerfSchG) oder den Einsatz von V-Personen (§ 5 MADG in Verbindung mit § 9b BVerfSchG).

---

[185] Vgl. Masing 2018, S. 7.

[186] Droste 2007, S. 647; Gärditz 2022, Rn. 44.

[187] Vgl. Brissa 2011, S. 393.

[188] Gärditz 2022, Rn. 44.

In den letzten Jahren lag das Hauptaugenmerk der Kontrolle auf rechtsextremistischen Bestrebungen in der Bundeswehr,[189] etwa bei der Eliteeinheit Kommando Spezialkräfte (KSK).[190] Diese Tendenzen sind besonders besorgniserregend, weil es sich bei den potenziellen Gefährder:innen um ausgebildetes Personal handelt, das Erfahrung im Umgang mit Waffen und Zugangsmöglichkeiten zu diesen hat.[191] Eine umfassende Kontrolle zur Sicherstellung, dass der MAD diese Gefahren zutreffend evaluiert, ist daher unerlässlich. Hierzu unterliegt der MAD der Rechts- und Fachaufsicht durch das BMVg sowie der parlamentarischen Kontrolle durch die G10 Kommission (§ 1 Abs. 2 G10), das PKGr (§ 1 Abs. 1 PKGrG) (und das Vertrauensgremium (§ 10a Abs. 2 Bundeshaushaltsordnung)).[192]

Aufzuklärende Sachverhalte, die in die Zuständigkeit des MAD fallen, können unter Umständen auch in die Zuständigkeiten der Landesämter für Verfassungsschutz, des BND oder des BfV fallen, sodass es auch insoweit zu Überschneidungen kommen kann, etwa, wenn in extremistische Vereinigungen auch, aber nicht nur Soldat:innen involviert sind. Die Zusammenarbeit mit den Verfassungsschutzbehörden sieht § 3 MADG daher explizit vor. Auch insoweit besteht daher der Bedarf nach Koordination im Einzelfall.

3.8 Der Generalbundesanwalt (GBA)

Der GBA ist die Staatsanwaltschaft des Bundes, dessen Zuständigkeit eng mit der Zuständigkeit des Bundes für die Strafgerichtsbarkeit verknüpft ist. Diese ist zwar nach Art. 30 GG grundsätzlich den Ländern unterstellt, in Art. 96 Abs. 5 GG finden sich jedoch verfassungsrechtliche Ausnahmen zugunsten der Bundeskompetenz für die Strafverfolgung bestimmter Delikte. Art. 96 Abs. 5 Nr. 5 GG räumt dem Bund namentlich die Zuständigkeiten für die Verfolgung von Staatsschutzdelikten ein.[193] Diese umfassen Straftaten,

---

[189] Siehe Bundesamt für den Militärischen Abschirmdienst (BAMAD) 2023, S. 12–18; Huesmann 2022; Jansen 2022.

[190] Siehe Rechtsextremismus: Militärischer Abschirmdienst ermittelt gegen KSK-Soldaten 2021; Gebauer 2020.

[191] Vgl. Razzia gegen Reichsbürger: KSK-Verdächtiger wurde laut Wehrbeauftragter bereits beobachtet 2022.

[192] In bestimmten Fällen übt darüber hinaus das Gremium nach Art. 13 Abs. 6 GG Kontrolle über die Aktivitäten des MAD aus. Vgl. dazu und zur Kontrolle des MAD insgesamt auch Brissa 2011, S. 393.

[193] Vgl. BGH, NJW 2001, 1359, 1360 (Fall Eggesin); Voßkuhle 2018, Rn. 24. Aber siehe auch Meyer 2021, Rn. 52–57.

> „die das staatliche Gefüge in länderübergreifender Weise treffen und die Rechtsgüter des Gesamtstaates in derart starkem Maße beeinträchtigen, dass ihre Ahndung durch die Landesjustiz der Bedeutung des in der jeweiligen Tat liegenden Angriffs auf die bundesstaatliche Gesamtordnung nicht gerecht würde.“[194]

Staatsschutzdelikte und Bestrebungen gegen die freiheitlich-demokratische Grundordnung haben zwar eine gewisse Schnittmenge, aber stimmen nicht vollständig überein, da die Staatsschutzdelikte nur eng umgrenzte (strafrechtlich bewehrte) Fälle erfassen.[195] Zu beachten ist, dass diese Zuständigkeit des GBA wegen der grundsätzlichen Zuständigkeit der Länder nicht durch den Bundesgesetzgeber nach Belieben ausgeweitet werden kann.[196]

Die Kompetenzen des GBA lassen sich differenzieren nach Fällen, in denen der GBA originär zuständig ist und Fällen, in denen ein Evokationsrecht (Selbsteintrittsrecht) des GBA besteht. Die originäre Zuständigkeit des GBA umfasst gem. §§ 120 Abs. 1 Nr. 6, 142a GVG die Verfolgung von Straftaten nach §§ 129a, 129b StGB, also die Bildung von und die Mitgliedschaft in terroristischen Vereinigungen. Diese Fälle bezeichnet man auch als großen Staatsschutz.[197] Demgegenüber erfasst der sog. kleine Staatsschutz Fälle, die grundsätzlich in die Zuständigkeit der Länder fallen, wie etwa die Vorbereitung einer schweren staatsgefährdenden Gewalttat nach § 89a StGB,[198] die Aufnahme von Beziehungen zur Begehung einer schweren staatsgefährdenden Gewalttat nach § 89b StGB und die Terrorismusfinanzierung nach § 89c StGB. Gem. § 120 Abs. 2 GVG kann der GBA in diesen Fällen die Strafverfolgung nur bei besonderer Bedeutung des Falles übernehmen.[199] Dies ist beispielsweise bezüglich des terroristischen Attentats in der

[194] BGH, NJW 2001, 1359, 1360 (Fall Eggesin); Rusteberg 2018, S. 5; Voßkuhle 2018, Rn. 24.

[195] Bergemann 2015, S. 1708, der das folgende Beispiel anführt: Wenn eine Person bei einer Anti-Kernkraft-Demonstration mutwillig eine Sache beschädig, dann handelt es sich zwar um ein Staatsschutzdelikt, durch die Zerstörung richtet sich die betreffende Person aber nicht gegen die freiheitlich-demokratische Grundordnung. Vgl. auch Der Bundesbeauftragte für den Datenschutz und die Informationsfreiheit (BfDI) 2015, S. 94–95.

[196] BGH, NJW 2009, 1681, 1685 (Rn. 33); Nehm 1996, S. 515.

[197] Nehm 1996, S. 515.

[198] Vgl. Amri-Untersuchungsausschuss, Protokoll 95 I, S. 18; Amri-Untersuchungsausschuss, Protokoll 97, S. 16–17 (Aussagen des Zeugen *Salzmann*, der § 89a StGB als „Länderdelikt“ bzw. „Landesdelikt“ bezeichnet).

[199] Huber 2023, Rn. 3; Feilcke 2023, Rn. 13.

Dresdner Altstadt im Oktober 2020[200] sowie nach einem geplanten Anschlag auf eine Schule in Essen im Mai 2022[201] geschehen.

Für die besondere Bedeutung des jeweiligen Falls müssen tatsächliche Anhaltspunkte dafür gegeben sein, dass es sich

> „unter Beachtung des Ausmaßes der Verletzung der individuellen Rechtsgüter des durch die Tat konkret Geschädigten um ein staatsgefährdendes Delikt von erheblichem Gewicht [...] [handelt], das seine besondere Bedeutung dadurch gewinnt, dass es die dem § 120 II 1 Nr. 3 GVG zu Grunde liegenden Schutzgüter des Gesamtstaats in einer derart spezifischen Weise angreift, dass ein Einschreiten des Generalbundesanwalts und eine Aburteilung durch ein Bundesgerichtsbarkeit ausübendes Gericht geboten ist."[202]

Die Einschätzung, ob Anhaltspunkte für eine solche besondere Bedeutung tatsächlich vorliegen, erfolgt durch den GBA, ist aber gerichtlich überprüfbar.[203] Kommt er zu dem Ergebnis, dass diese gegeben sind, besteht eine Übernahmepflicht, sodass der Begriff des Evokations*rechts* insoweit irreführend ist.[204] Wenn der GBA die Ermittlungen führt, kann er gem. § 4 Abs. 2 S. 1 BKAG das BKA ersuchen, die polizeilichen Aufgaben in der Strafverfolgung wahrzunehmen, sodass sich eine akzessorische Zuständigkeit des BKA ergibt.[205]

Zwischen dem GBA und den Landesstaatsanwaltschaften bestehen keine Parallelzuständigkeiten, da bei einer Verfahrensübernahme durch den GBA das Verfahren in seine ausschließliche Zuständigkeit übergeht.[206] Allerdings ist ein Austausch zwischen dem GBA und den Landesstaatsanwaltschaften vonnöten, damit der GBA prüfen kann, ob Anhaltspunkte dafür bestehen, dass ein Verfahren in seine Zuständigkeit fällt. Auch können sich die Ermittlungen des Generalbundesanwalts mit denen der Polizeibehörden überschneiden, wenn diese nicht als Ermittlungsbehörden des GBA, sondern daneben präventiv tätig werden. Das kann namentlich bei doppelfunktionalen Maßnahmen der Fall sein.

---

[200] Dresdner Messerangriff: Generalbundesanwalt übernimmt Ermittlungen 2020; Flade 2020.

[201] Generalbundesanwalt beim Bundesgerichtshof (GBA) 2022.

[202] BGH, NJW 2001, 1359, 1363 (Fall Eggesin).

[203] Huber 2023, Rn. 4.

[204] BGH, NJW 2001, 1359, 1363 (Fall Eggesin).

[205] Gärditz 2018, S. 28.

[206] Vgl. BGH, NJW 2009, 1681, 1685 (Rn. 33).

3.9 Zwischenergebnis: Aufweichen traditioneller Strukturen der Sicherheitsarchitektur in der Terrorismusbekämpfung

Bei der Terrorismusbekämpfung handelt es sich in Ausnahme von Art. 30 und 83 GG um eine gemeinsame Aufgabe von Bund und Ländern,[207] der Zuständigkeitsüberschneidungen immanent sind.[208] Diese Überschneidungen haben in den letzten Jahren weiter zugenommen. Die Ursachen dafür liegen erstens in der Tendenz zur Zentralisierung durch erweiterte Befugnisse der Bundesbehörden.[209] Zweitens führt ein Verschwimmen von nachrichtendienstlicher und polizeilicher Prävention durch die erweiterten Vorfeldbefugnisse der Polizei und die Präventionsstraftatbestände der §§ 129 a, b StGB zu einem verstärkten parallelen Tätigwerden von Nachrichtendiensten, Polizeibehörden und Strafverfolgungsbehörden.[210] Diese Tendenz wird teilweise auch als „Vernachrichtendienstlichung" der Polizeibehörden bezeichnet.[211] Drittens verliert auch die Unterteilung in innere und äußere Sicherheit angesichts einer globalisierten und digitalisierten Welt, in der „heimische" Gefahrenquellen durch Einflüsse aus dem Ausland mitgeprägt werden, an Trennschärfe.

Insgesamt lässt sich feststellen, dass die traditionellen Strukturen der Sicherheitsarchitektur aufgebrochen oder zumindest aufgeweicht werden. Begründet wurden die diese Tendenzen verstärkenden Gesetzes- bzw. Verfassungsreformen auch damit, dass die Abwehr terroristischer Gefahren verbessert und „künftig praktische Hindernisse in der Aufspaltung der Kompetenz zwischen dem Bund und den Ländern gerade in Fällen hoher terroristischer Bedrohung, die oftmals sehr zeitnahes Handeln erfordern, vermieden werden" sollten.[212]

Allerdings sind diese Entwicklungen in rechtlicher wie praktischer Hinsicht mitunter kritisch zu betrachten. So hat das Bundesverfassungsgericht etwa

---

[207] Siehe Gesetzesentwurf der Bundesregierung, Entwurf eines Gesetzes über die Zusammenarbeit des Bundes und der Länder in Angelegenheiten des Verfassungsschutzes, BT-Drs. 1/924, S. 4.

[208] BVerfGE 141, 220, 263 (Rn. 88) (Bundeskriminalamtsgesetz).

[209] Bäcker 2021a, Rn. 46; Wolff 2018, S. 24; Möllers 2018. Siehe ausführlich z. B. Münch 2019; Bäcker 2018a; Riedl 2018; Lange 2012; siehe ferner Abbühl 2010, S. 272–274.

[210] Vgl. Hofmann 2020, S. 416; Masing 2018, S. 9–10; Wolff 2018, S. 25, 29 ff.

[211] So z. B. König 2005, S. 232–233; Löffelmann 2018, S. 86; Wolff 2009, S. 599; Paeffgen 2002. Vgl. auch Heckmann 2011, S. 12–13.

[212] Gesetzentwurf der Bundesregierung, Entwurf eines Gesetzes zur Abwehr von Gefahren des internationalen Terrorismus durch das Bundeskriminalamt, BT-Drs. 16/10121, S. 16.

angesichts der ausgeweiteten Befugnisse des BKA zwar den Einsatz heimlicher Überwachungsmaßnahmen für grundsätzlich verfassungsgemäß erklärt, jedoch strenge Anforderungen an die konkrete Ausgestaltung aufgestellt, damit dem Verhältnismäßigkeitsgrundsatz entsprochen wird.[213] Auch hinsichtlich der Einhaltung des Trennungsgebotes, das eine grundsätzliche Trennung von Nachrichtendiensten und Polizeibehörden verlangt, bestehen Bedenken, die im weiteren Verlauf der Untersuchung (im Kap. 4, unter Abschn. **4.3**) beleuchtet werden. In praktischer Hinsicht erfordern Mehrfachzuständigkeiten für einen Sachverhalt eine effektive Kooperation und Koordination, um eine einheitliche Bearbeitung von Gefährdungssachverhalten zu gewährleisten und so ein effektives Entgegenwirken dieser Gefahren zu ermöglichen.

3.10 Verfassungsrechtliche Kooperations- und Koordinationspflichten

Die bisherigen Ausführungen haben gezeigt, dass die Sicherheitsgewährleistung im Kontext terroristischer Bedrohungen in der Bundesrepublik auf verschiedene Stellen des Bundes und der Länder aufgeteilt ist, was auch als „Sicherheitsföderalismus" oder „kooperativer Föderalismus" bezeichnet wird.[214] Die einzelnen Sicherheitsbehörden haben zwar jeweils eigene konkrete Zielsetzungen,[215] ihre Tätigkeitsbereiche überschneiden sich allerdings in ihrem übergeordneten Zweck der Sicherheitsgewährleistung und teilweise auch in ihren konkreten Aufgaben.[216] Nicht nur praktische Erwägungen fordern hierbei eine effektive Kooperation und Koordination der im Rahmen der Terrorismusbekämpfung parallel tätig werdenden Sicherheitsbehörden; auch verfassungsrechtlich ist dies geboten.[217]

Wie nachfolgend in einem ersten Schritt argumentiert wird, gebietet die Verfassung eine effektive Kooperation, indem sie einerseits die effektive Schutzgewährung durch den Staat verlangt und andererseits die Zusammenarbeit von Bund und Ländern im Bereich der Sicherheitsbehörden explizit vorsieht (unter Abschn. 3.10.1). In einem zweiten Schritt wird gezeigt, dass darüber hinaus eine aus den Grundrechten ableitbare Pflicht zu einer effektiven Koordinierung der zuständigen Stellen besteht,

[213] BVerfGE 141, 220, insbesondere 268 ff. (Rn. 103 ff.) (Bundeskriminalamtsgesetz).
[214] Thiel 2022, Rn. 37.
[215] Vgl. König 2005, S. 37–38; Evers 1981, S. 70.
[216] Vgl. Gröpl 1993, S. 303.
[217] Vgl. Möstl 2002, S. 419–420; Thiel 2022, Rn. 36–38.

um sog. additive und damit unverhältnismäßige Grundrechtseingriffe zuungunsten mutmaßlicher Gefährder:innen zu vermeiden (unter Abschn. 3.10.2).

3.10.1 Kooperationspflicht aufgrund verfassungsrechtlich geforderter Zusammenarbeit der Sicherheitsbehörden

Abstrakte Pflichten zur Kooperation der Sicherheitsbehörden lassen sich bereits aus den grundrechtlichen Schutzpflichten herleiten. Denn wenn derselbe Schutzzweck durch mehrere voneinander unabhängige Behörden verfolgt wird, ist eine Zusammenarbeit der verschiedenen Stellen, insbesondere durch den Austausch von Informationen, geboten und erforderlich, um eine effektive Aufgabenerfüllung zu gewährleisten.[218] Bund und Länder bzw. ihre jeweiligen Sicherheitsbehörden sowie die Bundessicherheitsbehörden untereinander sind daher zur Zusammenarbeit verpflichtet, um die grundrechtlichen Schutzpflichten effektiv erfüllen zu können.[219] Konkrete Vorgaben dazu, wie diese Kooperation gestaltet werden muss, enthält das Grundgesetz allerdings nicht.[220] Zu beachten ist aber, dass die Kooperationspflicht der Erfüllung eines grundrechtlichen Optimierungsgebots dient und daher möglichst wirksam ausgestaltet sein muss.

Für den Bereich der Terrorismusbekämpfung, in dem Ausnahmen von dem Verbot der Doppelzuständigkeiten gelten, sieht das Grundgesetz allerdings darüberhinausgehend eine explizite Befugnis und Pflicht zur Kooperation zwischen Bund und Ländern vor:[221] Art. 73 Abs. 1 Nr. 10 GG setzt ausdrücklich die „Zusammenarbeit" von Bund und Ländern in der Sicherheitsgewährleistung, d. h. in der Kriminalpolizei, zum Verfassungsschutz und zum Schutz vor Gefährdungen auswärtiger Belange voraus. Unter „Zusammenarbeit" versteht das Bundesverfassungsgericht

> „eine auf Dauer angelegte Form der Kooperation, die die laufende gegenseitige Unterrichtung und Auskunftserteilung, die wechselseitige Beratung sowie gegenseitige Unterstützung und Hilfeleistung in den Grenzen der je eigenen Befugnisse umfasst und funktionelle und organisatorische Verbindungen, gemeinschaftliche Einrichtungen und gemeinsame Informationssysteme erlaubt."[222]

---

[218] Gröpl 1993, S. 315–316.

[219] Vgl. Gusy 2019b, S. 24.

[220] Vgl. Alexy 1986, S. 75–77, 1990, S. 62.

[221] Siehe z. B. Wolff 2022, Rn. 214–217.

[222] BVerfGE 133, 277, 317 f. (Rn. 97) (Antiterrordateigesetz). Vgl. auch Uhle, Rn. 231.

Durch diese verfassungsrechtliche Vorgabe von Schnittmengen wird die Zusammenarbeit der Sicherheitsbehörden im Grundgesetz notwendigerweise generell vorausgesetzt, um die übertragenen Aufgaben effektiv erfüllen zu können.[223] Dazu zählt nicht nur die Zusammenarbeit von Bund und Ländern, sondern aller Behörden, die für die Sicherheitsgewährleistung zuständig sind.[224] Die sicherheitsbehördliche Kooperation kann viele Formen annehmen, wie z. B. die gegenseitige Bereitstellung von Personal, Knowhow oder Material oder die Bildung gemeinsamer Arbeitsgruppen.[225] Vor allem aber kommt dem Austausch von Informationen überragende Bedeutung zu.[226]

Die Pflicht zur gegenseitigen Unterstützung und Zusammenarbeit wird – für die Ebene zwischen Bund und Ländern sowie den Ländern untereinander – ergänzt durch die Pflicht zur Bundestreue aus Art. 20 GG.[227] Dabei handelt es sich um eine Kompetenzausübungsregel, die Bund und Länder zur gegenseitigen Rücksichtnahme verpflichtet.[228] Diese Pflicht betrifft nicht nur Art. 73 Abs. 1 Nr. 10 GG, der explizit die Zusammenarbeit anordnet, sondern unter anderem auch Art. 73 Abs. 1 Nr. 9a GG, der die Bundeskompetenz für die Abwehr terroristischer Gefahren betrifft. Beide Verbände sind hiernach verpflichtet, sich gegenseitig abzustimmen und Informationen auszutauschen.[229] So müssen z. B. die Länder bei sachlich begründeten Anfragen des BKA mit diesem kooperieren.[230] Der Bund darf allerdings seine Kompetenzen im Bereich der Terrorismusbekämpfung nicht dafür missbrauchen, Kompetenzen der Länder auszuhöhlen.

Besonderheiten ergeben sich in Bezug auf das Verhältnis von BKA und den Landeskriminalämtern sowie von BfV und den Landesverfassungsschutzbehörden: Diese arbeiten jeweils in einem Zentralstellenverbund, verfolgen also jeweils dieselben konkreten Zwecke.[231] Dadurch erfolgt die Zusammenarbeit in diesem Bereich „nicht zur Verfolgung des Zwecks der einen oder der anderen Behörde, sondern zur Verfolgung des gemeinsamen Zwecks aller Verfassungsschutzbehörden."[232]

[223] Vgl. Unterreitmeier 2023, Rn. 1.

[224] Gusy 2017, S. 355.

[225] König 2005, S. 37; Evers 1981, S. 71.

[226] Dietrich 2017, S. 276.

[227] Rux 2023, Rn. 36. Vgl. BVerfGE 103, 81, 88 (Pofalla I); Wittreck 2012, Rn. 51.

[228] BVerfGE 1, 299, 315–316 (Wohnungsbauförderung); BVerfGE 12, 205, 254 (Rundfunkentscheidung); Lindner 2022, Rn. 194.

[229] Uhle, Rn. 224.

[230] Uhle, Rn. 224.

[231] Gusy 2017, S. 362.

[232] Gusy 2017, S. 362.

Dem BKA und dem BfV kommen als Zentralstellen für ihre jeweiligen Bereiche besondere Aufgaben – insbesondere die Zusammenführung von Informationen – zu.

In der Gesamtschau lässt sich aufgrund dieser grundgesetzlich vorgesehenen Pflichten zur effektiven Zusammenarbeit auch vom „kooperativen Föderalismus" in der Sicherheitsgewährleistung[233] oder auch von „vernetzter Sicherheit"[234] sprechen. Einfachgesetzlich sind diese Pflichten zur Zusammenarbeit von Bund und Ländern z. B. in § 1 Abs. 2 und 3 BVerfSchG und § 1 Abs. 1 BKAG niedergelegt. Schon die Titel dieser Gesetze heben die Bedeutung dieser Zusammenarbeit besonders hervor.[235] Auch § 3 MADG sieht eine ausdrückliche Pflicht zur Zusammenarbeit von MAD und den Verfassungsschutzbehörden von Bund und Ländern vor. Konkrete einfachgesetzliche Pflichten zur Zusammenarbeit und damit der Ausgestaltung der verfassungsrechtlichen Kooperationspflichten, insbesondere zum Informationsaustausch, werden in Teil 2 ausführlich behandelt.

3.10.2 Koordinationspflicht zur Vermeidung additiver Grundrechtseingriffe

Es sprechen überzeugende Argumente dafür, dass die Verfassung nicht nur eine Pflicht zur Zusammenarbeit der Sicherheitsbehörden von Bund und Ländern vorsieht, sondern darüber hinaus implizit auch verlangt, dass diese ihr Handeln koordinieren, um ein einheitliches Vorgehen zu ermöglichen. Mit Koordination ist dabei die „gegenseitige oder übergeordnete Abstimmung verschiedener Stellen bei ihrer je eigenen Aufgabenerfüllung" gemeint.[236]

Diese Koordinierung ist nicht nur erforderlich, um die Schutzwirkung sicherheitsbehördlicher Maßnahmen zu optimieren. Als Kehrseite gilt es auch, durch ein abgestimmtes Vorgehen mehrere sog. additive Grundrechtseingriffe verschiedener

---

[233] Z. B. Uhle, Rn. 238; Heintzen 2018, Rn. 111 Vgl. auch Unterreitmeier 2023, Rn. 1.

[234] Z. B. Daase und Junk 2012; Niechziol 2019; vgl. auch die Beiträge in Borchert und Thiele 2013.

[235] Die Volltitel der Gesetze lauten – im Einklang mit der Gesetzgebungskompetenz des Bundes nach Art. 73 Abs. 1 Nr. 10 GG – „Gesetz über die *Zusammenarbeit des Bundes und der Länder* in Angelegenheiten des Verfassungsschutzes und über das Bundesamt für Verfassungsschutz" sowie „Gesetz über das Bundeskriminalamt und die *Zusammenarbeit des Bundes und der Länder* in kriminalpolizeilichen Angelegenheiten" (Hervorhebungen hinzugefügt).

[236] Dietrich 2017, Rn. 41.

Behörden gegenüber denselben mutmaßlichen Störer:innen zu vermeiden.[237] Insoweit ist es nicht die Schutzfunktion, sondern die Abwehrfunktion der Grundrechte, die Vorgaben für das Tätigwerden der Sicherheitsbehörden aufstellt. Zwar gibt es für den Begriff des additiven Grundrechtseingriffs keine trennscharfe Definition.[238] Die Rechtsprechung des Bundesverfassungsgerichts, insbesondere im sog. GPS-Urteil[239] und im BKAG-Urteil,[240] kann aber so verstanden werden, dass damit Situationen gemeint sind, in denen „verschiedene einzelne Maßnahmen, die denselben Adressaten treffen, zeitgleich wirken, dasselbe Grundrecht belasten und – etwa wegen ihres gemeinsamen Gegenstands – auch eine innere Verknüpfung (sog. Konnexität) aufweisen."[241]

Eine solche Akkumulation staatlicher Grundrechtseingriffe ist im Bereich der präventiven Terrorismusbekämpfung besonders häufig der Fall, da regelmäßig verschiedene verdeckte Maßnahmen, teils auch durch verschiedene Behörden, ergriffen werden.[242] Werden mehrere, für sich genommene verhältnismäßige, Ausforschungsforschungsmaßnahmen gleichzeitig gegen dieselbe Person gesteuert, so können sie durch ihr Zusammenwirken zu einem unverhältnismäßigen Grundrechtseingriff führen.[243] Das Bundesverfassungsgericht hat daher im GPS-Urteil die Pflicht des Gesetzgebers festgestellt, zu überprüfen,

> „ob die bestehenden verfahrensrechtlichen Vorkehrungen auch angesichts zukünftiger Entwicklungen geeignet sind, den Grundrechtsschutz effektiv zu sichern. Es dürfte zu erwägen sein, ob durch ergänzende Regelung der praktischen Ermittlungstätigkeit – etwa in den Richtlinien für das Strafverfahren und das Bußgeldverfahren – unkoordinierte Ermittlungsmaßnahmen verschiedener Behörden verlässlich verhindert werden können."[244]

Daraus ergibt sich für den Gesetzgeber die Notwendigkeit, dafür Sorge zu tragen, dass Ermittlungsmaßnahmen nicht unkoordiniert erfolgen, um derartige additive Grundrechtseingriffe möglichst zu vermeiden.[245] Hierzu bedarf es im

---

[237] Vgl. Gusy 2017, Rn. 353.

[238] Schwabenbauer 2021, Rn. 372.

[239] BVerfGE 112, 304, 320.

[240] BVerfGE 141, 220, 280 (Bundeskriminalamtsgesetz).

[241] Brade 2019, S. 853. Siehe auch Ruschemeier 2019, S. 260–262.

[242] Vgl. Winkler 2014, S. 884.

[243] Schwabenbauer 2021, Rn. 342.

[244] BVerfGE 112, 304, 320–321. Vgl. auch Schwabenbauer 2021, Rn. 344.

[245] Vgl. Schwabenbauer 2021, Rn. 346, der die Pflicht zum behördenübergreifenden Informationsaustausch jedoch als „Danaergeschenk" kritisiert.

Interesse des Grundrechtsschutzes zum einen einer klaren Kompetenzabgrenzung zwischen den Behörden, um Mehrfachbelastungen – zumindest durch verschiedene Behörden – von vornhinein so weit wie möglich zu verhindern. Sollte es dennoch zu Mehrfachzuständigkeiten kommen, muss zum anderen durch effektive Koordinationsmechanismen zwischen den betreffenden Behörden sichergestellt werden, dass additive Grundrechtseingriffe ausgeschlossen oder die grundrechtsrelevante Belastung durch kumulative Maßnahmen auf ein verhältnismäßiges Maß reduziert wird.

Im BKAG-Urteil hat das Bundesverfassungsgericht hierzu allgemeine Vorschriften wie § 5 Abs. 2 BKAG (bzw. § 4a BKAG a. F.), die eine Benachrichtigungspflicht und das gegenseitige Benehmen vorschreibt, für ausreichend erachtet, um die Pflicht des Gesetzgebers zu erfüllen, da auf eine entsprechende, effektive Koordination zwischen den Behörden vertraut werden dürfe.[246] Ob dies der Realität hinreichend Rechnung trägt, wird in den Fallstudien zu den Defiziten in der Terrorismusbekämpfung in Teil 2 kritisch beleuchtet.

3.11 Kooperations- und Koordinationsmechanismen

Wie bisher dargestellt wurde, kann ein im Zusammenhang mit der Abwehr terroristischer Gefahren stehender Sachverhalt nicht notwendigerweise nur in den Zuständigkeitsbereich einer einzelnen Behörde fallen. Mehrfachzuständigkeiten von Sicherheitsbehörden sind mittlerweile eher die Regel als die Ausnahme. Das Grundgesetz fordert in einem solchen Fall, wie gesehen, die Zusammenarbeit der betreffenden Behörden und, jedenfalls im Bereich von grundrechtseingreifenden Maßnahmen, ein koordiniertes Vorgehen.

Der Austausch von Informationen und gesammelten Erkenntnissen ist in diesem Kontext essenziell, etwa um Wissenslücken zu vermeiden und Zusammenhänge zu erkennen, die sich nur in der Gesamtschau aller bei den verschiedenen Stellen gesammelten Informationen erschließen lassen. Um diesen Informationsaustausch zwischen den Sicherheitsbehörden zu erleichtern und gleichzeitig einen geordneten, institutionalisierten Rahmen zu schaffen, wurden Kooperationsmechanismen in Form von gemeinsamen Datenbanken eingerichtet, die im Folgenden kurz dargestellt werden (unter Abschn. 3.11.1). Auch wurden gemeinsame Zentren geschaffen, die der Koordinierung allgemeiner Strategien und des Umgangs mit Einzelfällen dienen, deren derzeitige Ausgestaltung sich jedoch auch kritisch bewerten lässt (dazu unter Abschn. 3.11.2).

[246] BVerfGE 141, 220, 317–318 (Bundeskriminalamtsgesetz).

3.11.1 Gemeinsame Datenbanken

Für den Bereich des islamistischen Extremismus wurde 2007 die sog. Antiterrordatei (ATD) ins Leben gerufen,[247] für den Bereich des Rechtsextremismus gibt es seit 2012 die Rechtsextremismusdatei (RED).[248] Auf diese Dateien, die beim BKA geführt werden und auch mit Auswerte- und Analysefunktionen ausgestattet sind, haben neben dem BKA die Bundespolizei, die Landeskriminalämter sowie die Nachrichtendienste des Bundes und der Länder Zugriff.[249] Gespeichert werden unter anderem Daten zu Personen und Vereinigungen, bezüglich derer tatsächliche Anhaltspunkte dafür vorliegen, dass sie mit terroristischen bzw. rechtsextremistischen Aktivitäten oder Vereinigungen in Verbindung stehen.[250] Das Bundesverfassungsgericht hat einige der ursprünglichen Regelungen zur ATD wegen Verstößen gegen das Bestimmtheitsgebot und das Übermaßverbot für verfassungswidrig erklärt, die Einrichtung und den Betrieb der ATD an sich aber nicht beanstandet.[251] Die Behörden sind gem. § 2 ATDG bzw. § 2 RED-G (unter anderem) dazu verpflichtet, bestimmte Daten zu Personen zu speichern, bezüglich derer tatsächliche Anhaltspunkte bestehen, dass sie einer terroristischen Vereinigung angehören oder diese unterstützen und die Kenntnis der Daten für die Aufklärung oder Bekämpfung des internationalen Terrorismus mit Bezug zur Bundesrepublik Deutschland bzw. des gewaltbezogenen Rechtsextremismus erforderlich ist.

Darüber hinaus führen das BfV und die Landesverfassungsschutzbehörden eine gemeinsame Datei zum Austausch von Informationen, das Nachrichtendienstliches Informationssystem NADIS.[252] Auf polizeilicher Ebene gibt es das polizeiliche Informationssystem INPOL, einen elektronischen Datenverbund mit mehreren Dateien, das beim BKA geführt wird.[253]

---

[247] Gesetz zur Errichtung einer standardisierten zentralen Antiterrordatei von Polizeibehörden und Nachrichtendiensten von Bund und Ländern vom 22.12.2006 (Antiterrordateigesetz – ATDG), BGBl. 2006 I S. 3409.

[248] Gesetz zur Errichtung einer standardisierten zentralen Datei von Polizeibehörden und Nachrichtendiensten von Bund und Ländern zur Bekämpfung des gewaltbezogenen Rechtsextremismus vom 20.08.2012 (Rechtsextremismus-Datei-Gesetz – RED-G), BGBl. 2012 I S. 1798. Vgl. auch NSU-Untersuchungsausschuss I, Abschlussbericht, BT-Drs. 17/14600, S. 804–805.

[249] Siehe § 1 Abs. 1 ATDG (wonach darüber hinaus auch das Zollkriminalamt beteiligt ist); § 1 Abs. 1 RED-G.

[250] Siehe für die konkreten Voraussetzungen jeweils §§ 2 ff. ATDG; §§ 2 ff. RED-G.

[251] BVerfGE 133, 277, Ls. 1, 334 (Rn. 134 f.) (Antiterrordateigesetz).

[252] Vgl. Rose-Stahl 2006, S. 99.

[253] Arzt 2021, Rn. 1199.

3.11.2 Gemeinsame Zentren

Neben gemeinsamen Datenbanken wurden verschiedene Koordinationsplattformen eingerichtet, in denen aktuelle Entwicklungen und grundsätzliche Strategien ebenso wie einzelne Sachverhalte besprochen werden.[254] Explizite Rechtsgrundlagen bzw. Vorgaben für diese Zentren gibt es bislang allerdings nicht.[255] Zu diesen Koordinationsplattformen zählt das Gemeinsame Terrorismusabwehrzentrum (GTAZ),[256] in dem seit 2004 Sachverhalte und Entwicklungen aus dem Bereich des islamistischen Terrorismus erörtert werden. Das Gemeinsame Extremismus- und Terrorismusabwehrzentrum (GETZ)[257] beschäftigt sich seit dem Jahr 2012 mit dem Rechts- und Linksextremismus bzw. -terrorismus, dem Ausländerextremismus, der Spionageabwehr und der Proliferation.[258] In beiden Gremien kommen Vertreter:innen aus den beteiligten Bundes- und Landesbehörden zusammen. Dagegen arbeiten im Gemeinsamen Internetzentrum (GIZ),[259] das 2007 errichtet wurde, ausschließlich Bundesbehörden, namentlich das BKA, der BfV, der BND, der MAD und der GBA, zusammen.[260] Diese befassen sich im Rahmen des GIZ mit der „Aufklärung islamistischer und jihadistischer Inhalte im Internet."[261] In den Kooperationsplattformen hat keine Behörde ein Weisungsrecht

---

[254] Siehe auch Hofmann 2020, S. 417–419.

[255] Aufgrund des Geheimhaltungsgrades kann hier jeweils nur auf die begrenzten öffentlich verfügbaren Informationen zurückgegriffen werden.

[256] Siehe Antwort der Bundesregierung auf die Kleine Anfrage der Abgeordneten Benjamin Strasser et al. und der Fraktion der FDP – Drs. 19/3273 – Informationsaustausch im Gemeinsamen Terrorismusabwehrzentrum (GTAZ) von Bund und Ländern und seine rechtlichen Grundlagen, BT-Drs. 19/3530; Bundesamt für Verfassungsschutz (BfV) 2023c; Bundeskriminalamt (BKA) 2023c.

[257] Siehe Antwort der Bundesregierung auf die Kleine Anfrage der Abgeordneten Ulla Jelpke et al. und der Fraktion Die Linke – Drs. 19/18417 – Arbeitsweise und Schwerpunkte des Gemeinsamen Extremismus- und Terrorismusabwehrzentrums (GETZ), BT-Drs. 19/18932; Bundesamt für Verfassungsschutz (BfV) 2023a; Bundeskriminalamt (BKA) 2023a.

[258] Frauenrath 2018, S. 159 Vgl. auch Maurer 2018, S. 10–12.

[259] Siehe Antwort der Bundesregierung auf die Kleine Anfrage der Abgeordneten Gisela Piltz et al. und der Fraktion der FDP – Drs. 16/11943 – Gemeinsames Internetzentrum, BT-Drs. 16/12089; Bundesamt für Verfassungsschutz (BfV) 2023b; Bundeskriminalamt (BKA) 2023b; Bundesministerium des Innern (BMI) 2011a.

[260] Antwort der Bundesregierung auf die Kleine Anfrage der Abgeordneten Gisela Piltz et al. und der Fraktion der FDP – Drs. 16/11943 – Gemeinsames Internetzentrum, BT-Drs. 16/12089, S. 2; Bundeskriminalamt (BKA) 2023b.

[261] Vgl. Rachor und Roggan 2021, Rn. 148–149.

gegenüber den anderen Akteuren. Es gibt somit auch keine Kontrollinstanz, die die Umsetzung der besprochenen Vorgehensweisen überprüfen könnte.[262]

Mit den Worten des amtierenden BfV-Präsidenten *Haldenwang* sind der „Rechtsextremismus und Rechtsterrorismus [...] aktuell die größte Gefahr für die Demokratie in Deutschland".[263] Die Struktur der Koordinationsplattformen erscheint vor diesem Hintergrund in dreierlei Hinsicht bemerkenswert: Erstens wird die Bekämpfung des Rechtsterrorismus in einem Zentrum zusammen mit einer Vielzahl anderer Phänomenbereiche bearbeitet, während dem Phänomenbereich des Islamismus eine eigene Kooperationsplattform zugewiesen wird. Zweitens gibt es zur Bekämpfung des Islamismus ein eigenes Gremium für die Aufklärung im Internet, für den Rechtsterrorismus nicht. Das ist zur heutigen Zeit, in der Vernetzung und Radikalisierung vor allem im digitalen Raum stattfindet, ein äußerst bedenklicher Umstand, z. B. auch im Hinblick auf die mit rechten Gruppierungen verbandelte und zum teils identische „Querdenken"-Szene.[264] Eine verstärkte Zusammenarbeit in diesem Bereich ist wohl geplant,[265] tatsächliche Reformbemühungen jedoch bislang nicht erkennbar. Unabhängig von der Entwicklung im Bereich des Rechtsterrorismus ist es interessant, dass die Zusammenarbeit im Bereich des Islamismus in zwei verschiedenen Plattformen erfolgt, sodass die Sachverhaltsbearbeitung bezüglich des digitalen und analogen Raums getrennt wird. Angesichts der umfassenden Bedeutung des Cyberraums im Bereich des Terrorismus erscheint dies als künstliche Aufspaltung. Sie birgt die Gefahr einer parallelen und uneinheitlichen Bearbeitung, die unnötig personelle und finanzielle Ressourcen binden könnte.

Auch auf Länderebene finden sich ähnliche Zentren,[266] wie beispielsweise das Gemeinsame Informations- und Analysezentrum Polizei und Verfassungsschutz Niedersachsen,[267] die Gemeinsame Informations- und Analysestelle von

[262] Vgl. Amri-Untersuchungsausschuss, Abschlussbericht, BT-Drs. 19/30800, S. 729 (zur AG „Informationsaustausch" im GTAZ).

[263] Haldenwang 2020.

[264] Bundesministerium des Innern und für Heimat (BMI) 2022, S. 113–115. Siehe auch Steinke 2022; Verfassungsschutzbericht: Wie „Querdenken" und Co. unseren Staat zersetzen wollen 2022. Mittlerweile hat die „Querdenken"-Bewegung nach Einschätzung des BfV allerdings „erheblich an Bedeutung eingebüßt und entfaltet nur noch lokal nennenswerte Aktivitäten", wobei die „die Akteure dieses Phänomenbereichs im Kern an ihren verfassungsfeindlichen Positionen fest[halten] und versuchen, diese weiter zu verbreiten." Bundesministerium des Innern und für Heimat (BMI) 2023, S. 118–119.

[265] Vgl. Flade und Mascolo 2020.

[266] Siehe auch Grumke und van Hüllen 2019, S. 120–121.

[267] Siehe Niedersächsisches Ministerium für Inneres und Sport 2023, S. 28–29.

Landeskriminalamt und Landesamt für Verfassungsschutz in Baden-Württemberg,[268] und die Thüringer Informations-Auswertungs-Zentrale von Polizei und Verfassungsschutz.[269]

Angesicht der Schaffung auch dieser Gremien meinen allerdings *Grumke* und *van Hüllen*, dass zwar die „Verbesserung von Koordination und Informationsflüssen allseits als unabdingbar erkannt wurde", dass aber die Schaffung neuer Gremien und zusätzlicher Bürokratie ein „sehr deutsche[r] Reflex" sei.[270] Auch als Reaktion auf den sog. NSU habe es auch nur „mehr vom Gleichen" gegeben:

> „Das lässt den- [sic!] Schluss zu, dass die Koordination unzureichend war bzw. die nach 2001 eingeführten Gremien das zentrale Probleme nicht haben lösen können. Das üppige Blühen dieses Gremiendschungels hat für den einen oder anderen Beamten den Effekt, dass er seine Arbeitszeit vorwiegend auf Autobahnen oder auf der Schiene verbringt – einzelne kleine Behörden haben sich auch für diesen Zweck schon spezielle „Reisekader" geschaffen, die von Sitzung zu Sitzung eilen."[271]

Die Effektivität dieser Vielzahl von Gremien ist vor dem Hintergrund dieser Einschätzung, die vor allem die zusätzliche Bürokratie beklagt, nicht eindeutig zu bejahen. In Teil II wird die Effektivität der dargestellten Gremien exemplarisch untersucht.

3.12 Zwischenergebnis zur Terrorismusbekämpfung als Kooperations- und Koordinationsaufgabe

Die Terrorismusbekämpfung ist eine gesamtstaatliche Aufgabe, die Bund und Ländern zur gemeinsamen Wahrnehmung zugewiesen ist. Zuständigkeitsüberschneidungen sind bereits verfassungsrechtlich angelegt, werden aber durch neuere Entwicklungen weiter verstärkt. Die traditionellen Strukturen der Sicherheitsarchitektur und die sie prägenden Kategorisierungen (präventiv und repressiv, polizeilich und nachrichtendienstlich, innere und äußere Sicherheit) werden in der Terrorismusbekämpfung zunehmend aufgeweicht. In der Folge überlappen sich die Zuständigkeitsbereiche nicht nur zwischen Bund und

[268] Siehe Verfassungsschutz Baden-Württemberg 2023, S. 23.

[269] Siehe § 4 Abs. 4 Thüringer Verfassungsschutzgesetz. Vgl. Amt für Verfassungsschutz Thüringen nicht datiert, S. 25.

[270] Grumke und van Hüllen 2019, S. 121.

[271] Grumke und van Hüllen 2019, S. 121.

Ländern, sondern auch zwischen Nachrichtendiensten, Polizeibehörden und Strafverfolgungsbehörden zunehmend.[272]

Im Falle derartiger Überschneidungen erfordern nicht nur praktische Erwägungen eine effektive Zusammenarbeit der Sicherheitsbehörden durch Kooperation und Koordination. Wie die vorstehende Untersuchung dargelegt hat, folgen aus den verfassungsrechtlichen Vorgaben Kooperations- und Koordinationspflichten für die Sicherheitsbehörden. Die Erfüllung dieser Pflichten kann in der Praxis herausfordernd sein, da in jedem Einzelfall von den beteiligten Behörden geprüft werden muss, ob Überschneidungspunkte mit anderen Behörden bestehen. Bejahendenfalls muss in einem nächsten Schritt geprüft werden, ob und wenn ja, welche Informationen ausgetauscht werden dürfen bzw. müssen. In einem solchen Fall kann es zudem zu kumulativen Maßnahmen unterschiedlicher Behörden gegen Gefährder:innen kommen. Diese Maßnahmen können durch ihr Zusammenwirken das Maß der Verhältnismäßigkeit überschreiten. Andererseits können parallele Zuständigkeiten auch dazu führen, dass eine Sicherheitsbehörde Maßnahmen erwägt, die eine andere, ebenfalls zuständige Behörde nicht ergreifen dürfte. Denn die rechtlichen Grundlagen und damit auch die Befugnisse der Akteure unterscheiden sich teils erheblich. So richten sich die Befugnisse der Polizeibehörden der Länder nach den jeweiligen Landespolizeigesetzen, die von Land zu Land variieren können. Allein im Bereich der Polizeibehörden ergibt sich ein „Vorschriftenkonvolut“[273] von 16 Landespolizeigesetzen, dem BKAG und dem Bundespolizeigesetz.[274] Ähnlich verhält es sich im Bereich der Nachrichtendienste mit den Gesetzen über die Landesverfassungsschutzbehörden, dem BVerfSchG, dem BNDG und dem MADG. Im Bereich der Terrorismusbekämpfung kommt es daher zu einer „Rechtszersplitterung“.[275] Oder, um es mit dem ehemaligen BND-Präsidenten *Schindler* pointiert auszudrücken: „Übersichtlich geht anders“.[276]

Schwierigkeiten können sich auch daraus ergeben, dass die einzelnen Länder mit unterschiedlichen Mitteln, etwa finanzieller oder personeller Art oder in Form unterschiedlicher IT-Systeme,[277] ausgestattet sind oder schlicht dadurch, dass verschiedene Behörden denselben Sachverhalt unterschiedlich bewerten.[278] *Dreksler* bezeichnet daher die „Breite in der horizontalen Organisationsstruktur

[272] Vgl. Wolff 2018, S. 44.

[273] Hofmann 2020, S. 412.

[274] Vgl. auch Kugelmann 2017; Gusy 2010, S. 18.

[275] Hofmann et al. 2020, S. 237. Siehe auch Hecker 2017, S. 232.

[276] Schindler 2020, S. 105.

[277] Vgl. Hofmann 2020, S. 419.

[278] Siehe dazu unten, Teil II.

mit wachsenden Schnittstellen, Doppelzuständigkeiten" als „systemimmanente Schwachstelle".[279]

Doppelzuständigkeiten können zu Reibungen, vermeidbarer Doppelarbeit und damit zu Effektivitätsverlusten führen.[280] Dadurch, dass der Staat aufgrund seiner grundrechtlichen Schutzpflichten dazu verpflichtet ist, möglichst effektive Strukturen für die Terrorismusbekämpfung zu garantieren, müssen diese Effektivitätsverluste bestmöglich vermieden bzw. behoben werden. Es besteht daher die verfassungsrechtliche Pflicht von Bund und Ländern, „effektive behördliche Strukturen mit hinreichender Befugnisausstattung vorzusehen, die tatsächlich kooperationsgeeignet sind."[281] Sollten strukturelle Defizite bestehen, ergibt sich daher ein Optimierungsbedarf für den (Bundes- oder Landes-) Gesetzgeber.

Ob diese abstrakt-theoretisch identifizierten Schwachstellen, die durch die Überschneidungsbereiche der verschiedenen Sicherheitsbehörden entstehen,[282] sich tatsächlich in der Praxis materialisieren und so zu Defiziten in der operativen Terrorismusbekämpfung führen oder ob die bestehenden Kooperations- und Koordinierungsmechanismen, wie die dargestellten gemeinsamen Datenbanken und Zentren, zur Überwindung dieser vermeintlichen Schwachstellen führen, wird im weiteren Verlauf der Untersuchung, insbesondere in den Kap. 4 und 5, anhand von Fallbeispielen kritisch untersucht.

Literatur

Abbühl, A. (2010). *Der Aufgabenwandel des Bundeskriminalamtes. Von der Zentralstelle zur multifunktionalen Intelligence-Behörde des Bundes*. Boorberg.

Alexy, R. (1986). *Theorie der Grundrechte*. Suhrkamp.

Alexy, R. (1990). Grundrechte als subjektive Rechte und als objektive Normen. *Der Staat, 29*(1), 49–68.

Amnesty International. (2021). *Deutschland: Neues BND-Gesetz ermöglicht anlasslose Massenüberwachung*. https://www.amnesty.de/allgemein/pressemitteilung/deutschland-bnd-gesetz-massenueberwachung. Zugegriffen am 25.10.2025.

Amri-Untersuchungsausschuss. 1. Untersuchungsausschuss der 19. Wahlperiode, Stenografisches Protokoll der 16. Sitzung vom 28.06.2018 16.

[279] Dreksler 2018, S. 5. So auch König 2005, S. 304.

[280] König 2005, S. 304.

[281] Hecker 2017, S. 232.

[282] Vgl. Wolff 2018, S. 39: „Ob die Überschneidungsbereiche möglichst klein zu halten sind oder nicht, ist eine schwierige Frage." Dies hängt in der Tat davon ob, wie gut die Koordination zwischen den Sicherheitsbehörden funktioniert.

Amri-Untersuchungsausschuss. 1. Untersuchungsausschuss der 19. Wahlperiode, Stenografisches Protokoll der 95. Sitzung vom 02.07.2020 95 I.

Amri-Untersuchungsausschuss. 1. Untersuchungsausschuss, Stenografisches Protokoll der 97. Sitzung vom 10.09.2020 (10.09.2020) 97.

Amri-Untersuchungsausschuss. Beschlussempfehlung und Bericht des 1. Untersuchungsausschusses gemäß Artikel 44 des Grundgesetzes (21.06.2021), BT-Drs. 19/30800.

Amt für Verfassungsschutz Thüringen (nicht datiert). *Verfassungsschutz Thüringen: Sicherheit – Aufklärung – Transparenz*. https://verfassungsschutz.thueringen.de/fileadmin/Verfassungsschutz/Oeffentlichkeitsarbeit/afv_image.pdf. Zugegriffen am 25.10.2025.

Arzt, C. (2021). Abschnitt G.IV. Praxis der polizeilichen Datenverarbeitung. In H. Lisken, E. Denninger, M. Bäcker, & K. Graulich (Hrsg.), *Handbuch des Polizeirechts. Gefahrenabwehr – Strafverfolgung – Rechtsschutz* (7. Aufl.). C.H. Beck.

Aust, H. P. (2020). Auslandsaufklärung durch den Bundesnachrichtendienst. In *Die Öffentliche Verwaltung: Zeitschrift für öffentliches Recht und Verwaltungswissenschaft* (S. 715–724).

Austermann, N., & Schlichte, G. M. (2018). Gefährliche Begriffe?! – Über „Gefährder“ und drohende Gefahren. *Kritische Justiz, 51*(4), 479–494.

Bäcker, M. (2009). *Terrorismusabwehr durch das Bundeskriminalamt*. Duncker & Humblot.

Bäcker, M. (2018a). Weitere Zentralisierung der Terrorismusbekämpfung? *Zeitschrift für das Gesamte Sicherheitsrecht, 2018*(6), 213–219.

Bäcker, M. (2018b). *Sicherheitsarchitektur und Terrorismusbekämpfung: Stellungnahme für die Anhörung des 1. Untersuchungsausschusses der 19.* Wahlperiode des Deutschen Bundestages am 17. Mai 2018 (Ausschuss-Drs. 19(25)249). https://www.bundestag.de/resource/blob/562146/c729dc13ad9a712709922812bceb5324/19-25-249-data.pdf. Zugegriffen am 25.10.2025.

Bäcker, M. (2021a). § 28 Sicherheitsverfassungsrecht. In M. Herdegen, J. Masing, R. Poscher, & K. F. Gärditz (Hrsg.), *Handbuch des Verfassungsrechts: Darstellung in transnationaler Perspektive*. C.H. Beck.

Bäcker, M. (2021b). Abschnitt B.II. Bundesstaatliche Grundlagen der Polizeiarbeit. In H. Lisken, E. Denninger, M. Bäcker, & K. Graulich (Hrsg.), *Handbuch des Polizeirechts. Gefahrenabwehr – Strafverfolgung – Rechtsschutz* (7. Aufl.). C.H. Beck. Rn. 99–212.

Barczak, T. (2023). BKAG § 5. In T. Barczak (Hrsg.), *BKAG. Gesetz über das Bundeskriminalamt und die Zusammenarbeit des Bundes und der Länder in kriminalpolizeilichen Angelegenheiten*. Nomos.

Bauer, H. (2015). GG Art. 35. In H. Dreier (Hrsg.), *Grundgesetz-Kommentar, Band II. Art. 20 bis 82 GG* (3. Aufl.). Mohr Siebeck.

Bäumerich, M., & Schneider, M. (2017). Terrorismusbekämpfung durch Bundeswehreinsätze im Innern: Eine neue alte Diskussion. *Neue Zeitschrift für Verwaltungsrecht, 36*(4), 189–194.

Bergemann, N. (2015). Die Freiheit im Kopf? – Neue Befugnisse für die Nachrichtendienste: Das Gesetz zur Verbesserung der Zusammenarbeit im Bereich des Verfassungsschutzes. *Neue Zeitschrift für Verwaltungsrecht*, 1705–1710.

BGH, Urteil vom 22.12.2000, Aktenzeichen 3 StR 378/00. In *Neue Juristische Wochenschrift*, S. 1359.

BGH, Beschluss vom 13.01.2009, Aktenzeichen AK 20/08. In *Neue Juristische Wochenschrift*, S. 1681.

BGH, Urteil vom 26.04.2017, Aktenzeichen 2 StR 247/16. In *Neue Juristische Wochenschrift*, S. 3173.

Borchert, H., & Thiele, R. (Hrsg.). (2013). *Vernetzte Sicherheit. Eine konstruktive Zwischenbilanz*. Springer VS.

Borsdorff, A. (2018). Gefahrenverdacht. In M. H. W. Möllers (Hrsg.), *Wörterbuch der Polizei* (3. Aufl.). C.H. Beck.

Brade, A. (2019). Die horizontale Eingriffsaddition. *Die Öffentliche Verwaltung: Zeitschrift für öffentliches Recht und Verwaltungswissenschaft*, *2019*(21), 852–859.

Bräutigam, F., & Kehlbach, C. (2021, März 03). AfD zum Verdachtsfall erklärt: Unter Beobachtung – was heißt das? *Tagesschau*. https://www.tagesschau.de/inland/innenpolitik/faq-afd-101.html. Zugegriffen am 25.10.2025.

Brissa, E. (2011). Militärischer Auslandsgeheimdienst der Bundeswehr? In *Die Öffentliche Verwaltung: Zeitschrift für öffentliches Recht und Verwaltungswissenschaft*, *2011*(10), 391–398.

Brückner, J. A., & Schmitt, H. T. (1977). *Verfassungsschutz und innere Sicherheit. Studienausgabe*. Deutscher Consulting Verlag.

Bubrowski, H. (2023, April 26). Verfassungsschutz: AfD-Jugend als rechtsextremistische Bestrebung eingestuft. *Frankfurter Allgemeine Zeitung*. https://www.faz.net/aktuell/politik/inland/afd-jugend-als-rechtsextremistische-bestrebung-eingestuft-18849580.html. Zugegriffen am 25.10.2025.

Bulla, E. (1973). Die Lehre von der streitbaren Demokratie: Versuch einer kritischen Analyse unter besonderer Berücksichtigung der Rechtsprechung des Bundesverfassungsgerichts. *Archiv des öffentlichen Rechts, 98*, 340–360.

Bundesamt für den Militärischen Abschirmdienst (BAMAD). (2023). *MAD-Report: Bericht des Militärischen Abschirmdienstes für die Jahre 2021 und 2022*. https://www.bundeswehr.de/resource/blob/5631036/e06fcba5e41b279b28d823b9298083c2/mad-report-2021-2022-data.pdf. Zugegriffen am 25.10.2025.

Bundesamt für Verfassungsschutz (BfV). (2023a). *Gemeinsames Extremismus- und Terrorismusabwehrzentrum (GETZ)*. https://www.verfassungsschutz.de/DE/verfassungsschutz/auftrag/zusammenarbeit-im-in-und-ausland/getz/getz_node.html. Zugegriffen am 25.10.2025.

Bundesamt für Verfassungsschutz (BfV). (2023b). *Gemeinsames Internetzentrum (GIZ)*. https://www.verfassungsschutz.de/DE/verfassungsschutz/auftrag/zusammenarbeit-im-in-und-ausland/gemeinsames-internetzentrum-giz/gemeinsames-internetzentrum-giz_node.html. Zugegriffen am 25.10.2025.

Bundesamt für Verfassungsschutz (BfV). (2023c). *Gemeinsames Terrorismusabwehrzentrum (GTAZ)*. https://www.verfassungsschutz.de/DE/verfassungsschutz/auftrag/zusammenarbeit-im-in-und-ausland/gemeinsames-terrorismusabwehrzentrum-gtaz/gemeinsames-terrorismusabwehrzentrum-gtaz_node.html. Zugegriffen am 25.10.2025.

Bundeskriminalamt (BKA). (2023a). *Gemeinsames Extremismus- und Terrorismusabwehrzentrum (GETZ)*. https://www.bka.de/DE/UnsereAufgaben/Kooperationen/GETZ/getz_node.html. Zugegriffen am 25.10.2025.

Bundeskriminalamt (BKA). (2023b). *Gemeinsames Internetzentrum (GIZ)*. https://www.bka.de/DE/UnsereAufgaben/Kooperationen/GIZ/giz_node.html. Zugegriffen am 25.10.2025.

Bundeskriminalamt (BKA). (2023c). *Gemeinsames Terrorismusabwehrzentrum (GTAZ)*. https://www.bka.de/DE/UnsereAufgaben/Kooperationen/GTAZ/gtaz_node.html. Zugegriffen am 25.10.2025.

Bundeskriminalamt: Mehr als 600 Menschen gelten als Gefährder. (2023, Februar 23). *Tagesschau*. www.tagesschau.de/inland/bka-gefaehrder-101.html. Zugegriffen am 25.10.2025.

Bundesministerium des Innern (BMI). (2011a). *Das Gemeinsame Internetzentrum: Zur Bekämpfung des islamistischen Terrorismus im Internet*. http://docs.dpaq.de/9897-das_gemeinsame_internetzentrum___zur_bek_mpfung_des_islamistischen_terrorismus_im_internet.pdf. Zugegriffen am 25.10.2025.

Bundesministerium des Innern und für Heimat (BMI). (2022). *Verfassungsschutzbericht 2021*. https://www.bmi.bund.de/SharedDocs/downloads/DE/publikationen/themen/sicherheit/BMI22003-vsb-2021-gesamt.html

Bundesministerium des Innern und für Heimat (BMI). (2023). *Verfassungsschutzbericht 2022*. https://www.verfassungsschutz.de/SharedDocs/publikationen/DE/verfassungsschutzberichte/2023-06-20-verfassungsschutzbericht-2022-startseitenmodul.pdf?__blob=publicationFile&v=3. Zugegriffen am 25.10.2025.

Bush, G. W. (2001). *Adress to a Joint Session of Congress and the American People*. https://georgewbush-whitehouse.archives.gov/news/releases/2001/09/20010920-8.html. Zugegriffen am 25.10.2025.

BVerfG, Urteil vom 23.10.1951, Aktenzeichen 2 BvG 1/51. In *Entscheidungen des Bundesverfassungsgerichts* 1, S. 14, BVerfGE 1, 14.

BVerfG, Urteil vom 21.05.1952, Aktenzeichen 2 BvH 2/52. In *Entscheidungen des Bundesverfassungsgerichts* 1, S. 299, BVerfGE 1, 299.

BVerfG, Urteil vom 01.12.1954, Aktenzeichen 2 BvG 1/54. In *Entscheidungen des Bundesverfassungsgerichts* 4, S. 115, BVerfGE 4, 115.

BVerfG, Urteil vom 28.02.1961, Aktenzeichen 2 BvG 1/60, 2 BvG 2/60. In *Entscheidungen des Bundesverfassungsgerichts* 12, S. 205, BVerfGE 12, 205.

BVerfG, Beschluss vom 21.10.1971, Aktenzeichen 2 BvL 6/69, 15, 20, 21/70 und 46/71. In *Entscheidungen des Bundesverfassungsgerichts* 32, S. 145, BVerfGE 32, 145.

BVerfG, Urteil vom 26.07.1972, Aktenzeichen 2 BvF 1/71. In *Entscheidungen des Bundesverfassungsgerichts* 34, S. 9, BVerfGE 34, 9.

BVerfG, Beschluss vom 28.11.1973. In *Entscheidungen des Bundesverfassungsgerichts* 36, S. 193, BVerfGE 36, 193.

BVerfG, Beschluss vom 25.06.1974, Aktenzeichen 2 BvF 2, 3/73. In *Entscheidungen des Bundesverfassungsgerichts* 37, S. 363, BVerfGE 37, 363.

BVerfG, Beschluss vom 10.02.1976, Aktenzeichen 2 BvG 1/74. In *Entscheidungen des Bundesverfassungsgerichts* 41, S. 291, BVerfGE 41, 291.

BVerfG, Urteil vom 19.10.1982, Aktenzeichen 2 BvF 1/81. In *Entscheidungen des Bundesverfassungsgerichts* 61, S. 149, BVerfGE 61, 149.

BVerfG, Beschluss vom 12.01.1983, Aktenzeichen 2 BvL 23/81. In *Entscheidungen des Bundesverfassungsgerichts* 63, S. 1, BVerfGE 63, 1.

BVerfG, Beschluss vom 09.10.1984, Aktenzeichen 2 BvL 10/82. In *Entscheidungen des Bundesverfassungsgerichts* 67, S. 299, BVerfGE 67, 299.

BVerfG, Beschluss vom 11.03.1997, Aktenzeichen 2 BvG 3, 4/95. In *Entscheidungen des Bundesverfassungsgerichts* 95, S. 250, BVerfGE 95, 250.

BVerfG, Urteil vom 14.07.1999, Aktenzeichen 1 BvR 2226/94, 1 BvR 2420/95, 1 BvR 2437/95. In *Entscheidungen des Bundesverfassungsgerichts* 100, S. 313, BVerfGE 100, 313.

BVerfG, Beschluss vom 24.01.2001, Aktenzeichen 2 BvE 1/00. In *Entscheidungen des Bundesverfassungsgerichts* 103, S. 81, BVerfGE 103, 81.

BVerfG, Urteil vom 19.02.2002, Aktenzeichen 2 BvG 2/00. In *Entscheidungen des Bundesverfassungsgerichts* 104, S. 249, BVerfGE 104, 249.

BVerfG, Urteil vom 24.10.2002, Aktenzeichen 2 BvF 1/01. In *Entscheidungen des Bundesverfassungsgerichts* 106, S. 62, BVerfGE 106, 62.

BVerfG, Urteil vom 12.04.2005, Aktenzeichen 2 BvR 581/01. In *Entscheidungen des Bundesverfassungsgerichts* 112, S. 304, BVerfGE 112, 304.

BVerwG, Urteil vom 23.01.2008, Aktenzeichen 6 A 1/07. In *Neue Juristische Wochenschrift*, S. 2135.

BVerfG, Beschluss vom 04.11.2009, Aktenzeichen 1 BvR 2150/08. In *Entscheidungen des Bundesverfassungsgerichts* 124, S. 300, BVerfGE 124, 300.

BVerfG, Beschluss vom 07.09.2010, Aktenzeichen 2 BvF 1/09. In *Entscheidungen des Bundesverfassungsgerichts* 127, S. 165, BVerfGE 127, 165.

BVerfG, Urteil vom 24.08.2013, Aktenzeichen 1 BvR 1215/07. In *Entscheidungen des Bundesverfassungsgerichts* 133, S. 277, BVerfGE 133, 277.

BVerfG, Urteil vom 17.12.2014, Aktenzeichen 1 BvL 21/12. In *Entscheidungen des Bundesverfassungsgerichts* 138, S. 261, BVerfGE 138, 261.

BVerfG, Urteil vom 20.04.2016, Aktenzeichen 1 BvR 966, 1140/09. In *Entscheidungen des Bundesverfassungsgerichts* 141, S. 220, BVerfGE 141, 220.

BVerfG, Urteil vom 17.01.2017, Aktenzeichen 2 BvB 1/13. In *Entscheidungen des Bundesverfassungsgerichts* 144, S. 20, BVerfGE 144, 20.

BVerfG, Beschluss vom 07.03.2017, Aktenzeichen 1 BvR 1314, 1630/12, 1694, 1874/13. In *Entscheidungen des Bundesverfassungsgerichts* 145, S. 20, BVerfGE 145, 20.

BVerfG, Urteil vom 19.05.2020, Aktenzeichen 1 BvR 2835/17. In *Entscheidungen des Bundesverfassungsgerichts* 154, S. 152, BVerfGE 154, 152.

BVerfG, Beschluss vom 25.03.2021, Aktenzeichen 2 BvF 1/20, 2 BvL 4, 5/20. In *Entscheidungen des Bundesverfassungsgerichts* 157, S. 223, BVerfGE 157, 223.

Coenen, C. (2022). *Bundesrechtliche Terrorismusabwehrmaßnahmen im Schnittbereich von Prävention und Repression. Die Sicherheitsarchitektur in den USA und in Deutschland im Wandeln*. Nomos.

Daase, C., & Junk, J. (2012). Netzwerke der Sicherheit: Überlegungen zum Umbau demokratischer Sicherheitspolitik. *Sicherheit und Frieden*, *30*(2), 94–100.

Degenhart, C. (2021). GG Art. 73. In M. Sachs (Hrsg.), *Grundgesetz Kommentar* (9. Aufl.). C.H. Beck.

Der Bundesbeauftragte für den Datenschutz und die Informationsfreiheit (BfDI). (2015). *Tätigkeitsbericht zum Datenschutz für die Jahre 2013 und 2014*. https://www.bfdi.bund.de/SharedDocs/Downloads/DE/Taetigkeitsberichte/25TB_13_14.html. Zugegriffen am 25.10.2025.

Deutscher Bundestag. (2023). *1. Untersuchungsausschuss (Afghanistan)*. https://www.bundestag.de/webarchiv/Ausschuesse/ausschuesse20/untersuchungsausschuesse/ua01. Zugegriffen am 25.10.2025.

Deutscher Bundestag. Antwort der Bundesregierung auf die Kleine Anfrage der Abgeordneten Gisela Piltz et al. und der Fraktion der FDP – Drs. 16/11943 – Gemeinsames Internetzentrum, BT-Drs. 16/12089.

Deutscher Bundestag. Antwort der Bundesregierung auf die Kleine Anfrage der Abgeordneten Ulla Jelpke et al. und der Fraktion Die Linke – Drs. 18/6959 – Sogenannte islamistische Gefährder, BT-Drs. 18/7151.

Deutscher Bundestag. Gesetzesentwurf der Bundesregierung, Entwurf eines Gesetzes über die Zusammenarbeit des Bundes und der Länder in Angelegenheiten des Verfassungsschutzes (09.05.1950), BT-Drs. 1/924.

Deutscher Bundestag. Gesetzentwurf der Fraktionen der CDU/CSU und SPD, Entwurf eines Gesetzes zur Änderung des Grundgesetzes (07.03.2006), BT-Drs. 16/813.

Deutscher Bundestag. Stenografischer Bericht 44. Sitzung (30.06.2006) 16/44.

Deutscher Bundestag. Gesetzentwurf der Fraktionen der CDU/CSU und SPD, Entwurf eines Gesetzes zur Abwehr von Gefahren des internationalen Terrorismus durch das Bundeskriminalamt (17.06.2008), BT-Drs. 16/9588.

Deutscher Bundestag. Gesetzentwurf der Bundesregierung, Entwurf eines Gesetzes zur Abwehr von Gefahren des internationalen Terrorismus durch das Bundeskriminalamt (13.08.2008), BT-Drs. 16/10121.

Deutscher Bundestag. Unterrichtung durch das Parlamentarische Kontrollgremium: Erläuternde Sachverhaltsdarstellung zur öffentlichen Bewertung des Parlamentarischen Kontrollgremiums nach § 10 Absatz 2 des Kontrollgremiumgesetzes zum Fall Anis Amri vom 29. März 2017 (31.05.2017), BT-Drs. 18/12585.

Deutscher Bundestag. Antwort der Bundesregierung auf die Kleine Anfrage der Abgeordneten Benjamin Strasser, Stephan Thomae, Grigorios Aggelidis, weiterer Abgeordneter und der Fraktion der FDP – Drucksache 19/3273 – Informationsaustausch im Gemeinsamen Terrorismusabwehrzentrum (GTAZ) von Bund und Ländern und seine rechtlichen Grundlagen (23.07.2018), BT-Drs. 19/3530.

Deutscher Bundestag. Antwort der Bundesregierung auf die Kleine Anfrage der Abgeordneten Ulla Jelpke et al. und der Fraktion Die Linke – Drs. 19/18417 – Arbeitsweise und Schwerpunkte des Gemeinsamen Extremismus- und Terrorismusabwehrzentrums (GETZ) (05.05.2020), BT-Drs. 19/18932.

Deutscher Bundestag. Gesetzentwurf der Bundesregierung: Entwurf eines Gesetzes zur Änderung des BND-Gesetzes zur Umsetzung der Vorgaben des Bundesverfassungsgerichts sowie des Bundesverwaltungsgerichts (25.01.2021), BT-Drs. 19/26103.

Dietrich, J.-H. (2017). Das Recht der Nachrichtendienste. In J.-H. Dietrich & S. Eiffler (Hrsg.), *Handbuch des Rechts der Nachrichtendienste* (S. 249–293). Boorberg.

Dowideit, A., & Lindenau, J. (2019, Februar 17). Ausländische Hacker nehmen Stromversorgung ins Visier. *Die Welt*. https://www.welt.de/politik/article188864277/Cyberangriffe-Wasser-und-Stromversorgung-im-Visier-internationaler-Hacker.html. Zugegriffen am 25.10.2025.

Dreksler, O. (2018). *Anhörung Sachverständige im 1. Untersuchungsausschuss zur „föderalen Sicherheitsarchitektur" am 17. Mai 2018 (Ausschuss-Drs. 19(25)255)*. https://www.bundestag.de/resource/blob/562152/633d8ec13916563214c16e24dae8925c/19-25-255-data.pdf. Zugegriffen am 25.10.2025.

Dresdner Messerangriff. Generalbundesanwalt übernimmt Ermittlungen. (2020, Oktober 21). *Legal Tribune Online*. https://www.lto.de/recht/nachrichten/n/dresden-messerangriffgeneralbundesanwalt-uebernahme-ermittlungen-radikal-islamistisch/. Zugegriffen am 25.10.2025.

Droste, B. (2007). *Handbuch des Verfassungsschutzrechts*. Boorberg.

Duroy, S. (2023). *The regulation of intelligence activities under international law*. Edward Elgar Publishing.

Eichhorn, P. (1998). *Besondere Formen der Zusammenarbeit von Bund und Ländern im Katastrophenfall und zur Aufrechterhaltung der inneren Sicherheit*. Peter Lang.

Enders, C. (2019). Verfassungsgrenzen der „drohenden Gefahr". *Die Öffentliche Verwaltung: Zeitschrift für öffentliches Recht und Verwaltungswissenschaft, 2019*(2), 205–211.

Epping, V. (2023). GG Art. 35. In V. Epping & C. Hillgruber (Hrsg.), *Beck'scher Online-Kommentar Grundgesetz* (54. Aufl.). C.H. Beck.

Evers, H.-U. (1960). *Privatsphäre und Ämter für Verfassungsschutz*. De Gruyter.

Evers, H.-U. (1981). Verfassungsschutz und Polizei. In Bundesministerium des Innern (BMI) (Hrsg.), *Verfassungsschutz und Rechtsstaat. Beiträge aus Wissenschaft und Praxis* (S. 65–86). Carl Heymanns.

Feilcke, B. (2023). GVG § 120. In C. Barthe & J. Gericke (Hrsg.), *Karlsruher Kommentar zur Strafprozessordnung mit GVG, EGGVG und EMRK* (9. Aufl.). C.H. Beck.

Feroz, E. (2021). *Der längste Krieg. 20 Jahre War on Terror*. Westend Verlag.

Flade, F. (2020, Oktober 21). Dresden: Generalbundesanwalt ermittelt gegen Gefährder. *Süddeutsche Zeitung*. https://www.sueddeutsche.de/politik/dresden-generalbundesanwalt-ermittelt-gegen-gefaehrder-1.5088366. Zugegriffen am 25.10.2025.

Flade, F. (2023, April 06). Hackerangriffe: Cybermafia von Putins Gnaden? *Tagesschau*. https://www.tagesschau.de/investigativ/ndr-wdr/hacker-attacken-russland-101.html. Zugegriffen am 25.10.2025.

Flade, F., & Mascolo, G. (2020). Sicherheitsbehörden: BND wird in Kampf gegen Rechtsextremismus stärker eingebunden. In *Süddeutsche Zeitung*, 16.07.2020. https://www.sueddeutsche.de/politik/rechtsextremismus-terror-bnd-1.4969463. Zugegriffen am 25.10.2025.

Frauenrath, R. (2018). Die Verfassungsschutzbehörden im Gefüge der deutschen Sicherheitsarchitektur. In H.-J. Lange & M. Wendekamm (Hrsg.), *Die Verwaltung der Sicherheit. Theorie und Praxis der Öffentlichen Sicherheitsverwaltung* (S. 155–163). Springer VS.

Fromm, H. (2008). Auftrag und Profil des Verfassungsschutzes im Zeichen neuer Bedrohungen. In Bundesamt für Verfassungsschutz (BfV) (Hrsg.), *Terrorismusbekämpfung in Europa. Herausforderung für die Nachrichtendienste, Vorträge auf dem 7. Symposium des Bundesamtes für Verfassungsschutz am 8. Dezember 2008* (S. 51–57). Bundesamt für Verfasschungsschutz (BfV).

Gade, G. D., & Kieler, M. (2008). *Polizei und Föderalismus. Aufgabenfelder der Bundes- und Landespolizeien im verfassungsrechtlichen Gefüge der Bundesrepublik Deutschland*. Kohlhammer.

Gärditz, K. F. (2018). *Zustand der föderalen Sicherheitsarchitektur und Terrorismusbekämpfung: Stellungnahme zur Sachverständigenanhörung am 17. Mai 2018 (Ausschuss-Drs. 19(25)251)*. https://www.bundestag.de/resource/blob/562148/c33699fcb4eb442a45d9637de1f9149b/19-25-251-data.pdf. Zugegriffen am 25.10.2025.

Gärditz, K. F. (2019). Zentralisierung von Verfassungsschutzaufgaben und bundesstaatliche Kompetenzarchitektur. *Archiv des öffentlichen Rechts, 144*, 81–132.

Gärditz, K. F. (2022). § 22 Innere Sicherheit. In K. Stern, H. Sodan, & M. Möstl (Hrsg.), *Das Staatsrecht der Bundesrepublik Deutschland im europäischen Staatenverbund, Band I. Grundlagen und Grundbegriffe des Staatsrechts, Strukturprinzipien der Verfassung* (2. Aufl.). C.H. Beck.

Gebauer, M. (2020, März 05). Eliteeinheit der Bundeswehr: Militärgeheimdienst enttarnt neun rechtsextreme Soldaten beim KSK. *Spiegel Online*. https://www.spiegel.de/politik/deutschland/bundeswehr-geheimdienst-mad-enttarnt-neun-rechtsextreme-soldaten-beim-ksk-a-72803ae1-72bb-4e04-90a7-b80993e1eeee. Zugegriffen am 25.10.2025.

Generalbundesanwalt beim Bundesgerichtshof (GBA). (2022). *Übernahme der Ermittlungen wegen des Verdachts der Vorbereitung einer schweren staatsgefährdenden Gewalttat.* https://www.generalbundesanwalt.de/SharedDocs/Pressemitteilungen/DE/2022/Pressemitteilung-vom-16-05-2022.html?nn=1397082. Zugegriffen am 25.10.2025.

Gesetz zur Änderung des BND-Gesetzes zur Umsetzung der Vorgaben des Bundesverfassungsgerichts sowie des Bundesverwaltungsgerichts, BGBl. 2021 I S. 771.

Gesetz zur Änderung des Grundgesetzes vom 28.08.2006 (Föderalismusreform I) (28.08.2006), BGBl. 2006 I S. 2034.

Gesetz zur Errichtung einer standardisierten zentralen Antiterrordatei von Polizeibehörden und Nachrichtendiensten von Bund und Ländern (Antiterrordateigesetz – ATDG) (22.12.2006), BGBl. 2006 I S. 3409.

Gesetz zur Errichtung einer standardisierten zentralen Datei von Polizeibehörden und Nachrichtendiensten von Bund und Ländern zur Bekämpfung des gewaltbezogenen Rechtsextremismus (Rechtsextremismus-Datei-Gesetz – RED-G) (20.08.2012), BGBl. 2012 I S. 1798.

Gesetz zur Verbesserung der Zusammenarbeit im Bereich des Verfassungsschutzes vom 17.11.2015 (17.11.2015), BGBl. 2015 I S. 1938.

Götz, V. (2006). § 85 Innere Sicherheit. In J. Isensee & P. Kirchhof (Hrsg.), *Handbuch des Staatsrechts der Bundesrepublik Deutschland, Band IV. Aufgaben des Staates* (3. Aufl.). C.F. Müller.

Graulich, K. (2019). BKAG § 4. In W.-R. Schenke, K. Graulich, & J. Ruthig (Hrsg.), *Sicherheitsrecht des Bundes* (2. Aufl.). C.H. Beck.

Graulich, K. (2021a). Abschnitt E. Das Handeln von Polizei- und Ordnungsbehörden zur Gefahrenabwehr. In H. Lisken, E. Denninger, M. Bäcker, & K. Graulich (Hrsg.), *Handbuch des Polizeirechts. Gefahrenabwehr – Strafverfolgung – Rechtsschutz* (7. Aufl.). C.H. Beck.

Graulich, K. (2021b). Befugnisse und Kontrolle des Bundesnachrichtendienstes bei der Fernmeldeaufklärung. *Zeitschrift für das Gesamte Sicherheitsrecht, 2021*(3), 121–129.

Gröpl, C. (1993). *Die Nachrichtendienste im Regelwerk der deutschen Sicherheitsverwaltung. Legitimation, Organisation und Abgrenzungsfragen.* Duncker & Humblot.

Grumke, T., & van Hüllen, R. (2019). *Der Verfassungsschutz. Grundlagen. Gegenwart. Perspektiven?* (2. Aufl.). Verlag Barbara Budrich.

Grzeszick, B. (2012). § 2 Der Gedanke des Föderalismus in der Staats- und Verfassungslehre vom Westfälischen Frieden bis zur Weimarer Republik. In I. Härtel (Hrsg.), *Handbuch Föderalismus. Föderalismus als demokratische Rechtsordnung und Rechtskultur in Deutschland, Europa und der Welt, Band I: Grundlagen des Föderalismus und der deutsche Bundesstaat* (S. 57–99). Springer.

Gubelt, M., & Hanschel, D. (2021). GG Art. 30. In J.-A. Kämmerer & M. Kotzur (Hrsg.), *Grundgesetz Kommentar, Band 1. Präambel bis Art. 69 GG* (7. Aufl.). C.H. Beck.

Gusy, C. (1993). Die Zentralstellenkompetenz des Bundes. *Deutsches Verwaltungsblatt*, 1117–1128.

Gusy, C. (2010). Prävention und Repression: Vom Nachtwächterstaat zum Präventionsstaat? In D. Kugelmann (Hrsg.), *Polizei unter dem Grundgesetz* (S. 11–26). Nomos.

Gusy, C. (2017). Nachrichtendienste in der sicherheitsbehördlichen Kooperation. Verfassungsrechtliche Grundlagen und gesetzliche Grundfragen. In J.-H. Dietrich & S. Eiffler (Hrsg.), *Handbuch des Rechts der Nachrichtendienste* (S. 349–395). Boorberg.

Gusy, C. (2019a). BNDG § 1. In W.-R. Schenke, K. Graulich, & J. Ruthig (Hrsg.), *Sicherheitsrecht des Bundes* (2. Aufl.). C.H. Beck.

Gusy, C. (2019b). Reformperspektiven des Rechts der Nachrichtendienste. In J.-H. Dietrich, K. F. Gärditz, K. Graulich, C. Gusy, & G. Warg (Hrsg.), *Reform der Nachrichtendienste zwischen Vergesetzlichung und Internationalisierung* (S. 19–32). Mohr Siebeck.

Haldenwang, T. (2020). *BfV-Pressekonferenz vom 12.03.2020 zum Stand der Bekämpfung des Rechtsextremismus*. https://www.verfassungsschutz.de/SharedDocs/reden/DE/2020/statement-haldenwang-presekonferenz-stand-der-bekaempfung-des-rechtsextremismus.html. Zugegriffen am 25.10.2025.

Hanning, A. (2012). § 53 Föderalismus im Politikbereich Innere Sicherheit. In I. Härtel (Hrsg.), *Handbuch Föderalismus. Föderalismus als demokratische Rechtsordnung und Rechtskultur in Deutschland, Europa und der Welt, Band III: Entfaltungsbereiche des Föderalismus* (S. 47–68). Springer.

Härtel, I. (2012). § 19 Die Gesetzgebungskompetenzen des Bundes und der Länder. In I. Härtel (Hrsg.), *Handbuch Föderalismus. Föderalismus als demokratische Rechtsordnung und Rechtskultur in Deutschland, Europa und der Welt, Band I: Grundlagen des Föderalismus und der deutsche Bundesstaat* (S. 527–610). Springer.

Hecker, J. (2017). Allgemeine Verfassungsfragen der Nachrichtendienste. In J.-H. Dietrich & S. Eiffler (Hrsg.), *Handbuch des Rechts der Nachrichtendienste* (S. 221–248). Boorberg.

Heckmann, D. (2011). Sicherheitsarchitektur im bedrohten Rechtsstaat: Neue Polizeibefugnisse zwischen gestalterischer Freiheit und grundrechtlicher Statik. In U. Blaschke, A. Förster, S. Lumpp, & J. Schmidt (Hrsg.), *Sicherheit statt Freiheit? Staatliche Handlungsspielräume in extremen Gefährdungslagen* (S. 9–28). Duncker & Humblot.

Heinrich, S., & Lange, H.-J. (2008). Erweiterung des Sicherheitsbegriffs. In H. Hans-Jürgen Lange, P. Ohly, & J. Reichertz (Hrsg.), *Auf der Suche nach neuer Sicherheit. Fakten, Theorien und Folgen* (S. 253–268). VS Verlag für Sozialwissenschaften.

Heintzen, M. (2018). GG Art. 73. In F. Klein, C. Starck, P. M. Huber, & A. Voßkuhle (Hrsg.), *Grundgesetz* (7. Aufl.). C.H. Beck.

Hellermann, J. (2023). GG Art. 30. In V. Epping & C. Hillgruber (Hrsg.), *Beck'scher Online-Kommentar Grundgesetz, 54. Edition, Stand: 15.02.2023*. C.H. Beck.

Hermes, G. (2018). GG Art. 87. In H. Dreier (Hrsg.), *Grundgesetz-Kommentar, Band III. Art. 83 bis 146 GG* (3. Aufl.). Mohr Siebeck.

Herzog, R. (1981). Der Auftrag der Verfassungsschutzbehörden. In Bundesministerium des Innern (BMI) (Hrsg.), *Verfassungsschutz und Rechtsstaat. Beiträge aus Wissenschaft und Praxis* (S. 1–18). Carl Heymanns.

Hesse, K. (1999). *Grundzüge des Verfassungsrechts der Bundesrepublik Deutschland* (20. Aufl.). C.F. Müller.

Heun, W. (2018). GG Art. 91. In H. Dreier (Hrsg.), *Grundgesetz-Kommentar, Band III. Art. 83 bis 146 GG* (3. Aufl.). Mohr Siebeck.

Hofmann, H. (2018). Die bundesstaatliche Architektur der inneren Sicherheit: Status und Reformoptionen im deutschen Mehrebenensystem der Sicherheitsarchitektur. In Europäisches Zentrum für Föderalismus-Forschung Tübingen (EZFF) (Hrsg.), *Jahrbuch des Föderalismus 2018. Föderalismus, Subsidiarität und Regionen in Europa* (S. 51–66). Nomos.

Hofmann, H. (2020). Status und Reformoptionen in der föderalen Sicherheitsarchitektur. In F. Knüpling, M. Kölling, S. Kropp, & H. Scheller (Hrsg.), *Reformbaustelle Bundesstaat* (S. 407–429). Springer.

Hofmann, H., Lukosek, S., & Schulte-Rudzio, F. (2020). Das Gewicht der Sicherheit als Herausforderung des liberalen Verfassungsstaates: Sicherheit als Staatsaufgabe, Staatsziel, grundrechtliche Gewährleistung? *Zeitschrift für das Gesamte Sicherheitsrecht, 2020*(3), 233–244.

Huber, E. R. (2003). § 4 Das Kaiserreich als Epoche verfassungsrechtlicher Entwicklung. In J. Isensee & P. Kirchhof (Hrsg.), *Handbuch des Staatsrechts der Bundesrepublik Deutschland, Band I. Historische Grundlagen* (3. Aufl.). C.F. Müller.

Huber, M. (2023). GVG § 120. In J. Graf (Hrsg.), *Beck'scher Online-Kommentar GVG* (19. Aufl.). C.H. Beck.

Huesmann, F. (2022, Juni 25). Ermittlungen des MAD – Rechtsextremismus bei der Bundeswehr: Mehr als 700 Verdachtsfalloperationen seit Anfang 2021. *Redaktionsnetzwerk Deutschland.* https://www.rnd.de/politik/bundeswehr-ueber-700-verdachtsfalloperationen-wegen-rechtsextremismus-seit-anfang-2021-FZXLFVY5WFCRNCUYNG2C5LMU6E.html. Zugegriffen am 25.10.2025.

Hummer, W. (2017). Terrorismusbekämpfung in der Europäischen Union: Rahmenbedingungen, Strategien und Zuständigkeiten. *Zeitschrift für Europarechtliche Studien, 2017*(2), 145–160.

Ibler, M. GG Art. 87. In R. Herzog, R. Scholz, M. Herdegen, & H. H. Klein (Hrsg.), *Grundgesetz Kommentar, 100. Ergänzungslieferung, Stand: Januar 2023.* C.H. Beck.

Isensee, J. (2008a). § 126 Idee und Gestalt des Föderalismus im Grundgesetz. In J. Isensee & P. Kirchhof (Hrsg.), *Handbuch des Staatsrechts der Bundesrepublik Deutschland, Band VI. Bundestaat* (3. Aufl., S. 3–198). C.F. Müller.

Isensee, J. (2008b). § 133 Die bundesstaatliche Kompetenz. In J. Isensee & P. Kirchhof (Hrsg.), *Handbuch des Staatsrechts der Bundesrepublik Deutschland, Band VI. Bundestaat* (3. Aufl.). C.F. Müller.

Jansen, F. (2022, Januar 12). Bundeswehr wirft Fanatiker raus: Mehr als 200 extremistische Soldaten entlassen. *Tagesspiegel.* https://www.tagesspiegel.de/politik/mehr-als-200-extremistische-soldaten-entlassen-6854248.html. Zugegriffen am 25.10.2025.

Jaschke, H.-G. (1991). *Streitbare Demokratie und Innere Sicherheit. Grundlagen, Praxis und Kritik.* Westdeutscher.

Kingreen, T., & Poscher, R. (2022). *Polizei- und Ordnungsrecht mit Versammlungsrecht* (12. Aufl.). C.H. Beck.

Klein, H. H. (2012). § 17 Der Bundesstaat in der Rechtsprechung des Bundesverfassungsgerichts. In I. Härtel (Hrsg.), *Handbuch Föderalismus. Föderalismus als demokratische*

Rechtsordnung und Rechtskultur in Deutschland, Europa und der Welt, Band I: Grundlagen des Föderalismus und der deutsche Bundesstaat (S. 477–495). Springer.

Kluth, W. (2007). Die deutsche Föderalismusreform 2006: Beweggründe, Zielsetzungen, Veränderungen. In *Winfried Kluth Föderalismusreformgesetz. Einführung und Kommentierung* (S. 43–59). Nomos.

Kment, M. (2022a). GG Art. 30. In H. D. Jarass & M. Kment (Hrsg.), *Grundgesetz für die Bundesrepublik Deutschland. Kommentar* (17. Aufl.). C.H. Beck.

Kment, M. (2022b). GG Art. 73. In H. D. Jarass & M. Kment (Hrsg.), *Grundgesetz für die Bundesrepublik Deutschland. Kommentar* (17. Aufl.). C.H. Beck.

König, H.-D. (2020). Der Wolf im Schafspelz: Tiefenhermeneutische Rekonstruktion von Gaulands Selbstinszenierung im ARD-Sommerinterview mit Tina Hassel. *Freie Assoziation – Zeitschrift für psychoanalytische Sozialpsychologie*, 47–64.

König, M. (2005). *Trennung und Zusammenarbeit von Polizei und Nachrichtendiensten*. Richard Boorberg.

Korioth, S. GG Art. 30. In R. Herzog, R. Scholz, M. Herdegen, & H. H. Klein (Hrsg.), *Grundgesetz Kommentar, 100. Ergänzungslieferung, Stand: Januar 2023*. C.H. Beck.

Kortmann, B.-D. (1979). *Verfassungsschutz in Bund und Ländern. Grundlagen, Praxis, Grenzen*. Dümmler.

Kretschmer, B. (2017). *Wissenschaftliche Analyse und Bewertung im Fall Anis Amri*. https://www.landtag.nrw.de/portal/WWW/dokumentenarchiv/Dokument/MMV16-4937.pdf. Zugegriffen am 25.10.2025.

Kugelmann, D. (2017, März 29). Im Netz der Sicherheit: das BKA-Gesetz und die Grenzen der Zentralisierung. *Verfassungsblog*. https://verfassungsblog.de/im-netz-der-sicherheit-das-bka-gesetz-und-die-grenzen-der-zentralisierung/. Zugegriffen am 25.10.2025.

Kugelmann, D. (2012). § 52 Polizei und Polizeirecht in der föderalen Ordnung des Grundgesetzes. In I. Härtel (Hrsg.), *Handbuch Föderalismus. Föderalismus als demokratische Rechtsordnung und Rechtskultur in Deutschland, Europa und der Welt, Band III: Entfaltungsbereiche des Föderalismus* (S. 3–45). Springer.

Lange, H.-J. (2012). Der Wandel des föderalen Sicherheitsverbundes in Deutschland. In T. Würtenberger, C. Gusy, & H.-J. Lange (Hrsg.), *Innere Sicherheit im europäischen Vergleich. Sicherheitsdenken, Sicherheitskonzepte und Sicherheitsarchitektur im Wandel* (S. 107–124). LIT-Verlag.

Langewiesche, D. (2012). § 4 Historische Reflexionen zum Föderalismus in Deutschland: Wandel und Kontinuität seit dem 19. Jahrhundert. In I. Härtel (Hrsg.), *Handbuch Föderalismus. Föderalismus als demokratische Rechtsordnung und Rechtskultur in Deutschland, Europa und der Welt, Band I: Grundlagen des Föderalismus und der deutsche Bundesstaat* (S. 129–143). Springer.

Lindner, J. F. (2022). § 16 Das bundesstaatliche Prinzip. In K. Stern, H. Sodan, & M. Möstl (Hrsg.), *Das Staatsrecht der Bundesrepublik Deutschland im europäischen Staatenverbund, Band I. Grundlagen und Grundbegriffe des Staatsrechts, Strukturprinzipien der Verfassung* (2. Aufl.). C.H. Beck.

Löffelmann, M. (2018). Die Zukunft der deutschen Sicherheitsarchitektur – Vorbild Bayern? *Zeitschrift für das Gesamte Sicherheitsrecht, 2018*(3), 85–91.

Lubin, A. (2020). The liberty to spy. *Harvard International Law Journal, 61*(1), 185–243.

März, W. (2018). GG Art. 30. In F. Klein, C. Starck, P. M. Huber, & A. Voßkuhle (Hrsg.), *Grundgesetz* (7. Aufl.). C.H. Beck.

Masing, J. (2018). Nachrichtendienste im freiheitlichen Rechtsstaat. In J.-H. Dietrich, K. F. Gärditz, K. Graulich, C. Gusy, & G. Warg (Hrsg.), *Nachrichtendienste im demokratischen Rechtsstaat. Kontrolle – Rechtsschutz – Kooperationen* (S. 3–19). Mohr Siebeck. https://viewer.content-select.com/pdf/viewer?id=3740&id_type=isbn&identifiers=9783161562341&signature=e8262135298353fa6430afd6bedba0d4ff56c1ad&frontend=1&language=deu&session=rAj2AgpJclSzfogHtZDi2FWhXvm6NkKggbbJxSjwpx08nGL6OiP-W7e4BRLGo4VWO. Zugegriffen am 25.10.2025.

Matz-Lück, N. (2017). Nachrichtendienste im Recht der internationalen Beziehungen. In J.-H. Dietrich & S. Eiffler (Hrsg.), *Handbuch des Rechts der Nachrichtendienste* (S. 107–141). Boorberg.

Maurer, J. (2018). *Sachverständigengutachten im 1. Untersuchungsausschuss der 19. Wahlperiode: Anhörung „Föderale Sicherheitsarchitektur" (Ausschuss-Drs. 19(25)238).* https://www.bundestag.de/resource/blob/562138/241b3712c8c766e02191a61f2f5a635c/19-25-238-data.pdf. Zugegriffen am 25.10.2025.

Meister, A. (2021, März 26). BND-Gesetz: Bundesnachrichtendienst erhält so viele Überwachungsbefugnisse wie noch nie. *Netzpolitik.org*. https://netzpolitik.org/2021/bnd-gesetz-bundesnachrichtendienst-erhaelt-so-viele-ueberwachungsbefugnisse-wie-noch-nie/. Zugegriffen am 25.10.2025.

Meyer, J. (2021). GG Art. 96. In J.-A. Kämmerer & M. Kotzur (Hrsg.), *Grundgesetz Kommentar, Band 2. Art. 70 bis 146 GG* (7. Aufl.). C.H. Beck.

Meyer-Wieck, H. (2006). Das Verhältnis zwischen Polizei und Nachrichtendiensten – Der Diskurs um das Trennungsgebot. *Die Polizei, 97*(12), 349–357.

Möllers, M. H. W. (2018). Bundesstaatsprinzip. In M. H. W. Möllers (Hrsg.), *Wörterbuch der Polizei* (3. Aufl.). C.H. Beck.

Montesquieu, C.-L. d. S. (1748). *De l'esprit des loix.* Chez Barillot & Fils.

Möstl, M. (2002). *Die staatliche Garantie für die öffentliche Sicherheit und Ordnung. Sicherheitsgewährleistung im Verfassungsstaat, im Bundesstaat und in der Europäischen Union.* Mohr Siebeck.

Möstl, M. (2021). Eingriffsschwellen in den novellierten Landespolizeigesetzen – Von drohenden, konkreten und dringenden Gefahren nach BVerfGE 141, 220. *Zeitschrift für das Gesamte Sicherheitsrecht, 2021*(3), 89–97.

Münch, U. (2019). Wenn Terrorangst auf Bundesstaatlichkeit trifft: Vor- und Nachteile der föderalen Organisation von Innerer Sicherheit. In H. Pelizäus & L. Nieder (Hrsg.), *Das Risiko – Gedanken übers und ins Ungewisse: Interdisziplinäre Aushandlungen des Risikophänomens im Lichte der Reflexiven Moderne. Eine Festschrift für Wolfgang Bonß* (S. 271–286). Springer.

Nehm, K. (1996). Föderalismus als Hemmnis für eine effektive Strafverfolgung der Organisierten Kriminalität? *Neue Zeitschrift für Strafrecht, 16*(11), 513–519.

Neue Verfassungsbeschwerde gegen reformiertes BND-Gesetz. (2023). In *Legal Tribune Online*, 26.01.2023. https://www.lto.de/recht/nachrichten/n/verfassungsbeschwerde-gff-rsf-reform-bnd-gesetz-ueberwachung-nachrichtendienste/. Zugegriffen am 25.10.2025.

Niechziol, F. (2019). *Vernetzte Sicherheit als Strategie der föderalen Sicherheitsarchitektur. Eine Analyse am Beispiel der Bundespolizei.* Felix-Verlag.

Niedersächsisches Ministerium für Inneres und Sport. (2023). *Verfassungsschutzbericht 2022.* https://www.verfassungsschutz.niedersachsen.de/download/195789/Verfassungsschutzbericht_2022.pdf. Zugegriffen am 25.10.2025.

NSU-Untersuchungsausschuss I. Beschlussempfehlung und Bericht des 2. Untersuchungsausschusses nach Artikel 44 des Grundgesetzes (22.08.2013), BT-Drs. 17/14600.

Oebbecke, J. (2008). § 136 Verwaltungszuständigkeit. In J. Isensee & P. Kirchhof (Hrsg.), *Handbuch des Staatsrechts der Bundesrepublik Deutschland, Band VI. Bundestaat* (3. Aufl., S. 743–808). C.F. Müller.

von Ooyen, R. (2020). *Öffentliche Sicherheit und Freiheit. Studien zu Staat und Polizei, offener Gesellschaft und wehrhafter Demokratie* (3. Aufl.). Nomos.

Ostheimer, M., & Lange, H.-J. (2000). Die Inlandsnachrichtendienste des Bundes und der Länder. In H.-J. Lange (Hrsg.), *Staat, Demokratie und Innere Sicherheit in Deutschland* (S. 167–201). Springer VS.

Paeffgen, H.-U. (2002). Vernachrichtendienstlichung von Strafprozeß- (und Polizei-) recht im Jahr 2001. *Der Strafverteidiger, 2006*(6), 336–341.

Paeffgen, H.-U., & Gärditz, K. F. (2000). Die föderale Seite des „Trennungsgebotes" oder: Art. 87 Abs. III, 73 GG und das G-10-Urteil. *Kritische Vierteljahresschrift für Gesetzgebung und Rechtswissenschaft, 75*, 65.

Rachor, F., & Roggan, F. (2021). Abschnitt C. Organisation der Sicherheitsbehörden und Geheimdienste in Deutschland. In H. Lisken, E. Denninger, M. Bäcker, & K. Graulich (Hrsg.), *Handbuch des Polizeirechts. Gefahrenabwehr – Strafverfolgung – Rechtsschutz* (7. Aufl., S. 173–228). C.H. Beck.

Razzia gegen Reichsbürger: KSK-Verdächtiger wurde laut Wehrbeauftragter bereits beobachtet. (2022, Dezember 07). *Zeit Online*. https://www.zeit.de/politik/deutschland/2022-12/razzia-reichsbuerger-ksk-soldaten-eva-hoegl. Zugegriffen am 25.10.2025.

Rechtsextremismus. Militärischer Abschirmdienst ermittelt gegen KSK-Soldaten. (2021, September 19). *Zeit Online*. https://www.zeit.de/politik/deutschland/2021-09/rechtsextremismus-verdacht-bundeswehr-ksk-militaerischer-abschirmdienst-ermittlungen. Zugegriffen am 25.10.2025.

Riedl, J. (2018). Entwicklungslinien der Politik Innerer Sicherheit in Deutschland: eine Belastungsprobe für das föderale Verfassungsprinzip. In Europäisches Zentrum für Föderalismus-Forschung Tübingen (EZFF) (Hrsg.), *Jahrbuch des Föderalismus 2018. Föderalismus, Subsidiarität und Regionen in Europa* (S. 37–50). Nomos.

Riegert, B. (2022, November 10). Schengen für die Armeen in der EU. *Deutsche Welle*. https://www.dw.com/de/eu-soll-sich-besser-vor-cyber-krieg-sch%C3%BCtzen/a-63716631. Zugegriffen am 25.10.2025.

Ritter, F. (1989). *Die geheimen Nachrichtendienste der Bundesrepublik Deutschland. Rechtsgrundlagen – Aufgaben – Arbeitsweise – Koordinierung – Kontrolle*. Decker u. Müller.

Roggan, F. (2009). Das neue BKA-Gesetz – Zur weiteren Zentralisierung der deutschen Sicherheitsarchitektur. *Neue Juristische Wochenschrift, 62*(5), 257–262.

Roggan, F. (2017). Legislative Entgrenzungen im Bereich der „Terrorismusbekämpfung" – Eine unvollständige Bilanz der letzten zehn Jahre. *Zeitschrift für Rechtspolitik, 50*(7), 208–212.

Roggan, F., & Bergemann, N. (2007). Die „neue Sicherheitsarchitektur" der Bundesrepublik Deutschland – Anti-Terror-Datei, gemeinsame Projektdateien und Terrorismusbekämpfungsergänzungsgesetz. *Neue Juristische Wochenschrift, 60*(13), 876–881.

Rose-Stahl, M. (2006). *Recht der Nachrichtendienste. Verfassungsschutz, Militärischer Abschirmdienst, Bundesnachrichtendienst* (2. Aufl.). Fachhochschule des Bundes für die öffentliche Verwaltung.

Roth, W. (2019). BVerfSchG § 2. In W.-R. Schenke, K. Graulich, & J. Ruthig (Hrsg.), *Sicherheitsrecht des Bundes* (2. Aufl.). C.H. Beck.

Ruschemeier, H. (2019). *Der additive Grundrechtseingriff*. Duncker & Humblot.

Rusteberg, B. (2018). *Stellungnahme zu dem Thema „Föderale Sicherheitsarchitektur" zur Vorbereitung der öffentlichen Anhörung des 1. Untersuchungsausschusses des Deutschen Bundestages der 19. Wahlperiode am 17. Mai 2018 (Ausschuss-Drs. 19(25)239).* https://www.bundestag.de/resource/blob/562140/316090aa9acef9cd3366dcd904459e88/19-25-239-data.pdf. Zugegriffen am 25.10.2025.

Rux, J. (2023). GG Art. 20. In V. Epping & C. Hillgruber (Hrsg.), *Beck'scher Online-Kommentar Grundgesetz, 55. Edition, Stand: 15.05.2023*. C.H. Beck.

Safferling, C. (2019). „War on Terror" – Der internationale Terrorismus als Herausforderung für Völkerrecht und Völkerstrafrecht. In F. Lüttig & J. Lehmann (Hrsg.), *Der Kampf gegen den Terror in Gegenwart und Zukunft* (S. 149–174). Nomos.

Schimpff, T. (1990). *Die rechtliche Stellung der Nachrichtendienste. Verwaltungs- und Verfassungsrechtliche Einordnung der Einordnung der Aufgaben und Befugnisse von Verfassungsschutzämtern, MAD und BND*. Inaugural-Dissertation.

Schindler, G. (2020). *Wer hat Angst vorm BND? Warum wir mehr Mut beim Kampf gegen die Bedrohungen unseres Landes brauchen. Eine Streitschrift*. Econ.

Schmitt, F. (2020, Dezember 07). Die „drohende Gefahr" bleibt problematisch. *Verfassungsblog*. https://verfassungsblog.de/die-drohende-gefahr-bleibt-problematisch/. Zugegriffen am 25.10.2025.

Schneider, H. (2003). § 5 Die Reichsverfassung vom 11. August 1919. In J. Isensee & P. Kirchhof (Hrsg.), *Handbuch des Staatsrechts der Bundesrepublik Deutschland, Band I. Historische Grundlagen* (3. Aufl.). C.F. Müller.

Schubert, M. (2021). GG Art. 30. In M. Sachs (Hrsg.), *Grundgesetz Kommentar* (9. Aufl.). C.H. Beck.

Schulze-Fielitz, H. (2015). GG Art. 20 (Rechtsstaat). In H. Dreier (Hrsg.), *Grundgesetz-Kommentar, Band II. Art. 20 bis 82 GG* (3. Aufl.). Mohr Siebeck.

Schwabenbauer, T. (2021). Abschnitt G.I.II. Verfassungrechtliche Vorgaben. In H. Lisken, E. Denninger, M. Bäcker, & K. Graulich (Hrsg.), *Handbuch des Polizeirechts. Gefahrenabwehr – Strafverfolgung – Rechtsschutz* (7. Aufl.). C.H. Beck.

Schwarz, K.-A. (2018). *Sachverständige Stellungnahme zum Gesetzentwurf der Landesregierung „Gesetz zur Stärkung der Sicherheit in Nordrhein-Westfalen": Sechstes Gesetz zur Änderung des Polizeigesetzes des Landes Nordrhein-Westfalen (LT-Drs. 17/2351) (Stellungnahme 17/632).* https://www.landtag.nrw.de/portal/WWW/dokumentenarchiv/Dokument/MMST17-632.pdf. Zugegriffen am 25.10.2025.

Schweizer, R. J. (2018). Völkerrechtliche Grenzen internationaler nachrichtendienstlicher Aktivitäten – ein Diskussionsbeitrag. In J.-H. Dietrich, K. F. Gärditz, K. Graulich, C. Gusy, & G. Warg (Hrsg.), *Nachrichtendienste im demokratischen Rechtsstaat. Kontrolle – Rechtsschutz – Kooperationen* (S. 159–184). Mohr Siebeck.

Singer, J. P. (2009). Nachrichtendienste zwischen innerer und äußerer Sicherheit. In T. Jäger & A. Daun (Hrsg.), *Geheimdienste in Europa. Transformation, Kooperation und Kontrolle* (S. 265–292). VS Verlag für Sozialwissenschaften.

Sommermann, K.-P. (2018). GG Art. 20. In F. Klein, C. Starck, P. M. Huber, & A. Voßkuhle (Hrsg.), *Grundgesetz* (7. Aufl.). C.H. Beck.

Stanford, B. (2015). The „War on Terror“: Perpetual emergency. *Edinburgh Student Law Review, 2*, 1–16.

Starck, C. (2012). § 1 Idee und Struktur des Föderalismus im Lichte der Allgemeinen Staatslehre. In I. Härtel (Hrsg.), *Handbuch Föderalismus. Föderalismus als demokratische Rechtsordnung und Rechtskultur in Deutschland, Europa und der Welt, Band I: Grundlagen des Föderalismus und der deutsche Bundesstaat* (S. 41–55). Springer.

Steiner, E. (2023). Zur Leistungsfähigkeit der gerichtsähnlichen Vorabkontrolle der technischen Auslandsaufklärung des Bundesnachrichtendienstes. *Zeitschrift für das Gesamte Sicherheitsrecht, 6*(3), 124–130.

Steinke, R. (2021, Oktober 26). Geheimdienst: Bundesnachrichtendienst will sich umstrukturieren. *Süddeutsche Zeitung*. https://www.sueddeutsche.de/politik/bnd-afghanistan-reform-1.5449520. Zugegriffen am 25.10.2025.

Steinke, R. (2022, Juni 07). Innere Sicherheit: Verfassungsschutz warnt vor Verschwörungsideologen. *Süddeutsche Zeitung*. https://sz.de/1.5598793

Suerbaum, J. (2023). GG Art. 87. In V. Epping & C. Hillgruber (Hrsg.), *Beck'scher Online-Kommentar Grundgesetz, 53. Edition, Stand: 15.11.2022*. C.H. Beck.

Swan, R. (2019). The future of the war on terror? *University of Illinois Law Review Online*, 91–99.

Thiel, M. (2018). Stellungnahme zur Anhörung des Innenausschusses des Landtags Nordrhein-Westfalen – Gesetz zur Stärkung der Sicherheit in Nordrhein-Westfalen – Sechstes Gesetz zur Änderung des Polizeigesetzes des Landes Nordrhein-Westfalen – Gesetzentwurf der Landesregierung, Drucksache 17/2351 (Stellungnahme 17/651).

Thiel, M. (2020). GG Art. 73 Abs. 1 Nr. 9a. In W. Höfling (Hrsg.), *Berliner Kommentar zum Grundgesetz*. Erich Schmidt Verlag.

Thiel, M. (2022). § 7 Organisation der Sicherheitsgewährleistung. In J.-H. Dietrich, M. Fahrner, N. Gazeas, & B. von Heintschel-Heinegg (Hrsg.), *Handbuch Sicherheits- und Staatsschutzrecht*. C.H. Beck.

Trute, H.-H. (2012). § 28 Verwaltungskompetenzen im deutschen Bundesstaat. In I. Härtel (Hrsg.), *Handbuch Föderalismus. Föderalismus als demokratische Rechtsordnung und Rechtskultur in Deutschland, Europa und der Welt, Band II: Probleme, Reformen, Perspektiven des deutschen Föderalismus* (S. 39–77). Springer.

Uhle, A. GG Art. 73. In R. Herzog, R. Scholz, M. Herdegen, & H. H. Klein (Hrsg.), *Grundgesetz Kommentar, 100. Ergänzungslieferung, Stand: Januar 2023*. C.H. Beck.

Unterreitmeier, J. (2023). BayVSG Art. 2. In M. Möstl & T. Schwabenbauer (Hrsg.), *Beck'scher Online-Kommentar Polizei- und Sicherheitsrecht Bayern, 22. Edition, Stand: 15.04.2023*. (22. Aufl.). C.H. Beck.

Verfassungsschutz. Die AfD und der Verdachtsfall (2021, März 06). *Deutschlandfunk*. https://www.deutschlandfunk.de/verfassungsschutz-die-afd-und-der-verdachtsfall-100.html. Zugegriffen am 25.10.2025.

Verfassungsschutz Baden-Württemberg. (2023). *Verfassungsschutzbericht 2022*. https://www.verfassungsschutz-bw.de/site/pbs-bw-lfv-root/get/documents_E-418404874/IV.Dachmandant/LfV_Datenquelle_neu/Publikationen/Jahresberichte/Verfassungsschutzbericht%20Baden-W%C3%BCrttemberg%202022.pdf. Zugegriffen am 25.10.2025.

Verfassungsschutzbericht. Wie „Querdenken“ und Co. unseren Staat zersetzen wollen. (2022, Juni 07). *Stern*. https://www.stern.de/politik/deutschland/verfassungsschutzwarnt-vor-radikalisierung-von%2D%2Dquerdenker%2D%2Dbewegung-31928020.html. Zugegriffen am 25.10.2025.

VG Köln, Beschluss vom 26.02.2019, Aktenzeichen 13 L 202/19. In *Neue Zeitschrift für Verwaltungsrecht*, S. 1060.

VG Köln, vom 08.03.2022, Aktenzeichen Az. 13 K 208/20. In *Beck-Rechtsprechung*, S. 3819.

Volkmann, V. (2019). *Meinungsfreiheit für die Feinde der Freiheit? Meinungsäußerungsdelikte zum Schutz der freiheitlichen demokratischen Grundordnung als Instrumente der wehrhaften Demokratie*. Duncker & Humblot.

Voßkuhle, A. (2018). GG Art. 96. In F. Klein, C. Starck, P. M. Huber, & A. Voßkuhle (Hrsg.), *Grundgesetz* (7. Aufl.). C.H. Beck.

Weber, K. (2022a). Kompetenz. In K. Weber (Hrsg.), *Rechtswörterbuch* (29. Aufl.). C.H. Beck.

Weber, K. (2022b). Verfassungsschutz. In K. Weber (Hrsg.), *Rechtswörterbuch* (29. Aufl.). C.H. Beck.

Weber, K., & Werner, R. (2022). Kriminalpolizei. In K. Weber (Hrsg.), *Rechtswörterbuch* (29. Aufl.). C.H. Beck.

Wegner, M., & Hunold, D. (2017). Die Transformation der Sicherheitsarchitektur – die Gefährdergesetze im Lichte des Vorsorge-Paradigmas. *Kriminalpolitische Zeitschrift, 2017*(6), 367–375.

Weichlein, S. (2012). § 3 Föderalismus und Bundesstaat zwischen dem Alten Reich und der Bundesrepublik Deutschland. In I. Härtel (Hrsg.), *Handbuch Föderalismus. Föderalismus als demokratische Rechtsordnung und Rechtskultur in Deutschland, Europa und der Welt, Band I: Grundlagen des Föderalismus und der deutsche Bundesstaat* (S. 101–127). Springer.

Welchering, P. (2018, Juni 14). Angriff auf Stromnetze: BSI warnt vor Angriffswelle. *Deutschlandfunk*. https://www.deutschlandfunk.de/angriff-auf-stromnetze-bsi-warnt-vor-angriffswelle-100.html. Zugegriffen am 25.10.2025.

Welzel, S., & Ellner, M. (2019). Präventivgewahrsam bei drohender Gefahr? *Die Öffentliche Verwaltung: Zeitschrift für öffentliches Recht und Verwaltungswissenschaft*, 211–220.

Werner, R. (2022). Bundeskriminalamt. In K. Weber (Hrsg.), *Rechtswörterbuch* (29. Aufl.). C.H. Beck.

Wieland, J. (2021). § 8 Bundesstaat. In M. Herdegen, J. Masing, R. Poscher, & K. F. Gärditz (Hrsg.), *Handbuch des Verfassungsrechts: Darstellung in transnationaler Perspektive*. C.H. Beck.

Winkler, D. (2014). Der „additive Grundrechtseingriff": Eine adäquate Beschreibung kumulierender Belastungen? *Juristische Arbeitsblätter, 2014*(8), 881–887.

Wissenschaftliche Dienste des Deutschen Bundestages. (2009). Auswirkungen der Föderalismusreform I. Mitwirkungsrechte und Gesetzgebungskompetenzen (Infobrief WD 3 – 3010 – 321/09).

Wissenschaftliche Dienste des Deutschen Bundestages. (2017). Legaldefinition des Begriffes „Gefährder" (Sachstand WD 3 – 3000 – 046/17).

Wissenschaftliche Dienste des Deutschen Bundestages. (2019). Öffentlichkeitsarbeit des Verfassungsschutzes: „Prüffälle" (Ausarbeitung WD 3 – 3000 – 025/19).

Wissenschaftliche Dienste des Deutschen Bundestages. (2020). Maßnahmen gegen Gefährder (Sachstand WD 3 – 3000 – 260/20).

Wittreck, F. (2012). § 18 Die Bundestreue. In I. Härtel (Hrsg.), *Handbuch Föderalismus. Föderalismus als demokratische Rechtsordnung und Rechtskultur in Deutschland, Europa und der Welt, Band I: Grundlagen des Föderalismus und der deutsche Bundesstaat* (S. 497–525). Springer.

Wittreck, F. (2015a). GG Art. 30. In H. Dreier (Hrsg.), *Grundgesetz-Kommentar, Band II. Art. 20 bis 82 GG* (3. Aufl.). Mohr Siebeck.

Wittreck, F. (2015b). GG Art. 73. In H. Dreier (Hrsg.), *Grundgesetz-Kommentar, Band II. Art. 20 bis 82 GG* (3. Aufl.). Mohr Siebeck.

Wolff, H. A. (2018). *Überblick über die föderale Sicherheitsstruktur: Schriftliche Stellungnahme für die Anhörung des 1. Untersuchungsausschusses der 19. Wahlperiode des Deutschen Bundestages am 17. Mai 2018 (Ausschuss-Drs. 19(25)240 (neu))*. https://www.bundestag.de/resource/blob/562142/e10342eb566fc638adb325c6158d7e56/19-25-240-neu%2D%2Ddata.pdf. Zugegriffen am 25.10.2025.

Wolff, H. A. (2009). Die Grenzverschiebung von polizeilicher und nachrichtendienstlicher Sicherheitsgewährleistung. *Die Öffentliche Verwaltung: Zeitschrift für öffentliches Recht und Verwaltungswissenschaft, 2009*(15), 597–606.

Wolff, H. A. (2022). GG Art. 73 Abs. 1 Nr. 9a. In W. Kahl, C. Waldoff, & C. Walter (Hrsg.), *Bonner Kommentar zum Grundgesetz*. C.F. Müller.

Zinell, H. O. (2022). § 51 Präventionsrecht gegenüber Gefährdern. In J.-H. Dietrich, M. Fahrner, N. Gazeas, & B. von Heintschel-Heinegg (Hrsg.), *Handbuch Sicherheits- und Staatsschutzrecht*. C.H. Beck.

4 Grenzen von Optimierung, Kooperation und Koordination

Bisher hat diese Untersuchung aufgezeigt, dass der Gesetzgeber gehalten ist, die Terrorismusbekämpfung strukturell zu optimieren, sollten Defizite bestehen. Aufgrund der verfassungsrechtlichen Kompetenzverteilung, die die Terrorismusbekämpfung als gemeinsame Aufgabe (sowohl von Bund und Ländern als auch der verschiedenen Exekutivbereiche) ansieht, kommen insbesondere Reformen der Kooperation und der Koordination in Betracht. Dabei hat der Gesetzgeber die Einschätzungsprärogative, welche Reformen er ergreifen will. Sein Gestaltungsspielraum ist jedoch in zweierlei Hinsicht begrenzt: Erstens muss er, da die Terrorismusbekämpfung Ausdruck grundrechtlicher Schutzpflichten ist, grundsätzlich dafür Sorge tragen, dass er dieser Pflicht in bestmöglicher Weise nachkommt. Zweitens muss er verfassungsrechtliche Vorgaben beachten, die möglichen Reformen Grenzen setzen. Diese verfassungsrechtlichen Grenzen werden im Folgenden aufgezeigt. Das Kapitel widmet sich daher der Abwehrfunktion der Grundrechte (unter Abschn. 4.1), dem Grundsatz der strukturellen Begrenzung staatlicher Macht im Allgemeinen (unter Abschn. 4.2) und dem sog. Trennungsgebot (unter Abschn. 4.3) im Besonderen und zieht abschließend ein Zwischenergebnis hierzu (unter Abschn. 4.4).

T. Ackermann, *Terrorismusbekämpfung in der föderalen Sicherheitsarchitektur*, Juridicum – Bochumer Schriften zur Friedenssicherung und zum Humanitären Völkerrecht I Bochum Studies on the International Law of Peace and Armed Conflict 69,
https://doi.org/10.1007/978-3-662-72233-6_4

4.1 Die Abwehrfunktion der Grundrechte

Die Untersuchung hat zuvor aufgezeigt, dass der Staat aufgrund grundrechtlicher Schutzpflichten dazu verpflichtet ist, die Einzelnen vor nichtstaatlichen Gefahren zu schützen. Dieser Schutz umfasst auch die Bereitstellung einer adäquaten Sicherheitsarchitektur.

Allerdings muss der Staat, wenn er die Einzelnen vor nichtstaatlichen Gefahren schützt, auch den grundrechtlich garantierten Schutz vor seinen eigenen Eingriffen gewährleisten. Die Freiheitsgrundrechte dürfen daher nicht ausgehebelt werden, um andere Verfassungsgrundsätze zu schützen.[1] Mit den Worten des Bundesverfassungsgerichts ist es „ein Widerspruch in sich selbst, wenn man zum Schutz der Verfassung unveräußerliche Grundsätze der Verfassung preisgibt".[2] In ihrer primären Funktion als Abwehrrechte[3] geben die Grundrechte vor, welche Maßnahmen der Staat ergreifen darf, um seine Schutzpflichten zu erfüllen. Sie bilden den sog. *status negativus*[4] und verpflichten den Staat, von ungerechtfertigten Eingriffen in die Sphäre der Grundrechte abzusehen.[5] Daraus ergeben sich subjektive Ansprüche der Individuen auf Unterlassung bzw. auf die Beseitigung der Folgen ungerechtfertigter Eingriffe.[6] Der Staat muss die Individuen daher vor terroristischen Gefahren schützen, doch auch dieser Zweck heiligt nicht die Mittel. Jeder staatliche Eingriff in die grundrechtlich geschützten Sphären ist rechtfertigungsbedürftig und muss das Übermaßverbot – auch Verhältnismäßigkeitsgrundsatz genannt – beachten: Dieser Grundsatz verlangt, „dass ein Grundrechtseingriff einem legitimen Zweck dient und als Mittel zu diesem Zweck geeignet, erforderlich und angemessen ist".[7]

Um zu verhindern, dass Entscheidungsträger:innen im Zweifel untätig bleiben, genießt der Gesetzgeber bei der Auswahl der Gestaltungsmöglichkeiten aber eine

---

[1] BVerfGE 30, 1, 45–46 (Abhörurteil).

[2] BVerfGE 30, 1, 46 (Abhörurteil).

[3] BVerfGE 7, 198, 204 (Lüth). Siehe auch BVerfGE 21, 362, 369, 372 (Sozialversicherungsträger); BVerfGE 61, 82, 100–101 (Sasbach); BVerfGE 68, 193, 205 (Zahntechniker-Innungen); Sauer 2023, Rn. 96; Schwarz 2011, S. 31.

[4] Jellinek 2011, S. 94; Jarass 2022, Rn. 3.

[5] Sauer 2023, Rn. 96.

[6] Sauer 2023, Rn. 96; Dreier 1993, S. 37.

[7] BVerfGE 118, 168, 193 (Kontostammdaten). Ständige Rspr. des Bundesverfassungsgerichts, siehe z. B. BVerfGE 38, 281, 302 (Arbeitnehmerkammern); BVerfGE 76, 1, 51 (Familiennachzug); BVerfGE 115, 320, 345 (Rasterfahndung II). Vgl. Staubach 2019, S. 133–135.

Einschätzungsprärogative.[8] Es ist unschädlich, dass auch ein anderes Mittel zur Zweckerreichung hätte gewählt werden können, selbst, wenn ein anderes Mittel eine höhere Erfolgsaussicht gewährleistet hätte.[9] Der Gestaltungsspielraum des Gesetzgebers wird aber dadurch begrenzt, dass es sich bei den Grundrechten um Optimierungsgebote handelt und sie gleichwohl in größtmöglichem Umfang gewährleistet werden müssen. Kann der Gesetzgeber daher die Sicherheit vor terroristischen Gefahren auch durch eine strukturelle Verbesserung seiner Maßnahmen gewährleisten, anstatt in Grundrechte einzugreifen, kann der Eingriff entweder schon nicht erforderlich oder aber unverhältnismäßig sein. Dies gilt insbesondere dann, wenn breit gestreute Maßnahmen ergriffen werden, die Grundrechte Unbeteiligter berühren. Schon jetzt wird immer wieder die Kritik laut, Maßnahmen zur Bekämpfung der Terrorismusbekämpfung seien unverhältnismäßig und damit verfassungswidrig. Beispiele hierfür sind die Diskussionen um die Videoüberwachung öffentlicher Plätze,[10] die automatisierte Gesichtserkennung[11] und die automatisierte Kennzeichenerfassung.[12] Diese Maßnahmen stehen regelmäßig im Zusammenhang mit den rasanten technologischen Entwicklungen, die sich sowohl terroristische Akteure als auch Staaten zu deren Bekämpfung zu eigen machen.[13] Auch die Vorratsdatenspeicherung war immer wieder Gegenstand von Gerichtsverfahren.[14] Insbesondere der EuGH hat deutschen Bestrebungen zur Vorratsdatenspeicherung wiederholt Einhalt geboten und diese nur unter engen Voraussetzungen zugelassen.[15] Die Abwehrfunktion setzt der Terrorismusbekämpfung somit bestimmte Grenzen.

Dabei geht das Verhältnis von Abwehr- und Schutzpflichtendimension deutlich weiter, als das berühmte Framing von „Freiheit versus Sicherheit" suggeriert.[16] So

[8] Ständige Rspr. des Bundesverfassungsgerichts, siehe z. B. BVerfGE 102, 197, 218 (Spielbankengesetz Baden-Württemberg); BVerfGE 115, 276, 309 (Sportwetten); BVerfGE 128, 1, 51 (Gentechnikgesetz) m. w. N.

[9] Sachs 2021, Rn. 150.

[10] Schindler 2022.

[11] Schindler 2022; Heldt 2019; Kulick 2020.

[12] Roggan 2019.

[13] Vgl. Golla 2021; Rademacher und Perkowski 2020.

[14] BVerfGE 130, 151 (Bestandsdatenauskunft I); BVerfGE 155, 119 (Bestandsdatenauskunft II); EuGH, Urteil vom 06.10.2020, C-511/18, C-512/18, C-520/18 (La Quadrature du Net et al.); EuGH, Urteil vom 20.09.2022, C-793/19 (SpaceNet); EGMR, Urteil vom 13.09.2018 – Big Brother Watch et al./Vereinigtes Königreich, Nr. 58170/13, 62322/14, 24960/15; EGMR, Urteil vom 30.01.2020 – Breyer/Deutschland, Nr. 50001/12.

[15] EuGH, Urteil vom 20.09.2022, C-793/19 (SpaceNet).

[16] Anter 2012, S. 137; Balzacq und Carrera 2016; Brugger 2004, S. 132; Etzioni 2004.

können auch zwei Schutzpflichten, die demselben Personenkreis geschuldet sind, aufeinandertreffen. Besonders deutlich wird dies am Beispiel der staatlichen Informationserhebung im digitalen Raum. Einmal erhobene Daten oder Sicherheitslücken in informationstechnischen Systemen stehen nicht nur dem Staat zur Verfügung, sondern können unter Umständen auch von nichtstaatlichen Akteuren genutzt werden. Dies ist bei dem Einsatz von sog. „Staatstrojanern" der Fall, die unerkannte Schwachstellen in informationstechnischen Systemen ausnutzen, etwa unter Verwendung der sog. „Pegasus-Software".[17] Wenn der Staat diese Sicherheitslücken ausnutzt, um Informationen zu erheben, anstatt die jeweiligen Betreiber über diese Lücken zu informieren, gefährdet er den Schutz der Daten der Einzelpersonen. Der Staat kann die Lücken zwar nicht selber schließen, aber er kann diejenigen, die Verantwortlichen wenigstens darauf hinweisen und sie so zum Schließen veranlassen. Es ist essenziell, sich zu vergegenwärtigen, dass diese Lücken nicht nur terroristische Gefährder:innen, sondern alle Individuen betrifft, die diese informationstechnischen Systeme nutzen. Dabei trägt der Staat auch für die Daten der Einzelnen eine Verantwortung, die sich aus grundrechtlichen Schutzpflichten ergibt. So stehen sich beim Einsatz von Staatstrojanern unter gewissen Umständen Schutzpflichten zugunsten der Gefährdeten zum Schutz vor terroristischen Gefahren und Schutzpflichten zugunsten der Gefährdeten zum Schutz vor dem Missbrauch ihrer digitalen Daten durch Dritte gegenüber. Im Bereich der Terrorismusbekämpfung können sich daher sowohl auf der Seite der Gefährdenden als auch auf der Seite der Gefährdeten verschiedene Funktionen entgegenstehen. Die folgende Abb. 4.1 soll dies verdeutlichen:

Abwehr- und Schutzpflichtendimension prägen daher gemeinsam die Terrorismusbekämpfung. Der Auftrag zur staatlichen Terrorismusbekämpfung ergibt sich aus den Schutzpflichten, der Rahmen wird aber durch ein Zusammenspiel von Schutzfunktion und Abwehrfunktion definiert. Sowohl die Schutzfunktion als auch die Abwehrfunktion der Grundrechte müssen daher berücksichtigt werden, wenn der Staat Maßnahmen zur Terrorismusbekämpfung ergreift. Die grundrechtskonforme Einräumung weiterer Befugnisse für die Sicherheitsbehörden, insbesondere von Überwachungsbefugnissen, stellt den Gesetzgeber damit vor eine anspruchsvolle Herausforderung. Im Lichte der Abwehrdimension der Grundrechte erscheint es sinnvoller und grundrechtsschonender, zunächst die Zusammenarbeit der Sicherheitsbehörden zu überprüfen und ggf. zu optimieren, als neue Überwachungsbefugnisse einzuführen, die unter Umständen wiederum von den Gerichten als verfassungs- oder EU-rechtswidrig kritisiert werden. Auch und gerade

[17] Vgl. Flade und Mascolo 2021.

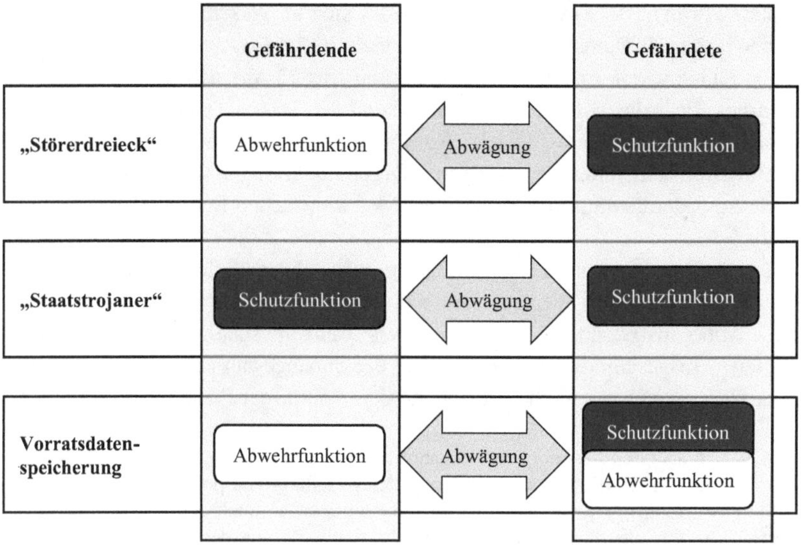

Abb. 4.1 Dimensionen der Abwägungsgegenstände in der Terrorismusbekämpfung

die Abwehrrechte fordern daher eine gewissenhafte Evaluierung der Sicherheitsarchitektur. Sie fordern die Optimierung der sicherheitsrechtlichen Strukturen, setzen dieser Optimierung aber gleichzeitig gewisse Grenzen, die bei Reformen beachtet werden müssen.

4.2 Der Grundsatz der strukturellen Begrenzung staatlicher Macht

Grenzen für die Terrorismusbekämpfung ergeben sich auch aus dem Grundsatz der Begrenzung staatlicher Macht. Das Grundgesetz sieht als Gegenentwurf zum Nationalsozialismus eine strukturelle Begrenzung staatlicher Macht vor.[18] So hat das Bundesverfassungsgericht zum Prinzip der Gewaltenteilung festgestellt: „Das Grundgesetz will die politische Machtverteilung und die daraus sich ergebende Mäßigung staatlicher Herrschaft."[19] Diese strukturelle Mäßigung stellt ein funda-

[18] BVerfGE 124, 300, 327–328 (Wunsiedel). Vgl. Willems 1974, S. 7.

[19] BVerfGE 159, 26, 34 (Äußerungen der Bundeskanzlerin Merkel in Südafrika – Befangenheitsgesuch).

mentales Prinzip des Grundgesetzes dar, das sich an verschiedenen Aspekten erkennen lässt. Das Demokratieprinzip, verankert in Art. 20 Abs. 1 und 2 GG, Art. 28 Abs. 1 GG sowie in Art. 21 Abs. 2 und 3 und Art. 23 Abs. 1 S. 2 GG, bringt zum Ausdruck, dass das Volk der Souverän ist und der Staat aufgrund des Willens des Volkes handelt, sodass für die Ausübung staatlicher Macht entsprechende Legitimationsketten bestehen müssen.[20] Durch die vertikale Gewaltenteilung, also durch die föderalen Strukturen, wird die Macht zwischen Bund und Ländern aufgeteilt.[21]

Durch die horizontale Gewaltenteilung wird die staatliche Macht auf die drei Bereiche der Legislative, Exekutive und Judikative aufgeteilt („checks and balances"), wobei insbesondere die Judikative als Kontrolle staatlicher Machtausübung fungiert.[22] Insgesamt dient die Aufteilung der Staatsgewalt auf verschiedene Stellen der Begrenzung staatlicher Macht und dem Schutz der Freiheit des Einzelnen[23]:

> „Die dort als Grundsatz normierte organisatorische und funktionelle Unterscheidung und Trennung der Gewalten dient zumal der Verteilung von politischer Macht und Verantwortung sowie der Kontrolle der Machtträger; sie zielt auch darauf ab, daß staatliche Entscheidungen möglichst richtig, das heißt von den Organen getroffen werden, die dafür nach ihrer Organisation, Zusammensetzung, Funktion und Verfahrensweise über die besten Voraussetzungen verfügen, und sie will auf eine Mäßigung der Staatsgewalt insgesamt hinwirken."[24]

Das Rechtsstaatsprinzip aus Art. 20 Abs. 1 und 3, Art. 28 Abs. 1 und Art. 19 Abs. 4 GG soll darüber hinaus sicherstellen, dass staatliches Handeln von vornherein begrenzt wird.[25] An all diesen Aspekten wird deutlich, dass das Grundgesetz die Begrenzung staatlicher Macht als grundsätzliches Prinzip vorgibt. Die einzelnen staatlichen Stellen müssen daher bei der Erfüllung staatlicher Aufgaben zusammenarbeiten („kooperativer Föderalismus"[26]). Der kooperative Föderalismus als Ausdruck der Gewaltenteilung stellt im Gegensatz zu Staaten, die wie die

---

[20] Böckenförde 2004, Rn. 10–12.

[21] Siehe dazu schon oben, Kap. 3, unter Abschn. 3.1.

[22] BVerfGE 159, 26 (Äußerungen der Bundeskanzlerin Merkel in Südafrika – Befangenheitsgesuch).

[23] BVerfGE 159, 26 (Äußerungen der Bundeskanzlerin Merkel in Südafrika – Befangenheitsgesuch).

[24] BVerfGE 68, 1, 86 (Atomwaffenstationierung).

[25] Schmidt-Aßmann 2004, Rn. 1.

[26] Heintzen 2018, Rn. 111; Niechziol 2019, S. 34–35; Uhle, Rn. 238.

USA durch einen dualen Föderalismus geprägt sind, bestimmte organisatorische Vorgaben für den Sicherheitsbereich auf:

> „Im bundesdeutschen kooperativen Föderalismus ergänzen sich […] Bundes- und Länderaufgaben. Eigenständige Sicherheitsbehörden des Bundes und der Länder, z. B. Bundespolizei einerseits und Länderpolizeien andererseits, sind deshalb nur jeweils ein Teil des Sicherheitssystems. Eine Bündelung in einer Superbehörde würde im Prinzip eine neue Verfassungsordnung voraussetzen, weil eine solche zentrale Superbehörde den gesamten kooperativen Föderalismus in Frage stellen würde.“[27]

Für die deutsche Sicherheitsarchitektur gilt daher mit Hanning: „So viel Bündelung wie nötig und so viel Dezentralisierung wie möglich“.[28] Auf diesem Wege soll auch die Aushöhlung der Länderkompetenzen vermieden werden.[29]

4.3 Das Trennungsgebot

Auch das Trennungsgebot schränkt die Optimierung der Zusammenarbeit der Sicherheitsbehörden ein. Danach sind Polizeibehörden und Nachrichtendienste grundsätzlich voneinander zu trennen. Das Trennungsgebot ist einfachgesetzlich in den §§ 2 Abs. 1 S. 3 BVerfSchG, § 1 Abs. 1 S. 2 BDNG, § 1 Abs. 4 MADG verankert. Es verlangt die funktionelle, befugnisrechtliche, organisatorische und informationelle Trennung von Polizeibehörden und Nachrichtendiensten.[30] Funktionelle Trennung bedeutet, dass Polizeibehörden und Nachrichtendienste unterschiedlichen Zwecken dienen: Die Polizeibehörden sollen konkrete Gefahren abwehren, die Nachrichtendienste eine umfassende Umfeldaufklärung im Vorfeld konkreter Gefahren sicherstellen.[31] Zur Erfüllung dieser Zwecke haben sie unterschiedliche Befugnisse.[32] Die Nachrichtendienste müssen zur wirksamen Erfüllung ihrer Aufgaben verdeckt, aber ohne Zwangsbefugnisse arbeiten. Die Polizeibehörden hingegen benötigen imperative Befugnisse,[33] aber arbeiten grundsätzlich

[27] Möllers 2021, S. 137. So (nahezu) wortwörtlich auch Lange 2006, S. 289.

[28] Hanning 2012, Rn. 88.

[29] BGH, NJW 2001, 1359, 1360 (Fall Eggesin); Grzeszick, Rn. 20.

[30] König 2005, S. 33–35.

[31] Meyer-Wieck 2006, S. 356; Poscher und Rusteberg 2014, S. 62–63; Schneider 2019, S. 182–183; Streiß 2011, S. 173–175. Siehe dazu schon Kap. 3, unter Abschn. 3.3.3.

[32] BVerfGE 156, 11, 51, 104 (Antiterrordateigesetz II); Bäcker 2021b, Rn. 254.

[33] Bäcker 2021a, Rn. 145–147.

offen.[34] Informationssammlung betreiben die Polizeibehörden grundsätzlich nur, um die ihnen zugewiesenen Zwangsbefugnisse entsprechend umsetzen zu können.[35] Als logische Konsequenz der unterschiedlichen Zwecke und Befugnisse müssen Polizeibehörden und Nachrichtendienste auch organisatorisch getrennt werden, d. h. in unterschiedliche Behörden gegliedert sein.[36] Die informationelle Dimension, die die (grundsätzliche) Trennung von Informationen der beiden Institutionen fordert,[37] ist schließlich die Konsequenz der zuvor genannten Dimensionen. Ein uneingeschränkter Informationsaustausch zwischen den Behördensträngen würde die strukturelle Trennung unterlaufen. Darüber hinaus gibt es keinen sachlichen Grund, der Polizei grundsätzlich umfassende Vorfeldinformationen oder den Nachrichtendiensten umfassende Informationen über konkrete Gefahrenlagen zur Verfügung zu stellen. Dies ist zur Erfüllung der jeweiligen Aufgaben nicht erforderlich.

Im bisherigen Diskurs wird oft vernachlässigt, dass diese Dimensionen durch ein gewisses Abhängigkeitsverhältnis geprägt sind: Die funktionelle bedingt die befugnisrechtliche Dimension. Bejaht man den Verfassungsrang eines funktionellen und befugnisrechtlichen Trennungsgebots, so muss man zwangsläufig ein organisatorisches Trennungsgebot anerkennen, und umgekehrt. Erkennt man den Verfassungsrang der funktionellen, befugnisrechtlichen und organisatorischen Dimension des Trennungsgebotes an, so folgt daraus auch die Anerkennung des Verfassungsrangs der informationellen Dimension. Ein uneingeschränkter Austausch von Informationen würde die strukturelle und befugnisrechtliche Trennung unterlaufen, da nicht mehr sichergestellt werden könnte, dass die Daten tatsächlich nur zu dem vorgesehenen Zweck verwendet werden.

Die Frage, ob sich das Trennungsgebot in all seinen Dimensionen sich bereits aus der Verfassung selbst ergibt, ihm also Verfassungsrang zukommt, ist die „wohl meistdiskutierte verfassungsrechtliche Frage im Verhältnis von Polizei und Nachrichtendiensten".[38] Diese Diskussion ist angesichts der dynamischen Entwicklung des Sicherheitsrechts, insbesondere im Hinblick auf die „Vernachrichtendienstlichung" der Polizeibehörden, von immenser Bedeutung.[39] Das Argument, die Diskussion sei unerheblich, solange das Trennungsgebot jedenfalls einfachgesetzlich

[34] BVerfGE 133, 277, 325–326 (Rn. 117 f.) (Antiterrordateigesetz).

[35] Landerer 2022.

[36] Albert 1995, S. 105–106; Droste 2007, S. 40–42.

[37] Schneider 2019, S. 183; Streiß 2011, S. 124–126.

[38] Bäcker 2021b, Rn. 244; Gusy 2019, Rn. 12. Vgl. auch Meyer-Wieck 2006, S. 356.

[39] Bäcker 2021a, Rn. 34; Haynes 2014, S. 74.

verankert sei, ist zurückzuweisen.[40] Einfachgesetzliches Recht ist auch „einfach" abzuschaffen. Für die Analyse verfassungsmäßiger Reformen im Sicherheitsrecht ist die Frage daher von essenzieller und beständiger Bedeutung.

Die aktuellen Diskussionen um Rang und Reichweite des Trennungsgebotes beruhen auf dem sog. Polizeibrief der Alliierten von 1949.[41] In diesem wurde der Bundesrepublik Deutschland durch die Besatzungsmächte erlaubt, wieder Polizeibehörden und Nachrichtendienste einzurichten. Diese Erlaubnis wurde mit der Vorgabe verbunden, dass die Nachrichtendienste „keine polizeilichen Befugnisse" haben dürften. Die Motive der Besatzungsmächte bleiben umstritten. Während die einen Eigeninteressen der Alliierten annehmen, die die Macht der Bundesrepublik begrenzt halten wollten,[42] vermuten andere Schutzinteressen zugunsten der Bevölkerung der Bundesrepublik.[43] Unumstritten ist hingegen, dass sich aus der Vorgabe der Alliierten nicht nur das Verbot polizeirechtlicher Befugnissen der Nachrichtendienste, sondern umgekehrt auch das Verbot nachrichtendienstlicher Befugnissen der Polizeibehörden ergibt.[44] Die Geltungskraft des Polizeibriefes als Besatzungsrecht an sich ist durch die Bonner Verträge in der Fassung der Pariser Verträge[45] erloschen.[46]

Das Kapitel zeigt jedoch im Folgenden, dass die materiellen Vorgaben des Polizeibriefes unter anderem durch die Vorgaben der Grundrechte in die Verfassung inkorporiert wurden und damit Verfassungsrang genießen (dazu unter Abschn. 4.3.1, 4.3.2, 4.3.3, 4.3.4, 4.3.5, 4.3.6, 4.3.7 und 4.3.8). Anschließend werden die Konsequenzen erläutert, die sich aus dem Trennungsgebot als verfassungsrechtliche Vorgabe für die Terrorismusbekämpfung ergeben und bei Reformen beachtet werden müssen (dazu unter Abschn. 4.3.9).

4.3.1 Verfassungsrang des Trennungsgebots

Das Kapitel wird zeigen, dass die Verfassung Polizei und Nachrichtendienste als zwei unterschiedliche Konzepte vorsieht und es dem Gesetzgeber damit verwehrt,

---

[40] Unterreitmeier 2023, Rn. 17.

[41] Huber 1951, S. 216.

[42] Gusy 1987, S. 46.

[43] Bäcker 2021b, Rn. 43; Kutscha 2013, S. 325.

[44] Baumann 2005, S. 805.

[45] Protokoll über die Beendigung des Besatzungsregimes in der Bundesrepublik Deutschland vom 23.10.1954, BGBl. 1955 II S. 215.

[46] Badura 2018, A. Rn. 31.

eine Behörde zu schaffen, die „überwachen und strafen“[47] darf, also mit weiten Vorfeldbefugnissen *und* imperativen Befugnissen ausgestattet ist.

Das Bundesverfassungsgericht erklärte schon 1988 in einem *obiter dictum*:

> „Das Rechtsstaatsprinzip, das Bundesstaatsprinzip und der Schutz der Grundrechte können es verbieten, bestimmte Behörden miteinander zu verschmelzen oder sie mit Aufgaben zu befassen, die mit ihrer verfassungsrechtlichen Aufgabenstellung nicht vereinbar sind. So werden die Zentralstellen für Zwecke des Verfassungsschutzes oder des Nachrichtendienstes – angesichts deren andersartiger Aufgaben und Befugnisse – nicht mit einer Vollzugspolizeibehörde zusammengelegt werden dürfen.“[48]

Im Folgenden wird gezeigt, dass sich das Verbot dieser Zusammenlegung und der Verfassungsrang des Trennungsgebots aus den einschlägigen Verfassungsnormen, nämlich Art. 73 Abs. Nr. 10 GG (dazu unter Abschn. 4.3.2) und Art. 87 Abs. 1 S. 2 GG (dazu unter Abschn. 4.3.3), dem Rechtsstaatsprinzip (dazu unter Abschn. 4.3.4) und dem Demokratieprinzip (dazu unter Abschn. 4.3.5) sowie dem Grundrecht auf informationelle Selbstbestimmung aus Art. 2 Abs. 1 i. V. m. Art. 1 Abs. 1 GG (dazu unter Abschn. 4.3.6), ergibt.[49] Zwar beziehen sich die Artikel mitunter nur auf die einzelne Dimensionen des Trennungsgebots. Das Kapitel argumentiert jedoch, dass aufgrund der Einheit der Verfassung als Interpretationsprinzip eine Zusammenschau der einschlägigen Artikel angezeigt ist (dazu unter Abschn. 4.3.7), bevor es ein Zwischenergebnis präsentiert (unter Abschn. 4.3.8).

4.3.2 Der Begriff des „Verfassungsschutzes“ in Art. 73 Abs. 1 Nr. 10 GG

Die Verwendung des Begriffes „Verfassungsschutz“ in Art. 73 Abs. 1 Nr. 10 GG zeigt, dass eine befugnisrechtliche Trennung von Polizeibehörde und Nachrichtendiensten vorgesehen ist,[50] denn er ist in Abgrenzung zu dem des „Geheimdienstes“ zu sehen.[51] Während der Begriff „Geheimdienst“ nachrichtendienstliche Zwangsbefugnisse impliziert, beinhaltet der Begriff des Verfassungsschutzes nach der ge-

[47] Foucault 2021.

[48] BVerfGE 97, 198, 217 (Bundesgrenzschutz).

[49] Teilweise wird auch auf das Bundesstaatsprinzip Bezug genommen, Paeffgen und Gärditz 2000, S. 68.

[50] Vgl. Schaefer 1999, S. 2572.

[51] Vgl. Schaefer 1999, S. 2572. Siehe auch Behördenchef unter Druck – BND-Präsident Kahl wertet Kritik als „deutsche Eigenart“ 2023.

wöhnlichen Bedeutung die Begrenzung der Nachrichtendienste auf die Informationsgewinnung ohne imperative Befugnisse.[52] Dem steht auch nicht entgegen, dass die Begriffe in der Laiensphäre oft synonym verwendet werden. Nach der systematischen Auslegung muss die Interpretation eines Begriffes anhand des jeweiligen Kontextes erfolgen.[53] Demnach ist davon auszugehen, dass der Verfassungsgesetzgeber für die Festlegung der fundamentalen Prinzipien der Gesellschaft die rechtlich trennscharfen Begriffe verwendet hat.

4.3.3 Die sprachliche Trennung in Art. 87 Abs. 1 S. 2 GG

Auch die sprachliche Trennung in Art. 87 Abs. 1 S. 2 GG zeigt den Verfassungsrang des Trennungsgebots. Art. 87 Abs. 1 S. 2 GG lautet: „Durch Bundesgesetz können Bundesgrenzschutzbehörden, Zentralstellen für das polizeiliche Auskunfts- und Nachrichtenwesen, für die Kriminalpolizei und zur Sammlung von Unterlagen für Zwecke des Verfassungsschutzes und des Schutzes gegen Bestrebungen im Bundesgebiet, die durch Anwendung von Gewalt oder darauf gerichtete Vorbereitungshandlungen auswärtige Belange der Bundesrepublik Deutschland gefährden, eingerichtet werden.“ Zutreffend ist die Aussage der Kritiker:innen eines Verfassungsrangs des Trennungsgebots, dass Art. 87 Abs. 1 S. 2 GG den Staat nicht *verpflichtet*, Zentralstellen für die einzelnen Bereiche einzurichten, sondern ihn nur dazu berechtigt.[54] Art. 87 Abs. 1 S. 2 GG sieht jedoch eine befugnisrechtliche Trennung zwischen Polizeibehörden und Nachrichtendiensten vor:[55] Während die beiden zuerst genannten Bereiche sich auf Einrichtungen (das polizeiliche Auskunfts- und Nachrichtewesen sowie die Kriminalpolizei) beziehen, ist der letztgenannte Bereich durch eine bestimmte Tätigkeit, konkret durch das Sammeln von Unterlagen, definiert.[56] Der Bund wird daher berechtigt, polizeiliche Stellen einerseits und Stellen, die ausschließlich Informationen für bestimmte Zwecke sammeln dürfen, andererseits zu schaffen.[57]

---

[52] Gröpl 1993, S. 36–38.

[53] Vgl. Möllers 2023, 141; Rn. 118.

[54] Klee 2010, S. 52; Meyer-Wieck 2006, S. 355; Streiß 2011, S. 155.

[55] Kutscha 2013, S. 325; Roggan und Bergemann 2007, S. 876.

[56] Vgl. Ibler, Rn. 142–143; Roggan und Bergemann 2007, S. 876. Dagegen Nehm 2004, S. 3291.

[57] A. A. u. a. Hermes 2018, Rn. 36.

4.3.4 Das Trennungsgebot als Ausfluss des Rechtsstaatsprinzips

Auch das Rechtsstaatsprinzip aus Art. 20 Abs. 1, 3, Art. 28 Abs. 1 und Art. 19 Abs. 4 GG fordert den Verfassungsrang des Trennungsgebots.[58] Aus ihm folgt das Gebot, „die staatliche Gewalt so zu organisieren, dass die dem Einzelnen dienende Gesetzesbindung durch Befugnisbegrenzungen und Aufsichtsmaßnahmen sichergestellt wird".[59] Durch das Trennungsgebot wird eine übermäßige staatliche Machtakkumulation verhindert, deren Kontrolle im Falle eines Verschmelzens von Polizeibehörden und Nachrichtendiensten zwar nicht unmöglich gemacht, aber erheblich erschwert würde.[60] Das Argument, eine Zusammenlegung sei mit dem Rechtsstaatsprinzip vereinbar, solange die staatlichen Tätigkeiten auf einem Parlamentsgesetz beruhen,[61] übersieht, dass das Rechtsstaatsprinzip neben dem Erfordernis einer konkreten (vom Parlament bestimmten) Rechtsgrundlage staatlichen Handelns auch eine befugnisbegrenzende Dimension, die staatliches Handeln zügeln will, aufweist.[62]

Gleiches gilt für die Auffassung, eine Zusammenlegung würde dem Rechtsstaatsprinzip genügen, sofern eine effektive parlamentarische und justizielle Kontrolle sichergestellt würde.[63] Befugnisbegrenzungen sind so zu verstehen, dass der Handlungsspielraumschon *ex ante* und nicht erst auf sekundärer Ebene durch andere Kontrollmechanismen eingeschränkt wird. Kontrollmechanismen sind vielmehr dazu gedacht, sicherzustellen, dass der rechtliche Handlungsspielraum auch in tatsächlicher Hinsicht nicht überschritten wird. Das Rechtsstaatsprinzip ist insofern als Übermaßverbot zu verstehen.[64] Das Trennungsgebot in seiner „bürgerschützenden und staatsbegrenzenden Funktion"[65] muss daher auch als Ausfluss des Rechtsstaatsprinzips verstanden werden.[66]

---

[58] Denninger 1981, S. 232.

[59] Baumann 2005, S. 798–800; Schulze-Fielitz 2015, Rn. 38–40 Vgl. allgemein zum Rechtsstaatsprinzip BVerfGE 144, 20, 210, Rn. 547 (NPD-Verbotsverfahren).

[60] Vgl. Denninger 1981, S. 232.

[61] Baumann 2005, S. 802.

[62] Vgl. Denninger 1981, S. 232; Kutscha 1986, S. 197.

[63] Klee 2010, S. 58–60; Nehm 2004, S. 3291; Schneider 2019, S. 288–289; Streiß 2011, S. 160–161.

[64] Kutscha 1986, S. 197.

[65] Kutscha 1986, S. 197.

[66] Denninger 1981, S. 232.

Gegenstimmen verweisen auf andere Staaten, die allgemein als Rechtsstaaten anerkannt sind und deren Rechtsordnung kein Trennungsgebot vorsieht.[67] Sie verkennen dabei zweierlei: Zum einen ist das Trennungsgebot „nur“ Ausfluss des Rechtsstaatsprinzips, nicht aber Voraussetzung für das Bestehen eines Rechtsstaates. Zum anderen besteht auf internationaler Ebene zwar ein Grundkonsens über gewisse zwingende Voraussetzungen, die aus dem Rechtsstaatsprinzip folgen.[68] Die konkreten Implikationen des Rechtsstaatsprinzips für die jeweilige nationale Verfassungsrechtsordnung werden jedoch maßgeblich von der Gesamtkonzeption der jeweiligen Verfassung und ihrer Entstehungsgeschichte beeinflusst.[69] Somit ist es kein Widerspruch, Verfassungen, die das Trennungsgebot nicht kennen, dennoch als rechtsstaatlich anzuerkennen und gleichzeitig das Trennungsgebot als Ausfluss des Rechtsstaatsprinzips der Bundesrepublik Deutschland zu identifizieren.

Schließlich wird angeführt, dass staatliches Handeln generell der Vermutung der Rechtsstaatlichkeit[70] unterliege und insbesondere im Bereich der Nachrichtendienste keine „Abkehr vom Primat des Rechts“ erkennbar sei.[71] Aus diesem Grunde sei das Trennungsgebot als obsoletes Konzept zu begreifen.[72] Jedoch ist die Vermutung der Rechtmäßigkeit staatlichen Handelns erstens nicht nur (aus grundrechtlicher und rechtsstaatlicher Sicht) gefährlich, weil sie die Notwendigkeit effektiver Kontrolle negiert. Sie verkennt auch, dass das Grundgesetz die Beweislast für rechtmäßige Eingriffe in die Sphäre der Einzelnen dem Staat auferlegt und das Rechtsstaatsprinzip effektive Machtbegrenzungen und Kontrollmaßnahmen unabhängig davon fordert, ob der Staat rechtmäßig oder rechtswidrig handelt.[73] Zweitens kann die Behauptung, es seien keine Anhaltspunkte für rechtswidriges Handeln der Nachrichtendienste erkennbar angesichts der wiederholten und scharfen Kritik des Bundesverfassungsgerichts an den Kompetenzen und Kontrollmöglichkeiten der Nachrichtendienste in dieser Pauschalität nicht getroffen werden.[74]

---

[67] Meyer-Wieck 2006, S. 354; Schneider 2019, S. 289–290.

[68] Vgl. Scholz, Rn. 76.

[69] Vgl. Scholz, Rn. 76.

[70] Droste 2007, S. 16.

[71] Meyer-Wieck 2006, S. 355.

[72] Grumke und van Hüllen 2019, S. 21.

[73] Schmidt-Jortzig 1994, S. 2569–2571; BVerfGE 113, 348, 376; BVerfGE 118, 168, 187 (Kontostammdaten).

[74] Vgl. BVerfGE 154, 152, 291 (Rn. 274) (BND – Ausland-Ausland-Fernmeldeaufklärung); Aust 2020, 721, 723.

4.3.5 Das Trennungsgebot als Ausfluss des Demokratieprinzips

Aus dem in Art. 20 Abs. 1 und 2 GG verankerten Demokratieprinzip folgt die Notwendigkeit effektiver öffentlicher bzw. parlamentarischer Kontrolle staatlichen, insbesondere exekutiven, Handelns.[75] Die Sicherstellung einer effektiven Kontrolle stellt aber bereits derzeit, bei einer Trennung von Nachrichtendiensten und Polizeibehörden, eine erhebliche Herausforderung dar.[76] Eine Institution, die die Kompetenzen beider Behördenstränge in sich vereinen würde, würde eine effektive Kontrolle weiter erschweren. Man denke etwa an die Situation in einem Untersuchungsausschuss: Die Nachrichtendienste haben im Gegensatz zu den Polizeibehörden typischerweise häufiger das Recht, die Vorlage von Dokumenten aufgrund von berechtigten Geheimhaltungsinteressen zu verweigern.[77]

Bislang kann die Aufklärung durch die Unterlagen der Polizeibehörden erleichtert werden. Diese enthalten bisweilen auch Indizien bezüglich der Rolle der Nachrichtendienste im konkreten Fall und geben Anhaltspunkte dafür, ob ein Geheimhaltungsinteresse tatsächlich berechtigt sein mag oder nicht. Wären nun aber Polizeibehörden und Nachrichtendienste Teil derselben Institution, bestünde die Gefahr, dass diese – aus welchen Gründen auch immer – die Herausgabe von Unterlagen auch über polizeiliches Handeln unter Berufung auf Geheimhaltungsinteressen verweigern könnte. Das Vorliegen solcher Interessen wäre nur schwer feststellbar und würde wohl einen regelmäßigen „Gang nach Karlsruhe" erfordern. Somit hilft das Trennungsgebot auch, die demokratische Kontrolle staatlichen Handelns zu garantieren.

4.3.6 Das Trennungsgebot als Organisationsvorgabe des Grundrechts auf informationelle Selbstbestimmung

Das Trennungsgebot resultiert darüber hinaus auch aus den Grundrechten. Eine ausdrückliche grundrechtliche Regelung des Trennungsgebots gibt es zwar nicht. Es ergibt sich aber als ungeschriebene Organisationsvorgabe aus dem Grundrecht auf informationelle Selbstbestimmung aus Art. 2 i. V. m. Art. 1 Abs. 1 GG (dazu

[75] Bleckmann 1998, 48; 166; Schröder 2017, S. 815–816.

[76] BVerfGE 154, 152, 291 (Rn. 274) (BND – Ausland-Ausland-Fernmeldeaufklärung).

[77] Siehe z. B. BVerfGE 143, 101, 152 (Rn.168 ff.) (NSA-Untersuchungsausschuss).

unter Abschn. 4.3.6.1). Nur in Ausnahmefällen darf diese Organisationsvorgabe durchbrochen werden (dazu unter Abschn. 4.3.6.2).

4.3.6.1 Das Trennungsgebot als Organisationsvorgabe des Rechts auf informationelle Selbstbestimmung

Der Staat ist für die effektive Gewährleistung der Grundrechte verantwortlich.[78] Diese Pflicht beinhaltet auch die Errichtung von Organisationsstrukturen, die für die effektive Gewährleistung der Grundrechte notwendig und angemessen sind.[79] *Huber* sieht hier eine „Konnexität zwischen Organisationsrecht und Verfassungsrecht“[80]:

> „Daran wird deutlich, daß nicht nur die Organisationsnormen tatsächliche Auswirkungen und damit Einfluß auf die Grundrechte und ihre effektive Geltung besitzen, sondern daß im Gegensatz die so betroffenen Grundrechte von sich aus auch organisationsnormierende Wirkung entfalten, in dem Sinne, daß sie an die organisatorischen Regelungen ihrerseits spezifische Anforderungen stellen können.“[81]

Aus den Grundrechten können somit organisationsrechtliche Vorgaben folgen. Für den Einzelfall muss geprüft werden, welche konkreten organisatorischen Anforderungen dem jeweiligen Grundrecht entnommen werden können.[82] Dafür ist entscheidend, welche grundlegenden objektiven Werte das spezifische Grundrecht entfaltet.[83] Konkrete Anforderungen an organisatorische Ausgestaltungen ergeben sich somit nicht als „Automatismus“ aus den Grundrechten im Allgemeinen,[84] sondern aus dem jeweiligen einzelnen Grundrecht. Das jeweilige Gestaltungsgebot[85] ergibt sich aus dessen objektiver Regelungskraft.[86] Diese Vorgaben können sich auf organisatorische Einzelfragen beziehen, sich aber auch auf ein „Gefüge von Einzelinstitutionen“[87] erstrecken. Das Bundesverfassungsgericht hat ungeschriebene Organisationsvorgaben, die sich aus Grundrechten ergeben, bereits

[78] Huber 1988, S. 40.
[79] Huber 1988, S. 32; Hesse 1978, S. 432–434.
[80] Huber 1988, S. 38; Alexy 1990, S. 68.
[81] Huber 1988, S. 40.
[82] Vgl. Huber 1988, S. 40.
[83] Huber 1988, S. 40; Sachs 2021, S. 158.
[84] Roßbach und Wischmeyer 2019, S. 257–259.
[85] Schmidt-Aßmann 2004, Rn. 24.
[86] Vgl. Huber 1988, S. 40.
[87] Schmidt-Aßmann 2004, Rn. 24.

mehrfach anerkannt.[88] So hat es festgestellt, dass sich organisatorische Vorgaben aus Art. 5 Abs. 1 S. 2 GG,[89] Art. 5 Abs. 3 GG[90] und Art. 14 GG[91] ergeben. *Huber* erkennt außerdem organisatorische Vorgaben des allgemeinen Persönlichkeitsrechts aus Art. 2 Abs. 1 GG i. V. m. Art. 1 Abs. 1 GG:

> „In vergleichbarer Weise gebietet auch das allgemeine Persönlichkeitsrecht, das verfassungsrechtlich aus Art. 2 I GG i.V.m. Art. 1 I GG hergeleitet wird, im Hinblick auf das Übermaßverbot organisatorische Vorkehrungen, die es vor Verletzungen schützen sollen."[92]

Die organisatorische Vorgabe der Trennung von Polizeibehörden und Nachrichtendiensten ergibt sich aus dem Recht auf informationelle Selbstbestimmung aus Art. 2 Abs. 1 GG i. V. m. Art. 1 Abs. 1 GG[93] als Ausprägung des allgemeinen Persönlichkeitsrechts.[94] Aus dem Recht auf informationelle Selbstbestimmung folgen die Grundsätze des Übermaßverbots (dazu unter Abschn. 4.3.6.1.1) und der Zweckbindung (dazu unter Abschn. 4.3.6.1.2).[95] Aus diesen lässt sich wiederum das Trennungsgebot ableiten.

4.3.6.1.1 Das Trennungsgebot als Folge des Übermaßverbots

Das Übermaßverbot besagt, dass die Einschränkung des Rechts auf informationelle Selbstbestimmung nicht weiter reichen darf, „als es zum Schutz öffentlicher Interessen unerläßich ist".[96] Im Rahmen dieser Abwägung sind bei dem Recht auf informationelle Selbstbestimmung die unterschiedlichen Eingriffsintensitäten bei einer Informationserhebung und -verarbeitung durch die Polizeibehörden einerseits und die Nachrichtendienste andererseits zu berücksichtigen: Der Unterschied der Eingriffsintensitäten ergibt sich daraus, dass der Eingriff schwerer wiegt, wenn im Anschluss an eine Informationsgewinnung imperative Maßnahmen, wie beispielsweise eine Wohnungsdurchsuchung oder eine Festnahme, ergriffen werden.[97]

---

[88] Vgl. dazu Schmidt-Aßmann 2004, Rn. 6.

[89] Rundfunkfreiheit, vgl. BVerfGE 12, 205, Ls. 10; 225 ff., 262 ff. (Rundfunkentscheidung).

[90] Hochschulfreiheit, vgl. BVerfGE 35, 79, Ls. 2; 114 ff. (Hochschul-Urteil).

[91] Eigentumsfreiheit, vgl. BVerfGE 24, 367, 401–403 (Hamburgisches Deichordnungsgesetz).

[92] Huber 1988, S. 48.

[93] Vgl. z. B. Schwarz 2023, Rn. 14; Bäcker 2021b, Rn. 259; Ronellenfitsch 2011, S. 84; Roth 2019, Rn. 12.

[94] BVerfGE 65, 1, 41–43 (Volkszählung); Di Fabio, Rn. 173; Barczak 2023, Rn. 90.

[95] Gusy 2000, S. 55.

[96] BVerfGE 19, 342, 348 (Wencker); BVerfGE 65, 1, 44 (Volkszählung).

[97] Bäcker 2021b, Rn. 247.

Das Bundesverfassungsgericht führt dazu aus, dass die Intensität von Eingriffen auch davon abhängt, welche über die Informationserhebung hinausgehenden Nachteile die Grundrechtsträger:innen befürchten müssen.[98] *Unterreitmeier* schildert hierzu anschaulich:

> „Es dürfte für den Betroffenen einer verdeckten technischen Wohnraumüberwachung durchaus von erheblicher Relevanz sein, ob aufgrund abgehörter Gespräche unmittelbar ein Spezialeinsatzkommando seine Wohnung stürmt oder ob zwischen dem Abhören und einer polizeilichen Intervention zunächst der Filter analytischer Auswertung durch eine von der Polizei unabhängige Stelle liegt."[99]

Die Nutzung der persönlichen Daten für imperative Zwecke wirkt auf diese Weise auf den ersten Eingriff, also schon auf die Informationserhebung, zurück und entfaltet dadurch „grundrechtsdogmatisch eine Vorwirkung".[100] Somit ist die Informationsgewinnung im Zuge polizeilicher Aktivitäten grundsätzlich eingriffsintensiver, im Zuge nachrichtendienstlicher Aktivitäten grundsätzlich grundrechtsschonender.[101] Die Eingriffsvoraussetzungen für die polizeiliche Informationssammlungen sind daher höher als die für die nachrichtendienstliche Informationssammlung.[102] *Bäcker* bezeichnet den Umstand, dass die Voraussetzungen für einen Eingriff in das Recht auf informationelle Selbstbestimmung durch die Nachrichtendienste weniger streng sind, als „verfassungsrechtliches Privileg" der Nachrichtendienste.[103] Durch dieses Privileg sind insbesondere Maßnahmen „bereits erheblich im Vorfeld konkreter sozialer Konflikte wie einer konkreten Gefahr oder des Anfangsverdachts einer Straftat" zu rechtfertigen.[104] Dieses Privileg würde seine Berechtigung verlieren, wenn Nachrichtendienste mit imperativen Befugnissen ausgestattet werden würden.[105] Würde ein und dieselbe Institution mit weit-

---

[98] BVerfGE 100, 313, 376 (Telekommunikationsüberwachung I); BVerfGE 107, 299, 317 (Journalistische Verbindungsdaten); BVerfGE 113, 348, 382; BVerfGE 115, 320, 347, 351 (Rasterfahndung II); BVerfGE 118, 168, 197 (Kontostammdaten); BVerfGE 125, 260, 311 (Vorratsdatenspeicherung).

[99] Unterreitmeier 2018, S. 5.

[100] Unterreitmeier 2018, S. 4.

[101] Bäcker 2021b, Rn. 248–250.

[102] BVerfGE 133, 277, 325 f., Rn. 117 ff. (Antiterrordateigesetz); BVerfGE 154, 152, 245 (Rn. 157) (BND – Ausland-Ausland-Fernmeldeaufklärung); BVerfGE 156, 11, 50 f. (102 f.) (Antiterrordateigesetz II).

[103] Bäcker 2021b, Rn. 249; Lindner und Unterreitmeier 2019, S. 170; BVerfGE 120, 274, 330 (Online-Durchsuchungen); BVerfGE 100, 313, 383 (Telekommunikationsüberwachung I).

[104] Bäcker 2021b, Rn. 249.

[105] Bäcker 2021b, Rn. 250.

reichenden Vorfeldbefugnissen und mit imperativen Befugnissen agieren können, würde sich die Intensität der Eingriffe in das Recht auf informationelle Selbstbestimmung drastisch erhöhen. *Gusy* fasst treffend zusammen: „Wer (fast) alles weiß, soll nicht alles dürfen. Und wer (fast) alles darf, soll nicht alles wissen".[106] Das Trennungsgebot bewirkt somit eine Filterfunktion.[107] Die Nachrichtendienste werden grundsätzlich vorgelagert tätig und übermitteln nur die aus den Maßnahmen gewonnen relevanten Informationen.[108] Auf diese Weise werden die persönlichen Informationen, die für das Ergreifen von imperativen Maßnahmen nicht erforderlich sind, herausgefiltert; eine erhöhte Eingriffsintensität auf Seiten der Polizeibehörden damit von vornherein vermieden.[109] So wird dem Grundsatz, dass nicht eine Institution nicht gleichzeitig alles wissen und alles können darf, Rechnung getragen. Das Trennungsgebot ist daher als Folge des Übermaßverbotes zu verstehen.

4.3.6.1.2 Das Trennungsgebot als Folge der Zweckbindung

Aus dem Grundrecht auf informationelle Selbstbestimmung ergibt sich auch das Zweckbindungsgebot, was besagt, dass Daten grundsätzlich nur für den Zweck verwendet werden dürfen, für den sie verwendet wurden und jede Zweckänderung eine weitere gesetzliche Grundlage verlangt.[110] Aus diesem Gebot lässt sich die Notwendigkeit der informationellen Trennung von Polizeibehörden und Nachrichtendiensten ableiten,[111] da diese unterschiedliche Zwecke verfolgen. Manche Autor:innen wenden dagegen ein, es handle sich bei der Gewährleistung der staatlichen Sicherheit um „ein und dieselbe Staatsaufgabe" und ein grundsätzlicher Informationsaustausch sei daher notwendig.[112] Es bleibt jedoch unklar, was die „einheitliche" Aufgabe der staatlichen Sicherheitsgewährleistung konkret umfassen soll. Ein Grundrecht auf Sicherheit, aus dem sich konkrete Vorgaben erge-

---

[106] Gusy 2019, Rn. 13.

[107] Unterreitmeier 2018, S. 5.

[108] Unterreitmeier 2018, S. 5.

[109] Unterreitmeier 2018, S. 5.

[110] BVerfGE 100, 313, 360–361 (Telekommunikationsüberwachung I); BVerfGE 125, 260, 333 (Vorratsdatenspeicherung); BVerfGE 130, 151, 33–34 (Bestandsdatenauskunft I); BVerfGE 133, 277, 323 f. (Rn. 113 f.) (Antiterrordateigesetz). Anzumerken ist in diesem Zusammenhang, dass die Datenschutzgrundsätze, inklusive der Zweckbindung, auch auf das Fernmeldegeheimnis aus Art. 10 Abs. 1 GG beziehen, das für den Fernmeldeverkehr die speziellere Garantie enthält, vgl. Gusy 2000, 53, 55. Einschlägige Rechtsprechung wird daher auch dann zitiert, wenn sie sich nicht (ausschließlich) auf Art. 2 Abs. 1 i. V. m. Art. 1 Abs. 1 GG bezieht, aber dieselben, für beide Grundrechte geltenden, Grundsätze behandelt.

[111] BVerfGE 133, 277, 329 (Rn. 123) (Antiterrordateigesetz).

[112] Dombert und Räuker 2014, S. 416

ben könnten, gibt es nicht.[113] Dogmatisch sauberer bleibt es daher, die Zwecke der Polizeibehörden und der Nachrichtendienste mit dem Bundesverfassungsgericht voneinander zu trennen (funktionelle Dimension des Trennungsgebots). *Denninger* erklärt dazu:

> „Der an sich berechtigte Gedanke einer staatlichen Informationsvorsorge darf also nicht dazu führen, mithilfe gesetzlich nicht abgesicherter „Funktionsidentitäten" und entsprechender „Verwaltungszwecke" die informationelle Gewaltenteilung, wie sie im Zweckbindungsgebot ihren verfassungsrechtlichen Ausdruck gefunden hat, auszuhebeln."[114]

Die grundsätzliche Zulässigkeit des Informationsaustausches zwischen Polizeibehörden und Nachrichtendiensten würde daher das Zweckbindungsgebot verletzen, weil die Informationen bei den verschiedenen Stellen für verschiedene Zwecke erhoben werden.[115] Bei den Nachrichtendiensten werden diese zur allgemeinen Gefährdungsaufklärung erhoben, bei den Polizeibehörden zur Ermittlung darüber, ob eine konkrete Gefahr vorliegt, die das Ergreifen von imperativen Maßnahmen erfordert. Somit besteht eine „durch das Trennungsgebot gesicherte Alleinverfügungsbefugnis des Verfassungsschutzes über ‚Vorfelddaten'", die nicht durch eine polizeiliche Kenntnisnahme unterlaufen werden darf.[116] Die organisatorische Trennung würde ansonsten „zwar nicht der Form, wohl aber der Sache nach" aufgehoben werden.[117] Imperative Befugnisse würden *de facto* nicht nur für polizeiliche Zwecke eingesetzt werden.[118] Die Polizei würde so praktisch zum „Vollzugsarm" der Nachrichtendienste.[119] Somit gilt: „Gewaltenteilung ist auch informationelle Gewaltenteilung".[120] Die informationelle Dimension des Trennungsgebots ergibt sich daher wesentlich aus dem Zweckbindungsgebot[121] (und folgt damit aus

[113] Siehe dazu oben, Kap. 2 unter Abschn. 2.2.1.

[114] Bäcker 2021b, Rn. 40.

[115] Bäcker 2021b, Rn. 247.

[116] BVerfGE 133, 277, 324–326 (Rn. 115 ff.) (Antiterrordateigesetz); Gusy 1987, S. 50.

[117] Gusy 1987, S. 49; Hirsch 1996, S. 97.

[118] Gusy 1987, S. 49.

[119] Arzt 2021, Rn. 34; Hirsch 1996, S. 97.

[120] Gusy 1987, S. 49.

[121] Ähnlich auch Evers 1981, S. 85. Nach *Arzt* ist es sogar „nicht mehr als die vom Zweckbindungsgrundsatz erzwungene Trennung, die bei Eingriffen in das Recht auf informationelle Selbstbestimmung grundsätzlich gilt."; Arzt 2021, Rn. 37. Dem ist nur bedingt zuzustimmen, da sich neben dem Zweckbindungsgebot weitere verfassungsrechtliche Anknüpfungspunkte ergeben.

der funktionellen Trennung von Polizeibehörden und Nachrichtendiensten). Zu ihrer Verwirklichung ist die organisatorische Trennung von Nachrichtendiensten und Polizeibehörden erforderlich, damit die Informationen gerade nicht bei einer Stelle zusammenlaufen.

4.3.6.2 Ausnahme vom informationellen Trennungsgebot

Bei dem informationellen Trennungsgebot handelt es sich um ein Optimierungsgebot. Grundsätzlich verlangt es „definitiv die Optimierung und nicht ein durch Abwägung je nach den Umständen zu bestimmendes optimales Maß der Optimierung".[122] Es muss daher grundsätzlich in möglichst hohem Maß umgesetzt werden.[123] Als Gebot hängt es aber in seiner Umsetzung von den tatsächlichen und rechtlichen Möglichkeiten ab.[124] Ausnahmen sind daher möglich, wie auch das Bundesverfassungsgericht erklärt hat:

> „Regelungen, die den Austausch von Daten der Polizeibehörden und Nachrichtendiensten ermöglichen, unterliegen angesichts dieser Unterschiede gesteigerten verfassungsrechtlichen Anforderungen. Aus dem Grundrecht auf informationelle Selbstbestimmung folgt insoweit ein informationelles Trennungsprinzip. Danach dürfen Daten zwischen den Nachrichtendiensten und Polizeibehörden grundsätzlich nicht ausgetauscht werden. Einschränkungen der Datentrennung sind nur ausnahmsweise zulässig."[125]

Schon an den Begriffen „Trennungsprinzip" und „ausnahmsweise" ist erkennbar, dass die Trennung bezüglich des Informationsaustausches nicht absolut gilt.[126] Dies ist dogmatisch damit zu begründen, dass grundrechtliche Erwägungen (außerhalb der unantastbaren Menschenwürde) grundsätzlich Abwägungsfragen darstellen.[127] Da sich die informationelle Dimension im Wesentlichen aus dem Grundrecht auf informationelle Selbstbestimmung ergibt, muss im Einzelfall auch eine Begrenzung durch die Schranken des Art. 2 Abs. 1 GG i. V. m. Art. 1 Abs. 1 GG möglich sein. Dies ist dann der Fall, wenn dem Recht ein überwiegendes Allgemeininteresse entgegensteht.[128] In Einzelfällen kann es zur Erfüllung der staat-

---

[122] Alexy 2009, S. 22.

[123] Huerta 2009, S. 185.

[124] Alexy 1986, S. 75–76. Vgl. dazu schon oben, Kap. 2.

[125] BVerfGE 133, 277, 329 (Rn. 123) (Antiterrordateigesetz).

[126] Haynes 2014, S. 74.

[127] Dies ergibt sich aus ihrer Natur als Prinzipien, vgl. Alexy 1986, S. 69–71.

[128] Vgl. Di Fabio, Rn. 181. Vgl. auch Fremuth 2014, S. 34: „Der Schlüssel zu einer erfolgreichen Sicherheitsgewähr sind Informationen."

lichen Schutzpflichten notwendig sein, den Informationsaustausch zwischen den Bereichen zuzulassen, sodass die Abwägung hier zu einer Ausnahme vom Grundsatz der Trennung führt. Daher finden sich etwa in §§ 20 Abs. 1, 21 Abs. 1 BVerfSchG einfachgesetzliche Vorschriften für den Austausch von Informationen von Polizeibehörden und Nachrichtendiensten. Diese stellen die erforderlichen rechtlichen Grundlagen für eine Zweckänderung dar.

Als Zwischenergebnis ist festzuhalten, dass das Trennungsgebot in informationeller Hinsicht lediglich ein Prinzip ist, das im Einzelfall durchbrochen werden kann und muss. Aus der informationellen Trennung ergibt sich außerdem gerade die Notwendigkeit zum Informationsaustausch, um die gemeinsame Aufgabe der Sicherheitsgewährleistung zu erfüllen.[129] Für Ausnahmen bedarf es allerdings bestimmter verfassungsrechtlicher Anforderungen, die besonders hoch sind, wenn nachrichtendienstliche Informationen durch Polizeibehörden und somit für imperative Zwecke benutzt werden.

4.3.7 Die Einheit der Verfassung als Interpretationsprinzip

Aus den behandelten Artikeln ergibt sich mitunter nur der Verfassungsrang einzelner Dimensionen des Trennungsgebots. Die Einheit der Verfassung gebietet aber eine Zusammenschau aller relevanten Normen. Das Bundesverfassungsgericht bezeichnet die Einheit der Verfassung als das vornehmste Interpretationsprinzip

> „eines logisch-teleologischen Sinngebildes, weil das Wesen der Verfassung darin besteht, eine einheitliche Ordnung des politischen und gesellschaftlichen Lebens der staatlichen Gemeinschaft zu sein."[130]

Die Kritik der Gegenstimmen, die die einzelnen Argumente für einen Verfassungsrang des Trennungsgebots jeweils separat betrachten und zurückweisen, ist daher abzulehnen. Sie verkennt die Prägung des Grundgesetzes als Ergebnis der Lehren, die aus der Vergangenheit gezogen wurden,[131] und die als eine Gesamtheit zu betrachten sind. Eine künstliche Aufspaltung der einzelnen verfassungsrechtlichen Regelungen und eine strikt voneinander getrennte Betrachtung verbieten sich. Das Grundgesetz muss in seiner Gesamtkonzeption als Gegenentwurf zu den

[129] Gröpl 1993, S. 315–316.

[130] BVerfGE 19, 206, 220 (Kirchenbausteuer). Vgl. BVerfGE 30, 1, 19 (Abhörurteil); BVerfGE 39, 334, 368–369 (Extremistenbeschluss).

[131] BVerfGE 124, 300, 327 (Wunsiedel).

Fehlern der Weimarer Verfassung und den Gräueltaten der NS-Zeit gesehen werden. Der als „Gestapo-Argument“[132] abgestempelte und als historisch-emotional belächelte Gedanke, aus den Fehlern der Vergangenheit zu lernen, prägt ganz fundamental das Dogma des Grundgesetzes: den Gedanken einer freiheitlich-demokratischen Grundordnung, die sich auch gegen Bedrohungen innerhalb des Staatsgefüges wehrt.[133] Der Gedanke, gleichgeschaltete Strukturen aufzubrechen und Missbrauchspotenziale zu verhindern, prägt den Zweck der Verfassungsnormen.[134]

Darüber hinaus ist anzumerken: Wer meint, das Trennungsgebot könne der Verfassung nicht entnommen werden, weil man es heute nicht mehr brauche,[135] und darin mitunter sogar eine „Verniedlichung“ der Schrecken der Vergangenheit sieht,[136] muss sich nicht nur den Vorwurf der Naivität gefallen lassen. Er bringt auch etwas Grundlegendes durcheinander, denn an dieser Stelle prägt die Verfassung die Realität, nicht umgekehrt. Erstens hängt die Geltung eines verfassungsrechtlichen Prinzips nicht von der Notwendigkeit in der Realität ab. Zweitens besteht die Notwendigkeit in der Realität möglicherweise auch gerade deswegen nicht, *weil* dieses Prinzip gilt.

Kritiker:innen führen darüber hinaus bisweilen an, dass es keine ausdrücklichen Anhaltspunkte in den zu Verfassungsgesetzgebungsmaterialien zum Trennungsgebot gebe, was die Nichtexistenz desselben bedeute.[137] Dieser Schluss ist verfehlt. Zwar führt die historische Auslegung dann nicht zu einem eindeutigen Ergebnis, wohl aber die wörtliche und systematische Auslegung der relevanten Artikel.

4.3.8 Zwischenergebnis

Als Ergebnis der Analyse zum Verfassungsrang des Trennungsgebots ist festzustellen: Eine Interpretation aufgrund der Zusammenschau der relevanten Artikel im Sinne der Einheit der Verfassung ergibt den Verfassungsrang des Trennungs-

[132] Meyer-Wieck 2006, S. 354.

[133] Siehe z. B. BVerfGE 5, 85, 138–139 (KPD-Verbot); BVerfGE 30, 1 (Abhörurteil); BVerfGE 39, 334, 368–369 (Extremistenbeschluss).

[134] Das Grundgesetz sieht eine wehrhafte Demokratie vor, wie an Art. 9 Abs. 2 GG, Art. 18 GG, Art. 21 Abs. 2 und 3 GG sowie an Art. 79Abs. 3 GG erkennbar ist, vgl. Fuhrmann 2019, S. 97–99.

[135] Meyer-Wieck 2006, S. 354.

[136] Borgs-Maciejewski 1986, Rn. 104.

[137] Ronellenfitsch 2011, S. 77; Unterreitmeier 2023, 15.2.

gebots.[138] Art. 73 Abs. 1 Nr. 10 GG, Art. 87 Abs. 1 S. 2 GG sowie das Demokratie- und Rechtsstaatsprinzip setzen die funktionelle und befugnisrechtliche Trennung von Nachrichtendiensten und Polizeibehörden voraus. Aus dem Recht auf informationelle Selbstbestimmung aus Art. 1 Abs. 1 GG i. V. m. Art. 2 Abs. 1 GG folgen das Übermaßverbot und dem Zweckbindungsgebot, die als ungeschriebene Organisationsvorgaben die grundsätzliche informationelle Trennung von Polizeibehörden und Nachrichtendiensten verlangen. Aufgrund der Interdependenz von informationeller und organisatorischer Trennung müssen die Institutionen somit auch strukturell voneinander getrennt werden. Damit ist der Verfassungsrang für alle Dimensionen des Trennungsgebotes zu bejahen.[139] Das Trennungsgebot kann als Konkretisierung bzw. eine Ausprägung des Grundsatzes der Begrenzung staatlicher Macht verstanden werden. Da Gestaltungsvorgaben aus Grundrechten Abwägungsfragen sind, kann die grundsätzliche Trennung der Informationen von Polizeibehörden und Nachrichtendiensten im Einzelfall durchbrochen werden, wenn dies zur Abwehr einer konkreten Gefahr für ein besonders geschütztes Rechtsgut notwendig ist.

Auch das Trennungsgebot prägt somit den Rahmen für die Terrorismusbekämpfung. Es muss daher bei der Entwicklung und Bewertung von Reformoptionen berücksichtigt werden. Welche konkreten Auswirkungen es auf die verschiedenen Aspekte der Terrorismusbekämpfung hat, wird im Folgenden vertieft dargestellt.

4.3.9 Konsequenzen für Reformen der Terrorismusbekämpfung

Da dem Trennungsgebot in allen seinen Dimensionen Verfassungsrang zukommt, bestimmt es die Arbeit der Sicherheitsbehörden wesentlich mit. Davon ist auch die Terrorismusbekämpfung erfasst. Es prägt damit nicht nur die institutionelle Ausgestaltung, sondern auch die Kooperation der Behörden untereinander, insbesondere den behördlichen Informationsaustausch (dazu unter Abschn. 4.3.9.1), das Nutzen von gemeinsamen Datenbanken (dazu unter Abschn. 4.3.9.2) sowie von Kooperationsplattformen (dazu unter Abschn. 4.3.9.3). Relevant ist das Trennungsgebot auch bei der möglichen Erweiterung von Befugnissen der Sicherheitsbehörden (dazu unter Abschn. 4.3.9.2), denn die grundlegenden Unterschiede in der Zweckbestimmung und Befugnisverteilung dürfen nicht unterlaufen werden.

[138] Vgl. Ostheimer und Lange 2000, S. 180. A. A. u. a. Abbühl 2010, S. 390.

[139] Anders etwa König 2005, S. 195–196; Brenner 1990, S. 50–52.

Die Konsequenzen des Trennungsgebots für die Terrorismusbekämpfung werden in einem Zwischenergebnis festgehalten (unter Abschn. 4.3.9.3).

4.3.9.1 Informationsübermittlungen zwischen Polizeibehörden und Nachrichtendiensten

Wie bereits thematisiert,[140] ist die Zusammenarbeit der Sicherheitsbehörden und damit auch von Polizeibehörden und Nachrichtendiensten „die notwendige Konsequenz der organisatorischen Trennung".[141] Die Übermittlung von Informationen stellt dabei einen wesentlichen Aspekt in der Zusammenarbeit dar. Sie führt jedoch dazu, dass die grundrechtliche Eingriffsintensität im Vergleich zur Informationserhebung durch die einzelnen Behörden erhöht ist.[142] Dies liegt daran, dass jede Informationsweitergabe von einer der beiden Institutionen an die andere eine Zweckänderung darstellt. Jede Zweckänderung stellt wiederum einen neuen Eingriff in das Recht auf informationelle Selbstbestimmung dar.[143] Dieser Eingriff ist umso intensiver, je mehr die Zweckbindung durchbrochen wird.[144] Er kann im Einzelfall aber gerechtfertigt sein. Da der Staat seinen grundrechtlichen Schutzpflichten entsprechen können muss,[145] muss der Informationsaustausch zwischen Polizeibehörden und Nachrichtendiensten daher im Einzelfall möglich sein.[146] Aufgrund der hohen Eingriffsintensität bei der Nutzung von Informationen zu imperativen Zwecken[147] ist eine Ausnahme aber nur unter besonderen Voraussetzungen verfassungsrechtlich zulässig.[148] Sie darf nur einzelfallbezogen, nicht aber regelhaft-standardisiert ausgestaltet sein.[149] Für die Rechtfertigung kommt es auch darauf an, welche Institution die Informationen übermittelt und welche Institution sie erhält.

---

[140] Siehe oben, Kap. 3, unter Abschn. 3.10.

[141] Götz 2006, Rn. 40.

[142] Schwarz 2023, Rn. 14.

[143] Härting 2015, S. 3284–3286.

[144] Arzt 2019, Rn. 11; BVerfGE 141, 220, 324–326 (Bundeskriminalamtsgesetz).

[145] Bäcker 2021b, Rn. 260. Dies gilt beispielsweise für die Pflicht des Staates zur effektiven Strafverfolgung, BVerfGE 33, 367, 383 (Zeugnisverweigerungsrecht für Sozialarbeiter); BVerfGE 46, 214, 222; BVerfGE 144, 20, 147 (NPD-Verbotsverfahren).

[146] Vgl. Schwarz 2023, Rn. 14.2; Bäcker 2021b, Rn. 260.

[147] BVerfGE 133, 277, 329 (Rn. 123) (Antiterrordateigesetz).

[148] BVerfGE 156, 11, 50 (Rn. 101) (Antiterrordateigesetz II); Schwarz 2023, Rn. 14.2.

[149] Verordnung über die Art der Daten, die nach den §§ 8 und 9 des Bundeskriminalamtgesetzes gespeichert werden dürfen vom 04.06.2010 (BKA-Daten-Verordnung – BKADV), BGBl. 2010 I S. 716. Vgl. Petri 2013, S. 5.

Darüber hinaus ist neben dem Umfang auch die Art der Informationsweitergabe bedeutend: Behörden können Daten entweder auf konkrete Anfragen im Einzelfall (dazu unter Abschn. 4.3.9.1.1), durch Einstellung in gemeinsame Dateien (dazu unter Abschn. 4.3.9.1.2) oder in gemeinsamen Zentren (dazu unter Abschn. 4.3.9.1.3) austauschen. All diese Informationswege weisen unterschiedliche Eingriffsintensitäten und in der Folge unterschiedliche Anforderungen an ihre Rechtfertigung auf.

4.3.9.1.1 Grundsätzliche Anforderungen an Informationsübermittlungen bei Anfragen im Einzelfall

Aufgrund des informationellen Trennungsprinzips ist ein Informationsaustausch zwischen Polizeibehörden und Nachrichtendiensten nur ausnahmsweise zulässig.[150] Das Bundesverfassungsgericht sieht einen besonders schweren Eingriff darin, wenn Informationen übermittelt werden, die zur imperativen Aufgabenwahrnehmung bestimmt sind.[151] Dies ist dann der Fall, wenn ein Nachrichtendienst Informationen an Polizeibehörden, die über diese imperativen Befugnisse verfügen, übermittelt. Der Austausch von Daten zwischen den Nachrichtendiensten und Polizeibehörden für ein mögliches imperatives Tätigwerden müsse deshalb grundsätzlich „einem herausragenden öffentlichen Interesse“ dienen, das den Zugriff auf Informationen unter den erleichterten Bedingungen, wie sie den Nachrichtendiensten zur Verfügung stehen, rechtfertige.[152] Das Bundesverfassungsgericht fordert daher in ständiger Rechtsprechung für die Nutzung von nachrichtendienstlichen Informationen durch die Polizeibehörden das Vorliegen eines herausragenden öffentlichen Interesses und hinreichend konkreter und qualifizierter Übermittlungsschwellen.[153] Dabei kommt es nach dem Bundesverfassungsgericht auf den Grundsatz der hypothetischen Datenneuerhebung an.[154] Dieser fragt danach, ob die Behörde, die die Informationen

[150] BVerfGE 133, 277, 329 (Rn. 123) (Antiterrordateigesetz).

[151] BVerfGE 133, 277, 329 (Rn. 123) (Antiterrordateigesetz)

[152] BVerfGE 133, 277, 329 (Rn. 123) (Antiterrordateigesetz).

[153] BVerfGE 133, 277, 329 (Rn. 123) (Antiterrordateigesetz); BVerfGE 154, 152, 267 f. (Rn. 218 f.) (BND – Ausland-Ausland-Fernmeldeaufklärung); BVerfGE 156, 11, 51 f. (Rn. 105) (Antiterrordateigesetz II).

[154] BVerfGE 100, 313, 389 f. (Telekommunikationsüberwachung I); BVerfGE 133, 277, 373 (Rn. 225) (Antiterrordateigesetz); BVerfGE 156, 11, Ls. 1, 97 ff. (Antiterrordateigesetz II).

> „erhält, diese auch aufgrund eigener Befugnisse hätte erheben dürfen, also ob die entsprechenden Daten nach verfassungsrechtlichen Maßstäben auch für den geänderten Zweck neu erhoben werden dürften.“[155]

Andere Anforderungen gelten nach dem Bundesverfassungsgericht für die umgekehrte Konstellation, d. h. für die Übermittlung von polizeilichen Informationen an Nachrichtendienste:

> „Diese Daten wurden bereits nach den strengeren Anforderungen erhoben, die für operativ tätige Behörden mit der Befugnis zu Zwangsmaßnahmen gegenüber Einzelnen gelten. Diese Anforderungen können also durch eine Nutzung der Daten durch Nachrichtendienste nicht unterlaufen werden. Zudem können diese Daten von den mit der Aufgabe der Vorfeldaufklärung betrauten Nachrichtendiensten nicht operativ für Zwangsmaßnahmen gegenüber Einzelnen verwendet werden.“[156]

Bei nicht tief in die Privatsphäre eingreifenden und insgesamt weniger gewichtigen Eingriffen kann es nach dem Bundesverfassungsgericht für die Übermittlung an die Nachrichtendienste genügen, dass eine Auskunft nach tatsächlichen Anhaltspunkten zur Aufklärung einer bestimmten, nachrichtendienstlich beobachtungsbedürftigen Aktion oder Gruppierung im Einzelfall geboten ist.[157] Damit würde ein wenigstens der Art nach konkretisiertes und absehbares Geschehen vorausgesetzt.[158] Zwar sei bei der Informationsübermittlung von Polizeibehörden an Nachrichtendienste kein wenig gewichtiger Eingriff anzunehmen.[159] Die dargestellten Voraussetzungen seien für den Informationsaustausch zwischen den beiden Bereichen dennoch ausreichend, weil schon bei der Informationserhebung die für die Polizeibehörden geltenden strengeren Anforderungen beachtet wurden.[160] Diese unterschiedliche Bewertung ist eine

---

[155] BVerfGE 156, 11, 49 f. (Rn. 99) (Antiterrordateigesetz II); BVerfGE 125, 260, 333 (Vorratsdatenspeicherung); BVerfGE 133, 277, 373–374 (Antiterrordateigesetz); BVerfGE 141, 220, 327 ff. (Rn. 287 ff.) (Bundeskriminalamtsgesetz); BVerfGE 154, 152, 266 f. (Rn. 216) (BND – Ausland-Ausland-Fernmeldeaufklärung).

[156] BVerfGE 156, 11, 52 (Rn. 106) (Antiterrordateigesetz II).

[157] BVerfGE 156, 11, 55, 118 (Antiterrordateigesetz II).

[158] BVerfGE 156, 11, 55, 118 (Antiterrordateigesetz II); BVerfGE 141, 220, 270–272 (Bundeskriminalamtsgesetz); BVerfGE 115, 320, 364–365 (Rasterfahndung II); BVerfGE 155, 119, 187 f. (Rn. 147 f.) (Bestandsdatenauskunft II).

[159] BVerfGE 156, 11, 56, 119 (Antiterrordateigesetz II).

[160] BVerfGE 156, 11, 56, 119 (Antiterrordateigesetz II); BVerfGE 141, 220, 328–329 (Bundeskriminalamtsgesetz).

Konsequenz der unterschiedlichen Eingriffsintensitäten, konkret: des verfassungsrechtlichen Privilegs der Nachrichtendienste.[161]

4.3.9.1.2 Gemeinsame Datenbanken von Polizeibehörden und Nachrichtendiensten

Auch gemeinsame Datenbanken wie die Antiterrordatei sind nach Ansicht des Bundesverfassungsgerichts als Ausnahme vom informationellen Trennungsprinzip[162] grundsätzlich zulässig, wenn dabei die grundrechtlichen Standards beachtet werden:[163]

> „Die Einrichtung der Antiterrordatei ist mit dem Übermaßverbot grundsätzlich vereinbar. Dem Eingriffsgewicht für die Betroffenen steht das öffentliche Interesse gegenüber, für die Aufklärung und Bekämpfung des internationalen Terrorismus einen gezielten Informationsaustausch zwischen den verschiedenen Sicherheitsbehörden und genauere Einschätzungen für die Gefahrenabwehr in wichtigen Eilfällen zu ermöglichen."[164]

Aufgrund des überragenden öffentlichen Interesses seien die Datenbanken daher mit dem Übermaßverbot grundsätzlich vereinbar. Auch in diesem Fall muss aber unterschieden werden, ob die Informationserhebung durch die Nachrichtendienste oder die Polizeibehörden erfolgte. Für den Fall, dass Nachrichtendienste die von den Polizeibehörden eingestellten Daten nutzen, gelten die oben dargestellten Grundsätze.[165]

Die Übermittlungen von nachrichtendienstlichen Informationen an die Polizeibehörden im Wege gemeinsamer Datenbanken sieht das Bundesverfassungsgericht als verfassungsrechtlich zulässig an, wenn:

- besonders gewichtige Rechtsgüter betroffen sind, insbesondere, wenn Gefahren für das Leben oder die Freiheit der Person oder schwerwiegende und dauerhafte Folgen für Leib oder Gesundheit drohen,[166]

---

[161] Bäcker 2021b, Rn. 249.

[162] *Roggan* bezeichnet die Antiterrordatei sogar als „Zweckänderungsautomat", Roggan 2017, S. 210.

[163] BVerfGE 133, 277, 333–335 (Antiterrordateigesetz).

[164] BVerfGE 133, 277, 332 (Rn. 130) (Antiterrordateigesetz).

[165] Unter Abschn. 4.3.9.1.1.

[166] BVerfGE 133, 277, 365 (Rn. 203) (Antiterrordateigesetz); BVerfGE 156, 11, 55, 118 (Antiterrordateigesetz II).

- eine hinreichend konkretisierte Gefahr vorliegt, d. h., dass tatsächliche Anhaltspunkte für die Annahme einer Gefahr bestehen,[167] und
- der Zugriff und Nutzung nur erlaubt sind, wenn dies unerlässlich ist und die Datenübermittlung aufgrund eines Ersuchens nicht rechtzeitig erfolgen kann.[168]

Dabei dürfen einfache Grunddaten[169] „ohne Weiteres"[170] abgefragt werden, erweiterte Grunddaten[171] nur, wenn sie entsprechend anonymisiert werden.[172] Die Einbeziehung von Kontaktpersonen, die „Gewalt befürworten", verletzt sowohl den Bestimmtheitsgrundsatz als auch das Übermaßverbot, da der Begriff unbestimmt ist und allein auf eine subjektive, innere Haltung der Betroffenen bezieht.[173] Die Einbeziehung von Kontaktpersonen ist nur dann verfassungsrechtlich zulässig, wenn sich ihre verfassungsfeindliche Gesinnung auch objektiv in gewaltfördernden Aktivitäten niederschlägt.[174]

Diese Beispiele zeigen, dass die Zulässigkeit von Informationsweitergaben von der konkreten Belastungswirkung im Einzelfall abhängt,[175] sodass es auf eine Verhältnismäßigkeitsprüfung ankommt. Je schwerer der Eingriff wiegt, desto konkreter muss die Gefahr für das betroffene Rechtsgut sein und desto höher sind die Anforderungen an die Bestimmtheit gesetzlicher Eingriffsregelungen und an zu ergreifende Sicherungsvorkehrungen. Obwohl das Eingriffsgewicht dadurch wesentlich gemindert werde, dass es sich bei der Antiterrordatei um ein auf Informationsanbahnung beschränktes Instrumentarium handele, sei das Eingriffsgewicht immer noch als erheblich zu bewerten:[176]

---

[167] Ebd., 365 (Rn. 203); BVerfGE 156, 11, 55, 118.

[168] BVerfGE 133, 277, 365 (Rn. 203) (Antiterrordateigesetz).

[169] Siehe § 3 Abs. 1 Nr. 1 lit. a ATDG. Dazu gehören beispielsweise die Staatsangehörigkeit, Name oder Adresse der Person.

[170] BVerfGE 133, 277, 360 f. (Rn. 192 ff.) (Antiterrordateigesetz).

[171] § 3 Abs. 1 Nr. 1 lit. b ATDG. Dazu gehören beispielsweise die Kommunikationsmittel oder Bankverbindungen der Person.

[172] BVerfGE 133, 277, 364 (Rn. 200) (Antiterrordateigesetz):„Dementsprechend muss eine Nutzungsregelung so ausgestaltet sein, dass dann, wenn sich eine Recherche auch auf erweiterte Grunddaten erstreckt, nur das Aktenzeichen und die informationsführende Behörde angezeigt werden, nicht aber auch die korrespondierenden einfachen Grunddaten."

[173] BVerfGE 133, 277, 347 f. (Rn. 161 ff.) (Antiterrordateigesetz).

[174] BVerfGE 133, 277, 347 (Rn. 161) (Antiterrordateigesetz).

[175] BVerfGE 156, 11, 52 (Rn. 107) (Antiterrordateigesetz II).

[176] BVerfGE 133, 277, 331 (Rn. 127) (Antiterrordateigesetz).

> „Denn der Zugriff erstreckt sich hier zusätzlich zu den einfachen auch auf alle erweiterten Grunddaten als Klarinformationen und eröffnet dabei auch nicht nur eine Datennutzung zur Vorbereitung weiterer Übermittlungsersuchen, sondern – im Sinne einer handlungsleitenden Gefahreneinschätzung – auch zur Terrorismusabwehr selbst [...] Daraus ergibt sich insbesondere wegen der damit verbunden Überwindung des informationellen Trennungsprinzips zwischen Nachrichtendiensten und Polizei ein besonders schweres Eingriffsgewicht [...].“[177]

Insbesondere die Tatsache, dass durch die Informationsabfrage imperative Maßnahmen vorbereitet werden, erhöht daher das Eingriffsgewicht. *Arzt* betont zutreffend, dass durch die Nutzung gemeinsamer Dateien „der Kreis der Stellen, die nach Speicherung Zugriff auf diese Daten hat, erheblich erweitert wird und nunmehr auch Dritte auf diese Daten Zugriff haben“.[178] Der Austausch auf diesem Weg steht daher an der „Schwelle zu einer Einschränkung der organisatorischen Trennung von Geheimdiensten und Polizei“.[179] Somit besteht die Gefahr, dass die Polizei auf diese Weise doch zum „Vollzugsarm“ der Nachrichtendienste wird.[180] Die Erfassung in der Datenbank stellt für die Betroffenen somit eine erhebliche Belastungswirkung dar, weil sie damit rechnen müssen, imperativen Maßnahmen unterworfen zu werden.[181] Im Sinne einer Minderung der Eingriffsqualität ist es daher unerlässlich, dass die Datenbank so transparent ausgestaltet ist, dass die Erfassung für die Bürger:innen vorhersehbar ist.[182] Ebenso müssen ein effektiver Rechtsschutz und eine wirksame Aufsicht sichergestellt werden.[183] Die gegenwärtigen Übermittlungsermächtigungen verfehlen diese Anforderungen nach Auffassung von Expert:innen „teils erheblich“.[184]

4.3.9.1.3 Kooperationsplattformen von Polizeibehörden und Nachrichtendiensten

Die verstärkte informelle Zusammenarbeit der Sicherheitsbehörden in den Kooperationsplattformen (GTAZ, GETZ und GIZ) stellt einen „Paradigmenwechsel

[177] BVerfGE 133, 277, 364 (Rn. 202) (Antiterrordateigesetz).

[178] Arzt 2019, Rn. 12.

[179] Arzt 2019, Rn. 31.

[180] Arzt 2019, Rn. 34; Zöller 2007, S. 770.

[181] BVerfGE 133, 277, 331 (Rn 128) (Antiterrordateigesetz).

[182] BVerfGE 133, 277, 366 (Rn. 205 ff.) (Antiterrordateigesetz).

[183] Siehe u. a. BVerfGE 133, 277, 366 f. (Rn. 205 ff.) (Antiterrordateigesetz); BVerfGE 100, 313, 361 (Telekommunikationsüberwachung I); BVerfGE 109, 279, 363 (Großer Lauschangriff) vgl. Rademacher und Perkowski 2020, S. 720.

[184] Bäcker 2021b, Rn. 261.

bei den Bekämpfungsstrategien“ in der Terrorismusbekämpfung dar.[185] Aus sicherheitspolitischer Perspektive ist der Austausch in diesen Zentren durchaus sinnvoll, denn so können Informationen zeitnah und regelmäßig ausgetauscht werden. Aufgrund des informationellen Trennungsprinzips sind diesem Austausch jedoch grundsätzlich enge Grenzen gesetzt. Diese Grenzen werden jedoch faktisch aufgeweicht, weil in den Zentren täglich Informationen zwischen Nachrichtendiensten und Polizeibehörden ausgetauscht werden.[186] Der Austausch in den Zentren führt damit zu einer „erhöhten Eingriffsintensität mit entsprechender verfassungsrechtlicher Rechtfertigungslast, weil so ein weitgehender Informationsverbund zwischen Nachrichtendiensten und Polizeibehörden geschaffen wird.“[187] Das Argument, der Austausch sei unproblematisch, weil es keine personelle oder organisatorische Verflechtung gebe,[188] ist nicht überzeugend. In den Zentren sind die Vertreter:innen der Sicherheitsbehörden zugegen, die die Erkenntnisse ihrer Behörde in das Zentrum einbringen und nach dem Austausch die gewonnenen Erkenntnisse an ihre Behörde zurückleiten. Der Informationsaustausch ist strukturell angelegt und hat somit eine höhere Eingriffsqualität als ein punktueller informationeller Austausch, so wie etwa bei gemeinsamen Datenbanken, weil dadurch die aufgezeigten strengen Voraussetzungen für eine Übermittlung im Einzelfall umgangen werden.[189] Auch die Informationen sind weitreichender als die, die in die Datenbanken eingestellt werden.[190] Problematisch ist vor dem Hintergrund des Wesentlichkeitsgedankens[191] auch, dass es bisher keine rechtlichen Grundlagen für diesen Austausch gibt.[192] Ein schneller, unbürokratischer Informationsaustausch der Sicherheitsbehörden ist prinzipiell zu begrüßen. Aufgrund der Grundrechtsrelevanz dieses Austausches sind aber spezifische Kontrollmechanismen und bestimmte Rechtsgrundlagen mit festgelegten Eingriffsschwellen erforderlich.[193]

---

[185] Ronellenfitsch 2011, S. 86; Weisser 2011, S. 142–144.

[186] Bergemann 2021, Rn. 7.

[187] Arzt 2019, Rn. 33 Vgl. Kutscha 2013, S. 325.

[188] Haynes 2014, S. 77.

[189] Bäcker 2021b, Rn. 264.

[190] Bäcker 2021b, 265 (Fn. 516).

[191] BVerfGE 61, 260, 275.

[192] Bäcker 2021b, Rn. 264.

[193] Bäcker 2021b, Rn. 265; Dombert und Räuker 2014, S. 419–420; Rathgeber 2013, S. 1014–1015.

4.3.9.2 „Vernachrichtendienstlichung" der Polizeibehörden

Die erfolgte Erweiterung von Kompetenzen der Sicherheitsbehörden[194] hat in den letzten Jahren zu einer zunehmenden Überschneidung der Befugnisse von Nachrichtendiensten und Polizeibehörden geführt.[195] Dadurch wurden die Unterschiede zwischen Polizei und Nachrichtendiensten verwischt.[196] Dies ist im Hinblick auf die funktionelle und befugnisrechtliche Dimension des Trennungsgebots problematisch. Insbesondere soll durch das Trennungsgebot das Missbrauchsrisiko reduziert werden, welches dann entsteht, wenn eine Behörde sowohl umfassende Vorfeldbefugnisse als auch imperative Befugnisse erhält. Entwicklungen im Sinne einer „Vernachrichtendienstlichung der Polizeibehörden"[197] müssen daher kritisch beobachtet werden. Aus sicherheitspolitischer Perspektive ist eine solche Erweiterung polizeilicher Befugnisse auch nicht notwendig, denn mit den Nachrichtendiensten gibt es bereits Behörden, die für Situationen im Vorfeld konkreter Gefahren zuständig sind. Sieht man Defizite in der Aufklärung im Vorfeldbereich, müssen Reformen bei diesen ansetzen. Aus diesem Grund beinhaltet Kap. 12 einen Vorschlag für eine effizientere Strukturierung derselben.

4.3.9.3 Zwischenergebnis zu den Konsequenzen des Trennungsgebots für die Zusammenarbeit in der Terrorismusbekämpfung

Dem Grundgesetz ist das Gebot einer Trennung von Polizeibehörden und Nachrichtendiensten zu entnehmen. Dieses Gebot verlangt die funktionelle, befugnisrechtliche, organisatorische und informationelle Trennung beider Behördenstränge. Als Gebot kann es im Einzelfall jedoch durchbrochen werden, wenn die Abwägung dies erfordert. Verschränkungen und insbesondere der Austausch von Informationen zwischen den Behörden sind daher im Einzelfall zulässig und notwendig. Trennung und Kooperation schließen sich daher nicht aus. Vielmehr ist die Trennung die (denklogische) Grundlage der Kooperation[198] und Kooperation die notwendige Modalität in der Erfüllung einer gemeinsamen Aufgabe. Bei der Kooperation muss jedoch beachtet werden, dass die grundsätzlichen Vorgaben des Trennungsgebots nicht beliebig aufgeweicht werden können.

---

[194] Siehe dazu oben, Kap. 3.

[195] Vgl. dazu schon oben, Kap. 3, unter Anschn. 3.3.3.

[196] Meyer-Wieck 2006, S. 349; Paeffgen 2002, S. 336.

[197] Arzt 2019, Rn. 37; Bäcker 2021b, Rn. 256; Paeffgen und Gärditz 2000, S. 66.

[198] Gusy 2017, S. 368–369.

4.4 Zwischenergebnis zu den Grenzen der Optimierung

Das Kapitel hat gezeigt, dass der Gesetzgeber bei der Reformierung der Terrorismusbekämpfung bestimmte Grenzen beachten muss. Allerdings begrenzt die Abwehrfunktion der Grundrechte nicht nur den Spielraum des Gesetzgebers, auch sie fordert (wie die Schutzfunktion der Grundrechte) eine gewissenhafte Evaluierung von Defiziten staatlichen Handelns. Sie begrenzt strukturelle Reformen dadurch, dass die Sicherheitsbehörden nicht dazu ermächtigt werden dürfen, beliebig viele Informationen untereinander auszutauschen. Das gilt insbesondere für den Austausch von Informationen zwischen Polizeibehörden und Nachrichtendiensten. Diese Vorgabe bezeichnet man als informationelle Dimension des sog. Trennungsgebots, das die Trennung zwischen Nachrichtendiensten und Polizeibehörden vorsieht. Das Trennungsgebot kann als Ausprägung des Grundsatzes der Begrenzung staatlicher Macht verstanden werden. Aus ihm lassen sich spezifische Vorgaben für die Ausgestaltung der Sicherheitsarchitektur ableiten. Der Grundsatz der Begrenzung staatlicher Macht hingegen ist weiter gefasst und es muss im Einzelfall geprüft werden, ob er den konkreten Reformüberlegungen Einhalt gebieten würde. Die herausgearbeiteten Grenzen werden bei der Identifizierung von Defiziten in Teil II und bei der Erarbeitung von Reformoptionen in Teil III berücksichtigt.

Literatur

Abbühl, A. (2010). *Der Aufgabenwandel des Bundeskriminalamtes. Von der Zentralstelle zur multifunktionalen Intelligence-Behörde des Bundes*. Boorberg.

Albert, H. (1995). Das „Trennungsgebot“ – ein für Polizei und Verfassungsschutz überholtes Entwicklungskonzept? *Zeitschrift für Rechtspolitik*, 105–109.

Alexy, R. (1986). *Theorie der Grundrechte*. Suhrkamp.

Alexy, R. (1990). Grundrechte als subjektive Rechte und als objektive Normen. *Der Staat, 29*(1), 49–68.

Alexy, R. (2009). Ideales Sollen. In L. Clérico & J.-R. Sieckmann (Hrsg.), *Grundrechte, Prinzipien und Argumentation. Studien zur Rechtstheorie Robert Alexys* (S. 21–38). Nomos.

Anter, A. (2012). Der Freiheitssicherheitskomplex. In R. Voigt (Hrsg.), *Sicherheit versus Freiheit. Verteidigung der staatlichen Ordnung um jeden Preis?* (S. 127–140). Springer VS.

Arzt, C. (2019). ATDG § 1. In W.-R. Schenke, K. Graulich, & J. Ruthig (Hrsg.), *Sicherheitsrecht des Bundes* (2. Aufl.). C.H. Beck.

Arzt, C. (2021). Abschnitt G.IV. Praxis der polizeilichen Datenverarbeitung. In H. Lisken, E. Denninger, M. Bäcker, & K. Graulich (Hrsg.), *Handbuch des Polizeirechts. Gefahrenabwehr – Strafverfolgung – Rechtsschutz* (7. Aufl.). C.H. Beck.

Aust, H. P. (2020). Auslandsaufklärung durch den Bundesnachrichtendienst. *Die Öffentliche Verwaltung: Zeitschrift für öffentliches Recht und Verwaltungswissenschaft, 2020*(16), 715–724.

Bäcker, M. (2021a). § 28 Sicherheitsverfassungsrecht. In M. Herdegen, J. Masing, R. Poscher, & K. F. Gärditz (Hrsg.), *Handbuch des Verfassungsrechts: Darstellung in transnationaler Perspektive*. C.H. Beck.

Bäcker, M. (2021b). Abschnitt B.II. Bundesstaatliche Grundlagen der Polizeiarbeit. In H. Lisken, E. Denninger, M. Bäcker, & K. Graulich (Hrsg.), *Handbuch des Polizeirechts. Gefahrenabwehr – Strafverfolgung – Rechtsschutz* (7. Aufl.). C.H. Beck. Rn. 99–212.

Badura, P. (2018). *Staatsrecht. Systematische Erläuterung des Grundgesetzes für die Bundesrepublik Deutschland* (7. Aufl.). C.H. Beck.

Balzacq, T., & Carrera, S. (2016). *Security versus freedom? A challenge for Europe's future*. Routledge.

Barczak, T. (2023). GG Art. 2 Abs. 1. In F. Brosius-Gersdorf (Hrsg.), *Dreier Grundgesetz-Kommentar, Band I. Präambel, Art. 1 bis 19 GG* (4. Aufl.). Mohr Siebeck.

Baumann, K. (2005). Vernetzte Terrorismusbekämpfung oder Trennungsgebot? *Deutsches Verwaltungsblatt*, 798–805.

Behördenchef unter Druck. (2023, Juli 18). BND-Präsident Kahl wertet Kritik als „deutsche Eigenart". *Spiegel Online*. https://www.spiegel.de/politik/deutschland/bnd-praesident-bruno-kahl-wir-sind-kein-geheimdienst-a-c95b5e89-1b7c-4fb4-944c-7be891875bb2. Zugegriffen am 25.10.2025.

Bergemann, N. (2021). Abschnitt H. Nachrichtendienste und Polizei. In H. Lisken, E. Denninger, M. Bäcker, & K. Graulich (Hrsg.), *Handbuch des Polizeirechts. Gefahrenabwehr – Strafverfolgung – Rechtsschutz* (7. Aufl.). C.H. Beck.

BGH, Urteil vom 22.12.2000, Aktenzeichen 3 StR 378/00. In *Neue Juristische Wochenschrift*, S. 1359.

Bleckmann, A. (1998). *Vom Sinn und Zweck des Demokratieprinzips. Ein Beitrag zur teleologischen Auslegung des Staatsorganisationsrechts*. Duncker & Humblot.

Böckenförde, E.-W. (2004). § 24 Demokratieprinzip als Verfassungsprinzip. In J. Isensee & P. Kirchhof (Hrsg.), *Handbuch des Staatsrechts der Bundesrepublik Deutschland, Band II. Verfassungsstaat* (3. Aufl., S. 429–496). C.F. Müller.

Borgs-Maciejewski, H. (1986). BVerfSchG § 3. In H. Borgs-Maciejewski & F. Ebert (Hrsg.), *Das Recht der Geheimdienste. Kommentar zum Bundesverfassungsschutzgesetz (Gesetz über die Zusammenarbeit des Bundes und der Länder in Angelegenheiten des Verfassungsschutzes) sowie zum G 10 (Gesetz zur Beschränkung des Brief-, Post- und Fernmeldegeheimnisses – Gesetz zu Artikel 10 Grundgesetz) nebst Sammlung aller einschlägigen Gesetze des Bundes und der Länder sowie einer Chronik der Nachrichtendienste*. Richard Boorberg.

Brenner, M. (1990). *Bundesnachrichtendienst im Rechtstaat. Zwischen geheimdienstlicher Effizienz und rechtsstaatlicher Kontrolle*. Nomos.

Brugger, W. (2004). Gewährleistung von Freiheit und Sicherheit im Lichte unterschiedlicher Staats- und Verfassungsverständnisse. Bericht. *Veröffentlichungen der Vereinigung der Deutschen Staatsrechtslehrer, 63*, 101–150.

BVerfG, Urteil vom 17.08.1956, Aktenzeichen 1 BvB 2/51. In *Entscheidungen des Bundesverfassungsgerichts* 5, S. 85, BVerfGE 5, 85.

BVerfG, Urteil vom 15.01.1958, Aktenzeichen 1 BvR 400/51. In *Entscheidungen des Bundesverfassungsgerichts* 7, S. 198, BVerfGE 7, 198.

BVerfG, Urteil vom 28.02.1961, Aktenzeichen 2 BvG 1/60, 2 BvG 2/60. In *Entscheidungen des Bundesverfassungsgerichts* 12, S. 205, BVerfGE 12, 205.

BVerfG, Urteil vom 14.12.1965, Aktenzeichen 1 BvR 413/60, 1 BvR 416/60. In *Entscheidungen des Bundesverfassungsgerichts* 19, S. 206, BVerfGE 19, 206.

BVerfG, Beschluss vom 15.12.1965, Aktenzeichen 1 BvR 513/65. In *Entscheidungen des Bundesverfassungsgerichts* 19, S. 342, BVerfGE 19, 342.

BVerfG, Beschluss vom 02.05.1967, Aktenzeichen 1 BvR 578/63. In *Entscheidungen des Bundesverfassungsgerichts* 21, S. 362, BVerfGE 21, 362.

BVerfG, Urteil vom 18.12.1968, Aktenzeichen 1 BvR 638/64, 1 BvR 673/64, 1 BvR 200/65, 1 BvR 238/65, 1 BvR 249/65. In *Entscheidungen des Bundesverfassungsgerichts* 24, S. 367, BVerfGE 24, 367.

BVerfG, Urteil vom 15.12.1970, Aktenzeichen 2 BvF 1/69, 2 BvR 629/68 und 308/6. In *Entscheidungen des Bundesverfassungsgerichts* 30, S. 1, BVerfGE 30, 1.

BVerfG, Beschluss vom 19.07.1972, Aktenzeichen 2 BvL 7/71. In *Entscheidungen des Bundesverfassungsgerichts* 33, S. 367, BVerfGE 33, 367.

BVerfG, Urteil vom 29.05.1973, Aktenzeichen 1 BvR 424/71, 1 BvR 325/72. In *Entscheidungen des Bundesverfassungsgerichts* 35, S. 79, BVerfGe 35, 79.

BVerfG, Beschluss vom 18.12.1974, Aktenzeichen 1 BvR 430/65, 1 BvR 259/66. In *Entscheidungen des Bundesverfassungsgerichts* 38, S. 281, BVerfGE 38, 281.

BVerfG, Beschluss vom 22.05.1975, Aktenzeichen 2 BvL 13/73. In *Entscheidungen des Bundesverfassungsgerichts* 39, S. 334, BVerfGE 39, 334.

BVerfG, Beschluss vom 20.10.1977, Aktenzeichen 2 BvR 631/77. In *Entscheidungen des Bundesverfassungsgerichts* 46, S. 214, NJW 1977, 2355-2356.

BVerfG, Beschluss vom 8,7.1982, Aktenzeichen 2 BvR 1187/80. In *Entscheidungen des Bundesverfassungsgerichts* 61, S. 82, BVerfGE 61, 82.

BVerfG, Beschluss vom 20.10.1982, Aktenzeichen 1 BvR 1470/80. In *Entscheidungen des Bundesverfassungsgerichts* 61, S. 260, BVerfGE 61, 260.

BVerfG, Beschluss vom 21.07.1983, Aktenzeichen 12.05.1987 – 2 BvR 1226/83, 2 BvR 101/84, 2 BvR 313/84. In *Entscheidungen des Bundesverfassungsgerichts* 76, S. 1, BVerfGE 76,1.

BVerfG, Urteil vom 15.12.1983, Aktenzeichen 1 BvR 209/83, 1 BvR 269/83, 1 BvR 362/83, 1 BvR 420/83, 1 BvR 440/83, 1 BvR 484/83. In *Entscheidungen des Bundesverfassungsgerichts* 65, S. 1, BVerfGE 65, 1.

BVerfG, Beschluss vom 31.10.1984, Aktenzeichen 1 BvR 35, 356, 794/82. In *Entscheidungen des Bundesverfassungsgerichts* 68, S. 193, BVerfGE 68, 193.

BVerfG, Urteil vom 18.12.1984, Aktenzeichen 2 BvE 13/83. In *Entscheidungen des Bundesverfassungsgerichts* 68, S. 1.

BVerfG, Beschluss vom 28.01.1998, Aktenzeichen 2 BvF 3/92. In *Entscheidungen des Bundesverfassungsgerichts* 97, S. 198, NVwZ 1998, 495.

BVerfG, Urteil vom 14.07.1999, Aktenzeichen 1 BvR 2226/94, 1 BvR 2420/95, 1 BvR 2437/95. In *Entscheidungen des Bundesverfassungsgerichts* 100, S. 313, BVerfGE 100, 313.

BVerfG, Beschluss vom 19.07.2000, Aktenzeichen 1 BvR 539/96. In *Entscheidungen des Bundesverfassungsgerichts* 102, S. 197, BVerfGE 102, 197.

BVerfG, Urteil vom 28.03.2001, Aktenzeichen 1 BvR 1054/01. In *Entscheidungen des Bundesverfassungsgerichts* 115, S. 276, BVerfGE 115, 276.

BVerfG, Urteil vom 12.03.2003, Aktenzeichen 1 BvR 330/96, 1 BvR 348/9. In *Entscheidungen des Bundesverfassungsgerichts* 107, S. 299, BVerfGE 107, 299.

BVerfG, Urteil vom 03.03.2004, Aktenzeichen 1 BvR 2378/98, 1 BvR 1084/99. In *Entscheidungen des Bundesverfassungsgerichts* 109, S. 279, BVerfGE 109, 279.

BVerfG, Urteil vom 27.07.2005, Aktenzeichen 1 BvR 668/04. In *Entscheidungen des Bundesverfassungsgerichts* 113, S. 348, NJW 2005, 2603.

BVerfG, Beschluss vom 04.04.2006, Aktenzeichen 1 BvR 518/02. In *Entscheidungen des Bundesverfassungsgerichts* 115, S. 320, BVerfGE 115, 320.

BVerfG, Beschluss vom 13.06.2007, Aktenzeichen 1 BvR 1550/03, 1 BvR 2357/04, 1 BvR 603/05. In *Entscheidungen des Bundesverfassungsgerichts* 118, S. 168, BVerfGE 118, 168.

BVerfG, Urteil vom 27.02.2008, Aktenzeichen 1 BvR 370, 595/07. In *Entscheidungen des Bundesverfassungsgerichts* 120, S. 274, BVerfGE 120, 274.

BVerfG, Beschluss vom 04.11.2009, Aktenzeichen 1 BvR 2150/08. In *Entscheidungen des Bundesverfassungsgerichts* 124, S. 300, BVerfGE 124, 300.

BVerfG, Urteil vom 02.03.2010, Aktenzeichen 1 BvR 256/08 u. a. In *Entscheidungen des Bundesverfassungsgerichts* 125, S. 260, BVerfGE 125, 260.

BVerfG, Urteil vom 24.11.2010, Aktenzeichen 1 BvF 2/05. In *Entscheidungen des Bundesverfassungsgerichts* 128, S. 1, BVerfGE 128,1.

BVerfG, Beschluss vom 24.01.2012, Aktenzeichen 1 BvR 1299/05. In *Entscheidungen des Bundesverfassungsgerichts* 130, S. 151, BVerfGE 130, 151.

BVerfG, Urteil vom 24.08.2013, Aktenzeichen 1 BvR 1215/07. In *Entscheidungen des Bundesverfassungsgerichts* 133, S. 277, BVerfGE 133, 277.

BVerfG, Urteil vom 20.04.2016, Aktenzeichen 1 BvR 966, 1140/09. In *Entscheidungen des Bundesverfassungsgerichts* 141, S. 220, BVerfGE 141, 220.

BVerfG, Beschluss vom 13.10.2016, Aktenzeichen 2 BvE 2/15. In *Entscheidungen des Bundesverfassungsgerichts* 143, S. 101, BVerfGE 143, 101.

BVerfG, Urteil vom 17.01.2017, Aktenzeichen 2 BvB 1/13. In *Entscheidungen des Bundesverfassungsgerichts* 144, S. 20, BVerfGE 144, 20.

BVerfG, Urteil vom 19.05.2020, Aktenzeichen 1 BvR 2835/17. In *Entscheidungen des Bundesverfassungsgerichts* 154, S. 152, BVerfGE 154, 152.

BVerfG, Beschluss vom 27.05.2020, Aktenzeichen 1 BvR 1873/13, 1 BvR 2618/13. In *Entscheidungen des Bundesverfassungsgerichts* 155, S. 119, BVerfGE 155, 119.

BVerfG, Beschluss vom 10.11.2020. In *Entscheidungen des Bundesverfassungsgerichts* 156, S. 11, BVerfGE 156, 11.

BVerfG, Beschluss vom 20.07.2021, Aktenzeichen 2 BvE 4, 5/20. In *Entscheidungen des Bundesverfassungsgerichts* 159, S. 26, BVerfGE 159, 26.

Denninger, E. (1981). Die Trennung von Verfassungsschutz und Polizei und das Grundrecht auf informationelle Selbstbestimmung. *Zeitschrift für Rechtspolitik*, 231–235.

Di Fabio, U. GG Art. 2 Abs. 1. In R. Herzog, R. Scholz, M. Herdegen, & H. H. Klein (Hrsg.), *Grundgesetz Kommentar, 100. Ergänzungslieferung, Stand: Januar 2023*. C.H. Beck.

Dombert, M., & Räuker, K. (2014). Am Beispiel der deutschen Sicherheitsarchitektur: Zum Grundrechtsschutz durch Organisation. *Die Öffentliche Verwaltung: Zeitschrift für öffentliches Recht und Verwaltungswissenschaft, 2014*(10), 414–421.

Dreier, H. (1993). *Dimensionen der Grundrechte. Von der Wertordnungsjudikatur zu den objektiv-rechtlichen Grundrechtsgehalten*. Hennies & Zinkeisen.

Droste, B. (2007). *Handbuch des Verfassungsschutzrechts*. Boorberg.
EGMR, Urteil vom 13.09.2018, Aktenzeichen 58170/13, 62322/14, 24960/15.
EGMR, Urteil vom 30.01.2020, Aktenzeichen 50001/12.
Etzioni, A. (2004). *How patriotic is the patriot act? Freedom versus security in the age of terrorism*. Routledge.
EuGH, Urteil vom 06.10.2020, Aktenzeichen Verb. Rs. C-511/18, C-512/18, C-520/18, NJW 2021, 531.
EuGH, Urteil (GK) vom 20.09.2022, Aktenzeichen Verb. Rs. C-793/19, C-794/19, NVwZ 2022, 1697.
Evers, H.-U. (1981). Verfassungsschutz und Polizei. In Bundesministerium des Innern (BMI) (Hrsg.), *Verfassungsschutz und Rechtsstaat. Beiträge aus Wissenschaft und Praxis* (S. 65–86). Carl Heymanns.
Flade, F., & Mascolo, G. (2021). Staats-Trojaner – Bundesnachrichtendienst spitzelt mit Pegasus. In *Tagesschau*, 08.10.2021. https://www.tagesschau.de/investigativ/ndr-wdr/spionagesoftware-nso-bka-107.html. Zugegriffen am 25.10.2025.
Foucault, M. (2021). *Überwachen und Strafen. Die Geburt des Gefängnisses* (19. Aufl.). Suhrkamp.
Fremuth, M. L. (2014). Wächst zusammen, was zusammengehört? – Das Trennungsgebot zwischen Polizeibehörden und Nachrichtendiensten im Lichte der Reform der deutschen Sicherheitsarchitektur. *Archiv des öffentlichen Rechts, 139*, 32–79.
Fuhrmann, M. (2019). *Antiextremismus und wehrhafte Demokratie. Kritik am politischen Selbstverständnis der Bundesrepublik Deutschland*. Nomos.
Golla, S. J. (2021). Algorithmen, die nach Terroristen schürfen – „Data-Mining" zur Gefahrenabwehr und zur Strafverfolgung. *Neue Juristische Wochenschrift, 74*(10), 667–672.
Götz, V. (2006). § 85 Innere Sicherheit. In J. Isensee & P. Kirchhof (Hrsg.), *Handbuch des Staatsrechts der Bundesrepublik Deutschland, Band IV. Aufgaben des Staates* (3. Aufl.). C.F. Müller.
Gröpl, C. (1993). *Die Nachrichtendienste im Regelwerk der deutschen Sicherheitsverwaltung. Legitimation, Organisation und Abgrenzungsfragen*. Duncker & Humblot.
Grumke, T., & van Hüllen, R. (2019). *Der Verfassungsschutz. Grundlagen. Gegenwart. Perspektiven?* (2. Aufl.). Verlag Barbara Budrich.
Grzeszick, B. GG Art. 20. In R. Herzog, R. Scholz, M. Herdegen, & H. H. Klein (Hrsg.), *Grundgesetz Kommentar, 100. Ergänzungslieferung, Stand: Januar 2023*. C.H. Beck.
Gusy, C. (1987). Das verfassungsrechtliche Gebot der Trennung von Polizei und Nachrichtendiensten. *Zeitschrift für Rechtspolitik, 20*(2), 45–52.
Gusy, C. (2000). Informationelle Selbstbestimmung und Datenschutz: Fortführung oder Neuanfang? *Kritische Vierteljahresschrift für Gesetzgebung und Rechtswissenschaft, 83*, 52–64.
Gusy, C. (2017). Nachrichtendienste in der sicherheitsbehördlichen Kooperation. Verfassungsrechtliche Grundlagen und gesetzliche Grundfragen. In J.-H. Dietrich & S. Eiffler (Hrsg.), *Handbuch des Rechts der Nachrichtendienste* (S. 349–395). Boorberg.
Gusy, C. (2019). BNDG § 1. In W.-R. Schenke, K. Graulich, & J. Ruthig (Hrsg.), *Sicherheitsrecht des Bundes* (2. Aufl.). C.H. Beck.
Hanning, A. (2012). § 53 Föderalismus im Politikbereich Innere Sicherheit. In I. Härtel (Hrsg.), *Handbuch Föderalismus. Föderalismus als demokratische Rechtsordnung und*

Rechtskultur in Deutschland, Europa und der Welt, Band III: Entfaltungsbereiche des Föderalismus (S. 47–68). Springer.
Härting, N. (2015). Zweckbindung und Zweckänderung im Datenschutzrecht. *Neue Juristische Wochenschrift, 2015*(45), 3284–3288.
Haynes, P. (2014). Vereinbarkeit der sicherheitspolitischen Maßnahmen zur Terrorismusbekämpfung mit dem Trennungsgebot. *Die Polizei, 105*(3), 74–79.
Heintzen, M. (2018). GG Art. 73. In F. Klein, C. Starck, P. M. Huber, & A. Voßkuhle (Hrsg.), *Grundgesetz* (7. Aufl.). C.H. Beck.
Heldt, A. P. (2019). Gesichtserkennung: Schlüssel oder Spitzel? Der Einsatz von intelligenten Scans von Gesichtern im öffentlichen Raum. *Multimedia und Recht, 2019*(5), 285–289.
Hermes, G. (2018). GG Art. 87. In H. Dreier (Hrsg.), *Grundgesetz-Kommentar, Band III. Art. 83 bis 146 GG* (3. Aufl.). Mohr Siebeck.
Hesse, K. (1978). Bestand und Bedeutung der Grundrechte in der Bundesrepublik Deutschland. *Europäische Grundrechte Zeitschrift, 5*(19–22), 427–438.
Hirsch, A. (1996). *Die Kontrolle der Nachrichtendienste. Vergleichende Bestandsaufnahme, Praxis und Reform*. Duncker & Humblot.
Huber, E. R. (1951). *Quellen zum Staatsrecht der Neuzeit, Bd. 2. Deutsche Verfassungsdokumente der Gegenwart (1919–51)*. Matthiessen.
Huber, P. M. (1988). *Grundrechtsschutz durch Organisation und Verfahren als Kompetenzproblem in der Gewaltenteilung und im Bundesstaat*. V. Florentz.
Huerta, C. (2009). Normkonflikte im Lichte der Prinzipientheorie. In L. Clérico & J.-R. Sieckmann (Hrsg.), *Grundrechte, Prinzipien und Argumentation. Studien zur Rechtstheorie Robert Alexys* (S. 183–194). Nomos.
Ibler, M. GG Art. 87. In R. Herzog, R. Scholz, M. Herdegen, & H. H. Klein (Hrsg.), *Grundgesetz Kommentar, 100. Ergänzungslieferung, Stand: Januar 2023*. C.H. Beck.
Jarass, H. D. (2022). GG vor Art. 1: Allgemeine Grundrechtslehren. In H. D. Jarass & M. Kment (Hrsg.), *Grundgesetz für die Bundesrepublik Deutschland. Kommentar* (17. Aufl.). C.H. Beck.
Jellinek, G. (2011). *System der subjektiven öffentlichen Rechte* (2. Aufl. 1905). Mohr Siebeck.
Klee, R. (2010). *Neue Instrumente der Zusammenarbeit von Polizei und Nachrichtendiensten. Geltung, Rang und Reichweite des Trennungsgebots*. Nomos-Universitätsschriften.
König, M. (2005). *Trennung und Zusammenarbeit von Polizei und Nachrichtendiensten*. Richard Boorberg.
Kulick, A. (2020). „Höchstpersönliches Merkmal" – Verfassungsrechtliche Maßstäbe der Gesichtserkennung. *Neue Zeitschrift für Verwaltungsrecht, 39*(22), 1622–1627.
Kutscha, M. (1986). Die Aktualität des Trennungsgebots für Polizei und Verfassungsschutz. *Zeitschrift für Rechtspolitik, 19*(8), 194–198.
Kutscha, M. (2013). Die Antinomie des Verfassungsschutzes. *Neue Zeitschrift für Verwaltungsrecht, 66*(6), 324–327.
Landerer, L. M. (2022). *Neue Behörden, alte Probleme: Warum ein neues „Bundesfinanzkriminalamt" mit einer Reform des Geldwäscherechts einhergehen sollte (Verfassungsblog)*. https://verfassungsblog.de/neue-behorden-alte-probleme/. Zugegriffen am 25.10.2025.
Lange, H.-J. (2006). Sicherheitsbegriff, erweiterter. In H.-J. Lange (Hrsg.), *Wörterbuch zur Inneren Sicherheit* (S. 287–292). VS Verlag für Sozialwissenschaften.

Lindner, J. F., & Unterreitmeier, J. (2019). Grundlagen einer Dogmatik des Nachrichtendienstrechts. *Die Öffentliche Verwaltung: Zeitschrift für öffentliches Recht und Verwaltungswissenschaft*, *72*(5), 165–175.

Meyer-Wieck, H. (2006). Das Verhältnis zwischen Polizei und Nachrichtendiensten – Der Diskurs um das Trennungsgebot. *Die Polizei*, *97*(12), 349–357.

Möllers, M. H. W. (2021). Innenpolitische Dimension der Sicherheitspolitik. In S. Böckenförde & S. B. Gareis (Hrsg.), *Deutsche Sicherheitspolitik. Herausforderungen, Akteure und Prozesse* (3. Aufl., S. 111–156). Barbara Budrich.

Möllers, T. M. J. (2023). *Juristische Methodenlehre* (5. Aufl.). C.H. Beck.

Nehm, K. (2004). Das nachrichtendienstliche Trennungsgebot und die neue Sicherheitsarchitektur. *Neue Juristische Wochenschrift*, *2004*(45), 3289–3295.

Niechziol, F. (2019). *Vernetzte Sicherheit als Strategie der föderalen Sicherheitsarchitektur. Eine Analyse am Beispiel der Bundespolizei*. Felix-Verlag.

Ostheimer, M., & Lange, H.-J. (2000). Die Inlandsnachrichtendienste des Bundes und der Länder. In H.-J. Lange (Hrsg.), *Staat, Demokratie und Innere Sicherheit in Deutschland* (S. 167–201). Springer VS.

Paeffgen, H.-U. (2002). Vernachrichtendienstlichung von Strafprozeß- (und Polizei-) recht im Jahr 2001. *Der Strafverteidiger*, *2002*(6), 336–341.

Paeffgen, H.-U., & Gärditz, K. F. (2000). Die föderale Seite des „Trennungsgebotes" oder: Art. 87 Abs. III, 73 GG und das G-10-Urteil. *Kritische Vierteljahresschrift für Gesetzgebung und Rechtswissenschaft*, *83*(1), 65–75.

Petri, T. (2013). Die Antiterrordatei – Prototyp für verfassungswidrig ausgestaltete Verbunddateien? *Zeitschrift für Datenschutz*, *7*(1), 3–8.

Poscher, R., & Rusteberg, B. (2014). Die Aufgabe des Verfassungsschutzes: Zur funktionalen Trennung von Polizei und Nachrichtendiensten. *Kritische Justiz*, *47*(1), 57–71.

Protokoll über die Beendigung des Besatzungsregimes in der Bundesrepublik Deutschland vom 23.10.1954 (23.10.1954), BGBl. 1955 II S. 215.

Rademacher, T., & Perkowski, L. (2020). Staatliche Überwachung, neue Technologien und die Grundrechte. *Juristische Schulung*, *713*, 713–720.

Rathgeber, C. (2013). Terrorismusbekämpfung durch Organisationsrecht. *Deutsches Verwaltungsblatt*, *128*(3), 1009–1016.

Roggan, F. (2017). Legislative Entgrenzungen im Bereich der „Terrorismusbekämpfung" – Eine unvollständige Bilanz der letzten zehn Jahre. *Zeitschrift für Rechtspolitik*, *50*(7), 208–212.

Roggan, F. (2019). Verfassungsrechtliche Grenzen von automatisierten Kfz-Kennzeichenkontrollen. *Neue Zeitschrift für Verwaltungsrecht*, *38*(6), 344–350.

Roggan, F., & Bergemann, N. (2007). Die „neue Sicherheitsarchitektur" der Bundesrepublik Deutschland – Anti-Terror-Datei, gemeinsame Projektdateien und Terrorismusbekämpfungsergänzungsgesetz. *Neue Juristische Wochenschrift*, *60*(13), 876–881.

Ronellenfitsch, M. (2011). Abschied vom Trennungsgebot. In R. Johne (Hrsg.), *Verfassungsschutz in der freiheitlichen Demokratie. 60 Jahre Landesamt für Verfassungsschutz Hessen* (S. 71–87). Landesamt für Verfassungsschutz Hessen.

Roßbach, M., & Wischmeyer, T. (2019). Grundrechtsschutz durch Organisation. Das erste Fernsehurteil und das Hochschulurteil. In D. Grimm (Hrsg.), *Vorbereiter – Nachbereiter? Studien zum Verhältnis von Verfassungsrechtsprechung und Verfassungsrechtswissenschaft* (S. 194–259). Mohr Siebeck.

Roth, W. (2019). BVerfSchG § 2. In W.-R. Schenke, K. Graulich, & J. Ruthig (Hrsg.), *Sicherheitsrecht des Bundes* (2. Aufl.). C.H. Beck.

Sachs, M. (2021). GG Art. 20. In M. Sachs (Hrsg.), *Grundgesetz Kommentar* (9. Aufl.). C.H. Beck.

Sauer, Heiko (2023): GG vor Art. 1. In Frauke Brosius-Gersdorf: Dreier Grundgesetz-Kommentar, Band I. Präambel, Art. 1 bis 19 GG (4). : Mohr Siebeck.

Schaefer, H. C. (1999). Strafverfolgung und Verfassungsschutz. *Neue Juristische Wochenschrift, 1999*(35), 2572–2573.

Schindler, S. (2022). Im Auge der Polizei: Polizeiliche Gesichtserkennung im öffentlichen Raum. In M. Staub (Hrsg.), *Überwachung im öffentlichen Raum – 9/11, 20 Jahre später. Eine verfassungsrechtliche Spurensuche* (S. 91–108). Verfassungsblog GmbH.

Schmidt-Aßmann, E. (2004). § 26 Der Rechtsstaat. In J. Isensee & P. Kirchhof (Hrsg.), *Handbuch des Staatsrechts der Bundesrepublik Deutschland, Band II. Verfassungsstaat* (3. Aufl., S. 542–612). C.F. Müller.

Schmidt-Jortzig, E. (1994). Effektiver Rechtsschutz als Kernstück des Rechtsstaatsprinzips nach dem Grundgesetz. *Neue Juristische Wochenschrift, 47*(49), 2569–2573.

Schneider, N. (2019). *Das Gebot der Trennung von Polizei und Nachrichtendiensten im Spannungsfeld von Freiheitsschutz und effektiver Gefahrenabwehr. Eine Bewertung des Sicherheitssystems und der Rechtsprechung des Bundesverfassungsgerichts zur Antiterrordatei vor dem Hintergrund der aktuellen Bedrohungslage.* Peter Lang.

Scholz, R. GG Art. 23. In R. Herzog, R. Scholz, M. Herdegen, & H. H. Klein (Hrsg.), *Grundgesetz Kommentar, 100. Ergänzungslieferung, Stand: Januar 2023.* C.H. Beck.

Schröder, U. J. (2017). Das Demokratieprinzip des Grundgesetzes. *Juristische Arbeitsblätter, 49*(11), 809–818.

Schulze-Fielitz, H. (2015). GG Art. 20 (Rechtsstaat). In H. Dreier (Hrsg.), *Grundgesetz-Kommentar, Band II. Art. 20 bis 82 GG* (3. Aufl.). Mohr Siebeck.

Schwarz, K.-A. (2011). Die Dogmatik der Grundrechte: Schutz und Abwehr im freiheitssichernden Staat. In U. Blaschke, A. Förster, S. Lumpp, & J. Schmidt (Hrsg.), *Sicherheit statt Freiheit? Staatliche Handlungsspielräume in extremen Gefährdungslagen* (S. 29–49). Duncker & Humblot.

Schwarz, K.-A. (2023). BayPAG Art. 12. In M. Möstl & T. Schwabenbauer (Hrsg.), *Beck'scher Online-Kommentar Polizei- und Sicherheitsrecht Bayern, 22. Ergänzungslieferung, Stand: 15.04.2023. 22. Edition.* C.H. Beck.

Staubach, P. (2019). Das Verhältnismäßigkeitsprinzip. In D. Grimm (Hrsg.), *Vorbereiter – Nachbereiter? Studien zum Verhältnis von Verfassungsrechtsprechung und Verfassungsrechtswissenschaft* (S. 131–160). Mohr Siebeck.

Streiß, C. (2011). *Das Trennungsgebot zwischen Polizei und Nachrichtendiensten. Im Lichte aktueller Herausforderungen des Sicherheitsrechts.* Peter Lang.

Uhle, A. GG Art. 73. In R. Herzog, R. Scholz, M. Herdegen, & H. H. Klein (Hrsg.), *Grundgesetz Kommentar, 100. Ergänzungslieferung, Stand: Januar 2023.* C.H. Beck.

Unterreitmeier, J. (2018). Überwachung durch Polizei oder Nachrichtendienst – kein Unterschied? *Zeitschrift für das Gesamte Sicherheitsrecht, 2018*(1), 1–6.

Unterreitmeier, J. (2023). BayVSG Art. 2. In M. Möstl & T. Schwabenbauer (Hrsg.), *Beck'scher Online-Kommentar Polizei- und Sicherheitsrecht Bayern, 22. Edition, Stand: 15.04.2023. 22. Edition.* C.H. Beck.

Verordnung über die Art der Daten, die nach den §§ 8 und 9 des Bundeskriminalamtgesetzes gespeichert werden dürfen vom 04.06.2010 (BKA-Daten-Verordnung – BKADV) (04.06.2010), BGBl. 2010 I S. 716.

Weisser, N.-F. (2011). Das Gemeinsame Terrorismusabwehrzentrum (GTAZ) – Rechtsprobleme, Rechtsform und Rechtsgrundlage. *Neue Zeitschrift für Verwaltungsrecht, 2011*(3), 142–146.

Willems, G. (1974). *Das Staatsschutzkonzept des Grundgesetzes und seine Bewährung.* C.F. Müller.

Zöller, M. A. (2007). Der Rechtsrahmen der Nachrichtendienste bei der „Bekämpfung" des internationalen Terrorismus. *JuristenZeitung*, *62*(15–16), 763–771.

5 Zwischenergebnis zu Teil I: Strukturen und Grenzen der Optimierung

Der erste Teil dieser Untersuchung hat gezeigt, dass der Staat aufgrund grundrechtlicher Schutzpflichten, aber auch aufgrund der Abwehrfunktion der Grundrechte, verpflichtet ist, die Terrorismusbekämpfung strukturell zu optimieren. Das Grundgesetz gibt in struktureller Hinsicht vor, dass die Terrorismusbekämpfung als gemeinsame Aufgabe von Bund und Ländern und der verschiedenen Exekutivbereiche (Nachrichtendienste/Strafverfolgungsbehörden/Polizeibehörden) ausgestaltet sein muss. Dadurch ergeben sich Überschneidungsbereiche zwischen den Sicherheitsbehörden, die sich in den letzten Jahren noch verstärkt haben und die Kooperation und Koordination erfordern. Soll die Terrorismusbekämpfung optimiert werden,

> „gilt es hier zum einen das vorhandene Instrumentarium mittels maximaler Zusammenarbeit der beteiligten Behörden auszuschöpfen sowie zum anderen eine regulatorische Weiterentwicklung in Betracht zu ziehen, um stetig wachsenden […] terroristischen Bedrohungen […] entgegen zu treten.“[1]

Wenn die Terrorismusbekämpfung auf Optimierungsbedarf überprüft werden soll, so kommen daher zwei Ansätze in Betracht. Entweder kann man das materielle Recht, also die Befugnisse der *einzelnen* Sicherheitsbehörden, oder aber die Organisationsstruktur, also die *Zusammenarbeit* der Sicherheitsbehörden, auf

[1] Hofmann 2018, S. 51.

T. Ackermann, *Terrorismusbekämpfung in der föderalen Sicherheitsarchitektur*, Juridicum – Bochumer Schriften zur Friedenssicherung und zum Humanitären Völkerrecht I Bochum Studies on the International Law of Peace and Armed Conflict 69,
https://doi.org/10.1007/978-3-662-72233-6_5

Anpassungsbedarf überprüfen.[2] Dem Gesetzgeber kommt dabei ein Gestaltungsspielraum zu. Bestehen aber Defizite in den Strukturen der Terrorismusbekämpfung, sollte der Gesetzgeber zum Zweck der bestmöglichen Gewährleistung der Grundrechte zunächst die strukturellen Defizite beheben. Dies gilt umso mehr, da bereits bisherige Reformen des materiellen Rechts mitunter heftige Kritik (auch des Bundesverfassungsgerichts) erfahren haben.[3] Außerdem legt die Medienberichterstattung nahe, dass bisherige Attentäter:innen den Sicherheitsbehörden im Vorfeld bekannt waren (auf den sog. NSU sowie *Anis Amri* wird noch im Detail eingegangen werden, ebenso verhielt es sich aber auch bezüglich des Attentäters von Dresden[4]). Es scheint daher jedenfalls *prima facie*, dass der Umgang mit diesen Informationen fehlerhaft war. Daher muss bei der Identifizierung potenzieller Defizite die Zusammenarbeit der Sicherheitsbehörden in den Blick genommen werden. So führte (sogar) der ehemalige Bundesinnenminister *Seehofer* (CSU) aus:

> „Ich denke, das Allerwichtigste ist, dass wir die Befugnisse, die unsere Sicherheitsbehörden haben, und das geltende Recht richtig anwenden, konsequent anwenden und nicht dem Reflex hinterherlaufen, bei jeder Herausforderung immer wieder neu zu überlegen, welche Paragrafen wir zusätzlich brauchen. Es kommt entscheidend darauf an, dass wir das geltende Recht konsequent anwenden. Ich kann aus der Erfahrung der letzten Tage sagen, dass es dabei vor allem auf Kooperation und Informationsaustausch ankommt. [...] Deshalb werbe ich dafür, zuallererst das bestehende Recht anzuwenden, konsequent anzuwenden, und permanent auch gemeinsam zu überlegen, wo wir die Dinge bei uns in der Bundesrepublik Deutschland noch optimieren können.“[5]

Daher wird die Untersuchung in ihrem zweiten Teil die Terrorismusbekämpfung auf strukturelle Defizite in der Zusammenarbeit der Sicherheitsbehörden untersuchen, um zu überprüfen, ob Optimierungsbedarf besteht, dem sich der Gesetzgeber widmen sollte. Bei der Identifizierung von Defiziten muss allerdings beachtet werden, dass die Verfassung der Optimierung gewisse Grenzen aufzeigt, die in der Beachtung von Grundrechten, dem Grundsatz der Begrenzung staatlicher Macht im Allgemeinen und des Trennungsgebots im Besonderen liegen. Die Begrenzung

---

[2] Hofmann 2020, S. 408; Schluckebier 2019, S. 6–8.

[3] Vgl. Mitsch 2015 BVerfGE 141, 220 (Bundeskriminalamtsgesetz); BVerfGE 154, 152 (BND – Ausland-Ausland-Fernmeldeaufklärung) BVerfGE 133, 277 (Antiterrordateigesetz); BVerfGE 156, 11 (Antiterrordateigesetz II).

[4] Deutscher Bundestag, Plenarprotokoll 19/189, S. 23819.

[5] Deutscher Bundestag, Plenarprotokoll 19/189, S. 23816.

staatlicher Macht durch die föderale Kompetenzverteilung verbietet die Aushöhlung der Länderkompetenzen und eine übermäßige Akkumulation staatlicher Macht an einer Stelle. Darüber hinaus verbietet das Trennungsgebot die Zusammenlegung von Nachrichtendiensten und Polizeibehörden und lässt nur im Einzelfall den Austausch von Informationen zwischen diesen Behördensträngen zu. Diese Grenzen sind sowohl bei der Identifizierung von Defiziten (Teil II) sowie von Reformoptionen zu deren Behebung (Teil III) zu beachten.

Literatur

BVerfG, Urteil vom 24.08.2013, Aktenzeichen 1 BvR 1215/07. In *Entscheidungen des Bundesverfassungsgerichts* 133, S. 277, BVerfGE 133, 277.

BVerfG, Urteil vom 20.04.2016, Aktenzeichen 1 BvR 966, 1140/09. In *Entscheidungen des Bundesverfassungsgerichts* 141, S. 220, BVerfGE 141, 220.

BVerfG, Urteil vom 19.05.2020, Aktenzeichen 1 BvR 2835/17. In *Entscheidungen des Bundesverfassungsgerichts* 154, S. 152, BVerfGE 154, 152.

BVerfG, Beschluss vom 10.11.2020. In *Entscheidungen des Bundesverfassungsgerichts* 156, S. 11, BVerfGE 156, 11.

Deutscher Bundestag. Plenarprotokoll 19/189 der 189. Sitzung des Deutschen Bundestags der 19. Wahlperiode vom 5. November 2020 (05.11.2020) 19/189.

Hofmann, H. (2018). Die bundesstaatliche Architektur der inneren Sicherheit: Status und Reformoptionen im deutschen Mehrebenensystem der Sicherheitsarchitektur. In Europäisches Zentrum für Föderalismus-Forschung Tübingen (EZFF) (Hrsg.), *Jahrbuch des Föderalismus 2018. Föderalismus, Subsidiarität und Regionen in Europa* (S. 51–66). Nomos.

Hofmann, H. (2020). Status und Reformoptionen in der föderalen Sicherheitsarchitektur. In F. Knüpling, M. Kölling, S. Kropp, & H. Scheller (Hrsg.), *Reformbaustelle Bundesstaat* (S. 407–429). Springer.

Mitsch, W. (2015). Vorbeugende Strafbarkeit zur Abwehr terroristischer Gewalttaten. *Neue Juristische Wochenschrift*, *68*(4), 209–212.

Schluckebier, W. (2019). Sicherheitsgewährleistung zwischen politischer Gestaltung und verfassungsrechtlicher Bindung. In J.-H. Dietrich, K. F. Gärditz, K. Graulich, C. Gusy, & G. Warg (Hrsg.), *Reform der Nachrichtendienste zwischen Vergesetzlichung und Internationalisierung* (S. 3–18). Mohr Siebeck.

Teil II

Defizite der Terrorismusbekämpfung in der föderalen Sicherheitsarchitektur

Die Bestimmung von Defiziten 6

Teil I der vorliegenden Untersuchung hat gezeigt, dass der Gesetzgeber verpflichtet ist, die Terrorismusbekämpfung strukturell zu optimieren. Da es sich bei der Terrorismusbekämpfung um eine gemeinsame Aufgabe handelt, die auf viele verschiedene Akteure aufgeteilt ist, muss der Gesetzgeber sicherstellen, dass das Zusammenwirken dieser Akteure bestmöglich funktioniert. Dieser Teil wird herausarbeiten, ob dies der Fall ist oder ob und wenn ja, welche Defizite in dem Zusammenwirken der Akteure bestehen. Dadurch wird der legislative Optimierungsbedarf bestimmt. Dafür ist zunächst entscheidend, nach welchen Kriterien Defizite bestimmt werden können (dazu unter Abschn. 6.1), bevor das konkrete Ziel der Fallstudien (unter Abschn. 6.2) und die Methodik derselben (unter Abschn. 6.3) festgelegt werden.

6.1 Bestimmung von Effektivität und Defiziten in der Terrorismusbekämpfung: Erfolgsfaktor Koordination

Das Ziel der gesamten Untersuchung ist es, herauszufinden, wie die Effektivität in der Terrorismusbekämpfung verbessert werden kann. Es überzeugt nicht, die Effektivität der Terrorismusbekämpfung an harten Zahlen festzumachen, wie z. B. der Anzahl erfolgter terroristischer Anschläge, ihrer Todesopfer oder des Umfangs ihres materiellen Schadens: Diesbezüglich stellen sich, wie *van Dongen*

T. Ackermann, *Terrorismusbekämpfung in der föderalen Sicherheitsarchitektur*, Juridicum – Bochumer Schriften zur Friedenssicherung und zum Humanitären Völkerrecht I Bochum Studies on the International Law of Peace and Armed Conflict 69,
https://doi.org/10.1007/978-3-662-72233-6_6

herausstellt, drei Probleme.[1] Das erste besteht darin, dass ein kausaler Zusammenhang zwischen Maßnahme und Wirkung in der Regel nicht wissenschaftlich belegt werden kann,[2] da die Terrorismusbekämpfung aus einer Vielzahl von Maßnahmen besteht. Das zweite liegt in der Verlässlichkeit der Indikatoren, anhand derer die Effektivität bestimmt werden soll. So mag es durch einen Ermittlungserfolg, etwa einer Festnahme oder der Verhinderung eines konkreten Anschlagsvorhabens, zu Racheakten oder einer (örtlich, zeitlich oder personellen) Verlagerung der Bedrohung kommen.[3] Das dritte besteht in der Auswahl der Indikatoren.[4] Diese werden kontrovers diskutiert: So wird mitunter argumentiert, dass auch das Sicherheitsgefühl als Faktor berücksichtigt werden müsste, da eine effektive Bekämpfung auch die Ziele des Terrorismus, nicht nur seine Erscheinungsformen verhindern müsste.[5] Das würde aber die Messbarkeit eines subjektiven Gefühls und, noch komplexer, die Messbarkeit des gesamtgesellschaftlichen Sicherheitsgefühls voraussetzen.[6] Es gibt jedoch bestimmte Faktoren, von denen anerkannt ist, dass sie die Terrorismusbekämpfung insgesamt beeinflussen können.[7] Einer dieser Erfolgsfaktoren ist ein koordiniertes Vorgehen der beteiligten Akteure.[8] Unter Koordination versteht man die „gegenseitige oder übergeordnete Abstimmung verschiedener Stellen bei ihrer je eigenen Aufgabenerfüllung".[9]

Dies ist besonders im föderalen System, das von parallelen Zuständigkeiten geprägt ist, eine Herausforderung. Dieser Teil der Untersuchung widmet sich der Frage, ob dieser Herausforderung in der aktuellen Sicherheitsarchitektur entsprochen werden kann. Verschiedene Ereignisse in der jüngeren Vergangenheit lassen daran Zweifel aufkommen. Gemeint sind insbesondere die Anschläge des

[1] van Dongen 2009, S. 8–10 Vgl. auch Spencer 2006, S. 181.

[2] Spencer 2006, S. 188; van Dongen 2009, S. 12; Hegemann und Kahl 2016, S. 193.

[3] van Dongen 2009, S. 10–11; Hegemann und Kahl 2016, S. 193.

[4] Lunn et al. 2006, S. 494.

[5] Vgl. Spencer 2006, 189–190, der das Problem treffend als „the neglected fear factor" beschreibt: „Fear is the main component of terrorism. The risk of directly being the victim of a terrorist attack is tiny; coconuts falling from trees kill more people each year."

[6] Spencer 2006, S. 192.

[7] van Dongen 2009, S. 14.

[8] van Dongen 2009, S. 14; Clutterbuck 2006, S. 34, 47; Niechziol 2019, S. 127–129; Bird 2019, S. 653–654; Bakker und van Zuijdewijn 2022, S. 191–192; Freudenberg 2019, S. 138; Daase und Junk 2012, S. 94; Döhler 2019, S. 19; Begum und Momen 2023, S. 2546.

[9] Dietrich 2017, Rn. 39. Vgl. auch Begum und Momen 2023, S. 2541.

sog. NSU[10] sowie die Anschläge in Berlin (19.12.2016),[11] Halle (09.10.2019)[12] und Hanau (19.02.2020).[13] Denn, wie etwa zum Anschlag in Berlin ausgeführt wurde:

> „Wenn ein solcher Anschlag, wie in Berlin geschehen, von einem Täter begangen wird oder von mehreren Tätern begangen wird, die den Sicherheitsbehörden hinlänglich bekannt sind […] dann wirft das Fragen nach möglichen Schwachstellen unserer Abwehrmaßnahmen auf […].“[14]

In diesen Fällen waren die Sicherheitsbehörden bereits vor den Anschlägen mit den Täter:innen bzw. mit den Gefährdungssachverhalten befasst. Die Anschläge konnten dennoch nicht verhindert werden. Möglicherweise war dies einer defizitären Koordination der Sicherheitsbehörden geschuldet.

6.2 Ziel der Fallstudien

Ziel der Fallstudien ist es daher, die Hypothese zu überprüfen, dass es strukturelle Defizite in der Terrorismusbekämpfung gibt, die dazu geführt haben, dass ein koordiniertes Vorgehen in bisherigen Fällen nicht gewährleistet werden konnte. Dazu wird die Untersuchung die Abstimmung zwischen den Sicherheitsbehörden und damit ihre Zusammenarbeit beleuchten. Allerdings muss herausgestellt werden, dass eine erfolgreiche Koordination (und damit auch Kooperation) nicht mit der erfolgreichen Prävention gleichgesetzt werden kann. Zwar ist eine effektive Koordination ein wichtiger Faktor für die Prävention von Terrorakten. Allerdings können auch bei einer reibungslosen Koordination der Sicherheitsbehörden andere Faktoren dazu führen, dass Terrorakte dennoch nicht verhindert werden (können). Die Fallstudien operieren daher (lediglich) unter der Annahme, dass die Koordination zwischen den Sicherheitsbehörden *ein* wichtiger Faktor für eine effektive Terrorismusbekämpfung ist. Sie überprüfen, wie die Abstimmung zwischen den Behörden in den ausgewählten Fällen funktioniert hat, und ob sich daraus möglicherweise strukturelle Defizite ableiten lassen.

---

[10] Vgl. Dosdall 2021; Leitner 2018.

[11] Siehe Schmit 2021.

[12] Siehe Halle-Anschlag: Die wichtigsten Fragen und Antworten zum bevorstehenden Prozess 2020.

[13] Vgl. Vooren 2023; Kehlbach und Nordhardt 2023.

[14] Amri-Untersuchungsausschuss, Protokoll 107 I, S. 12 (Zeuge *Münch*).

6.3 Methodik der Fallstudien

Die Untersuchung wird im Folgenden die Koordination der Sicherheitsbehörden im Fall des sog. NSU (Kap. 7) und des Anschlags auf dem Breitscheidplatz in Berlin (Kap. 8) untersuchen. Aus wissenschaftlicher Sicht geben diese Fälle aufgrund ihrer Datenmenge seltene Einblicke in die Arbeit der Sicherheitsbehörden und bieten sich daher für Untersuchungen an, insbesondere dann, wenn durch die Arbeit von Untersuchungsausschüssen Informationen in die Sphäre der Öffentlichkeit gelangen. Für Untersuchungen ist es wünschenswert, mehrere Fälle heranzuziehen, um sicherzustellen, dass es sich bei den Erkenntnissen nicht um Ausnahmefälle oder „zufällige" Ergebnisse handelt.[15] Allerdings muss auch berücksichtigt werden, welche Aspekte die jeweiligen Fälle beleuchten sollen. Bei der Aufarbeitung der Anschläge in Hanau und Halle stand bzw. steht die Arbeit einzelner Akteure, insbesondere der jeweiligen Polizeibehörden am Tattag (bzw. der Tatnacht), im Vordergrund.[16] Die Untersuchungsausschüsse zu dem sog. NSU und zum Fall Amri jedoch behandelten intensiv die Zusammenarbeit der verschiedenen Sicherheitsbehörden.

Aus diesem Grund bilden diese beiden Fälle den Gegenstand der nachfolgenden Fallstudien. Im Wege der zusammenfassenden Inhaltsanalyse werden die Erkenntnisse der beiden Fälle herausgearbeitet und miteinander verglichen. Dabei wird nach der sog. Replication-Methode vorgegangen: Beide Fälle werden separat – aber nicht voneinander unabhängig – anhand derselben Kriterien untersucht.[17] Insbesondere werden die im Rahmen der ersten Fallstudie herausgearbeiteten Erkenntnisse für die zweite Fallstudie fruchtbar gemacht. Im Anschluss wird ein Zwischenergebnis zu den herausgearbeiteten Defiziten gezogen.

Obwohl die beiden Fälle unterschiedliche Besonderheiten aufweisen, sind sie miteinander vergleichbar. Zwar könnte man anführen, dass es sich bei Amri um einen Einzeltäter handelte, während es sich beim sog. NSU um eine Gruppe bzw. größeres Netzwerk handelte.[18] Es soll aber daran erinnert werden, dass die Fallstudien die Zusammenarbeit der Sicherheitsbehörden in den Blick nehmen werden. Für die Analyse der Zusammenarbeit lässt sich aus der Anzahl der beteiligten Personen jedenfalls kein pauschaler Unterschied ableiten oder höchstens dergestalt, dass die Einbindung mehrerer Individuen auch einen intensivierten

---

[15] Yin 2018, S. 61, 63 f.

[16] Vgl. Leiste 2021; Fastnacht et al. 2023.

[17] Vgl. Yin 2018, S. 57–59.

[18] Schüler 2023, S. 17–19.

Informationsaustausch erfordert. Darüber hinaus wird die Fallstudie zeigen, dass auch *Amri* nach heutigen Erkenntnissen nicht als Einzeltäter zu klassifizieren ist.[19] Auch die unterschiedliche Zeitspanne der beiden Fälle (im Fall des sog. NSU wurden terroristische Taten über ein Jahrzehnt begangen, während *Amri* einen Anschlag beging) sind für die Bewertung der Zusammenarbeit nicht ausschlaggebend. Zwar mag es im Fall des sog. NSU mehr, im Fall Amri weniger Anknüpfungspunkte für die Evaluierung der Zusammenarbeit geben. Dennoch lassen sich die Informationen, die die beiden Fälle diesbezüglich bieten, miteinander vergleichen. Auch die Tatsache, dass es sich um Fälle aus zwei unterschiedlichen Phänomenbereichen (Rechtsterrorismus und islamistischer Terrorismus) handelt, beeinträchtigt nicht die Aussagekraft eines Vergleichs, sondern erhöht diese im Gegenteil. Durch eine Auswahl von Fällen aus unterschiedlichen Bereichen lässt sich überprüfen, ob Defizite bereichsspezifisch oder genereller Natur sind.

Die Untersuchung bedient sich dabei insbesondere der Abschlussberichte der Untersuchungsausschüsse des Deutschen Bundestages, und, soweit verfügbar, auch der Landesuntersuchungsausschüsse. Auch die Unterlagen der Sicherheitsbehörden, die die Untersuchungsausschüsse der Öffentlichkeit zugänglich gemacht haben, werden für die Auswertung herangezogen, ebenso wie die Protokolle der Vernehmung von Zeug:innen.

Im Sinne der Transparenz möchte die Untersuchung herausstellen, dass aufgrund der Materie, die notwendigerweise mit Geheimhaltungsinteressen einhergeht, nur auf ein begrenztes Kontingent an Informationen zurückgegriffen werden kann. Die Untersuchungsausschüsse stellen nur eine Auswahl von Dokumenten, die in der Fallbearbeitung relevant waren, zur Verfügung. Im Vergleich zu dem Umfang, der dem Untersuchungsausschuss an Originaldokumenten zur Verfügung steht, ist diese Auswahl verständlicherweise äußerst begrenzt. Das betrifft auch Aussagen von Zeug:innen, die für die Untersuchung eine große Rolle spielen. Obwohl die Vernehmungen grundsätzlich offen erfolgten, wurden einige Zeug:innen unter Einhaltung von Geheimschutzstandards und unter Ausschluss der Öffentlichkeit befragt, sodass diese Protokolle nicht verfügbar sind. In weiten Teilen muss die Untersuchung bei den Fallstudien daher auf Sekundärdokumente, wie die Abschlussberichte der Untersuchungsausschüsse oder Berichte von Sonderkommissionen, zurückgreifen. Ohne Kenntnis der vollständigen Unterlagen und Zeug:innenaussagen ist es allerdings nicht möglich, diesen durch die Mitglieder der Ausschüsse und Kommissionen erfolgten „Filterprozess" nachzuvollziehen. Dies droht die Verlässlichkeit der Informationen und Zeugenaussagen und, hierauf aufbauend, möglicherweise auch die Ergebnisse der Untersuchung zu beeinflussen.

---

[19] Siehe unten, Kap. 8, unter Abschn. 8.6.

Dem wird entgegengewirkt, indem gerade in Bezug auf strittige Punkte mehrere Ansichten dargestellt werden, etwa der Regierungs- und der Oppositionsfraktionen bzw. der verschiedenen beteiligten Sicherheitsbehörden.

Zudem wird darauf hingewiesen, dass sich der Gegenstand der Untersuchung auf strukturelle Schwächen der Terrorismusbekämpfung beschränkt. Das Fehlverhalten einzelner Personen ist nicht Gegenstand dieser Untersuchung. Beispielsweise soll nicht diskutiert werden, in welchem Umfang eine Aktenvernichtung zum sog. NSU im BfV stattfand[20] oder der Bericht zur Kriminalität *Amris* im LKA Berlin verfälscht wurde,[21] wohl aber, welche Rückschlüsse diese Vorgänge auf die Kontrolle der Sicherheitsbehörden zulassen.

Darüber hinaus ist es essentiell, sich vor Augen zu führen, dass die gewählten Fälle nur ausschnittsweise Einblick in die Arbeit der Sicherheitsbehörden geben und zwangsläufig die Fälle betreffen, in denen sich Defizite materialisiert haben. Diese sind aber gerade deshalb geeignet, derartige Defizite zu identifizieren. Fälle, in denen Anschläge erfolgreich verhindert werden konnten, schaffen es nicht – oder nur in sehr verkürzter Form – in die Öffentlichkeit. Da Sicherheitsbehörden in diesen Fällen oft auch aus taktischen Gründen kaum Einblicke in ihre Vorgehensweise gewähren, eignen sie sich kaum für eine vertiefte Auseinandersetzung. Da es das Anliegen der Untersuchung ist, strukturelle Defizite zu erkennen, bieten sich die gewählten Fälle daher für die Analyse an. Es muss aber betont werden, dass mit dieser Untersuchung keineswegs die Arbeit der Sicherheitsbehörden und ihrer Mitarbeitenden herabgesetzt werden soll. Die Intention der Studien ist es, strukturelle Defizite herauszustellen, von deren Behebung alle Seiten (freilich bis auf die der Terrorist:innen) profitieren können.

Auch versucht die Untersuchung, objektive Ergebnisse zu produzieren. Dabei stellt die größte Herausforderung wiederum die Arbeit mit Sekundärdokumenten und damit den Ergebnissen eines vorgelagerten Filterprozesses dar. Denn besonders die Arbeit der parlamentarischen Untersuchungsausschüsse ist sehr politisch geprägt. Es kann daher nicht ausgeschlossen werden, dass die von ihnen herausgearbeiteten Ergebnisse von den jeweiligen (partei-) politischen Interessen geleitet sein können. Daher wird im Laufe der Untersuchung stets hervorgehoben, wer Urheber:in einer bestimmten Aussage ist, ob es sich also um den fraktionsübergreifenden Teil der Abschlussberichte oder eine gesonderte Stellungnahme handelt. Darüber hinaus ist darauf hinzuweisen, dass auch die Aussagen von Vertreter:innen der Sicherheitsbehörden eingeordnet werden müssen: Auch diese können der Versuch sein, eigenes Handeln im Nachhinein besser erscheinen lassen zu wol-

[20] Vgl. NSU-Untersuchungsausschuss I, Abschlussbericht, BT-Drs. 17/14600, S. 743.

[21] Sog. „großer" versus „kleiner" Bericht, vgl. Amri-Untersuchungsausschuss, Abschlussbericht, BT-Drs. 19/30800, S. 685–687.

len, oder von sonstigen eigenen Interessen geleitet sein. Der Fall des ehemaligen Präsidenten des BfV *Maaßen* ist sicherlich ein extremes Beispiel für gewisse politische Vorstellungen.[22] Dennoch soll weder den Fraktionen noch den Vertreter:innen der Sicherheitsbehörden pauschal bestimmte Motive unterstellt werden. Für die Verlässlichkeit der hier herausgearbeiteten Erkenntnisse soll dies aber reflektiert werden, ebenso wie die Tatsache, dass Erinnerungen unterschiedlich ausfallen mögen. Auch soll im Sinne der Objektivität offengelegt werden, dass die Verfasserin dieser Untersuchung als Mitarbeiterin der Verwaltung an den Untersuchungsausschüssen zum Fall Amri teilgenommen und in den Sitzungen persönliche Eindrücke der Zeug:innen gewonnen hat. Durch eine Rückkopplung an den Abschlussbericht und Darstellung aller widerstreitenden Ansichten kann einer Beeinflussung der gegenwärtigen Untersuchung durch diese persönlichen Eindrücke aber entgegengewirkt werden. Schließlich soll noch hervorgehoben werden, dass es in der Aufarbeitung der Fälle auch oft hypothetische Erwägungen im Fokus standen, deren Beantwortung nur schwer möglich ist. In den Fallstudien wird daher explizit darauf hingewiesen, wenn es sich bei den diskutierten Aspekten um hypothetische Fragen handelt und dass die Interpretation entsprechend mit Vorsicht zu genießen ist.

Grundsätzlich werden die Erkenntnisse unmittelbar rechtlich eingeordnet und bewertet. Es wird nur dann anders verfahren, wenn die tatsächlichen Erkenntnisse so komplex sind, dass sich zunächst eine Untergliederung der tatsächlichen Abläufe anbietet. In diesen Fällen werden zuerst die Sachlage und die Erörterungen im jeweiligen Untersuchungsausschuss dargestellt und anschließend rechtlich bewertet. Auch berühren einige Erkenntnisse Probleme faktischer Natur, sodass dann eine rechtliche Einordnung nicht vorgenommen werden kann.

Literatur

Amri-Untersuchungsausschuss: 1. Untersuchungsausschuss der 19. Wahlperiode, Stenografisches Protokoll der 107. Sitzung vom 05.11.2020 107 I.

Amri-Untersuchungsausschuss: Beschlussempfehlung und Bericht des 1. Untersuchungsausschusses gemäß Artikel 44 des Grundgesetzes (21.06.2021), BT-Drs. 19/30800.

[22] *Maaßen* wurde als BfV-Präsident abgesetzt, nachdem er nach den Ausschreitungen in Chemnitz im August 2018 äußerte, es habe keine Hetzjagdgen auf Menschen mit Migrationshintergrund gegeben, vgl. Gensing 2022; Verfassungsschutzpräsident Maaßen sieht keine Beweise für Hetzjagd 2018.

Maaßen ist seitdem verschiedenfach mit Äußerungen aufgefallen, die dem (äußeren) rechten Rand zuzuschreiben sind, vgl. Eppelsheim 2023; Gehrke 2023.

Bakker, E., & van Zuijdewijn, J. D. R. (2022). *Terrorism and counterterrorism. Comparing theory and practice* (2. Aufl.). Leiden University Press.
Begum, M., & Momen, N. (2023). Coordination and effective governance. In A. Farazmand (Hrsg.), *Global Encyclopedia of Public Administration, public policy, and governance* (2. Aufl., S. 2541–2546). Springer.
Bird, J. (2019). Terrorism and counterterrorism. A policy perspective. In E. Chenoweth (Hrsg.), *The Oxford handbook of terrorism* (S. 640–658). Oxford University Press.
Clutterbuck, L. (2006). Developing a counter-terrorism network: Back to the future? In P. Katona, M. D. Intriligator, & J. P. Sullivan (Hrsg.), *Countering Terrorism and WMD. Creating a Global Counter-Terrorism Network* (S. 33–50). Routledge.
Daase, C., & Junk, J. (2012). Netzwerke der Sicherheit: Überlegungen zum Umbau demokratischer Sicherheitspolitik. *Sicherheit und Frieden*, 94–100.
Dietrich, J.-H. (2017). Das Recht der Nachrichtendienste. In J.-H. Dietrich & S. Eiffler (Hrsg.), *Handbuch des Rechts der Nachrichtendienste* (S. 249–293). Boorberg.
Döhler, M. (2019). Staat und Verwaltung. In S. Veit, C. Reichard, & G. Wewer (Hrsg.), *Handbuch zur Verwaltungsreform* (5. Aufl., S. 18–26). Springer VS.
van Dongen, T. (2009). *Break it down: An alternative approach to measuring effectiveness in counterterrorism* (Economics of Security Working Paper No. 23). https://www.econstor.eu/bitstream/10419/119348/1/diw_econsec0023.pdf. Zugegriffen am 25.10.2025.
Dosdall, H. (2021). *Die NSU-Ermittlungen 1998-2011. Eine organisationssoziologische Perspektive*. Springer VS.
Eppelsheim, P. (2023, Januar 25). Hans-Georg Maaßen – Gedankengut von Rechtsterroristen. *Frankfurter Allgemeine Zeitung*. https://www.faz.net/aktuell/politik/hans-georg-maassen-gedankengut-von-rechtsterroristen-18629523.html. Zugegriffen am 25.10.2025.
Fastnacht, J., Backhaus-Arnold, Y., Haschnik, G., & Çay, Y. E. (2023, Mai 22). Hanau-Untersuchungsausschuss: Experte sieht viele Versäumnisse. *Frankfurter Rundschau*. https://www.fr.de/rhein-main/hanau-untersuchungsausschuss-experte-sieht-viele-versaeumnisse-92295213.html. Zugegriffen am 25.10.2025.
Freudenberg, D. (2019). Effekte von Terrorismus und Anarchismus als Führungsproblem. In D. Freudenberg, S. Goertz, & S. Maninger (Hrsg.), *Terrorismus als hybride Bedrohung des 21. Jahrhunderts. Akteure, Mittel und die Notwendigkeit einer modernen Sicherheitsarchitektur in Deutschland* (S. 119–146). Springer.
Gehrke, C. (2023, Mai 02). Hans-Georg Maaßen provoziert mit Afrika-Vergleich und Transphobie. *Berliner Zeitung*. https://www.berliner-zeitung.de/news/rede-st-gangloff-hans-georg-maassen-provoziert-mit-afrika-vergleich-und-transphobie-li.344151. Zugegriffen am 25.10.2025.
Gensing, P. (2022, Mai 28). Video aus Chemnitz – Keine Indizien für Fälschung. *Tagesschau*. https://www.tagesschau.de/faktenfinder/maasen-video-chemnitz-101.html. Zugegriffen am 25.10.2025.
Halle-Anschlag: Die wichtigsten Fragen und Antworten zum bevorstehenden Prozess. (2020, Februar 21). *Mitteldeutscher Rundfunk*. https://www.mdr.de/nachrichten/sachsen-anhalt/halle/halle/halle-attentat-wichtigste-fragen-und-antworten-100.html. Zugegriffen am 25.10.2025.
Hegemann, H., & Kahl, M. (2016). Konstruktionen und Vorstellungen von Wirksamkeit in der Antiterror-Politik: Eine kritische Betrachtung. In S. Fischer & C. Masala (Hrsg.), *In-*

nere Sicherheit nach 9/11. Sicherheitsheitsbedrohungen und (immer) neue Sicherheitsmaßnahmen? (S. 189–207). Springer VS.

Kehlbach, C., & Nordhardt, M. (2023, April 06). Chronologie: Vom NSU bis zum Anschlag in Hanau. *Tagesschau*. https://www.tagesschau.de/inland/chronologie-rechter-terror-101.html. Zugegriffen am 25.10.2025.

Leiste, O. (2021, April 16). Untersuchungsausschuss zum Halle-Anschlag: Abschlussbericht zeigt Defizite bei der Polizei auf. *Mitteldeutscher Rundfunk*. https://www.mdr.de/nachrichten/sachsen-anhalt/landespolitik/abschlussbericht-untersuchungssausschuss-halle-vorgestellt-100.html. Zugegriffen am 25.10.2025.

Leitner, G. (2018, Juli 11). Generalbundesanwalt Frank: „Die Akte NSU wird nicht geschlossen". *Tagesschau*. https://www.tagesschau.de/inland/interview-generalbundesanwalt-nsu-101.html. Zugegriffen am 25.10.2025.

Lunn, C., Kennedy, L. W., & Sherley, A. (2006). Are counter-terrorism strategies effective? The results of the Campbell systematic review on counter-terrorism evaluation research. *Journal of Experimental Criminology, 2*, 489–516.

Niechziol, F. (2019). *Vernetzte Sicherheit als Strategie der föderalen Sicherheitsarchitektur. Eine Analyse am Beispiel der Bundespolizei*. Felix-Verlag.

NSU-Untersuchungsausschuss I: Beschlussempfehlung und Bericht des 2. Untersuchungsausschusses nach Artikel 44 des Grundgesetzes (22.08.2013), BT-Drs. 17/14600.

Schmit, A. (2021, Juni 24). Amri-Abschlussbericht: Es bleiben offene Fragen. *Tagesschau*. https://www.tagesschau.de/inland/breitscheidplatz-143.html. Zugegriffen am 25.10.2025.

Schüler, S. (2023). *Die NSU-Terrorserie und die staatliche Ermittlungspflicht. Verbrechensaufklärung und staatliche Legitimation*. Nomos.

Spencer, A. (2006). The problems of evaluating counter-terrorism. *UNISCI Discussion Papers, 13*, 179–201.

Verfassungsschutzpräsident Maaßen sieht keine Beweise für Hetzjagd. (2018, September 07). *Spiegel Online*. https://www.spiegel.de/politik/deutschland/hans-georg-maassen-sieht-keine-beweise-fuer-hetzjagd-in-chemnitz-a-1226949.html. Zugegriffen am 25.10.2025.

Vooren, C. (2023, Februar 19). Doch, so etwas passiert in Deutschland. *Zeit Online*. https://www.zeit.de/gesellschaft/zeitgeschehen/2023-02/hanau-anschlag-eltern-heimat-rumaenie. Zugegriffen am 25.10.2025.

Yin, R. K. (2018). *Case study research and applications. Design and methods*. SAGE.

Fallstudie zur Mordserie des sog. Nationalsozialistischen Untergrunds („Fall NSU") 7

In den Jahren 1999 bis 2011 verübten *Uwe Böhnhardt*, *Uwe Mundlos* und *Beate Zschäpe* (im Folgenden auch: „das Trio") zehn Morde aus rechtsterroristischen Motiven. Bis auf die Polizistin *Michèle Kiesewetter* hatten alle Mordopfer – *Enver Şimşek, Abdurrahim Özüdoğru, Süleyman Taşköprü, Habil Kılıç, Mehmet Turgut, İsmail Yaşar, Theodoros Boulgarides, Mehmet Kubaşık* und *Halit Yozgat* – einen Migrationshintergrund. Darüber hinaus verübten sie mehrere Mordversuche und zahlreiche Banküberfälle sowie drei Sprengstoffanschläge in Nürnberg 1999 sowie in Köln 2001 und 2004. Das Netzwerk um das Trio gab sich den Namen „Nationalsozialistischer Untergrund" (NSU). Nachdem *Böhnhardt* und *Mundlos* bei einem Banküberfall am 04.11.2011 von Polizeikräften entdeckt und bis zu ihrem Wohnmobil verfolgt worden waren, erschoss *Mundlos* erst *Böhnhardt* und dann sich selbst. *Zschäpe* stellte sich am 08.11.2011 der Polizei in Jena, nachdem sie am 04.11.2011 zwecks Vernichtung von Beweisen eine Explosion in ihrer Zwickauer Wohnung verursacht hatte.[1]

Am 11.07.2018 wurde *Zschäpe* unter anderem wegen des Mordes in zehn tatmehrheitlichen Fällen, in einem Fall in Tateinheit mit versuchtem Mord und wegen Mitgliedschaft in einer terroristischen Vereinigung zu lebenslanger Freiheitsstrafe verurteilt, wobei die besondere Schwere der Schuld festgestellt wurde. Vier

[1] Siehe zum Sachverhalt ausführlich NSU-Untersuchungsausschuss I, Abschlussbericht, BT-Drs. 17/14600, S. 71–73;OLG München, Urteil vom 11.07.2018, Az. 6 St 3/12. Für eine (nicht juristische) Aufbereitung siehe z. B. Goetz und Fuchs 2012.

T. Ackermann, *Terrorismusbekämpfung in der föderalen Sicherheitsarchitektur*, Juridicum – Bochumer Schriften zur Friedenssicherung und zum Humanitären Völkerrecht I Bochum Studies on the International Law of Peace and Armed Conflict 69,
https://doi.org/10.1007/978-3-662-72233-6_7

Unterstützer des sog. NSU wurden ebenfalls zu Freiheitsstrafen verurteilt.[2] Das Urteil gegen *Zschäpe* sowie drei der Unterstützer ist mittlerweile rechtskräftig.[3]

Der Fall des sog. NSU ist besonders erschütternd, weil *Böhnhardt*, *Mundlos* und *Zschäpe* den Sicherheitsbehörden bereits aufgrund früherer Straftaten bekannt[4] und sogar sog. Vertrauenspersonen[5] in ihrem Umfeld eingesetzt worden waren.[6] Obwohl die Tatwaffe bei allen Morden eine Pistole des Typs Česká ČZ 83 war, kam es zu keinen bundesweit koordinierten Ermittlungen. Brisant war auch, dass es im BfV zur Vernichtung von Akten kam.[7] Als Reaktion bat der damalige Präsident des BfV *Fromm* den damaligen Innenminister *Friedrich* um die vorzeitige Versetzung in den Ruhestand.[8] Das Trio konnte jahrelang trotz Ermittlungen verschiedener Sicherheitsbehörden nicht gefasst werden und so ungehindert agieren.

Im Folgenden wird untersucht, wie sich die Koordination und Kooperation der maßgeblichen Behörden im Fall um den sog. NSU gestaltete. Das Kapitel bedient sich dabei insbesondere der Analysen und Dokumente der beiden Bundestags-Untersuchungsausschüsse die für die Aufklärung der Geschehnisse um den sog. NSU eingesetzt wurden: Anfang 2012 wurde ein erster Ausschuss als 2. Untersuchungsausschuss des Deutschen Bundestages der 17. Wahlperiode eingesetzt (nachfolgend „NSU-Untersuchungsausschuss I"), der seinen Abschlussbericht im August 2013 vorlegte.[9] Um offen gebliebene Fragen zu klären, wurde sodann im Oktober 2014 ein zweiter Ausschuss eingesetzt. Der 3. Untersuchungsausschuss des Deutschen Bundestages der 18. Wahlperiode (nachfolgend „NSU Untersuchungsausschuss II") legte seinen Abschlussbericht im Juni 2017 vor.[10] Neben den aufbereiteten Berichten wird sich auch intensiv mit relevanten Aussagen verschiedener Zeug:innen aus unterschiedlichen Sicherheitsbehörden auseinander-

---

[2] OLG München, Urteil vom 11.07.2018, Az. 6 St 3/12.

[3] BGH, NJW 2021, 2896. Siehe auch BVerfG, NJW 2022, 3413.

[4] Vgl. NSU-Untersuchungsausschuss I, Abschlussbericht, BT-Drs. 17/14600, S. 75–77.

[5] Vertrauenspersonen sind Privatpersonen, deren planmäßige, dauerhafte Zusammenarbeit mit dem BfV Dritten nicht bekannt ist und die dem BfV Informationen über die beobachteten Szenen bzw. Personen mitteilen, vgl. § 9b BVerfSchG.

[6] Vgl. NSU-Untersuchungsausschuss I, Abschlussbericht, BT-Drs. 17/14600, S. 257–259; Schäfer et al. 2012, S. 145–147.

[7] Vgl. NSU-Untersuchungsausschuss I, Abschlussbericht, BT-Drs. 17/14600, S. 743.

[8] Vgl. NSU-Untersuchungsausschuss I, Abschlussbericht, BT-Drs. 17/14600, S. 743.

[9] NSU-Untersuchungsausschuss I, Abschlussbericht, BT-Drs. 17/14600.

[10] NSU-Untersuchungsausschuss II, Abschlussbericht, BT-Drs. 18/12950.

gesetzt.[11] Auch das Gutachten der sog. Schäfer-Kommission vom 14.05.2012, die zur Aufarbeitung von Schwächen in der Zusammenarbeit in den Thüringer Behörden am 23.11.2011 durch den Freistaat Thüringen eingesetzt wurde,[12] und der Abschlussbericht der Bund-Länder-Kommission Rechtsterrorismus vom 30.04.2013[13] werden ebenso wie die Berichte der zahlreichen „NSU"-Untersuchungsausschüsse auf Landesebene[14] ergänzend für die Analyse herangezogen.

Das Kapitel analysiert zunächst die Zusammenarbeit der Polizeibehörden (unter Abschn.7.1), Strafverfolgungsbehörden (unter Abschn. 7.2) und Nachrichtendienste (unter Abschn. 7.3), bevor es den bereichsübergreifenden Informationsaustausch beleuchtet (unter Abschn. 7.4). Es sodann zieht ein Zwischenergebnis, in dem es die herausgearbeiteten Defizite zusammenfasst (unter Abschn. 7.5), beleuchtet sodann die in Reaktion auf den sog. NSU erfolgten Reformen (unter Abschn. 7.6) und schließt mit einem Gesamtergebnis zu der vorliegenden Fallstudie (unter Abschn. 7.7).

7.1 Polizeibehörden

Die Polizeiarbeit im Fall des sog. NSU wurde in vielerlei Hinsicht kritisiert. Der Informationsfluss zwischen den beteiligten Landeskriminalämtern etwa lief nicht reibungslos: So gab das LKA Berlin die Information einer Vertrauensperson, dass sie Kontakt zu drei wegen Sprengstoff- und Waffenbesitzes gesuchten Personen habe, nicht an die beteiligten Landeskriminalämter in Thüringen und Sachsen weiter.[15] Ganz besonders stand zudem die Zusammenarbeit zwischen den Landeskriminalämtern und dem BKA in der Kritik, die im Folgenden näher untersucht wird. Dabei geht es vor allem um die Frage, ob das BKA die polizeilichen Ermittlungen für die Strafverfolgung hätte übernehmen können bzw. müssen (dazu

[11] NSU-Untersuchungsausschusses I (o. J.); NSU-Untersuchungsausschusses II (o. J.).

[12] Schäfer et al. 2012.

[13] Bund-Länder-Kommission Rechtsterrorismus 2013.

[14] Insbesondere NSU-Untersuchungsausschuss Bayern, Schlussbericht, LT-Drs. 16/17740; NSU-Untersuchungsausschuss Sachsen, Abschlussbericht, LT-Drs. 5/14688; NSU-Untersuchungsausschuss Thüringen I, Schlussbericht, LT-Drs. 5/8080; NSU-Untersuchungsausschuss Thüringen II, Schlussbericht, LT-Drs. 6/7612; NSU-Untersuchungsausschuss NRW, Schlussbericht, LT-Drs. 16/14400.

[15] Vgl. NSU-Untersuchungsausschuss I, Abschlussbericht, BT-Drs. 17/14600, S. 884 (Ergänzende Stellungnahme der SPD-Fraktion).

unter Abschn. 7.1.1) und ob der Informationsaustausch zwischen BKA und den Landespolizeibehörden angemessen war (dazu unter Abschn. 7.1.2).

7.1.1 Übernahme der Ermittlungen zur Strafverfolgung durch das BKA

Ein zentraler und komplexer Diskussionspunkt im Rahmen der Aufarbeitung des Behördenhandelns angesichts der rechtsterroristischen Mord- und Gewalttaten des sog. NSU war die Frage, ob das BKA die Ermittlungen zur Strafverfolgung nach § 4 Abs. 2 S. 1 BKAG hätte übernehmen können.

§ 4 Abs. 2 S. 1 BKAG lautet (schon in der Fassung von 1997[16]):

> „Das Bundeskriminalamt nimmt darüber hinaus die polizeilichen Aufgaben auf dem Gebiet der Strafverfolgung wahr, wenn
>
> 1. eine zuständige Landesbehörde darum ersucht,
> 2. das Bundesministerium des Innern, für Bau und Heimat es nach Unterrichtung der obersten Landesbehörde aus schwerwiegenden Gründen anordnet oder
> 3. der Generalbundesanwalt darum ersucht oder einen Auftrag erteilt."

Hiernach nimmt das BKA Strafverfolgungsaufgaben auf Ersuchen einer zuständigen Landesbehörde, auf Anordnung des BMI[17] oder auf Ersuchen bzw. Auftragserteilung durch den GBA wahr. Dabei stellt die Wahrnehmung tatsächlich eine Übernahme der Strafverfolgungsaufgaben dar. Denn dem BKA kommt in diesem Fall gem. § 4 Abs. 4 S. 1 BKAG ein Weisungsrecht gegenüber den eigentlich zuständigen Landeskriminalämtern zu. Jene verbleiben, aus eigener Zuständigkeit, nach § 4 Abs. 3 S. 2 BKAG lediglich zur Durchführung „der notwendigen unaufschiebbaren Maßnahmen" verpflichtet. Die Vorschrift ist daher als Ausnahme im Sinne des § 1 Abs. 3 BKAG zu verstehen, wonach die polizeilichen Aufgaben Sache der Länder bleiben, soweit gesetzlich nicht anderes bestimmt ist. Dies zeigt sich auch an einem Umkehrschluss zu § 5 Abs. 2 S. 1 BKAG, der für die Übernahme von Ermittlungen im Präventivbereich ausdrücklich anordnet, dass die Befugnisse der Länder unberührt bleiben.

Trotz dieser Möglichkeit der Auftragszuständigkeit des BKA, wurde die Strafverfolgung nicht durch das BKA übernommen. Eine Übernahme wurde im

---

[16] Vgl. Gesetz über das Bundeskriminalamt und die Zusammenarbeit des Bundes und der Länder in kriminalpolizeilichen Angelegenheiten vom 07.07.1997, BGBl. 1997 I S. 1650.

[17] Mit Zweifeln an der Verfassungsmäßigkeit insoweit z. B. Bäcker 2021, Rn. 139.

Jahr 2004 vom BKA selbst (dazu unter Abschn. 7.1.1.1), im Jahr 2006 vom Land Bayern (dazu unter Abschn. 7.1.1.2) und 2007 wiederum vom BKA selbst (dazu unter Abschn. 7.1.1.3) abgelehnt. Diese Vorgänge werden im Folgenden dargestellt und anschließend rechtlich eingeordnet und bewertet (dazu unter Abschn. 7.1.1.4).

7.1.1.1 Die Situation im Frühjahr 2004

Die Landespolizeibehörden in Nürnberg und Rostock wollten im Frühjahr 2004 das Ermittlungsverfahren der „Česká"-Mordserie – zu diesem Zeitpunkt waren bereits *Enver Şimşek, Abdurrahim Özüdoğru, Süleyman Taşköprü, Habil Kılıç* und *Mehmet Turgut* ermordet und die Sprengstoffanschläge in Nürnberg und Rostock verübt worden[18] – an das BKA abgeben, womit sich auch das bayerische Innenministerium einverstanden erklärt hatte.[19] In einem Vermerk der Kriminaldirektion (KD) Nürnberg vom 20.04.2004 heißt es:

> „Die Ermittlungen der KD Nürnberg sind mit den vorhandenen Möglichkeiten quasi beendet. [...] Zudem ist nach Meinung aller an der Besprechung in Wiesbaden teilnehmenden Beamten damit zu rechnen, dass die etwa 2 ½ Jahre unterbrochene Serie von Tötungsdelikten fortgesetzt wird."[20]

Aufgrund der Tatsache, dass keine weiteren Erkenntnisse vorgelegen hätten, sei durch die Übernahme durch das BKA auch nicht mit einem Datenverlust durch die Einarbeitung des neuen Personals zu rechnen gewesen.[21]

Die Sachbearbeiter:innenebene des BKA lehnte eine Übernahme jedoch mit der Begründung ab, schon die örtlichen Polizeibehörden hätten jahrelang erfolgslos ermittelt.[22] Der damalige (von 1993 bis 2010 amtierende) Vizepräsident des BKA *Falk* wertete das Schreiben nicht einmal als formelles Übernahmeersuchen im Sinne des § 4 Abs. 2 Nr. 1 BKAG, da die Gespräche nicht auf Leitungsebene geführt worden seien:[23]

> „Ein formales Übernahmeersuchen aus Bayern, von der zuständigen Landesbehörde, wie es im Bundeskriminalamtsgesetz heißt, hat es in dieser Sache so nicht gegeben. Und ich denke, wenn Landesbehörden – es war ja nicht nur Bayern betroffen – es wirklich ernsthaft verfolgt hätten, die Zuständigkeit für die Ermittlungen beim Bundeskriminalamt zu diesem Zeitpunkt zu bündeln, dann hätte man sich auch nach

---

[18] NSU-Untersuchungsausschuss I, Abschlussbericht, BT-Drs. 17/14600, S. 491–493.

[19] NSU-Untersuchungsausschuss I, Abschlussbericht, BT-Drs. 17/14600, S. 838.

[20] Zitiert nach NSU-Untersuchungsausschuss I, Protokoll 14, S. 9–10.

[21] NSU-Untersuchungsausschuss I, Protokoll 17 (Zeugen *Beckstein*).

[22] NSU-Untersuchungsausschuss I, Abschlussbericht, BT-Drs. 17/14600, S. 838.

[23] NSU-Untersuchungsausschuss I, Protokoll 19, S. 4.

einer Ablehnung auf Sachbearbeiterebene eben an die Amtsleitung wenden müssen. Und ich bin mir sicher, da wäre eine andere Entscheidung gefallen."[24]

Ein Übernahmeersuchen, das dann am 15.06.2004 an die Amtsleitung herangetragen worden sei, habe laut *Falk* nur einen begrenzen Ermittlungsauftrag beinhaltet, namentlich die Durchführung von ergänzenden strukturellen Ermittlungen. [25] Diesen Teilauftrag habe man laut *Maurer*, dem ehemaligen Vizepräsidenten des BKA (2010 bis 2013), auch erfüllt.[26] Ein weiteres formelles Übernahmeersuchen sei nicht gestellt worden.[27]

7.1.1.2 Die Situation im Frühjahr 2006

Nach den Morden in Dortmund und Kassel am 04. bzw. 06.04.2006 wollte das BKA nunmehr selbst die Ermittlungen übernehmen und trug diesen Wunsch an das Bundesministerium des Innern und für Heimat (BMI) heran, das die Übernahme gem. § 4 Abs. 2 Nr. 2 BKAG anordnen sollte.[28] Zu dem Zeitpunkt hatte der sog. NSU neun Morde in fünf Bundesländern, zwei Sprengstoffaschläge und mehrere Banküberfälle verübt.[29]

Hoppe, der damalige Leiter des Referats im BKA, das die Ermittlungsgruppe (EG) „Česká" geführt hatte, begründete die Anregung zur Übernahme vor dem NSU-Untersuchungsausschuss I mit einer aus Sicht des BKA veränderten Lage: Mit den Morden 8 und 9 – *Mehmet Kubaşık* in Dortmund und *Halit Yozgat* in Kassel – seien mit NRW und Hessen noch zwei weitere Länder betroffen gewesen.[30] Dabei sei wieder dieselbe Tatwaffe verwendet wurde, während zuvor der eindeutige Schwerpunkt der Ermittlungen auf Bayern gelegen hätte.[31]

In einem Protokoll einer Besprechung vom 19.04.2006 wird der ehemalige Vizepräsidenten *Maurer* vom BKA dazu wie folgt zitiert:

- „Serie, die bisher 9 Taten umfasst und seit 2000 läuft …
- mit weiteren Taten wird das öffentliche Interesse ansteigen …
- politische Seite wird stärker Einfluss nehmen …
- politische Hintergründe sind nicht auszuschließen, ebenso wenig wie rassistisch orientierte Täter.

[24] NSU-Untersuchungsausschuss I, Protokoll 19, S. 3.

[25] NSU-Untersuchungsausschuss I, Protokoll 19, S. 3–4.

[26] NSU-Untersuchungsausschuss I, Protokoll 36, S. 72.

[27] NSU-Untersuchungsausschuss I, Protokoll 36, S. 72.

[28] NSU-Untersuchungsausschuss I, Abschlussbericht, BT-Drs. 17/14600, S. 838.

[29] Vgl. NSU-Untersuchungsausschuss I, Abschlussbericht, BT-Drs. 17/14600, S. 71–73.

[30] NSU-Untersuchungsausschuss I, Protokoll 15, S. 3.

[31] NSU-Untersuchungsausschuss I, Protokoll 15, S. 5.

> Herr Maurer betont, dass eine einheitliche Ermittlungsführung von großer Bedeutung ist. Aus diesem Grund wird die Abteilung über die Amtsleitung im BMI anregen, das BKA als ermittlungsführende Dienststelle zu beauftragen.“[32]

Die „große Bedeutung“ einer einheitlichen Ermittlungsführung erklärte sich wohl auch aus den defizitären bisherigen polizeilichen Ermittlungen. Sowohl *Hoppe* vom BKA als auch der ehemalige Vizepräsident des BKA *Falk* berichteten, dass es auf Landesebene Probleme bei der Datenverarbeitung, Öffentlichkeitsarbeit und Auswertungen gegeben habe.[33] Es habe kein einheitliches Ermittlungs- bzw. Fahndungskonzept gegeben, sodass es zu Mehrfachbearbeitungen gekommen sei. *Falk* bezeichnete die vorangegangenen Ermittlungen vor dem Untersuchungsausschuss sogar als „kriminalfachlich stümperhaft“.[34]

Ein BKA-interner Vermerk berichtete über ein Telefonat, wonach Bayern eine geplante Übernahme der Ermittlungen durch das BKA jedoch mutmaßlich als „Kriegserklärung“ angesehen habe.[35] Auch eine Notiz aus Hamburg lässt den Schluss zu, dass die Länder einen „komischen Geschmack“ empfunden hätten, wenn das BKA die zentrale Ermittlungsführung übernommen hatte, nachdem es Übernahme 2004 noch abgelehnt hatte.[36] Nach Ansicht des damaligen bayerischen Staatsministers des Innern *Beckstein* (CSU) hätte eine Übernahme durch das BKA auch keinen Mehrwert ergeben, da es auf Länderebene bereits eingearbeitete Ermittler:innen gegeben hätte:

> „Ich hätte es im Jahr 2006, als die Ermittlungen äußerst heiß gelaufen waren, für einen schweren Fehler gehalten, im laufenden Galopp die Pferde zu wechseln. Ich [...] glaube [...] nicht, dass automatisch 20 BKA-Beamte das besser behandelt hätten als 200 Länderbeamte. Ich glaube nicht, dass das BKA aus dem Stand 150 oder 200 Beamte gehabt hätte. [...] Wir haben mehrere Hundert Leitz-Ordner an Ermittlungsunterlagen. Wenn das jemand neu überarbeitet, [...] dauert es Wochen, Monate oder Jahre, bis jemand sich in die Ermittlungen einarbeitet. Aber dass man in der heißesten Phase der Mordermittlungen – das waren die Morde vom April 2006 – nach einem Dreiviertelmonat die Ermittlungen unterbricht und auf jemand anderen überträgt, wäre auch aus heutiger Sicht ein fachlich schwerer Fehler. Diese Beurteilung haben alle Länder geteilt, und dem ist auch nicht ernsthaft in den Besprechungen vom BKA widersprochen worden.“[37]

---

[32] Zitiert nach NSU-Untersuchungsausschuss I, Protokoll 15, S. 6.

[33] NSU-Untersuchungsausschuss I, Protokoll 15, S. 3 (Zeuge *Hoppe*); NSU-Untersuchungsausschuss I, Protokoll 19, S. 7 (Zeuge *Falk*).

[34] NSU-Untersuchungsausschuss I, Protokoll 19, S. 7.

[35] Zitiert nach NSU-Untersuchungsausschuss I, Abschlussbericht, BT-Drs. 17/14600, S. 545.

[36] Zitiert nach NSU-Untersuchungsausschuss I, Protokoll 19, S. 10–11.

[37] NSU-Untersuchungsausschuss I, Protokoll 17, S. 66.

Dies blieb nicht ohne Widerspruch im Untersuchungsausschuss. Der Zeuge *Falk* vom BKA, äußerte mit Bezug zu den Ausführungen *Becksteins*, dass das BKA die Ermittler:innen der Länder nicht ersetzt, sondern angeleitet hätte und verwies dabei auch auf frühere Ermittlungen, wie etwa nach den Terroranschlägen in den USA am 11.09.2001.[38] Die oben zitierten Aussage von *Beckstein* gehöre daher, so *Falk*, „für meine Begriffe, bei allem Respekt, eher in das Reich der Satire."[39] Der ehemalige Vizepräsident des BKA *Maurer* stellte außerdem klar, dass es die Frage, ob es bereits eingearbeitete Ermittler:innen gebe, kein kriminalistisches Kriterium darstelle und das BKA darüber hinaus die Polizeibehörde in Deutschland sei, „die am ehesten überhaupt zu so was imstande ist."[40]

Falk berichtete weiter, er hätte seinerzeit ein Anregungsschreiben zur Übernahme verfasst, das auf der Innenminister:innenkonferenz Anfang Mai 2006 besprochen worden sei.[41] Das Ergebnis der Besprechung sei gewesen, dass die Ermittlungen in der Zuständigkeit Bayerns verbleiben sollten, während das BKA im Rahmen seiner Zentralstellenfunktion unterstützend bei der Auswertung tätig werden sollte.[42] *Falk* kritisierte dieses Ergebnis vor dem Untersuchungsausschuss, da es aus seiner Sicht den Zweck der zentralen Ermittlungsführung aushebeln würde: Er habe dies „als Zuweisung einer Nebenrolle für das Bundeskriminalamt" verstanden und, so der Zeuge weiter,

> „habe sofort unter Hinweis auf die klare bundesgesetzliche Aufgabenzuweisung an das BKA als Zentralstelle – nicht als Ermittlungsbehörde, als Zentralstelle – dagegen argumentiert, darauf hingewiesen, dass wir dann weiter mit Doppelarbeiten, Nahtstellenproblemen, unklaren Zuständigkeiten bei allen direkt Betroffenen und sonst irgendwie auch mal punktuell beteiligten Polizei- und Sicherheitsbehörden zu rechnen hätten, dass nach meiner Ansicht so auch Konkurrenzverhalten gefördert würde und vor allen Dingen dass das BKA als Zentralstelle durch diese Entscheidung, dass auch die Informationsverarbeitung in Bayern bleiben sollte – zentral –, ausgehebelt würde."[43]

---

[38] NSU-Untersuchungsausschuss I, Protokoll 19, S. 6, 8 f.

[39] NSU-Untersuchungsausschuss I, Protokoll 19, S. 6.

[40] NSU-Untersuchungsausschuss I, Protokoll 36, S. 48.

[41] NSU-Untersuchungsausschuss I, Protokoll 19, S. 6–7 Vgl. auch NSU-Untersuchungsausschuss Bayern, Schlussbericht, LT-Drs. 16/17740, S. 142.

[42] NSU-Untersuchungsausschuss I, Protokoll 19, S. 6–7.

[43] NSU-Untersuchungsausschuss I, Protokoll 19, S. 7.

Laut *Hoppe* habe das BKA dann überlegt, stattdessen ein Lage- und Informationszentrum einzurichten,[44] doch auch dem hätten Bayern und Hessen ablehnend gegenübergestanden.[45] *Falk* erklärte, das BKA sei zwar bei der Etablierung eines solchen Zentrums nicht an den Willen der Länder gebunden, die Effektivität hinge aber immer von der Kooperationsbereitschaft der Länder ab.[46] Im weiteren Verlauf wurde dieses Zentrum daher nicht eingerichtet.

7.1.1.3 Die Situation im Jahr 2007

Im Jahr 2007 vertrat das BKA wiederum die Auffassung, dass eine Übernahme doch nicht notwendig sei, was der verantwortliche Referatsleiter im BKA damit begründete, dass er die EG „Česká“ nicht auflösen und in länderspezifische Ermittlungsaufträge schicken wollte.[47] Auf die Frage, inwiefern sich die Situation von der Lage im vorigen Jahr unterschied, erklärte er, von der Anfrage 2007 wäre nur eine (nämlich konkret seine) Abteilung betroffen gewesen, von der Übernahme 2006 aber das gesamte Amt.[48]

Bemerkenswert ist, dass derselbe Referatsleiter im selben Jahr zur Steuerungsgruppe „Česká“, die aus Ermittler:innen des BKA und der Landesbehörden bestand, in einem Vermerk festhielt:

> „Die seit Mai 2006 praktizierte Zusammenarbeit hat sich nicht bewährt. ... In der eigentlichen Ermittlungsarbeit fehlt es an der zentralen Draufsicht und Bewertung. Die Einstellung der Koordinierungsfunktion der Steuerungsgruppe [...] ist verfrüht, kontraproduktiv und der Sache nicht angemessen. Es macht deutlich, dass die Mordserie ... nach wie vor nicht als ein Fall angesehen werden kann bzw. wird.“[49]

In seiner Zeugenvernehmung führte er dazu aus, die Serie sei aufgrund der Tatsache, dass es immer wieder dieselbe Tatwaffe genutzt wurde, als „eine Tat, als Gesamttat“ zu bewerten gewesen. Die Länderkolleg:innen hätten diese Einschätzung aber nicht geteilt.[50] Eine Zusammenführung der Ermittlungen in der Strafverfolgung ist damit vor Enttarnung des Trios unterblieben.

---

[44] Vgl. NSU-Untersuchungsausschuss I, Protokoll 15, S. 3.

[45] NSU-Untersuchungsausschuss I, Protokoll 19, S. 7.

[46] NSU-Untersuchungsausschuss I, Protokoll 19, S. 6.

[47] NSU-Untersuchungsausschuss I, Protokoll 15, S. 39. Es gab allerdings auch keine konkrete Anfrage; eine Übernahme wurde lediglich im Rahmen möglicher Gesprächsthemen zwischen dem BKA und dem bayerischen Landespolizeipräsidenten *Kindler* erörtert.

[48] NSU-Untersuchungsausschuss I, Protokoll 15, S. 40.

[49] Zitiert nach NSU-Untersuchungsausschuss I, Protokoll 15, S. 31.

[50] NSU-Untersuchungsausschuss I, Protokoll 15, S. 31.

Falk stellte in seiner Vernehmung deutlich heraus, dass er die zentrale Bearbeitung des Falles für wünschenswert gehalten hätte, wobei diese zentrale Bearbeitung nicht zwingend durch das BKA hätte erfolgen müssen.[51] Es gäbe zwar keinen Automatismus, doch je überregionaler oder internationaler ein Fall sei, desto vorzugswürdiger sei eine zentrale Bearbeitung über die Ebene der Landeskriminalämter hinaus.[52] Allerdings erklärte er vor dem NSU-Untersuchungsausschuss I, dass eine solche zwar nicht *per se* eine Erfolgsgarantie gewesen wäre,[53]

> „[a]ber die Chancen, auf die Täter zu stoßen und sie zu stoppen, wären nach meiner Einschätzung gestiegen, wenn tatsächlich alle Informationen an einer Stelle gebündelt, bewertet und analytisch genutzt worden wären und wenn anstatt der lokal und bestenfalls regional geführten Ermittlungen zentral aus einer Gesamtschau heraus gearbeitet worden wäre. Das organisatorische Konstrukt, die Ermittlungen trotz auf der Hand liegender Überregionalität der Tatbegehung im Kern jedenfalls bei den jeweiligen Tatortbehörden zu belassen, war [...] zwangsläufig auf Informations- und Bewertungsverluste angelegt [...].[54] Das Kernproblem war, dass eben nicht alle Informationen an einer Stelle oder in einer Datei zusammengeflossen sind, dass nicht permanent nach einer Vorgabe, nach einem einheitlich abgestimmten Ermittlungskonzept eine Analyse dieser Daten durchgeführt worden ist [...].“[55]

Hätte es ein einheitliches Ermittlungskonzept gegeben, wäre aus seiner Sicht auch ein staatsanwaltschaftliches Sammelverfahren wahrscheinlicher geworden.[56] Auch andere Behörden hätten sich zudem eine Einbindung des BKA gewünscht. In dem bereits erwähnten Vermerk, der von der KD Nürnberg vom 20.04.2004 stammt, hieß es, die Einbindung des BKA sei „dringend notwendig und absolut zielführend.“[57]

Falk zufolge habe das BKA die Probleme bei der Zusammenarbeit in seiner Zentralstellenfunktion nicht lösen können, da es in dieser Funktion nur die Aufträge unterstützend erledigen konnte, die die Länder angefragt hätten oder für die das BKA die notwendigen Informationen von den Ländern erhalten hätte.[58]

Der ehemalige bayerische Innenminister *Beckstein* war hingegen der Meinung, das BKA oder der GBA hätte die Ermittlungen jederzeit übernehmen können,

---

[51] NSU-Untersuchungsausschuss I, Protokoll 19, S. 10.

[52] NSU-Untersuchungsausschuss I, Protokoll 19, S. 17.

[53] NSU-Untersuchungsausschuss I, Protokoll 19, S. 8, 10.

[54] NSU-Untersuchungsausschuss I, Protokoll 19, S. 2.

[55] NSU-Untersuchungsausschuss I, Protokoll 19, S. 8.

[56] NSU-Untersuchungsausschuss I, Abschlussbericht, BT-Drs. 17/14600, S. 553.

[57] Zitiert nach NSU-Untersuchungsausschuss I, Protokoll 14, S. 10.

[58] NSU-Untersuchungsausschuss I, Protokoll 19, S. 4.

wenn der Wunsch bestanden hätte.[59] Ohne die Einbindung der Länder wäre laut *Falk* aber – und nur als Ultima Ratio – eine Übernahme nach § 4 Abs. 2 Nr. 2 BKAG infrage gekommen, also durch Anordnung des Bundesinnenministers.[60] Die FDP-Fraktion resümierte, dass die Voraussetzungen dafür, namentlich die schwerwiegenden Gründe für eine Übernahme, in der Tat vorzuliegen schienen.[61] Die SPD-Fraktion sprach in ihrer ergänzenden Stellungnahme davon, man sei 2006 im BMI vor dem Gegenwind aus Bayern eingeknickt.[62] Auch die Feststellungen des Bayerischen Untersuchungsausschusses deuten eindeutig in diese Richtung.[63]

7.1.1.4 Rechtliche Einordnung und Bewertung

2004 wollte also Bayern die Übernahme der Ermittlungen, das BKA lehnte eine solche aber letztlich ab, da kein formelles Übernahmeersuchen vorgelegen habe. 2006 wollte das BKA hingegen die Ermittlungen übernehmen und hat das BMI zu diesem Zweck um eine Anordnung der Übernahme gebeten. Das BMI hat von einer solchen jedoch vermutlich aufgrund des politischen Gegenwindes aus Bayern abgesehen. Obwohl also beide Seiten dies zu einem Zeitpunkt für sinnvoll erachtet haben und die Notwendigkeit einer Zusammenführung erkannt wurde, erfolgte letztlich keine Übernahme durch das BKA.

Wie eingangs dargelegt, nimmt das BKA-Strafverfolgungsaufgaben nach § 4 Abs. 2 BKAG auf Ersuchen einer zuständigen Landesbehörde, auf Anordnung des BMI oder auf Ersuchen bzw. Auftragserteilung durch den GBA wahr. Die ersten beiden Fälle, d. h. ein Übernahmeersuchen (dazu unter Abschn. 7.1.1.4.1) und eine Anordnung durch das BMI (dazu unter Abschn. 7.1.1.4.2) wären vorliegend in Betracht gekommen.

7.1.1.4.1 Übernahmeersuchen durch zuständige Landesbehörde

Im Fall des sog. NSU wäre zunächst die Übernahme der Ermittlungen aufgrund eines Übernahmeersuchens der zuständigen Landesbehörde nach § 4 Abs. 2 Nr. 1 BKAG in Betracht gekommen.

Die Polizeibehörden in Nürnberg und Rostock, die das BKA schon im Frühjahr 2004 um eine solche Übernahme baten, wären zur Stellung eines solchen Ersuchens auch berechtigt gewesen. Denn im Gegensatz zu der Zuständigkeit des BKA im präventiven Bereich nach § 5 Abs. 1 Nr. 1 BKAG ist es ausweislich des

[59] NSU-Untersuchungsausschuss I, Protokoll 17, S. 85.

[60] NSU-Untersuchungsausschuss I, Protokoll 19, S. 8.

[61] NSU-Untersuchungsausschuss I, Abschlussbericht, BT-Drs. 17/14600, S. 929.

[62] NSU-Untersuchungsausschuss I, Abschlussbericht, BT-Drs. 17/14600, S. 881.

[63] Vgl. NSU-Untersuchungsausschuss Bayern, Schlussbericht, LT-Drs. 16/17740, S. 97.

Gesetzeswortlauts im Rahmen der Auftragszuständigkeit nach § 4 Abs. 2 Nr. 1 BKAG nicht erforderlich, dass eine *oberste* Landesbehörde um die Übernahme ersucht.

Bei einem wirksamen Übernahmeersuchen ist das BKA auch verpflichtet, die Ermittlungen zu übernehmen. Dem BKA kommt hierbei, anders als im Falle des § 5 BKAG, kein Ermessen zu. Denn während § 5 BKAG davon spricht, dass das BKA im Falle eines Übernahmeersuchens die Aufgaben der Gefahrenabwehr übernehmen „kann", signalisiert die Formulierung in § 4 Abs. 2 BKAG („nimmt [...] wahr"), dass es ein solches Entschließungsermessen hierbei gerade nicht gibt.

Bezüglich der formellen Voraussetzungen enthält § 4 BKAG keine ausdrücklichen Vorgaben. Auch bezüglich der Ebene im BKA, an die das Übernahmeersuchen gerichtet werden muss, finden sich keine Angaben bzw. Einschränkungen im Gesetz. Somit ist unklar, wie ein solches Übernahmeersuchen in formeller Hinsicht zu gestalten ist. Für ein Schriftformerfordernis spricht, dass das BKA sicher sein muss, dass die Übernahme tatsächlich gewollt ist. Dies gilt umso mehr, da gem. § 4 Abs. 3 BKAG die Landesbehörden dann den Weisungen des BKA Folge leisten und weitere Stellen von der Übernahme benachrichtigt werden müssen. Andererseits erscheint die Ablehnung eines Übernahmeersuchens aus formellen Gründen aber nicht nachvollziehbar, wenn der Wille der Landesbehörde zur Übernahme durch das BKA anderweitig eindeutig hervortritt.

In jedem Fall sollte der Gesetzgeber hier dringend nachbessern, um sicherzustellen, dass eine effektive Gefahrenabwehr nicht an Unklarheiten über formelle Voraussetzungen – oder dem Vorschieben derselben – scheitert. Im Übrigen kann nur festgestellt werden, dass es überwiegend schlicht am Willen fehlte, das BKA nach § 4 Abs. 2 Nr. 1 BKAG einzuschalten. Der Thüringer Untersuchungsausschuss kritisierte dies etwa mit Blick auf die Situation noch im Jahr 2011 mit deutlichen Worten: Aus Sicht des Ausschusses sei es angesichts der Umstände „zwingend gewesen", das BKA (und den GBA) zu involvieren. Aus Sicht des Ausschusses sei dies nur aus „falsche[m] Stolz sowie Triumphbewusstsein und Überschätzung der eigenen organisatorischen Fähigkeiten" nicht geschehen.[64] Insoweit fehlte es also auch an einer Anwendung der vorhandenen Regelungen und Nutzung der bestehenden Mechanismen.

[64] NSU-Untersuchungsausschuss Thüringen II, Schlussbericht, LT-Drs. 6/7612, S. 1759 (Rn. 2907).

7.1.1.4.2 Anordnung durch das BMI

Die zweite Möglichkeit, wie es zur Übernahme durch das BKA hätte kommen können, wäre eine Anordnung durch das BMI nach § 4 Abs. 2 Nr. 2 BKAG gewesen. Das BMI kann die Übernahme „aus schwerwiegenden Gründen" anordnen.

Es ist nicht abschließend geklärt, welche konkreten Voraussetzungen sich hieraus ergeben.[65] Nach den Ausführungen der Bund-Länder-Kommission Rechtsterrorismus liegen derartige Gründe vor, „wenn die Schwere der Straftaten, die ungewöhnliche kriminelle Energie der (vermuteten) Täter und die Auswirkungen der Straftaten ein öffentliches Interesse an Ermittlungen durch das BKA begründen."[66] Die Kommission sah diese Voraussetzung im Fall des sog. NSU für gegeben an, da eine Mordserie in fünf Bundesländern eine besonders hohe kriminelle Energie der Täter aufzeigten und die auf Menschen mit Migrationshintergrund abzielenden Morde eine besondere (politische) Bedeutung hätten.[67] Aus Sicht der Kommission hätte, so das Fazit, die Aufgabenwahrnehmung durch das BKA durch das BMI angeordnete werden „können oder sogar müssen."[68]

Diese Einschätzung überzeugt. Es ist allerdings – auch vor der Pflicht zum bundesfreundlichen Verhalten[69] – sinnvoll, dass das BMI die Übernahme nicht ohne Weiteres gegen den Willen eines Landes anordnet. Allerdings wäre es im Fall des sog. NSU wünschenswert gewesen, dass sich das BMI mit in diesem Fall guten sachlichen Gründen, notfalls auch gegen den Willen einzelner Länder, durchgesetzt hätte.[70] Eine Formalisierung und Normalisierung des Prozesses könnte insoweit hilfreich sein, um zu verhindern, dass der auf Länderebene ein falscher Eindruck entsteht. So empfahl auch die Bund-Länder-Kommission Rechtsterrorismus, dass das BMI und das BKA ihren rechtlichen Handlungsrahmen aus § 4 BKAG „konsequent ausschöpfen" sollten.[71] Insoweit wäre eine gesetzgeberische Klarstellung wünschenswert, unter welchen konkreten Voraussetzungen das BMI die Übernahme von Ermittlungen anordnen sollte. Im Fall des sog. NSU hätte das BMI im Übrigen zumindest auf eine Informationszusammenführung im Rahmen der Zentralstellenfunktion (dazu sogleich) hinwirken sollen.

[65] Vgl. Graulich 2019c, Rn. 29; Bäcker 2009, S. 26.

[66] Bund-Länder-Kommission Rechtsterrorismus 2013, S. 217 (Rn. 492) m. w. N.

[67] Bund-Länder-Kommission Rechtsterrorismus 2013, S. 217 (Rn. 492).

[68] Bund-Länder-Kommission Rechtsterrorismus 2013, S. 217–218 (Rn. 493).

[69] Siehe hierzu z. B. BVerfGE 6, 309, 361–362 (Reichskonkordat); BVerfGE 104, 249, 249, 270 (Biblis A); Jarass 2022, Rn. 24–27.

[70] NSU-Untersuchungsausschuss I, Abschlussbericht, BT-Drs. 17/14600, S. 838–839.

[71] Bund-Länder-Kommission Rechtsterrorismus 2013, S. 354 (Rn. 797).

7.1.2 Defizitäre Zusammenarbeit zwischen BKA und Polizeibehörden der Länder

Die Untersuchungsberichte und Zeugenaussagen der beiden NSU-Untersuchungsausschüsse zeigen, dass nicht nur die Frage einer etwaigen Übernahme durch das BKA hätte anders behandelt werden können oder sogar müssen. Auch die Zusammenarbeit zwischen BKA und den Polizeibehörden der Länder im Übrigen wurde von den Ausschüssen als defizitär wahrgenommen. So wurde insbesondere kritisiert, dass das BKA die örtlichen Polizeibehörden nicht ausreichend unterstützt habe (dazu unter Abschn. 7.1.2.1) und der Informationsaustausch nur anlassbezogen stattfand (dazu unter Abschn. 7.1.2.2). Auch durch das Nutzen unterschiedlicher Datenverarbeitungssysteme sei die Zusammenarbeit behindert worden (dazu unter Abschn. 7.1.2.3). Schließlich wurde auch von „emotionalen Störungen" zwischen den Akteuren berichtet (dazu unter Abschn. 7.1.2.4).

7.1.2.1 Fehlende Unterstützung durch das BKA

In der Aufarbeitung des NSU-Komplexes durch die Untersuchungsausschüsse des Bundestages wurde eine fehlende Unterstützung durch das BKA bemängelt. Die Aussage des Zeugen *Hummert* vom thüringischen LKA erhielt insoweit besondere Aufmerksamkeit: Dieser berichtete davon, dass sich die Entschlüsselung von als Beweismittel in den Ermittlungen um den sog. NSU beschlagnahmte Festplatten technisch als sehr schwierig gestaltete. Da auch das Bundesamt für Sicherheit in der Informationstechnik nicht weiterhelfen konnte, bat der Zeuge um Unterstützung vom BKA. Diese Unterstützung sei indes abgelehnt worden; ihm sei vielmehr durch das BKA mitgeteilt worden, dass man sich bei erfolgreicher Entschlüsselung sehr über die Übersendung der Ergebnisse freuen würde.[72]

Gemäß § 2 Abs. 1 BKAG (auch in der damaligen Fassung[73]) unterstützt das BKA in seiner Zentralstellenfunktion die Polizeien des Bundes und der Länder bei der Verhütung und Verfolgung von Straftaten mit länderübergreifender, internationaler oder erheblicher Bedeutung. Allerdings handelt es sich bei § 2 Abs. 1 BKAG (ebenso wie bei § 1 Abs. 1 BKAG) lediglich um eine Aufgabenbeschreibung, aus der sich grundsätzlich keine konkreten Pflichten ergeben.[74] Dies ergibt sich aus der Systematik von § 2 BKAG, der in Abs. 1 die Aufgabe des BKA

[72] NSU-Untersuchungsausschuss II, Protokoll 15 I, S. 150–151 Vgl. auch NSU-Untersuchungsausschuss II, Abschlussbericht, BT-Drs. 18/12950, S. 650–652.

[73] Vgl. Gesetz über das Bundeskriminalamt und die Zusammenarbeit des Bundes und der Länder in kriminalpolizeilichen Angelegenheiten vom 07.07.1997, BGBl. 1997 I S. 1650.

[74] Graulich 2019b, Rn. 1, 2019a, Rn. 1.

als Zentralstelle beschreibt und erst in den weiteren Absätzen die konkreten Konsequenzen auflistet, also die sich aus der Aufgabe ergebenden Rechte und Pflichten des BKA.[75] Die Möglichkeit, andere Polizeien bei der Durchführung von kriminaltechnischen Untersuchungen zu unterstützen, besteht erst in der neuen Fassung des BKAG vom 01.06.2017 (§ 2 Abs. 5 Nr. 3 BKAG).[76] Zuvor bestand gem. § 2 Abs. 6 Nr. 1 BKAG a. F. lediglich die Pflicht, Einrichtungen für kriminaltechnische Untersuchungen und Forschung zu unterhalten und die diesbezügliche Zusammenarbeit zu koordinieren. Nach Aussage des Zeugen *Hummert* hat das BKA diese allgemeine Pflicht erfüllt, auch wenn dadurch die Unterstützung bei der Entschlüsselung im Einzelfall nicht erfolgte.[77]

Auch berichtete *Hummert* von Schwierigkeiten in der Zusammenarbeit bei der Datensicherung von Festplatten, die er nach einer Durchsuchung bei *Ralf Wohlleben*, einem Unterstützer des sog. NSU,[78] vornehmen wollte: Nachdem er mit der Sicherung bereits begonnen hatten, hätten Mitarbeitende des BKA die Festplatten mitgenommen, sodass er die Datensicherung nicht vollständig habe vornehmen können. Im weiteren Verlauf sei dann auch keine Rückmeldung mit den Ergebnissen der Datensicherung seitens des BKA erfolgt. Mitarbeitende des BKA hätten ihn stattdessen kontaktiert und um eine Begründung für die Unvollständigkeit der Datensicherung und um Übersendung der vollständigen Datensicherung gebeten.[79]

Diese Episode macht einen Optimierungsbedarf bei der Unterstützung der Polizeibehörden durch das BKA erkennbar, sowohl, was die diesbezügliche Zusammenarbeit mit den Ländern als auch die BKA-interne Durchführung und Kommunikation anbelangt. Denn der Zeuge *Hummert* berichtete insoweit auch von ständig wechselnden Ansprechpartnern und mangelnder interner Wissensweitergabe beim BKA.[80] Der NSU-Untersuchungsausschuss II fand insoweit stellte insoweit einen Bedarf für „mehr Kontinuität, Effizienz und eine Minimierung von

[75] Vgl. Gesetzentwurf der Bundesregierung, Entwurf eines Gesetzes über das Bundeskriminalamt und die Zusammenarbeit des Bundes und der Länder in kriminalpolizeilichen Angelegenheiten, BT-Drs. 13/1550, S. 21.

[76] Geändert durch das Gesetz zur Neustrukturierung des Bundeskriminalamtgesetzes vom 01.06.2017, BGBl. 2017 I S. 1354.

[77] NSU-Untersuchungsausschuss II, Protokoll 15 I, S. 150.

[78] Vgl. NSU-Untersuchungsausschuss I, Abschlussbericht, BT-Drs. 17/14600, S. 847. Das OLG München befand *Wohlleben* der Beihilfe zu neun Fällen des Mordes schuldig und verurteilte ihn zu einer Freiheitsstrafe von zehn Jahren, OLG München, Urteil vom 11.07.2018, Az. 6 St 3/12.

[79] NSU-Untersuchungsausschuss II, Protokoll 15 I, S. 145–146.

[80] Vgl. NSU-Untersuchungsausschuss II, Abschlussbericht, BT-Drs. 18/12950, S. 650–651.

Wissensverlust“ fest.[81] Der Abschlussbericht des Thüringer Landtags spricht sogar davon, dass diese Defizite „nicht vereinbar mit moderner Polizeiarbeit“ seien.[82]

7.1.2.2 Anlassbezogener Informationsaustausch

Auch erfolgte ab Mai 2010 zwischen dem BKA und den Landeskriminalämtern kein genereller, sondern nur noch ein anlassbezogener Informationsaustausch auf Sachbearbeiter:innenebene: Nachdem es in der Steuerungsgruppe zur Tatwaffe „Česká“ zwischen dem BKA und den weiteren Teilnehmenden in der Frage, wie die Öffentlichkeitsarbeit bezüglich der Waffenspur gestaltet werden solle, zu unterschiedlichen Auffassungen kam, entschied sich das BKA, nicht mehr an Sitzungen der Steuerungsgruppe teilzunehmen.[83] Auch die EG „Česká“ beim BKA wurde mangels Ermittlungsansätzen aufgelöst.[84] Im Rahmen seiner Zentralstellenfunktion unterstützte das BKA die Länder aber noch durch sein Auswertungsreferat.[85]

Ein anlassbezogener Informationsaustausch steht prinzipiell im Einklang mit einfachgesetzlichen Pflichten von Bund und Ländern, sofern die beidseitigen Übermittlungsvorschriften beachtet werden. Die Notwendigkeit eines Informationsaustausches zwischen BKA und Länderpolizeibehörden ergibt sich schon aus § 2 Abs. 2 Nr. 1 BKAG, wonach das BKA alle Informationen, die für die Erfüllung seiner Zentralstellenaufgabe notwendig sind, sammelt und auswertet.[86] Das Sammeln von Informationen umfasst dabei auch die Entgegennahme von Informationen.[87] Die Auswertung bezieht sich sowohl auf eigenständig gewonnene Erkenntnisse als auch auf solche, die bei den Landeskriminalämtern vorliegen.[88]

Dies setzt den wechselseitigen Informationsaustausch zwischen beiden Ebenen voraus, der in § 32 BKAG (§ 13 BKAG a. F.)[89] und § 25 BKAG (§ 10 Abs. 1 und 2 BKAG a. F.) geregelt ist. Die Landeskriminalämter übermitteln dem BKA nach § 32 Abs. 1 S. 1 BKA die „zur Erfüllung seiner Aufgaben als Zentralstelle er-

---

[81] NSU-Untersuchungsausschuss II, Abschlussbericht, BT-Drs. 18/12950, S. 1025.

[82] NSU-Untersuchungsausschuss Thüringen II, Schlussbericht, LT-Drs. 6/7612, S. 1770 (Rn. 2956).

[83] NSU-Untersuchungsausschuss I, Abschlussbericht, BT-Drs. 17/14600, S. 598–600.

[84] NSU-Untersuchungsausschuss I, Abschlussbericht, BT-Drs. 17/14600, S. 598–600.

[85] NSU-Untersuchungsausschuss I, Abschlussbericht, BT-Drs. 17/14600, S. 600.

[86] Graulich 2019d, Rn. 50.

[87] Graulich 2019b, Rn. 33.

[88] Graulich 2019b, Rn. 34.

[89] Vgl. auch Gesetzentwurf der Bundesregierung, Entwurf eines Gesetzes über das Bundeskriminalamt und die Zusammenarbeit des Bundes und der Länder in kriminalpolizeilichen Angelegenheiten, BT-Drs. 13/1550.

forderlichen Informationen."[90] Ähnliche Vorgaben finden sich auch in den Landespolizeigesetzen.[91] Das BKA wiederum kann gem. § 25 BKAG „an andere Polizeien des Bundes und an Polizeien der Länder personenbezogene Daten übermitteln, soweit dies zur Erfüllung seiner Aufgaben oder der des Empfängers erforderlich ist." Den Landeskriminalämtern kommt somit nach Maßgabe der BKAG kein Ermessensspielraum zu, gleichwohl die Landesgesetzes auch insoweit ein Ermessen einräumen. Nach dem BKAG müssen sie allerdings übermitteln, was für die Aufgabenerfüllung des BKA erforderlich ist.

Das BKA hat demgegenüber einen Ermessensspielraum; es darf aber alles übermitteln, was für seine eigene Aufgabenerfüllung und für die der Landeskriminalämter erforderlich ist. Was den Begriff der Erforderlichkeit angeht, so ist davon auszugehen, dass dieser Begriff ebenso zu verstehen ist wie im BVerfSchG, wonach alle gelten Informationen als zur Aufgabenerfüllung erforderlich gelten, die möglicherweise erheblich sind.[92] Damit ist ein Informationsaustausch nur dann nicht angezeigt, wenn diese offensichtlich unerheblich sind.[93]

Ein rein anlassbezogener Informationsaustausch steht somit im Einklang mit der grundsätzlichen Kompetenzverteilung, sofern die erforderlichen Informationen dennoch übermittelt werden. Dies scheint im Fall um den sog. NSU jedoch nicht immer der Fall gewesen zu sein. So kritisierte der NSU-Untersuchungsausschuss II, dass der Informationsfluss vom BKA an die örtlichen Polizeibehörden teilweise nicht ausreichend gewesen sei: Unter anderem seien in Vorbereitung auf die Vernehmung von Zeug:innen relevante Hintergrundinformationen nicht weitergegeben worden.[94] Zwar hatte das BKA einen Ermessensspielraum bei dem Übermitteln von Informationen. Da aber die Aufklärung einer Mordserie angestrebt wurde und die Aussagen einzelner Zeug:innen möglicherweise zur Abwehr einer konkreten Gefahr hätten genutzt werden können, erscheint fragwürdig, ob im Einzelfall das Ermessen fehlerfrei ausgeübt wurde oder in bestimmten Fällen möglicherweise eine Ermessensreduzierung auf Null gegeben war.

[90] Dabei erfolgt der Datenaustausch nach Maßgabe der Rechtsverordnung nach § 20 BKAG, d. h. der Verordnung über die Art der Daten, die nach den §§ 8 und 9 des Bundeskriminalamtgesetzes gespeichert werden dürfen vom 04.06.2010 (BKA-Daten-Verordnung – BKADV), BGBl. 2010 I S. 716, Art. 56.

[91] Siehe z. B. Art. 56 Bayerisches Polizeiaufgabengesetz; § 27 Polizeigesetz NRW; § 41 Thüringer Polizeiaufgabengesetz.

[92] Roth 2014, Rn. 17.

[93] Dabei sind zum Schutz der Betroffenen datenschutzrechtliche Vorschriften wie etwa in § 25 Abs. 9 BKAG zu beachten. Siehe Roth 2014, Rn. 17.

[94] NSU-Untersuchungsausschuss II, Abschlussbericht, BT-Drs. 18/12950, S. 1176.

Eine solche und damit eine Rechtspflicht zur Übermittlung kommt in Betracht, „wenn besonders wichtige Rechtsgüter (etwa: Leben, Gesundheit, Freiheit) unmittelbar gefährdet werden oder wenn ein so erheblicher Schaden droht, dass eine Untätigkeit der Behörde ermessensfehlerhaft, weil mit den an eine ordnungsgemäße Verwaltung zu stellenden Anforderungen schlechterdings unvereinbar wäre".[95] Ausschlaggebend sind dabei die Wertigkeit des Rechtsguts, die Intensität der Gefahr und die mit dem polizeilichen Handeln verbundenen Risiken.[96] Ob im vorliegenden Fall das Ermessen auf Null reduziert wurde, kann an dieser Stelle mangels Einblick in die konkreten Umstände des Einzelfalls nicht beantwortet werden. Aufgrund der Kritik des Ausschusses erscheint es aber naheliegend, dass in dem Fall die gesetzlich bestehenden Übermittlungspflichten nicht durchgängig beachtet wurden.

7.1.2.3 Unterschiedliche Datenverarbeitungssysteme

Ein weiterer wesentlicher Kritikpunkt, der bei der Zusammenarbeit des BKA mit den Landespolizeibehörden genannt wurde, waren die unterschiedlichen Datenverarbeitungssysteme, die den Informationsaustausch erschwerten. So nutzten das LKA Bayern und das BKA unterschiedliche Systeme, die nicht kompatibel waren und für die erst eine Schnittstelle entwickelt werden musste.[97] Das Thema Datenmanagement betrachtete der Zeuge *Soukup* vom BKA generell als wesentliches Problem

> „nicht nur, weil die Polizeiinformationssysteme in unserem föderativen System so unterschiedlich sind. Das ist bis heute immer noch ein Problem, dass die einzelnen Bundesländer sich in den letzten 20 Jahren eigene Datenverarbeitungssysteme angelegt haben, die nicht unbedingt alle miteinander kompatibel sind. Die Situation haben wir bis heute noch. [...] Ich denke, das ist auch kein Geheimnis, dass man da natürlich besser arbeiten könnte, wenn die Dinge einheitlich wären. Das fängt bei der Kommunikationsbeziehung an [...] und geht bis zu den Datenverarbeitungssystemen, die wir heute in der Polizeilandschaft haben; die sind immer noch heterogen und bei weitem nicht so, dass wir sagen könnten, wir können in allen Bundesländern mit allen Bundesländern in gleicher Weise gut kommunizieren und kooperieren. Das ist noch nicht der Fall. Da braucht es, glaube ich, auch noch ein paar Jahre, bis wir dahinkommen."[98]

---

[95] Graulich 2021, Rn. 114.

[96] Riese 2022, Rn. 41.

[97] NSU-Untersuchungsausschuss I, Protokoll 19, S. 4–5 Siehe auch NSU-Untersuchungsausschuss Bayern, Schlussbericht, LT-Drs. 16/17740, S. 126.

[98] NSU-Untersuchungsausschuss II, Protokoll 47 I, S. 22–23 Vgl. auch NSU-Untersuchungsausschuss I, Abschlussbericht, BT-Drs. 18/12950, S. 652–653.

Die unterschiedlichen Datenverarbeitungssysteme in den Ländern und beim BKA hätten damit die Zusammenarbeit erheblich erschwert.

7.1.2.4 „Emotionale Störungen"

Darüber hinaus wurde verschiedenfach von Verstimmungen in der Zusammenarbeit des BKA mit den Landespolizeibehörden berichtet, so unter anderem in der Zusammenarbeit mit der Mordkommission „Bosporus" im Polizeipräsidium in Mittelfranken.[99] Nachdem im Februar 2009 bekannt geworden war, dass ein Mitarbeiter dieser Mordkommission ohne Absprache Informationen an die Presse gegeben hatte,[100] entschied das BKA, die Ermittlungen (im Rahmen der Unterstützungsfunktion) zukünftig ohne Einbindung der Mordkommission zu führen.[101] In einem Schreiben an den Polizeipräsidenten in Mittelfranken, das in diesem Zusammenhang verfasst wurde, wurde aber auch deutlich, dass ein grundsätzliches Problem in der Zusammenarbeit mit dem BKA bestanden habe: Es sei „offensichtlich nicht immer um sachliche oder fachliche Fragen, sondern zum Teil vordergründig um emotionale Störungen, die ihre Ursache in der Rolle des BKA bei den Ermittlungen zur Mordserie haben dürften", gegangen.[102]

7.2 Strafverfolgungsbehörden

Auch im Bereich der Strafverfolgungsbehörden bildete die mögliche Zusammenführung von Erkenntnissen einen wichtigen Punkt in der Aufarbeitung des behördlichen Handelns. Im Abschlussbericht kritisierten die Bundestagsfraktionen deutlich, dass es bei der staatsanwaltschaftlichen Bearbeitung keine Bündelung gegeben hat.[103] Eine solche erfolgte erst nach dem Tod von *Böhnhardt* und *Mundlos,* als der GBA am 11.11.2011 die Ermittlungen übernahm.[104] Nach Ansicht der Bundestagsfraktionen sei eine einheitliche Bearbeitung zwar kein „Garant für eine Aufklärung der Serie gewesen, sie hätte aber dazu beitragen können, Ressourcen zu bündeln, die Informationszusammenführung zu erleichtern und eine straffere Einhaltung der Sachleitungspflicht der Staatsanwaltschaft zu ermöglichen."[105]

---

[99] NSU-Untersuchungsausschuss I, Abschlussbericht, BT-Drs. 17/14600, S. 598.

[100] Vgl. z. B. Neumann und Ulrich 2011.

[101] NSU-Untersuchungsausschuss I, Abschlussbericht, BT-Drs. 17/14600, S. 598.

[102] Zitiert nach NSU-Untersuchungsausschuss I, Abschlussbericht, BT-Drs. 17/14600, S. 599.

[103] NSU-Untersuchungsausschuss I, Abschlussbericht, BT-Drs. 17/14600, S. 837.

[104] Vgl. Generalbundesanwalt beim Bundesgerichtshof (GBA) 2011.

[105] NSU-Untersuchungsausschuss I, Abschlussbericht, BT-Drs. 17/14600, S. 837.

Auch „hätten klare Strukturen, Entscheidungs- und Weisungsbefugnisse die Ermittlungsarbeit befördern und Doppelarbeit vermieden werden können."[106] Auch das BKA hätte sich nach Aussagen der Zeugen *Hoppe*[107] und *Maurer*[108] eine zentrale Führung der Ermittlungen gewünscht.

In Betracht wäre dabei eine Bündelung bei der StA in Nürnberg-Fürth (dazu unter Abschn. 7.2.1) oder eine Zusammenführung der Ermittlungen beim GBA (dazu unter Abschn. 7.2.2) gekommen.

7.2.1 Mögliche Zusammenführung der Ermittlungen bei der StA Nürnberg-Fürth

Die StA Nürnberg-Fürth führte die jeweiligen Ermittlungen zu den in Bayern verübten Taten ab Juni 2005 gem. Nr. 25 S. 1 der Richtlinien für das Straf- und das Bußgeldverfahren (RiStBV) als Sammelverfahren zusammen.[109] Diese lautet:

> „Im Interesse einer zügigen und wirksamen Strafverfolgung ist die Führung einheitlicher Ermittlungen als Sammelverfahren geboten, wenn der Verdacht mehrerer Straftaten besteht, eine Straftat den Bezirk mehrerer Staatsanwaltschaften berührt oder ein Zusammenhang mit einer Straftat im Bezirk einer anderen Staatsanwaltschaft besteht. Dies gilt nicht, sofern die Verschiedenartigkeit der Taten oder ein anderer wichtiger Grund entgegensteht."

Zuständig für die Bearbeitung eines Sammelverfahrens ist gem. Nr. 26 Abs. 1 RiStBV die Staatsanwaltschaft, in deren Bezirk der nach Abs. 2 näher definierte Schwerpunkt des Verfahrens liegt. Die StA Nürnberg-Fürth, in deren Bezirk aufgrund der bis dahin begangenen Taten der Schwerpunkt des Verfahrens fiel, lehnte es jedoch ab, auch die Taten außerhalb Bayerns in dieses Verfahren aufzunehmen.[110] Sie begründete die Entscheidung damit, dass nur die Erkenntnis, dass es sich um dieselbe Tatwaffe handele, noch kein ausreichender Anhaltspunkt dafür sei, dass es sich um denselben Täter bzw. dieselbe Täterin handele.[111]

---

[106] NSU-Untersuchungsausschuss I, Abschlussbericht, BT-Drs. 17/14600, S. 837–838.

[107] NSU-Untersuchungsausschuss I, Protokoll 15, S. 24.

[108] NSU-Untersuchungsausschuss I, Protokoll 36, S. 32.

[109] Vgl. NSU-Untersuchungsausschuss I, Abschlussbericht, BT-Drs. 17/14600, S. 837.

[110] Vgl. NSU-Untersuchungsausschuss I, Abschlussbericht, BT-Drs. 17/14600, S. 837.

[111] Vgl. NSU-Untersuchungsausschuss I, Abschlussbericht, BT-Drs. 17/14600, S. 837; NSU-Untersuchungsausschuss I, Protokoll 14, S. 2 (Zeuge *Kimmel*).

Dies wurde vom NSU-Untersuchungsausschuss I zurecht scharf kritisiert: Mit dieser Begründung hätte die Staatsanwaltschaft auch die in Bayern verübten Taten nicht zusammenführen können.[112] Außerdem ist anhand des Zusammenspiels von Satz 1 und Satz 2 der Vorschrift ein grundsätzlicher Vorrang des Sammelverfahrens erkennbar, von dem nur ausnahmsweise unter den in Satz 2 genannten Voraussetzungen abgewichen werden soll.[113] Auch der Schlussbericht des bayerischen Untersuchungsausschusses zu den Geschehnissen um den sog. NSU sah die Voraussetzungen für Nr. 25 RiStBV als gegeben an.[114] Diesbezüglich sprach etwa der Zeuge *Kimmel* von der StA Nürnberg-Fürth von einem „offensichtlichen" Zusammenhang zwischen den Morden an *Simsek* und *Özüdogru*.[115] Nach den Morden an *Yasar* und *Boulgarides* im Juni 2006 sei eine zentrale Ermittlungsführung „an sich naheliegend" gewesen.[116] Auch war der Bayerische Landtag der Ansicht, die StA Nürnberg-Fürth habe ihre Berichtspflicht gegenüber dem Justizministerium verletzt, da sie dieser Pflicht „zu spät, nur auf Anforderung und inhaltlich zuweilen den tatsächlichen Ermittlungsstand verkürzend, nachgekommen" sei.[117]

Das zeigt, dass auch auf Ebene der Strafverfolgungsverfolgungsbehörden ein einheitliches Vorgehen im Rahmen der Ermittlungen bewusst nicht gewählt wurde, obwohl entsprechende Kooperationsmechanismen in Gestalt einfachgesetzlicher Übermittlungspflichten bestanden.

7.2.2 Mögliche Zusammenführung der Ermittlungen beim GBA

Auch der GBA übernahm das Verfahren zunächst nicht. Der GBA kann, wenn er nicht schon originär im Falle von Taten gem. §§129a, 129b StGB (Mitgliedschaft in einer terroristischen Vereinigung) zuständig ist, Ermittlungen unter anderem wegen Mordes oder Totschlags (§§ 211, 212 StGB) gem. § 120 Abs. 2 S. 1 Nr. 3 lit. a GVG a. F. übernehmen, „wenn die Tat nach den Umständen geeignet ist, den Bestand oder die äußere oder innere Sicherheit der Bundesrepublik Deutschland zu beeinträchtigen."

[112] NSU-Untersuchungsausschuss I, Abschlussbericht, BT-Drs. 17/14600, S. 837.

[113] Sackreuther 2023, Rn. 7.

[114] NSU-Untersuchungsausschuss Bayern, Schlussbericht, LT-Drs. 16/17740, S. 147.

[115] NSU-Untersuchungsausschuss I, Protokoll 14, S. 2.

[116] NSU-Untersuchungsausschuss I, Protokoll 14, S. 2.

[117] NSU-Untersuchungsausschuss Bayern, Schlussbericht, LT-Drs. 16/17740, S. 148.

Im Fall Eggesin hat der BGH zu diesen Voraussetzungen im Zusammenhang mit rechts- oder linksextremistisch motivierten Taten ausgeführt, dass diese dann die Sicherheit des Staates im Sinne von § 120 Abs. 2 S. 1 Nr. 3 lit. a GVG a. F. beeinträchtigen,

> „wenn die Tat darauf gerichtet ist, das innere Gefüge des Gesamtstaates oder dessen Verfassungsgrundsätze zu beeinträchtigen. Zu diesen Verfassungsgrundsätzen zählt der Ausschluss jeglicher Gewalt- und Willkürherrschaft gegenüber Minderheiten. Dieser Grundsatz wird beeinträchtigt, wenn der Täter das Opfer nur deshalb angreift, weil er es als Mitglied einer nationalen, rassischen, religiösen oder durch ihr Volkstum bestimmten Gruppe treffen will."[118]

Rassistisch motivierte Gewalttaten können hiernach die Übernahme durch den GBA begründen, wenn sie ein absichtlich herbeigeführtes „Klima der Angst" unter den betroffenen Bevölkerungsgruppen sowie die Gefahr eines Nachahmungseffekts „mit der Folge einer für die Sicherheitsorgane immer schwerer beherrschbaren Gefahr" beachtet werden.[119]

Dass eine solche Lage vorlag, die darüber hinaus schon wegen des länderübergreifenden Charakters der Mordserie eine besondere Bedeutung hatte (vgl. auch § 120 Abs. 2 S. 2 GVG), kann jedenfalls aus der Retrospektive im Fall des sog. NSU kaum bezweifelt werden.

Allerdings hätte der GBA das Verfahren zum damaligen Zeitpunkt mangels Detailkenntnisse von den Taten und strafrechtlichen Ermittlungen gar nicht übernehmen können: Weder übermittelte die StA Köln nach dem Nagelbombenanschlag 2004[120] noch die StA Nürnberg-Fürth dem GBA Erkenntnisse, damit dieser seine Zuständigkeit hätte prüfen können.[121]

Dabei besteht gem. Nr. 202 Abs. 1 RiStBV ausdrücklich eine Verpflichtung zur Übermittlung von Informationen an den GBA, die seine Zuständigkeit begründen könnten. Die Vorschrift legt zweifelsfrei fest:

> „Vorgänge, aus denen sich der Verdacht einer zur Zuständigkeit der Oberlandesgerichte im ersten Rechtszug gehörenden Straftat (§ 120 GVG, §§ 1 und 3 NATO-Truppen-Schutzgesetz) ergibt, übersendet der Staatsanwalt mit einem Begleitschreiben unverzüglich dem Generalbundesanwalt."

[118] BGH, NJW 2001, 1359, Ls. 1 (Fall Eggesin).

[119] BGH, NJW 2001, 1359, 1361 (Fall Eggesin).

[120] NSU-Untersuchungsausschuss I, Abschlussbericht, BT-Drs. 17/14600, S. 843.

[121] NSU-Untersuchungsausschuss I, Abschlussbericht, BT-Drs. 17/14600, S. 838. Vgl. auch Bundesregierung 2013, S. 23; NSU-Untersuchungsausschuss I, Protokoll 44, S. 75–77.

Die Vorschrift soll bezwecken, dass der GBA frühzeitig prüfen kann, ob tatsächlich der Verdacht eines Delikts besteht, das seine Zuständigkeit begründet.[122] Diese frühzeitige Prüfung ist essenziell, damit die Verantwortlichkeiten unter anderem zur Tatortsicherung zeitnah verteilt werden können.[123] Dabei erfordert der Verdacht nicht dieselben Kriterien wie die strafprozessualen Verdachtsgrade.[124] Vor dem NSU-Untersuchungsausschuss I berichtete der Zeuge *Ritscher* vom GBA allerdings von einer grundsätzlich eher zögerlichen Informationsweitergabe der Landesstaatsanwaltschaften an den GBA.[125] Dies steht im Kontrast dazu, dass die Schwelle für das Eingreifen der Informationsübermittlungspflicht niedrig angesetzt ist: Es genügt, dass nach kriminalistischen Erfahrungen die Möglichkeit besteht, dass der GBA zuständig sein könnte.[126] Dabei sind schon „entfernte Indizien, wenn sie iVm Erfahrungssätzen auf einen Sachverhalt hindeuten, der sich als Verstoß gegen die Strafnorm darstellt," ausreichend.[127]

Der Zeuge *Kimmel*, der damals das Verfahren bei der StA Nürnberg-Fürth leitete, sah jedoch keine Anhaltspunkte für die Zuständigkeit des GBA,[128] ebenso wenig wie der Zeuge *Wolf*, der die Abteilung für den Bereich politische Kriminalität bei der StA Köln leitete.[129] Es spricht dem Hintergrund der rechtlichen Vorgaben allerdings viel dafür, dass jedenfalls bei dem Anschlag mittels einer Nagelbombe von der Möglichkeit eines Delikts, das in die Zuständigkeit des GBA fällt – entweder aufgrund seiner originären Zuständigkeit des GBA (§§ 129a, 129b StGB) oder aufgrund der Bedrohung der inneren Sicherheit und besonderen Bedeutung des Falles – ausgegangen hätte werden müssen. Spätestens zu diesem Zeitpunkt hätten die Staatsanwaltschaften der Länder und zumindest die StA Köln die Informationen dem GBA übermitteln müssen. Eine Zusammenführung von Taten, die den Kompetenzbereich des GBA betreffen, wäre dann gem. §§ 2, 3 StPO möglich gewesen.[130]

Geschehen ist dies jedoch nicht. So informierte sich der GBA über die Ermittlungen mittels Informationen aus Presseberichten und der Homepage des

[122] Krauß 2023, Rn. 3.

[123] Krauß 2023, Rn. 3.

[124] Krauß 2023, Rn. 6.

[125] Siehe NSU-Untersuchungsausschuss I, Protokoll 44, S. 93.

[126] Krauß 2023, Rn. 6.

[127] Krauß 2023, Rn. 6.

[128] NSU-Untersuchungsausschuss I, Protokoll 14, S. 5 ff., 12.

[129] NSU-Untersuchungsausschuss I, Protokoll 22a, S. 91–92.

[130] Rusteberg 2018, S. 17.

BKA, um zu prüfen, ob es Anhaltspunkte für seine Zuständigkeit gab.[131] Allerdings kritisierte der NSU-Untersuchungsausschuss I auch, dass der GBA nicht proaktiv nachfragte.[132] Der Zeuge *Artkämper* vom GBA erklärte, man habe auf Nachfragen verzichtet, da man davon ausgegangen sei, dass die Spezialbehörden die Informationen dann übermitteln würden, „wenn sie dort vorhanden sind".[133] Der ehemalige Vizepräsident des BKA *Maurer* berichtete, man habe im BKA versucht, mithilfe eines Ermittlungsansatzes bezüglich der türkischen Hizbullah, in deren Richtung man (Trug-)Spuren fand, die Übernahme des Ermittlungsverfahrens durch den GBA zu ermöglichen.[134] Dieser Ermittlungsansatz führte jedoch ins Leere, und in Bezug auf die Übernahme wegen einer rechtsextremen terroristischen Vereinigung oder staatsgefährdenden Straftat waren aus seiner Sicht aufgrund der Beweislage nicht die Voraussetzungen erfüllt, damit der GBA das Verfahren hätte übernehmen können.[135]

Erst nach der Einleitung des Ermittlungsverfahrens gegen *Zschäpe* durch den GBA am 11.11.2011 wurden laut dem GBA die Informationsprozesse in dem Fall beschleunigt[136] und die diesbezügliche Zusammenarbeit wurde von BKA und GBA wechselseitig als sehr gut beschrieben.[137] Festzuhalten ist dennoch, dass zuvor bestehende Informationspflichten nicht berücksichtigt wurden, sodass eine frühere Übernahme der Ermittlungen durch den GBA nicht erfolgen konnte. Ob der GBA auf Grundlage der damals vorliegenden Informationen seine Zuständigkeit bejaht hätte, kann nicht abschließend bewertet werden. Die objektiven Umstände der Taten sprachen allerdings auch aus damaliger Sicht eher dafür. Jedenfalls aber wurde die Möglichkeit zur Kooperation und Koordination durch eine Verfahrensübernahme durch den GBA nicht umfänglich geprüft und damit ein weiterer, bereits bestehender Kooperations- und Koordinationsmechanismus auf der Ebene der Strafverfolgungsbehörden nicht genutzt.[138]

---

[131] NSU-Untersuchungsausschuss I, Protokoll 44, S. 77–78 (Zeuge *Ritscher*).

[132] NSU-Untersuchungsausschuss I, Abschlussbericht, BT-Drs. 17/14600, S. 838. Vgl. auch NSU-Untersuchungsausschuss I, Protokoll 44, S. 86–87 (Zeuge *Ritscher*).

[133] NSU-Untersuchungsausschuss II, Protokoll 41 I, S. 29. Vgl. auch ebd., S. 15.

[134] NSU-Untersuchungsausschuss I, Protokoll 36, S. 32.

[135] NSU-Untersuchungsausschuss I, Protokoll 36, S. 32.

[136] NSU-Untersuchungsausschuss II, Protokoll 51 I, S. 11 (Zeuge *Diemer*). Vgl. auch NSU-Untersuchungsausschuss II, Abschlussbericht, BT-Drs. 18/12950, S. 645.

[137] NSU-Untersuchungsausschuss II, Protokoll 47 I, S. 38 (Zeuge *Soukup*). Vgl. auch NSU-Untersuchungsausschuss II, Abschlussbericht, BT-Drs. 18/12950, S. 645–647.

[138] Vgl. NSU-Untersuchungsausschuss Bayern, Schlussbericht, LT-Drs. 16/17740, S. 148.

7.3 Nachrichtendienste

Auch die Nachrichtendienste waren in die Ermittlungen gegen den sog. NSU eingebunden. Die Mehrheit des NSU-Untersuchungsausschusses II sah keine Beweise dafür, dass der BfV, wie teils gemutmaßt, den sog. NSU bewusst gesteuert oder unterstützt hat.[139] Allerdings wurden im BfV am Tag der Übernahme des Ermittlungsverfahrens durch den GBA gezielt Akten zu sieben Vertrauenspersonen vernichtet.[140]

Unabhängig von der Frage nach einer bewussten Manipulation der Ermittlungen oder parlamentarischen Aufarbeitung durch den Verfassungsschutz, der im Rahmen dieser Arbeit nicht weiter nachgegangen werden soll, Kritikpunkte an der Zusammenarbeit zwischen den Nachrichtendiensten. Diese bezogen sich zum einen auf die Zusammenarbeit der Nachrichtendienste des Bundes und der Länder (dazu unter Abschn. 7.3.1) und auf diejenige zwischen den jeweiligen Landesämtern für Verfassungsschutz (dazu unter Abschn. 7.3.2). Auch der Informationsaustausch zwischen dem MAD und dem BfV wurde punktuell kritisiert (dazu unter Abschn. 7.3.3).

7.3.1 Zusammenarbeit des BfV und der Landesämter für Verfassungsschutz

Der NSU-Untersuchungsausschuss I arbeitete heraus, dass das LfV Thüringen nur eingeschränkt Informationen an das BfV übermittelte.[141] Der Zeuge *Egerton* vom BfV führte aus, dass seine Behörde insbesondere zu Unterstützungshandlungen nur einen „Bruchteil der Informationen“ vom LfV Thüringen erhalten habe.[142] 1998 habe das LfV Thüringen in Reaktion auf die Bitte, Erkenntnisse aus Überwachungsmaßnahmen gegen das Umfeld des sog. NSU zu übersenden, ein ablehnendes, „brüskes“ Schreiben versandt. Eine weitere Anfrage sei unter Verweis

[139] Siehe NSU-Untersuchungsausschuss II, Abschlussbericht, BT-Drs. 18/12950, S. 1186 (Votum der Fraktion der SPD). Aber siehe auch NSU-Untersuchungsausschuss II, Abschlussbericht, BT-Drs. 18/12950, S. 1192–1194 (Votum Fraktion Die Linke.).

[140] NSU-Untersuchungsausschuss I, Abschlussbericht, BT-Drs. 17/14600, S. 757; NSU-Untersuchungsausschuss II, Abschlussbericht, BT-Drs. 18/12950, S. 1143–1145.

[141] NSU-Untersuchungsausschuss I, Abschlussbericht, BT-Drs. 17/14600, S. 852; NSU-Untersuchungsausschuss Thüringen I, Schlussbericht, LT-Drs. 5/8080, S. 1546 (Rn. 2343).

[142] NSU-Untersuchungsausschuss I, Protokoll 70a, S. 14.

auf dieses erste ablehnende Schreiben beantwortet worden. Aus Sicht von *Egerton* sei erkennbar geworden, dass das LfV „nicht gerade bestrebt war", mit dem BfV zu kooperieren.[143]

Von einer Spende in Höhe von 2.500 Euro an ein rechtsextremes Magazin (den „Weißen Wolf"), das mit dem sog. NSU sympathisierte – in der Ausgabe 1/2002, Nr. 18, erfolgte ein „Gruß" an den sog. NSU[144] – erfuhr das BfV nach den Aussagen von *Egerton* erst im März 2012.[145] Auch über einen möglichen Unterstützer des sog. NSU in Baden-Württemberg habe dem BfV keine Erkenntnisse vorgelegen, sodass es auch nicht im zuständigen LfV Informationen hätte erfragen können.[146] Absprachen, etwa zu Observationsmaßnahmen gegen Kontaktpersonen des Trios, die zwischen beteiligten LfV getroffen wurden, wurden dem BfV teilweise nach eigener Aussage nicht mitgeteilt[147] und ein Angebot des BfV, sich an diesen Absprachen zu beteiligen, seitens des thüringischen LfV nicht angenommen.[148] Ergebnisse von Überwachungsmaßnahmen seien mit dem Hinweis, es hätten sich keine Erkenntnisse ergeben, teils nicht übermittelt worden.[149] Das BfV habe darüber hinaus nur verzögert von einem möglichen Aufenthaltsort des Trios erfahren. Der Zeuge *Egerton* führte vor dem NSU-Untersuchungsausschuss I weiter aus:

> „Das BfV hat vom Aufenthaltsort des Trios, und zwar wörtlich: „möglicherweise in Sachsen" zum ersten Mal erfahren in dem Schreiben vom LfV Thüringen vom, glaube ich, Oktober oder November 1998. Also ein Dreivierteljahr nach dem Abtauchen hat uns das LfV Thüringen den möglicherweise gültigen Aufenthaltsort mitgeteilt [...]. Nach damaliger Aktenlage sind wir wahrscheinlich davon ausgegangen, dass die sich immer noch im Großraum Jena aufhalten [...]."[150]

Die Zeugin *Dobersalzka* vom BfV berichtete zur Zusammenarbeit mit dem LfV Thüringen ebenfalls, dass ihr nicht alle Informationen bekannt gewesen wären, die dem LfV vorlagen: Es sei an den Maßnahmen des LfV erkennbar gewesen, dass es dem BfV nicht alle Informationen weitergeleitet habe. Das BfV habe dies auch mehrfach angemahnt. Im BfV habe man den Fall daher aufgrund

143 NSU-Untersuchungsausschuss I, Protokoll 70a, S. 28.

144 Vgl. NSU-Untersuchungsausschuss I, Protokoll 70a, S. 15.

145 NSU-Untersuchungsausschuss I, Protokoll 70a, S. 29.

146 NSU-Untersuchungsausschuss I, Protokoll 70a, S. 41.

147 NSU-Untersuchungsausschuss I, Protokoll 70a, S. 56.

148 NSU-Untersuchungsausschuss I, Protokoll 24a, S. 66 (Zeuge *Cremer*).

149 NSU-Untersuchungsausschuss I, Protokoll 72a, S. 24 (Zeugin *Dobersalzka*).

150 NSU-Untersuchungsausschuss I, Protokoll 70a, S. 33–34 (Zeuge *Egerton*).

der mangelnden Informationen nicht vernünftig bearbeiten können. Das Problem sei gewesen, dass das BfV aufgrund dieser Unterversorgung mit Informationen nicht in der Lage gewesen sei, bundesweite Auswertungen vorzunehmen und somit seine Rolle als Zentralstelle adäquat auszuüben.[151] Dabei sei, so die Zeugin *Büddefeld*, auch schon zu diesem Zeitpunkt (vor Änderung des BVerfSchG) die Zentralstellenfunktion festgeschrieben gewesen, sodass alle relevanten Informationen der Landesämter hätten übermittelt werden müssen.[152]

In der Tat ergibt sich schon aus Art. 73 Abs. 1 Nr. 10 GG eine Zusammenarbeitspflicht von Bund und Ländern in Angelegenheiten des Verfassungsschutzes,[153] die in § 1 Abs. 2 BVerfSchG einfachgesetzlich verankert ist (und auch schon damals verankert war[154]). Die Regeln für den Informationsaustausch zwischen den Landesämtern für Verfassungsschutz und dem BfV fanden sich damals, d. h. seit 2000 bis zur Gesetzesänderung im Jahr 2015, durch die die Übermittlungspflichten in § 6 Abs. 1 S. 1 BVerfSchG neugefasst wurden, in § 5 Abs. 1 BVerfSchG. Dieser lautete:

> „Die Landesbehörden für Verfassungsschutz sammeln Informationen, Auskünfte, Nachrichten und Unterlagen zur Erfüllung ihrer Aufgaben, werten sie aus und übermitteln sie dem Bundesamt für Verfassungsschutz und den Landesbehörden für Verfassungsschutz, soweit es für deren Aufgabenerfüllung erforderlich ist."

Sämtliche Erkenntnisse, soweit für die Aufgabenerfüllung des BfV erforderlich, waren demnach zu übermitteln. Die Beurteilung, ob das Kriterium der Erforderlichkeit erfüllt ist, verlangte eine summarische Prüfung des jeweiligen LfV.[155] Als zur Aufgabenerfüllung erforderlich galten alle Informationen, die möglicherweise erheblich waren.[156] Das war nur dann nicht der Fall, wenn die betreffenden Erkenntnisse „mit Sicherheit unerheblich sind",[157] etwa dann, wenn es sich um sachlich in jeder Hinsicht bedeutungslose, erkennbar unzutreffende oder als unrichtig festgestellte Informationen handelte.[158] Eine Übermittlungspflicht bestand

---

[151] NSU-Untersuchungsausschuss I, Protokoll 72a, S. 25.

[152] NSU-Untersuchungsausschuss II, Protokoll 41 I, S. 82. Vgl. auch NSU-Untersuchungsausschuss II, Abschlussbericht, BT-Drs. 18/12950, S. 324.

[153] Vgl. Wolff 2018, S. 51.

[154] Vgl. § 1 Abs. 2 BVerfSchG i. d. F. vom 20.12.1990, BGBl. I 1990 S. 2954, 2970.

[155] Roth 2014, Rn. 17.

[156] Roth 2014, Rn. 17. Vgl. auch zu einer früheren Fassung von § 4 BVerfSchG Roewer 1987, S. 161.

[157] Roth 2014, Rn. 17.

[158] BVerwG, NJW 1984, 1636, 1638; Roth 2014, Rn. 17.

auch dann, wenn die Richtigkeit zweifelhaft oder umstritten war; die Informationen sollten dann lediglich entsprechend gekennzeichnet werden.[159] § 5 Abs. 1 BVerfSchG a. F. verlangte eine unverzügliche Mitteilung, also unmittelbar, nachdem die Informationen gesammelt und ausgewertet wurden.[160]

Vor diesem Hintergrund ist davon auszugehen, dass das LfV Thüringen durch die unterbliebene Weiterleitung der Informationen seine einfachgesetzlichen Pflichten verletzt hat. Trotz entsprechender gesetzlicher Pflichten war der tatsächlich erfolgte Informationsaustausch zwischen dem LfV Thüringen und dem BfV im Fall des sog. NSU daher defizitär.

7.3.2 Zusammenarbeit der Landesämter für Verfassungsschutz

Besonders harsch fiel die Kritik in der parlamentarischen Aufarbeitung an der Zusammenarbeit des LfV Thüringen und des LfV Sachsen aus. Der NSU-Untersuchungsausschuss I stellte fest, dass das LfV Thüringen die Übermittlung relevanter Erkenntnisse, unter anderem zur finanziellen Lage des Trios, an das LfV Sachsen unterließ:

> „Nach Aktenlage wurden weder die Hinweise auf die zeitgleich zu den ersten Überfällen veränderte finanzielle Lage der Gesuchten weitergegeben, [sic] noch die Hinweise darauf, dass das Bemühen um Waffen wohl erfolgreich war, da das Interesse an ihrer Beschaffung erlosch. Wenn etwa aus Thüringen die Hinweise weitergegeben worden wären, die Untergetauchten würden kein Geld mehr benötigen, da sie jetzt „jobben" beziehungsweise „Aktionen machen" würden, hätte möglicherweise in Sachsen eine Verbindung zum Beginn einer ungeklärten Raubserie hergestellt werden können."[161]

Diese vom Abschlussbericht angeführte Aktenlage spiegelt sich in den Aussagen der Zeugen *Tüshaus*, *Vahrenhold* und *Boos* vom LfV Sachsen vor dem NSU-Untersuchungsausschuss I wider: So sei ab Oktober 2000 die Informationslage „abgebrochen" und man habe keinerlei Erkenntnisse mehr über den Verbleib des Trios erhalten.[162] Auch Informationen über Kontaktpersonen des Trios in

---

[159] BVerwG, NJW 1984, 1636, 1638; Roth 2014, Rn. 17; Ebert 1986, Rn. 8.

[160] Roth 2014, Rn. 19; Ebert 1986, Rn. 9.

[161] NSU-Untersuchungsausschuss I, Abschlussbericht, BT-Drs. 17/14600, S. 851–852.

[162] NSU-Untersuchungsausschuss I, Protokoll 62, S. 69 (Zeuge *Vahrenhold*).

Justizvollzugsanstalten seien nicht weitergeleitet worden.[163] Allerdings räumte der Zeuge *Tüshaus* auch ein, dass das LfV Sachsen es versäumt habe, entsprechende Nachfragen an das LfV Thüringen zu stellen, etwa zum möglichen Aufenthaltsort des Trios und dessen mögliche Finanzierung mittels der Begehung von Raubüberfällen.[164] Insgesamt habe aber das LfV Thüringen die Federführung bei der Fahndung nach dem Trio beansprucht, dem LfV Sachsen habe kein (vollständiges) Kontaktbild vorgelegen.[165] Daher sei das LfV Thüringen aus Sicht des LfV Sachsens auch für die bundesweite Kooperation mit anderen Landesverfassungsschutzämtern verantwortlich gewesen und hätte eine intensivere Kooperation anstreben müssen.[166]

Der ehemalige Präsident des LfV Sachsen *Boos* erklärte, nach seiner Einschätzung habe das größte Problem in dem Fehlen einer effektiven Federführung bestanden. Es hielt es für erschreckend, dass erst ab 2011 das erste Mal alle Erkenntnisse zusammengeführt worden seien:

> „Es hätte von vornherein alles systematisch zusammengetragen werden müssen, was Polizei, was der Verfassungsschutz hat, unter den Verfassungsschutzbehörden, am besten auch, was Polizei und Verfassungsschutzbehörden haben, unter Federführung der Polizei. Man hätte das Bild damals zusammenstellen müssen, fortlaufend zusammenstellen müssen. Man hätte die Maßnahmen koordinieren müssen. Ich frage mich allen Ernstes: Was hätte man damals erkannt, wenn man das getan hätte? Ich fürchte, mehr, als man tatsächlich erkannt hat. Das ist aus meiner Sicht wirklich das Entscheidende."[167]

Eine Zusammenkunft aller Beteiligten mit einem entsprechend koordinierten Informationsaustausch habe nicht stattgefunden.[168] Auch die Schäfer-Kommission kritisierte den Informationsfluss zwischen dem LfV Thüringen einerseits und dem LfV Sachsen bzw. dem BfV andererseits als „äußerst lückenhaft[...]".[169] Die Übermittlungspflichten zwischen den Landesämtern für Verfassungsschutz richteten sich ebenfalls nach dem bereits thematisierten § 5 Abs. 1 BVerfSchG und verlangten die Weitergabe aller erforderlichen Informationen, also aller Informatio-

[163] NSU-Untersuchungsausschuss I, Protokoll 62, S. 99 (Zeuge *Boos*).

[164] NSU-Untersuchungsausschuss I, Protokoll 62, S. 13.

[165] NSU-Untersuchungsausschuss I, Protokoll 62, S. 94 (Zeuge *Boos*).

[166] NSU-Untersuchungsausschuss I, Protokoll 62, S. 30 (Zeuge *Tüshaus*).

[167] NSU-Untersuchungsausschuss I, Protokoll 62, S. 94.

[168] NSU-Untersuchungsausschuss I, Protokoll 62, S. 98; NSU-Untersuchungsausschuss Sachsen, Abschlussbericht, LT-Drs. 5/14688, S. 89.

[169] Schäfer et al. 2012, S. 231.

nen, die möglicherweise erheblich sind.[170] Ein lückenhafter bzw. nur punktueller Informationsaustausch hätte diesen Anforderungen nicht genügt. Die Schäfer-Kommission sah die Übermittlungspflichten daher als verletzt an.[171] Der ehemalige Präsident des LfV Thüringen *Nocken* hingegen berichtete, „dass zum vorliegenden Fall immer und umfassend berichtet" worden sei.[172] Dies sei schon daran zu erkennen, dass gewisse Maßnahmen des LfV Sachsen im Zusammenhang mit Fahndungsmaßnahmen des LfV Thüringen ergriffen worden seien, wozu er auch auf den Bericht der Schäfer-Kommission verwies.[173] Diese hielt jedoch in ihrem Bericht fest, dass den Akten kein regelmäßiger Informationsaustausch nach August 1998 zu entnehmen sei.[174] Ob alle Informationen, die nicht offensichtlich unerheblich waren, ausgetauscht wurden, darf daher bezweifelt werden. Sollte dies nicht der Fall gewesen sein, ist wiederum festzuhalten, dass bestehende gesetzliche Pflichten verletzt und bestehende Kooperationsmechanismen nicht genutzt wurden.

7.3.3 Informationsaustausch zwischen BfV und MAD

Im Bereich der Geheimdienste wurde schließlich auch die Zusammenarbeit des BfV und der Landesämter mit dem MAD kritisch beleuchtet. So stellte der NSU-Untersuchungsausschuss I fest, dass der MAD im Dezember 1999 einen Bericht an das LfV Thüringen weitergeleitet hatte, der Aussagen einer Kontaktperson aus der rechtsextremen Szene enthielt. In diesen Aussagen wurden *Mundlos*, *Böhnhardt* und *Zschäpe* als Rechtsterrorist:innen charakterisiert und mitgeteilt, dass aufgrund des zu erwartenden Strafmaßes in den einschlägigen Kreisen niemand damit rechne, dass sich das Trio den Behörden stellen würde. Die Aussagen stammten allerdings schon aus dem September 1999, der MAD hatte sie also verzögert übermittelt.[175]

Auch insoweit sieht das BVerfSchG allerdings eine Übermittlungspflicht vor, die auch für den MAD gilt. § 18 Abs. 1 BVerfSchG lautet (schon in der Fassung vom 20.12.1990[176]) dahingehend:

---

[170] Roth 2014, Rn. 17. Vgl. auch zu einer früheren Fassung von § 4 BVerfSchG Roewer 1987, S. 161.

[171] Schäfer et al. 2012, S. 231.

[172] NSU-Untersuchungsausschuss I, Protokoll 49a, S. 126–127.

[173] NSU-Untersuchungsausschuss I, Protokoll 49a, S. 127 mit Verweis auf Schäfer et al. 2012, S. 228.

[174] Schäfer et al. 2012, S. 223.

[175] NSU-Untersuchungsausschuss I, Abschlussbericht, BT-Drs. 17/14600, S. 852.

[176] BGBl. I 1990 S. 2954, 2970.

„Die Behörden des Bundes und der bundesunmittelbaren juristischen Personen des öffentlichen Rechts unterrichten von sich aus das Bundesamt für Verfassungsschutz oder die Verfassungsschutzbehörde des Landes über die ihnen bekanntgewordenen Tatsachen, die sicherheitsgefährdende oder geheimdienstliche Tätigkeiten für eine fremde Macht oder Bestrebungen im Geltungsbereich dieses Gesetzes erkennen lassen, die durch Anwendung von Gewalt oder darauf gerichtete Vorbereitungshandlungen gegen die in § 3 Abs. 1 Nr. 1, 3 und 4 genannten Schutzgüter gerichtet sind."

Auch der MAD ist als Bundesbehörde demnach verpflichtet, das BfV und die Landesverfassungsschutzämter über all jene Tatsachen zu unterrichten, die insbesondere Bestrebungen erkennen lassen, die durch Gewalt gegen die in § 3 Abs. 1 Nr. 1, 3 und 4 BVerfSchG genannten Schutzgüter gerichtet sind.

Die Aktivitäten des sog. NSU richteten sich gegen die in § 3 Abs. 1 Nr. 1 BVerfSchG genannte freiheitlich-demokratische Grundordnung und waren durch die Anwendung von Gewalt und darauf gerichtete Vorbereitungshandlungen geprägt.[177] Die Erfüllung der Übermittlungspflicht verlangt eine unverzügliche Weiterleitung der betreffenden Informationen.[178] Der MAD hat jedoch diese Übermittlungspflichten verletzt, indem er die Informationen über das Trio verzögert an das LfV Thüringen weiterleitete. Überdies gaben weder der MAD noch das LfV Thüringen diese Informationen an das BfV weiter,[179] wozu sie ebenfalls nach § 18 Abs. 1 BVerfSchG bzw. § 5 Abs. 1 BVerfSchG a. F. verpflichtet gewesen wären. Erneut ist die unterlassene Nutzung bestehender Regeln für die Kooperation und die Koordination zu erkennen.

7.4 Bereichsübergreifender Informationsaustausch

Auch der Informationsaustausch zwischen den verschiedenen Bereichen – Polizeibehörden, Nachrichtendiensten und Strafverfolgungsbehörden – war Gegenstand heftiger Kritik in der parlamentarischen Aufarbeitung. Die SPD-Fraktion sprach sogar von ineffektiver Zusammenarbeit „auf allen Ebenen".[180]

Im Folgenden werden die Ebenen der Zusammenarbeit zwischen Polizei- und Verfassungsschutzbehörden (unter Abschn. 7.4.1), von Polizei- und Strafverfolgungsbehörden (unter Abschn. 7.4.2) und von Strafverfolgungs- und Verfassungsschutzbehörden (unter Abschn. 7.4.3) näher beleuchtet.

[177] OLG München, Urteil vom 11.07.2018, Az. 6 St 3/12.

[178] Bock 2019a, Rn. 7.

[179] NSU-Untersuchungsausschuss I, Abschlussbericht, BT-Drs. 17/14600, S. 852.

[180] NSU-Untersuchungsausschuss I, Abschlussbericht, BT-Drs. 17/14600, S. 882.

7.4.1 Polizeibehörden und Verfassungsschutzbehörden

Im Verhältnis von Polizeibehörden und Verfassungsschutzbehörden ist zunächst insbesondere die Zusammenarbeit von BKA und BfV zu untersuchen (unter Abschn. 7.4.1.1) und sodann diejenige zwischen den Landesverfassungsschutzbehörden und Landeskriminalämtern aus Thüringen, Bayern und Hessen einerseits und dem BKA andererseits (unter Abschn. 7.4.1.2).

7.4.1.1 BKA und BfV

Zwei Zeugen vom BKA führten vor dem NSU-Untersuchungsausschuss II aus, man habe sich im BKA einen flüssigeren Informationsaustausch mit dem BfV gewünscht.[181] Die Zusammenarbeit mit dem BfV habe sich nicht so optimal gestaltet, wie dies aus polizeilicher Erfahrung üblich sei.[182] Auch der Zeuge *Geier* vom BKA berichtete zum Beispiel, dass sich das BKA im Jahr 2005 mit der Bitte um die Benennung eines Ansprechpartners/einer Ansprechpartnerin für die Besondere Aufbauorganisation (BAO)[183] „Bosporus" an das BfV gewandt, aber keine Antwort erhalten habe.[184]

Im Rahmen der Zeugenvernehmung von dem ehemaligen BfV-Präsident *Fromm* durch den NSU-Untersuchungsausschuss II wurde ein Aktenvermerk des BfV, der in Reaktion auf die Anfrage des BKA verfasst wurde, vorgehalten. In dem Vermerk hieß es:

> „bei o. g. Stelle tel. nachfragen:
>
> - worum geht es – Sachverhalt?
> - Was soll ein „Ansprechpartner" im BfV?
> - „Auskunftsersuchen" – förmliche – sollten schriftlich gestellt werden!
> - Es gibt auch regional zuständige LfV!?"[185]

Fromm antwortete hierzu: „Wenn Sie mir eine etwas spitze Bemerkung erlauben, dann könnte ich sagen: Die Antwort entsprach der Frage oder dem Anschrei-

---

[181] NSU-Untersuchungsausschuss II, Protokoll 13 I, S. 29 (Zeuge *Heimann*).

[182] NSU-Untersuchungsausschuss II, Protokoll 8 I, S. 86 (Zeuge *Werle*).

[183] Unter einer BAO versteht man eine zeitlich begrenzte Organisationsform für umfangreiche und komplexe Aufgaben, insbesondere im Rahmen von Maßnahmen aus besonderen Anlässen, weil sie aus der Allgemeinen Aufbauorganisation nicht bewältigt werden können. Vgl. auch aus insoweit vergleichbarer österreichischer Sicht Dudek 2007.

[184] NSU-Untersuchungsausschuss I, Protokoll 12, S. 17.

[185] NSU-Untersuchungsausschuss I, Protokoll 24a, S. 27.

ben an uns."[186] Er betitelte die Anfrage als unspezifiziert und an der falschen Stelle gestellt und warf dem BKA vor, es hätte ja auch noch einmal nachfragen können.[187]

Auch eine Episode aus dem Jahr 2006 deute auf generelle Schwierigkeiten in der Kooperation zwischen den beiden Bundesbehörden hin: So gab es zwischen dem BKA und dem BfV eine Kontroverse zur Frage, ob der GBA ein Ermittlungsverfahren gegen die noch aktive Szene der verbotenen Organisation „Blood & Honour" einleiten solle.[188] Dazu hieß es in einem Vermerk aus dem BMI, dass es „[o]ffenbar […] da (wieder) Abstimmungsschwierigkeiten zwischen BfV und BKA" gebe.[189] Nach dem Einrichten einer lageorientierten Sonderorganisation[190] entsendete das BfV zwar eine Verbindungskraft in die BAO „Trio", diese nahm allerdings nicht an allen Besprechungen teil,[191] sodass auch insoweit der Informationsfluss nicht kontinuierlich strukturell gewährleistet war.

7.4.1.2 Landeskriminalämter, BKA und Landesämter für Verfassungsschutz

Auch der Informationsfluss zwischen den Landeskriminalämtern und den Landesämtern für Verfassungsschutz in Thüringen, Bayern und Hessen wies nach der Einschätzung der SPD-Fraktion im Rahmen des NSU-Untersuchungsausschusses I Defizite auf.[192] Dies betraf den Informationsaustausch zwischen verschiedenen Bundes- und Landesbehörden insgesamt (dazu unter Abschn. 7.4.1.2.1) und die Zusammenarbeit der Behörden in Thüringen im Besonderen (dazu unter Abschn. 7.4.1.2.2).

7.4.1.2.1 Stockender Informationsfluss im Allgemeinen

Dem LfV Sachsen und dem LfV Thüringen lagen konkrete Hinweise darauf vor, dass „drei Skinheads" jemanden beauftragt hätten, Waffen für sie zu kaufen.[193]

---

[186] NSU-Untersuchungsausschuss I, Protokoll 24a, S. 27.

[187] NSU-Untersuchungsausschuss I, Protokoll 24a, S. 27.

[188] Siehe NSU-Untersuchungsausschuss I, Protokoll 44, S. 34.

[189] Zitiert nach NSU-Untersuchungsausschuss I, Protokoll 44, S. 34.

[190] Vgl. NSU-Untersuchungsausschuss II, Abschlussbericht, BT-Drs. 18/12950, S. 655.

[191] Siehe NSU-Untersuchungsausschuss II, Protokoll 47 I, S. 27 (Zeuge *Soukup*). Vgl. auch NSU-Untersuchungsausschuss II, Abschlussbericht, BT-Drs. 18/12950, S. 655.

[192] Siehe NSU-Untersuchungsausschuss I, Abschlussbericht, BT-Drs. 17/14600, S. 882. Positiv wurde hingegen die Zusammenarbeit zwischen den Polizeibehörden und dem LfV in NRW bewertet, vgl. NSU-Untersuchungsausschuss NRW, Schlussbericht, LT-Drs. 16/14400, S. 365, 369.

[193] NSU-Untersuchungsausschuss I, Abschlussbericht, BT-Drs. 17/14600, S. 852.

Diese Informationen wurden nicht an die jeweiligen Landeskriminalämter übermittelt.[194] In Bayern erfolgte die Weiterleitung angefragter Unterlagen zu Rechtsextremist:innen aus Bayern durch das LfV an das BKA erst nach mehr einem halben Jahr.[195]

Die Landesämter für Verfassungsschutz haben dabei (schon in der Fassung des BVerfSchG vom 30.12.1990[196]) eine Pflicht zur Übermittlung von Informationen, einschließlich personenbezogener Daten, an unter anderem die Polizeibehörden nach §§ 21 Abs. 1 S. 1, 20 Abs. 1 S. 1 BVerfSchG, „wenn tatsächliche Anhaltspunkte dafür bestehen, dass die Übermittlung zur Verhinderung oder Verfolgung von Staatsschutzdelikten erforderlich ist." Dabei sind tatsächliche Anhaltspunkte dann gegeben, wenn

> „(1) eine nicht geringe (= nicht zu vernachlässigende) Wahrscheinlichkeit für das Entstehen oder für die Existenz eines derartigen Delikts besteht, das nach dem Wissen des BfV (2) bislang weder der bedrohten Person noch den Strafverfolgungs- und Ordnungsbehörden bekannt geworden ist, und wenn (3) die Verhinderung oder Verfolgung dieses Delikts ohne die Übermittlung der Informationen nicht oder nur unter nicht völlig unerheblichen Erschwernissen erfolgen kann."[197]

Hier war zwar nicht das BfV, sondern die Landesämter betroffen. Für diese gelten aber über § 21 Abs. 1 S. 1 BVerfSchG, der auf die Vorschriften über das BfV verweist, dieselben Maßstäbe. Die Übermittlungsvorschriften finden für Behörden desselben Bundeslandes gem. § 21 Abs. 1 S. 2 BVerfSchG untereinander mangels Gesetzgebungskompetenz des Bundes zwar keine Anwendung. In den Landesgesetzen finden sich aber ähnliche Übermittlungsvorschriften, beispielsweise in § 19 des Gesetzes über den Verfassungsschutz im Land Sachsen-Anhalt.[198]

Die dem jeweiligen LfV im Zusammenhang mit dem sog. NSU vorliegenden Informationen betrafen, wie von der Übermittlungspflicht vorausgesetzt, die Verfolgung und Verhinderung von Staatsschutzdelikten. Das wird nicht zuletzt an der Verurteilung von *Zschäpe* und ihren Unterstützern wegen Taten nach § 129a StGB deutlich.[199] Auch aus damaliger Sicht hätte aber der Schluss nahe gelegen, dass bei den Informationen über einen geplanten Waffenkauf von Rechtsextreminsten Er-

---

[194] NSU-Untersuchungsausschuss I, Abschlussbericht, BT-Drs. 17/14600, S. 852.

[195] Vgl. NSU-Untersuchungsausschuss I, Protokoll 17, S. 87–88.

[196] BGBl. I 1990 S. 2954, 2970.

[197] Bock 2019c, Rn. 2.

[198] Zu den Übermittlungsvorschriften in den Thüringer Landesgesetzen siehe unten, unter 7.1.2.2.

[199] OLG München, bestätigt durch BGH, NJW 2021, 2896.

mittlungen wegen der Vorbereitung einer schweren staatsgefährdenden Straftat nach § 89a StGB und damit wegen eines Staatsschutzdelikts betroffen gewesen wäre. Bei den weiteren Informationen des LfV Bayern über Rechtsextremist:innen wäre für die Beurteilung des Eingreifens einer Übermittlungspflicht der Inhalt der Informationen ausschlaggebend, der jedoch nicht öffentlich bekannt ist.

§§ 21 Abs. 1 S. 1, 20 Abs. 1 S. 1 BVerfSchG enthalten keine Angaben dazu, zu welchem Zeitpunkt die Informationen übermittelt werden sollen. Aufgrund der Tatsache, dass die Informationen für die effektive Gefahrenabwehr an die Polizeibehörden übermittelt werden sollen, sind die Vorschriften aber dahingehend auszulegen, dass die Übermittlung unverzüglich nach Bekanntwerden der tatsächlichen Anhaltspunkte erfolgen muss. Dafür spricht auch die systematische Auslegung, da die weiteren Übermittlungspflichten, die im BVerfSchG geregelt werden, ebenfalls so interpretiert werden, dass sie eine unverzügliche Übermittlung verlangen.[200] Daher hätten die Landesämter die Informationen grundsätzlich unmittelbar an die Polizeibehörden übermitteln müssen.

Die Übermittlung muss nur dann unterbleiben, wenn Übermittlungsverbote wie nach § 23 BVerfSchG greifen, etwa wenn schutzwürdige Interessen des Betroffenen überwiegen oder überwiegende Sicherheitsinteressen bestehen. Von den überwiegenden Sicherheitsinteressen sind auch Quellenschutzgründe erfasst.[201] Ob diese im konkreten Fall ein Übermittlungsverbot begründet haben, wurde von den Landesämtern für Verfassungsschutz unterschiedlich bewertet[202] und kann hier aufgrund der eingeschränkten Datenlage nicht nachgeprüft werden. Zumindest die Nichtweitergabe von Informationen über den geplanten Waffenkauf durch die Landesämter für Verfassungsschutz in Sachsen und Thüringen hat aber möglicherweise die Übermittlungspflichten nach §§ 21 Abs. 1 S. 1, 20 Abs. 1 S. 1 BVerfSchG verletzt. Der Zeuge *Heimann* vom BKA erklärte, er würde nicht davon ausgehen, dass die Informationen bewusst vorenthalten worden sind.[203] Es erfolgte jedoch in der Regel auch kein proaktives Zuliefern, sondern nur Antworten auf schriftliche Anfragen.[204] Auch in der bereichsübergreifenden Zusammenarbeit wurden daher möglicherweise Übermittlungsvorschriften verletzt. Dies mag durch eine unzutreffende Interpretation der Übermittlungsverbote bedingt gewesen sein.

---

[200] Vgl. z. B. Bock 2019a, Rn. 7.

[201] Bock 2019d, Rn. 6.

[202] Vgl. NSU-Untersuchungsausschuss I, Abschlussbericht, BT-Drs. 17/14600, S. 852.

[203] NSU-Untersuchungsausschuss II, Protokoll 13 I, S. 40–41.

[204] Vgl. NSU-Untersuchungsausschuss II, Abschlussbericht, BT-Drs. 18/12950, S. 658–660; NSU-Untersuchungsausschuss II, Protokoll 47 I, S. 49 (Zeuge *Soukup*); NSU-Untersuchungsausschuss II, Protokoll 11 I, S. 136–137 (Zeuge *Philipp*).

7.4.1.2.2 Defizitäre Zusammenarbeit in Thüringen im Besonderen

Die Zusammenarbeit des Thüringer LfV (TLfV; seit dem 01.01.2015 Amt für Verfassungsschutz, AfV) und des Thüringer LKA (TLKA) hat in der politischen Aufarbeitung der sog. NSU-Mordserie besondere Aufmerksamkeit erfahren. Dazu wurde eigens eine Kommission, die bereits erwähnte Schäfer-Kommission, eingesetzt. Diese resümierte, es habe zwar gemeinsame operative Maßnahmen von TLfV und TLKA gegeben, Erkenntnisse und Informationen seien jedoch nur im Einzelfall ausgetauscht worden.[205] Eine „kontinuierliche und gezielte Zusammenarbeit" habe man nicht erkennen können.[206] Der NSU-Untersuchungsausschuss I befand, die Zusammenarbeit sowie die Auswertung und Dokumentation von vorhandenen Informationen seien von schweren Mängeln geprägt gewesen.[207] Zeug:innen des BfV berichteten, diese Mängel seien aus damaliger Sicht von außen allerdings nicht erkennbar gewesen.[208]

Das TLKA bestritt, alle wesentlichen Informationen vom TLfV erhalten zu haben.[209] Insbesondere habe das TLfV wiederholt Hinweise zum Aufenthaltsort des Trios, zur finanziellen Situation und zur Bewertung der Gefährlichkeit nicht weitergegeben.[210] Teilweise sei sogar gegen die Interessen des TLKA gehandelt worden.[211] Nach der Auswertung der Schäfer-Kommission ist nur in zwölf Fällen eine Informationsweitergabe dokumentiert.[212] Der ehemalige TLKA-Präsident *Luthardt* gab an, heute sei ihm bekannt, dass das TLKA nur etwa ein Drittel der Informationen erhalten habe, die im TLfV bekannt gewesen sind.[213] *Wunderlich*, der zuständige Zielfahnder im TLKA, berichtete, dort habe man nicht gewusst, dass das Trio möglicherweise im Besitz von Waffen sein könnte, sonst hätte man keine Einsätze ohne Sondereinsatzkommando durchgeführt.[214] Dem widersprach der ehemalige Vizepräsident des TLfV *Nocken*: Man habe diese Information in einem vertraulichen Gespräch weitergegeben, obwohl dies gesetzlich untersagt gewesen

[205] Schäfer et al. 2012, S. 206.

[206] Schäfer et al. 2012, S. 206.

[207] NSU-Untersuchungsausschuss I, Abschlussbericht, BT-Drs. 17/14600, S. 851.

[208] NSU-Untersuchungsausschuss I, Protokoll 72a, S. 28 (Zeugin *Dobersalzka*); NSU-Untersuchungsausschuss I, Protokoll 24a, S. 67 (Zeuge *Cremer*).

[209] Schäfer et al. 2012, S. 199–200.

[210] Schäfer et al. 2012, S. 208.

[211] Schäfer et al. 2012, S. 218.

[212] Schäfer et al. 2012, S. 206.

[213] NSU-Untersuchungsausschuss II, Protokoll 51 I, S. 107.

[214] NSU-Untersuchungsausschuss II, Protokoll 51 I, S. 21.

sei.[215] Aus Quellenschutzgründen habe diese Informationsweitergabe nicht dokumentiert übermittelt werden können.[216] Das TLKA bestritt wiederum, dass es ein solches Gespräch gegeben habe.[217] Man habe im TLKA jedoch auch nicht noch einmal nachgefragt, welche Informationen dem TLfV insgesamt vorlagen und welche davon an Polizeibehörden übermittelt worden seien, sondern habe sich auf die Arbeit des TLfV verlassen.[218]

Die Schäfer-Kommission war der Ansicht, bei einem funktionierenden Informationsfluss zwischen dem TLfV und TLKA hätte sich der Verdacht aufdrängen müssen, dass das Trio die Banküberfälle in Chemnitz begangen und sich so das Geld für die Flucht verschafft hatte.[219] In dem Fall wäre eine Vorlage der StA Gera an den GBA erforderlich gewesen.[220] Nach Bewertung der Kommission hätten damit bessere Chancen auf ein einheitliches Vorgehen bestanden, weil dann mit dem GBA ein Akteur alle Erkenntnisse hätte bündeln können:[221]

> „Eine umfassende Bewertung aller vorgenannten Umstände hätte die Gefährlichkeit des TRIOs offen legen müssen. Dass dies nicht erfolgt ist, führt die Kommission auf unzureichende gegenseitige Informationen der Verfassungsschutzbehörden sowie darauf zurück, dass diese Informationen nicht Länder übergreifend zentral verarbeitet wurden."[222]

Der ehemalige Präsident des TLfV *Nocken* bestritt die Vorwürfe und rechtfertigte die Nichtweitergabe von Informationen auch unter Verweis auf das Trennungsgebot.[223] Insbesondere führte er aus:

> „Hier setzen die Verfasser des Gutachtens voraus, dass alle Mitteilungen von V-Leuten und Informanten an die Polizei weitergeleitet werden müssen. Dies ist jedoch nicht der Fall. Der Nachrichtendienst kann bei polizeilichen Maßnahmen wie der Fahndung nach den Flüchtigen dann weiterhelfen, wenn er aufgrund eigener Zuständigkeit die Beobachtung der betreffenden Person begründen kann. Er beginnt dann eine Operation mit einem nachrichtendienstlichen Ziel, hier: Feststellung des Aufent-

[215] NSU-Untersuchungsausschuss I, Protokoll 53, S. 4.

[216] NSU-Untersuchungsausschuss I, Protokoll 49a, S. 120–122.

[217] NSU-Untersuchungsausschuss II, Protokoll 51 I, S. 21 (Zeuge *Wunderlich*).

[218] NSU-Untersuchungsausschuss II, Protokoll 51 I, S. 142 (Zeuge *Sippel*).

[219] Schäfer et al. 2012, S. 197.

[220] Schäfer et al. 2012, S. 219.

[221] Schäfer et al. 2012, S. 220.

[222] Schäfer et al. 2012, S. 233.

[223] NSU-Untersuchungsausschuss I, Protokoll 49a, S. 124–126.

haltsortes der flüchtigen Rechtsextremisten. Einzelinformationen an die Polizei aus der laufenden Operation sind rechtlich sehr umstritten und methodisch falsch, darf doch der Dienst nicht zum verlängerten Arm der Polizei werden.“[224]

Ähnlich argumentierte auch das LfV Sachsen, das ebenfalls der Auffassung war, Informationen über geplante Straftaten habe es nicht an die Polizei übermitteln dürfen.[225] Das TLfV erhob seinerseits Vorwürfe gegen das TLKA. So sei der erste entscheidende Hinweis auf das Trio und die von ihnen als Bombenwerkstatt genutzte Garage in Jena vom TLfV an die Polizei gegangen. Diese habe aber die Festnahme durch ein falsches operatives Vorgehen versäumt.[226]

Die für das Handeln der Thüringer Behörden ausschlaggebenden Vorschriften fanden sich im damaligen Thüringer Verfassungsschutzgesetz vom 29. Oktober 1991 (ThürVSG).[227] Das TLfV durfte gem. § 14 Abs. 1 Nr. 1 ThürVSG a. F. (heute § 21 Abs. 1 S. 1 des reformierten Thüringer Verfassungsschutzgesetzes (ThürVerfSchG)) zur Erfüllung seiner Aufgaben personenbezogene Daten an Staatsanwaltschaften und Polizeibehörden übermitteln, wenn tatsächliche Anhaltspunkte dafür bestehen, dass die Übermittlung für die Verhütung oder Verfolgung von Staatsschutzdelikten (§§ 74a und 120 GVG) erforderlich ist.

Dabei ist der für die Informationsweitergabe im Rahmen des BVerfSchG Maßstab entsprechend heranzuziehen. Denn es ist nicht ersichtlich ist, wieso § 14 Abs. 1 Nr. 1 ThürVSG a. F., der im Wesentlichen mit § 20 Abs. 1 S. 1 BVerfSchG übereinstimmte, im Verhältnis zwischen zwei Behörden desselben Landes anders auszulegen sein sollte. Tatsächliche Anhaltspunkte für die Erforderlichkeit der Übermittlung lagen somit gemäß den obigen Ausführungen zum BVerfSchG dann vor, wenn eine gewisse Wahrscheinlichkeit für das Entstehen oder die Existenz eines Staatsschutzdelikts besteht, das nach Kenntnis des LfV insbesondere den Polizeibehörden unbekannt ist, und wenn ohne Übermittlung der Information die Verhinderung bzw. Verfolgung der Tat nicht oder nur unter nicht völlig unerheblichen Erschwernissen erfolgen kann.[228]

Die Schäfer-Kommission befand, dass mit § 310 Abs. 1 Nr. 2 StGB, nämlich mit der Vorbereitung eines Explosions- oder Strahlungsverbrechens eine Katalogtat nach § 100a StPO vorlag, sodass diesbezügliche Informationen hätte über-

[224] NSU-Untersuchungsausschuss I, Protokoll 49a, S. 124.

[225] NSU-Untersuchungsausschuss I, Protokoll 62, S. 31, 36 ff. (Zeuge *Tüshaus*).

[226] NSU-Untersuchungsausschuss I, Protokoll 49a, S. 124 (Zeuge *Nocken*).

[227] Thüringer Verfassungsschutzgesetz vom 29.10.1991, TH-GVBl. S. 527.

[228] Bock 2019c, Rn. 2.

mittelt werden müssen.[229] Dem TLfV stand dabei eine Ermessensentscheidung zu, es durfte aber Information nur zum Zwecke der eigenen Aufgabenerfüllung (nach § 2 Abs. 1 ThürVSG) übermitteln.

Die Aufgabe des TLfV war es, den zuständigen Stellen zu ermöglichen, rechtzeitig die erforderlichen Maßnahmen zur Abwehr von Gefahren für die freiheitlich-demokratische Grundordnung, den Bestand und die Sicherheit des Bundes und der Länder zu ergreifen. Somit wäre die Übermittlung auch zur Aufgabenerfüllung des TLfV erfolgt. Bezüglich des Ermessens liegt nahe, dass dieses, etwa wenn es um Informationen zum Aufenthaltsort des Trios ging, erheblich eingeschränkt gewesen ist, um eine effektive Gefahrenabwehr zu gewährleisten.[230] Es erscheint daher möglich, dass das TLfV seine Übermittlungspflicht (zumindest zu Informationen bezüglich § 310 Abs. 1 Nr. 2 StGB) verletzt hat.[231] Das TLfV verwies in der Aufarbeitung jedoch darauf, es habe bestimmte Informationen aufgrund des Trennungsgebots[232] und aus Quellenschutzgründen[233] nicht weitergeben dürfen.

Das Trennungsgebot verbietet einen grundsätzlichen, umfassenden Austausch der Erkenntnisse zwischen Polizeibehörden und Nachrichtendiensten.[234] Bezüglich der informationellen Dimension und damit bezüglich der Informationsweitergabe sind aber Ausnahmen zur Abwehr terroristischer Gefahren möglich.[235] Punktuell besteht aufgrund der rechtsstaatlichen Pflicht zur effektiven Strafrechtspflege[236] sogar die Pflicht zum Informationsaustausch.[237] Die Übermittlungsvorschriften konkretisieren gerade die Situationen, in denen diese Ausnahmen greifen. Dieses Argument kann daher jedenfalls nicht pauschal für die Weitergabe von Informationen an die Polizeibehörden gelten. Dies gilt besonders, wenn Erkenntnisse zu Straftaten nach § 129a StGB betroffen sind.[238]

---

[229] Schäfer et al. 2012, S. 218.

[230] Vgl. Bock 2019b, Rn. 9.

[231] So auch Schäfer et al. 2012, S. 218.

[232] NSU-Untersuchungsausschuss I, Protokoll 49a, S. 124–126 (Zeuge *Nocken*).

[233] NSU-Untersuchungsausschuss I, Protokoll 49a, S. 124–126 (Zeuge *Nocken*).

[234] Siehe dazu oben, Kap. 4, unter Abschn. 4.3.9.1.

[235] Siehe dazu oben, Kap. 3, unter Abschn. 4.3.6.2.

[236] BVerfGE 33, 367, 383 (Zeugnisverweigerungsrecht für Sozialarbeiter); BVerfGE 46, 214, 222; BVerfGE 122, 248, 272 (Rügeverkümmerung).

[237] Vgl. Schäfer et al. 2012, S. 202. Siehe auch z. B. §§ 20, 21 Gesetz über die Zusammenarbeit des Bundes und der Länder in Angelegenheiten des Verfassungsschutzes und über das Bundesamt für Verfassungsschutz vom 20.12.1990 (Bundesverfassungsschutzgesetz – BVerfSchG), BGBl. 1990 I S. 2954, 2970.

[238] Vgl. Schäfer et al. 2012, S. 202.

Der Quellenschutz war von § 15 ThürVSG a. F. (heute § 22 Abs. 1 Nr. 2 ThürVerfSchG) erfasst. Dieser hat die Übermittlung – insofern identisch mit § 23 BVerfSchG – untersagt, wenn schutzwürdige Interessen des Betroffenen überwiegten oder überwiegende Sicherheitsinteressen dies erforderten. Sicherheitsinteressen sind dann berührt, wenn die Möglichkeit der Aufgabenerfüllung der Verfassungsschutzbehörden durch die Übermittlung und die damit zusammenhängende Möglichkeit fremder Kenntnisnahme nicht unerheblich eingeschränkt wird.[239] Der Quellenschutz bezeichnet dabei „die Verhinderung der Enttarnung der Identität eines Informanten oder einer [Vertrauensperson]".[240] Dem Quellenschutz liegt der Gedanke zugrunde, dauerhaft die effektive Arbeit der Sicherheitsbehörden zu gewährleisten.[241] Für eine dauerhafte Effektivität sind Vertraulichkeitszusagen an Vertrauenspersonen notwendig, um auch zukünftig auf deren Arbeit zurückgreifen zu können:[242]

> „Gerade im Bereich verdeckt handelnder Personen, deren Einsatz für das Staatswohl von großer Bedeutung und zugleich in hohem Maße geheimhaltungsbedürftig ist, besteht hinsichtlich bestimmter Informationen ein legitimes Interesse, den Kreis der Geheimnisträger auf das notwendige Minimum zu beschränken. Je größer dieser Kreis ist, um so höher ist die Wahrscheinlichkeit, dass Geheimnisse – sei es absichtlich oder versehentlich – weitergegeben oder ausgespäht werden [...]. Es geht allein darum, den Kreis der Geheimnisträger bei besonders geheimhaltungsbedürftigen Informationen unabhängig von ihrer Zugehörigkeit zu einer bestimmten Staatsgewalt möglichst klein zu halten."[243]

Der Quellenschutz fiel somit als Sicherheitsinteresse unter § 15 Nr. 2 ThürVSG. Er dient dabei nicht nur Sicherheitsinteressen der Behörden durch Schutz ihrer Methoden, sondern ergibt sich auch aus den Fürsorgepflichten gegenüber den Vertrauenspersonen.[244] Allerdings ist die Übermittlung von Informationen nur dann verboten, wenn der Quellenschutz *überwiegt*. Schon der Wortlaut der Norm zeigt, dass eine Abwägung erforderlich ist.[245] Daher lässt sich aus der Norm kein pauschales Verbot der Weitergabe von Informationen menschlicher Quellen

[239] Bock 2019d, Rn. 6.

[240] Soiné 2007, S. 248. Vgl. auch Bund-Länder-Kommission Rechtsterrorismus 2013, S. 115 (Rn. 235).

[241] BVerfGE 146, 1, 52 (Rn. 114) (Parlamentarisches Fragerecht).

[242] BVerfGE 146, 1, 52 (Rn. 114) (Parlamentarisches Fragerecht).

[243] BVerfGE 146, 1, 56 f. (Rn. 125) (Parlamentarisches Fragerecht).

[244] Droste 2007, S. 281.

[245] Bock 2019d, Rn. 8.

ableiten. Stattdessen muss eine Abwägung im Einzelfall erfolgen. Ansonsten könnten Erkenntnisse einer Quelle zur Abwehr terroristischen Gefahren nicht genutzt werden, auch wenn sie gerade für diese Zwecke gesammelt worden sind. Der Einsatz der Vertrauensperson würde dann aber ins Leere führen. Es kommt somit immer auf den konkreten Inhalt der Information und die Umstände des Einzelfalls an. Daten können etwa dann weitergegeben werden, wenn die Quelle nicht identifizierbar ist, der Ursprung der Information also nicht zurückverfolgt und eine Gefährdung der Quelle ausgeschlossen werden kann.[246] Außerdem ist die Wertungsgrenze des §138 StGB zu beachten: Erlangen die Behörden von den dort aufgeführter Straftaten, wie beispielsweise von dem Vorhaben eines Mordes nach Nr. 5 (§ 211 StGB) oder gemeingefährlicher Straftaten nach Nr. 8, Kenntnis, so müssen sie diese Informationen zur Verhinderung derselben übermitteln.[247] Der pauschale Hinweis auf Quellenschutzgründe reicht daher nicht aus, um die Nichtweitergabe von Informationen, für die das Gesetz grundsätzlich die Weitergabe anordnet, zu rechtfertigen. Es liegt daher nahe, dass das TLfV sein Ermessen nicht fehlerfrei ausgeübt hat und dadurch bestehende Übermittlungspflichten verletzt wurden. Die Ursache hierfür scheint (jedenfalls unter anderem) eine fehlerhafte Annahme über den Umfang des Trennungsgebots und die Bedeutung von Quellenschutzgründen gewesen zu sein.

7.4.2 Polizeibehörden und Strafverfolgungsbehörden

Auch die Informationsübermittlung zwischen Polizeibehörden und Strafverfolgungsbehörden wurde im Rahmen der parlamentarischen Untersuchungen gerügt. Vertreter:innen des GBA berichteten zum Beispiel, sie hätten (für die Prüfung der Einleitung eines Ermittlungsverfahrens) nicht alle relevanten Erkenntnisse der Polizeibehörden erhalten:

> „Wir wissen inzwischen, dass zum Zeitpunkt der Tat [d. h. des Nagelbombenanschlags 2004 in Köln] wir durchaus aus den neuen Bundesländern einen Verfassungsschützer in Dortmund geparkt hatten, der bei unserer Abfrage offensichtlich in Berlin in der JVA saß und warm und trocken war. Also es gibt dort Reibungsverluste, um das mal so zu sagen, wobei sich die Frage stellt: Ist das jetzt höherwertiger, was dort bearbeitet wird, sodass es gerechtfertigt ist, dass es zurückgehalten wird?“[248]

[246] Bund-Länder-Kommission Rechtsterrorismus 2013, S. 117 (Rn. 240).

[247] Bock 2019d, Rn. 7.

[248] NSU-Untersuchungsausschuss II, Protokoll 41 I, S. 23 (Zeuge *Artkämper*).

Diese Aussage indiziert grundsätzliche Unstimmigkeiten im Informationsaustausch zwischen dem GBA und den Polizeibehörden der Länder.

7.4.3 Strafverfolgungsbehörden und Verfassungsschutz

Der GBA wurde nach seiner Bewertung auch durch die Verfassungsschutzbehörden nur ausschnittsweise informiert: So hätten nach Aussage des Zeugen *Weingarten* vom GBA den Verfassungsschutzbehörden etwa Informationen dazu vorgelegen, dass sich der sog. NSU in rechtsextremen Magazinen „Fahnenträger" und „Weißen Wolf" für erfolgte Spenden bedankte.[249] Diese Informationen seien vor der Enttarnung des Trios nicht an den GBA herangetragen worden.[250] Auch nach der Enttarnung des Trios kritisierte der GBA den Informationsfluss. Ein Vermerk des GBA aus dem März 2013 zu einer Kontaktperson des sog. NSU lautete:

> „Die Antworten des BfV waren bislang sehr dürftig und beschränkten sich teilweise auf den Verweis, dass sämtliche „relevanten" Erkenntnisse mitgeteilt worden seien."[251]

Allerdings erklärte *Weingarten* dennoch, er würde die Zusammenarbeit mit den Verfassungsschutzbehörden insgesamt nicht beanstanden.[252] Demgegenüber wurde allerdings die Zusammenarbeit zwischen den Strafverfolgungsbehörden und dem Verfassungsschutz in Thüringen grundsätzlich kritisiert.[253]

7.5 Zwischenergebnis: Defizite im Fall des sog. NSU

Die Fallstudie hat gezeigt, dass im Fall um den sog. NSU die Kooperation und Koordination der beteiligten Sicherheitsbehörden von einigen Defiziten geprägt waren. *Schuster* (CDU/CSU) sprach im Bundestag anlässlich der Annahme des Abschlussberichts des NSU-Untersuchungsausschusses I unter Beifall von Abgeordneten sämtlicher Bundestagsfraktionen von einem „gravierendem System-

[249] NSU-Untersuchungsausschuss II, Protokoll 23 I, S. 54.

[250] NSU-Untersuchungsausschuss II, Protokoll 23 I, S. 54.

[251] Zitiert nach NSU-Untersuchungsausschuss II, Protokoll 23 I, S. 54.

[252] NSU-Untersuchungsausschuss II, Protokoll 23 I, S. 60.

[253] NSU-Untersuchungsausschuss Thüringen II, Schlussbericht, LT-Drs. 6/7612, S. 3 (Rn. 7).

ausfall".[254] Übereinstimmend wurde durch den NSU-Untersuchungsausschuss I festgestellt, dass bei den Ermittlungen ein wesentliches Defizit im Austausch von Informationen lag.[255] Die FDP-Fraktion stellte ergänzend fest, der Sicherheitsföderalismus habe „sich bei Polizeiermittlungen und beim Erkenntnisaustausch des Verfassungsschutzes [...] extrem negativ bemerkbar" gemacht.[256] Auch Doppelarbeit als Konsequenz aus dem mangelhaften Informationsaustausch wurde fraktionsübergreifend kritisiert.[257] So drängte auch der NSU-Untersuchungsausschuss II in seinen abschließenden Feststellungen auf einen lückenlosen und reibungslosen Informationsaustausch zwischen den beteiligten Behörden, wofür zukünftig die technischen Voraussetzungen zu schaffen seien.[258] Auch auf der Landesebene wurde Kritik geübt, so wurde etwa in Thüringen die „Nichtverarbeitung wichtiger Informationen und der Nichtverfolgung zahlreicher Fahndungsansätze" bemängelt.[259]

Dieser Kritik ist im Wesentlichen zuzustimmen. Wie die bisherige Untersuchung gezeigt hat, lag eine Hauptursache für die Probleme bei der Zusammenarbeit in Verstößen gegen bestehende gesetzliche Regelungen und damit in der unterbliebenen Nutzung bestehender Mechanismen für die Zusammenarbeit (dazu unter Abschn. **7.5.1**). An einigen Stellen fehlten aber auch Mechanismen, die die Zusammenarbeit der Sicherheitsbehörden erleichtern würden (dazu unter Abschn. **7.5.2**).

---

[254] Deutscher Bundestag, Plenarprotokoll 17/252, S. 32596.

[255] NSU-Untersuchungsausschuss I, Abschlussbericht, BT-Drs. 17/14600, S. 832. Siehe auch NSU-Untersuchungsausschuss I, Abschlussbericht, BT-Drs. 17/14600, S. 873, 881 (Ergänzende Stellungnahme der SPD-Fraktion); NSU-Untersuchungsausschuss I, Abschlussbericht, BT-Drs. 17/14600, S. 905, 961 (Ergänzende Stellungnahme der FDP-Fraktion); NSU-Untersuchungsausschuss I, Abschlussbericht, BT-Drs. 17/14600, S. 1039–1040 (Ergänzende Stellungnahme der Fraktion Bündnis 90/Die Grünen).

[256] NSU-Untersuchungsausschuss I, Abschlussbericht, BT-Drs. 17/14600, S. 905. Die FDP-Fraktion forderte daher auch eine Verbesserung des Informationsflusses und eine Prüfung der Stärkung des BfV in seiner Koordinierungsfunktion der Verfassungsschutzämter, siehe NSU-Untersuchungsausschuss I, Abschlussbericht, BT-Drs. 17/14600, S. 961.

[257] NSU-Untersuchungsausschuss I, Abschlussbericht, BT-Drs. 17/14600, S. 838, 864. Siehe auch NSU-Untersuchungsausschuss I, Abschlussbericht, BT-Drs. 17/14600, S. 881 (Ergänzende Stellungnahme der SPD-Fraktion); NSU-Untersuchungsausschuss I, Abschlussbericht, BT-Drs. 17/14600, S. 974 (Ergänzende Stellungnahme der FDP-Fraktion).

[258] NSU-Untersuchungsausschuss II, Abschlussbericht, BT-Drs. 18/12950, S. 1176–1178.

[259] NSU-Untersuchungsausschuss Thüringen II, Schlussbericht, LT-Drs. 6/7612, S. 3 (Rn. 8).

7.5.1 Unterbliebene Nutzung bestehender Mechanismen

Es wurde verschiedenfach dargelegt, dass gesetzliche Regelungen zur Zusammenarbeit der Sicherheitsbehörden existierten, diese aber nicht genutzt wurden. Somit hat sich „[f]alsch verstandener Föderalismus [...] als gravierendes Hemmnis effektiver Arbeit der Sicherheits- und Ermittlungsbehörden erwiesen".[260] Dazu zählen insbesondere die unterlassene Zusammenführung der Erkenntnisse (dazu unter Abschn. 7.5.1.1) und der Verstoß gegen Informationsübermittlungspflichten (dazu unter Abschn. 7.5.1.2). Für die unterbliebene Nutzung lassen sich verschiedene Ursachen identifizieren (dazu unter Abschn. 7.5.1.3).

7.5.1.1 Unterlassene Zusammenführung der Erkenntnisse

Die Ermittlungen wurden weder (für den polizeilichen Bereich) beim BKA noch beim GBA (für die Strafverfahren) zusammengeführt und auch das BfV wurde trotz seiner Zentralstellenfunktion nur begrenzt eingebunden.[261] Die Bundestagsfraktionen bemängelten, dass die Ermittlungen frühzeitig zu einem staatsanwaltschaftlichen Sammelverfahren und damit im Zuständigkeitsbereich einer Behörde hätten gebündelt werden können. Auch unabhängig vom GBA hätte das BKA nach dem BKAG die Ermittlungen übernehmen können, sodass „klare Strukturen, Entscheidungs- und Weisungsbefugnisse die Ermittlungsarbeit befördern und Doppelarbeit [hätten] vermeiden können."[262] Diese Möglichkeiten der Zusammenarbeit blieben aber ungenutzt.[263] Ein Wortwechsel zwischen *Binninger* (CDU/CSU) und dem Zeugen *Hoppe* vom BKA vor dem NSU-Untersuchungsausschuss I zu einer möglichen Übernahme durch das BKA veranschaulicht die Problematik ungenutzter Koordinationsinstrumente sehr gut. So fragte *Binninger* den Zeugen:

> „Was nützen denn dann solche Bestimmungen im BKA-Gesetz, wenn sie denn eingelöst werden sollen und sie führen dann zu diplomatischen Verwicklungen zwischen allen Ländern und dem Bund? [...] Müsste man es dann anders fassen, oder wie soll man das bewerten?

---

[260] NSU-Untersuchungsausschuss I, Abschlussbericht, BT-Drs. 17/14600, S. 880 (Ergänzende Stellungnahme der SPD-Fraktion).

[261] Vgl. NSU-Untersuchungsausschuss I, Abschlussbericht, BT-Drs. 17/14600, S. 881 (Ergänzende Stellungnahme der SPD-Fraktion); NSU-Untersuchungsausschuss I, Abschlussbericht, BT-Drs. 17/14600, S. 905 (Ergänzende Stellungnahme der FDP-Fraktion).

[262] NSU-Untersuchungsausschuss I, Abschlussbericht, BT-Drs. 17/14600, S. 838–839.

[263] Vgl. Bug et al. 2012, S. 146.

> Also, Sie haben eine Bestimmung im BKA-Gesetz, von der Sie sagen, nach der Bewertung: „Wenn der Fall eine gewisse Bedeutung hat, können wir ihn an uns ziehen, auch wenn die Länder es nicht beantragen, weil wir es für sinnvoll erachten", was wir, glaube ich, heute alle teilen in der Bewertung – Aber sobald Sie es dann einlösen wollen, wird es hochpolitisch, und man ist dann eher unerfreut, und dann lässt man es lieber. Macht dann so eine Bestimmung überhaupt Sinn, wenn ich sie gar nicht in der Realität umsetzen kann?"[264]

Auf diese Frage, ob die Gefahr „diplomatischer Verwicklungen" eine Übernahme durch das BKA in der Praxis also behindern, entgegnete der Zeuge Hoppe nur: „Da dürfen Sie mich nicht fragen. Das Gesetz ist da; es kann oder muss angewandt werden."[265]

Unklar bleibt, ob bei einer Übernahme durch das BKA oder des GBA tatsächlich früher ein Ermittlungserfolg eingetreten wäre. Dagegen spricht, dass das BKA annahm, dass die Taten der organisierten Kriminalität zuzuschreiben seien.[266] So mutmaßte auch der Zeuge *Maurer* vom BKA, bei einer Übernahme wäre seine Behörde zwar systematisch vorgegangen und hätten Neues versucht, hätte aber das Trio vermutlich ebenfalls nicht gefunden.[267] Andererseits hätte bei einer zutreffenden Auswertung der Erkenntnisse vermutlich eine Evokationspflicht (Pflicht zum Selbsteintritt) des GBA bestanden, dem die entsprechenden Informationen dazu aber nicht vorlagen. Dieser ist auf entsprechende Ermittlungen gerade in Bezug auf terroristische Netzwerke spezialisiert, sodass möglicherweise andere Ermittlungsansätze und Auswertungsmethoden angewandt worden wären. Aber auch diese Annahme muss im Bereich der Spekulationen bleiben. Letztlich ist das Ziel der Fallstudie aber auch nicht die Frage der Gewährleistung eines Ermittlungserfolgs, sondern die Frage, ob trotz der Mehrfachzuständigkeiten ein einheitliches, stringentes Vorgehen durch entsprechende Koordinationsmechanismen gewährleistet wird. Die Ermittlungen gegen den sog. NSU haben gezeigt, dass das nicht der Fall ist, obwohl entsprechende Instrumente schon zu den relevanten Zeitpunkten rechtlich vorgesehen waren.

---

[264] NSU-Untersuchungsausschuss I, Protokoll 15, S. 9. Ähnlich auch NSU-Untersuchungsausschuss I, Protokoll 36, S. 76 (Zeuge *Maurer*).

[265] NSU-Untersuchungsausschuss I, Protokoll 15, S. 9. Ähnlich auch NSU-Untersuchungsausschuss I, Protokoll 36, S. 76 (Zeuge *Maurer*).

[266] Vgl. NSU-Untersuchungsausschuss I, Abschlussbericht, BT-Drs. 17/14600, S. 839. Vgl. auch Dosdall 2018, S. 405.

[267] NSU-Untersuchungsausschuss I, Protokoll 36, S. 73.

7.5.1.2 Defizitärer Informationsaustausch

Wie herausgearbeitet wurde, war der Informationsaustausch zwischen den Sicherheitsbehörden defizitär. Dies betraf alle Ebenen und damit den Informationsfluss zwischen Bund und Ländern (insbesondere von BfV und den Landesämtern von Verfassungsschutz sowie zwischen BKA und den Landeskriminalämtern), aber auch denjenigen zwischen den Landesbehörden (sogar desselben Landes) und zwischen den Bundesbehörden, insbesondere zwischen dem BKA und dem GBA. Dabei existierten gesetzliche Regelungen, die den Behörden die Informationsübermittlung vorschrieben. Diese wurden aber nicht durchgängig berücksichtigt.

7.5.1.3 Ursachen für die unterbliebene Nutzung

Für die unterbliebene Nutzung der bestehenden Kooperations- und Koordinationsmechanismen lassen sich verschiedene Erklärungsansätze finden. Die Zusammenarbeit wurde erschwert durch falsch verstandene Grenzen der Kooperation (dazu unter Abschn. 7.5.1.3.1) und Fehleinschätzungen bezüglich des Sachverhalts (dazu unter Abschn. 7.5.1.3.2). Auch das Konkurrenzverhalten zwischen den Sicherheitsbehörden (dazu unter Abschn. 7.5.1.3.3) und mangelndes proaktives Handeln (dazu unter Abschn. 7.5.1.3.4) sowie die Überlastung der Sicherheitsbehörden (dazu unter Abschn. 7.5.1.3.5) haben dazu beigetragen, dass die bestehenden Kooperations- und Koordinationsmechanismen ungenutzt blieben.

7.5.1.3.1 Falsch verstandene Grenzen der Kooperation

In Bezug auf die Kooperation, die hier im Fokus steht, wurde die Nichtweitergabe von Informationen teilweise mit den Argumenten des Quellenschutzes und des Trennungsgebots begründet.[268] Dass der Quellenschutz und das Trennungsgebot Vorgaben für den Informationsaustausch vorschreiben, ist zutreffend.[269] Es muss aber gewährleistet werden, dass der Umfang dieser Vorgaben durch die Mitarbeitenden in den Sicherheitsbehörden auch richtig erfasst wird. So muss die Identität der Quelle geschützt bleiben, eine Übermittlung einer Zusammenfassung von überlieferten Informationen ist in der Regel aber (anonymisiert) möglich[270] und wäre laut der Schäfer-Kommission auch im Fall des sog. NSU möglich gewesen.[271] Der Quellenschutz ist damit im TLfV in Anbetracht der betreffenden

---

[268] Schäfer et al. 2012, S. 199.

[269] Zu den Vorgaben des Trennungsgebots vgl. auch oben, Kap. 4, unter Abschn. 4.3.

[270] Schäfer et al. 2012, S. 204.

[271] Schäfer et al. 2012, S. 218–219.

Straftaten „unangemessen hoch“ bewertet worden.[272] Somit können gesetzliche Pflichten zur Zusammenarbeit leerlaufen, wenn Mitarbeitende die Voraussetzungen bzw. die Reichweite der Normen unzutreffend interpretieren. Es liegt nicht nur an den Sicherheitsbehörden, die Mitarbeitenden entsprechend zu schulen, sondern auch am Gesetzgeber, klare rechtliche Regelungen zu schaffen.

7.5.1.3.2 Fehleinschätzungen bezüglich des Sachverhalts

Ein weiteres Problem für die Koordination schien die Fehleinschätzung der Ermittler:innen zu sein, dass es sich vermutlich um Taten des internationalem Rauschgiftmilieus handele.[273] Der rechtsterroristische Hintergrund wurde lange Zeit nicht erkannt.[274] Der Abschlussbericht des NSU-Untersuchungsausschusses II hält dazu fest:

> „Erst im Mai 2006, also nahezu sechs Jahre nach dem ersten Mord, hat der Zeuge Dr. Beckstein erneut auf einem Zeitungsartikel über die Mordserie vermerkt: ‚Könnte bei den Türken-Morden Fremdenfeindlichkeit das Motiv sein?‘[275]

Problematisch daran war, dass aufgrund dessen das Ausmaß der bundesweiten Bedrohung und daher die Notwendigkeit bundesweiter Kooperation offenbar verkannt wurden. Auch bei Ermittlungen in Richtung rechtsterroristischer Taten suchten die Ermittler:innen „immer nach *lokalen rechten Straftätern* und nie nach *bundesweit und konzeptionell operierenden Rechtsterroristen*“.[276] Diese Einzeltäterthese[277] wird auch in einem Vermerk des GBA bei der Prüfung der Übernahme im Jahr 2006 deutlich. Dort hieß es, die Taten erscheinen wie ein persönlicher Rachefeldzug, seien aber wohl nicht gegen den Staat, seine Institutionen oder seine Grundprinzipien gerichtet.[278] Dazu muss allerdings bemerkt werden, dass dem GBA anderweitige Erkenntnisse auch nicht weitergeleitet wurden.

Fehleinschätzungen könnten auch Folge des strukturellen Rassismus in den Sicherheitsbehörden sein. Dieses Thema könnte sicher allein mehrere Bücher füllen, in diesem Zusammenhang soll nur auf den völlig unpassenden und unan-

---

[272] Schäfer et al. 2012, S. 216.

[273] Siehe NSU-Untersuchungsausschuss I, Protokoll 19, S. 4, 8 (Zeuge *Falk*).

[274] So etwa ganz offen NSU-Untersuchungsausschuss I, Protokoll 19, S. 3. Vgl. auch Grunau 2014.

[275] NSU-Untersuchungsausschuss I, Abschlussbericht, BT-Drs. 17/14600, S. 497.

[276] Dosdall 2018, S. 412 (Hervorhebungen im Original).

[277] Siehe z. B. NSU-Untersuchungsausschuss I, Protokoll 14, S. 17–19 (Zeuge *Kimmel*).

[278] Zitiert nach NSU-Untersuchungsausschuss I, Protokoll 44, S. 76.

gebrachten Begriff der „Döner-Morde"[279] hingewiesen und aus einem Zeitungsartikel zitiert werden, den der Vorsitzende des NSU-Untersuchungsausschusses I vorhielt:

> ‚Angesichts der Mauer des Schweigens', sagt Geier [BKA, BAO „Bosporus"], habe er manchmal den Eindruck, dass ‚die Türken noch nicht in dieser Gesellschaft angekommen sind'. Natürlich herrsche Angst. Natürlich sind die Ehefrauen und der engste Familienkreis oft nicht in die Geschäfte eingeweiht. ‚Aber oft' ergänzt der mit den bayerischen Fällen befasste Oberstaatsanwalt Walter Kimmel ‚sagt nur mein Bauch: Da weiß einer mehr – aber er will es uns nicht sagen.'[280]

7.5.1.3.3 Konkurrenzverhalten zwischen den Sicherheitsbehörden

Das Konkurrenzverhalten zwischen den Sicherheitsbehörden schien im Fall um den sog. NSU ein wesentliches Problem gewesen zu sein.[281] *Binninger* (CDU/CSU) resümierte in einer der Sitzungen des NSU-Untersuchungsausschusses I:

> „Es ist so ein bisschen mein Eindruck, wenn überall man in die Akten sieht – das ist so: mein Fall, meine Spuren, mein Personal. Das hat natürlich nicht dazu beigetragen, dass die Sache irgendwann zu einem vernünftigen Ergebnis kommt, was die Struktur angeht."[282]

Auch die SPD-Fraktion bemängelte „Abschottung, Konkurrenzdenken und Eitelkeiten".[283] Anschaulich dafür sind die Diskussionen um eine mögliche Übernahme durch das BKA. So wurde im NSU-Untersuchungsausschuss I ein Ergebnisvermerk des BKA zu einer Besprechung mit den Landesbehörden vorgehalten, in dem es heißt: „Bei Übernahme durch BKA werden Effizienz-/Effektivitätsverluste durch Frust bei den bislang tätigen Beamten befürchtet."[284] Auch sei auch noch einmal daran erinnert, dass davon die Rede war, die Polizeibehörden in Bayern hätten eine potenzielle Übernahme durch das BKA als „Kriegserklärung" verstanden.[285]

---

[279] Vgl. NSU-Untersuchungsausschuss I, Abschlussbericht, BT-Drs. 17/14600, S. 831. Siehe auch Fuchs 2012.

[280] NSU-Untersuchungsausschuss I, Protokoll 14, S. 13.

[281] Vgl. Deutscher Bundestag, Plenarprotokoll 17/252, S. 32586 (*Wieland*, Bündnis 90/Die Grünen).

[282] NSU-Untersuchungsausschuss I, Protokoll 15, S. 40.

[283] NSU-Untersuchungsausschuss I, Abschlussbericht, BT-Drs. 17/14600, S. 882.

[284] NSU-Untersuchungsausschuss I, Protokoll 19, S. 11.

[285] Siehe dazu schon oben, unter Abschn. 7.1.

Deutlich wurde auch das Konkurrenzverhalten zwischen dem TLKA und dem TLfV. Die Schäfer-Kommission arbeitete dazu heraus, dass sowohl der betreffende Referatsleiter als auch der damalige Vizeleiter im TLfV von Rivalitäten zwischen den Behörden und den Behördenleitern berichteten.[286] Allerdings ist hierbei anzumerken, dass die Schäfer-Kommission auch von Aussagen anderer Mitarbeitenden beider Behörden berichtete, die angaben, kein Konkurrenzverhältnis wahrgenommen zu haben.[287]

Bezüglich der unterbliebenen Übernahme durch den GBA stellte der NSU-Untersuchungsausschuss I keine politische Einflussnahme fest.[288] Bemerkenswert ist aber die Anmerkung in einem Protokoll einer Besprechung im Juli 2006, an der das BKA und die StA Nürnberg-Fürth teilnahmen. Dort heißt es: „Die StA Nürnberg-Fürth verwies zudem darauf, dass bei allzu intensiver Diskussion dieser Hypothese dann auch eine Zuständigkeit des GBA greifen könnte.“[289] Dies legt nahe, dass man Erörterungen zum Sachverhalt unterbinden wollte, die möglicherweise zu einer Zuständigkeit des GBA führen könnten, um die Zuständigkeit für die Ermittlungen nicht zu verlieren.

7.5.1.3.4 Mangelndes proaktives Handeln

Auch wurde verschiedenfach kritisiert, dass von proaktivem Handeln abgesehen wurde und dass sich die Behörden gegenseitig darauf verließen, dass ihnen relevante Informationen übermittelt werden würden.[290] Dies betrifft unter anderem die Zusammenarbeit zwischen TLKA und TLfV,[291] aber auch die Arbeit des GBA.[292]

7.5.1.3.5 Überlastung der Sicherheitsbehörden

Eine effektive Zusammenarbeit wurde auch durch die Überlastung der Sicherheitsbehörden erschwert. So berichtete der ehemalige Referatsleiter *Schrader* vom LfV Thüringen von einem Gespräch mit einem Kollegen vom LfV Sachsen:

---

[286] Schäfer et al. 2012, S. 211–212.

[287] Schäfer et al. 2012, S. 212–214.

[288] NSU-Untersuchungsausschuss I, Abschlussbericht, BT-Drs. 17/14600, S. 837–838.

[289] Zitiert nach NSU-Untersuchungsausschuss I, Protokoll 14, S. 12. Vgl. dazu auch Zwickauer Neonazi-Terrorzelle: Chaos und Streit bei Ermittlungen zu NSU-Morden 2012.

[290] Vgl. NSU-Untersuchungsausschuss I, Abschlussbericht, BT-Drs. 17/14600, S. 882 (Ergänzende Stellungnahme der SPD-Fraktion)

[291] Siehe oben, unter Abschn. 7.4.1.2.2.

[292] Siehe oben, unter Abschn. 7.2.2.

> „Die waren personell noch dünner dran wie [sic!] wir, und der hat gesagt: Mach, was du willst, aber lass mich außen vor. Wir haben dafür keine Zeit und kein Personal. – Wir hätten das gerne abgegeben. Wir waren ja im Grunde auch gar nicht mehr zuständig, wenn man ehrlich ist. Das hätten die Sachsen übernehmen müssen. Aber immer dann – Die Sachsen haben zu uns gesagt: Das hat keinen Zweck. Dafür haben wir keine Leute. Können wir gar nicht machen. Macht das selber."[293]

Es wäre daher ein wichtiger politischer Schritt, die Sicherheitsbehörden finanziell und personell besser auszustatten, damit diese zu einer effektiven Zusammenarbeit in der Lage und, mit zunehmenden Kapazitäten, auch willens sind. Eine gegenseitige Unterstützung kann nur verlangt werden, wenn die jeweiligen Behörden über die entsprechenden Mittel verfügen.

In ihrem Zusammenspiel haben die aufgezeigten Probleme ein einheitliches Vorgehen verhindert, obwohl entsprechende Kooperations- und Koordinationsmechanismen bestanden.

7.5.2 Unzureichende Kooperations- und Koordinationsmechanismen

In mancher Hinsicht haben sich Kooperations- und Koordinationsmechanismen aber auch als unzureichend herausgestellt. Das betraf insbesondere das Fehlen einheitlicher Standards (dazu unter Abschn. 7.5.2.1), das Fehlen von Weisungsbefugnissen (dazu unter Abschn. 7.5.2.2) und das Fehlen einer effektiven Kontrolle (dazu unter Abschn. 7.5.3).

7.5.2.1 Fehlen einheitlicher Standards

Einheitliche Standards, etwa für das Ergreifen von Gefahrabwehrmaßnahmen als auch für die Speicherung und Verarbeitung von Informationen, würden die Zusammenarbeit zwischen den Sicherheitsbehörden erleichtern. Im vorliegenden Fall haben beispielsweise unterschiedliche Datenverarbeitungssysteme einen zügigen Informationsabgleich erschwert,[294] der für die Abwehr terroristischer Gefahren entscheidend ist. Daher ist punktuell das Fehlen einheitlicher Standards zu bemängeln.

---

[293] NSU-Untersuchungsausschuss I, Protokoll 53, S. 142.

[294] Siehe dazu schon oben, unter Abschn. 7.4.1.2.1.

7.5.2.2 Fehlen von Weisungsbefugnissen

Darüber hinaus ist es im Fall um den sog. NSU nicht gelungen, durch Kooperations- und Koordinationsmechanismen eine einheitliche Federführung zu gewährleisten,[295] wodurch die Zusammenführung relevanter Erkenntnisse unterblieb. Neben der Tatsache, dass die bestehenden Regelungen für die Bündelung von Informationen bei Zentralstellen nicht genutzt wurden, hat auch keine Dienststelle Konfliktfälle oder Meinungsverschiedenheiten zwischen den Sicherheitsbehörden auflösen können, etwa zur Frage, ob Informationen der Landesämter für Verfassungsschutz an Polizeidienststellen übermittelt werden dürfen oder sich Übermittlungsverbote aus Quellenschutzgründen ergeben. Daher forderte der NSU-Untersuchungsausschuss I „eine zentrale ermittlungsführende Dienststelle mit klar geregelten Weisungsbefugnissen."[296]

7.5.3 Fehlen einer effektiven Kontrolle

Es gab keine effektive Kontrolle der Sicherheitsbehörden, die die beschriebenen Probleme hätte beseitigen oder auflösen können. Weder konnte eine effektive Kooperation der Sicherheitsbehörden sichergestellt noch die Vernichtung von Akten[297] verhindert werden. Dabei bestand, wie die Fraktion-Bündnis 90/Die Grünen resümierte, insbesondere „ein massives Kontrolldefizit bei den Nachrichtendiensten, dessen Ursache im *System* der Kontrolle liegt, nicht im Versagen der Kontrolleurinnen und Kontrolleure."[298] Als Lehre aus dem Fall um den sog. NSU forderten daher alle Bundestagsfraktionen zurecht die Verbesserung der parlamentarischen Kontrolle.[299]

---

[295] Grunau 2014.

[296] NSU-Untersuchungsausschuss I, Abschlussbericht, BT-Drs. 17/14600, S. 862.

[297] Siehe hierzu z. B. NSU-Untersuchungsausschuss I, Abschlussbericht, BT-Drs. 17/14600, S. 743–745; NSU-Untersuchungsausschuss II, Abschlussbericht, BT-Drs. 18/12950, S. 331–334.

[298] NSU-Untersuchungsausschuss I, Abschlussbericht, BT-Drs. 17/14600, S. 1039 (Hervorhebung im Original).

[299] NSU-Untersuchungsausschuss I, Abschlussbericht, BT-Drs. 17/14600, S. 865. Siehe auch NSU-Untersuchungsausschuss I, Abschlussbericht, BT-Drs. 17/14600, S. 897 (Ergänzende Stellungnahme der SPD-Fraktion); NSU-Untersuchungsausschuss I, Abschlussbericht, BT-Drs. 17/14600, S. 956 (Ergänzende Stellungnahme der FDP-Fraktion); NSU-Untersuchungsausschuss I, Abschlussbericht, BT-Drs. 17/14600, S. 1019–1021 (Ergänzende Stellungnahme der Fraktion Die Linke).

7.6 Reformen in Reaktion auf die Ereignisse

In Reaktion auf die herausgearbeiteten Defizite hat der Gesetzgeber im Anschluss an die Aufarbeitung einige Reformen ergriffen,[300] die im Folgenden skizziert werden. Die Reformen betreffen sowohl die einzelnen Behördenstränge der Polizeibehörden (dazu unter Abschn. 7.6.1), der Strafverfolgungsbehörden (dazu unter Abschn. 7.6.2) und der Nachrichtendienste (dazu unter Abschn. 7.6.3) als auch den bereichsübergreifenden Informationsaustausch (dazu unter Abschn. 7.6.4) und die Kontrolle der Sicherheitsbehörden (dazu unter Abschn. 7.6.5).

7.6.1 Polizeibehörden

Durch das Gesetz zur Abwehr von Gefahren des internationalen Terrorismus durch das Bundeskriminalamt vom 25.12.2008 wurde das BKAG umfassend geändert.[301] Diese Reform beinhaltete neben der Stärkung der Zentralstellenfunktion auch die Übertragung von weiteren Überwachungsbefugnissen für das BKA.[302] In der aktuellen Fassung kann das BKA gem. § 2 Abs. 5 Nr. 3 BKAG inzwischen andere Polizeibehörden auf Ersuchen bei der Durchführung von kriminaltechnischen Untersuchungen unterstützen. Dies erfasst unter anderem den Umgang mit informationstechnischen Systemen[303] und auch die Entschlüsselung von Festplatten.[304] Allerdings kommt dem BKA dabei ein Ermessensspielraum zu, es handelt sich daher also nicht um eine Pflichtaufgabe des BKA.[305] Bei der Ermessensentscheidung ist der Zweck von § 2 Abs. 5 Nr. 3 BKAG zu beachten. Die Neufassung dieser Norm hatte zum Ziel, die Zentralstellenfunktion des BKA zu stärken, insbesondere angesichts neuer digitaler Entwicklungen, die den Ausbau der Spezialisierung und Expertise des Bundeskriminalamtes als zentralen Dienstleister for-

---

[300] Siehe auch Bundesregierung 2013.

[301] Gesetz zur Abwehr von Gefahren des internationalen Terrorismus durch das Bundeskriminalamt vom 25.12.2008, BGBl. 2008 I, S. 3083.

[302] Vgl. § 4a BKAG und den neuen Unterabschnitt 3a mit den §§ 20a ff. BKAG. Das Bundesverfassungsgericht hat die Regelungen zur Überwachung mit Urteil vom 20. April 2016 teilweise für verfassungswidrig erklärt, BVerfGE 141, 220 (Bundeskriminalamtsgesetz).

[303] Siehe z. B. Neuhaus 2022, Rn. 6.

[304] Siehe z. B. Kricsanowits 2022, Rn. 101–103.

[305] Graulich 2019b, Rn. 43.

dern:[306] Durch die neue Regelung sollen „kurzfristig auftretende Kapazitätsengpässe in den Ländern im Rahmen der Kriminaltechnik [...] durch das Bundeskriminalamt aufgefangen werden“.[307]

7.6.2 Strafverfolgungsbehörden

Durch das Gesetz zur Umsetzung von Empfehlungen des NSU-Untersuchungsausschusses des Deutschen Bundestages wurde § 120 GVG ergänzt.[308] Der neu eingefügte Abs. 2 S. 2 stellt heraus, dass eine besondere Bedeutung des Falles auch dann anzunehmen ist, „wenn in den Fällen des Satzes 1 eine Ermittlungszuständigkeit des Generalbundesanwalts wegen des länderübergreifenden Charakters der Tat geboten erscheint.“ Dadurch werden die Voraussetzungen für die Zusammenführung der Ermittlungen beim GBA konkretisiert. Neu eingefügt wurden auch § 142a Abs. 1 S. 2 und 3 GVG, um die Zusammenführung zu erleichtern und die Weitergabe von Informationen zu garantieren. Die beiden neuen Sätze lauten:

> „Für die Übernahme der Strafverfolgung durch den Generalbundesanwalt genügt es, dass zureichende tatsächliche Anhaltspunkte für die seine Zuständigkeit begründenden Voraussetzungen gegeben sind. Vorgänge, die Anlass zu der Prüfung einer Übernahme der Strafverfolgung durch den Generalbundesanwalt geben, übersendet die Staatsanwaltschaft diesem unverzüglich.“

Der neu gefasste § 143 GVG ermöglicht es, Konflikte um die Zuständigkeiten unter den Staatsanwaltschaften der Länder zu lösen. Er lautet:

> „Können die Staatsanwaltschaften verschiedener Länder sich nicht darüber einigen, welche von ihnen die Verfolgung zu übernehmen hat, so entscheidet der Generalbundesanwalt. Er entscheidet auf Antrag einer Staatsanwaltschaft auch, wenn die Staatsanwaltschaften verschiedener Länder sich nicht über die Verbindung zusammenhängender Strafsachen einigen.“

---

[306] Gesetzentwurf der Fraktionen der CDU/CSU und SPD zur Neustrukturierung des Bundeskriminalamtgesetzes, BT-Drs. 18/11163, S. 85.

[307] Gesetzentwurf der Fraktionen der CDU/CSU und SPD zur Neustrukturierung des Bundeskriminalamtgesetzes, BT-Drs. 18/11163, S. 86.

[308] Eingefügt durch das Gesetz zur Umsetzung von Empfehlungen des NSU-Untersuchungsausschusses des Deutschen Bundestages vom 12.06.2015, BGBl. 2015 I S. 925.

7.6.3 Nachrichtendienste

Wie schon bezüglich des BKA wurde auch die Zentralstellenfunktion des BfV gestärkt: Das BfV erhielt durch das Gesetz zur Verbesserung der Zusammenarbeit im Bereich des Verfassungsschutzes vom 17. November 2015[309] in § 5 Abs. 3 BVerfSchG eine „moderierende Koordinierungsaufgabe" und die Befugnis, im Benehmen mit dem jeweiligen Land eigenständig lokale, aber gewaltorientierte Bestrebungen zu beobachten (§ 5 Abs. 2 BVerfSchG).[310]

Die Zeugin *Büddefeld* vom BfV begrüßte die Stärkung der Zentralstellenfunktion:

> „Wir haben die Strukturen in der Zusammenarbeit zwischen Bund und Ländern auf ganz andere Füße gestellt. Wir haben ein Datensystem oder eine Datenbank, die Bund und Länder gemeinsam bedienen, die immer mehr Möglichkeiten bietet, sehr schnell an die relevanten Informationen zu gelangen."[311]

Darüber hinaus wurden die gegenseitigen Unterrichtungspflichten von Landesverfassungsschutzbehörden und BfV angepasst. Diese finden sich nun in § 6 Abs. 1 S. 1 BVerfSchG. Da im Fall um den sog. NSU der Informationsfluss zwischen BfV und den Landesverfassungsschutzbehörden (insbesondere die Übermittlung von Informationen durch die Landesämter) Schwächen aufwies, wurde das Kriterium der „Erforderlichkeit" durch das Kriterium der „Relevanz" ersetzt (siehe § 6 Abs. 1 S. 1 BVerfSchG), um die niedrige Schwelle für den Informationsaustausch zu verdeutlichen.[312] Beide Seiten müssen sich daher alle für ihre Aufgaben *relevanten*, nicht nur die dafür erforderlichen Informationen übermitteln.

7.6.4 Bereichsübergreifender Informationsaustausch

Darüber hinaus wurden das Gemeinsame Extremismus- und Terrorismusabwehrzentrum (GETZ) und die Rechtsextremismusdatei (RED) gegründet, um einen

---

[309] Gesetz zur Verbesserung der Zusammenarbeit im Bereich des Verfassungsschutzes vom 17.11.2015, BGBl. 2015 I S. 1938.

[310] Bundesamt für Verfassungsschutz (BfV) 2023.

[311] NSU-Untersuchungsausschuss II, Protokoll 41 I, S. 83.

[312] Gesetzentwurf der Bundesregierung, Entwurf eines Gesetzes zur Verbesserung der Zusammenarbeit im Bereich des Verfassungsschutzes, BT-Drs. 18/4654, S. 22.

ständigen und reibungslosen Informationsfluss zu ermöglichen.[313] Durch Beschluss der Innenminister:innenkonferenz vom 08. und 09.11.2012 wurde darüber hinaus den Polizeibehörden die Befugnis eingeräumt, Anfragen zum Datenbestand in einem Unterbereich des „Nachrichtendienstlichem Informationssystems Wissensnetz" („NADIS WN") zu stellen.[314] Dabei handelt es sich um „ein bestehendes automatisiertes Datenverbundsystem, an dem die Verfassungsschutzbehörden des Bundes und der Länder beteiligt sind".[315]

Auch wurde das Verfassungsschutzgesetz in Thüringen geändert.[316] So wird in § 22 Abs. 2 ThürVerfSchG geregelt, dass die genannten Übermittlungsverbote nicht gelten, soweit die Übermittlung zur Verhinderung von Staatsschutzdelikten *geeignet* (nicht: erforderlich) ist und es sich um Verbrechen oder schwerwiegende Vergehen handelt. Damit soll sichergestellt werden, dass Informationen zur Verhinderung von Staatsschutzdelikten nicht aus falsch verstandenem Quellenschutz zurückgehalten werden.[317]

7.6.5 Parlamentarische Kontrolle der Sicherheitsbehörden

Forderungen zur Stärkung der parlamentarischen Kontrolle wurde mit dem Gesetz zur weiteren Fortentwicklung der parlamentarischen Kontrolle der Nachrichtendienste des Bundes vom 30.11.2016 Rechnung getragen.[318] Mit diesem Gesetz wurde unter anderem die Position des Ständigen Bevollmächtigten des Parlamentarischen Kontrollgremiums (PKGr) geschaffen.[319] Dieser soll unter anderem eine stärkere Vernetzung des PKGr mit den anderen Kontrollgremien wie der G10-Kommission sicherstellen.[320]

---

[313] Siehe zu beiden Kooperationsinstrumenten oben, Kap. 3, unter Abschn. 3.11.

[314] NSU-Untersuchungsausschuss I, Abschlussbericht, BT-Drs. 17/14600, S. 805.

[315] NSU-Untersuchungsausschuss I, Abschlussbericht, BT-Drs. 17/14600, S. 805.

[316] Art. 1 Thüringer Gesetz zur Änderung sicherheitsrechtlicher Vorschriften vom 08.08.2014, TH-GVBl. S. 529.

[317] Dietrich 2017, Rn. 41.

[318] BGBl. I 2016 S. 2746.

[319] Siehe § 5a PKGrG.

[320] Vgl. dazu Gesetzentwurf der Fraktionen der CDU/CSU und SPD, Entwurf eines Gesetzes zur weiteren Fortentwicklung der parlamentarischen Kontrolle der Nachrichtendienste des Bundes, BT-Drs. 18/9040, S. 2.

7.7 Gesamtergebnis der Fallstudie und Ausblick

Zusammenfassend lässt sich festhalten, dass die Aufarbeitung der Geschehnisse um den sog. NSU strukturelle Defizite aufgezeigt hat, die zum einen an dem Fehlen adäquater Koordinations- und Kooperationsmechanismen und zum anderen in der defizitären Nutzung bereits bestehender Mechanismen liegen. Ebenso haben praktische Probleme die Zusammenarbeit der Sicherheitsbehörden gehemmt.

Schipanski (CDU/CSU) resümierte zum Fall:

> „Wir mussten erkennen, dass die Informationskultur oder -unkultur von einem Risiko-, Geheimnis- und Abschottungsdenken der Sicherheitsbehörden untereinander geprägt war, und wir mussten erkennen, dass unser Sicherheitsföderalismus zu Mehrfachzuständigkeiten sowie zu einer zunehmenden Aufgaben- und Befugnisüberschneidung zwischen verschiedenen Behörden führt."[321]

Im Anschluss an die Aufarbeitung wurden sowohl auf Bundes-, als auch auf Landesebene Reformen ergriffen. Der ehemalige Vizepräsident des BKA *Maurer* hielt insbesondere die Etablierung des GETZ und „Datenlösungen" für einen entscheidenden Aspekt für einen verbesserten Informationsaustausch.[322] Ob die aufgezeigten Defizite durch anschließende Reformen behoben werden konnten, wird anhand des nächsten Fallbeispiels geprüft.

Literatur

Bäcker, M. (2009). *Terrorismusabwehr durch das Bundeskriminalamt*. Duncker & Humblot.

Bäcker, M. (2021). Abschnitt B.II. Bundesstaatliche Grundlagen der Polizeiarbeit. In H. Lisken, E. Denninger, M. Bäcker, & K. Graulich (Hrsg.), *Handbuch des Polizeirechts. Gefahrenabwehr – Strafverfolgung – Rechtsschutz* (7. Aufl.). C.H. Beck. Rn. 99–212.

Bock, W. (2019a). *BVerfSchG § 18. In Wolf-Rüdiger Schenke, Kurt Graulich und Josef Ruthig: Sicherheitsrecht des Bundes* (2. Aufl.). C.H. Beck.

Bock, W. (2019b). *BVerfSchG § 19. In Wolf-Rüdiger Schenke, Kurt Graulich und Josef Ruthig: Sicherheitsrecht des Bundes* (2. Aufl.). C.H. Beck.

[321] Deutscher Bundestag, Plenarprotokoll 17/252, S. 32593.

[322] NSU-Untersuchungsausschuss I, Protokoll 36, S. 49–50.

Bock, W. (2019c). *BVerfSchG § 21. In Wolf-Rüdiger Schenke, Kurt Graulich und Josef Ruthig: Sicherheitsrecht des Bundes* (2. Aufl.). C.H. Beck.

Bock, W. (2019d). *BVerfSchG § 23. In Wolf-Rüdiger Schenke, Kurt Graulich und Josef Ruthig: Sicherheitsrecht des Bundes* (2. Aufl.). C.H. Beck.

Bug, M., Röllgen, J., & Münch, U. (2012). Föderalismus als Problem – Föderalismus als Lösungsansatz. Eine erste Aufarbeitung im Kontext des Skandals um die rechtsextremen Gewalttaten von Mitgliedern des Nationalsozialistischen Untergrunds (NSU). In Europäisches Zentrum für Föderalismus-Forschung Tübingen (EZFF) (Hrsg.), *Jahrbuch des Föderalismus 2012. Föderalismus, Subsidiarität und Regionen in Europa* (S. 138–152). Nomos.

Bundesamt für Verfassungsschutz (BfV). (2023). *Die Zentralstelle.* https://www.verfassungsschutz.de/DE/verfassungsschutz/verfassungsschutzverbund/zentralstelle/zentralstelle_artikel.html. Zugegriffen am 25.10.2025.

Bundesregierung. (2013). *Bericht über die nach dem 4. November 2011 als Konsequenz aus dem Aufdecken der Terrorgruppe NSU sowie der nachfolgend erkennbar gewordenen Fehler und Versäumnisse ergriffenen Maßnahmen.* https://www.bmi.bund.de/SharedDocs/downloads/DE/veroeffentlichungen/themen/sicherheit/bericht-nsu.pdf?__blob=publicationFile&v=3. Zugegriffen am 25.10.2025.

Bund-Länder-Kommission Rechtsterrorismus. (2013). *Abschlussbericht.* https://www.bmi.bund.de/SharedDocs/downloads/DE/publikationen/themen/sicherheit/abschlussbericht-kommission-rechtsterrorismus-lang.html. Zugegriffen am 25.10.2025.

Dietrich, J.-H. (2017). Das Recht der Nachrichtendienste. In J.-H. Dietrich & S. Eiffler (Hrsg.), *Handbuch des Rechts der Nachrichtendienste* (S. 249–293). Boorberg.

Dosdall, H. (2018). Organisationsversagen und NSU-Ermittlungen: Braune-Armee-Fraktion, Behördenlernen und organisationale Suche. *Zeitschrift für Soziologie*, *47*(6), 402–417.

Droste, B. (2007). *Handbuch des Verfassungsschutzrechts.* Boorberg.

Dudek, K. (2007). Die Besondere Aufbauorganisation. Bewältigung komplexer Lagen (Teil 1). *SIAK-Journal – Zeitschrift für Polizeiwissenschaft und polizeiliche Praxis*, *2007*(1), 14–28.

Ebert, F. (1986). BVerfSchG § 4. In H. Borgs-Maciejewski & F. Ebert (Hrsg.), *Das Recht der Geheimdienste. Kommentar zum Bundesverfassungsschutzgesetz (Gesetz über die Zusammenarbeit des Bundes und der Länder in Angelegenheiten des Verfassungsschutzes) sowie zum G 10 (Gesetz zur Beschränkung des Brief-, Post- und Fernmeldegeheimnisses – Gesetz zu Artikel 10 Grundgesetz) nebst Sammlung aller einschlägigen Gesetze des Bundes und der Länder sowie einer Chronik der Nachrichtendienste.* Richard Boorberg.

Fuchs, C. (2012, Juli 04). Diskriminierende Bezeichnung: Wie der Begriff „Döner-Morde" entstand. *Spiegel Online.* https://www.spiegel.de/panorama/gesellschaft/doener-mord-wie-das-unwort-des-jahres-entstand-a-841734.html. Zugegriffen am 25.10.2025.

Generalbundesanwalt beim Bundesgerichtshof (GBA). (2011). *Bundesanwaltschaft übernimmt Ermittlungen wegen des Mordanschlags auf zwei Polizisten in Heilbronn sowie der bundesweiten Mordserie zum Nachteil von acht türkischstämmigen und einem grie-*

chischen Opfer. https://www.generalbundesanwalt.de/SharedDocs/Pressemitteilungen/DE/2011/Pressemitteilung-vom-11-11-2011.html. Zugegriffen am 25.10.2025.

Goetz, J., & Fuchs, C. (2012). *Die Zelle. Rechter Terror in Deutschland*. Rowohlt.

Graulich, K. (2019b). *BKAG § 2. In Wolf-Rüdiger Schenke, Kurt Graulich und Josef Ruthig: Sicherheitsrecht des Bundes* (2. Aufl.). C.H. Beck.

Graulich, K. (2019c). *BKAG § 4. In Wolf-Rüdiger Schenke, Kurt Graulich und Josef Ruthig: Sicherheitsrecht des Bundes* (2. Aufl.). C.H. Beck.

Graulich, K. (2019d). *BKAG § 9. In Wolf-Rüdiger Schenke, Kurt Graulich und Josef Ruthig: Sicherheitsrecht des Bundes* (2. Aufl.). C.H. Beck.

Graulich, K. (2021). Abschnitt E. Das Handeln von Polizei- und Ordnungsbehörden zur Gefahrenabwehr. In H. Lisken, E. Denninger, M. Bäcker, & K. Graulich (Hrsg.), *Handbuch des Polizeirechts. Gefahrenabwehr – Strafverfolgung – Rechtsschutz* (7. Aufl.). C.H. Beck.

Grunau, A. (2014, Dezember 19). NSU: Behördenversagen. *Deutsche Welle*. https://www.dw.com/de/seibel-bei-nsu-morden-versagten-nicht-nur-die-beh%C3%B6rden/a-18136917. Zugegriffen am 25.10.2025.

Jarass, H. D. (2022). GG Art. 20. In H. D. Jarass & M. Kment (Hrsg.), *Grundgesetz für die Bundesrepublik Deutschland. Kommentar* (17. Aufl.). C.H. Beck.

Krauß, M. (2023). RiStBV 202. In J. Graf (Hrsg.), *Beck'scher Online-Kommentar StPO mit RiStBV und MiStra* (47. Aufl.). C.H. Beck.

Kricsanowits, R. (2022). § 79 Spurensicherung im Bereich der forensischen Informations- und Kommunikationstechnik sowie der Digitalelektronik. In E. Müller, R. Schlothauer, & C. Knauer (Hrsg.), *Münchener Anwaltshandbuch Strafverteidigung* (3. Aufl., S. 2917–2929). C.H. Beck.

Neuhaus, R. (2022). § 61 Kriminaltechnik aus der Perspektive der Verteidigung. In E. Müller, R. Schlothauer, & C. Knauer (Hrsg.), *Münchener Anwaltshandbuch Strafverteidigung* (3. Aufl., S. 2606–2633). C.H. Beck.

Neumann, C., & Ulrich, A. (2011, August 21). Versteck in der Schweiz. *Spiegel Online*. https://www.spiegel.de/politik/versteck-in-der-schweiz-a-9952e7f7-0002-0001-0000-000080075315. Zugegriffen am 25.10.2025.

NSU-Untersuchungsausschusses I. (o.J.). *Stenografische Protokolle*. https://dserver.bundestag.de/btd/17/CD14600/Protokolle/. Zugegriffen am 25.10.2025.

NSU-Untersuchungsausschusses II. (o.J.). *Stenografische Protokolle*. https://dserver.bundestag.de/btd/18/CD12950/Anlagen%200001-0094/. Zugegriffen am 25.10.2025.

Riese, K.-U. (2022). VwGO § 114. In F. Schoch & J.-P. Schneider (Hrsg.), *Verwaltungsrecht: VwGO, 43. Ergänzungslieferung*. C.H. Beck.

Roewer, H. (1987). *Nachrichtendienstrecht der Bundesrepublik Deutschland. Kommentar und Vorschriftensammlung für die Praxis der Verfassungsschutzbehörden, des Bundesnachrichtendienstes und des Militärischen Abschirmdienstes*. Heymann.

Roth, W. (2014). BVerfSchG § 5. In W.-R. Schenke, K. Graulich, & J. Ruthig (Hrsg.), *Sicherheitsrecht des Bundes* (1. Aufl.). C.H. Beck.

Rusteberg, B. (2018). *Stellungnahme zu dem Thema „Föderale Sicherheitsarchitektur" zur Vorbereitung der öffentlichen Anhörung des 1. Untersuchungsausschusses des Deutschen Bundestages der 19. Wahlperiode am 17. Mai 2018 (Ausschuss-Drs. 19(25)239)*. https://www.bundestag.de/resource/blob/562140/316090aa9acef9cd3366dcd904459e88/19-25-239-data.pdf. Zugegriffen am 25.10.2025.

Sackreuther, K. (2023). RiStBV 25. In J. Graf (Hrsg.), *Beck'scher Online-Kommentar StPO mit RiStBV und MiStra* (47. Aufl.). C.H. Beck.

Schäfer, G., Wache, V., & Meiborg, G. (2012). *Gutachten zum Verhalten der Thüringer Behörden und Staatsanwaltschaften bei der Verfolgung des „Zwickauer Trios"*. https://dserver.bundestag.de/btd/17/CD14600/Dokumente/Dokument%2016.pdf. Zugegriffen am 25.10.2025.

Soiné, M. (2007). Erkenntnisverwertung von Informanten und V-Personen der Nachrichtendienste in Strafverfahren. *Neue Zeitschrift für Strafrecht*, *27*(5), 247–253.

Wolff, H. A. (2018). *Überblick über die föderale Sicherheitsstruktur: Schriftliche Stellungnahme für die Anhörung des 1. Untersuchungsausschusses der 19. Wahlperiode des Deutschen Bundestages am 17. Mai 2018 (Ausschuss-Drs. 19(25)240 (neu))*. https://www.bundestag.de/resource/blob/562142/e10342eb566fc638adb325c6158d7e56/19-25-240-neu%2D%2Ddata.pdf. Zugegriffen am 25.10.2025.

8 Fallstudie zum Anschlag auf dem Breitscheidplatz („Fall Amri")

Am 19.12.2016 lenkte *Anis Amri* einen LKW, dessen Fahrer er zuvor mit einer Schusswaffe getötet hatte, in die Menschenmenge auf dem Weihnachtsmarkt am Breitscheidplatz in Berlin-Charlottenburg. Bei diesem islamistisch motivierten Anschlag starben mit *Anna* und *Georgiy Bagratuni*, *Sebastian Berlin*, *Nada Cizmar*, *Fabrizia Di Lorenzo*, *Dalia Elyakim*, *Christoph Herrlich*, *Klaus Jacob*, *Angelika Klösters*, *Dorit Krebs*, *Lukasz Urban* und *Peter Völker* zwölf Menschen,[1] fast 100 weitere wurden teils schwer verletzt.[2] Ein dreizehntes Opfer, der Ersthelfer *Sascha Hüsges*, erlag im Oktober 2021 seinen Verletzungen.[3] Es handelte sich dabei um den schwersten islamistischen Anschlag in der Geschichte der Bundesrepublik Deutschland.[4] *Amri* konnte zunächst fliehen, wurde aber am 23.12.2016 in Sesto San Giovanni nahe Mailand von italienischen Polizeibeamten erschossen, nachdem er auf die Beamten geschossen hatte.[5]

Der „Fall Amri" ist besonders brisant, weil der aus Tunesien stammende *Amri* den Sicherheitsbehörden bereits seit November 2015 als islamistischer Gefährder

[1] Z. B. Beikler 2018.

[2] Amri-Untersuchungsausschuss, Abschlussbericht, BT-Drs. 19/30800, S. 39.

[3] Ersthelfer vom Breitscheidplatz-Anschlag stirbt – Aufnahme in Gedenkstätte gefordert 2021.

[4] Vgl. Amri-Untersuchungsausschuss, Abschlussbericht, BT-Drs. 19/30800, S. 153.

[5] Amri-Untersuchungsausschuss, Abschlussbericht, BT-Drs. 19/30800, S. 39. Für eine eindrucksvolle Zusammenfassung der Ereignisse – zumindest aus polizeilicher Sicht – siehe Amri-Untersuchungsausschuss, Protokoll 69, S. 50–53 (Zeuge *M.*).

T. Ackermann, *Terrorismusbekämpfung in der föderalen Sicherheitsarchitektur*, Juridicum – Bochumer Schriften zur Friedenssicherung und zum Humanitären Völkerrecht I Bochum Studies on the International Law of Peace and Armed Conflict 69,
https://doi.org/10.1007/978-3-662-72233-6_8

bekannt war und verschiedene Behörden Maßnahmen gegen ihn ergriffen hatten.[6] Erstmals berichtete ein vom LKA NRW geführter V-Mann, die sog. *VP-01*, davon, ein „*Anis*" habe den Willen geäußert, in Deutschland einen Anschlag zu begehen.[7] Aus diesem Grunde wurde *Amri* (zunächst) Gegenstand der Ermittlungskommission (EK) „Ventum" im LKA NRW. Diese richtete sich gegen *Ahmad Abdulaziz Abdullah Abdullah*, genannt „*Abu Walaa*", der ein selbsternannter Vertreter des sog. Islamischen Staates (IS) und zu dieser Zeit Zentralfigur der islamistischen Szene in Deutschland war, und dessen Kontaktpersonen.[8] Dabei wurde bekannt, dass *Amri* nach Anleitungen für den Bau von Bomben recherchierte, sich in radikalsalafistischen Kreisen bewegte, unter anderem in der „Madrasa" in Dortmund, dem Deutschsprachigen Islamkreis in Hildesheim und der Berliner Fussilet-Moschee, und bei *Abu Walaa* eine aus Sicht der Ermittler:innen seltene Privataudienz erhielt.[9] Auch Kommunikationen mit IS-Mitgliedern in Libyen wurden bekannt,[10] ebenso wie die der Plan, gemeinsam mit *Clément B.* und *Magomed-Ali C.* einen Anschlag auf das Berliner Gesundbrunnen-Center zu verüben.[11]

Amri reiste regelmäßig zwischen NRW und Berlin hin und her, sodass die polizeiliche Zuständigkeit wechselte. Das jeweilige Land stufte *Amri* jedoch mehrfach als Gefährder ein und aus.[12] *Amri* nutzte dabei seit seiner Einreise nach Deutschland im Juli 2015[13] verschiedene Aliasidentitäten. Erst im April 2016 gelang es dem Bundesamt für Migration und Flüchtlinge (BAMF) in Dortmund, die unterschiedlichen Personalien *Amris* zu verknüpfen und ihn zu identifizieren, nachdem dieser einen Asylantrag gestellt hatte.[14] Die Sicherheitsbehörden des Bundes und der Länder tauschten sich im Jahr 2016 mehrfach im Ge-

[6] Die hiesige Sachverhaltsdarstellung beschränkt sich auf die Aspekte, die für die Fallstudie relevant sind. Für eine umfassende Darstellung, auch zu weiteren Aspekten (wie beispielsweise die Behandlung von *Amris* Kontaktperson *Ben Ammar*, die versuchte Ausreise *Amris*, seine ausländerrechtliche Behandlung, die Planung seiner Flucht und den Vorwurf der Aktenmanipulation im LKA Berlin) siehe Amri-Untersuchungsausschuss, Abschlussbericht, BT-Drs. 19/30800, S. 153–155 Siehe z. B. auch Bundesministerium des Innern (BMI) 2017; Hartleb 2018, S. 173–175.

[7] Amri-Untersuchungsausschuss, Abschlussbericht, BT-Drs. 19/30800, S. 506.

[8] Amri-Untersuchungsausschuss, Abschlussbericht, BT-Drs. 19/30800, S. 506–508.

[9] Amri-Untersuchungsausschuss, Abschlussbericht, BT-Drs. 19/30800, S. 506–510.

[10] Amri-Untersuchungsausschuss, Abschlussbericht, BT-Drs. 19/30800, S. 154.

[11] Vgl. Amri-Untersuchungsausschuss, Abschlussbericht, BT-Drs. 19/30800, S. 155–157.

[12] Unterrichtung durch das Parlamentarische Kontrollgremium, BT-Drs. 18/12585, S. 5.

[13] Amri-Untersuchungsausschuss, Abschlussbericht, BT-Drs. 19/30800, S. 1061.

[14] Amri-Untersuchungsausschuss, Abschlussbericht, BT-Drs. 19/30800, S. 851.

meinsamen Terrorismusabwehrzentrum (GTAZ) zu *Amri* aus.[15] Nach der Verwicklung *Amris* in eine Schlägerei in einer Shisha-Bar in Berlin-Neukölln[16] leitete die Generalstaatsanwalt (GenStA) Berlin ein Ermittlungsverfahren gegen *Amri* wegen des Versuchs der Beteiligung an einem Tötungsdelikt (§§ 30, 211 StGB) ein, im Zuge dessen *Amri* observiert und Telekommunikationsüberwachungsmaßnahmen (TKÜ-Maßnahmen) unterzogen wurde.[17] Diese Observation wurde allerdings am 15.06.2016 eingestellt.[18] Im Oktober 2016 wurden dem BKA Hinweise zu *Amri* vom marokkanischen Nachrichtendienst *Direction Générale de la Surveillance du Térritoire* (DGST) übermittelt.[19] Am 8.11.2016 wurden *Abu Walaa* und mehrere seiner unmittelbaren Kontaktpersonen festgenommen.[20]

Trotz der Tatsache, dass die Sicherheitsbehörden Maßnahmen gegen *Amri* steuerten und Erkenntnisse zu seiner Eigenschaft als islamistischen Gefährder hatten, wurde der Anschlag nicht verhindert. In der Folge wurde zur Aufklärung der Hintergründe und insbesondere zur Rolle der Sicherheitsbehörden im Fall Amri insbesondere der 1. Untersuchungsausschuss der 19. Wahlperiode des Bundestages (im Folgenden: Amri-Untersuchungsausschuss) eingesetzt, der ab März 2018 seine Arbeit aufnahm.

Im Folgenden wird untersucht, inwiefern im Fall Amri Defizite eine Rolle gespielt haben, die das koordinierte Vorgehen der relevanten Behördenakteure betreffen. Primäre Grundlage für die Untersuchung sind die Ergebnisse des Untersuchungsausschusses in Form des im Juni 2021 vorgelegten Abschlussberichtes[21] sowie die Protokolle der in diesem Rahmen erfolgten Zeug:innenaussagen.[22] An geeigneten Stellen wird zudem Bezug genommen auf die Berichte und Aussagen von *Kretschmer*, der von der Landesregierung NRW um eine wissenschaftliche Analyse und Bewertung des Falles gebeten wurde,[23] und auf des von der Berliner Senatsverwaltung für Inneres bestellten Sonderbeauftragten, Bundesanwalt beim

[15] Vgl. Amri-Untersuchungsausschuss, Abschlussbericht, BT-Drs. 19/30800, S. 1082–1084.

[16] Amri-Untersuchungsausschuss, Abschlussbericht, BT-Drs. 19/30800, S. 322.

[17] Jost 2017b, S. 36.

[18] Jost 2017b, Bl. 36.

[19] Siehe zu den „Marokko-Hinweisen" Amri-Untersuchungsausschuss, Abschlussbericht, BT-Drs. 19/30800, S. 874–876 Zur Kritik am Umgang hiermit siehe Amri-Untersuchungsausschuss, Abschlussbericht, BT-Drs. 19/30800, S. 1173–1175 (Gemeinsames Sondervotum der Fraktionen FDP, Die Linke und Bündnis 90/Die Grünen).

[20] Amri-Untersuchungsausschuss, Abschlussbericht, BT-Drs. 19/30800, S. 471.

[21] Amri-Untersuchungsausschuss, Abschlussbericht, BT-Drs. 19/30800.

[22] Amri-Untersuchungsausschuss o. J.

[23] Amri-Untersuchungsausschuss, Protokoll 12, S. 8–97; Kretschmer 2017.

BGH a. D. *Jost*.[24] Trotz des Fokus auf die Arbeit des Untersuchungsausschusses im Bundestag werden die Ergebnisse der eigenständigen Untersuchungsausschüsse des Berliner Abgeordnetenhauses vom August 2021[25] und des Landtags NRW vom März 2022[26] jeweils ergänzend herangezogen.

Bei der Untersuchung finden die Ergebnisse aus der ersten Fallstudie entsprechende Berücksichtigung. Der Fall Amri wird daher besonders auf die in der ersten Fallstudie herausgearbeiteten Defizite hin untersucht. Außerdem wird geprüft, ob die Reformen, die als Reaktion auf die Geschehnisse um den sog. NSU ergriffen wurden, zu Verbesserungen geführt haben. Das betrifft besonders die Zentralstellenfunktion von BKA und BfV sowie die gemeinsamen Datenbanken und Zentren.

Um die Vergleichbarkeit beider Fälle zu erleichtern, orientiert sich die Struktur dieser Fallstudie an dem Aufbau der ersten. Das Kapitel betrachtet daher zunächst die Zusammenarbeit in den einzelnen Bereichen, d. h. im Bereich der Polizeibehörden (unter Abschn. 8.1), der Strafverfolgungsbehörden (unter Abschn. 8.2) und der Nachrichtendienste (unter Abschn. 8.3). Im Unterschied zur ersten Fallstudie untersucht es dann die Effektivität der Kooperationsmechanismen (unter Abschn. 8.4), bevor es wiederum den bereichsübergreifenden Informationsaustausch in den Blick nimmt (unter Abschn. 8.5). Im Anschluss zieht es ein Zwischenfazit zu den identifizierten Defiziten (unter Abschn. 8.6) und stellt die als Reaktion auf den Fall Amri erfolgten Reformen dar (unter Abschn. 8.7). Das Kapitel schließt mit einem Gesamtergebnis zur Fallstudie (unter Abschn. 8.8).

8.1 Polizeibehörden

Auf der polizeilichen Ebene bildeten das BKA, das LKA NRW und das LKA Berlin die wesentlichen Akteure im Fall Amri. Im Folgenden wird analysiert, inwieweit strukturelle Schwächen in der polizeilichen Zusammenarbeit bestanden. Dabei wird zunächst die unterbliebene Übernahme der Ermittlung durch das BKA diskutiert (unter Abschn. 8.1.1), bevor auf unterschiedliche Bewertungen der Polizeibehörden (unter Abschn. 8.1.2) und auf Abstimmungsprobleme zwischen dem LKA NRW und dem LKA Berlin eingegangen wird (unter Abschn. 8.1.3).

---

[24] Amri-Untersuchungsausschuss, Protokoll 16, S. 9–110; Jost 2017a, 2017b.

[25] Amri-Untersuchungsausschuss Berlin, Bericht, AGH-Drs. 18/4000.

[26] Amri-Untersuchungsausschuss NRW, Schlussbericht, LT-Drs. 17/16890.

8.1.1 Übernahme durch das BKA

Wie schon im Fall um den sog. NSU stellt sich auch im Fall Amri die Frage, ob das BKA den Sachverhalt an sich ziehen hätte können (und sollen). In Betracht gekommen wäre dabei nicht die im Zusammenhang mit dem sog. NSU diskutierte Frage der Übernahme strafrechtlicher Ermittlungen, sondern diejenige eines Gefahrenabwehrsachverhalts.

§ 5 BKAG (§ 4a BKAG a. F.) ermöglicht eine solche Übernahme durch das BKA zur Abwehr terroristischer Gefahren. Gemäß § 5 Abs. 1 S. 1 BKAG kann das BKA

> „die Aufgabe der Abwehr von Gefahren des internationalen Terrorismus in Fällen wahrnehmen, in denen
>
> 1. eine länderübergreifende Gefahr vorliegt,
> 2. die Zuständigkeit einer Landespolizeibehörde nicht erkennbar ist oder
> 3. die oberste Landesbehörde um eine Übernahme ersucht."

§ 5 Abs. 1 S. 1 BKAG beruht auf dem nahezu wortgleichen Art. 73 Abs. 1 Nr. 9a GG. Übernimmt das BKA hiernach die Gefahrenabwehr, bleiben die Landesbehörden gem. § 5 Abs. 2 S. 1 BKAG – im Gegensatz zur Strafverfolgung nach § 4 BKAG – parallel zuständig. Dem BKA stehen für die präventive Terrorismusbekämpfung die Befugnisse nach §§ 38 ff. BKAG zur Verfügung.

Zu einer solchen Übernahme kam es im Fall Amri nicht. Im Folgenden werden zunächst die Hintergründe dieser Entscheidung und Ansichten der relevanten Akteure analysiert (unter Abschn. 8.1.1.1), bevor diese sodann rechtlich eingeordnet und bewertet werden (unter Abschn. 8.1.1.2).

8.1.1.1 Keine Übernahme im Fall Amri

Das LKA NRW, vertreten durch den Zeugen *M.*, regte laut dessen Aussagen im Untersuchungsausschuss des Bundestages in Sitzungen des GTAZ zwei Mal die Übernahme durch das BKA an. Die erste Anfrage erfolgte am 17.11.2015 nach der Einleitung einer sog. Besonderen Aufbauorganisation (BAO) zu zwei verschiedenen Anschlagsplänen. *M.* schilderte, dass er das BKA nach einer Übernahme gefragt habe, da es sich um einen oder mehrere mögliche Terroranschläge mit unbekanntem Ziel gehandelt habe. Das BKA habe entgegnet, dass man zu diesem Zeitpunkt keinen Mehrwert erkennen könne. Dies würde sich gegebenenfalls ändern, sollten detaillierte Erkenntnisse zu Sprengstoffen oder genutzten Waffen vorliegen.[27] Die zweite Anfrage

[27] Amri-Untersuchungsausschuss, Protokoll 69, S. 51.

stellte der Zeuge *M.* am 19.02.2016 (nach der – aus Sicht des LKA NRW absprachewidrigen – offenen Kontrolle *Amris* durch das LKA Berlin[28]).[29]

Als Begründung für die unterbliebene Übernahme führten die Vertreter:innen des BKA im Untersuchungsausschuss an, dass weder die materiellen noch die formellen Voraussetzungen der Übernahme vorgelegen hätten. Der Zeuge *K.* vom BKA erklärte:

> „[N]ach meinem Verständnis ist der § 4a [BKAG a. F. bzw. § 5 BKAG n. F.], die länderübergreifende Gefahr, eine Rückfalloption, wenn wirklich eine Gruppierung sich in mehreren Bundesländern aufhält, wenn kohärente Ermittlungen, Gefahrenermittlungen in verschiedenen Bundesländern durchgeführt werden müssen, und eine große Ausnahme. Es ist ja nach wie vor so – und dann können Sie jetzt am Föderalismus rütteln oder nicht; das ist auf jeden Fall nicht meine Aufgabe –, dass die Bundesländer in aller Regel die Polizeihoheit haben und für die Abwehr von in ihren Ländern sich entwickelnden Gefahren auch zuständig sind. Deswegen war er ja Gefährder in Nordrhein-Westfalen. Und Nordrhein-Westfalen ist kein unfähiges Bundesland, definitiv nicht."[30]

Maßgebliche Erwägung des Zeugen *K.* war damit, dass er die Anwendungsvoraussetzungen des § 5 Abs. 1 S. 1 BKAG eng verstand und die Zuständigkeit beim LKA NRW sah, nicht aber beim BKA. Auch der Zeuge *Kurzhals* vom BKA verwies darauf, dass es mit dem LKA NRW ja eine zuständige Landesbehörde gegeben habe.[31]

Darüber hinaus äußerte der Zeuge *Kurenbach*, ebenfalls BKA, dass der Fall Amri ein anderes Niveau aufgewiesen hätte als andere Fälle, in denen ein Selbsteintritt des BKA diskutiert (aber im Ergebnis doch abgelehnt) wurde und verwies in diesem Zusammenhang auf die Anschläge in Würzburg und Ansbach im Jahr 2016 und ein Anschlagsszenario in München zu Silvester 2015/2016.[32]

Der Präsident des BKA *Münch* zeigte ein ähnliches Verständnis von den Voraussetzungen des § 5 Abs. 1 S. 1 BKAG. Es seien meist Fälle mit internationalen Be-

---

[28] Siehe dazu unten, unter Abschn.8.1.3.1.

[29] Vgl. Amri-Untersuchungsausschuss, Protokoll 69, S. 55.

[30] Amri-Untersuchungsausschuss, Protokoll 72, S. 144. Vgl. auch die ähnlichen Aussagen desselben Zeugen Amri-Untersuchungsausschuss, Protokoll 72, S. 90, 120.

[31] Amri-Untersuchungsausschuss, Protokoll 51 I, S. 129–130 Vgl. auch Amri-Untersuchungsausschuss, Abschlussbericht, BT-Drs. 19/30800, S. 763–765.

[32] Amri-Untersuchungsausschuss, Protokoll 86, S. 100, 102. Vgl. auch Amri-Untersuchungsausschuss, Abschlussbericht, BT-Drs. 19/30800, S. 764.

zügen und hohem Risiko, in denen eine Übernahme diskutiert werde.[33] Der Wechsel zwischen zwei polizeilichen Zuständigkeiten – hier also der Zuständigkeit des LKA NRW und des LKA Berlin – falle grundsätzlich aber nicht darunter, denn er erfordere nicht die besondere Sachkenntnis des BKA.[34]

Die Entscheidung bezüglich der Übernahme wäre, so *Münch*, überdies angesichts der Ressourcenlage ohnehin negativ ausgefallen.[35] Auch der Zeuge *Kurzhals* vom BKA sprach insoweit davon, dass „jeder mehr Arbeit als genug" gehabt hätte.[36] Überdies erklärte er die Ablehnung einer Übernahme mit dem fehlenden konkreten Mehrwert eines zusätzlichen Tätigwerdens des BKA. Denn das LKA NRW sei schon weit mit seinen Ermittlungen fortgeschritten gewesen.[37]

Anders sah dies nach Aussage des Zeugen *E.* vom LKA NRW dessen Behörde. Ihm zufolge wäre eine Übernahme durch das BKA taktisch zielführend gewesen, um die Überwachung von *Amri* „mit allen rechtlichen Möglichkeiten" auszuführen und einen Informationsverlust, der durch die Involvierung mehrere Bundesländer entstehe, zu vermeiden.[38] Eine einzige Behörde könne, so fasst der Abschlussbericht die Einlassung des Zeugen *E.* zusammen, „die wechselnden Orte, Maßnahmengeflechte, die fehlende einheitliche rechtliche Handhabe sowie die An- und Abschaltung von Maßnahmen klüger regeln als mehrere Länderbehörden für sich selbst."[39]

Auch der Leiter des LKA Berlin *Steiof* hätte eine zentrale Bearbeitung für wünschenswert gehalten. Zwar seien die föderalen Strukturen grundsätzlich effektiver, weil nach seiner Einschätzung eine zentrale Behörde von der Arbeitsbelastung überfordert werden würde. In Fällen hochmobiler Gefährder:innen wäre es aber sinnvoll, die föderalen Strukturen zu einem Stück weit auszugleichen und eine Zentralzuständigkeit zu etablieren. Der Wechsel von Gefährder:innen sei „aus

---

[33] Amri-Untersuchungsausschuss, Protokoll 107 I, S. 30. Vgl. auch Amri-Untersuchungsausschuss, Abschlussbericht, BT-Drs. 19/30800, S. 769.

[34] Amri-Untersuchungsausschuss, Protokoll 107 I, S. 30.

[35] Amri-Untersuchungsausschuss, Protokoll 107 I, S. 20, 29 f.

[36] Amri-Untersuchungsausschuss, Protokoll 86, S. 32. Vgl. auch Amri-Untersuchungsausschuss, Abschlussbericht, BT-Drs. 19/30800, S. 765–766.

[37] Amri-Untersuchungsausschuss, Protokoll 86, S. 81. Vgl. auch Amri-Untersuchungsausschuss, Protokoll 86, S. 101, 103 (Zeuge *Kurenbach*). Siehe auch Schriftliche Fragen mit den in der Woche vom 30. Januar 2017 eingegangenen Antworten der Bundesregierung, BT-Drs. 18/11078, S. 20.

[38] Amri-Untersuchungsausschuss, Protokoll 61, S. 58.

[39] Amri-Untersuchungsausschuss, Abschlussbericht, BT-Drs. 19/30800, S. 574 mit Verweis auf Amri-Untersuchungsausschuss, Protokoll 61, S. 100.

fachlicher Sicht ein Drama", insbesondere, da die Gefährder:innen je nach Land unterschiedlichen Maßnahmen unterzogen werden würden.[40]

Das LKA Berlin wies ausweislich des GTAZ-Sitzungsprotokolls im Juni 2016 mit Blick auf *Amri* sogar ausdrücklich darauf hin, dass es die „Operativmaßnahmen im bisherigen Umfang nicht mehr gewährleisten" könne.[41] Die Bundestagsfraktionen Bündnis 90/Die Grünen, FDP und Die Linke sahen hierin Anlass zur Kritik. In ihrem gemeinsamen Sondervotum verstanden sie diese Aussage dahingehend, dass es „demnach allen teilnehmenden Behörden bekannt [war], dass es spätestens ab jetzt durch Amri und ausbleibende Maßnahmen des LKA Berlin zu einem Sicherheitsrisiko in Berlin kommen kann."[42]

Auch bezüglich der formellen Übernahmevoraussetzungen gab es unterschiedliche Interpretationen der beteiligten Akteure. So war den beteiligten Personen unklar, ob ein Übernahmeersuchen die Schriftform erfordert.[43] Der Zeuge *Kurzhals* erläuterte im Untersuchungsausschuss, dass er in den Anregungen durch den Zeugen *M.* vom LKA NRW keinen ernsthaften Antrag im Sinne des § 4a BKAG a. F. erkannt habe.[44] *M.* hingegen führte aus:

> „Also, ich bin ja auch immer davon ausgegangen, dass ein formaler Antrag nach § 4 BKA-Gesetz schriftlich formuliert werden muss. So bin ich auch mit der Einstellung seinerzeit in meine Vernehmung beim Berliner Abgeordnetenhaus gegangen. Und ich wurde dann belehrt, dass der mündliche Antrag reicht.
>
> Und meine Aufzeichnung hierzu, die ein Kollege angefertigt hat: Herr M[…] fragt konkret nach, ob das BKA die Möglichkeit einer Verfahrensübernahme gemäß § 4a BKA-Gesetz sieht. Hierzu erläutert Herr Kurzhals, dass das BKA diese Möglichkeit fortlaufend prüft, derzeit die Voraussetzung allerdings als noch nicht gegeben erachtet."[45]

Die Bundestagsfraktionen FDP, Die Linke und Bündnis 90/Die Grünen hielten diesbezüglich fest, dass das BKA jedenfalls nicht auf das Bedürfnis des LKA NRW nach Unterstützung einging und kein Hinweis darauf erfolgte, wie das Übernahmeersuchen richtig hätte gestellt werden müssen.[46]

[40] Amri-Untersuchungsausschuss, Protokoll 41b, S. 54–55.

[41] Zitiert nach Amri-Untersuchungsausschuss, Abschlussbericht, BT-Drs. 19/30800, S. 643.

[42] Amri-Untersuchungsausschuss, Abschlussbericht, BT-Drs. 19/30800, S. 1173.

[43] Siehe Amri-Untersuchungsausschuss, Abschlussbericht, BT-Drs. 19/30800, S. 769–771.

[44] Amri-Untersuchungsausschuss, Protokoll 51 I, S. 129–130.

[45] Amri-Untersuchungsausschuss, Protokoll 69, S. 86 (Auslassung im Original).

[46] Amri-Untersuchungsausschuss, Abschlussbericht, BT-Drs. 19/30800, S. 1169.

Während die Regierungsfraktionen und das BKA das Unterbleiben der Übernahme durch das BKA nicht für einen Fehler hielten,[47] übten die demokratischen Oppositionsfraktionen scharfe Kritik: Eine enge und schnelle Abstimmung zwischen den Behörden sei im Zweifelsfall so kaum möglich, was zu Ungewissheit führe und die Gefahrenabwehr möglicherweise behindere. Eine eindeutige Zuordnung der Entscheidungshoheit, oder Übernahme des Vorgangs durch das BKA, so das Sondervotum weiter, wäre „denkbar und wünschenswert gewesen".[48] Als „unverständlich" bezeichnet die gemeinsame Stellungnahme der damaligen Oppositionsfraktionen, warum das BKA keine Ermittlungshoheit innegehabt habe.[49] Im Ergebnis sei es „nicht nachvollziehbar, dass das BKA den Schritt des Selbsteintritts in diesem Fall eines deutschlandweit vernetzten, hochmobilen und länderübergreifenden Gefährders nicht gegangen ist" – dies sei als klarer Fehler des BKA zu werten.[50] Auch der Amri-Untersuchungsausschuss des Berliner Abgeordnetenhauses kam zu dem Schluss, dass eine Übernahme durch das BKA „nennenswerte Vorteile gebracht hätte."[51]

8.1.1.2 Rechtliche Einordnung und Bewertung

Wie die vorherigen Ausführungen gezeigt haben, erfolgte die Diskussion im Untersuchungsausschuss nicht durchgehend geordnet und beinhaltete verschiedene Überlegungen, die nachfolgend systematisch eingeordnet werden. Nach § 5 Abs. 1 S. 1 BKAG kann das BKA in drei Konstellationen Gefahren des internationalen Terrorismus abwehren: wenn eine länderübergreifende Gefahr vorliegt, die Zuständigkeit einer Landespolizeibehörde nicht erkennbar ist oder die oberste Landesbehörde um eine Übernahme ersucht. Es handelt sich dabei, wie schon am Wortlaut („oder") erkennbar, um alternative Voraussetzungen.[52]

Im Fall Amri wurde die Möglichkeit der Übernahme des BKA aufgrund eines Übernahmeersuchens der obersten Landesbehörde (dazu unter Abschn. 8.1.1.2.1) oder aufgrund einer länderübergreifenden Gefahr diskutiert (dazu unter

[47] Amri-Untersuchungsausschuss, Abschlussbericht, BT-Drs. 19/30800, S. 1074.

[48] Amri-Untersuchungsausschuss, Abschlussbericht, BT-Drs. 19/30800, S. 1164.

[49] Amri-Untersuchungsausschuss, Abschlussbericht, BT-Drs. 19/30800, S. 1164.

[50] Amri-Untersuchungsausschuss, Abschlussbericht, BT-Drs. 19/30800, S. 1170.

[51] Amri-Untersuchungsausschuss Berlin, Bericht, AGH-Drs. 18/4000, S. 155, 919.

[52] Siehe auch Gesetzentwurf der Bundesregierung, Entwurf eines Gesetzes zur Abwehr von Gefahren des internationalen Terrorismus durch das Bundeskriminalamt, BT-Drs. 16/10121, S. 21; Wittreck 2015, Rn. 66; Uhle, Rn. 217.

Abschn. 8.1.1.2.2). Zudem gab es Erwägungen, die das Ermessen des BKA betreffen (unter Abschn. 8.1.1.2.3).[53]

8.1.1.2.1 Übernahmeersuchen einer zuständigen obersten Landesbehörde

Die erste Möglichkeit zur Übernahme durch das BKA ist das Stellen eines Übernahmeersuchens einer zuständigen obersten Landesbehörde. § 5 Abs. 1 Nr. 1 BKAG stellt keine weiteren Anforderungen an eine Übernahme aufgrund eines Ersuchens einer obersten Landesbehörde.[54] Insbesondere kommt es im Umkehrschluss zu Art. 35 Abs. 3 S. 1 GG und Art. 91 Abs. 2 S. 3 GG nicht darauf an, ob es sich bei dem übernahmeersuchenden Land *grundsätzlich* um ein „fähiges Bundesland", wie von den Vertreter:innen des BKA teils argumentiert, handelt.[55] § 5 BKAG wurde eingefügt, um eine effektive Gefahrenabwehr zu garantieren.[56] Ein Übernahmeersuchen dürfte allenfalls dann unzulässig sein, wenn es im konkreten Einzelfall nicht erforderlich ist,[57] wobei hiervon im Zweifel nicht ausgegangen werden sollte. Denn die jeweils zuständige oberste Landesbehörde wird im Regelfall am besten beurteilen können, ob eine Übernahme notwendig ist oder nicht.[58] Auch Begründungserfordernisse bestehen nicht.[59]

Im vorliegenden Fall hätte das Übernahmeersuchen, das von *M.* vom LKA NRW geäußert wurde, aber von einer obersten Landesbehörde, d. h. von dem Landesministerium für Inneres, der Landesregierung oder dem Ministerpräsidenten gestellt werden müssen. Allerdings erscheint es aufgrund der Pflicht zum bundesfreundlichen Verhalten, jedenfalls aber im Sinne einer effektiven Gefahrenabwehr fragwürdig, dass das BKA das LKA nicht darauf verwiesen hat, das Übernahmeersuchen entsprechend zu stellen.

Umstritten war in diesem Zusammenhang auch die Frage, ob das Übernahmeersuchen schriftlich gestellt hätte werden müssen. Das BKAG enthält dazu keine

---

[53] Vgl. dazu auch Amri-Untersuchungsausschuss, Abschlussbericht, BT-Drs. 19/30800, S. 760–762.

[54] Uhle 2010, S. 994.

[55] Vgl. Graulich 2019b, Rn. 6. In diese Richtung aber Kment 2022, Rn. 33.

[56] Gesetzentwurf der Bundesregierung, Entwurf eines Gesetzes zur Abwehr von Gefahren des internationalen Terrorismus durch das Bundeskriminalamt, BT-Drs. 16/10121, S. 16, 20 f. Vgl. auch Gesetzentwurf der Fraktionen der CDU/CSU und SPD, Entwurf eines Gesetzes zur Änderung des Grundgesetzes, BT-Drs. 16/813, S. 12 (zur Einführung von Art. 73 Abs. 1 Nr. 9a GG).

[57] Kment 2022, Rn. 33; Wittreck 2015, Rn. 66.

[58] Vgl. Graulich 2019a, Rn. 4.

[59] Uhle 2010, S. 994, Rn. 220.

Aussagen. Ebenso wie bei § 4 BKAG[60] erscheint es vorzugswürdig, die Schriftform zu verlangen, damit das BKA sich auf die Anfrage verlassen kann. Dies gilt auch aus Zwecken der Nachvollziehbarkeit *ex post*.[61] Um zu vermeiden, dass die Übernahme an Unklarheiten über die Formvoraussetzungen scheitert, sollte der Gesetzgeber die Voraussetzungen klarer umreißen. So könnte es sich anbieten, das Formerfordernis als Soll-Vorschrift zu kodifizieren, um einerseits Rechtsklarheit zu schaffen, andererseits den Behörden bei Eilbedürftigkeit die erforderliche Flexibilität zu gewähren.

8.1.1.2.2 Länderübergreifende Gefahr

Die zweite Möglichkeit zur Übernahme eines Verfahrens durch das BKA ist der Selbsteintritt im Falle einer länderübergreifenden Gefahr.[62] Der Wortlaut knüpft dabei an die *Gefahr* an, die länderübergreifend vorliegen muss. Dafür reicht es nicht aus, dass es sich um Gefahren des internationalen Terrorismus handelt. Würde man für terroristische Gefahren per se eine länderübergreifende Gefahr annehmen, wäre die Beschränkung auf Fälle, „in denen eine länderübergreifende Gefahr vorliegt", überflüssig.[63] Darüber hinaus würde eine solche Interpretation auch bedeuten, dass das BKA für alle Gefahren des internationalen Terrorismus zuständig wäre. Dies steht im Widerspruch zu den grundsätzlichen Länderzuständigkeiten in der Gefahrenabwehr und wäre schon aus Praktikabilitätsgründen (aufgrund der personellen Ausstattung des BKA und der Szenekenntnis der Landesbehörden) nicht vorzugswürdig. Stattdessen ist eine länderübergreifende Gefahr gemäß der Gesetzesbegründung gegeben, „wenn durch eine mögliche Gefahr mehr als ein Land betroffen wäre oder wenn durch die terroristische Gefahr der Bestand oder die Sicherheit des Staates bedroht ist."[64]

Vertreter des Bundesinnenministeriums, namentlich der damalige Staatssekretär *Engelke* und Bundesinnenminister a. D. *de Maizière*, erläuterten, man habe bei der Einführung des Art. 73 Abs. 1 Nr. 9a GG Fälle vor Augen gehabt, in denen

[60] Siehe dazu oben, Kap. 7, unter Abschn.7.1.1.

[61] Vgl. Amri-Untersuchungsausschuss, Protokoll 86, S. 86 (Zeuge *Kurenbach*), wonach „allein aus Gründen einer denkbaren Akteneinsicht oder einer Datenschutzkontrolle eine Schriftform bei Ersuchen um Übernahme einer §-5-Lage, früher §-4a-Lage, geboten erscheint."

[62] Vgl. Graulich 2019b, Rn. 3.

[63] Uhle, Rn. 218.

[64] Gesetzentwurf der Bundesregierung, Entwurf eines Gesetzes zur Abwehr von Gefahren des internationalen Terrorismus durch das Bundeskriminalamt, BT-Drs. 16/10121, S. 20–21 Vgl. auch Gesetzentwurf der Fraktionen der CDU/CSU und SPD, Entwurf eines Gesetzes zur Änderung des Grundgesetzes, BT-Drs. 16/813, S. 12.

ein:e Gefährder:in aus dem Ausland nach Deutschland reise und man nicht wisse, in welches Bundesland sie oder er reise. Dieser Fall sei das Leitbild hinter der Übernahmemöglichkeit durch das BKA wegen einer länderübergreifenden Gefahr gewesen.[65]

Diese Ansicht ist indes aufgrund teleologischer Erwägungen abzulehnen. Zweck des Art. 73 Abs. 1 Nr. 9a Fall 1 GG ist es, das BKA zur Bündelung und zum Austausch von Informationen einzuschalten, wenn Bedarf dazu besteht, weil mehrere Länder von einer Gefahr betroffen sind.[66] Dies ist schon dann der Fall, wenn Gefährder:innen in mehreren Ländern vernetzt sind oder sich regelmäßig in mehreren Ländern aufhalten.[67] Es ergibt keinen substanziellen Unterschied, ob die betreffenden Personen aus dem Ausland stammen oder nicht. Ebenso wenig ändert sich etwas an der Bewertung, wenn man sicher weiß, dass sich ein:e Gefährder:in in mehreren Ländern aufhält oder wenn man nicht weiß, in welchem Land sich die Person momentan befindet. In beiden Fällen müssen die verschiedenen Landesbehörden miteinander kooperieren und sich auf ein einheitliches Vorgehen verständigen. Diese Interpretation wird auch durch die systematische Auslegung gestützt. Art. 73 Abs. 1 Nr. 9a GG und die einfachgesetzliche Konkretisierung in § 5 BKAG nennen die länderübergreifende Gefahr und Konstellationen, in denen die Zuständigkeit einer Landespolizeibehörde nicht erkennbar ist, als zwei getrennte, aber gleichwertige Konstellationen. Folgte man der Lesart von *Engelke* und *De Mazière*, wäre diese zweite Konstellation (Fälle, in denen die Zuständigkeit einer Landesbehörde nicht erkennbar ist) überflüssig.

Vertreter des BKA argumentierten im Untersuchungsausschuss andererseits, dass die Gefahr nur dann mehr als ein Land betrifft, wenn eine Wahrscheinlichkeit dafür bestehe, dass sich die Gefahr auch in einem anderen Land realisiert.[68] Dem ist nur bedingt zuzustimmen. Eine Begrenzung auf Fälle, in denen ein Anschlagsplan Ziele in mehreren Ländern ins Visier nimmt, entspricht nicht dem Zweck einer effektiven Gefahrenabwehr durch die Zusammenführung von Informationen. Stattdessen sind hierunter auch Fälle zu fassen, in denen es Anhaltspunkte für einen bevorstehenden Anschlag in einem von mehreren in Betracht kommenden Bundesländern gibt, es aber unklar ist, an welchem Ort der Anschlag konkret verübt

[65] Amri-Untersuchungsausschuss, Protokoll 116, S. 83 (Zeuge *Engelke*), 199 (Zeuge *de Maizière*). Vgl. auch Amri-Untersuchungsausschuss, Abschlussbericht, BT-Drs. 19/30800, S. 761.

[66] Siehe Gesetzentwurf der Fraktionen der CDU/CSU und SPD, Entwurf eines Gesetzes zur Änderung des Grundgesetzes, BT-Drs. 16/813, S. 12.

[67] Vgl. Albrecht und Poscher, Evaluationsbericht zu den §§ 4a, 20j, 20 k des Bundeskriminalamtgesetzes, BT-Drs. 18/13031, S. 27–28.

[68] Amri-Untersuchungsausschuss, Protokoll 72, S. 143 (Zeuge *K.*).

werden soll. Denn dann „betrifft" die Gefahr im Sinne der Gesetzesbegründung bereits mehr als ein Land.[69]

Eine länderübergreifende Gefahr liegt daher schon dann vor, wenn die Zuständigkeit mehrerer Landesbehörden begründet wurde.[70] Auch bezüglich dieser Variante ist es (im Umkehrschluss zu Art. 35 Abs. 3 S. 1 und Art. 91 Abs. 2 Satz 3 GG) nicht relevant, ob die Landesbehörden die Gefahr abwehren wollen oder können.[71] Dies steht im Einklang mit der föderalen Kompetenzverteilung, da das BKA lediglich unterstützend tätig wird. Die Ermittlungskompetenzen verbleiben bei den Landesbehörden.[72]

Vor der Verübung des Anschlags auf dem Breitscheidplatz pendelte *Amri* regelmäßig zwischen Berlin und NRW hin und her und wechselte auch den Ort seines Lebensmittelpunktes mehrfach.[73] Auch wurde er von beiden Bundesländern als Gefährder eingestuft, sodass das Potenzial einer von ihm ausgehenden terroristischen Gefahr von beiden Bundesländern erkannt wurde. Daher sprechen die besseren Argumente dafür, dass eine länderübergreifende Gefahr gegeben war. Das BKA hätte daher die Ermittlungen durch Selbsteintritt an sich ziehen können.[74]

8.1.1.2.3 Erwägungen im Rahmen des Ermessens

Im Gegensatz zur Übernahme im Rahmen der Strafverfolgung nach § 4 BKAG ist das BKA bei Vorliegen der Übernahmevoraussetzungen nach § 5 Abs. 1 S. 1 BKAG in keiner der drei Konstellationen dazu verpflichtet, die Ermittlungen zu übernehmen. Bei der Entscheidung über die Übernahme handelt es sich stattdessen und ausweislich des Wortlauts der Vorschrift („kann") um eine Ermessensentscheidung. Dies ist dadurch bedingt, dass der in § 4 BKAG normierten Strafverfolgung das Legalitätsprinzip, der Gefahrenabwehr in § 5 BKAG hingegen das Opportunitätsprinzip zugrunde liegt.[75]

---

[69] Vgl. Gesetzentwurf der Fraktionen der CDU/CSU und SPD, Entwurf eines Gesetzes zur Änderung des Grundgesetzes, BT-Drs. 16/813, S. 12.

[70] Vgl. Barczak 2023, Rn. 40.

[71] Tams 2007, S. 374.

[72] Zu der Frage, ob dem BKA eigene Ermittlungskompetenzen zugewiesen werden könnten, siehe unten Kap. 11, unter Abschn.11.2.

[73] Vgl. Amri-Untersuchungsausschuss, Abschlussbericht, BT-Drs. 19/30800, S. 833.

[74] Vgl. auch Schriftliche Fragen mit den in der Woche vom 30. Januar 2017 eingegangenen Antworten der Bundesregierung, BT-Drs. 18/11078, S. 20, wonach nach Ansicht der Bundesregierung die tatbestandlichen Voraussetzungen des § 4a BKAG a. F. im Februar 2016 „grundsätzlich vorlagen".

[75] Vgl. Graulich 2019b, Rn. 10.

Daher ist das BKA grundsätzlich dazu berechtigt, eine Übernahme abzulehnen. Es erscheint jedoch möglich, dass die Entscheidung im Fall Amri ermessensfehlerhaft war. Ein Ermessensfehler liegt vor, „wenn sich die Behörde auf sachfremde Gesichtspunkte stützt, einem Gesichtspunkt ein objektiv zu hohes oder zu geringes Gewicht beimisst, oder wenn sie wesentliche Elemente übergeht".[76]

Vertreter des BKA verwiesen darauf, eine Übernahme sei nicht notwendig gewesen, da es sich bei NRW grundsätzlich um ein fähiges Bundesland handle.[77] Die Frage danach, ob ein Land grundsätzlich zur Gefahrenabwehr fähig ist, ist jedoch – wie oben bereits erwähnt – nicht mit dem Normzweck zu vereinbaren. Die Norm stellt gerade die Voraussetzungen auf, unter denen die Gefahrenabwehr durch die Länder „nicht effektiv genug zu sein droht".[78] § 5 BKAG nimmt damit *konkrete* Fälle in den Blick, in denen eine effektive Gefahrenabwehr beeinträchtigt werden könnte. Auch grundsätzlich „fähige" Länder können in einzelnen Fällen überfordert sein oder die Übernahme des BKA aufgrund der Komplexität eines Falles, der mehrere Länder betrifft, geboten sein. Darüber hinaus bleibt unklar, unter welchen Umständen ein Land generell nicht mehr zur effektiven Gefahrenabwehr in der Lage sein sollte. Dies setzt ein flächendeckendes Versagen der Sicherheitsstrukturen in einem Land voraus. Ein solches ist aber nur unter außergewöhnlichen Umständen anzunehmen. Ein so enges Verständnis kann aber nicht angenommen werden, da § 5 BKAG sich nicht auf der Notstandsverfassung vergleichbare Ausnahmefälle bezieht. Schließlich ist auch ungeklärt, nach welchen Kriterien das BKA die „Fähigkeit" eines Landes bemessen würde. Die grundsätzliche Fähigkeit eines Landes zur effektiven Gefahrenabwehr ist daher keine Voraussetzung von § 5 BKAG und darf daher auch nicht „durch die Hintertür" aufgestellt werden. Soweit doch hierauf abgestellt wurde, lässt sich insoweit aber von einer sachfremden Erwägung und damit einem Ermessensfehler sprechen.

Soweit das BKA die Übernahme aber aufgrund der Einschätzung, dass diese – auch wegen der angespannten Ressourcenlage – keinen konkreten Mehrwert gebracht hätte,[79] mag man diese Einschätzung in der Rückschau zwar kritisieren; insoweit spricht jedoch viel gegen das Vorliegen eines Ermessensfehlers.

Denn die Berücksichtigung von Aspekten der Wirtschaftlichkeit, Sparsamkeit und Verwaltungseffizienz stellt grundsätzlich keinen Ermessensfehlgebrauch dar.[80] Der Gesetzgeber hat ausdrücklich anerkannt, dass das BKA in seine Entscheidung

[76] Riese 2022, Rn. 66.

[77] Siehe oben, unter Abschn. 8.1.1.1.

[78] Bäcker 2021, Rn. 144.

[79] Siehe oben, unter Abschn. 8.1.1.1.

[80] Barczak 2023, Rn. 15. Siehe auch allgemein Riese 2022, Rn. 66.

„die Frage der ihm zur Verfügung stehenden Ressourcen mit einfließen lassen" darf.[81] In der Tat ist es sinnvoll, dass das BKA – aufgrund der relativen Häufigkeit insbesondere von Fällen einer länderübergreifenden Gefahr einerseits, aufgrund der beschränkten Personal- und Materialressourcen andererseits – danach priorisieren darf, welche Ermittlungen es für am dringlichsten erachtet, um insgesamt eine bestmögliche Gefahrenabwehr zu gewährleisten. Zur Zeit der Fallbearbeitung war die Anzahl der Gefährdungen nach Aussagen der Zeug:innen vor dem Untersuchungsausschuss sehr hoch,[82] sodass eine Priorisierung nach Dringlichkeit und Ausmaß der Gefährdung grundsätzlich nachvollziehbar war. Es obliegt dem Parlament, die Behörden mit den erforderlichen Mitteln auszustatten, um eine bestmögliche Gefahrenabwehr zu garantieren.

Damit lag im konkreten Fall zwar aufgrund der fehlerhaften Interpretation von § 5 BKAG und der Erwägung zu der Befähigung des Landes NRW ein Ermessensfehlgebrauch des BKA vor. Insgesamt spricht aber einiges dafür, dass die Entscheidung aus Sicht des BKA und auf Grundlage ihrer Bewertung der Gefährlichkeit *Amris* nicht zu beanstanden gewesen wäre. Denn das BKA hat mit dem Verweis auf die Ressourcenlage ihre Entscheidung auch auf einen Grund basiert, der von seinem Ermessensspielraum gedeckt war. Die Gründe wurden dabei alternativ herangezogen, sodass davon ausgegangen werden kann, dass der Ermessensfehler insoweit keine Auswirkung auf die Entscheidung hatte und insgesamt, dem Rechtsgedanken des § 46 VwVfG folgend,[83] von dem Ermessen grundsätzlich in einer dem Zweck der Ermächtigung entsprechenden Weise Gebrauch gemacht worden ist. Das heißt allerdings nicht, dass die Entscheidung des BKA zutreffend war. Denn sie basierte auf einer – zumindest aus *ex post*-Sicht – fehlerhaften Gefährdungsbewertung.[84]

Unabhängig von dieser Frage ist aber insoweit festzuhalten, dass sowohl die Bundesbehörde als auch die Landesbehörden unzutreffende Vorstellungen über die Übernahmevoraussetzungen nach § 5 BKAG hatten. Dies ermöglicht es Gefährder:innen wie *Amri*, (möglicherweise sogar bewusst) die Strukturen des Föderalismus ausnutzen können, um eine effektive Gefahrenabwehr zu erschweren. Hier be-

[81] Gesetzentwurf der Bundesregierung, Entwurf eines Gesetzes zur Abwehr von Gefahren des internationalen Terrorismus durch das Bundeskriminalamt, BT-Drs. 16/10121, S. 21.

[82] Amri-Untersuchungsausschuss, Protokoll 72, S. 51 (Zeuge *Killmer*). Siehe auch Amri-Untersuchungsausschuss, Protokoll 45 I, S. 81 (Zeuge *Kurzhals*) der berichtete, dass jeder versucht habe, „seinen eigenen Vorgarten in Ordnung zu halten."

[83] Vgl. allgemein BVerwG, NVwZ-RR 1990, 489, 490; VGH München, NVwZ-RR 2010, 830, 832; Detterbeck 2023, Rn. 342.

[84] Dazu auch sogleich, unter Abschn. 8.1.2.

steht gesetzlicher Änderungsbedarf. Dieser könnte entweder die durch Anpassung der gesetzlichen Regelungen oder durch Einführung neuer Mechanismen, die sicherstellen, dass die effektive Gefahrenabwehr nicht unter der parallelen Zuständigkeit mehrerer Landeskriminalämter leidet, beseitigt werden.

8.1.2 Divergierende Sachverhaltsbewertungen

Nicht nur über die Voraussetzungen einer Übernahme durch das BKA waren sich die Akteure im Fall Amri uneins. Die Erkenntnisse des Untersuchungsausschusses zeigen auch, dass es zu unterschiedlichen Sachverhaltsbewertungen durch die Polizeibehörden kam, die ein koordiniertes Vorgehen erschwerten. Diese betrafen zum einen die Gefährlichkeit *Amris* selbst (dazu unter Abschn. 8.1.2.1) und zum anderen die Aussagen der vom LKA NRW geführten V-Person *VP-01* (dazu unter Abschn. 8.1.2.2).

8.1.2.1 Bewertungen der Gefährlichkeit *Amris*

Das LKA Berlin und das LKA NRW bewerteten das Gefährdungspotenzial, das von *Amri* ausging, unterschiedlich.[85] Während das LKA NRW kontinuierlich von einer – jedenfalls abstrakt – hohen Gefährlichkeit *Amris* ausging,[86] wurde seitens des LKA Berlin ab Mai 2016 fälschlicherweise ein Wandel *Amris* im Sinne einer Abkehr vom Salafismus angenommen, da dieser Betäubungsmittel konsumierte und auch mit diesen handelte.[87] Im weiteren Verlauf ergriff das LKA Berlin daher keine präventivpolizeilichen Maßnahmen gegen *Amri* mehr, obwohl das LKA (und auch das LfV) NRW nach eigener Angabe noch im November 2016 auf seine Gefährlichkeit hingewiesen hatten.[88]

Dies wurde vom Untersuchungsausschuss kritisiert.[89] Insbesondere sei das LKA Berlin nicht von der Zuständigkeit der Gefahrenabwehr befreit gewesen, weil auch das LKA NRW *Amri* als Gefährder führte.[90] Das Parlamentarische

---

[85] Vgl. Amri-Untersuchungsausschuss, Abschlussbericht, BT-Drs. 19/30800, S. 1084.

[86] Vgl. Amri-Untersuchungsausschuss, Abschlussbericht, BT-Drs. 19/30800, S. 835–837; Amri-Untersuchungsausschuss, Protokoll 69, S. 28 (Zeugin *S.*), 100 (Zeuge *M.*).

[87] Vgl. Amri-Untersuchungsausschuss, Abschlussbericht, BT-Drs. 19/30800, S. 839; Amri-Untersuchungsausschuss, Protokoll 39, S. 52 (Zeuge *B.*).

[88] Amri-Untersuchungsausschuss, Abschlussbericht, BT-Drs. 19/30800, S. 1073.

[89] Amri-Untersuchungsausschuss, Abschlussbericht, BT-Drs. 19/30800, S. 1073. Siehe auch Amri-Untersuchungsausschuss Berlin, Bericht, AGH-Drs. 18/4000, S. 923.

[90] Amri-Untersuchungsausschuss, Abschlussbericht, BT-Drs. 19/30800, S. 1073.

Kontrollgremium (PKGr) zog in seiner Unterrichtung des Bundestages schon im Jahr 2017 den Schluss, dass die polizeiliche Bewertungssystematik zu einer falschen Einschätzung der von *Amri* ausgehenden Gefahr geführt habe.[91] Dies habe daran gelegen, dass die polizeiliche Bewertungssystematik sich nur auf die Gefährlichkeit von Sachverhalten und nicht von Personen beziehe.[92] Aufgrund der vielfältigen Information sei es dennoch zwingend gewesen, *Amri* als sehr gefährlich einzuschätzen.[93] Es forderte eine Reform, die die Persönlichkeit der Gefährder:innen konsequent beobachtet und stärker in die Gefährdungsbewertung miteinfließen lässt.[94]

8.1.2.2 Bewertungen der Aussagen der VP-01

Die zuständigen Bundes- und Landespolizeibehörden bewerteten auch die Aussagen der *VP-01* zur Gefährlichkeit *Amris* unterschiedlich. Die *VP-01* berichtete, *Amri* habe behauptet, er könne „problemlos eine Kalaschnikow in Napoli besorgen" und habe den Eindruck vermittelt, dass er „unbedingt für seinen Glauben kämpfen" wolle.[95] Später habe *Amri* ihr gegenüber angedeutet, einen Anschlag mittels eines Sprengstoffgürtels durchführen zu wollen. Er habe ihr (der *VP-01*) auch seinen Pass und Chatkontakte nach Frankreich gezeigt, wo er sich Waffen für einen Anschlag besorgen wolle. Zur Finanzierung der Waffen habe *Amri* die Begehung von Diebstählen und Überfällen geplant.[96]

Während das LKA NRW stets von der Glaubwürdigkeit der *VP-01* und der Glaubhaftigkeit ihrer Aussagen ausging, bestanden im BKA Zweifel bezüglich letzterer.[97] Grund dafür war, dass die *VP-01* zu drei Anschlagsplänen verschiedener Akteure berichtete, was als unwahrscheinlich angenommen wurde.[98] Diese unterschiedlichen Bewertungen, insbesondere die auch schriftlich niedergelegten Zweifel des BKA waren für die Arbeit des GBA problematisch: Vertreter:innen des GBA erläuterten im Untersuchungsausschuss, dass sie Erkenntnisse, an deren Zuverlässigkeit die Polizeibehörden erhebliche Bedenken hätten, nicht als Grundlage für Anträge bei Ermittlungsrichter:innen des BGH nutzen könnten bzw. nutzen wollten. Dies war aus Sicht des GBA umso schwerwiegender, da die *VP-01* in

[91] Unterrichtung durch das Parlamentarische Kontrollgremium, BT-Drs. 18/12585, S. 12.

[92] Unterrichtung durch das Parlamentarische Kontrollgremium, BT-Drs. 18/12585, S. 12.

[93] Unterrichtung durch das Parlamentarische Kontrollgremium, BT-Drs. 18/12585, S. 12.

[94] Unterrichtung durch das Parlamentarische Kontrollgremium, BT-Drs. 18/12585, S. 12.

[95] Amri-Untersuchungsausschuss, Abschlussbericht, BT-Drs. 19/30800, S. 506.

[96] Amri-Untersuchungsausschuss, Abschlussbericht, BT-Drs. 19/30800, S. 521.

[97] Amri-Untersuchungsausschuss, Abschlussbericht, BT-Drs. 19/30800, S. 526.

[98] Vgl. Amri-Untersuchungsausschuss, Protokoll 76, S. 122 (Zeuge *R.*).

verschiedenen Ermittlungsverfahren eingesetzt worden war.[99] Die Glaubhaftigkeit der Aussagen einerseits und die Glaubwürdigkeit der *VP-01* als Person andererseits würden sich nur bis zu einem gewissen Grad trennen lassen.[100]

Zweifel an ihren Erkenntnissen bedeuteten somit Schwierigkeiten für verschiedene Verfahren. Aus diesem Grund setzte Bundesanwalt beim BGH *Salzmann* vom GBA eine Besprechung beim GBA an, um die Unstimmigkeiten zu lösen.[101] Er stellte jedoch heraus, dass die Gefährdungsbewertung Aufgabe der Polizeibehörden sei und sich der GBA nicht als „Oberschiedsrichter" zwischen zwei Polizeibehörden verstehe.[102] Vielmehr sei es bei der Besprechung darum gegangen, herauszufinden, was die Ursache für die verschiedenen Ansichten sei und wie der GBA die Erkenntnisse der *VP-01* zukünftig verwerten könne.[103]

Die Unstimmigkeiten konnten oberflächlich beim GBA gelöst werden, da das LKA NRW die Historie und Vernetzung der *VP-01* darstellte[104] und das BKA für den betreffenden Sachverhalt (allerdings nicht *Amri* betreffend) eine neue Bewertung vornahm.[105] Gleichwohl zeugten BKA-interne E-Mails eine offensichtliche Verstimmung zwischen dem BKA und dem LKA NRW. So schrieb der Zeuge *K.* vom BKA folgende E-Mail an seine Kolleg:innen, in der er auf eine Nachricht des LKA NRW reagierte:

> „Was erwartet er denn?? Wir hatten uns beim GBA ja eben gerade NICHT auf eine Neubewertung der Sachlage (Wahrscheinlichkeit Schadenseintritt), sondern auf ein Schlupfloch für die Glaubwürdigkeit der Quelle geeinigt … Und nur das werden sie bekommen!!".[106]

[99] Amri-Untersuchungsausschuss, Protokoll 72, S. 13 (Zeuge *Killmer*); Amri-Untersuchungsausschuss, Protokoll 95 I, S. 12 (Zeuge *Salzmann*). Vgl. auch Amri-Untersuchungsausschuss, Abschlussbericht, BT-Drs. 19/30800, S. 530.

[100] Amri-Untersuchungsausschuss, Protokoll 72, S. 19 (Zeuge *Killmer*). Vgl. auch Amri-Untersuchungsausschuss, Abschlussbericht, BT-Drs. 19/30800, S. 529.

[101] Siehe Amri-Untersuchungsausschuss, Abschlussbericht, BT-Drs. 19/30800, S. 544, 551.

[102] Amri-Untersuchungsausschuss, Protokoll 95 I, S. 19. Gleichwohl bezeichnete er die Treffberichte der *VP-01* als sehr detailliert, inhaltlich „im oberen Segment", Amri-Untersuchungsausschuss, Protokoll 95 I, S. 15.

[103] Amri-Untersuchungsausschuss, Protokoll 95 I, S. 30. Vgl. auch Amri-Untersuchungsausschuss, Abschlussbericht, BT-Drs. 19/30800, S. 534.

[104] Amri-Untersuchungsausschuss, Protokoll 76, S. 126 (Zeuge *R.*).

[105] Siehe Amri-Untersuchungsausschuss, Abschlussbericht, BT-Drs. 19/30800, S. 544, 551. Vgl. auch Handakte des Zeugen *M.* vom LKA NRW, Amri-Untersuchungsausschuss Dokument MAT A NRW-30–60, S. 22.

[106] Zitiert nach Amri-Untersuchungsausschuss, Protokoll 72, S. 50–51.

8.1.3 Abstimmungsprobleme zwischen den Landespolizeibehörden

Auch zwischen dem LKA Berlin und dem LKA NRW kam es zu Problemen im Umgang mit dem Gefährdungssachverhalt *Amri*, die konkret die Abstimmung der Behörden betraf. Dies wird ganz besonders in der seitens des LKA Berlin vorgenommenen offenen Kontrolle *Amris* in Berlin am 18.02.2016 (dazu unter Abschn. 8.1.3.1). Aber auch in der Folge kam es zu Abstimmungsproblemen und mangelndem Informationsaustausch zwischen den Behörden (dazu unter Abschn. 8.1.3.2).

8.1.3.1 Offene Kontrolle durch das LKA Berlin

Amri wurde verschiedene Male im GTAZ behandelt.[107] Nach dem Verständnis des LKA NRW wurde am 17.02.2016 auch besprochen, dass *Amri* möglicherweise einen Terroranschlag in Berlin plane.[108] Vor diesem Hintergrund verständigte man sich im GTAZ darauf, nur verdeckte Maßnahmen gegen *Amri* zu ergreifen („Tarnung vor Wirkung").[109] So erläuterte *M.* vom LKA NRW:

> „Am 17.02.[2016], am darauffolgenden Tag, findet ein weiteres Info-Board in Sachen Amri statt. [...] Es wird verabredet, dass es eine enge Begleitung von Amri gibt zwischen dem LKA 54 Berlin und dem LKA Nordrhein-Westfalen, dass er observiert wird und dass nur in engster Absprache und nach jeweiliger Zustimmung Maßnahmen gegen Amri ergriffen werden dürfen. Noch am selben Tag wird Amri als Gefährder eingestuft."[110]

Am darauffolgenden Tag, am 18.02.2016, fuhr *Amri* nach Berlin. Das LKA NRW, das von der Reise *Amris* nach Berlin wusste, konnte nach Aussagen seiner Vertreter:innen telefonisch das LKA Berlin nicht erreichen.[111] Dieses unterzog *Amri* bei seiner Ankunft am Zentralen Omnibusbahnhof (ZOB) in Berlin – entgegen der im GTAZ getroffenen Absprache – einer offenen Kontrolle und einer sog. Gefährderansprache nach § 17 ASOG Berlin.[112] Zwei Tage später zeigte das LKA Berlin zudem Bilder *Amris* in einem Flüchtlingsheim in Berlin.[113]

[107] Amri-Untersuchungsausschuss, Abschlussbericht, BT-Drs. 19/30800, S. 598–600.
[108] Amri-Untersuchungsausschuss, Abschlussbericht, BT-Drs. 19/30800, S. 600.
[109] Amri-Untersuchungsausschuss, Abschlussbericht, BT-Drs. 19/30800, S. 605.
[110] Amri-Untersuchungsausschuss, Protokoll 69, S. 55.
[111] Amri-Untersuchungsausschuss, Protokoll 69, S. 82 (Zeuge *M.*).
[112] Vgl. Amri-Untersuchungsausschuss, Abschlussbericht, BT-Drs. 19/30800, S. 604, 1084 f.
[113] Amri-Untersuchungsausschuss, Abschlussbericht, BT-Drs. 19/30800, S. 614.

Das Vorgehen führte zu Fassungslosigkeit auf Seiten des LKA NRW.[114] Es sah darin eine Gefährdung für den Ermittlungserfolg. *Amri* hätte bemerken können, dass er gezielt kontrolliert wurde, was auch die Enttarnung der *VP-01* riskiert hätte.[115] Der Zeuge *M.* erklärte vor dem Untersuchungsausschuss:

> „Der muss ja nur eins und eins zusammenzählen: Wer war der letzte Kontakt, der mich möglicherweise verraten hat? – Und ich hatte ja auch vorhin berichtet, dass der Amri den [die *VP-01*] ja schon mal verdächtigt hatte, Spitzel zu sein, schon im Dezember."[116]

Aus diesem Grund sei man im LKA NRW über das absprachewidrige Verhalten und die Tatsache, dass Führungskräfte nicht erreichbar gewesen seien, in hohem Maße frustriert und konsterniert gewesen.[117]

Eine Enttarnung der *VP-01* blieb aus, doch *Amri* warnte aufgrund der Kontrolle noch am selben Tag den Gefährder *Boban S.* vor polizeilicher Überwachung und dieser wiederum andere Angehörige des salafistisch-dschihadistischen Netzwerks um *Abu Walaa*.[118]

Dies führte zu Verstimmungen auf Seiten des LKW NRW.[119] Vertreter:innen des LKA NRW bemängelten, dass wiederum kein Ansprechpartner auf Führungsebene im LKA Berlin erreichbar gewesen sei, um diese Unstimmigkeiten zu beheben.[120] Das LKA Berlin, etwa in Gestalt des Zeugen *B.*, wies diese Vorwürfe im Untersuchungsausschuss zurück[121]: Man hätte ihn und seine Stellvertreter:innen zu jeder Zeit erreichen können.[122] *Jost,* der Sonderbeauftragte des Berliner Senats für die Aufklärung des Handelns der Berliner Behörden im Fall Amri, sah in dem Vorgehen Berlins außerdem eine taugliche Maßnahme.[123] Dagegen berichtete der Zeuge

[114] Amri-Untersuchungsausschuss, Abschlussbericht, BT-Drs. 19/30800, S. 614–615.

[115] Vgl. Amri-Untersuchungsausschuss, Abschlussbericht, BT-Drs. 19/30800, S. 612. Vgl. aber auch Amri-Untersuchungsausschuss, Protokoll 16, S. 20–21 (Zeuge *Jost*), nach dem die Kontrolle den im GTAZ besprochenen Grundsätzen entsprochen habe.

[116] Amri-Untersuchungsausschuss, Protokoll 69, S. 83.

[117] Amri-Untersuchungsausschuss, Protokoll 69, S. 83.

[118] Amri-Untersuchungsausschuss, Abschlussbericht, BT-Drs. 19/30800, S. 1084. Vgl. auch Amri-Untersuchungsausschuss, Abschlussbericht, BT-Drs. 19/30800, S. 1166 (Gemeinsames Sondervotum der Fraktionen FDP, Die Linke und Bündnis 90/Die Grünen).

[119] Vgl. Amri-Untersuchungsausschuss, Abschlussbericht, BT-Drs. 19/30800, S. 607–609.

[120] Amri-Untersuchungsausschuss, Abschlussbericht, BT-Drs. 19/30800, S. 607.

[121] Siehe Amri-Untersuchungsausschuss, Abschlussbericht, BT-Drs. 19/30800, S. 607–609.

[122] Amri-Untersuchungsausschuss, Protokoll 39, S. 95.

[123] Amri-Untersuchungsausschuss, Protokoll 16, S. 20.

M. vom LKA NRW davon, dass man auch im BKA über das Vorgehen des LKA Berlin irritiert gewesen sei.[124] Entsprechend äußerte auch der Zeuge *Kurzhals* vom BKA, dass sich das LKA Berlin „nicht unbedingt mit Ruhm bekleckert" habe und die im GTAZ vorgenommene Abstimmung nicht umgesetzt hätte.[125]

Der Leiter des LKA Berlin *Steiof* hingegen sah die Verantwortung auf beiden Seiten: Das LKA NRW habe nicht eindeutig kommuniziert, welchen Zweck man mit der Maßnahme verfolgen wollte und habe innerhalb weniger Stunden immer andere Informationen übermittelt: Der Fall sei „kein Highlight bundesdeutscher Sicherheitsbehörden gewesen, und zwar beidseitig".[126]

Der Abschlussbericht des Untersuchungsausschusses kam zu dem Ergebnis, dass der zuständige Sachbearbeiter im LKA Berlin der Verzicht auf offene Maßnahmen gegen *Amri* nicht bekannt gewesen sei, weil dieser von seinem Kommissariatsleiter, der an der GTAZ-Sitzung am Vortag teilgenommen hatte, noch nicht unterrichtet worden sei.[127] Hinzu kam, dass sich die Leitung des zuständigen LKA-Abschnitts auf einem Führungskräfteseminar befand und sich dem Vorgang „möglicherweise weniger Aufmerksamkeit als unter normalen Bedingungen schenken" konnte.[128] Die Bundestagsfraktionen der FDP, Die Linke und Bündnis 90/Die Grünen übten in ihrem Sondervotum heftigere Kritik und sahen in dem Vorgehen des LKA Berlin einen „starken Vertrauensbruch gegenüber dem LKA NRW und eine erschreckende Missachtung von Absprachen aus der Sitzung im GTAZ."[129] Auch der Untersuchungsausschuss des Landtags NRW stellte fest, dass die „fehlenden und zum Teil missachteten Abstimmungen zwischen dem LKA NRW und dem LKA Berlin […] die polizeiliche Bearbeitung von Anis Amri eklatant [erschwerten] und […] das Leben der VP-01 [gefährdeten]."[130]

8.1.3.2 Zusammenarbeit im Nachgang zu der Kontrolle

Nicht nur die Kontrolle am 18.02.2016, sondern auch die Maßnahmen im Anschluss daran offenbarten Defizite in der Zusammenarbeit der beiden Behörden. So erfolgte keine Aufgabenverteilung zwischen den beiden Landeskriminalämtern

[124] Amri-Untersuchungsausschuss, Protokoll 69, S. 55.

[125] Amri-Untersuchungsausschuss, Protokoll 86, S. 35.

[126] Amri-Untersuchungsausschuss, Protokoll 41b, S. 43.

[127] Amri-Untersuchungsausschuss, Abschlussbericht, BT-Drs. 19/30800, S. 1084.

[128] Amri-Untersuchungsausschuss, Abschlussbericht, BT-Drs. 19/30800, S. 1084.

[129] Amri-Untersuchungsausschuss, Abschlussbericht, BT-Drs. 19/30800, S. 1167. Vgl. auch Amri-Untersuchungsausschuss Berlin, Bericht, AGH-Drs. 18/4000, S. 916, in dem die Kontrollmechanismen des GTAZ für „verbesserungswürdig" erachtet werden.

[130] Amri-Untersuchungsausschuss NRW, Schlussbericht, LT-Drs. 17/16890, S. 509.

bezüglich der Analyse der Inhalte auf *Amris* Handy, das bei der Kontrolle beschlagnahmt wurde.[131] Das BKA hatte die Daten gesichert und dann an beide Landeskriminalämter verteilt.[132] Laut des Sonderbeauftragten *Jost* erfolgte dann allerdings nur eine sehr oberflächliche Auswertung durch das LKA Berlin,[133] was auch vom LKA NRW kritisiert,[134] vom LKA Berlin jedoch zurückgewiesen wurde.[135] Auch im weiteren Verlauf gab es laut dem Zeugen *M.* vom LKA NRW kein koordiniertes Vorgehen zwischen den beiden Behörden:

> „Am 27.04.[2016] sprechen wir wieder mit dem LKA Berlin. Es geht wieder um die Observation. Man erkennt dort nicht die Notwendigkeit einer Observation in Sachen Amri, die wir für sachgerecht halten. Am 29.04. gibt es ein weiteres Telefonat mit LKA Berlin, mit KOK L., bezüglich der von uns gewünschten und geplanten Observationsmaßnahmen für Amri in der kommenden Woche. Dort teilt man uns mit, dass seitens des LKA Berlin aktuell kein Interesse an einer Observation des Amri bestehe und, wenn, wir unsere Maßnahmen in eigener Zuständigkeit durchführen sollen."[136]

Die Zusammenarbeit beider Behörden wurde insgesamt heftig kritisiert,[137] sowohl von Seiten NRWs als auch Berlins.[138] Die Leiterin der Polizeidirektion 1 in Berlin, *Porzucek*, nannte die Unstimmigkeiten zwischen dem LKA Berlin und NRW im Fall Amri „eine[n] dieser ganz exemplarischen Einzelfälle".[139] *Kretschmer*, der vom Landtag NRW als Gutachter für den Fall Amri eingesetzt wurde, bezeichnete den Informationsaustausch als „schlichtweg insuffizient".[140] Der Abschlussbericht des Amri-Untersuchungsausschusses stellte ebenfalls „Koordinationsprobleme" fest und hob entsprechende Mängel hervor.[141]

---

[131] Amri-Untersuchungsausschuss, Abschlussbericht, BT-Drs. 19/30800, S. 1085. Vgl. auch Amri-Untersuchungsausschuss, Protokoll 16, S. 26 (Zeuge *Jost*).

[132] Vgl. Amri-Untersuchungsausschuss, Abschlussbericht, BT-Drs. 19/30800, S. 1085. Vgl. auch Amri-Untersuchungsausschuss, Protokoll 16, S. 75 (Zeuge *Jost*).

[133] Amri-Untersuchungsausschuss, Protokoll 16, S. 20.

[134] Amri-Untersuchungsausschuss, Protokoll 69, S. 57 (Zeuge *M.*).

[135] Amri-Untersuchungsausschuss, Protokoll 69, S. 126 (Zeuge *C.*).

[136] Amri-Untersuchungsausschuss, Protokoll 69, S. 58.

[137] Vgl. Amri-Untersuchungsausschuss, Abschlussbericht, BT-Drs. 19/30800, S. 609–611.

[138] Siehe z. B. Amri-Untersuchungsausschuss, Protokoll 69, S. 72 (Zeuge *M.*); Amri-Untersuchungsausschuss, Protokoll 78 I, S. 22 (Zeugin *Porzucek*).

[139] Amri-Untersuchungsausschuss, Protokoll 78 I, S. 22.

[140] Amri-Untersuchungsausschuss, Protokoll 12, S. 26.

[141] Amri-Untersuchungsausschuss, Abschlussbericht, BT-Drs. 19/30800, S. 1084–1085, 1132.

8.2 Strafverfolgungsbehörden

Im Rahmen des Untersuchungsausschusses sorgte nicht nur die Rolle der Polizeibehörden, sondern auch diejenige der Strafverfolgungsbehörden für Diskussionen. So wurde insbesondere erörtert, ob eine Zusammenführung von den gegen *Amri* laufenden Ermittlungsverfahren bei der GenStA Berlin (dazu unter Abschn. 8.2.1) oder beim GBA (dazu unter Abschn. 8.2.2) hätte erfolgen müssen.

8.2.1 Keine Zusammenführung von Ermittlungsverfahren bei der GenStA Berlin

Schon am 28.01.2016 wurden Hinweise der *VP-01*[142] an die GenStA Berlin übermittelt, wonach *Amri* „offensiv [versuche], Personen als Beteiligte an islamistisch motivierten Anschlägen zu gewinnen" und „beabsichtige, sich mit Schnellfeuergewehren des Typs AK 47 zu bewaffnen, die er über Kontaktpersonen in der französischen Islamistenszene beschaffen könne".[143] Die GenStA nahm eine Prüfung bezüglich der Einleitung eines Strafverfahren vor,[144] befand jedoch, dass sich die Erkenntnisse nur im Rahmen strafloser Vorbereitungshandlungen hielten und nicht für einen Anfangsverdacht für eine Tat nach § 89a StGB – die Vorbereitung einer schweren staatsgefährdenden Gewalttat – reichten.[145]

Der Zeuge *Feuerberg* von der GenStA Berlin erklärte, für die Annahme einer Strafbarkeit nach § 89a StGB seien konkrete Tathandlungen erforderlich.[146] Diese seien aus den Mitteilungen nicht hervorgegangen und andere Strafbarkeiten seien nicht erkennbar gewesen.[147] Da sich die mutmaßlichen Aktivitäten *Amris* noch im Vorbereitungsstadium befanden hätten, hätte nur die geplante Begehung eines Verbrechens eine Strafbarkeit begründen können; dafür habe es aber keine hinreichenden Anhaltspunkte gegeben.[148]

Gegen *Amri* liefen allerdings eine ganze Reihe anderer strafrechtlicher Ermittlungsverfahren, die von Sozialleistungsbetrug und Diebstahl über Verstöße gegen

[142] Zur Tarnung der *VP-01* mittels eines Behördenzeugnisses des BfV, siehe Amri-Untersuchungsausschuss, Protokoll 99, S. 86 (Zeuge *Beck*).

[143] Amri-Untersuchungsausschuss, Abschlussbericht, BT-Drs. 19/30800, S. 631.

[144] Amri-Untersuchungsausschuss, Abschlussbericht, BT-Drs. 19/30800, S. 631.

[145] Amri-Untersuchungsausschuss, Abschlussbericht, BT-Drs. 19/30800, S.631.

[146] Amri-Untersuchungsausschuss, Protokoll 57 I, S. 5.

[147] Amri-Untersuchungsausschuss, Protokoll 57 I, S. 5.

[148] Amri-Untersuchungsausschuss, Protokoll 57 I, S. 6.

das Asyl- und Aufenthaltsrecht und Urkundenfälschung bis zu Drogenhandel reichten.[149] Nach der Involvierung *Amris* in einer tätlichen Auseinandersetzung in einer Berliner Shisha-Bar leitete die GenStA Berlin am 23.03.2016 ein Ermittlungsverfahren wegen des Verdachts des Versuchs einer Beteiligung an einem Tötungsdelikt (§§ 211, 30 Abs. 1 und Abs. 2 Alt. 1 StGB) ein.[150] Das Amtsgericht Tiergarten beschloss die Überwachung von *Amris* genutzten Mobilfunkanschlüssen und seine Observation zunächst für drei Monate. Die Maßnahmen wurden anschließend verlängert. Die TKÜ erfolgte vom 05.04. bis zum 21.09.2016; während die Observation faktisch bereits am 15.06.2016 eingestellt wurde, obwohl sie bis zum 21.10.2016 von der GenStA beantragt und vom Amtsgericht Tiergarten angeordnet worden war.[151] Für den Versuch der Beteiligung an einem Tötungsdelikt ergaben sich hieraus keine Erkenntnisse, stattdessen aber für *Amris* gewerbsmäßiges Handeltreiben mit Betäubungsmitteln im Sinne des § 29 Abs. 3 BtMG.[152] Im Zuge dessen wurde das Verfahren von der GenStA an die für BtM-Delikte zuständige Staatsanwaltschaft abgegeben.[153]

Im Untersuchungsausschuss wurde diskutiert, ob die GenStA die Verfahren hätte zusammenführen sollen, um eine einheitliche Federführung zu ermöglichen.[154] Nach Nr. 25 S. 1 RiStBV sind derartige einheitliche Ermittlungen dann möglich und geboten, wenn der Verdacht mehrerer Straftaten besteht, eine Straftat den Bezirk mehrerer Staatsanwaltschaften berührt oder ein Zusammenhang mit einer Straftat im Bezirk einer anderen Staatsanwaltschaft besteht. Zuständig für die Bearbeitung des Sammelverfahrens ist gem. Nr. 26 Abs. 1 RiStBV die Staatsanwaltschaft, in deren Bezirk der Schwerpunkt des Verfahrens liegt. Für Taten in demselben Bezirk einer Staatsanwaltschaft können gem. § 145 Abs. 1 GVG die ersten Beamt:innen der Staatsanwaltschaft bei den Oberlandesgerichten und den Landgerichten bei allen Gerichten ihres Bezirks die Amtsverrichtungen der Staatsanwaltschaft selbst übernehmen oder mit ihrer Wahrnehmung einen anderen

---

[149] Vgl. Bundesministerium des Innern (BMI) 2017.

[150] Chronologie des Handelns der Berliner Behörden aus dem Bereich der Senatsverwaltung für Inneres und Sport mit Bezug zur Person Anis AMRI bis zum Attentat vom Breitscheidplatz („Berliner Chronologie"), S. 28 f., Anlage 3 zu Jost 2017b; Jost 2017a, S. 15 Vgl. Amri-Untersuchungsausschuss, Abschlussbericht, BT-Drs. 19/30800, S. 772.

[151] Amri-Untersuchungsausschuss, Abschlussbericht, BT-Drs. 19/30800, S. 658.

[152] Jost 2017b, S. 122.

[153] Siehe Jost 2017b, S. 122–123.

[154] Vgl. Jost 2017b, S. 60–61; Amri-Untersuchungsausschuss, Protokoll 12, S. 60 (Zeuge *Kretschmer*). Vgl. auch Amri-Untersuchungsausschuss Berlin, Bericht, AGH-Drs. 18/4000, S. 917.

als den zunächst zuständigen Beamten zu beauftragen (sog. Devolution).[155] Die Devolution des Generalstaatsanwalts/der Generalstaatsanwältin ist nach § 145 GVG grundsätzlich zu jedem Zeitpunkt und bezüglich jeder staatsanwaltschaftlichen Tätigkeit in dem jeweiligen Bezirk ohne Begründung möglich.[156]

Bezogen auf die gegen *Amri* laufenden Ermittlungsverfahren äußerte der Sonderbeauftragte des Berliner Senats *Jost*:

> „Wie gesagt, es gibt also Gründe für und gegen ein Sammelverfahren. Hier war es so: Hinter einem Sammelverfahren hätte ja sinnvollerweise die Überlegung gestanden: Können wir durch Bündelung einzelner Verfahren vielleicht an einen Punkt kommen, wo es reicht, einen Haftbefehl zu erwirken? Wenn also ein Verfahren oder noch eins, wenn das nicht reicht, dann reichen aber vielleicht fünf, sodass man dann auch unter dem Aspekt des Grundsatzes der Verhältnismäßigkeit über diese Schwelle wegkommt. [...] Es hätte sich [...] durchaus angeboten, Verfahren zusammenzuführen, nämlich die von etwas mehr Gewicht. Und da würde ich sagen: das BtM-Verfahren, vielleicht das Körperverletzungsverfahren aus der Shisha-Bar und das Friedrichshafener Verfahren."[157]

Mit dem „Friedrichshafener Verfahren" ist der Ausreiseversuch *Amris* am 30.07.2016 gemeint, bei dem gefälschte Ausweispapiere festgestellt wurden und damit Vergehen nach §§ 267 Abs. 1, 276 Abs. 1 Nr. 2 StGB sowie nach § 95 Abs. 1 Nr. 2 lit. a i. V. m. § 4 Abs. 1 S. 1 AufenthG vorlagen.[158]

Für eine Zusammenführung der Verfahren hätte aus Sicht von *Jost* zunächst das Verfahren gem. Nr. 25 S. 1 RiStBV nach Berlin geholt werden müssen. Da die Verfahren dort aber auch verschiedene Abteilungen betrafen, hätte anschließend die GenStA Berlin von ihrem Devolutionsrecht nach § 145 Abs. 1 GVG Gebrauch machen und die Verfahren dadurch zusammenführen sollen.[159]

Allerdings stellte die GenStA Berlin im Untersuchungsausschuss – zutreffend – heraus, dass im Frühjahr 2016, also zu dem Zeitpunkt, an dem die GenStA ihr eigenes Ermittlungsverfahren einleitete, viele der Ermittlungsverfahren gegen *Amri* schon abgeschlossen waren. Somit gab es keine Delikte, die aus ihrer Sicht hätten zusammengeführt werden können.[160] Der Zeuge *Feuerberg* von der GenStA Berlin erklärte weiter:

---

[155] Inhofer 2023, Rn. 1.

[156] Inhofer 2023, Rn. 1; Brocke 2018, Rn. 6.

[157] Amri-Untersuchungsausschuss, Protokoll 16, S. 51–52.

[158] Jost 2017b, S. 169. Siehe auch ausführlich Amri-Untersuchungsausschuss, Abschlussbericht, BT-Drs. 19/30800, S. 782–784.

[159] Amri-Untersuchungsausschuss, Protokoll 16, S. 51–52 (Zeuge *Jost*).

[160] Amri-Untersuchungsausschuss, Protokoll 12, 60 f. (Zeuge *Kretschmer*).

> „Für das Urkundsdelikt war die örtliche Staatsanwaltschaft in Baden-Württemberg zuständig, die offenbar keine Grundlage für Untersuchungshaft in diesem Zusammenhang sah. Eine Verfahrensübernahme nach Berlin wäre ohnehin nur in Betracht gekommen, wenn wir diesen Vorwurf zu einem anderen bei uns geführten Ermittlungsverfahren hätten hinzuverbinden können, um mit beiden zusammen einen Haftantrag stellen zu können. Das einzig geeignete, zu dieser Zeit bei uns anhängige Verfahren war jedoch das von mir geführte Verfahren wegen Verabredung zu einem Tötungsverbrechen, und in dem gab es […] keinen dringenden Tatverdacht, sodass die Zusammenführung mit dem Freiburger Verfahren an der Haftfrage nichts geändert hätte."[161]

Die Ausführungen der GenStA Berlin sind nachvollziehbar. Die Voraussetzungen für ein Sammelverfahren waren zum damaligen Zeitpunkt nicht gegeben. Auch eine Zusammenführung der weiteren Verfahren im Bezirk der GenStA im Zuge der Devolution nach § 145 Abs. 1 GVG wäre nicht möglich gewesen, da sich die Erkenntnisse bezüglich des BtM-Verfahrens erst im Zuge der Ermittlungen für die Aufklärung der möglichen Beteiligung an einem Tötungsverbrechen ergeben hatten. Bezüglich des Tötungsdelikts konnte eine Beteiligung nicht nachgewiesen werden,[162] sodass keine Zusammenführung infrage kam. Es wäre aber – jenseits der damaligen Möglichkeiten der GenStA Berlin – wünschenswert gewesen, wenn von vornherein die Ermittlungen zu allen Straftaten *Amri*s bei der GenStA gebündelt worden wären, um sicherzustellen, dass Staatsschutzgesichtspunkte bei Ermittlungen zu anderen Delikten ausreichend berücksichtigt werden. Dies betrifft etwa die Frage, ob mit Betäubungsmitteldelikten möglicherweise finanzielle Mittel für die Begehung von Staatsschutzstraftaten erworben werden sollen. Eine entsprechende Reform ist durch die Einrichtung von sog. Staatsschutzzentren bei den Generalstaatsanwaltschaften erfolgt.[163]

8.2.2 Keine Übernahme der Ermittlungen durch den GBA

Erst nach dem Anschlag auf den Breitscheidplatz, d. h. ab der Nacht zum 20.12.2016, führte der GBA ein Verfahren gegen *Amri*.[164] Zuvor war nach Aussagen von Verteter:innen des GBA die Übernahme eines Verfahrens gegen *Amri* zwar

[161] Amri-Untersuchungsausschuss, Protokoll 57 I, S. 19.

[162] Amri-Untersuchungsausschuss, Abschlussbericht, BT-Drs. 19/30800, S. 1092.

[163] Siehe dazu unten, unter Abschn. 8.7.3.

[164] Amri-Untersuchungsausschuss, Abschlussbericht, BT-Drs. 19/30800, S. 268. Das Verfahren wurde wegen *Amris* Todes am 22.01.2018 gem. § 170 Abs. 2 StPO eingestellt, siehe Amri-Untersuchungsausschuss, Abschlussbericht, BT-Drs. 19/30800, S. 270.

geprüft, im Ergebnis jedoch abgelehnt worden.[165] In Betracht wäre insoweit entweder die originäre Zuständigkeit des GBA für Taten nach §§ 129a, 129b StGB gekommen – oder die Übernahme des Verfahrens wegen der besonderen Bedeutung des Falles.

Für die originäre Zuständigkeit des GBA in Fällen der Mitgliedschaft in oder Unterstützung einer terroristischen Vereinigung §§ 129a, 129b StGB gab es jedoch nach Ansicht des GBA trotz der Einbindung *Amris* in ein salafistisch-dschihadistisches Netzwerk keine Anhaltspunkte.[166] Der Zeuge *Beck* vom GBA machte hierzu detaillierte Angaben, die aufgrund ihrer Einblicke in die praktischen Erwägungen ausschnittsweise wiedergegeben werden sollen:

> „Das haben wir natürlich ständig geprüft. Das ist ja die erste Stufe, die wir prüfen: Sind wir da zuständig? Können wir da was machen? – Und, wie Sie wissen, wir denken natürlich zunächst immer in unserer originären Zuständigkeit: Gibt es eine terroristische Vereinigung? – Wir kennen aber natürlich auch solche Äußerungen in diesem salafistischen Bereich. Die gab es zuhauf zur damaligen Zeit, insbesondere unter dem für Salafisten euphorisierenden Eindruck eines erfolgreichen Anschlags, wie das Stade de France und Bataclan für die nun mal war und danach Brüssel und dann Nizza. Die waren also natürlich in einem Hochgefühl. Da gilt es immer zu schauen: Was ist denn Prahlerei, und was lässt sich wirklich verifizieren? Also, die Aussagen, die immer alle – – „Ich will auch was machen", das haben wahrscheinlich fast alle gesagt, „Ich kann Waffen besorgen". Ich glaube, sowohl in Paris als auch in Neapel erinnere ich solche Geschichten: „Was kann ich tun?", oder das Ausschauhalten nach Anleitungen zum Bauen von Sprengstoffen im Internet, was ja gang und gäbe ist. Das waren alles natürlich Anlasspunkte, auch der Kontakt zu den Bekannten von ihm nach Libyen. Erfüllt das schon den Tatbestand der Mitgliedschaft in einer terroristischen Vereinigung? Das war immer unsere erste Prüfung. Da muss ich dazu sagen: Da sind die Hürden durch die Rechtsprechung sehr hoch gelegt. [...] Und sie wird noch mal höher gelegt, wenn es sich um eine ausländische terroristische Vereinigung handelt und die Person, die bei uns ins Blickfeld geraten ist, sich eben nicht auf dem Grund und Boden oder in dem Land dieser Vereinigung aufhält. Das waren all die Gegebenheiten, die wir bei jeder dieser Gefährdungsmeldung durchgespielt haben: Sind wir da zuständig? Können wir was machen? Müssen wir den als Beschuldigten führen ja oder nein? – Und das scheiterte an den rechtlichen Gegebenheiten, was §§ 129a/b anbelangt."[167]

Beck begründete die Ablehnung eines Ermittlungsverfahrens nach §§ 129a, 129b StGB folglich einerseits mit dem Umstand, dass vage Ankündigungen von

---

[165] Amri-Untersuchungsausschuss, Abschlussbericht, BT-Drs. 19/30800, S. 571. Amri-Untersuchungsausschuss, Protokoll 113 I, S. 18 (Zeuge *Frank*).

[166] Amri-Untersuchungsausschuss, Abschlussbericht, BT-Drs. 19/30800, S. 1080–1081 Vgl. Amri-Untersuchungsausschuss, Protokoll 113 I, S. 18–19.

[167] Amri-Untersuchungsausschuss, Protokoll 99, S. 93.

terroristischen Bestrebungen in der islamistischen Szene nach vorangegangenen Anschlägen in europäischen Staaten häufig waren, und andererseits mit den hohen rechtlichen Anforderungen an die Bejahung einer des Tatbestandes der Strafnormen.

Auch die Übernahme eines Verfahrens wegen der Vorbereitung einer schweren staatsgefährdenden Straftat nach § 89a StGB, das grundsätzlich in die Länderzuständigkeit fällt[168] und für die die GenStA Berlin bereits den Anfangsverdacht abgelehnt hatte,[169] wurde verneint.[170] Sofern der GBA einen Anfangsverdacht bejaht hätte, wäre eine Übernahme des Verfahrens, das nicht in die originäre Zuständigkeit des GBA fällt, insoweit gem. § 120 Abs. 2 GVG möglich, wenn eine besondere Bedeutung des Falles vorliegt.[171]

Nach Ansicht von *Kretschmer* hätte der GBA ein Verfahren nach § 89a StGB wegen der besonderen Bedeutung des Falles in der Tat an sich ziehen müssen.[172] Dadurch hätte aus seiner Sicht möglicherweise auch die frühzeitige Einstellung von präventivpolizeilichen Maßnahmen durch das LKA Berlin verhindert werden können, da nach seiner Bewertung die Führung durch den GBA engmaschiger gewesen wäre als durch die GenStA Berlin.[173]

Bei der Bestimmung, ob eine besondere Bedeutung des Falles vorliegt, kommt dem GBA ein Beurteilungsspielraum zu, der sich mit fortschreitenden Erkenntnissen allerdings immer weiter einengt.[174] Eine besondere Bedeutung und damit die Zuständigkeit des Bundes kann aber

> „nur dann angenommen werden, wenn es sich bei der Tat unter Beachtung der Zielrichtung der Vereinigung und deren objektiven Gefährlichkeit um ein staatsgefährdendes Delikt von erheblichem Gewicht handelt, welches den Gesamtstaat in einer derart spezifischen Weise angreift, dass ein Einschreiten des GBA und eine Aburteilung durch ein Bundesgerichtsbarkeit ausübendes Gericht geboten ist."[175]

Dabei sind strenge Anforderungen an das Vorliegen eines besonderen Falles zu stellen, weil durch die Übernahmeerklärung nicht nur die Zuständigkeit des gesetzlichen Richters (Art. 101 GG) begründet, sondern auch in die verfassungsrecht-

---

[168] Amri-Untersuchungsausschuss, Protokoll 95 I, S. 18 (Zeuge *Salzmann*).

[169] Siehe oben, unter Abschn. 8.2.1.

[170] Amri-Untersuchungsausschuss, Abschlussbericht, BT-Drs. 19/30800, S. 571. Vgl. Amri-Untersuchungsausschuss, Protokoll 113 I, S. 18 (Zeuge *Frank*).

[171] Siehe dazu schon oben, Kap. 3, unter Abschn. 3.8.

[172] Amri-Untersuchungsausschuss, Protokoll 12, S. 35.

[173] Amri-Untersuchungsausschuss, Protokoll 12, S. 24.

[174] BGH, NStZ 2008, 146, 148.

[175] BGH, NStZ 2008, 146, 147.

liche Kompetenzverteilung zwischen Bund und Ländern eingegriffen wird.[176] Dies gilt auch dann, „wenn sich die Tat gegen die Bundesrepublik als Gesamtstaat richtet".[177] Um eine besondere Bedeutung bejahen zu können, muss der Fall deutlich aus den Durchschnittsfällen herausstechen.[178]

Zwar ist seit der Reform nach den Anschlägen des sog. NSU eine besondere Bedeutung des Falles gem. § 120 Abs. 1 S. 2 GVG auch dann anzunehmen, wenn eine Ermittlungszuständigkeit des GBA wegen des länderübergreifenden Charakters der Tat geboten erscheint. Doch daraus ergibt sich nicht, dass der GBA bei jeder länderübergreifenden Tat im Sinne des § 120 Abs. 1 S. 1 GVG zuständig ist. Nach Meinung von *Kretschmer* hätte der Fall Amri eine solche Bedeutung gehabt: Wäre die Gefährlichkeit *Amris* damals zutreffend bewertet worden wäre, hätte der GBA das Verfahren an sich ziehen können.[179] Denn *Amri* sei zwischen NRW und Berlin hin- und hergereist und habe sich öfter in Niedersachsen aufgehalten. Darin sei ein länderübergreifender Bezug vorhanden gewesen. Hätte man *Amris* Ankündigungen, sich Waffen zu besorgen und Anschläge zu begehen, nicht abgetan, hätte der GBA, so die Einschätzung von *Kretschmer*, „an sich ziehen müssen, und wenn er es nicht getan hat, dann [...] aus Gründen, die möglicherweise in Kapazitätsgründen seiner eigenen Behörde liegen".[180]

Demgegenüber stellten die Vertreter:innen des GBA im Untersuchungsausschuss für die besondere Bedeutung des Falles nicht die länderübergreifende Natur oder die besondere Gefährlichkeit der potenziellen Attentäter:innen, sondern das angenommene Ausmaß der Rechtsgutsverletzung in den Mittelpunkt ihrer Interpretationen. Grund dafür sei, dass § 89a StGB schon nach der Deliktsnatur nur schwerwiegende Taten umfasse und der konkrete Fall unter diesen Fällen besonders hervorstechen müsse.[181] So erklärte der Zeuge *Salzmann* vom GBA, es müsse ein besonderes Ausmaß bzw. eine besondere Qualität der Rechtsgutverletzung abzusehen sein: Nur bei einer überragenden drohenden Rechtsgutverletzung käme die Zuständigkeit des Bundes infrage.[182] Im Fall Amri habe jedoch keine „einigermaßen konkretisierbare Rechtsgutverletzung" vorlegen, die diesen Anforderungen genügt hätte.[183] Dies sei zu trennen von der Frage nach dem Verdachtsgrad. Auch

---

[176] BGH, NStZ 2008, 146, 147.

[177] BGH, NJW 2009, 1681, 1685 (Rn. 33).

[178] BGH, NStZ 2008, 146, 147–148.

[179] Amri-Untersuchungsausschuss, Protokoll 12, S. 18.

[180] Amri-Untersuchungsausschuss, Protokoll 12, S. 71–72.

[181] Amri-Untersuchungsausschuss, Protokoll 113 I, S. 19 (Zeuge *Frank*).

[182] Amri-Untersuchungsausschuss, Protokoll 97, S. 17 (Zeuge *Salzmann*).

[183] Amri-Untersuchungsausschuss, Protokoll 97, S. 17 (Zeuge *Salzmann*).

ein Anfangsverdacht sei für eine Übernahme ausreichend, sofern sich dieser auf § 129a oder b StGB oder auf einen Fall besonderer Bedeutung nach § 89a StGB beziehe.[184] Bloß vage Andeutungen und eine gegenüber Dritten geäußerte Anschlagsneigung seien nicht ausreichend und würden die Systematik des Gesetzes umkehren.[185]

Auch der Generalbundesanwalt *Frank* stellte heraus, dass bei einer Übernahme von § 89a StGB-Verfahren in der Regel die Schwere der Gefahr der möglichen Straftat entscheidend sei, also ob die Tat in einem möglichst großen Umfeld begangen werden sollte, die Sprengstoffherstellung schon weit fortgeschritten sei und welche Tatmittel eingesetzt und beschafft werden sollten.[186] Relevant sei auch, ob die Mittel für einen Anschlag bereits beschafft worden seien.[187]

Die Ausführungen der Vertreter:innen des GBA stehen im Einklang mit der bereits oben dargestellten ständigen Rechtsprechung des BGH zu den Voraussetzungen einer besonderen Bedeutung des Falles. Ein Beispiel für einen Fall, in dem der GBA ein § 89a StGB-Verfahren aufgrund dessen besonderer Bedeutung an sich gezogen hat, war der rechtsextremistische Anschlagsplan eines 16-Jährigen auf eine Schule in Essen.[188] Das Problem mit der Übernahme im Fall Amri schien darin gelegen zu haben, dass die Sicherheitsbehörden *Amris* Gefährlichkeit unterschätzt haben, sodass der Fall für den GBA unter vergleichbaren Fällen, von denen es nach Aussage des GBA eine Vielzahl gegeben hat, nicht besonders hervorstechen konnte.

8.3 Nachrichtendienste

Auch die Einbindung der Nachrichtendienste im Fall Amri hat in der Aufarbeitung des Breitscheidplatzanschlags große Aufmerksamkeit erfahren. Besondere Relevanz entfaltete dabei die Aufgabenverteilung zwischen BND und BfV (dazu unter Abschn. 8.3.1), aber auch der Informationsaustausch zwischen den Verfassungsschutzbehörden (dazu unter Abschn. 8.3.2).

[184] Amri-Untersuchungsausschuss, Protokoll 95 I, S. 19 (Zeuge *Salzmann*).

[185] Amri-Untersuchungsausschuss, Protokoll 95 I, S. 18 (Zeuge *Salzmann*).

[186] Amri-Untersuchungsausschuss, Protokoll 113 I, S. 17 (Zeuge *Frank*).

[187] Amri-Untersuchungsausschuss, Protokoll 113 I, S. 18 (Zeuge *Frank*).

[188] Generalbundesanwalt beim Bundesgerichtshof (GBA) 2022.

8.3.1 BND und BfV

Im Fall Amri scheinen generelle Unstimmigkeiten zwischen dem BND und dem BfV geherrscht zu haben. Die Oppositionsfraktionen sprechen in ihrem Sondervotum von einem internen „Blame-Game" und gegenseitigen Schuldzuweisungen.[189] So heißt es in einer E-Mail eines Referatsleiters im BND unter Verweis auf ein „(Streit-?)Gespräch" zwischen dem damaligen BfV-Präsidenten *Maaßen* und dem BND-Präsidenten *Kahl*:

> „[B]itte noch einmal darauf hinweisen, dass im Fall Amri unabhängig sehr deutlich festgestellt wurde, wer hier unzureichend informiert wurde. Und auch, dass LKÄ und BKA zunehmend unsere Expertise suchen, weil das Kommunikationsverhalten [des] BfV zu Wünschen lässt."[190]

Der ehemalige BfV-Präsident *Maaßen* wertete dies als „Retourkutsche" des BND, da zuvor Kritik des BfV an BND geübt worden sei.[191] Beide Seiten scheinen die Zusammenarbeit als unzureichend wahrgenommen zu haben. Probleme betrafen insbesondere die Abgrenzung ihrer jeweiligen Zuständigkeiten, die zunächst dargestellt (dazu unter Abschn. 8.3.1.1) und nachfolgend rechtlich eingeordnet und bewertet werden (dazu unter Abschn. 8.3.1.2).

8.3.1.1 Probleme im Fall Amri

Ein Aspekt, an dem die Auswirkung mangelnder Koordination zwischen den beiden Nachrichtendiensten besonders deutlich wird, ist der Umgang beider Behörden mit den sog. Marokko-Hinweisen. Am 02.11.2016 wurden Hinweise aus Marokko, die Erkenntnisse zu *Amris* Gefährlichkeit und ihrerseits weitere Erkenntnisanfragen zum Sachverhalt enthielten, im GTAZ diskutiert.[192] Diese Hinweise waren über den marokkanischen Inlandsnachrichtendienst DGST an das BKA geleitet worden.[193] Ergebnis der Erörterung dieser Hinweise im GTAZ war, dass das BfV die Aktualität dieser Erkenntnisse beim DGST erfragen sollte.[194] Dem kam das BfV nicht nach; stattdessen stellte es eine Nachfrage bei einem anderen ausländischen

---

[189] Amri-Untersuchungsausschuss, Abschlussbericht, BT-Drs. 19/30800, S. 1194.

[190] Zitiert nach Amri-Untersuchungsausschuss, Abschlussbericht, BT-Drs. 19/30800, S. 1194.

[191] Amri-Untersuchungsausschuss, Protokoll 103, S. 83 (Zeuge *Maaßen*).

[192] Siehe auch Amri-Untersuchungsausschuss, Abschlussbericht, BT-Drs. 19/30800, S. 874.

[193] Amri-Untersuchungsausschuss, Abschlussbericht, BT-Drs. 19/30800, S. 777.

[194] Unterrichtung durch das Parlamentarische Kontrollgremium, BT-Drs. 18/12585, S. 12.

Nachrichtendienst.[195] Die Abklärung der Hinweise blieb ohne Ergebnis.[196] Im GTAZ wurde dies nicht noch einmal nachgefasst.[197]

Dieser Sachverhalt sorgte im Zuge der Untersuchungen nach dem Anschlag für Diskussionen darüber, wieso das BfV dazu bestimmt wurde, die Kommunikation bezüglich der Marokko-Hinweise zu übernehmen. So kritisierte das PKGr, dass dem BfV nur eine Zusammenfassung, nicht aber die Originalmeldungen vorgelegen hätten.[198] Es wäre näherliegend gewesen, das BKA oder den BND mit der Kommunikation mit dem DGST zu beauftragen.[199] Zur Begründung dieser Entscheidung führte der Zeuge *Kurenbach* vom BKA aus, dass jedenfalls das BKA deshalb nicht aktiv wurde, weil der DGST eher als Nachrichtendienst zu klassifizieren sei denn als Polizeibehörde.[200] Auch aus seiner Sicht wäre es aber aufgrund der Vorbefassung im Sachverhalt Amri naheliegend gewesen, wenn das BKA oder der BND die diesbezügliche Kommunikation übernommen hätte.[201]

In der Bewertung des Untersuchungsausschusses wurde jedoch nicht nur das BfV kritisiert, sondern vor allem der BND in die Verantwortung genommen: Dieser habe das BfV nicht über seine Kommunikation mit den marokkanischen Behörden informiert, habe entgegen der vorhandenen Kooperationsvereinbarung die Originalmitteilungen nicht an das BfV übermittelt und beim BfV nicht nachgehakt, was das Ergebnis dessen Prüfung sei.[202] Die Bundestagsfraktionen der FDP, Bündnis 90/Die Grünen und Die Linke bewerteten es gar als „schwerwiegende[n] Fehler", dass nicht der BND die Kommunikation übernommen hat.[203]

Anders argumentierte BND-Präsident *Kahl*. Er betonte zwar, dass die Kooperation mit ausländischen Nachrichtendiensten Sache des BND sei; die Delegierung der Aufgabe an das BfV sei aber als Ersparnis eines Arbeitsschritts und Effizienzgewinn zu werten: Ansonsten hätte der BND an das DGST herantreten und die dort gesammelten Informationen dann an das BfV übermitteln müssen:

---

[195] Die Nachfrage erfolgte bei einem amerikanischen Nachrichtendienst, vgl. Amri-Untersuchungsausschuss, Protokoll 103, S. 39.

[196] Amri-Untersuchungsausschuss, Protokoll 16, S. 26 (Zeuge *Jost*).

[197] Amri-Untersuchungsausschuss, Abschlussbericht, BT-Drs. 19/30800, S. 737. Vgl. Amri-Untersuchungsausschuss, Protokoll 37, S. 27 (Zeugin *Petra M.*).

[198] Unterrichtung durch das Parlamentarische Kontrollgremium, BT-Drs. 18/12585, S. 12.

[199] Unterrichtung durch das Parlamentarische Kontrollgremium, BT-Drs. 18/12585, S. 12.

[200] Amri-Untersuchungsausschuss, Protokoll 86, S. 143 (Zeuge *Kurenbach*).

[201] Amri-Untersuchungsausschuss, Protokoll 86, S. 139–141 (Zeuge *Kurenbach*).

[202] Amri-Untersuchungsausschuss, Abschlussbericht, BT-Drs. 19/30800, S. 1113.

[203] Amri-Untersuchungsausschuss, Abschlussbericht, BT-Drs. 19/30800, S. 1193.

> „In einem Team, was so eng einen Fall bearbeitet, kann man dann, finde ich, auch einen solchen Arbeitsschritt ersparen. Also, ich würde sagen, das war eine Entscheidung aus Gründen der Schnelligkeit, der Effizienz, der Vermeidung von Reibungsverlusten."[204]

Zur grundsätzlichen Verteilung der Verantwortlichkeiten für die Kommunikation mit ausländischen Nachrichtendiensten erklärte *Kahl* darüber hinaus, er könne sich vorstellen, dass für die Kommunikation mit Nicht-EU-Staaten eher der BND gefragt werden würde.[205] Der BND sei auch grundsätzlich für die Kommunikation mit ausländischen Nachrichtendiensten tätig, es gäbe aber Ausnahmen. So käme es auch darauf an, welcher Nachrichtendienst in einem bestimmten Sachverhalt engeren Kontakt zu den betreffenden ausländischen Nachrichtendiensten habe.[206] Einen Organisationserlass, in dem die Zuständigkeiten für die Kommunikation mit ausländischen Nachrichtendiensten explizit geregelt würde, gäbe es nicht.[207]

8.3.1.2 Rechtliche Einordnung und Bewertung

Das Vorgehen, dem BfV die Kommunikation mit dem marokkanischen Geheimdienst zu überlassen, erscheint auf dem ersten Blick kontraintuitiv. Grundsätzlich handelt es sich bei dem BND um den Auslandsnachrichtendienst, bei dem BfV um den Inlandsnachrichtendienst.[208] Allerdings unterscheiden sich die beiden Nachrichtendienste zwar in ihrem Aufklärungsziel, nicht aber in ihrem Aufklärungsgebiet.[209] So kann auch im Ausland „ausschließlich *über das Inland* aufgeklärt werden".[210] Als Annex zu der jeweiligen Aufgabe[211] darf damit auch das BfV im Ausland aufklären, wenn Bezüge zum Inland bestehen und der BND im Inland, wenn Auslandsbezüge bestehen.[212] Dadurch können sich Überschneidungen zwischen den beiden Diensten ergeben.[213]

---

[204] Amri-Untersuchungsausschuss, Protokoll 107 I, S. 98.

[205] Amri-Untersuchungsausschuss, Protokoll 107 I, S. 98.

[206] Amri-Untersuchungsausschuss, Protokoll 107 I, S. 99.

[207] Amri-Untersuchungsausschuss, Protokoll 107 I, S. 98.

[208] Siehe dazu schon oben, Kap. 3, unter Abschn. 3.5 und 3.6.

[209] Siehe Warg 2019, S. 127–128.

[210] Warg 2019, S. 128 Vgl. Gusy 2019, Rn. 24.

[211] Warg 2019, S. 128.

[212] Siehe §§ 3, 5 i. V. m. § 9 Abs. 2 Nr. 4 G10 und § 3 BVerfSchG. Vgl. Droste 2007, S. 29, 162.

[213] Vgl. Warg 2019.

Überschneidung bestehen auch bezüglich des spezifischen Falls der Kommunikation mit ausländischen Nachrichtendiensten: Nach § 5 Abs. 5 BVerfSchG obliegt dem BfV der Dienstverkehr mit den zuständigen öffentlichen Stellen anderer Staaten, der für seine Aufgaben nach § 3 BVerfSchG erforderlich ist. Aufgrund der systematischen Auslegung ist zwar anzunehmen, dass diese Feststellung insbesondere der Abgrenzung zu den Zuständigkeiten der Landesbehörden (die im nächsten Satz beschrieben werden) gewidmet ist. Dennoch wird das BfV damit auch zur Kommunikation mit ausländischen Nachrichtendiensten ermächtigt. Auf der anderen Seite ergibt sich für den BND aus verschiedenen Vorschriften die Befugnis zur internationalen Kooperation, insbesondere aus § 28 und § 30 BNDG, die den Datenaustausch mit ausländischen Stellen regeln. Auch darf der BND nach §§ 13 ff BNDG gemeinsame Dateien mit ausländischen Stellen unterhalten und ist nach den §§ 31 ff. BNDG zu Kooperation mit diesen berechtigt.

Diese Zuständigkeitsüberschneidungen zwischen den beiden Diensten lassen sich nicht im Sinne einer Hierarchie auflösen. Ein Primat des einen oder anderen Nachrichtendienstes ist nicht erkennbar, da beide Dienste verschiedene Aufgaben verfolgen und verschiedenen Bundesministerien unterstellt sind. Allein aus der Tatsache, dass der BND als „Auslandsnachrichtendienst" verstanden wird, kann sich kein Vorrang für den BND ergeben, wenn ein Sachverhalt auch Inlandsbezüge aufweist und ein Tätigwerden nach außen erforderlich macht.

Die Hinweise aus Marokko enthielten die Information, dass *Amri* Deutschland für ein „Land der Ungläubigen, die seine Brüder erpressen" halte und er ein „Projekt" ausführe, über das er nicht sprechen wolle.[214] Auch sollen die marokkanischen Behörden *Amri* als „Islamonauten" (*„islamonaute*"), also als „Cyberislamist", bezeichnet haben und weiterführende Erkenntnisse zu einem Marokkaner, einem Franko-Marokkaner und zu *Amri* erbeten haben.[215]

Die Mitteilungen des DGST bezogen sich daher einerseits auf *Amris* Kontakte nach Marokko und damit auf Erkenntnisse über das Ausland, die für die Bundesrepublik von sicherheitspolitischer Bedeutung waren. Andererseits hatten sie auch Erkenntnisse über *Amris* Anschlagspläne in Deutschland zum Inhalt und bezogen sich damit zumindest auch auf das Inland. Daher erscheint es kein grundsätzlicher Fehler gewesen zu sein, dass das BfV die Kommunikation übernehmen sollte. Kritikwürdig ist stattdessen, dass das BfV im weiteren Verlauf dann nicht mit dem DGST, sondern mit einem anderen Nachrichtendienst Kontakt aufgenommen hat und dass der Vorgang nicht noch einmal im GTAZ besprochen wurde. Außerdem wäre ein Organisationserlass zu begrüßen gewesen, um die Zuständigkeitsauf-

[214] Amri-Untersuchungsausschuss, Abschlussbericht, BT-Drs. 19/30800, S. 777.

[215] Amri-Untersuchungsausschuss, Abschlussbericht, BT-Drs. 19/30800, S. 777.

teilung zwischen BfV und BND deutlich zu regeln. Insgesamt erscheint die Aufteilung in innere und äußere Sicherheit gerade für Fälle wie diesen, in denen sich beide Aspekte vermischen, nicht mehr zeitgemäß.

8.3.2 BfV und LfV Berlin

Auch der Informationsfluss zwischen dem BfV und dem LfV Berlin hat in der Aufarbeitung Kritik erfahren. Das BfV führte eine Vertrauensperson in der Berliner Fussilet-Moschee, in der sich *Amri* und wichtige Kontaktpersonen regelmäßig aufhielten.[216] Diese Information erreichte vor dem Anschlag jedoch weder das zuständige Referat im Berliner LfV[217] noch das LKA Berlin.[218] Auch im GTAZ wurde diese Information nicht geteilt, was etwa vom Leiter des Dezernats für die Bekämpfung des islamistischen Terrorismus im LKA Berlin, *B.*, bemängelt wurde.[219] Die Zeug:innen *R. H.* und *Fest* vom LfV Berlin machten zudem geltend, das BfV hätte sie sogar aufgrund von Regelungen im Verfassungsschutzgesetz informieren müssen.[220] Dies sei immer dann erforderlich, wenn dem BfV Erkenntnisse vorliegen, die Bezug zu einem bestimmten Land aufweisen und das BfV daraufhin in diesem Land tätig werden will.[221]

In der Tat hat das BfV die Landesbehörden für Verfassungsschutz gem. § 5 Abs. 2 S. 2 BVerfSchG über die Auswertung von Erkenntnissen über verfassungsfeindliche Bestrebungen und Tätigkeiten zu unterrichten. Die Vorschrift verweist hierfür auf § 6 Abs. 1 S. 1 BVerfSchG, wonach sich die Landesbehörden für Verfassungsschutz und das BfV unverzüglich die für ihre Aufgaben relevanten Informationen, einschließlich der Erkenntnisse ihrer Auswertungen, übermitteln.

Unter für die Aufgabenerfüllung relevanten Informationen versteht man alle Informationen, „die für die andere Verfassungsschutzbehörde möglicherweise erheblich sind".[222] Die Hürde hierfür ist gering. Im Zweifelsfall muss von einer Relevanz ausgegangen und die Informationen übermittelt werden.[223] Nur offensichtlich un-

[216] Vgl. Amri-Untersuchungsausschuss, Abschlussbericht, BT-Drs. 19/30800, S. 934.

[217] Amri-Untersuchungsausschuss, Abschlussbericht, BT-Drs. 19/30800, S. 934.

[218] Amri-Untersuchungsausschuss, Protokoll 39, S. 108.

[219] Amri-Untersuchungsausschuss, Protokoll 39, S. 108.

[220] Amri-Untersuchungsausschuss, Protokoll 103, S. 141, 178.

[221] Amri-Untersuchungsausschuss, Protokoll 103, S. 178 (Zeuge *H.*)

[222] Roth 2019, Rn. 9.

[223] Roth 2019, Rn. 11.

erhebliche Informationen müssen nicht übermittelt werden.[224] Dabei beziehen sich Übermittlungsverbote, etwa aus Quellenschutzgründen, die in § 23 BVerfSchG genannt sind, nicht auf die Übermittlungspflichten zwischen den Verfassungsschutzbehörden nach § 6 Abs. 1 BVerSchG.

Dass eine Vertrauensperson des BfV an einem Ort eingesetzt wird, für den auch das Landesamt für Verfassungsschutz zuständig ist und der im Fokus der Sicherheitsbehörden stand, kann keinesfalls als offensichtlich unerheblich angesehen werden. Im Gegenteil war die Information sogar sehr relevant für die Berliner Verfassungsschutzbehörde. Das BfV hätte das LfV Berlin daher darüber informieren müssen, dass es eine Vertrauensperson in der Fussilet-Moschee führte. Die beiden Zeug:innen vom LfV Berlin berichteten, die gegenseitige Unterrichtung funktioniere auch in der Regel gut.[225] In diesem Falle wurde der bestehende Mechanismus jedoch nicht genutzt.[226]

8.4 Kooperationsmechanismen

Die bereits aufgezeigten Mängel in der Koordination und dem Informationsaustausch der Sicherheitsbehörden haben nicht zwingend ihren Ursprung darin, dass hierfür keine institutionellen Rahmen gegeben sind. Die auch im Jahr 2016 bestehenden Möglichkeiten wurden jedoch im Fall Amri unzureichend genutzt, wie nachstehend für das GTAZ (dazu unter Abschn. 8.4.1) und die Antiterrordatei (dazu unter Abschn. 8.4.2) aufgezeigt wird.

8.4.1 Gemeinsame Zentren

Auf der Grundlage der Vereinbarung zur Einrichtung von Informations- und Analysezentren zum islamistischen Terrorismus in Berlin vom 28.10.2004 wurde das GTAZ gegründet.[227] Dieses Zentrum dient als Informationsplattform, mithilfe derer sich die Vertreter:innen der Sicherheitsbehörden austauschen können und

[224] Roth 2019, Rn. 11.

[225] Amri-Untersuchungsausschuss, Protokoll 103, S. 178 (Zeuge *H.*)

[226] Amri-Untersuchungsausschuss, Protokoll 103, S. 178 (Zeuge *H.*)

[227] Vgl. Wissenschaftliche Dienste des Deutschen Bundestages 2018, S. 4.

sollen.[228] In dem Zentrum finden lediglich Beratungen statt; Weisungsmöglichkeiten, etwa des BKA oder des GBA, bestehen nicht.[229]

Amri wurde insgesamt dreizehn Mal im GTAZ thematisiert.[230] Mit den Worten des Sonderbeauftragten *Jost* war zur selben Zeit „kaum jemand oder niemand so intensiv behandelt und bearbeitet worden wie Amri".[231] Trotzdem ist es nicht zu einer koordinierten Antwort auf die durch *Amri* ausgehenden und teils falsch beurteilten Gefährdung gekommen. Die Abläufe im GTAZ wurden von den Bundestagfraktionen Bündnis 90/Die Grünen, die FDP und Die Linke gar als „[k]ollektive Verantwortungslosigkeit" bezeichnet.[232]

Kern des Problems war offenbar, dass nach der Verteilung von Aufträgen im GTAZ nicht nachgeprüft wurde, wie sich die besprochenen Sachverhalte entwickelten.[233] So wurde nach der Auswertung des Handys, das bei der Kontrolle *Amris* am ZOB am 18.02.2016 gefunden wurde, die dadurch gewonnenen Erkenntnisse zwischen Februar und November 2016 nicht mehr thematisiert, weder durch das BKA, noch aufgrund von Rückfragen seitens Berlin oder NRW.[234] Auch im Falle der Hinweise aus Marokko unterblieb eine Weiterverfolgung des Sachverhalts und ein Aufbereiten etwaiger Ergebnisse.[235] Bestimmte Informationen, etwa dass das BfV eine Quelle in der Berliner Fussilet-Moschee führte, wurden überhaupt nicht weitergegeben.[236]

Jost erklärte in seiner Aussage vor dem Untersuchungsausschuss, dass die dem GTAZ zugewiesene Rolle einer Informationsbörse mit einem schnellen, unkomplizierten und informellen Informationsaustausch im Fall Amri zumindest nach Aktenlage nicht zufriedenstellend erfüllt worden sei.[237] Er habe nicht den Ein-

[228] Vgl. zum GTAZ auch schon oben, Kap. 3, unter Abschn. 3.11.2.

[229] Vgl. Amri-Untersuchungsausschuss, Protokoll 22 I, S. 12 (Zeuge *Siebertz*).

[230] Vgl. Amri-Untersuchungsausschuss, Abschlussbericht, BT-Drs. 19/30800, S. 1082–1084.

[231] Amri-Untersuchungsausschuss, Protokoll 16, S. 76 (Zeuge *Jost*). Vgl. Amri-Untersuchungsausschuss, Abschlussbericht, BT-Drs. 19/30800, S. 732.

[232] Amri-Untersuchungsausschuss, Abschlussbericht, BT-Drs. 19/30800, S. 1173.

[233] Amri-Untersuchungsausschuss, Protokoll 16, S. 75–76 (Zeuge *Jost*). Vgl. auch Amri-Untersuchungsausschuss, Abschlussbericht, BT-Drs. 19/30800, S. 748; Amri-Untersuchungsausschuss Berlin, Bericht, AGH-Drs. 18/4000, S. 916.

[234] Amri-Untersuchungsausschuss, Protokoll 16, S. 75–76 (Zeuge *Jost*). Vgl. auch Amri-Untersuchungsausschuss, Abschlussbericht, BT-Drs. 19/30800, S. 748.

[235] Amri-Untersuchungsausschuss, Abschlussbericht, BT-Drs. 19/30800, S. 737.

[236] Vgl. Amri-Untersuchungsausschuss, Abschlussbericht, BT-Drs. 19/30800, S. 750–751 In Bezug auf diesen konkreten Aspekt spielten freilich auch Gesichtspunkte des Quellenschutzes eines Rolle.

[237] Amri-Untersuchungsausschuss, Protokoll 16, S. 75–76.

druck gehabt, dass die weitere Nichtbefassung mit den Handydaten ein Einzelfall gewesen sei, vielmehr seien auch der zunehmende Rauschgifthandel *Amris* und die Schlägerei in der Shisha-Bar nicht thematisiert worden.[238] Der Leiter des Berliner LKA *Steiof* bewertete die Etablierung des GTAZ als grundsätzlich positiv, aber zog den Schluss, dass im Fall Amri „eigentlich alles schiefgegangen [ist], was schiefgehen kann an Kooperation" und dass man das Gefühl bekommen könne, es sei hierbei zu einer „organisierte[n] Unzuständigkeit und Unverantwortung, und zwar von mehreren Seiten" gekommen.[239]

Zum Teil wurde vorgebracht, das BKA hätte den Fall Amri im GTAZ leiten sollen.[240] Darüber hinaus wurde kritisiert, dass zum Teil nicht alle Akteure in Diskussionen einbezogen oder ihren Einschätzungen kein Vertrauen entgegengebracht wurde. Der Zeuge *M.* vom LKA NRW kritisierte etwa, dass die Vertreter:innen der anderen Sicherheitsbehörden die Glaubwürdigkeit und Glaubhaftigkeit der Aussagen der *VP-01* erheblich angezweifelt hätten, ohne diesbezüglich Rücksprache mit dem LKA NRW zu halten, das die *VP-01* als Quelle führte.[241] Überdies berichtete *M.*, man habe sich im LKA NRW gewünscht, dass im GTAZ auch die Führungsebene (d. h. Vertreter:innen aus dem höheren Dienst) des LKA Berlin teilgenommen hätten, um die grundsätzliche Vorgehensweise zu besprechen. Dies sei (über die Führungsebene im LKA NRW) vielfach an das LKA Berlin kommuniziert worden, ohne, dass man diesem Wunsch nachgekommen sei.[242] Während der Berliner LKA-Vertreter dies damit erklärte, dass Sachbearbeiter:innen eine bessere Kenntnis der konkreten Fälle hätten,[243] hielt man dies im LKA NRW für nicht nachvollziehbar.[244] Im Ergebnis resümierten die Bundestagsfraktionen FDP, Die Linke und Bündnis 90/Die Grünen insoweit, dass der Anschlag „mit großer Wahrscheinlichkeit" hätte verhindert werden können, wenn man gerade auch im GTAZ den Einschätzungen des LKA NRW mehr Beachtung geschenkt hätte.[245]

[238] Amri-Untersuchungsausschuss, Protokoll 16, S. 75–76.

[239] Amri-Untersuchungsausschuss, Protokoll 41b, S. 26. Vgl. auch Amri-Untersuchungsausschuss, Abschlussbericht, BT-Drs. 19/30800, S. 747.

[240] Amri-Untersuchungsausschuss, Abschlussbericht, BT-Drs. 19/30800, S. 1162 (Gemeinsames Sondervotum der Fraktionen FDP, Die Linke und Bündnis 90/Die Grünen).

[241] Amri-Untersuchungsausschuss, Protokoll 69, S. 54.

[242] Amri-Untersuchungsausschuss, Protokoll 69, S. 84.

[243] Amri-Untersuchungsausschuss, Protokoll 69, S. 128 (Zeuge *C.*).

[244] Amri-Untersuchungsausschuss, Protokoll 69, S. 84 (Zeuge *M.*).

[245] Amri-Untersuchungsausschuss, Abschlussbericht, BT-Drs. 19/30800, S. 1163. Vgl. auch Amri-Untersuchungsausschuss NRW, Schlussbericht, LT-Drs. 17/16890, S. 509.

8.4.2 Gemeinsame Datenbanken

Vertreter:innen verschiedener Sicherheitsbehörden erläuterten vor dem Untersuchungsausschuss zudem, dass die Antiterrordatei, die eigentlich für einen schnellen Zugriff auf Daten über islamistische Gefährder:innen geschaffen wurde, im Fall Amri nicht oder nur sporadisch genutzt wurde.[246] Auf die beim BKA geführte und mit Auswerte- und Analysefunktionen ausgestattete Datei haben neben dem BKA insbesondere auch die Landeskriminalämter sowie die Nachrichtendienste des Bundes und der Länder Zugriff.[247] Sie soll, wie das BVerfG in seiner Antiterrordatei-Entscheidung erläutert hat, dem erleichterten Informationsaustausch dienen und den Sicherheitsbehörden „in erster Linie schnell und einfach Kenntnis darüber verschaffen, ob bei anderen Sicherheitsbehörden relevante Informationen zu bestimmten Personen aus dem Umfeld des internationalen Terrorismus vorliegen".[248] Damit soll die Antiterrordatei „Vorinformationen vermitteln, mit denen diese Behörden schneller und zielführender Informationsersuchen bei anderen Behörden stellen können und die in dringenden Fällen auch eine erste handlungsleitende Gefahreneinschätzung ermöglichen".[249]

Amri wurde erst am 07.09.2016 vom BfV als Gefährder in die Antiterrordatei eingetragen.[250] Die Zeugen *B.* und *Steiof* vom LKA Berlin kritisierten, *Amris* Daten hätten deutlich früher in die Antiterrordatei eingetragen werden müssen.[251] *Steiof* bezeichnete die Eintragung als „Standardmaßnahme für Gefährder", die grundsätzlich bei der Ersteinstufung – nach seiner Auffassung also durch das LKA NRW – hätte erfolgen müssen.[252] Auch von den über einhundert Kontaktpersonen *Amris* wurden nur vereinzelte Personen in der Datei geführt.[253]

---

[246] Amri-Untersuchungsausschuss, Abschlussbericht, BT-Drs. 19/30800, S. 1191 (Gemeinsames Sondervotum der Fraktionen FDP, Die Linke und Bündnis 90/Die Grünen). Siehe z. B. Amri-Untersuchungsausschuss, Protokoll 41b, S. 24 (Zeuge *Steiof*) und (Zeuge *K.*); Amri-Untersuchungsausschuss, Protokoll 69, S. 98 (Zeuge *M.*).

[247] Daneben sind auch die Bundespolizei, der MAD und das Zollkriminalamt beteiligt, § 1 Abs. 1 ATDG. Vgl. auch § 1 Abs. 1 RED-G.

[248] BVerfGE 133, 277, 321 (Rn. 106) (Antiterrordateigesetz).

[249] BVerfGE 133, 277, 321 (Rn. 106) (Antiterrordateigesetz).

[250] Amri-Untersuchungsausschuss, Abschlussbericht, BT-Drs. 19/30800, S. 834.

[251] Amri-Untersuchungsausschuss, Protokoll 39, S. 114 (Zeuge *B.*); Amri-Untersuchungsausschuss, Protokoll 41b, S. 25 (Zeuge *Steiof*).

[252] Amri-Untersuchungsausschuss, Protokoll 41b, S. 25 (Zeuge *Steiof*);

[253] Vgl. Amri-Untersuchungsausschuss, Protokoll 69, S. 99 (Zeuge *M.*).

Nach § 2 Abs. 1 lit. a ATDG sind die beteiligten Behörden dazu verpflichtet, bereits erhobene Daten nach § 3 Abs. 1 ATDG in der Antiterrordatei zu speichern, wenn sie über polizeiliche oder nachrichtendienstliche Erkenntnisse verfügen, aus denen sich tatsächliche Anhaltspunkte für Straftaten nach §§ 129a, 129b StGB ergeben und die Aufklärung oder Bekämpfung des internationalen Terrorismus mit Bezug zur Bundesrepublik Deutschland erforderlich ist. Aufgrund des Wortlauts scheint die Tatbestandsschwelle recht niedrig, da die Eintragung von der Einordnung bzw. der Bewertung der Behörden abhängig ist.[254] Aufgrund des betroffenen Rechts auf informationelle Selbstbestimmung aus Art. 2 Abs. 1 GG i. V. m. Art. 1 Abs. 1 GG ist die Eintragung aber nur dann zulässig, wenn Eintragung für Aufgabenerfüllung zwingend erforderlich ist.[255] Dies ist dann der Fall,

> „wenn die diese nutzenden Behörden im Einzelfall das in § 1 Abs. 1 verankerte Ziel einer Aufklärung oder Bekämpfung des internationalen Terrorismus mit Bezug zur Bundesrepublik Deutschland ohne die (weitere) Datenspeicherung jenseits eigener Datenbestände in der gemeinsamen ATD nicht, nicht vollständig oder nicht in angemessener Zeit erfüllen könnten."[256]

Stellt die Behörde fest, dass diese Voraussetzungen vorliegen, steht ihr kein Ermessen zu. Sie ist dann verpflichtet, die entsprechenden Daten einzutragen.[257]

Wieso das LKA NRW, das die Gefährlichkeit *Amris* zutreffend als hoch bewertete, einen Eintrag in die Antiterrordatei unterließ, erklärt der Abschlussbericht des Untersuchungsausschusses damit, dass *Amri* zwar im Februar 2016 zunächst in NRW als Gefährder eingestuft worden war, diese Einstufung aber schon im März 2016 wieder aufgehoben wurde. In der Folge waren die Berliner Behörden zuständig, sodass das „LKA NRW erst wieder am 10.05.2016 – nach der neuerlichen Einstufung Amris als Gefährder in NRW – beauftragt wurde, die Prüfung und Bewertung durchzuführen".[258]

Somit hing die fehlende Eintragung in der Antiterrordatei offenbar damit zusammen, dass *Amri* häufiger seinen Lebensmittelpunkt gewechselt hatte. Da die notwendigen Informationen für die Bewertung seiner Person als Gefährder insbesondere aus NRW und Berlin nicht zusammengeführt wurden, konnte *Amri* so seiner zeitnahen Eintragung entgehen. Wegen seines Aufenthalts in Berlin scheint es demnach so gewesen zu sein, dass das LKA NRW zwischenzeitlich nicht die notwendigen Informationen hatte, um die Eintragung *Amris* vorzunehmen.

[254] Arzt 2019, Rn. 5–7.

[255] Arzt 2019, Rn. 8.

[256] Arzt 2019, Rn. 8.

[257] Kutzschbach 2017, Rn. 128.

[258] Amri-Untersuchungsausschuss, Abschlussbericht, BT-Drs. 19/30800, S. 834.

Allerdings hätte das LKA NRW die bereits vorliegenden Informationen nach § 27 Abs. 1 PolG NRW an das LKA Berlin übermitteln können, um eine Eintragung *Amris* in die Antiterrordatei voranzubringen bzw. Klarheit bezüglich der Eintragungspflicht zu schaffen. Im Übrigen hat das System, wonach Gefährder:innen immer nur in dem Bundesland als Gefährder:in eingetragen werden, in dem sie aktuell ihren Lebensmittelpunkt haben, zurecht Kritik erfahren.[259] Dass dadurch die Eintragung in der Antiterrordatei verzögert werden kann, läuft deren Zweck gerade entgegen. Ihre mangelnde Nutzung im Fall Amri hat sogar dazu geführt, dass sich die Oppositionsfraktionen in ihrem Sondervotum für die Abschaffung der Antiterrordatei ausgesprochen haben.[260]

8.5 Bereichsübergreifender Informationsaustausch

Neben dem teils unzureichenden Informationsaustausch zwischen den Landeskriminalämtern hat die Arbeit des Untersuchungsausschusses auch Schwächen in der bereichsübergreifenden Zusammenarbeit zwischen Polizeibehörden, Justizbehörden und Nachrichtendiensten aufgezeigt. Wie nachfolgend im Einzelnen dargelegt wird, zeigen sich derartige Schwächen insbesondere in der Zusammenarbeit zwischen Polizeibehörden und Nachrichtendiensten (dazu unter Abschn. 8.5.1), aber auch an dem spezifischen Fall einer unterbliebenen Informationsübermittlung durch das LfV Mecklenburg-Vorpommern an die relevanten Sicherheitsbehörden (dazu unter Abschn. 8.5.2). Darüber hinaus stieß im Untersuchungsausschuss auch die Zusammenarbeit zwischen dem LKA und der GenStA Berlin (dazu unter Abschn. 8.5.3) sowie das „Erkaltenlassen" von Gefährder:innen (dazu unter Abschn. 8.5.4) auf Kritik.

8.5.1 Kritikwürdige Zusammenarbeit zwischen Polizeibehörden und Nachrichtendiensten

An der Zusammenarbeit zwischen Polizeibehörden und Nachrichtendiensten im Fall Amri wurde unter anderem bemängelt, dass das BfV (aber auch das BKA) die Landeskriminalämter bei der bereits erwähnten Auswertung des am 18.02.2016 am

---

[259] Amri-Untersuchungsausschuss, Protokoll 12, S. 77 (Zeuge *Kretschmer*).

[260] Amri-Untersuchungsausschuss, Abschlussbericht, BT-Drs. 19/30800, S. 1191 (Gemeinsames Sondervotum der Fraktionen FDP, Die Linke und Bündnis 90/Die Grünen); ebd., S. 1258 (Schlussfolgerungen der FDP-Fraktion).

ZOB beschlagnahmten Handys nicht unterstützte.[261] Außerdem unterblieb nach der Auswertung eine Übermittlung von Informationen mit Auslandsbezug an den BND.[262] Nach der Ansicht des PKGr blieben dadurch Informationsmöglichkeiten ungenutzt.[263] Das PKGr sah den Informationsfluss zwischen Polizeibehörden und Nachrichtendiensten im Fall Amri generell als defizitär an:

> „Im Verfassungsschutzverbund und beim BfV hätte es weitere Ansätze für Aufklärungsmaßnahmen gegen AMRI geben können. Diese sind nicht von federführenden Strafverfolgungsbehörden angefordert, allerdings auch nicht eigenständig angeboten worden. Auch bei polizeilicher Zuständigkeit muss der Informationsfluss zu den Nachrichtendiensten sichergestellt sein. Umgekehrt entbindet eine polizeiliche Federführung die Nachrichtendienste nicht davon, ihre spezifischen Fähigkeiten im Rahmen der gesetzlichen Möglichkeiten einzubringen."[264]

Darüber hinaus wurde dem LfV Berlin auch nicht mitgeteilt, dass das LKA Berlin eine Kamera gegenüber der Fussilet-Moschee installiert hatte.[265] Der Untersuchungsausschuss des Berliner Abgeordnetenhauses kam daher auch zu dem Schluss, „dass der Berliner Verfassungsschutz und die Polizei im Fall Amri in ihren jeweiligen Zuständigkeitsbereichen kaum den gegenseitigen Austausch suchten".[266] Insgesamt war die Zusammenarbeit zwischen Polizeibehörden und Nachrichtendiensten im Fall Amri damit verbesserungswürdig.

8.5.2 Verspätete Informationsübermittlung durch das LfV Mecklenburg-Vorpommern

Auch das LfV Mecklenburg-Vorpommern stand in der Kritik wegen der Nichtweitergabe von Informationen im Zeitraum nach dem Anschlag im Jahr 2017. Trotz der Informationsübermittlungspflicht nach § 20 des Landesverfassungsschutzgesetzes Mecklenburg-Vorpommern (LVerfSchG MV)[267] gab das LfV Mecklenburg-Vorpommern Hinweise nicht weiter, die auf Verbindungen *Amris* in Kreise organi-

[261] Amri-Untersuchungsausschuss, Abschlussbericht, BT-Drs. 19/30800, S. 1084–1085.

[262] Unterrichtung durch das Parlamentarische Kontrollgremium, BT-Drs. 18/12585, S. 14.

[263] Unterrichtung durch das Parlamentarische Kontrollgremium, BT-Drs. 18/12585, S. 14.

[264] Unterrichtung durch das Parlamentarische Kontrollgremium, BT-Drs. 18/12585, S. 14.

[265] Amri-Untersuchungsausschuss, Abschlussbericht, BT-Drs. 19/30800, S. 936.

[266] Amri-Untersuchungsausschuss Berlin, Bericht, AGH-Drs. 18/4000, S. 918.

[267] Gesetz über den Verfassungsschutz im Lande Mecklenburg-Vorpommern vom 11. Juli 2001, GVOBl. S. 261.

sierter Kriminalität in Berlin hindeuteten.[268] Diese Hinweise erhielt das LfV Mecklenburg-Vorpommern im Juni 2017.[269] Die Verantwortlichen argumentierten, aus ihrer Sicht hätten die Voraussetzungen für eine Übermittlungspflicht nicht vorgelegen.[270] Die Weitergabe erfolgte erst am 26.10.2019.[271]

§ 20 Abs. 2 LVerfSchG MV verpflichtet die Verfassungsschutzbehörde, von sich aus Informationen an die Polizeibehörden und die Staatsanwaltschaften zu übermitteln, sofern tatsächliche Anhaltspunkte dafür bestehen, dass die Übermittlung für die Verhinderung oder Verfolgung von Staatsschutzdelikten erforderlich ist. Diese Norm stimmt mit § 20 BVerfSchG überein. In diesem Fall war die Verfolgung von Staatschutzdelikten betroffen, wobei die Informationen nicht *Amri* (der ja bereits verstorben war), sondern mögliche Mittäter:innen oder Beteiligte betrafen.

Tatsächliche Anhaltspunkte für die Erforderlichkeit sind – wie bei § 20 BVerfSchG – dann gegeben, wenn eine nicht geringe Wahrscheinlichkeit für das Entstehen oder die Existenz eines Staatsschutzdelikts besteht, das nach dem Wissen der Behörde bislang weder der bedrohten Person noch den Strafverfolgungs- und Ordnungsbehörden bekannt geworden ist, und wenn die Verhinderung oder Verfolgung der Tat ohne die Übermittlung der Informationen nicht oder nur unter nicht völlig unerheblichen Erschwernissen erfolgen kann.[272]

Mangels Einsicht in die nichtöffentlichen Dokumente kann hier keine abschließende Bewertung vorgenommen werden. Der Generalbundesanwalt *Frank* sah diese Voraussetzungen aber als gegeben an, denn er hätte die Weitergabe der Informationen zumindest an das BKA gerade im Nachgang zu einem terroristischen Anschlag wie denjenigen auf den Breitscheidplatz begrüßt und erwartet.[273]

Durch die Nichtweitergabe der Informationen blieb daher vermutlich wiederum ein gesetzlich vorgeschriebener Mechanismus zur Kooperation ungenutzt.

8.5.3 Defizitäre Zusammenarbeit zwischen LKA Berlin und der GenStA Berlin

Als defizitär wurde auch die Zusammenarbeit zwischen dem LKA und der GenStA Berlin beschrieben. Der Sonderbeauftragte *Jost* formulierte im Rahmen

---

[268] Amri-Untersuchungsausschuss, Abschlussbericht, BT-Drs. 19/30800, S. 936.

[269] Amri-Untersuchungsausschuss, Abschlussbericht, BT-Drs. 19/30800, S. 959–961.

[270] Amri-Untersuchungsausschuss, Abschlussbericht, BT-Drs. 19/30800, S. 962–964.

[271] Amri-Untersuchungsausschuss, Abschlussbericht, BT-Drs. 19/30800, S. 985; vgl. Amri-Untersuchungsausschuss, Protokoll 109 II, S. 13 (Zeuge *S.*)

[272] Bock 2019, Rn. 2.

[273] Amri-Untersuchungsausschuss, Protokoll 113 I, S. 36 (Zeuge *Frank*).

seiner Aussage vor dem Untersuchungsausschuss sogar, es habe keinen „Informationsaustausch, der den Namen verdient hätte", gegeben.[274]

Hintergrund dieser Kritik war vor allem folgender Sachverhalt: Im Sommer 2016 sollte das LKA Berlin die aus der – aufgrund des Anfangsverdachts des Versuchs der Beteiligung *Amris* an einem Tötungsdelikt angeordneten – TKÜ gewonnenen Erkenntnisse zusammenstellen und an die GenStA Berlin übermitteln.[275] Dies ist allerdings nie geschehen. So hat beispielsweise der Leiter des zuständigen Kommissariats im LKA Berlin, *C.*, nicht überprüft, wie viele von *Amris* TKÜ-Protokollen übersetzt wurden und wie viel Material die Dolmetscher:innen verarbeitet hatten.[276] Die TKÜ lief daher zum 21.09.2016 aus.[277]

Der Untersuchungsausschuss sah die Ursache für dieses Versäumnis sowohl auf Seiten des LKA Berlins als auch der GenStA Berlin[278]: Für den Bereich der GenStA wurde festgestellt, dass der Zeuge *Feuerberg* das Ermittlungsverfahren an einen Oberstaatsanwalt der BtM-Abteilung abgab, nachdem sich aus der TKÜ keine Erkenntnisse für den Versuch der Beteiligung an einem Tötungsdelikt ergeben hatten.[279] Keiner der beiden Staatsanwälte prüfte im weiteren Verlauf allerdings, ob das LKA Berlin den Auftrag erledigt hatte,[280] sodass die Observation *Amris* nur an zwanzig Tagen durchgeführt und bereits vor Ende des angeordneten Zeitraums im Juni 2016 faktisch eingestellt wurde.[281] Auch die mögliche Aktenmanipulation im LKA Berlin[282] blieb somit durch die GenStA unbemerkt. Die fehlende Verfolgung der polizeilichen Ermittlungen durch die Staatsanwaltschaft machten es, so der Sonderbeauftragte *Jost*, „fast zwingend, dass Verzögerungen, Fehler und sogar Manipulationen in der polizeilichen Sachbearbeitung bei der Generalstaatsanwaltschaft unbemerkt blieben".[283]

---

[274] Amri-Untersuchungsausschuss, Protokoll 16, S. 61 Vgl. Amri-Untersuchungsausschuss, Abschlussbericht, BT-Drs. 19/30800, S. 714.

[275] Jost 2017b, S. 144; Amri-Untersuchungsausschuss, Abschlussbericht, BT-Drs. 19/30800, S. 1092–1093; Amri-Untersuchungsausschuss, Protokoll 69, S. 143 (Zeuge *C.*).

[276] Jost 2017b, S. 144; Amri-Untersuchungsausschuss, Abschlussbericht, BT-Drs. 19/30800, S. 1092–1093; Amri-Untersuchungsausschuss, Protokoll 69, S. 143 (Zeuge *C.*).

[277] Siehe Amri-Untersuchungsausschuss, Abschlussbericht, BT-Drs. 19/30800, S. 586.

[278] Amri-Untersuchungsausschuss, Abschlussbericht, BT-Drs. 19/30800, S. 1092–1093.

[279] Jost 2017b, S. 123.

[280] Jost 2017b, S. 123.

[281] Jost 2017b, S. 144.

[282] Amri-Untersuchungsausschuss, Abschlussbericht, BT-Drs. 19/30800, S. 681–683.

[283] Jost 2017b, S. 123.

Schließlich ist auch festzuhalten, dass nach den Erkenntnissen des Untersuchungsausschusses die Zusammenarbeit zwischen den Sicherheitsbehörden und den Ausländerbehörden trotz bestehender gesetzlicher Pflichten zum Informationsaustausch[284] und einer entsprechenden Arbeitsgruppe („AG Status“) im GTAZ verbesserungswürdig war.[285] Relevant war dies besonders für die Identifizierung *Amris*, der 16 Aliasidentitäten nutzte, die erst im April 2016 zusammengeführt werden konnten.[286]

8.5.4 „Erkaltenlassen" von Gefährder:innen

Ein wesentlicher Kritikpunkt war zuletzt, dass es keinen reibungslosen Übergang von der Zuständigkeit der Nachrichtendienste als „Frühwarnsysteme“ an die Polizeibehörden und Strafverfolgungsbehörden und dann wieder zurück in die Zuständigkeit der Nachrichtendienste gab.[287] Die Zeugin *H.*, zum damaligen Zeitpunkt vom BfV, beschrieb es als „untypisch“, dass das BfV einen Sachverhalt wieder aufnimmt, nachdem dieser einmal in polizeilicher Zuständigkeit war.[288] Der Zeuge *Beck* vom GBA kritisierte dies als „Erkaltenlassen“ von Gefährder:innen.[289] Es erscheint kritikwürdig, dass keine Zurückführung in die Zuständigkeit der Nachrichtendienste erfolgte, da diese gerade mit der langfristigen Beobachtung von terroristischen Bestrebungen mandatiert sind.[290]

8.6 Zwischenergebnis: Defizite im Fall Amri

Wie die vorgehenden Analysen gezeigt haben, fanden die Sicherheitsbehörden im Fall Amri, ähnlich wie im Fall des sog. NSU, kein einheitliches Vorgehen. Und wie im Rahmen der Zusammenarbeit in der Bekämpfung des sog. NSU ist auch im Fall Amri ein häufig auftretendes Kommunikationsdefizit zwischen den Sicherheitsbehörden zu erkennen. Der Bericht des Untersuchungsausschusses kommt daher

[284] Siehe §§ 18 Abs. 1a, 19 Abs. 1 S. 2 BVerfSchG.

[285] Amri-Untersuchungsausschuss, Protokoll 103, S. 63 (Zeuge *Maaßen*).

[286] Amri-Untersuchungsausschuss, Abschlussbericht, BT-Drs. 19/30800, S. 851; Unterrichtung durch das Parlamentarische Kontrollgremium, BT-Drs. 18/12585, S. 6.

[287] Amri-Untersuchungsausschuss, Abschlussbericht, BT-Drs. 19/30800, S. 1114.

[288] Amri-Untersuchungsausschuss, Protokoll 99, S. 173.

[289] Amri-Untersuchungsausschuss, Protokoll 99, S. 116.

[290] Schoen 2000, S. 86; König 2005, S. 8.

auch zu dem Ergebnis, dass neben individuellen Fehleinschätzungen und Versäumnisse auch „strukturelle Probleme in den zuständigen Behörden verantwortlich waren".[291] *Amri* hat es, wie der Zeuge *R.* vom BKA pointiert beschrieb,

> „ob gewollt oder nicht gewollt [...], in Perfektion geschafft – in Anführungszeichen [...] –, die Schwächen des Föderalismus uns aufzuzeigen, indem er zwei Bundesländer, insbesondere mit Berlin und Nordrhein-Westfalen, [...] frequentiert hat [...], die weiter auseinander – jetzt meine ich nicht, geografisch, sondern von der Organisation her – nicht sein könnten. Nordrhein-Westfalen: perfekt organisiert, großer Staat, gerade was Polizei angeht; Berlin: arm und sexy [...]."[292]

Für die herausgearbeiteten Defizite kommen verschiedene Ursachen in Betracht.[293] Wie diese Fallstudie gezeigt hat und wie nachstehend noch einmal zusammengefasst wird, wurden zum einen bestehende Koordinations- und Kooperationsmechanismen nicht genutzt (dazu unter Abschn. 8.6.1), zum anderen fehlten solche Mechanismen vollständig (dazu unter Abschn. 8.6.2). Darüber hinaus sind Strukturen festzustellen, die die im Fall Amri realisierten Entwicklungen terroristischer Drohungen nicht mehr adäquat abbilden könnten und damit veraltet sind (dazu unter Abschn. 8.6.3).

8.6.1 Unterbliebene Nutzung bestehender Mechanismen

An verschiedenen Stellen dieser Fallstudie wurde deutlich, dass bestehende Kooperations- und Koordinationsmechanismen von den relevanten Sicherheitsbehörden nicht oder nur unzureichend genutzt wurden.[294] Dies betraf insbesondere den defizitären Informationsaustausch (dazu unter Abschn. 8.6.1.1) und die unterlassene Zusammenführung der Erkenntnisse (dazu unter Abschn. 8.6.1.2). Schließlich haben sich auch praktische Probleme herauskristallisiert, die nicht durch neue oder reformierte gesetzliche Regelungen, sondern durch anderweitige politische Maßnahmen und die Sicherheitsbehörden selbst zu lösen sind (dazu unter Abschn. 8.6.1.3).

---

[291] Amri-Untersuchungsausschuss, Abschlussbericht, BT-Drs. 19/30800, S. 1132.

[292] Amri-Untersuchungsausschuss, Protokoll 76, S. 119. Vgl. auch Amri-Untersuchungsausschuss, Abschlussbericht, BT-Drs. 19/30800, S. 1163 (Gemeinsames Sondervotum der Fraktionen FDP, Die Linke und Bündnis 90/Die Grünen).

[293] Dies wurde fraktionsübergreifend anerkannt. Einzig die AfD-Fraktion beschränkte ihre Kritik im Wesentlichen auf die Migrationspolitik der damaligen Regierung und verkennt damit die Komplexität der Defizite, vgl. Amri-Untersuchungsausschuss, Abschlussbericht, BT-Drs. 19/30800, S. 1273 ff., insbesondere S. 1341 f. (Sondervotum der AfD-Fraktion).

[294] Vgl. Ullrich 2021, S. 61.

8.6.1.1 Unzureichender Informationsaustausch

Der Informationsfluss zwischen den Sicherheitsbehörden im Fall Amri war sowohl innerhalb der einzelnen Bereiche als auch bereichsübergreifend unzureichend. Wie die Fallstudie herausgearbeitet hat, wurden Informationen trotz bestehender gesetzlicher Pflichten zur Übermittlung von Erkenntnissen, den gemeinsamen Sitzungen im GTAZ und der Pflicht zur Eintragung von Daten in der Antiterrordatei verschiedenfach nicht geteilt. Insbesondere erfolgte im GTAZ keine Kontrolle, ob die vereinbarten Schritte auch tatsächlich umgesetzt wurden. Absprachen zwischen den beteiligten Behörden, etwa zwischen dem LKA Berlin und dem LKA NRW bezüglich des Ergreifens ausschließlich verdeckter Maßnahmen gegen *Amri*, waren entweder nicht deutlich genug oder wurden nicht eingehalten. Auch das BfV versäumte es, die Inhalte von *Amris* beschlagnahmten Handy an den BND weiterzugeben, so wie der BND die marokkanischen Mitteilungen nicht an das BfV übermittelte, obwohl man sich im GTAZ auf die Prüfung durch das BfV verständigt hatte.[295] Auch der Untersuchungsausschuss des Berliner Abgeordnetenhauses stellte fest, „dass der Austausch zwischen den Sicherheits- und Justizbehörden im Fall Amri nicht in ausreichendem Maß erfolgte“.[296]

Der Fall Amri hat verdeutlicht, dass die Vielzahl an Zuständigkeiten problematisch ist, wenn der Austausch und Informationsfluss zwischen den unterschiedlichen Behörden nicht strukturiert und verlässlich abläuft und wenn im Falle von Überschneidungen nicht klare Absprachen getroffen werden, welche Behörde für welche Maßnahme die Verantwortung übernimmt.

8.6.1.2 Unterlassene Zusammenführung der Erkenntnisse

Auch blieben Möglichkeiten zur Zusammenführung gesammelter Erkenntnisse ungenutzt, obwohl eine Übernahme der Ermittlungen durch das BKA möglich gewesen wären. Dadurch fehlte eine einheitliche Federführung, die für ein koordiniertes Vorgehen wünschenswert gewesen wäre.[297]

Bezüglich der rechtlichen Voraussetzungen für eine Übernahme der Verfahren durch die jeweiligen Akteure, d. h. durch das BKA, die GenStA Berlin und den GBA, kam es im Untersuchungsausschuss zu Diskussionen, die zeigten, dass verschiedene Auffassungen bzw. Unklarheiten bezüglich der Voraussetzungen für eine

[295] Siehe auch Amri-Untersuchungsausschuss, Abschlussbericht, BT-Drs. 19/30800, S. 1263–1264 (Schlussfolgerungen der Fraktion Bündnis 90/Die Grünen).

[296] Amri-Untersuchungsausschuss Berlin, Bericht, AGH-Drs. 18/4000, S. 915.

[297] Vgl. auch Amri-Untersuchungsausschuss, Protokoll 99, S. 88 (Zeuge *Beck*); Amri-Untersuchungsausschuss, Protokoll 74, S. 76 (Zeuge *El-Saghir*); Unterrichtung durch das Parlamentarische Kontrollgremium, BT-Drs. 18/12585, S. 14.

Übernahme bestanden. Dies mag das Zusammenführen von Erkenntnissen verhindert haben, da die entsprechenden Verantwortlichen keine Gewissheit darüber hatten, unter welchen konkreten Umständen der Gesetzgeber ihnen erlaubt, das Verfahren zu übernehmen. Wie die Fallstudie bei der Erörterung der Übernahme durch das BKA aufgezeigt hat, wurde teilweise auch eine Interpretation vorgenommen, die nicht mit der Auslegung der Norm im Einklang stand. Aufgrund dieser Defizite wurde ein koordiniertes Vorgehen erheblich erschwert, obwohl sich die Sicherheitsbehörden seit November 2015 mit *Amri* beschäftigt hatten,[298] und obwohl Möglichkeiten zur Koordination bestanden.

8.6.1.3 Ursachen für die unterbliebene Nutzung

Wie im Fall des sog. NSU haben auch im Fall Amri praktische Probleme die Zusammenarbeit zwischen den Sicherheitsbehörden gehemmt und dazu geführt, dass bestehende Kooperations- und Koordinationsmechanismen nicht genutzt wurden. Eine koordinierte Terrorismusbekämpfung wurde einerseits dadurch erschwert, dass die beteiligten Behörden an ihren unterschiedlichen Einschätzungen zur Gefährlichkeit *Amris* und zu den Erkenntnissen, die durch die *VP-01* gewonnen wurden, festhielten. Ob die vom LKA NRW abweichende Bewertung der *VP-01* durch das BKA tatsächlich einer Anweisung „von ganz oben" folgte, die *VP-01* solle „kaputtgeschrieben" werden, da sie zu viel Arbeit mache, konnte zwar nicht aufgeklärt werden.[299] Jedenfalls schätzte aber auch das LKA Berlin *Amri* lediglich als Kleinkriminellen ein, als er mit dem Konsum von Betäubungsmitteln begann.[300] Die Behörden hielten an ihren jeweiligen Einschätzungen zur Gefährlichkeit *Amris* fest, was dazu führte, dass *Amri,* für den zuletzt des LKA Berlin zuständig war, nicht weiter überwacht wurde und die Anschlagsvorbereitungen nicht erkannt wurden, obwohl das LKA NRW nach wie vor von der Gefährlichkeit *Amris* überzeugt war.[301] Ein intensiverer Austausch zwischen den Behörden bzw. die Bereitschaft, die eigenen Annahmen zu hinterfragen, hätte in diesem Fall möglicherweise zu einer besseren Kooperation und damit zur Verhinderung des Anschlags führen können.

---

[298] Vgl. Amri-Untersuchungsausschuss, Abschlussbericht, BT-Drs. 19/30800, S. 1254 (Schlussfolgerungen der FDP-Fraktion).

[299] Vgl. zu diesem Komplex z. B. Amri-Untersuchungsausschuss, Abschlussbericht, BT-Drs. 19/30800, S. 534 ff., 1072 f., 1157 ff., jeweils m. w. N.

[300] Vgl. Amri-Untersuchungsausschuss, Abschlussbericht, BT-Drs. 19/30800, S. 839–841; Amri-Untersuchungsausschuss, Protokoll 39, S. 52 (Zeuge *B.*).

[301] So antwortete der Zeuge *M.* vom LKA NRW auf die Frage nach seiner ersten Reaktion, als er vom Anschlag erfahren hatte: „Das, was alle meine Kollegen gedacht haben: Lass es nicht Amri sein!". Amri-Untersuchungsausschuss, Protokoll 69, S. 92.

Andererseits hat, wie schon im Fall des sog. NSU, auch im Fall Amri die Überlastung der Sicherheitsbehörden zu Schwächen in der Zusammenarbeit der Sicherheitsbehörden geführt.[302] Für den relevanten Zeitraum soll sich die Zahl der Gefährder:innen, deren Identität zudem häufig ungeklärt war, allein in Berlin im dreistelligen Bereich bewegt haben.[303] Gleichzeitig waren in den Sicherheitsbehörden, besonders im LKA Berlin, nicht ausreichend personelle Kapazitäten vorhanden.[304] Auch das BKA führte die Ressourcenlage als Grund gegen eine Übernahme der Ermittlungen an. Mit mehr Personal wäre es daher möglicherweise zu einer vermehrten Beteiligung in den bestehenden Mechanismen zum Austausch mit anderen Sicherheitsbehörden – auch in Sachen Amri – gekommen.

8.6.2 Unzureichende Kooperations- und Koordinationsmechanismen

Neben der unzureichenden Nutzung von bestehenden Kooperations- und Koordinationsmechanismen fehlten aber auch einige Mechanismen, die ein reibungsloses Zusammenwirken ermöglicht und gefördert hätten. Hierbei lassen sich identifizieren: das Fehlen einheitlicher Standards im Umgang mit Gefährder:innen (dazu unter Abschn. 8.6.2.1), die Abwesenheit klarer Zuständigkeitsabgrenzungen (dazu unter Abschn. 8.6.2.2) sowie der Mangel an einer effektiven Kontrolle der Tätigkeiten der Behörden (dazu unter Abschn. 8.6.2.3).

8.6.2.1 Fehlen einheitlicher Standards im Umgang mit Gefährder:innen

Erstens behinderte das Fehlen einheitlicher, verbindlicher Standards im Umgang mit Gefährder:innen ein koordiniertes Vorgehen der Sicherheitsbehörden. Beispielhaft dafür sind die Unstimmigkeiten zwischen dem LKA Berlin und dem LKA NRW bezüglich *Amris* absprachewidriger Kontrolle am ZOB in Berlin. Auch

[302] Siehe z. B. Amri-Untersuchungsausschuss, Protokoll 39, S. 60 (Zeuge *B.* vom LKA Berlin), der von einem „ständigen Priorisierungsproblem" sprach. Vgl. auch z. B. Amri-Untersuchungsausschuss, Protokoll 69, S. 122 (Zeuge *C.*); Amri-Untersuchungsausschuss, Protokoll 107 I, S. 14, 20 (Zeuge *Münch*); Amri-Untersuchungsausschuss, Protokoll 116, S. 169 (Zeuge *de Maizière*). Siehe ferner Amri-Untersuchungsausschuss, Abschlussbericht, BT-Drs. 19/30800, S. 671 ff., 768. Zeuge *Beck* vom GBA stellte gar fest, die Ressourcenfrage „habe man überall", Amri-Untersuchungsausschuss, Protokoll 99, S. 97.

[303] Amri-Untersuchungsausschuss, Protokoll 57 I, S. 13–14 (Zeuge *Feuerberg*).

[304] Siehe auch Amri-Untersuchungsausschuss Berlin, Bericht, AGH-Drs. 18/4000, S. 913–914.

das „Erkaltenlassen" von Gefährder:innen, also unterlassene Maßnahmen durch die Nachrichtendienste, wenn polizei- und strafrechtliche Maßnahmen ergebnislos bleiben, zählt hierzu. Es wäre daher vorzugswürdig, wenn es verbindliche Vorgaben zum Umgang mit Gefährder:innen gäbe, die die zu ergreifenden Maßnahmen der einzelnen Behörden abstrakt vorgeben (ohne den erforderlichen Spielraum der Behörden im Einzelfall zu negieren).

8.6.2.2 Keine klare Abgrenzung von Zuständigkeiten

Zweitens mangelte es an einer klaren Abgrenzung von Zuständigkeiten. Das wurde etwa an dem Umgang mit der Auswertung der Handydaten *Amris* sowie die Handhabe der Kommunikation mit ausländischen Nachrichtendiensten erkennbar. Für die Kommunikation mit ausländischen Nachrichtendiensten gibt es zum Beispiel keine Organisationserlasse, was dazu führt, dass auf unklarer Einzelfallbasis entschieden wird, wer – also insbesondere ob BND oder BfV – hierfür verantwortlich ist. Dies mag im Einzelfall sinnvoll sein, weil nicht immer alle Nachrichtendienste gleich gute Beziehungen mit ihren ausländischen Konterparts führen oder nicht gleichermaßen in einen Sachverhalt involviert sind. Es birgt jedoch auch die Gefahr, dass – wie im Fall Amri geschehen – eine Aufteilung vorgenommen wird, die nicht zielführend ist, oder sogar Unklarheiten über die Verantwortung bestehen lässt. Dies kann dazu führen, dass die Behörden darauf vertrauen, dass sich schon die jeweils andere Behörde der Aufgabe annehmen wird – und sich am andere kein Akteur für verantwortlich hält. Es erscheint auch unsachgemäß, diese wichtigen Zuständigkeitsentscheidungen, zumindest ohne einen Leitfaden, in das Ermessen der jeweiligen Sachbearbeiter:innen zu stellen.[305] Eine klare Verteilung der Zuständigkeiten oder aber Mechanismen, die einen reibungslosen Austausch und Absprachen garantieren, wären hier vorzuziehen gewesen.[306]

8.6.2.3 Keine effektive Kontrolle der Behördenarbeit

Drittens offenbart der Fall Amri, dass es keine ausreichende interne Qualitätssicherung oder externe Kontrolle gab, die den unzutreffenden Gefährdungsbewertungen durch das BKA und das LKA Berlin hätten entgegenwirken können. So lassen etwa die mangelnde Überprüfung der Auswertung von *Amris* TKÜ-Protokollen,[307]

---

[305] Vgl. Amri-Untersuchungsausschuss, Protokoll 103, S. 33, 39 (Zeuge *Maaßen*).

[306] Vgl auch Amri-Untersuchungsausschuss Berlin, Bericht, AGH-Drs. 18/4000, S. 918–919; Amri-Untersuchungsausschuss, Abschlussbericht, BT-Drs. 19/30800, S. 1132; Amri-Untersuchungsausschuss NRW, Schlussbericht, LT-Drs. 17/16890, S. 509.

[307] Siehe auch Amri-Untersuchungsausschuss Berlin, Bericht, AGH-Drs. 18/4000, S. 922. Vgl. ferner Amri-Untersuchungsausschuss, Protokoll 69, S. 143 (Zeuge *C.*).

oder die Tatsache, dass Vorwürfe der Aktenmanipulation im LKA Berlin[308] überhaupt entstehen konnten, auf Optimierungsbedarf im Bereich der Kontrolle schließen. Darüber hinaus wurde *Amris* Konsum von und Handel mit Betäubungsmitteln fehlinterpretiert und eine Abkehr vom Islamismus angenommen, obwohl die Verbindungen von organisierter Kriminalität und islamistischen Netzwerken nicht unbekannt waren.[309] Eine entsprechende Sensibilisierung durch behördenübergreifende und phänomenbereichsspezifische Schulungen hätte dies möglicherweise verhindern können.

8.6.3 Veraltete Strukturen

Schließlich lässt sich der Fall Amri auch als Beleg dafür interpretieren, dass die bestehenden Strukturen der deutschen Sicherheitsarchitektur teilweise veraltet sind. Insbesondere den jüngeren Entwicklungen hin zu einem Verschwimmen von innerer und äußerer Sicherheit bilden sie nicht mehr adäquat ab. Dieses Problem wurde insbesondere deutlich an der Frage, welcher Nachrichtendienst – BND oder BfV – für die Kommunikation mit dem marokkanischen Nachrichtendienst verantwortlich sein sollte. Die dortigen Behörden hatten Informationen übermittelt, die sowohl die innere als auch die äußere Sicherheit der Bundesrepublik betrafen. Auch sonst zeigt der Fall Amri, dass die Aufteilung eines terroristischen Gefährdungssachverhalts in innere und äußere Sicherheit häufig nicht mehr trennscharf erfolgen kann. So pflegte *Amri* verschiedene Kontakte zu Terrorist:innen im Ausland. Wie der Untersuchungsausschuss des Landtages NRW feststellte, war *Amri* Teil eines Netzwerks und einer gefestigten islamistischen Struktur.[310] Besonders relevant war offenbar die Rolle des als „*Moadh Tounsi*" bezeichneten Kontaktmannes, der nach der Einschätzung des Untersuchungsausschusses in die Planung des Anschlags eingeweiht war[311] und gegen den der GBA am 13.03.2017 ein Ermittlungsverfahren einleitete. *Amri* kommunizierte mit *Tounsi* unmittelbar vor der Tat, als er sich im Tatfahrzeug befand.[312]

Amri ist nur ein Beispiel dafür, dass sich Terrorist:innen vermehrt global vernetzen. Digitale Kommunikationsmöglichkeiten können dazu führen, dass man als

[308] Vgl. Amri-Untersuchungsausschuss, Abschlussbericht, BT-Drs. 19/30800, S. 697 ff., 1093 ff.; Jost 2017a, S. 5–7.

[309] Amri-Untersuchungsausschuss, Abschlussbericht, BT-Drs. 19/30800, S. 1162.

[310] Amri-Untersuchungsausschuss NRW, Schlussbericht, LT-Drs. 17/16890, S. 508.

[311] Vgl. Amri-Untersuchungsausschuss, Abschlussbericht, BT-Drs. 19/30800, S. 475 f., 1117.

[312] Amri-Untersuchungsausschuss, Abschlussbericht, BT-Drs. 19/30800, S. 476.

Mittäter:in eine terroristische Tat aus dem Ausland begleitet und anleitet.[313] Medien berichteten auch davon, dass der sog. IS eine Reihe von gleichzeitigen Anschlägen an verschiedenen Orten in Europa plante.[314] Es kommt dadurch zu einem Verschwimmen von innerer und äußerer Sicherheit,[315] was auch als „globalisierte Sicherheitslage"[316] bezeichnet wird. *Gärditz* beschreibt dies treffend wie folgt:

> „Wenn etwa der BND Schleuseraktivitäten im Mittelmeerraum mit nachrichtendienstlichen Mitteln aufklärt, sich Deutsche in Syrien dem IS anschließen und als Gefährder zurückkehren oder Asylbewerber auf sicherheitsrelevante Biografien durchleuchtet werden, ist die grenzüberschreitende Verkopplung von innerer und äußerer Sicherheit längst im Behördenalltag angekommen."[317]

Auch die Täter der Anschläge in Paris am 13.11.2015, des Anschlags in Barcelona und Cambrils am 17. und 18.08.2017 und der Täter des Anschlags in Wien am 02.11.2020 waren international vernetzt.[318]

Dabei ist die internationale Vernetzung nicht nur im islamistischen Bereich feststellbar. Auch im Bereich des Rechtsterrorismus ist eine Zusammenarbeit der Akteure über Staatsgrenzen hinweg zunehmend zu beobachten.[319] So hat etwa der Täter von Christchurch mehrere Reisen nach Europa unternommen, in denen er sich mutmaßlich mit europäischen Rechtsextremist:innen vernetzt hat. So soll er rechtsextreme Bestrebungen in Europa mit Spenden unterstützt und Kontakte zur rechtsextremen Identitären Bewegung in Österreich gehabt haben.[320] Dies zeigt: Anhänger:innen terroristischer Bestrebungen unterstützen sich gegenseitig durch finanzielle oder logistische Hilfen.[321] Teilweise werden auch gezielt Reisen ins Ausland unternommen, um sich im Umgang mit Waffen oder Sprengstoff „ausbil-

[313] Vgl. Wolff 2018, S. 33–34.

[314] IS-Terror in Europa: „Sie wollten eine Menge von gleichzeitigen Anschlägen" 2016.

[315] Daun 2011, S. 187. Vgl. auch Gärditz 2017, S. 5–6.

[316] Hanning 2012, Rn. 8.

[317] Gärditz 2017, S. 5–6.

[318] Nach Anschlägen in Brüssel 2016: Mehrere Angeklagte schuldig gesprochen 2023.

[319] Vgl. Bundesministerium des Innern und für Heimat (BMI) 2022, 62, 67, 72, 86, 97; Ritzmann 2021; Biermann et al. 2021; Rechtsextremismus: Heiko Maas warnt vor internationaler Vernetzung rechtsextremer Szene 2020; Musyal und Stegemann 2020. Vgl. auch Counter Extremism Project 2020, S. 20–21.

[320] Christchurch-Attentäter spendete mehr an Identitäre als bislang bekannt 2020.

[321] Vgl. UN Office on Drugs and Crime o. J.; Europol 2023; Europarat 2023; UN Counter-Terrorism Implementation Task Force 2009.

den" zu lassen.[322] Daneben kommt es auch zur „gegenseitigen Inspiration" durch das Hochladen von Videomaterial von Anschlägen in Internetforen.[323] So hat der Täter des Anschlags von Halle die Tat gefilmt und einen Livestream auf der Website „Twitch" veröffentlicht.[324] Ausschließlich regionale Sachverhalte sind in einer digitalisierten und vernetzten Gesellschaft selten geworden. Diese Entwicklung betrifft alle Phänomenbereiche.[325] Das Potenzial für Überschneidungen wächst somit nicht nur bezüglich der verschiedenen Landesbehörden, sondern auch zwischen dem BND und dem BfV. Diese Überschneidungen können – wie im Fall Amri – zu Unklarheiten bezüglich der Verantwortlichkeiten führen und erfordern in jedem Fall eine intensivierte Zusammenarbeit der Behörden. Allerdings erscheint es fragwürdig, an einer Aufteilung festzuhalten, die die aktuelle Realität nicht mehr abbildet.

8.7 Reformen als Reaktion auf den Anschlag

Aus der Aufarbeitung des Anschlags im Fall Amri wurden einige Lehren gezogen, die zu konkreten Reformen geführt haben.[326] Die für die hiesige Fragestellung relevanten Reformen betreffen insbesondere die Kooperationsmechanismen (dazu unter Abschn. 8.7.1), die Polizeibehörden (dazu unter Abschn. 8.7.2), und die Strafverfolgungsbehörden (dazu unter Abschn. 8.7.3).

8.7.1 Kooperationsmechanismen

Für die gemeinsame Gefährdungsbewertung wurde eine eigens vorhergesehene Arbeitsgruppe „Risikomanagement" im GTAZ gegründet, um Fehleinschätzungen

[322] Camps im Irak und in Syrien: Wo die Dschihadisten trainieren 2014; Biermann et al. 2021.

[323] Steinke 2019; Evangelischer Pressedienst 2022.

[324] Gensing 2019.

[325] Bundesministerium des Innern und für Heimat (BMI) 2022, S. 160–161, 2023, S. 161 f., 165, 180, 243, 278. Zu den technologischen Mitteln des neuen (dschihadistischen) Terrorismus siehe Goertz 2021, S. 123–162.

[326] Vgl. für prägnante Zusammenfassungen der Maßnahmen auch Amri-Untersuchungsausschuss, Abschlussbericht, BT-Drs. 19/30800, S. 1086–1088; Amri-Untersuchungsausschuss, Protokoll 99, S. 88–90 (Zeuge *Beck*). Siehe auch Amri-Untersuchungsausschuss Berlin, Bericht, AGH-Drs. 18/4000, S. 929–931; Amri-Untersuchungsausschuss NRW, Schlussbericht, LT-Drs. 17/16890, S. 511.

vorzubeugen und die Einbindung aller relevanten Akteure sicherzustellen.[327] Auch die Teilnahme der Generalstaatsanwaltschaften der Länder wurde vereinbart.[328]

8.7.2 Polizeibehörden

Für gemeinsame Gefährdungsbewertungen von islamistischen Gefährder:innen wurde das Instrument *Radar-iTE* entwickelt, das in der AG „Risikomanagement" genutzt wird und das eine personenbezogene statt eine reine Sachverhaltsanalyse vorsieht.[329] Der Zeuge *M.* vom LKA NRW bewertet dies als erhebliche Verbesserungen im Bereich der Gefährdungs- und Sachverhaltsbewertung.[330]

8.7.3 Strafverfolgungsbehörden

Als großer Fortschritt wurde von Vertreter:innen der Justiz die Einrichtung von Staatsschutzstaatsanwaltschaften bei den Generalstaatsanwaltschaften der Länder bezeichnet.[331] Bei diesen werden nach dem sog. Al-Capone Prinzip[332] strafrechtliche Erkenntnisse zu Gefährder:innen zusammengeführt. Dadurch soll sichergestellt werden, dass Gefährder:innen aufgrund allgemeinkrimineller Delikte strafrechtlich verfolgt werden, auch wenn eine staatsschutzrechtliche Verfolgung ausscheidet.[333] Der Zeuge *Beck* vom GBA bezeichnete diese Neuerung als „schnellste und effektivste Strukturmaßnahme der Justiz bundesweit", die er in seiner Laufbahn erlebt habe.[334]

---

[327] Amri-Untersuchungsausschuss, Abschlussbericht, BT-Drs. 19/30800, S. 1087.

[328] Vgl. Amri-Untersuchungsausschuss, Abschlussbericht, BT-Drs. 19/30800, S. 1010.

[329] Vgl. Amri-Untersuchungsausschuss, Abschlussbericht, BT-Drs. 19/30800, S. 1015–1017 Siehe dazu auch Bundeskriminalamt (BKA) 2023; Maurer 2018, S. 11–12.

[330] Amri-Untersuchungsausschuss, Protokoll 69, S. 61.

[331] Amri-Untersuchungsausschuss, Protokoll 99, S. 88 (Zeuge *Beck*). Vgl. Amri-Untersuchungsausschuss, Abschlussbericht, BT-Drs. 19/30800, S. 1019, 1102.

[332] Vgl. etwa im Bereich des Steuerrechts Wirtz 2006, S. 74–76 Siehe auch Amri-Untersuchungsausschuss, Protokoll 16, S. 30–31 (Zeuge *Jost*); Amri-Untersuchungsausschuss, Protokoll 39, S. 38 (Zeuge *B.*)

[333] Vgl. Amri-Untersuchungsausschuss, Protokoll 39, S. 20 (Zeuge *Kowalzik*). Vgl. auch Amri-Untersuchungsausschuss, Abschlussbericht, BT-Drs. 19/30800, S. 1019.

[334] Amri-Untersuchungsausschuss, Protokoll 99, S. 89.

8.8 Gesamtergebnis der Fallstudie und Ausblick

Der Fall Amri hat gezeigt, dass einige der zuvor ergriffenen Reformen im Ansatz für gut befunden wurden, es aber immer noch Probleme in der Umsetzung gegeben hat. Ebenso wie im Fall des sog. NSU lassen diese Defizite die unterbliebene Nutzung bestehender Mechanismen einerseits und das Fehlen von weiteren Mechanismen andererseits erkennen. Auch praktische Probleme haben eine Rolle gespielt. Insbesondere bestand nach wie vor eine Überlastung der Sicherheitsbehörden. Neu herausgearbeitet wurde, dass die Aufteilung in Inlands- und Auslandsnachrichtendienst veraltet erscheint.

Das in der ersten Fallstudie herausgearbeitete Kommunikationsdefizit zwischen den Sicherheitsbehörden konnte auch durch die Einrichtung der gemeinsamen Zentren und der Antiterrordatei nicht vollständig behoben werden. Zudem war wiederum die Zusammenführung polizeilicher und staatsanwaltschaftlicher Zuständigkeiten problematisch und die Kontrolle der Sicherheitsbehörden konnte das Entstehen der Defizite auch in diesem Fall nicht verhindern.

Die im Anschluss an den Fall Amri ergriffenen Reformen bezogen sich auf die Gefährdungsbewertung und die Zusammenführung staatsanwaltschaftlicher Zuständigkeiten. Die gemeinsame Bewertung des Untersuchungsausschusses im Bundestag lautete, dass die föderale Sicherheitsarchitektur nach den Reformen viel robuster aufgestellt sei, um den neuen Herausforderungen effektiv begegnen zu können.[335] Die damalige Opposition teilte diese Einschätzung jedoch nicht uneingeschränkt. So sah etwa die FDP-Fraktion auch nach den erfolgten Reformen noch Optimierungsbedarf für die Ausgestaltung der Kompetenzen und Verantwortlichkeiten bei der Zusammenarbeit der Sicherheitsbehörden.[336]

In der Tat ist zu erkennen, dass durch die Reformen einigen, aber nicht allen Defiziten begegnet worden ist. Problematisch erscheint nach wie vor das Wechseln von Gefährder:innen in die Zuständigkeiten verschiedener Länder, die jeweils unterschiedliche rechtliche Standards im Umgang mit Gefährder:innen und unterschiedliche Ansichten zu dem jeweiligen Sachverhalt haben können. Durch die gemeinsame Gefährdungsbewertung im GTAZ wurde das Problem zwar abgefedert. Allerdings gibt es keinen Mechanismus für das Lösen von Konfliktfällen bei unterschiedlichen Einschätzungen. Diesbezüglich besteht daher immer noch die Gefahr von Reibungsverlusten durch unterschiedliche Maßnahmen und unterschiedliche

[335] Amri-Untersuchungsausschuss, Abschlussbericht, BT-Drs. 19/30800, S. 1132.

[336] Amri-Untersuchungsausschuss, Abschlussbericht, BT-Drs. 19/30800, S. 1254.

Bewertungen.[337] Auch die Abgrenzung der Zuständigkeiten von BfV und BND und das Problem der insgesamt veralteten Struktur durch die Aufteilung in Inlands- und Auslandsnachrichtendienst wurde bislang nicht behoben. Darüber hinaus erfolgten keine Reformen im Bereich der parlamentarischen Kontrolle. Es bestehen daher weiterhin strukturelle Defizite bei der Kooperation und Koordination in der Terrorismusbekämpfung.

Literatur

Albrecht, H.-J., & Poscher, R. Gutachten von unabhängigen Sachverständigen: Evaluationsbericht zu den §§ 4a, 20j, 20k des Bundeskriminalamtgesetzes (23.06.2017), BT-Drs. 18/13031.

Amri-Untersuchungsausschuss: 1. Untersuchungsausschuss der 19. Wahlperiode, Stenografisches Protokoll der 103. Sitzung vom 08.10.2020 103.

Amri-Untersuchungsausschuss: 1. Untersuchungsausschuss der 19. Wahlperiode, Stenografisches Protokoll der 107. Sitzung vom 05.11.2020 107 I.

Amri-Untersuchungsausschuss: 1. Untersuchungsausschuss der 19. Wahlperiode, Stenografisches Protokoll der 109. Sitzung vom 19.11.2020 109 II.

Amri-Untersuchungsausschuss: 1. Untersuchungsausschuss der 19. Wahlperiode, Stenografisches Protokoll der 113. Sitzung vom 10.12.2020 113 I.

Amri-Untersuchungsausschuss: 1. Untersuchungsausschuss der 19. Wahlperiode, Stenografisches Protokoll der 116. Sitzung vom 17.12.2020 116.

Amri-Untersuchungsausschuss: 1. Untersuchungsausschuss der 19. Wahlperiode, Stenografisches Protokoll der 12. Sitzung vom 07.06.2018 12.

Amri-Untersuchungsausschuss: 1. Untersuchungsausschuss der 19. Wahlperiode, Stenografisches Protokoll der 16. Sitzung vom 28.06.2018 16.

Amri-Untersuchungsausschuss: 1. Untersuchungsausschuss der 19. Wahlperiode, Stenografisches Protokoll der 22. Sitzung vom 27.09.2018 22 I.

Amri-Untersuchungsausschuss: 1. Untersuchungsausschuss der 19. Wahlperiode, Stenografisches Protokoll der 37. Sitzung vom 31.01.2019 37.

Amri-Untersuchungsausschuss: 1. Untersuchungsausschuss der 19. Wahlperiode, Stenografisches Protokoll der 39. Sitzung vom 14.02.2019 39.

Amri-Untersuchungsausschuss: 1. Untersuchungsausschuss der 19. Wahlperiode, Stenografisches Protokoll der 41. Sitzung vom 21.02.2019 41b.

Amri-Untersuchungsausschuss: 1. Untersuchungsausschuss der 19. Wahlperiode, Stenografisches Protokoll der 45. Sitzung vom 21.03.2019 45 I.

Amri-Untersuchungsausschuss: 1. Untersuchungsausschuss der 19. Wahlperiode, Stenografisches Protokoll der 51. Sitzung vom 09.05.2019 51 I.

Amri-Untersuchungsausschuss: 1. Untersuchungsausschuss der 19. Wahlperiode, Stenografisches Protokoll der 57. Sitzung vom 27.06.2019 57 I.

[337] Vgl. Unterrichtung durch das Parlamentarische Kontrollgremium, BT-Drs. 18/12585, S. 12.

Amri-Untersuchungsausschuss: 1. Untersuchungsausschuss der 19. Wahlperiode, Stenografisches Protokoll der 61. Sitzung vom 26.09.2019 61.

Amri-Untersuchungsausschuss: 1. Untersuchungsausschuss der 19. Wahlperiode, Stenografisches Protokoll der 69. Sitzung vom 14.11.2019 69.

Amri-Untersuchungsausschuss: 1. Untersuchungsausschuss der 19. Wahlperiode, Stenografisches Protokoll der 72. Sitzung am 12.12.2019 72.

Amri-Untersuchungsausschuss: 1. Untersuchungsausschuss der 19. Wahlperiode, Stenografisches Protokoll der 74. Sitzung vom 19.12.2019 74.

Amri-Untersuchungsausschuss: 1. Untersuchungsausschuss der 19. Wahlperiode, Stenografisches Protokoll der 76. Sitzung vom 16.01.2020 76.

Amri-Untersuchungsausschuss: 1. Untersuchungsausschuss der 19. Wahlperiode, Stenografisches Protokoll der 78. Sitzung vom 30.01.2020 78 I.

Amri-Untersuchungsausschuss: 1. Untersuchungsausschuss der 19. Wahlperiode, Stenografisches Protokoll der 86. Sitzung vom 07.05.2020 86.

Amri-Untersuchungsausschuss: 1. Untersuchungsausschuss der 19. Wahlperiode, Stenografisches Protokoll der 95. Sitzung vom 02.07.2020 95 I.

Amri-Untersuchungsausschuss: 1. Untersuchungsausschuss der 19. Wahlperiode, Stenografisches Protokoll der 97. Sitzung vom 10.09.2020 97.

Amri-Untersuchungsausschuss: 1. Untersuchungsausschuss der 19. Wahlperiode, Stenografisches Protokoll der 99. Sitzung vom 17. September 2020 99.

Amri-Untersuchungsausschuss (o.J.). Stenografische Protokolle. https://dserver.bundestag.de/btd/19/CD30800/I.%20Stenografische%20Protokolle/. Zugegriffen am 25.10.2025.

Amri-Untersuchungsausschuss: Beschlussempfehlung und Bericht des 1. Untersuchungsausschusses gemäß Artikel 44 des Grundgesetzes (21.06.2021), BT-Drs. 19/30800.

Amri-Untersuchungsausschuss Berlin: Bericht des 1. Untersuchungsausschusses der 18. Wahlperiode zur Untersuchung des Ermittlungsvorgehens im Zusammenhang mit dem Terroranschlag am Breitscheidplatz am 19. Dezember 2016 (09.08.2021), AGH-Drs. 18/4000.

Amri-Untersuchungsausschuss NRW: Schlussbericht des Parlamentarischen Untersuchungsausschusses I („Fall Amri") der 17. Wahlperiode (24.03.2022), LT-Drs. 17/16890.

Arzt, C. (2019). ATDG § 2. In W.-R. Schenke, K. Graulich, & J. Ruthig (Hrsg.), *Sicherheitsrecht des Bundes* (2. Aufl.). C.H. Beck.

Bäcker, M. (2021). Abschnitt B.II. Bundesstaatliche Grundlagen der Polizeiarbeit. In H. Lisken, E. Denninger, M. Bäcker, & K. Graulich (Hrsg.), *Handbuch des Polizeirechts. Gefahrenabwehr – Strafverfolgung – Rechtsschutz* (7. Aufl.). C.H. Beck, Rn. 99–212.

Barczak, T. (2023). BKAG § 5. In T. Barczak (Hrsg.), *BKAG. Gesetz über das Bundeskriminalamt und die Zusammenarbeit des Bundes und der Länder in kriminalpolizeilichen Angelegenheiten.* Nomos.

Beikler, S. (2018, Dezember 19). Zwei Jahre nach dem Anschlag: Gedenken an die Terroropfer vom Breitscheidplatz. *Tagesspiegel*. https://www.tagesspiegel.de/berlin/gedenken-an-die-terroropfer-vom-breitscheidplatz-4616743.html. Zugegriffen am 25.10.2025.

BGH, Beschluss vom 20.12.2007, Aktenzeichen StB 12, 13, 47/07. In *Neue Zeitschrift für Strafrecht*, S. 146.

BGH, Beschluss vom 13.01.2009, Aktenzeichen AK 20/08. In *Neue Juristische Wochenschrift*, S. 1681.

Biermann, K., Fuchs, C., Geisler, A., Musharbash, Y., & Stark, H. (2021, Februar 11). Faschismus: Die braune Internationale. *Zeit Online*. https://www.zeit.de/2021/07/faschismus-international-awd-neonazi-terrorimus-rechtsextremismus. Zugegriffen am 25.10.2025.

Bock, W. (2019). BVerfSchG § 21. In W.-R. Schenke, K. Graulich, & J. Ruthig (Hrsg.), *Sicherheitsrecht des Bundes* (2. Aufl.). C.H. Beck.

Brocke, H. (2018). GVG § 145. In C. Knauer, H. Kudlich, & H. Schneider (Hrsg.), *Münchener Kommentar zur StPO*. C.H. Beck.

Bundeskriminalamt (BKA). (2023). RADAR (Regelbasierte Analyse potentiell destruktiver Täter zur Einschätzung des akuten Risikos). https://www.bka.de/DE/UnsereAufgaben/Deliktsbereiche/PMK/Radar/radar_node.html. Zugegriffen am 25.10.2025.

Bundesministerium des Innern und für Heimat (BMI). (2022). Verfassungsschutzbericht 2021. https://www.bmi.bund.de/SharedDocs/downloads/DE/publikationen/themen/sicherheit/vsb-2021-gesamt.pdf?__blob=publicationFile&v=7. Zugegriffen am 25.10.2025.

Bundesministerium des Innern und für Heimat (BMI). (2023). Verfassungsschutzbericht 2022. https://www.verfassungsschutz.de/SharedDocs/publikationen/DE/verfassungsschutzberichte/2023-06-20-verfassungsschutzbericht-2022-startseitenmodul.pdf?__blob=publicationFile&v=3. Zugegriffen am 25.10.2025.

Bundesministerium des Innern (BMI). (2017). Behördenhandeln um die Person des Attentäters vom Breitscheidplatz Anis Amri (Ausschuss-Drs. 18(4)775). https://dserver.bundestag.de/btd/19/CD30800/III.%20Dokumente/047_MAT%20A%20BT-1-1i%20%28ADrs.%2018%284%29775%29_InnA_BMI-Chronologie_Ermittlungsverfahren%29.pdf. Zugegriffen am 25.10.2025.

BVerfG, Urteil vom 24.08.2013, Aktenzeichen 1 BvR 1215/07. In *Entscheidungen des Bundesverfassungsgerichts* 133, S. 277, BVerfGE 133, 277.

BVerwG, Beschluss vom 15.02.1990, Aktenzeichen 1 WB 36/88. In *Neue Zeitschrift für Verwaltungsrecht Rechtsprechungs-Report*, S. 489.

Camps im Irak und in Syrien: Wo die Dschihadisten trainieren. (2014, Oktober 25). *Spiegel Online*. https://www.spiegel.de/politik/ausland/is-islamischer-staat-die-trainingslager-der-dschihadisten-a-999148.html. Zugegriffen am 25.10.2025.

Christchurch-Attentäter spendete mehr an Identitäre als bislang bekannt. (2020, Dezember 10). *Der Standard*. https://www.derstandard.de/story/2000122404267/christchurch-attentaeter-spendete-mehr-an-identitaere-als-bislang-zugegeben. Zugegriffen am 25.10.2025.

Counter Extremism Project. (2020). Gewaltorientierter Rechtsextremismus und Terrorismus. Transnationale Konnektivität, Definitionen, Vorfälle, Strukturen und Gegenmaßnahmen. https://www.counterextremism.com/sites/default/files/CEP-Studie_Gewaltorientierter%20Rechtsextremismus%20und%20Terrorismus_Nov%202020.pdf. Zugegriffen am 25.10.2025.

Daun, A. (2011). Nachrichtendienste in der deutschen Außenpolitik. In T. Jäger, A. Höse, & K. Oppermann (Hrsg.), *Deutsche Außenpolitik. Sicherheit, Wohlfahrt, Institutionen und Normen* (2. Aufl., S. 171–197). VS Verlag für Sozialwissenschaften.

Detterbeck, S. (2023). *Allgemeines Verwaltungsrecht mit Verwaltungsprozessrecht* (21. Aufl.). C.H. Beck.

Deutscher Bundestag: Gesetzentwurf der Fraktionen der CDU/CSU und SPD, Entwurf eines Gesetzes zur Änderung des Grundgesetzes (07.03.2006), BT-Drs. 16/813.

Deutscher Bundestag: Gesetzentwurf der Bundesregierung, Entwurf eines Gesetzes zur Abwehr von Gefahren des internationalen Terrorismus durch das Bundeskriminalamt (13.08.2008), BT-Drs. 16/10121.

Deutscher Bundestag: Schriftliche Fragen mit den in der Woche vom 30. Januar 2017 eingegangenen Antworten der Bundesregierung (03.02.2017), BT-Drs. 18/11078.

Deutscher Bundestag: Unterrichtung durch das Parlamentarische Kontrollgremium: Erläuternde Sachverhaltsdarstellung zur öffentlichen Bewertung des Parlamentarischen Kontrollgremiums nach § 10 Absatz 2 des Kontrollgremiumgesetzes zum Fall Anis Amri vom 29. März 2017 (31.05.2017), BT-Drs. 18/12585.

Droste, B. (2007). *Handbuch des Verfassungsschutzrechts*. Boorberg.

Ersthelfer vom Breitscheidplatz-Anschlag stirbt – Aufnahme in Gedenkstätte gefordert. (2021, Oktober 26). *Die Welt*. https://www.welt.de/vermischtes/article234645254/Berlin-Helfer-vom-Breitscheidplatz-Anschlag-stirbt-Betroffenheit.html. Zugegriffen am 25.10.2025.

Europarat. (2023): Committee of experts on the evaluation of anti-money laundering measures and the financing of terrorism: Financing of terrorism. https://www.coe.int/en/web/moneyval/implementation/financing-terrorism. Zugegriffen am 25.10.2025.

Europol. (2023). European Counter Terrorism Centre – ECTC. https://www.europol.europa.eu/about-europol/european-counter-terrorism-centre-ectc. Zugegriffen am 25.10.2025.

Evangelischer Pressedienst. (2022, Februar 15). Interview: Rechtextremer Anschlag von Hanau keine Einzeltat. *indeon*. https://www.indeon.de/gesellschaft/rechtextremer-anschlag-von-hanau-keine-einzeltat. Zugegriffen am 25.10.2025.

Gärditz, K. F. (2017). Sicherheitsrecht als Perspektive. *Zeitschrift für das Gesamte Sicherheitsrecht*, *1*(1), 1–6.

Generalbundesanwalt beim Bundesgerichtshof (GBA). (2022). Übernahme der Ermittlungen wegen des Verdachts der Vorbereitung einer schweren staatsgefährdenden Gewalttat. https://www.generalbundesanwalt.de/SharedDocs/Pressemitteilungen/DE/2022/Pressemitteilung-vom-16-05-2022.html?nn=1397082. Zugegriffen am 25.10.2025.

Gensing, P. (2019, Oktober 09). Angriff in Halle: Stream voller Hass. *Tagesschau*. https://www.tagesschau.de/inland/halle-taeter-101.html. Zugegriffen am 25.10.2025.

Goertz, S. (2021). *Der neue Terrorismus. Neue Akteure, neue Strategien, neue Taktiken und neue Mittel* (2. Aufl.). Springer VS.

Graulich, K. (2019a). BKAG § 4. In W.-R. Schenke, K. Graulich, & J. Ruthig (Hrsg.), *Sicherheitsrecht des Bundes* (2. Aufl.). C.H. Beck.

Graulich, K. (2019b). BKAG § 5. In W.-R. Schenke, K. Graulich, & J. Ruthig (Hrsg.), *Sicherheitsrecht des Bundes* (2. Aufl.). C.H. Beck.

Gusy, C. (2019). BNDG § 1. In W.-R. Schenke, K. Graulich, & J. Ruthig (Hrsg.), *Sicherheitsrecht des Bundes* (2. Aufl.). C.H. Beck.

Hanning, A. (2012). § 53 Föderalismus im Politikbereich Innere Sicherheit. In I. Härtel (Hrsg.), *Handbuch Föderalismus. Föderalismus als demokratische Rechtsordnung und Rechtskultur in Deutschland, Europa und der Welt* (Band III: Entfaltungsbereiche des Föderalismus, S. 47–68). Springer.

Hartleb, F. (2018). Der Fall der Anis Amri: Ein Menetekel für den Rechtsstaat. In S. Liebold, T. Mannewitz, M. Petschke, & T. Thieme (Hrsg.), *Demokratie in unruhigen Zeiten. Festschrift für Eckhard Jesse* (S. 173–183). Nomos.

Inhofer, D. (2023). GVG § 145. In J. Graf (Hrsg.), *Beck'scher Online-Kommentar GVG* (Stand: 15.05.2023, 19. Aufl.). C.H. Beck.

IS-Terror in Europa. (2016, August 04). „Sie wollten eine Menge von gleichzeitigen Anschlägen". *Die Welt*. https://www.welt.de/politik/deutschland/article157491240/Sie-wollten-eine-Menge-von-gleichzeitigen-Anschlaegen.html. Zugegriffen am 25.10.2025.

Jost, B. (2017a). Zwischenbericht des Sonderbeauftragten. https://www.berlin.de/sen/inneres/_assets/sicherheit/zwischenbericht-sonderbeauftragter.pdf. Zugegriffen am 25.10.2025.

Jost, B. (2017b). Abschlussbericht des Sonderbeauftragten des Senats für die Aufklärung des Handelns der Berliner Behörden im Fall Amri. https://www.berlin.de/sen/inneres/presse/weitere-informationen/artikel.638875.php. Zugegriffen am 25.10.2025.

Kment, M. (2022). GG Art. 73. In H. D. Jarass & M. Kment (Hrsg.), *Grundgesetz für die Bundesrepublik Deutschland. Kommentar* (17. Aufl.). C.H. Beck.

König, M. (2005). *Trennung und Zusammenarbeit von Polizei und Nachrichtendiensten*. Richard Boorberg.

Kretschmer, B. (2017). Wissenschaftliche Analyse und Bewertung im Fall Anis Amri. https://www.landtag.nrw.de/portal/WWW/dokumentenarchiv/Dokument/MMV16-4937.pdf. Zugegriffen am 25.10.2025.

Kutzschbach, G. (2017). Datenverarbeitung der Nachrichtendienste. In J.-H. Dietrich & S. Eiffler (Hrsg.), *Handbuch des Rechts der Nachrichtendienste* (S. 1345–1421). Boorberg.

Maurer, J. (2018). Sachverständigengutachten im 1. Untersuchungsausschuss der 19. Wahlperiode: Anhörung „Föderale Sicherheitsarchitektur" (Ausschuss-Drs. 19(25)238). https://www.bundestag.de/resource/blob/562138/241b3712c8c766e02191a61f2f5a635c/19-25-238-data.pdf. Zugegriffen am 25.10.2025.

Musyal, S., & Stegemann, P. (2020). Christchurch, Halle, Hanau: Vom Online-Hass zum rechten Terror. *Blätter für deutsche und internationale Politik, 4*, 69–80.

Nach Anschlägen in Brüssel 2016. (2023, Juli 25). Mehrere Angeklagte schuldig gesprochen. *Tagesschau*. https://www.tagesschau.de/ausland/europa/anschlaege-bruessel-urteile-100.html. Zugegriffen am 25.10.2025.

Rechtsextremismus: Heiko Maas warnt vor internationaler Vernetzung rechtsextremer Szene. (2020, November 20). *Zeit Online*. https://www.zeit.de/politik/deutschland/2020-11/rechtsextremismus-internationale-vernetzung-studie-aussenministerium-heiko-maas. Zugegriffen am 25.10.2025.

Riese, K.-U. (2022). VwGO § 114. In F. Schoch & J.-P. Schneider (Hrsg.), *Verwaltungsrecht: VwGO, 43. Ergänzungslieferung*. C.H. Beck.

Ritzmann, A. (2021, Februar 11). Transnationaler Rechtsextremismus: Kein Bier für Neonazis. *Zeit Online*. https://www.zeit.de/gesellschaft/2021-02/transnationaler-rechtsextremismus-eu-bewegung-gewalt-judenfeindlichkeit-fluechtlingspolitik-osteuropa-alexander-ritzmann/komplettansicht. Zugegriffen am 25.10.2025.

Roth, W. (2019). BVerfSchG § 6. In W.-R. Schenke, K. Graulich, & J. Ruthig (Hrsg.), *Sicherheitsrecht des Bundes* (2. Aufl.). C.H. Beck.

Schoen, G.-D. (2000). Zur Organisation des Verfassungsschutzes in der Bundesrepublik Deutschland – insbesondere: Ist die bundesstaatliche Struktur des Verfassungsschutzes noch zeitgemäß? In Bundesamt für Verfassungsschutz (BfV) (Hrsg.), *Bundesamt für Verfassungsschutz – 50 Jahre im Dienst der inneren Sicherheit* (S. 67–84). Carl Heymanns.

Steinke, R. (2019, März 15). Anschlag in Neuseeland: Wie rechte Terroristen sich weltweit vernetzen. *Süddeutsche Zeitung*. sz.de/1.4369948

Tams, C. J. (2007). Die Zuständigkeit des Bundes für die Abwehr terroristischer Gefahren. *Die Öffentliche Verwaltung: Zeitschrift für öffentliches Recht und Verwaltungswissenschaft, 60*(8), 367–375.

Uhle, A. GG Art. 73. In R. Herzog, R. Scholz, M. Herdegen, & H. H. Klein (Hrsg.), *Grundgesetz Kommentar* (100. Ergänzungslieferung, Stand: Januar 2023). C.H. Beck.

Uhle, A. (2010). Die Gesetzgebungskompetenz des Bundes für die Abwehr von Gefahren des internationalen Terrorismus. *Die Öffentliche Verwaltung: Zeitschrift für öffentliches Recht und Verwaltungswissenschaft*, *63*(10), 989–997.

Ullrich, V. (2021). Die Arbeit des parlamentarischen Untersuchungsausschusses: Der Anschlag am Berliner Breitscheidplatz. *Politische Studien, 72*(497), 54–63.

UN Counter-Terrorism Implementation Task Force. (2009). Tackling the financing of terrorism. https://www.un.org/counterterrorism/ctitf/sites/www.un.org.counterterrorism.ctitf/files/ctitf_financing_eng_final.pdf. Zugegriffen am 25.10.2025.

UN Office on Drugs and Crime (o.J.). Countering the Financing of Terrorism. https://www.unodc.org/unodc/en/terrorism/expertise/combating-terrorist-financing.html. Zugegriffen am 25.10.2025.

VGH München, Urteil vom 22.06.2010, Aktenzeichen 8 BV 10.182. In *Neue Zeitschrift für Verwaltungsrecht Rechtsprechungs-Report*, S. 830.

Warg, G. (2019). Den Verfassungsschutz im Ausland einsetzen …! *Neue Zeitschrift für Verwaltungsrecht*, *38*(2), 127–129.

Wirtz, G. (2006). *Das „Al-Capone"-Prinzip. Risiken und Chancen einer „Gewinnabschöpfung durch Besteuerung" nach dem Steuerverkürzungsbekämpfungsgesetz.* Nomos.

Wissenschaftliche Dienste des Deutschen Bundestages. (2018). Gemeinsames Terrorismusabwehrzentrum (GTAZ) –. Rechtsgrundlagen und Vergleichbarkeit mit anderen Kooperationsplattformen (Sachstand WD 3 – 3000 – 406/18).

Wittreck, F. (2015). GG Art. 73. In H. Dreier (Hrsg.), *Grundgesetz-Kommentar* (Band II. Art. 20 bis 82 GG, 3. Aufl.). Mohr Siebeck.

Wolff, H. A. (2018). Überblick über die föderale Sicherheitsstruktur: Schriftliche Stellungnahme für die Anhörung des 1. Untersuchungsausschusses der 19. Wahlperiode des Deutschen Bundestages am 17. Mai 2018 (Ausschuss-Drs. 19(25)240 (neu)). https://www.bundestag.de/resource/blob/562142/e10342eb566fc638adb325c6158d7e56/19-25-240-neu%2D%2Ddata.pdf. Zugegriffen am 25.10.2025.

Zwischenergebnis zu Teil II: Ergebnisse der Fallstudien

9

Sowohl im Fall um den sog. NSU als auch im Fall Amri konnte ein einheitliches Vorgehen durch Koordination der Maßnahmen durch die beteiligten Behörden nicht gewährleistet werden. Dabei wurde eine Reihe von strukturellen Defiziten identifiziert (dazu unter Abschn. 9.1), die den aktuellen Reformbedarf (dazu unter Abschn. 9.2) bedingen.

9.1 Identifizierte Defizite

In den Fallstudien wurden folgende Defizite bezüglich der Abstimmung der Sicherheitsbehörden herausgearbeitet:

- *Bestehende Mechanismen wurden nicht genutzt.*

Dies betraf insbesondere die Übernahme der Ermittlungen bzw. des Verfahrens durch das BKA und den GBA.

Bei der Übernahme der Ermittlungen durch das BKA stellten sich, trotz verschiedener rechtlicher Grundlagen, in beiden Fällen ähnliche Probleme. Insbesondere führten Meinungsverschiedenheiten bzw. Unklarheiten über die Voraussetzungen für die Übernahme dazu, dass dieser Mechanismus in beiden Fällen ungenutzt blieb. Diesbezüglich ist ein strukturelles Defizit zu bejahen. Hier besteht Änderungsbedarf für den Gesetzgeber, der die Übernahmevoraussetzungen deutlicher festlegen sollte.

T. Ackermann, *Terrorismusbekämpfung in der föderalen Sicherheitsarchitektur*, Juridicum – Bochumer Schriften zur Friedenssicherung und zum Humanitären Völkerrecht I Bochum Studies on the International Law of Peace and Armed Conflict 69,
https://doi.org/10.1007/978-3-662-72233-6_9

Anders ist die unterbliebene Übernahme des Verfahrens durch den GBA zu bewerten. Im Fall des sog. NSU scheiterte dies daran, dass die Staatsanwaltschaften der Länder relevante Informationen trotz bestehender Übermittlungspflichten nicht an den GBA weiterleiteten. Im Fall Amri waren die Übernahmevoraussetzungen nicht gegeben, da aus der Gefährdungsbewertung der Polizeibehörden für den GBA keine besondere Bedeutung des Falles ersichtlich wurde. Daher ist bezüglich der Übernahme durch den GBA kein akuter Reformbedarf zu erkennen. Stattdessen muss der Informationsfluss an den GBA sichergestellt und die Gefährdungsbewertung durch die Polizeibehörden reformiert werden. Auf Landesebene wurde durch die Einrichtung von Staatsschutzzentren ein wichtiger Schritt unternommen, um die Zusammenführung von Erkenntnissen zu Gefährder:innen zu gewährleisten.

Auch wurden im Fall Amri die Kooperationsmechanismen, die als Lehre aus dem Fall des sog. NSU eingerichtet wurden, die Antiterrordatei und das GTAZ, nicht effektiv genutzt.

Schließlich wurden auch gesetzliche Pflichten zum Informationsaustausch nicht durchgehend berücksichtigt, teilweise, weil die Grenzen des Informationsaustausches, wie das Trennungsgebot und der Quellenschutz, unzutreffend interpretiert wurden. Stimmen, die als Konsequenz aus den Anschlägen die Auflockerung oder gar Abschaffung des Trennungsgebots fordern,[1] verkennen somit die zugrunde liegende Problematik.

- *Es fehlen weitere Instrumente für ein einheitliches Vorgehen, insbesondere für eine einheitliche Federführung.*

Dazu zählen das Fehlen von Mechanismen, die Konflikte zwischen den Ländern auflösen. Dies betrifft sowohl verschiedene Ansichten über die Informationsweitergabe an die Verfassungsschutzbehörden als auch unterschiedliche Einschätzungen der Gefährlichkeit von Gefährder:innen und der Verlässlichkeit von Vertrauenspersonen. Darüber hinaus hat das Fehlen von einheitlichen polizeigesetzlichen Grundlagen (insbesondere im Umgang mit Gefährder:innen) ein einheitliches Vorgehen erschwert, was auch in Hinblick auf additive Grundrechtseingriffe zu kritisieren ist. Auch fehlten im GTAZ Erledigungskontrollen für zuvor verteilte Aufträge.

- *Teilweise ist die Sicherheitsstruktur veraltet: Die nachrichtendienstliche Unterteilung in innere und äußere Sicherheit ist obsolet.*

[1] Grumke und van Hüllen 2019, S. 212.

Der Fall Amri hat gezeigt, dass sich die Globalisierung und Digitalisierung auch auf die Sicherheitsarchitektur auswirkt. Eine Einordnung terroristischer Bedrohungen in „von außen“ und „von innen“ stellt die Sicherheitsbehörden zunehmend vor Herausforderungen, da sich die Gefährder:innen digital und damit über Staatsgrenzen hinweg vernetzen. Die Aufteilung in innere und äußere Sicherheit mag in anderen Bereichen noch seine Berechtigung haben, im Bereich der Terrorismusbekämpfung bringt sie aber zunehmend Probleme mit sich. Die Zuständigkeitsbereiche von BND und BfV überlappen sich dadurch immer mehr, wodurch die Abstimmung zwischen beiden Diensten immer bedeutsamer wird. Diese hat, wie in den Fallstudien gezeigt, jedoch nicht durchgängig reibungslos funktioniert. Ein Grund dafür liegt auch in Unsicherheiten darüber, in wessen Zuständigkeit ein bestimmter Sachverhalt fällt. Dies stellt ein strukturelles Problem dar, dass nicht den Mitarbeitenden der Sicherheitsbehörden, sondern wiederum dem Gesetzgeber zu Last gelegt werden kann.

- *Praktische Probleme haben die Zusammenarbeit erschwert.*

Darunter fallen Kompetenzstreitigkeiten, uneinheitliche und unzutreffende Gefährdungsbewertungen und die Überlastung der Sicherheitsbehörden.

- *Die rechtlichen Regelungen im Sicherheitsrecht sind nicht übersichtlich gestaltet.*

Der aktuelle Zustand des Sicherheitsrechts „ist durch Unübersichtlichkeit insgesamt und mangelnde Abstimmung in den Einzelheiten charakterisiert“.[2] Das Bundesverfassungsgericht hat etwa §§ 20, 21 BVerfSchG wegen des Verstoßes gegen das Gebot der Normenklarheit für teilweise verfassungswidrig erklärt.[3] Diese Regelungen wurden durch Gesetz zum ersten Teil der Reform des Nachrichtendienstrechts vom 22. Dezember 2023 geändert.[4] Das Problem wurde damit jedoch nicht vollständig behoben. Der DAV und insbesondere Sicherheitsrechtsexperte *Gazeas* bezeichnete die Regelungen im Entwurf als „[z]um Teil auch für Fachleute unverständlich“ und prognostizierte, dass die neuen Regeln vor dem Bundesverfassungsgericht erneut keinen Bestand haben werden, weil sie die Befugnisse der Nachrichtendienste im Vergleich zur bisherigen Rechtslage sogar

[2] König 2005, S. 308.

[3] BVerfG, NVwZ-RR 2023, 1.

[4] BGBl. I Nr. 413 vom 29.12.2023.

noch ausweiten.[5] Es wurden noch Änderungen an dem Gesetzesentwurf vorgenommen, aber keine, die die Kritik von Dr. Gazeas aufheben würden. Ähnliche Kritik besteht auch in anderen Bereichen des Sicherheitsrechts. So hat das Bundesverfassungsgericht etwa in seiner Entscheidung zur Cyberabwehr des BND einzelne Regelungen als nicht hinreichend bestimmt und normenklar und damit als verfassungswidrig bewertet.[6]

Legislative Änderungen wären zu begrüßen, damit die Regelungen für die Mitarbeitenden in den Sicherheitsbehörden verständlich sind. Insbesondere die Zersplitterung des Sicherheitsrechts und (daraus resultierende) lange Verweisungsketten bringen Herausforderungen mit sich. Damit soll an dieser Stelle keineswegs das juristische Verständnis der Mitarbeitenden in den Sicherheitsbehörden, sondern die Regelungstechnik des Gesetzgebers gerügt werden. *Gusy* spricht in Bezug auf sicherheitsrechtliche Regelungen von „Mängeln im System der Kompetenznormen".[7]

- *Es bestand keine effektive Kontrolle, die negative Auswirkungen der zuvor genannten Defizite hätte verhindern können.*

Erst in Reaktion auf das Urteil des Bundesverfassungsgerichts zur sog. Auslands-Auslands-Fernmeldeaufklärung des BND,[8] nicht etwa in Reaktion auf die Anschläge, wurden die Kontrollstrukturen reformiert. Doch auch nach den bisherigen Reformen erfahren die Kontrollstrukturen erhebliche Kritik.[9]

9.2 Aktueller Reformbedarf

Deutlich wurde, dass sich Misserfolge in den Ermittlungen nicht auf fehlende Befugnisse in der Informationserhebung zurückführen lassen, sondern auf einen fehlerhaften Umgang in der Verarbeitung dieser Informationen, insbesondere auf eine defizitäre Zusammenarbeit zwischen den Sicherheitsbehörden. So hat der Fall Amri gezeigt, dass

[5] Redaktion beck-aktuell, DAV findet Entwurf zum Nachrichtendienstrecht untauglich, beck-aktuell (12.09.2023).

[6] BVerfG, Beschluss vom 08.10.2024, Az. 1 BvR 1743/16, 1 BvR 2539/16, Rn. 191.

[7] Gusy 2012, S. 233.

[8] Vgl. Bäcker 2021, Rn. 265.

[9] Siehe dazu ausführlich unten, Kap. 10, unter Abschn. 10.5.

> „die Ermittlerinnen und Ermittler vielfach gar nicht in der Lage waren, die auf Basis der aktuellen Rechtsgrundlagen erhobenen und gesammelten Daten und Informationen in angemessener Zeit zu verarbeiten und auszuwerten. Es mangelte den Behörden an Effektivität und dem Willen zum Informationsaustausch und zur Zusammenarbeit sowie an der Analyse- und Auswertefähigkeit – jedoch mitnichten an Befugnissen und Informationen. Zu keinem Zeitpunkt, weder vor noch nach dem Anschlag, ist ein Ermittlungsansatz im Fall Amri aufgrund fehlender Befugnisse gescheitert.“[10]

Auch im Fall um den sog. NSU herrschte „kein Mangel an Wissen, sondern ein fehlerhafter analytischer Umgang mit vorhandenem Wissen“.[11] Den Sicherheitsbehörden weitere Befugnisse zur Informationssammlung einzuräumen, kann daher nicht die Lösung für die aufgezeigten Defizite sein. Stattdessen sind Reformen im Umgang mit bereits gewonnenen Informationen notwendig. Dabei hat der Gesetzgeber durch Reformen bereits einheitliche Standards für die Gefährdungsbewertung geschaffen, die zukünftig in allen Phänomenbereichen genutzt werden sollen.[12]

Auch im Bereich der Justiz wurden durch die Einrichtung von Staatsschutzzentren wesentliche Defizite behoben und die Zusammenführung von Erkenntnissen durch eine einheitliche Bearbeitung ermöglicht. Problematisch und damit reformbedürftig bleiben die Zusammenarbeit der Polizeibehörden und die Zusammenarbeit der Verfassungsschutzbehörden. Eine einheitliche Federführung konnte in den Fällen trotz Übernahmemöglichkeiten des BKA und Zentralstellenfunktion von BKA und BfV nicht gewährleistet werden. Der Gesetzgeber hat diese Bereiche bislang noch nicht reformiert. Da die bisher bestehenden Mechanismen nicht funktioniert haben, kommen die Einführung neuer Mechanismen in Betracht. Zur Auflösung von Konflikten und zur Sicherstellung eines einheitlichen Vorgehens kommt die Einführung von Weisungsbefugnissen des BKA und des BfV gegenüber den jeweiligen Landesbehörden in Betracht.

Darüber hinaus wurden auch die Überschneidungen der Zuständigkeitsbereiche von BfV und BND bislang nicht adressiert. Aufgrund der Tatsache, dass sich die tatsächlichen Bedingungen geändert haben, kommt möglicherweise eine Änderung der Sicherheitsarchitektur durch die Umstrukturierung der Nachrichtendienste in Betracht.

---

[10] Amri-Untersuchungsausschuss, Abschlussbericht, BT-Drs. 19/30800, S. 1265 (Schlussfolgerungen der Fraktion Bündnis 90/Die Grünen). Siehe aber zu Verbesserungswünschen einzelner Zeug:innen Amri-Untersuchungsausschuss, Abschlussbericht, BT-Drs. 19/30800, S. 1033–1035.

[11] NSU-Untersuchungsausschuss I, Abschlussbericht, BT-Drs. 17/14600, S. 1039–1040 (Ergänzende Stellungnahme der Fraktion Bündnis 90/Die Grünen). Gusy 2019, S. 27.

[12] Vgl. Maurer 2018, S. 11–13. Siehe auch Bundeskriminalamt (BKA) 2023.

Schließlich sind auch weiterhin die Einführung einheitlicher Standards in der Gefahrenabwehr, die Optimierung der Kontrolle und die Behebung praktischer Defizite angezeigt. Teil III zeigt Reformoptionen zur Behebung der aktuell bestehenden Defizite auf.

Literatur

Amri-Untersuchungsausschuss: Beschlussempfehlung und Bericht des 1. Untersuchungsausschusses gemäß Artikel 44 des Grundgesetzes (21.06.2021), BT-Drs. 19/30800.

Bäcker, M. (2021). Abschnitt D. Polizeiaufgaben und Regelungsmuster des polizeilichen Eingriffsrechts. In H. Lisken, E. Denninger, M. Bäcker, & K. Graulich (Hrsg.), *Handbuch des Polizeirechts. Gefahrenabwehr – Strafverfolgung – Rechtsschutz* (7. Aufl.). C.H. Beck, Rn. 1–350.

Bundeskriminalamt (BKA). (2023). RADAR (Regelbasierte Analyse potentiell destruktiver Täter zur Einschätzung des akuten Risikos). https://www.bka.de/DE/UnsereAufgaben/Deliktsbereiche/PMK/Radar/radar_node.html. Zugegriffen am 25.10.2025.

BVerfG, Beschluss vom 28.09.2022, Aktenzeichen 1 BvR 2354/13. In: *Neue Zeitschrift für Verwaltungsrecht Rechtsprechungs-Report*, S. 1, NVwZ-RR 2023, 1.

BVerfG, Beschluss vom 08.10.2024, Aktenzeichen 1 BvR 1743/16, 1 BvR 2539/16. In: *MMR* (Zeitschrift für das Recht der Digitalisierung, Datenwirtschaft und IT) 2025, 118.

DAV findet Entwurf zum Nachrichtendienstrecht untauglich. (2023, September 12). *beck-aktuell.* https://rsw.beck.de/aktuell/daily/meldung/detail/dav-findet-gesetzentwurf-zum-nachrichtendienstrecht-untauglich. Zugegriffen am 25.10.2025.

Grumke, T., & van Hüllen, R. (2019). *Der Verfassungsschutz. Grundlagen. Gegenwart. Perspektiven?* (2. Aufl.). Verlag Barbara Budrich.

Gusy, C. (2012). Reform der Sicherheitsbehörden. *Zeitschrift für Rechtspolitik*, *45*(8), 230–233.

Gusy, C. (2019). Reformperspektiven des Rechts der Nachrichtendienste. In J.-H. Dietrich, K. F. Gärditz, K. Graulich, C. Gusy, & G. Warg (Hrsg.), *Reform der Nachrichtendienste zwischen Vergesetzlichung und Internationalisierung* (S. 19–32). Mohr Siebeck.

König, M. (2005). *Trennung und Zusammenarbeit von Polizei und Nachrichtendiensten.* Richard Boorberg.

Maurer, J. (2018). Sachverständigengutachten im 1. Untersuchungsausschuss der 19. Wahlperiode: Anhörung „Föderale Sicherheitsarchitektur" (Ausschuss-Drs. 19(25)238). https://www.bundestag.de/resource/blob/562138/241b3712c8c766e02191a61f2f5a635c/19-25-238-data.pdf. Zugegriffen am 25.10.2025.

NSU-Untersuchungsausschuss I: Beschlussempfehlung und Bericht des 2. Untersuchungsausschusses nach Artikel 44 des Grundgesetzes (22.08.2013), BT-Drs. 17/14600.

Teil III

Reformoptionen für die Terrorismusbekämpfung in der föderalen Sicherheitsarchitektur

10 Faktische Grenzen struktureller Reformen

Der zweite Teil dieser Untersuchung hat gezeigt, dass Reformbedarf bezüglich der Koordination und Kooperation der Sicherheitsbehörden besteht, den der Gesetzgeber beheben sollte. Im Folgenden werden entsprechende Optionen dazu erarbeitet. Es muss allerdings daran erinnert werden, dass es sich bei der Terrorismusbekämpfung um eine positive Verpflichtung des Gesetzgebers handelt. Dieser ist zwar verpflichtet, Maßnahmen zur Optimierung zu ergreifen, aber ein konkretes Handeln kann ihm nicht vorgeschrieben werden. Die im Folgenden aufgeführten Reformoptionen sind jedoch, basierend auf den Erkenntnissen der Fallstudien, die geeigneten Mittel, um die Terrorismusbekämpfung zu optimieren.

Zunächst kommen (faktische) Veränderungen auf den Arbeitsebenen in Betracht. Denkbar wäre es zum Beispiel, intensive Schulungen von Führungskräften und Mitarbeitenden anzubieten oder die regelmäßige Teilnahme an länderübergreifenden Arbeitsgruppen zu fördern. Hierdurch könnte eine Sensibilisierung für die Probleme mangelnder Zusammenarbeit erreicht und zudem auf individuell-persönlicher Ebene die Bereitschaft zur behörden- und länderübergreifenden Kooperation erhöht werden. Unwägbarkeiten, die aus dem Willen und den Fähigkeiten des jeweiligen Behördenpersonals folgen, könnte so begegnet werden. Durch Schulungen könnte beispielsweise die verlässlichere Nutzung von Datenbanken gesteigert oder durch vertieften Austausch die Bereitschaft gefördert werden, die eigene Bewertung eines Sachverhaltes zu überdenken und ggf. anzupassen, wenn verantwortliche Bearbeiter:innen eines anderen Bundeslandes über-

T. Ackermann, *Terrorismusbekämpfung in der föderalen Sicherheitsarchitektur*, Juridicum – Bochumer Schriften zur Friedenssicherung und zum Humanitären Völkerrecht I Bochum Studies on the International Law of Peace and Armed Conflict 69,
https://doi.org/10.1007/978-3-662-72233-6_10

zeugende Argumente für eine andere Einschätzung vorbringen. An beidem mangelte es, wie oben dargelegt, etwa im Fall Amri.

Diese auf die persönlichen Fähigkeiten und Einstellungen der einzelnen Beamt:innen abzielenden Maßnahmen können jedoch nicht in Isolation stehen, zumal auch die besten Schulungen und Arbeitsgruppen ohne institutionelle Verankerung und Verstetigung wenig Aussicht auf langhaltigen Erfolg zu haben scheinen. Vorzugswürdig ist es daher, neben den beschriebenen operativen Ansätzen einen strukturellen Ansatz zu wählen, der klare Mechanismen für eine effektive Zusammenarbeit schafft. Damit könnte die Zusammenarbeit in Strukturen eingebettet werden, die das Ziel haben, eine effektive und koordinierte Terrorismusbekämpfung zu gewährleisten.

Darüber hinaus soll darauf hingewiesen werden, dass die Untersuchung gezeigt hat, dass die Terrorismusprävention in der Vergangenheit – jedenfalls in den dargestellten Fällen – nicht an einem Mangel an Informationen gescheitert ist. Bei Reformoptionen, die die Befugnisse der Sicherheitsbehörden zur Informationsbeschaffung erweitern, bestünde somit die Gefahr, dass sich diese aufgrund mangelnder Erforderlichkeit oder Verhältnismäßigkeit als verfassungswidrig erweisen. Daher sollte das Augenmerk auf strukturelle Verbesserungen der Zusammenarbeit der Sicherheitsbehörden gelegt werden. Diesen widmet sich die Untersuchung in den nachfolgenden Kapiteln.

Dabei werden nur solche Reformoptionen untersucht, die keine Verfassungsänderung erfordern, denn es wäre erstens höchst zweifelhaft, dass Verfassungsänderungen, die beispielsweise die Bundesbehörden stärken würden, die nach Art. 79 Abs. 2 GG erforderlichen Mehrheiten erhalten würden. Außerdem gab es bereits Kritik an den bisherigen Reformen. So mahnte Bundesanwalt beim BGH *Beck* vom GBA, der Gesetzgeber sei

> „deutlich an die verfassungsrechtlichen Grenzen gestoßen. [...] Ich hatte den starken Eindruck, Sie hätten gerne viel mehr gemacht. Aber das Grundgesetz hat uns zurückgeholt auf den Boden der Wirklichkeit."[1]

Daher werden mögliche Reformoptionen darauf hin untersucht, ob sie im Einklang mit den in Teil I aufgezeigten verfassungsrechtlichen Grenzen stehen. Reformen dürfen weder einen unverhältnismäßigen Eingriff in Grundrechte darstellen, die föderale Kompetenzverteilung aushöhlen, noch mit dem Grundsatz der Begrenzung staatlicher Macht im Allgemeinen oder dem Trennungsgebot im Besonderen unvereinbar sein.

---

[1] Amri-Untersuchungsausschuss, Protokoll 99, S. 116.

Somit erfordern solche Reformoptionen eine detaillierte Analyse, die diese Grenzen möglicherweise betreffen. Dazu zählen die Einführung von Weisungsbefugnissen für das BKA und das BfV sowie die Umstrukturierung der Nachrichtendienste. Bevor sich Kap. 11 und 12 mit diesen beiden Reformoptionen auseinandersetzen, werden (unter Abschn. 10.1) zunächst die faktischen Grenzen struktureller Reformen reflektiert und argumentiert, dass dennoch nicht von strukturellen Veränderungen abgesehen werden sollte. Darüber hinaus werden weitere Reformoptionen überblicksartig erörtert, die im Hinblick auf die dargestellten Grenzen unproblematisch sind. Diese betreffen die Zusammenlegung der Landesbehörden (dazu unter Abschn. 10.2), die Erarbeitung von Mustergesetzen (dazu unter Abschn. 10.3). die Überarbeitung der aktuellen gesetzlichen Regelungen (dazu unter Abschn. 10.4) und die Kontrolle der Sicherheitsbehörden (dazu unter Abschn. 10.5).

10.1 Faktische Grenzen struktureller Reformen

Teilweise wird angeführt, dass nur faktische Veränderungen, insbesondere der Wille der jeweiligen Mitarbeitenden, zu einer verbesserten Zusammenarbeit führen könnten. Ein optimiertes Zusammenarbeiten der Sicherheitsbehörden könne nur praktiziert und nicht vom Gesetzgeber angeordnet werden.[2] Dies trifft insofern zu, als dass eine reibungslose Abstimmung auch unter den besten Rahmenbedingungen nur dann möglich ist, wenn die jeweiligen Verantwortlichen effektiv zusammenarbeiten *wollen*. Die Untersuchung hat gezeigt, dass in der Vergangenheit bestehende Instrumente für die Abstimmung und Koordination teilweise ungenutzt blieben. Der Auffassung, nur faktische Veränderungen würden langfristig zu Verbesserung führen, ist jedoch entgegenzuhalten, dass die Zusammenarbeit der Sicherheitsbehörden aber schon im Grundgesetz vorgeschrieben und es daher Aufgabe des Gesetzgebers ist, die einfachgesetzlichen Rahmenbedingen hierfür zu schaffen. Er ist gerade (auch aufgrund grundrechtlicher Erwägungen)[3] dazu verpflichtet, die Strukturen für eine funktionierende Zusammenarbeit zu schaffen. Dazu zählt beispielsweise, rechtliche Regelungen so zu gestalten, dass sie für die Mitarbeitenden in den Sicherheitsbehörden verständlich sind, aber auch, dass Zuständigkeitsbereiche klar abgegrenzt und überflüssige und hindernde Überschneidungsbereiche klein gehalten werden. Zweitens muss der Gesetzgeber dafür Sorge tragen, dass ein entsprechender Wille der Mitarbeitenden zur Zusammenarbeit geweckt und

---

[2] Grumke und van Hüllen 2019, S. 213.

[3] Siehe dazu Kap. 2 und 4.

beibehalten wird. In diesem Sinne ist unter anderem die Überlastung der Sicherheitsbehörden zu vermeiden. Strukturelle Reformen sind daher die Voraussetzung für faktische Veränderungen.

10.2 Zusammenlegung mehrerer Landesbehörden

Eine strukturelle Veränderung der Sicherheitsarchitektur zur Behebung der Defizite könnte in der Zusammenlegung mehrerer Landesbehörden bestehen. Die Vernetzung terroristischer Gefährder:innen macht nicht nur vor Staatsgrenzen, sondern auch und erst recht nicht vor Landesgrenzen Halt. Daher ist es essenziell, dass die Landesbehörden effektiv zusammenarbeiten. Wie die Untersuchung in den Fallstudien gezeigt hat, ist dies nicht immer gewährleistet. Dies ist besonders fatal, wenn relevante Informationen entgegen gesetzlichen Verpflichtungen nicht ausgetauscht werden. Es wäre daher möglicherweise sinnvoll, die Landesbehörden mehrerer Bundesländer zusammenzulegen, damit gewährleistet ist, dass die Informationen zusammengeführt werden. Dazu besteht bereits die einfachgesetzliche Möglichkeit: § 2 Abs 2 BVerfSchG ermöglicht die Zusammenlegung der Landesämter für Verfassungsschutz und § 1 Abs. 2 S. 2 BKAG der Landeskriminalämter. Es ist wenig überraschend, dass diese Möglichkeit bisher nicht genutzt wurde.[4] Auch in Zukunft ist damit nicht zu rechnen, da die Zusammenlegung mit dem Verlust der ausschließlichen Kompetenzen einzelner Länder und persönlicher Posten einhergehen würde.[5]

10.3 Mustergesetze

Eine weitere Möglichkeit, die Zusammenarbeit zwischen den Landesbehörden zu optimieren, besteht in dem Entwurf von Mustergesetzen.[6] Diese würden aufzeigen, welche polizeilichen und nachrichtendienstliche Maßnahmen in den Ländern geregelt werden könnten.[7] Sie würden zwar keine unmittelbare Gesetzeskraft entfalten,

[4] Vgl. Gärditz 2019, S. 87; Marscholleck 2015, S. 3612.

[5] Siehe zur verfassungsrechtlichen Zulässigkeit der Vereinigung aller Landesverfassungsschutzämter im BfV Gärditz 2019, S. 82.

[6] Vgl. *Bäcker*: „Eine weitere Zentralisierungsoption besteht darin, die Rechtsgrundlagen der Terrorismusbekämpfung durch die Sicherheitsbehörden der Länder bundesrechtlich zu vereinheitlichen.“, in: Bäcker 2018a, S. 214; Gazeas 2018, S. 3, 32.

[7] Vgl. Ebert 2017, S. 10; Graulich, S. 10; Hofmann 2019.

aber für die Länder als Beispiel dienen, um Vereinheitlichung voranzutreiben.[8] Somit könnten langfristig einheitliche Sicherheitsstandards geschaffen werden.[9] Die Überführung der vorgeschlagenen Regeln in die einzelnen Ländergesetze hängt dabei jedoch von dem Willen der Landesgesetzgeber ab.[10] In der Vergangenheit war die Einführung eines Musterpolizeigesetzes bereits erfolgreich. 1977 wurde ein „Musterentwurf eines einheitlichen Polizeigesetzes" beschlossen, der als Vorlage für die Anpassung der Ländergesetze diente.[11] In den letzten Jahren wurde eine neue Version des Musterpolizeigesetzes diskutiert, um die Polizeigesetze einheitlich an neue Entwicklungen anzupassen: Auf der 206. Innenministerkonferenz im Juni 2017 haben sich die Länder darauf geeinigt, zusammen mit dem BMI gemeinsame Standards für die Terrorismusbekämpfung zu erarbeiten.[12] Die Erarbeitung ist derzeit noch im Gange.[13] Teilweise wird die Erarbeitung eines Musterpolizeigesetzes für überflüssig gehalten, da das BKAG als Beispiel dienen könne.[14] Dies überzeugt nicht, da das BKA im Vergleich zu den Ländern nur begrenzte Kompetenzen hat, die Befugnisse daher auch unterschiedlich ausgestaltet sind.

10.4 Überarbeitung der aktuellen gesetzlichen Regelungen

Ein weiteres Defizit, dass die Fallstudien aufgezeigt haben, ist die Unübersichtlichkeit der gesetzlichen Regelungen in der Terrorismusbekämpfung.[15] Ein Beispiel dafür ist § 10 BNDG. Dieser verweist für die Übermittlung personenbezogener Daten, die auf Grund einer TKÜ-Maßnahme nach § 100a StPO bekanntgeworden sind, auf § 18 Abs. 6 BVerfSchG. Dieser verweist wiederum auf §§ 3 Abs. 1 und § 4 Abs. 1 und 4 G10. § 3 G10 verweist unter anderem auf das StGB, das

[8] Vgl. Hofmann 2020, S. 424.

[9] Vgl. Hofmann 2020, S. 424.

[10] Vgl. Hofmann et al. 2020, S. 239.

[11] Siehe den Entwurf zur Änderung des Musterentwurfs eines einheitlichen Polizeigesetzes des Bundes und der Länder gemäß Beschluß der Innenministerkonferenz vom 25.11.1977, abgedruckt in Bürgerrechte & Polizei/CILIP 1984, 78 ff.

[12] Innenministerkonferenz 2017, S. 43. Vgl. Hofmann et al. 2020, S. 237–238.

[13] Siehe dazu Unterausschuss Recht und Verwaltung 2021; Innenministerkonferenz – Einheit statt Flickenteppich 2017.

[14] Graulich 2017, S. 278.

[15] Siehe Bäcker 2018b, S. 137–139.

Vereinsgesetz,[16] das Aufenthaltsgesetz[17] und das NATO-Truppen-Schutzgesetz.[18] § 4 Abs. 4 G10 verweist wiederum zurück auf das BVerfSchG, namentlich § 19 Abs. 3 S. 2 und 4 BVerfSchG.

Zwar hat das Bundesverfassungsgericht herausgestellt, dass Mehrfachverweisungen an sich noch keine Verfassungswidrigkeit begründen.[19] Doch selbst wenn man in diesem Fall (der hier nur als Beispielfall dient) nicht von der Verfassungswidrigkeit ausgeht, so zeigt diese Regelung die Hürden, die dadurch für die Zusammenarbeit der Mitarbeitenden in den Sicherheitsbehörden aufgestellt werden. Die Voraussetzungen all der genannten Normen aus all den genannten Gesetzen fehlerfrei zu identifizieren und das Vorliegen derselben zu überprüfen, kann mitunter schon für Jurist:innen eine Herausforderung darstellen. Für Mitarbeitende in den Sicherheitsbehörden, die nicht über eine juristische Ausbildung verfügen, wird die Zusammenarbeit mit anderen Behörden dadurch erheblich erschwert. Es liegt daher am Gesetzgeber, die Vorschriften zu überarbeiten. Denkbar erscheint auch, das Sicherheitsrecht in weniger Gesetzen zusammenzufassen, um etwa die Regelungen zur Informationsübermittlungen übersichtlicher zu gestalten. Auch sollten rechtliche Grundlagen geschaffen werden, die die Zuständigkeiten der Sicherheitsbehörden deutlich abgrenzen.[20]

Dies betrifft – als Alternative zur Umstrukturierung – erstens die Abgrenzung der Zuständigkeiten von BND und BfV (dazu unter Abschn. 10.4.1). Zweitens sind deutlichere Regeln für den Umgang mit doppelfunktionalen Maßnahmen angezeigt (dazu unter Abschn. 10.4.2) Schließlich muss der Gesetzgeber schon aufgrund verfassungsrechtlicher Vorgaben, aber auch im Sinne eines stringenten Vorgehens rechtliche Grundlagen für die Gemeinsamen Zentren schaffen (dazu unter Abschn. 10.4.3).

10.4.1 Abgrenzung der Zuständigkeiten von BfV und BND

Um die Überschneidungen zwischen BfV und BND und damit den Abstimmungsbedarf zu verringern, kommt als Alternative zur Umstrukturierung die schärfere Abgrenzung der Zuständigkeiten in Betracht. *Meinel* schlägt etwa vor, ein Primat

[16] Gesetz zur Regelung des öffentlichen Vereinsrechts vom 05.08.1964, BGBl. I S. 593.

[17] Gesetz über den Aufenthalt, die Erwerbstätigkeit und die Integration von Ausländern im Bundesgebiet vom 25.02.2008, BGBl. I S. 162.

[18] Gesetz über den Schutz der Truppen des Nordatlantikpaktes durch das Straf- und Ordnungswidrigkeitenrecht vom 27.03.2008, BGBl. I S. 490.

[19] BVerfGE 154, 152, Rn. 312 (BND – Ausland-Ausland-Fernmeldeaufklärung); BVerfG, NVwZ-RR 2023, 1, Rn. 141.

[20] Bäcker 2018b, 137, 149 ff.

des BND für Sachverhalte mit Auslandsbezug anzuerkennen, aber vermehrt die Amtshilfe für das BfV vorzusehen, sodass es nicht nur zu einem punktuellen Austausch zwischen den Behörden kommt.[21] Diese Lösung ist nur eingeschränkt zielführend. Auch bei der Amtshilfe ist eine enge Abstimmung zwischen den Behörden erforderlich. Dennoch ist eine solche Regelung gegenüber der aktuellen Situation vorzuziehen. Der Gesetzgeber sollte Regeln schaffen, die den Mitarbeitenden der Sicherheitsbehörden konkret vorgeben, unter welchen Voraussetzungen das BfV und unter welchen der BND zuständig ist. Allerdings erscheint es fragwürdig, wie die Zuständigkeiten im Falle global agierender und vernetzter Terrorist:innen sinnvoll verteilt werden können. Insgesamt erscheint daher die Anpassung an aktuelle Entwicklungen durch eine Umstrukturierung vorzugswürdig.

10.4.2 Abgrenzung bei doppelfunktionalen Maßnahmen

Die Untersuchung hat herausgearbeitet, dass sich nicht nur die Bereiche innerer und äußerer Sicherheit immer häufiger überschneiden, sondern auch die der Prävention und Repression. Bei der Abgrenzung wird traditionell auf den Schwerpunkt der jeweiligen Maßnahme abgestellt, doch die Bestimmung desselben ist in vielen Fällen herausfordernd. Dies gilt besonders im Bereich der Terrorismusbekämpfung aufgrund der ins Vorfeld verlagerten Tatbestände der §§ 89a ff. StGB und §§ 129a, 129b StGB. Es wurde gezeigt, dass die Gefahr dabei, die Entscheidung über den Schwerpunkt in die Gewalt der Sicherheitsbehörden zu stellen, die darin besteht, dass strafprozessuale Garantien unterlaufen werden könnten. Daher fordern einige Expert:innen, in Zweifelsfällen den Vorrang des Strafrechts zu normieren.[22] Dies birgt allerdings die Gefahr, dass dadurch eine weitere Verschiebung zugunsten der Zuständigkeiten des Bundes ermöglicht wird, dem nach Art. 74 Abs. 1 Nr. 1 Var. 2 GG für das Strafrecht die konkurrierende Gesetzgebungskompetenz zukommt. Dadurch könnten Sachverhalte, die eigentlich der Prävention und damit der Kompetenzen der Länder unterfallen, in die Kompetenzen des Bundes überführt werden. Der Gesetzgeber müsste den Anwendungsbereich daher so detailliert wie möglich konkretisieren, um eine Aushöhlung der Länderkompetenz zu verhindern (auch wenn es sicherlich keine leichte Aufgabe ist, allgemeingültige Kriterien für eine Vielzahl von Fällen aufzustellen).

[21] Meinel 2018, S. 856–857.

[22] Roggan 2009, S. 260; Bäcker 2018a, S. 218

10.4.3 Gemeinsame Zentren

Für die gemeinsamen Zentren besteht in zweifacher Hinsicht Reformbedarf. Erstens muss die Arbeit in den Zentren auf rechtliche Grundlagen gestellt werden.[23] Zweitens ist ein „effizientes operatives Controlling" notwendig.[24] Problematisch ist, dass es keine Behörde gibt, die allen anderen Behörden gegenüber verbindliche Weisungen erteilen könnte.[25] Das BKA leitet die Sitzungen zwar formell, könnte aber nur – nach dem Erlass eines entsprechenden Gesetzes – anderen Behörden gegenüber Weisungen im Konfliktfall erteilen. Überaus problematisch erscheint dies aber besonders im Hinblick auf Landes- und Bundesbehörden, die anderen Ministerien unterstellt sind, wie z. B. der BND. Möglich wäre es jedoch, ein kontinuierliches Nacherfassen durch das BKA zu vereinbaren oder sogar eine eigene Arbeitsgruppe hierfür einzurichten. Dadurch würde die Bearbeitung von Sachverhalten regelmäßig nachgeprüft und, wenn notwendig, ein Wiederaufgreifen von Sachverhalten sichergestellt wird.

10.5 Optimierung der Kontrolle der Sicherheitsbehörden

Die herausgearbeiteten Defizite haben bislang nicht durch die Kontrollinstitutionen verhindert werden können. Neben Effektivitätsgründen erfordern auch Rechtsstaats- und Demokratieprinzip eine wirksame Kontrolle der Sicherheitsbehörden.[26] Problematisch ist dies insbesondere bei den Nachrichtendiensten, da diese verdeckt arbeiten. Auch grundrechtliche Erwägungen erfordern die Garantie einer wirksamen Kontrolle der Nachrichtendienste.[27] Personen, die von Maßnahmen der Sicherheitsbehörden betroffen werden, können aber nur dann rechtliche Schritte einleiten, wenn die Sicherheitsbehörden ihnen mitteilen, dass in ihre Rechte eingegriffen wurde. Zu dieser Mitteilung besteht zwar aufgrund des Rechts effektiven Rechtsschutzes nach Art. 19 Abs. 4 GG eine Pflicht (vgl. z. B. § 15 BVerfSchG), in der Praxis muss aber die Einhaltung dieser Mitteilungspflicht sichergestellt wer-

[23] Vgl. dazu schon oben, Kap. 4, unter Abschn. 4.3.9.1.3.

[24] Gazeas 2018, S. 3.

[25] Für die Einführung eines Weisungsrechts aber Schindler 2020, S. 218–220.

[26] Vgl. Baier 2009, S. 16–18; Brissa 2017, S. 765.

[27] BVerfGE 65, 1 (Volkszählung); BVerfGE 100, 313, 361, 364 (Telekommunikationsüberwachung I); BVerfGE 125, 260, 334–336 (Vorratsdatenspeicherung); BVerfGE 133, 277, 365 (Rn. 204) (Antiterrordateigesetz); BVerfGE 141, 220, 282 (Rn. 136) (Bundeskriminalamtsgesetz).

den.[28] Darüber hinaus können Geheimhaltungsinteressen oder Absprachen mit anderen Staaten dazu führen, dass keine Mitteilung an die Betroffenen erfolgen kann.[29] Defizite der Kontrolle wiegen daher aufgrund ihrer verfassungsrechtlichen Implikationen besonders schwer. Eine wirksame Kontrolle ist darüber hinaus auch wichtig für Akzeptanz der Dienste in der Öffentlichkeit, die sich darauf verlassen können muss, dass die Dienste eine gute Arbeit leisten.[30] Die Kontrolle muss dabei den Ausgleich zwischen berechtigten Geheimhaltungsinteressen und Transparenz schaffen:

> „Ein „transparenter Geheimdienst“ könnte seine Aufgaben nicht erfüllen, aber ein unkontrollierter Geheimdienst wäre eine Gefahr für die Bürger und die verfassungsmäßige Ordnung. Die Betroffenen wissen meist nicht, dass sie beobachtet werden, und können schon deshalb keinen gerichtlichen Rechtsschutz erreichen.“[31]

Die nachrichtendienstliche Arbeit muss daher zumindest in ihren Grundstrukturen kontrollierbar sein. Gefordert wird somit eine „Transparenz der Intransparenz“.[32] Art. 45 d GG schreibt daher die parlamentarische Kontrolle der nachrichtendienstlichen Tätigkeiten des Bundes vor. Zu diesem Zweck wurde das Parlamentarische Kontrollgremium (PKGr) eingerichtet.[33] Neben dem PKGr sind für die Kontrolle auch die sog. G10-Kommission,[34] das Vertrauensgremium und der Unabhängige Kontrollrat[35] eingesetzt. Daneben dient auch der Bundesbeauftragte für den Datenschutz und die Informationsfreiheit der Kontrolle staatlichen Handelns.[36] Die bisherigen Kontrollstrukturen haben, auch nach den im Anschluss an die (im Urteil zur sog. Ausland-Ausland-Fernmeldeaufklärung geäußerten[37]) Kritik des Bundesverfassungsgerichts ergriffenen Reformen,[38] intensive Kritik erfahren. So wird etwa bemängelt, dass nicht alle der Gremien (wie beispielsweise das PKGr) mit Expert:innen besetzt sind und parteipolitische Interessen Einfluss

[28] Schwabenbauer 2013, S. 385–387.
[29] BVerfGE 141, 220, 282 (Rn. 136) (Bundeskriminalamtsgesetz).
[30] Hirsch 1996, S. 320.
[31] Bull 2008, S. 751.
[32] Masing 2018, S. 13.
[33] Vgl. § 1 Abs. 1 PKGrG.
[34] § 1 Abs. 2 Artikel 10-Gesetz.
[35] §§ 40 ff. BNDG.
[36] § 10a Abs. 2 S. 2 BHO.
[37] BVerfG, NJW 2020, 2235.
[38] Für einen Überblick vgl. Brissa 2017.

auf die Entscheidungsfindung haben können.[39] Auch wird diskutiert, ob die Aufteilung der Kontrolle auf eine Vielzahl von Gremien (PKGr, G10-Kommission, Unabhängiges Gremium, Vertrauensgremium) zweckführend ist.[40] Je nach Anknüpfungspunkt der Kritik (und eigenem politischen Interesse) bestehen verschiedene Überlegungen für Reformen in Wissenschaft und Politik.[41]

Teilweise wird eine mögliche Zentralisierung der Kontrolle diskutiert. Dafür sprechen ähnliche Erwägungen wie bei der Zentralisierung der Terrorismusbekämpfung: Durch eine verringerte Anzahl an Gremien, die dann aber jeweils mit weitgehenderen Kontrollbefugnissen ausgestattet sind, erscheint eine ganzheitliche Betrachtung (jedenfalls der Strukturen) einfacher zu gewährleisten. Gemeinsame Standardlösungen können leichter gefunden und umgesetzt werden.[42] Außerdem würde verhindert, dass verschiedene Gremien verschiedene (Rechts-) Auffassungen bezüglich derselben Maßnahmen bzw. Strukturen vertreten.[43] Gegen eine Zentralisierung wird angeführt, dass es sinnvoll sei, verschiedene Gremien mit unterschiedlichen Schwerpunkten und Expertise auszustatten, um eine bestmögliche Kontrolle zu gewährleisten.[44] Diese Expertise könnte aber auch in weniger Gremien gebündelt werden. Die Zentralisierung der Kontrolle, jedenfalls eine „Entschlackung", erscheint durchaus zielführend.

Auch wird mitunter für eine gerichtsähnliche Kontrolle ein kontradiktorisches Verfahren vorgeschlagen, bei dem Vertreter:innen für die Nachrichtendienste und Vertreter:innen für Bürgerrechte ihre Einschätzungen austauschen.[45] Ein solches Verfahren findet sich bereits in anderen Staaten, beispielsweise in den USA (Foreign Intelligence Surveillance Court),[46] und erscheint in der Tat sinnvoll, um den wirksamer Schutz der Grundrechte und die Akzeptanz in der Öffentlichkeit zu garantieren. Bedenken aufgrund von Geheimhaltungsinteressen ist entgegenzuhalten, dass ein solches Verfahren in den USA offenkundig unter Berücksichtigung derartiger Interessen praktisch möglich ist. Der Rahmen der Kontrolle müsste nur

---

[39] Vgl. Dietrich 2014, S. 205–206; Gusy 2019, S. 20.

[40] Vgl. Weichert 2012, Rn. 25–35; Waldhoff 2019, S. 74.

[41] Umfassend zu Reformen Wetzling und Moßbrucker 2020; Baier 2009, S. 111–113; Bartodziej 2017, S. 1549–1551; und für justizielle Kontrolle Wöckel 2017; Droste 2007, S. 601–603.

[42] Weichert 2012, Rn. 30.

[43] Weichert 2012, Rn. 32.

[44] Weichert 2012, Rn. 26–27.

[45] Wetzling und Moßbrucker 2020, S. 7, 15.

[46] Siehe z. B. Berman 2016, S. 1194–1196.

entsprechend ausgestaltet sein, etwa in der Hinsicht, dass sich die Kontrolle nur auf das grundsätzliche Vorgehen, nicht aber auf technische Einzelheiten erstreckt.

Bezüglich der Optimierung der Kontrolle ist schließlich auch noch festzuhalten, dass die Polizeibehörden immer mehr Vorfeldbefugnisse eingeräumt bekommen haben („Vernachrichtendienstlichung der Polizeibehörden"),[47] aber bislang keiner vergleichbaren Kontrolle unterliegen wie die Nachrichtendienste. Es ist aber nicht ersichtlich, wieso bei der Informationsbeschaffung durch die Polizeibehörden die Kontrolle weniger bedeutsam wäre. Im Gegenteil ist ihr sogar eine größere Bedeutsamkeit zuzuordnen, wenn man bedenkt, dass die Polizeibehörden auf der Grundlage der Informationen Zwangsmaßnahmen anwenden dürfen.

Literatur

Amri-Untersuchungsausschuss: 1. Untersuchungsausschuss der 19. Wahlperiode, Stenografisches Protokoll der 99. Sitzung vom 17. September 2020 99.

Bäcker, M. (2018a). Weitere Zentralisierung der Terrorismusbekämpfung? *Zeitschrift für das Gesamte Sicherheitsrecht*, *1*(1), 213–219.

Bäcker, M. (2018b). Zur Reform der Eingriffstatbestände im Nachrichtendienstrecht. In J.-H. Dietrich, K. F. Gärditz, K. Graulich, C. Gusy, & G. Warg (Hrsg.), *Nachrichtendienste im demokratischen Rechtsstaat. Kontrolle – Rechtsschutz – Kooperationen* (S. 137–151). Mohr Siebeck.

Baier, M. (2009). *Die parlamentarische Kontrolle der Nachrichtendienste und deren Reform.* Dr. Kovač.

Bartodziej, P. (2017). Parlamentarische Kontrolle. In J.-H. Dietrich & S. Eiffler (Hrsg.), *Handbuch des Rechts der Nachrichtendienste* (S. 1536–1606). Boorberg.

Berman, E. (2016). The two faces of the foreign intelligence surveillance court. *Indiana Law Journal, 91*, 1191–1250.

Brissa, E. (2017). Aktuelle Entwicklungen der parlamentarischen Kontrolle nachrichtendienstlicher Tätigkeit des Bundes. *Die Öffentliche Verwaltung: Zeitschrift für öffentliches Recht und Verwaltungswissenschaft*, *70*(23), 765–774.

Bull, H.-P. (2008). Sind Nachrichtendienste unkontrollierbar? *Die Öffentliche Verwaltung: Zeitschrift für öffentliches Recht und Verwaltungswissenschaft*, *61*(19), 751–760.

BVerfG, Urteil vom 15.12.1983, Aktenzeichen 1 BvR 209/83, 1 BvR 269/83, 1 BvR 362/83, 1 BvR 420/83, 1 BvR 440/83, 1 BvR 484/83. In *Entscheidungen des Bundesverfassungsgerichts* 65, S. 1, BVerfGE 65, 1.

BVerfG, Urteil vom 14.07.1999, Aktenzeichen 1 BvR 2226/94, 1 BvR 2420/95, 1 BvR 2437/95. In *Entscheidungen des Bundesverfassungsgerichts* 100, S. 313, BVerfGE 100, 313.

BVerfG, Urteil vom 02.03.2010, Aktenzeichen 1 BvR 256/08 u. a. In *Entscheidungen des Bundesverfassungsgerichts* 125, S. 260, BVerfGE 125, 260.

[47] Siehe oben, Kap. 3, unter Abschn. 3.9; Kap. 4, unter Abschn. 4.3.9.2.

BVerfG, Urteil vom 24.08.2013, Aktenzeichen 1 BvR 1215/07. In *Entscheidungen des Bundesverfassungsgerichts* 133, S. 277, BVerfGE 133, 277.

BVerfG, Urteil vom 20.04.2016, Aktenzeichen 1 BvR 966, 1140/09. In *Entscheidungen des Bundesverfassungsgerichts* 141, S. 220, BVerfGE 141, 220.

BVerfG, Urteil vom 19.05.2020, Aktenzeichen 1 BvR 2835/17. In *Entscheidungen des Bundesverfassungsgerichts* 154, S. 152, BVerfGE 154, 152.

BVerfG, Beschluss vom 28.09.2022, Aktenzeichen 1 BvR 2354/13. In *Neue Zeitschrift für Verwaltungsrecht Rechtsprechungs-Report*, S. 1, NVwZ-RR 2023, 1.

Dietrich, J.-H. (2014). Reform der parlamentarischen Kontrolle der Nachrichtendienste als rechtsstaatliches Gebot und sicherheitspolitische Notwendigkeit. *Zeitschrift für Rechtspolitik*, *51*(4), 205–208.

Droste, B. (2007). *Handbuch des Verfassungsschutzrechts*. Boorberg.

Ebert, F. (2017). Entwicklungen und Tendenzen im Recht der Gefahrenabwehr. *Landes- und Kommunalverwaltung*, *10*(1), 10–17.

Gärditz, K. F. (2019). Zentralisierung von Verfassungsschutzaufgaben und bundesstaatliche Kompetenzarchitektur. *Archiv des öffentlichen Rechts, 144*, 81–132.

Gazeas, N. (2018). Schriftliche Stellungnahme zur Vorbereitung der öffentlichen Anhörung des 1. Untersuchungsausschusses des Deutschen Bundestages der 19. Wahlperiode am 17. Mai 2018 zum Thema „föderale Sicherheitsarchitektur" (Ausschuss-Drs. 19(25)252). https://www.bundestag.de/resource/blob/562150/be5b1abfc4980f5d08afcf7c09b59261/19-25-252-data.pdf. Zugegriffen am 25.10.2025.

Graulich, K. (2017). Aufgaben und Befugnisse des Bundeskriminalamts im digitalen Rechtsraum – Das Gesetz zur Neugestaltung des BKAG im Jahr 2017. *Kriminalpolitische Zeitschrift*, *40*(5), 278–287.

Graulich, K. (2019). Brauchen wir einen [sic!] Musterpolizeigesetz? Überlegungen zur Standardisierung und Differenzierung im Sicherheitsrecht. *Zeitschrift für das Gesamte Sicherheitsrech*, *1*(1), 9–16.

Grumke, T., & van Hüllen, R. (2019). *Der Verfassungsschutz. Grundlagen. Gegenwart. Perspektiven?* (2. Aufl.). Verlag Barbara Budrich.

Gusy, C. (2019). Reformperspektiven des Rechts der Nachrichtendienste. In J.-H. Dietrich, K. F. Gärditz, K. Graulich, C. Gusy, & G. Warg (Hrsg.), *Reform der Nachrichtendienste zwischen Vergesetzlichung und Internationalisierung* (S. 19–32). Mohr Siebeck.

Hirsch, A. (1996). *Die Kontrolle der Nachrichtendienste. Vergleichende Bestandsaufnahme, Praxis und Reform*. Duncker & Humblot.

Hofmann, H. (2019). Rechtsstaat und Sicherheit im deutschen wie europäischen Kontext – Zur stetigen Neujustierung zwischen freiheitlichem Rechtsstaat und staatlichen Sicherheitsstrukturen. In *Zeitschrift für Gesetzgebung*, *23*(3), 193–216.

Hofmann, H., Lukosek, S., & Schulte-Rudzio, F. (2020). Das Gewicht der Sicherheit als Herausforderung des liberalen Verfassungsstaates: Sicherheit als Staatsaufgabe, Staatsziel, grundrechtliche Gewährleistung? *Zeitschrift für das Gesamte Sicherheitsrecht*, *2020*(6), 233–244.

Hofmann, H. (2020). Status und Reformoptionen in der föderalen Sicherheitsarchitektur. In F. Knüpling, M. Kölling, S. Kropp, & H. Scheller (Hrsg.), *Reformbaustelle Bundesstaat* (S. 407–429). Springer.

Innenministerkonferenz. (2017). Sammlung der zur Veröffentlichung freigegebenen Beschlüsse der 206. Sitzung der Ständigen Konferenz der Innenminister und -senatoren der

Länder am 12. bis 14.06.2017 in Dresden. https://www.innenministerkonferenz.de/IMK/DE/termine/to-beschluesse/2017-06-14_12/beschluesse.pdf;jsessionid=501015A816033418D1C0D7F7559E970F.internet601?__blob=publicationFile&v=2. Zugegriffen am 25.10.2025.

Innenministerkonferenz. (2017, Juni 14). Einheit statt Flickenteppich. *Legal Tribune Online*. https://www.lto.de/recht/nachrichten/n/innenminister-konferenz-sicherheit-terror-polizeigesetz-messenger-dienste/. Zugegriffen am 25.10.2025.

Marscholleck, D. (2015). Das Gesetz zur Verbesserung der Zusammenarbeit im Bereich des Verfassungsschutzes. *Neue Juristische Wochenschrift*, *68*(20), 3611–3616.

Masing, J. (2018). Nachrichtendienste im freiheitlichen Rechtsstaat. In J.-H. Dietrich, K. F. Gärditz, K. Graulich, C. Gusy, & G. Warg (Hrsg.), *Nachrichtendienste im demokratischen Rechtsstaat. Kontrolle – Rechtsschutz – Kooperationen* (S. 3–19). Mohr Siebeck. https://viewer.content-select.com/pdf/viewer?id=3740&id_type=isbn&identifiers=9783161562341&signature=e8262135298353fa6430afd6bedba0d4ff56c1ad&frontend=1&language=deu&session=rAj2AgpJclSzfogHtZDi2FWhXvm6NkKggbbJxSjwpx08nGL6OiPW7e4BRL-Go4VWO. Zugegriffen am 25.10.2025.

Meinel, F. (2018). Nachrichtendienstliche Auslandsaufklärung als Kompetenzproblem. *Neue Zeitschrift für Verwaltungsrecht*, *41*(11), 852–858.

Roggan, F. (2009). Das neue BKA-Gesetz – Zur weiteren Zentralisierung der deutschen Sicherheitsarchitektur. *Neue Juristische Wochenschrift*, *62*(5), 257–262.

Schindler, G. (2020). *Wer hat Angst vorm BND? Warum wir mehr Mut beim Kampf gegen die Bedrohungen unseres Landes brauchen. Eine Streitschrift*. Econ.

Schwabenbauer, T. (2013). *Heimliche Grundrechtseingriffe. Ein Beitrag zu den Möglichkeiten und Grenzen sicherheitsbehördlicher Ausforschung*. Mohr Siebeck.

Unterausschuss Recht und Verwaltung. (2021). Musterpolizeigesetz (MPolG): Sachstandsbericht zur Vorlage an die Innenministerkonferenz. https://www.innenministerkonferenz.de/IMK/DE/termine/to-beschluesse/20210616-18/anlage-zu-top-17.pdf?__blob=publicationFile&v=2. Zugegriffen am 25.10.2025.

Waldhoff, C. (2019). Die reformierte Kontrolle der Nachrichtendienste durch das Parlamentarische Kontrollgremium und das Unabhängige Gremium. In J.-H. Dietrich, K. F. Gärditz, K. Graulich, C. Gusy, & G. Warg (Hrsg.), *Reform der Nachrichtendienste zwischen Vergesetzlichung und Internationalisierung* (S. 73–90). Mohr Siebeck.

Weichert, T. (2012). § 56 Instrumente und Standards für Datenschutzkontrollen. In I. Härtel (Hrsg.), *Handbuch Föderalismus. Föderalismus als demokratische Rechtsordnung und Rechtskultur in Deutschland, Europa und der Welt* (Band III: Entfaltungsbereiche des Föderalismus). Springer.

Wetzling, T., & Moßbrucker, D. (2020). BND-Reform, die Zweite. Vorschläge zur Neustrukturierung der Nachrichtendienst-Kontrolle: Stiftung Neue Verantwortung.

Wöckel, H. (2017). Justizielle Kontrolle, insb. Rechtsschutz gegen nachrichtendienstliche Aktivitäten. In J.-H. Dietrich & S. Eiffler (Hrsg.), *Handbuch des Rechts der Nachrichtendienste* (S. 1609–1654). Boorberg.

11 Die Einführung von Weisungsbefugnissen für das BKA und das BfV

Die vorherigen Teile I und II haben verdeutlicht, dass sich die Zuständigkeiten der verschiedenen Länder im Bereich der Terrorismusbekämpfung immer häufiger überschneiden. Grund hierfür sind faktische Entwicklungen, zu denen insbesondere die länderübergreifende Vernetzung von Gefährder:innen zählt. Diese kompetenziellen Überschneidungen machen eine Zusammenarbeit der jeweiligen Landesbehörden untereinander sowie im Verhältnis zu den Bundesbehörden notwendig, um eine effektive Gefahrenabwehr zu ermöglichen und additive Grundrechtseingriffe zu vermeiden. Die Fallstudien haben allerdings exemplarisch gezeigt, dass eine solche Kooperation nicht immer gewährleistet werden kann. Lehre und Konsequenz aus dieser Beobachtung müssen sein, das Zusammenwirken der Länder und des Bundes auszubauen und zu optimieren.

Ein denkbarer Mechanismus dafür ist die Einführung von Weisungsbefugnissen im Bereich der Zusammenarbeit zwischen Bund und Ländern durch Änderung einfachgesetzlicher Vorgaben. Dies könnte insbesondere zu stärkerer Koordinierung „von oben" führen und verdient daher als mögliche Reformoption ausführliche Beachtung. Die nachfolgende Analyse gliedert sich daher wie folgt: Zunächst werden die Grundlagen und möglichen Vorzüge von Weisungsbefugnissen auf Bundesebene dargestellt (dazu unter 11.1). Sodann wird untersucht, ob es verfassungsrechtlich zulässig wäre, derartige Weisungsbefugnisse einzuführen. Dabei ergibt die Auslegung des Grundgesetzes allerdings ein gespaltenes Bild: Während Weisungsbefugnisse für das BKA verfassungsrechtlich zulässig wären (dazu unter 11.2), bedürfte es für derartige Kompetenzen des BfV einer Verfassungsänderung (dazu unter 11.3).

T. Ackermann, *Terrorismusbekämpfung in der föderalen Sicherheitsarchitektur*, Juridicum – Bochumer Schriften zur Friedenssicherung und zum Humanitären Völkerrecht I Bochum Studies on the International Law of Peace and Armed Conflict 69,
https://doi.org/10.1007/978-3-662-72233-6_11

11.1 Vorüberlegungen zur Einführung von Weisungsbefugnissen

Die Schaffung von Weisungsrechten – d. h. der Befugnis einer übergeordneten Behörde, einer anderen Stelle zur Durchführung ihrer Aufgaben allgemein oder für den Einzelfall Anweisungen zu erteilen[1] – im Bereich der Terrorismusbekämpfung könnte dazu beitragen, Konflikte zwischen den beteiligten Ländern aufzulösen oder von vornherein zu vermeiden. Zum einen könnte durch allgemeine strategische Vorgaben sichergestellt werden, dass in bestimmen Situationen ein festgelegter Maßnahmenkatalog zur Verfügung steht und ein ordnungsgebender Prozess abläuft.[2] Durch eine solche Formalisierung könnte ein einheitliches und koordiniertes Vorgehen praktisch erleichtert werden. Zum anderen sind auch Weisungsbefugnisse für konkrete Einzelfälle denkbar, in denen bei Unstimmigkeiten zwischen den jeweils eingebundenen Ländern die Bundesbehörde als vermittelnde Instanz entscheidet und auf dieser Entscheidung basierende, verpflichtende Weisungen an die Länder richtet.[3] Dazu könnten etwa Feststellungen und Bewertungen zu konkreten Gefährdungssachverhalten oder bestimmten Personen zählen.[4] Weisungsbefugnisse der Bundesbehörden könnten auch dazu führen, dass ein persönlicher Unmut zwischen den Akteuren der Länder verhindert wird, da es die Bundesbehörde ist, die im Zweifelsfall unliebsame Entscheidungen zu verantworten hat. Wie in den Fallstudien gezeigt, ist dieser emotionale Faktor in der Praxis keinesfalls zu vernachlässigen.[5] Auch könnte dadurch ein Anreiz geschaffen dafür geschaffen werden, eine Lösung auf Länderebene zu finden, um ein Eingreifen der Bundesbehörde zu vermeiden.

Derartige Weisungsbefugnisse könnten im polizeilichen Bereich beim BKA gegenüber den Landeskriminalämtern und im nachrichtendienstlichen Bereich beim BfV gegenüber den Landesämtern für Verfassungsschutz angesiedelt werden. Damit einher ginge allerdings nicht nur eine Ausweitung der Befugnisse von BKA und BfV,[6] sondern auch ein Eingriff in die Zuständigkeiten der Länder und damit in die vom Grundgesetz vorgegebene Kompetenzverteilung.

---

[1] Vgl. Weber 2022.

[2] Vgl. Bäcker 2018b, S. 3.

[3] Bäcker 2018b.

[4] Vgl. Bäcker 2018b.

[5] Vgl. etwa die E-Mail des Zeugen *K*, vom BKA über die Zusammenarbeit mit dem LKA NRW, Amri-Untersuchungsausschuss, Protokoll 72, S. 50–51.

[6] Vgl. Bäcker 2018b, S. 3.

Weisungsbefugnisse im Verhältnis von Bundes- und Landesbehörden bestehen zum Beispiel nach Art. 85 Abs. 3 GG, sofern die Länder Bundesgesetze im Auftrag des Bundes ausführen. Demgegenüber sind sie beim Vollzug von Landesgesetzen nicht vorgesehen. Im Gegenteil sind im Rahmen der ausschließlichen Zuständigkeit der Länder Mitentscheidungsrechte des Bundes als sog. Mischverwaltung grundsätzlich unzulässig.[7] Dennoch lässt sich hieraus nicht allgemein folgern, dass die Schaffung von Weisungsrechten im Bereich der Terrorismusbekämpfung von vornherein ausgeschlossen ist. Die Länder haben zwar grundsätzlich ausschließliche Kompetenzen im Bereich der Gefahrenabwehr. Allumfassende Weisungsbefugnisse des BKA oder BfV gegenüber ihren Pendants auf Landesebene erscheinen daher in der Tat schwer zu rechtfertigen. Weisungsrechte bleiben aber denkbar im Bereich der Zusammenarbeit von Bund und Ländern in der präventiven Terrorismusbekämpfung.

Es lassen sich vier Voraussetzungen für die Einführung bundesbehördlicher Weisungsrechte identifizieren: Erstens müsste der Bund zunächst überhaupt eine Gesetzgebungskompetenz für die Zusammenarbeit von Bund und Ländern in der präventiven Terrorismusbekämpfung besitzen. Nur dann käme ein entsprechendes gesetzgeberisches Tätigwerden auf Bundesebene in Betracht. Zweitens müsste auch die grundsätzlich bei den Ländern liegende Verwaltungskompetenz, d. h. die Kompetenz zur Ausführung der betreffenden Gesetze, ausnahmsweise beim Bund liegen, also ein Fall bundeseigener Verwaltung gegeben sein. Wenn der Bund die Gesetzgebungs- und Verwaltungskompetenz in diesem Bereich innehätte, müsste, drittens, die Zuständigkeit von BKA bzw. BfV für die Ausführung des relevanten Gesetzes begründet sein. Auch hierbei sind die verfassungsrechtlichen Vorgaben zu beachten. Schließlich müssten, viertens, diese behördlichen Zuständigkeiten Weisungsbefugnisse gegenüber den Landesbehörden einschließen. Zu beachten ist dabei, dass die Befugnisse der zuständigen Bundesbehörde innerhalb des ihr zugewiesenen Wirkbereichs mit der Gesetzgebungskompetenz des Bundes rückgekoppelt sind.[8] Eine et-

[7] BVerfGE 32, 145, 156 (Beförderungsteuer); BVerfGE 39, 96, 120 (Städtebauförderungsgesetz); BVerfGE 41, 291, 311 (Strukturförderung); BVerfGE 63, 1, 38–40 (Schornsteinfegerversorgung); BVerfGE 108, 169, 182 (Telekommunikationsgesetz); BVerfGE 119, 331, 366.

[8] Siehe z. B. BVerfGE 12, 205, 228–230 (Rundfunkentscheidung); BVerfGE 15, 1, 16 (Seewasserstraßen); BVerfGE 78, 374, 386–387 (Fernmeldeanlagengesetz); BVerwG, NVwZ 2000, 433, 434 (Verwaltungskompetenz der Länder); Hermes 2018, Rn. 80 Andere Ansicht Kment 2022b, Rn. 1, der für die Organisation der Bundesverwaltung insofern eine Ausnahme annimmt. Dies überzeugt nicht, da die Kompetenzen des Bundes gerade als Ausnahme zu den Art. 30, 70 und 83 GG zu sehen sind und daher davon auszugehen ist, dass die Festschreibung des gesetzlichen Rahmens in den 72 ff. GG insofern begrenzende Wirkung entfalten sollte.

waige verfassungsrechtlich verankerte Kompetenz eine Bundesbehörde zur Ausführung bestimmter Aufgaben kann daher nicht isoliert betrachtet werden. Die Gesetzgebungskompetenz bildet hierbei „vielmehr die äußerste Grenze der Verwaltungskompetenz des Bundes.“[9]

Bezogen auf die Frage nach Weisungsbefugnissen im Bereich der Terrorismusabwehr treffen weder die in Betracht kommenden Vorschriften des Grundgesetzes noch die dazugehörigen Gesetzgebungsmaterialien eine eindeutige Aussage.[10] Daher sind in der Folge die jeweiligen verfassungsrechtlichen Vorschriften im Wege der dogmatischen Auslegung dahingehend zu untersuchen, ob die einfachgesetzliche Einführung von Weisungsbefugnissen von BKA und BfV im Einklang mit verfassungsrechtlichen Vorgaben stehen würde.

11.2 Einführung von Weisungsbefugnissen für das BKA

Für eine strukturelle Optimierung der Zusammenarbeit in der Terrorismusbekämpfung kommt im Bereich der Polizeibehörden die einfachgesetzliche Einführung von Weisungsbefugnissen für das BKA in Betracht. Hiergegen könnte zwar der Polizeibrief der Alliierten von 1949 sprechen, der bereits im Rahmen des Trennungsgebots Gegenstand der vorliegenden Untersuchung gewesen ist.[11] Unter Nr. 3, S. 2 dieses Dokuments heißt es: „Keine Bundespolizeibehörde darf Befehlsgewalt über Landes- oder Ortspolizeibehörden besitzen.“[12] Weisungsbefugnisse des BKA wären hiernach nicht zulässig gewesen. Der Polizeibrief und das dazugehörige Besatzungsrecht sind durch die Bonner Verträge in der Fassung der Pariser Verträge[13] erloschen.[14]

Die nachfolgende Untersuchung prüft, ob das Verbot der bundespolizeilichen Befehlsgewalt gegenüber den Landesbehörden aber (wie das Trennungsgebot) in die Verfassung inkorporiert wurde.[15] Dazu untersucht das Kapitel zunächst, woraus

---

[9] BVerfGE 12, 205, 229 (Rundfunkentscheidung).

[10] Vgl. bzgl. des BKA Uhle, Rn. 225.

[11] Siehe dazu schon oben, Kap. 4 unter Abschn. 4.3.

[12] Schreiben der Militärgouverneure zum Grundgesetz vom 14.04.1949, Huber 1951, S. 216.

[13] Protokoll über die Beendigung des Besatzungsregimes in der Bundesrepublik Deutschland vom 23.10.1954, BGBl. 1955 II S. 215.

[14] Badura 2018, A., Rn. 31.

[15] Indiz dagegen ist die Weisungsbefugnis nach § 4 Abs. 4 BKAG, welche auf Art. 73 Nr. 10 GG basiert.

sich die Gesetzgebungskompetenz des Bundes für das Zusammenwirken von BKA und den Landespolizeibehörden im Bereich der präventiven Terrorismusbekämpfung ergibt (dazu unter Abschn. 11.2.1) und ob dem Bund auch eine korrespondierende Verwaltungskompetenz zukommt (dazu unter Abschn. 11.2.2). Schließlich wird durch Auslegung ermittelt, ob die einschlägige verfassungsrechtliche Norm die Einführung von Weisungsbefugnissen zulässt (dazu unter Abschn. 11.2.3). Es zeigt sich, dass der verfassungsändernde Gesetzgeber mit Art. 73 Abs. 1 Nr. 9a GG eine Möglichkeit für die einfachgesetzliche Einführung von Weisungsbefugnissen des BKA geschaffen hat (dazu unter Abschn. 11.2.2.5).

11.2.1 Die Gesetzgebungskompetenz des Bundes für das Zusammenwirken von BKA und den Landespolizeibehörden im Bereich der präventiven Terrorismusbekämpfung

Dem Bund müsste zunächst die Gesetzgebungskompetenz für das Zusammenwirken von Bund und Ländern zustehen. Aus Art. 73 Abs. 1 Nr. 9a GG folgt die Gesetzgebungskompetenz des Bundes für die Zusammenarbeit in der präventiven Terrorismusbekämpfung. Dieser im Rahmen der Föderalismusreform I von 2006 eingeführte Artikel,[16] der bereits im Rahmen der Fallstudien thematisiert wurde, wird zur Übersichtlichkeit noch einmal zitiert:

> „Der Bund hat die ausschließliche Gesetzgebung über […] die Abwehr von Gefahren des internationalen Terrorismus durch das Bundeskriminalpolizeiamt in Fällen, in denen eine länderübergreifende Gefahr vorliegt, die Zuständigkeit einer Landespolizeibehörde nicht erkennbar ist oder die oberste Landesbehörde um eine Übernahme ersucht."

Die Vorschrift ermächtigt den Bund demnach explizit nur dazu, das Tätigwerden des BKA zur Abwehr der Gefahren des internationalen Terrorismus abzustecken. Als Annexkompetenz hierzu muss ihm aber auch gestattet sein, das Verhältnis zu den Ländern zu regeln.[17] Der Bund ist daher grundsätzlich berechtigt, Gesetze für das Zusammenwirken zu erlassen.

---

[16] Gesetz zur Änderung des Grundgesetzes vom 28.08.2006 (Föderalismusreform I), BGBl. 2006 I S. 2034.

[17] Lisken et al. 2021, Rn. 148.

11.2.2 Verfassungsrechtliche Grundlage für die Gesetzesausführung im Bereich der präventiven Terrorismusbekämpfung durch das BKA

Der Bund – konkret das BKA – müsste darüber hinaus für die Ausführung der Gesetze, die das Zusammenwirken von Bund und Ländern und damit potenziell auch Weisungsbefugnisse regeln, zuständig sein. Dafür müsste das Grundgesetz dem BKA die Ausführung der Gesetze zuweisen. Es erscheint möglich, dass Art. 87 Abs. 1 S. 2 GG oder Art. 87 Abs. 3 S. 1 GG dem BKA die Ausführung zuweist. Beide Vorschriften kommen aufgrund ihrer systematischen Stellung in Betracht, da sie gerade im Abschnitt zur Ausführung der Bundesgesetze (Art. 83 ff. GG) angesiedelt sind. Diese betreffen die Ausführung der Gesetze durch die bundeseigene Verwaltung durch eine Zentralstelle (Art. 87 Abs. 1 S. 2 GG) bzw. eine selbstständige Bundesoberbehörde (Art. 87 Abs. 3 S. 1 GG). Fraglich ist, ob das BKA im Bereich der präventiven Terrorismusbekämpfung als Zentralstelle oder selbstständige Bundesoberbehörde agiert. Um dies zu beantworten, müssen zunächst die Begriffe der Zentralstelle (dazu unter 11.2.2.1) und der selbstständige Bundesoberbehörde (dazu unter 11.2.2.2) geklärt werden. Auf der Grundlage dieser Überlegungen wird dargestellt, dass die Rolle des BKA in der präventiven Terrorismusbekämpfung weder als Bundesoberbehörde noch als Zentralstelle zu klassifizieren ist (dazu unter 11.2.2.3). Stattdessen wurde dem BKA in Art. 73 Abs. 1 Nr. 9a GG eine Sonderrolle für diesen Bereich zugewiesen, wie sodann (unter 11.2.2.4) erläutert wird.

11.2.2.1 Der Begriff der Zentralstelle in Art. 87 Abs. 1 S. 2 GG

Art. 87 Abs. 1 S. 2 GG ermöglicht dem Bund, durch Bundesgesetz

> „Bundesgrenzschutzbehörden, *Zentralstellen* für das polizeiliche Auskunfts- und Nachrichtenwesen, *für die Kriminalpolizei* und zur Sammlung von Unterlagen für Zwecke des Verfassungsschutzes und des Schutzes gegen Bestrebungen im Bundesgebiet, die durch Anwendung von Gewalt oder darauf gerichtete Vorbereitungshandlungen auswärtige Belange der Bundesrepublik Deutschland gefährden [einzurichten]."[18]

Damit wird die Einrichtung einer Zentralstelle für die Kriminalpolizei ermöglicht. Der Begriff der Zentralstellen ist jedoch „weithin ungeklärt".[19] Unstrittig ist lediglich, dass es sich bei Zentralstellen um den Bundesministerien nach-

[18] Hervorhebungen hinzugefügt.

[19] Masing 2018, S. 11.

geordnete Behörden der fakultativen bundesunmittelbaren Verwaltung handelt, die über keinen eigenen Verwaltungsunterbau verfügen.[20] Richtigerweise muss der Begriff zudem dahingehend verstanden werden, dass die Funktion der Zentralstelle auf bestimmte Koordinierungsaufgaben begrenzt ist.[21] Schon aus dem Wortlaut wird deutlich, dass sie einen geringeren Umfang aufweisen muss „als die ‚Vollkompetenz' zur alleinigen Wahrnehmung der jeweiligen Aufgabe".[22] Die Zentralstelle ist damit „institutioneller Ausdruck eines auf Koordination und Kooperation angelegten Konzepts der Sicherheitsverwaltung im föderalen Staat des Grundgesetzes".[23]

Auch die systematische Auslegung legt diesen Schluss nahe: Art. 87 Abs. 1 S. 2 GG wiederholt in großen Teilen die Regelungen von Art. 73 Abs. 1 Nr. 10lit. b GG und muss daher in einer Zusammenschau mit diesem gelesen werden.[24] Dies legt auch die enge historische Verbindung beider Normen dar. Mit dem „Sicherheitspaket" des 31. Änderungsgesetzes[25] von 1972 wurde sowohl Art. 87 Abs. 1 S. 2 GG erweitert als auch Art. 73 Abs. 1 Nr. 10 GG neu eingefügt.[26] Art. 73 Abs. 1 Nr. 10 lit. b GG normiert die Kompetenz des Bundes lediglich für die Zusammenarbeit von Bund und Ländern, nicht für die Terrorismusbekämpfung im Allgemeinen. Auch dies spricht für das Verständnis der Zentralstellen als Behörden, deren Zweck es ist, lediglich verklammernd, nicht aber in großem Umfang selbstständig tätig zu werden.

Unterstützt wird diese Interpretation auch durch die Normhistorie. Art. 87 Abs. 1 S. 2 GG war in seinen Grundzügen – der Möglichkeit der Errichtung von Zentralstellen mittels Bundesgesetzes – schon in der ursprünglichen Fassung des Grundgesetzes enthalten[27] und hat in Anlehnung an den Polizeibrief „wegen der historischen Erfahrungen eine begrenzende Funktion […]. Die Zentralstelle arbeitet daher nicht selbstständig, sondern ihr Wesen besteht untrennbar in der Zusam-

[20] Suerbaum 2023, Rn. 23; Ibler, Rn. 122.

[21] BVerfGE 110, 33, 51 (Rn. 98) (Zollkriminalamt); Abbühl 2010, S. 91–92; Hermes 2018, S. 47; Suerbaum 2023, Rn. 24; Gusy 1993, S. 1120–1122; Ibler, Rn. 117; Sachs 2021, Rn. 40.

[22] Hermes 2018, Rn. 47; Gusy 1993, S. 1120.

[23] Verordnung über die Art der Daten, die nach den §§ 8 und 9 des Bundeskriminalamtgesetzes gespeichert werden dürfen vom 04.06.2010 (BKA-Daten-Verordnung – BKADV), BGBl. 2010 I S. 716; Gusy 1993; Burgi 2018, Rn. 32.

[24] BVerfGE 141, 220, 264 (Rn. 89) (Bundeskriminalamtsgesetz).

[25] 31. Gesetz zur Änderung des Grundgesetzes vom 28.07.1972, BGBl. 1972 I S. 1305.

[26] Vgl. Bundesrat, Bericht über die 383. Sitzung (07.07.1972); Sachs 2021, Rn. 8.

[27] Für Details zur geschichtlichen Prägung siehe Hermes 2018, Rn. 1–3.

menarbeit mit den Landesbehörden."[28] Auch das Bundesverfassungsgericht hat bestätigt, Zentralstellen seien „im Wesentlichen auf die Wahrnehmung von Koordinationsaufgaben beschränkt."[29]

Für die Frage, ob dem BKA also Weisungsbefugnisse zugeschrieben werden könnten, bietet dieses Verständnis freilich noch keine Antwort, da hier zunächst nur der Begriff geklärt wurde, nicht aber, ob das BKA in diesem Bereich als Zentralstelle zu verstehen ist. Auch mag der Begriff der Zentralstelle ein Indiz gegen die Zulässigkeit von Weisungsbefugnissen sein. Abschließend geklärt ist dies jedoch damit noch nicht, ob Zentralstellen solche Befugnisse eingeräumt werden könnten (denn die sind nur „*im Wesentlichen* auf die Wahrnehmung von Koordinationsaufgaben beschränkt").

11.2.2.2 Der Begriff der selbstständigen Bundesoberbehörde in Art. 87 Abs. 3 S. 1 GG und die Abgrenzung zwischen Bundesoberbehörde und Zentralstelle

Als verfassungsrechtliche Grundlage für die präventive Terrorismusbekämpfung durch das BKA kommt darüber hinaus Art. 87 Abs. 3 S. 1 GG in Betracht. Dort heißt es:

> „Außerdem können für Angelegenheiten, für die dem Bunde die Gesetzgebung zusteht, selbständige Bundesoberbehörden und neue bundesunmittelbare Körperschaften und Anstalten des öffentlichen Rechtes durch Bundesgesetz errichtet werden."

Obwohl der Wortlaut nur die Errichtung thematisiert, bezieht sich diese Norm auch auf Fälle, in denen neue Aufgaben auf bereits bestehende Behörden übertragen werden sollen,[30] was sich auch im Wege eines erst-recht-Schlusses ergibt.

Selbstständige Bundesoberbehörden im Sinne des Art. 87 Abs. 3 GG sind „in sich geschlossene Organisationseinheiten, die einem Ministerium unmittelbar nachfolgen und seiner Dienst- und Fachaufsicht unterliegen".[31] Somit bestehen einige Gemeinsamkeiten mit den Zentralstellen: Bei beiden handelt es sich um Behörden der fakultativen unmittelbaren Bundesverwaltung, beide sind bundesweit zuständig, verfügen über keinen Verwaltungsunterbau und können durch Bundes-

---

[28] Bergemann 2015, S. 1706.

[29] BVerfGE 155, 119, 162 (Rn. 80) (Bestandsdatenauskunft II).

[30] Uhle, Rn. 209.

[31] Burgi 2018, Rn. 97.

gesetz errichtet werden.[32] Damit sind laut *Kugelmann* auch Zentralstellen nach Abs. 1 S. 2 Bundesoberbehörden.[33] Die ersten unterscheiden sich von den zweiten aber durch das Merkmal der Selbstständigkeit.

Im Vergleich zu Zentralstellen sind die Aufgaben der selbstständigen Bundesoberbehörde weiter, denn Bundesoberbehörden sind in großem Umfang eigenständig operativ tätig.[34] Werden Aufgaben einer Bundesoberbehörde übertragen, verdrängen diese für diesen konkreten Bereich die Zuständigkeiten der Länder.[35] Hieraus folgt, dass das Abgrenzungskriterium für die Bestimmung einer Behörde als Zentralstelle oder Bundesoberbehörde ist, ob die Aufgabe zentral erledigt werden kann:[36]

> „Aus dem Begriff der selbständigen Bundesoberbehörde ergibt sich, dass deren Errichtung lediglich für Aufgaben möglich ist, die der Sache nach für das ganze Bundesgebiet von einer Oberbehörde ohne Mittel- und Unterbau und ohne Inanspruchnahme von Verwaltungsbehörden der Länder – außer für reine Amtshilfe – wahrgenommen werden können […] Erforderlich ist daher, dass die Aufgabe zentral erledigt werden kann […] Signifikante Aspekte für die Beurteilung dieser Eignung zur zentralen Erledigung sind etwa das Erfordernis einer einheitlichen Entscheidungspraxis, ein räumlich ausgedehnter Bezug der Verwaltungstätigkeit sowie die Irrelevanz ortsbezogener Verhältnisse […].“[37]

Das Erfordernis einer zentralen Aufgabenerledigung ist nur schwer allgemeingültig bestimmbar,[38] es wird aber regelmäßig dann im Sinne einer negativen Indizwirkung als nicht gegeben angesehen, wenn eine regelmäßige, über die Amtshilfe hinausgehende, Zusammenarbeit mit den Landesbehörden vorgesehen ist.[39] Wenn der Bund also auf die Koordination mit den Ländern angewiesen ist, handelt es sich um eine „Nicht-Ausschließlichkeit der Bundesverwaltungskompetenz in diesem Bereich“[40] und damit nicht um die Wahrnehmung durch eine selbstständige

[32] Ibler, Rn. 111; Gusy 1993, S. 1118.

[33] Kugelmann 2012, Rn. 14.

[34] Roth 2019, Rn. 4; Unterreitmeier 2018, S. 2 Der Begriff „operativ“ wird hier zur Beschreibung der eigenverantwortlichen Tätigkeit genutzt. Abzugrenzen davon sind imperative Maßnahmen, d. h. solche, die mit Zwang durchgesetzt werden können und die den Nachrichtendiensten nicht zustehen.

[35] Gärditz 2019, S. 110.

[36] Hermes 2018, Rn. 87.

[37] Suerbaum 2023, Rn. 28.

[38] Burgi 2018, Rn. 98.

[39] Hermes 2018, Rn. 87.

[40] Hermes 2018, Rn. 32.

Bundesoberbehörde. Mit *Roth* kommt die Wahrnehmung durch eine Bundesoberbehörde dann in Betracht, wenn die Schaffung einer Zentralstelle für die Aufgabenerfüllung nicht ausreicht.[41]

Ein weiterer Unterschied zwischen Zentralstellen und Bundesoberbehörden liegt darin, dass Art. 87 Abs. 1 S. 2 GG den Zentralstellen konkrete Verwaltungsaufgaben (für den Bundesgrenzschutz, für das polizeiliche Auskunfts- und Nachrichtenwesen usw.) zuweist, während Art. 87 Abs. 3 S. 1 GG keine solche Eingrenzung vornimmt. Die von Abs. 3 erfassten Verwaltungsaufgaben sind damit „lediglich durch die Verweisung auf die Gesetzgebungszuständigkeiten des Bundes ermittelbar".[42] Ob die präventive Terrorismusbekämpfung durch das BKA darunter zählt, wird sogleich erläutert.

11.2.2.3 Die Rolle des BKA in der präventiven Terrorismusbekämpfung: Kein Fall von Art. 87 GG

Zu klären ist, ob sich die präventive Terrorismusbekämpfung durch das BKA unter eine der beiden genannten Vorschriften subsumieren lässt. Art. 87 Abs. 1 S. 2 GG erscheint auf den ersten Blick auch aufgrund seines Wortlautes mit dem Begriff „Kriminalpolizei" passend, da eine sprachliche Nähe zu Art. 73 Abs. 1 Nr. 9a GG und dem dort verwendeten Begriff des „Bundeskriminalpolizeiamtes" besteht.[43] Der Begriff der Kriminalpolizei wird jedoch üblicherweise nur repressiv verstanden, d. h. als Institution zur Verfolgung von Straftaten.[44] Er ist damit nicht deckungsgleich mit dem gesamten Aufgabenfeld des BKA und damit auch nicht mit der präventiven Terrorismusbekämpfung. Zwar bestehen aufgrund der Präventionsstraftatbestände der §§ 129a, 129b und §§ 89a, 89b StGB Überschneidungen zwischen präventivem und repressiven Handeln, dennoch würde die Strafverfolgung nur einen Ausschnitt der Arbeit des BKA beinhalten.[45] Auch das in Art. 87 Abs. 1 S. 2 GG genannte polizeiliche Auskunfts- und Nachrichtenwesen reicht nicht aus, um den von den Gesetzgebungskompetenzen gemäß Art. 73 Abs. 1 Nr. 9a GG umschriebenen Regelungsgehalt zu erfassen, da die polizeiliche

---

[41] Roth 2019, Rn. 4 Vgl. BVerfGE 110, 33, 50–51 (Zollkriminalamt) Vgl. zur Frage nach der Sperrwirkung von Art. 87 Abs. 1 S. 2 GG gegenüber Art. 87 Abs. 3 S. 1 GG Kap. 12 unter Abschn. 12.2.1.2.

[42] Vgl. Gusy 1993, S. 1118.

[43] Ibler, Rn. 132. Für Art. 87 Abs. 1 S. 2 GG als einschlägige Verwaltungskompetenz für den Bereich der präventiven Terrorismusbekämpfung auch Burgi 2018, Rn. 43; Wittreck 2015, Rn. 66.

[44] Wittreck 2015, Rn. 72.

[45] Vgl. Wolff 2022, Rn. 190.

Aufgabenerfüllung die Nutzung polizeilicher Systeme fordert, sich aber nicht auf diese beschränkt.[46] Daher ist Art. 87 Abs. 1 S. 2 GG nicht als Grundlage für die Gesetzesausführung durch das BKA im Bereich der präventiven Terrorismusbekämpfung anzunehmen.

Auch Art. 87 Abs. 3 GG ist nicht einschlägig. Der Wortlaut des Art. 73 Abs. 1 Nr. 9a GG verdeutlicht, dass das BKA nur in bestimmten (dort genannten) Fällen tätig werden darf und die Zuständigkeiten ansonsten bei den Ländern verbleiben.[47] Damit ist ein Erfordernis der zentralen Aufgabenerledigung zu verneinen.[48]

11.2.2.4 Art. 73 Abs. 1 Nr. 9a GG als Grundlage für die Gesetzesausführung des BKA in der präventiven Terrorismusbekämpfung

Stattdessen ist auf Art. 73 Abs. 1 Nr. 9a GG zurückzugreifen. Dagegen spricht zwar die systematische Auslegung, da sich die Vorschrift nicht im Abschnitt über die Verwaltungskompetenzen findet (dazu unter 11.2.2.4.1). Der Wortlaut (dazu unter 11.2.2.4.2), der Zweck (dazu unter 11.2.2.4.3) und die Entstehungsgeschichte (dazu unter 11.2.2.4.3) der Vorschrift zeigen jedoch im Ergebnis, dass der verfassungsändernde Gesetzgeber dem BKA in Art. 73 Abs. 1 Nr. 9a GG die Ausführung der Gesetze übertragen hat.

11.2.2.4.1 Systematische Auslegung

Gegen den Rückgriff auf Art. 73 Abs. 1 Nr. 9a GG spricht, dass dies eine Friktion mit der mit Systematik des Grundgesetzes bedeuten würde, da sich Art. 73 GG im Bereich der Gesetzgebungs-, nicht der Verwaltungskompetenzen findet.[49] Daher nehmen das Bundesverfassungsgericht[50] sowie Teile der Literatur[51] an, dass sich die Gesetzesausführung durch das BKA auf Art. 73 Abs. 1 Nr. 9a GG in Verbindung mit Art. 87 Abs. 1 S. 2 GG stützen lässt. Allerdings ist der Verfassungsgesetzgeber nicht an die Systematik der Verfassung gebunden, da er sie selbst bestimmt.[52] Somit sind die weiteren Auslegungsmethoden entscheidend.

---

[46] Vgl. Hermes 2018, Rn. 50.

[47] Ibler, Rn. 133.

[48] Vgl. Ibler, Rn. 127.

[49] Uhle, Rn. 209; Wolff 2022, Rn. 195.

[50] BVerfGE 141, 220, 263 (Rn. 89) (Bundeskriminalamtsgesetz).

[51] Degenhart 2021, 48a; Burgi 2018, Rn. 46.

[52] Vgl. Tams 2007, S. 369; Baldus 2006, S. 8.

11.2.2.4.2 Wortlautauslegung

Auch wenn nach dem Wortlaut grundsätzlich nur die Gesetzgebungskompetenzen in diesem Artikel behandelt werden,[53] ist in der Formulierung „durch das Bundeskriminalpolizeiamt" eine Zuständigkeitszuweisung zu sehen.[54] Darüber hinaus enthält der Begriff der Gefahrenabwehr auch einen operativen Charakter[55] und damit das für die Annahme einer Verwaltungskompetenz erforderliche Vollzugselement.[56] Art. 87 GG enthält dieses operative Element in Bezug auf die präventive Terrorismusbekämpfung hingegen nicht.[57] Dagegen könnte angeführt werden, dass die Nennung des BKA nur als effektive Eingrenzung der Gesetzgebungskompetenzen des Bundes beabsichtigt wurde.[58] Die Gesetzesbegründung spricht jedoch explizit von der durch Nr. 9a vorausgesetzten Aufgabenwahrnehmung durch das BKA.[59]

11.2.2.4.3 Teleologische Auslegung

Damit spricht auch die teleologische Auslegung dafür, die Grundlage für das Verwaltungshandeln des BKA in Art. 73 Abs. 1 Nr. 9a GG zu sehen. Zweck dieser Norm ist es gerade, eine effektive Gefahrenabwehr *durch das BKA* sicherzustellen, auch wenn die Länder parallel für die Sachverhaltsbearbeitung tätig bleiben.[60] Außerdem werden dem BKA damit umfangreiche Präventivbefugnisse zugewiesen, die sich nicht mit dem Zentralstellenbegriff des Art. 87 Abs. 1 S. 2 GG vereinbaren lassen.[61]

11.2.2.4.4 Historische Auslegung

Gegen Art. 87 GG und für Art. 73 Abs. 1 Nr. 9a GG spricht auch die Änderungshistorie von Gesetzgebungs- und Verwaltungskompetenz: Art. 73 Abs. 1 Nr. 9a GG wurde eingefügt, ohne dass Art. 87 GG entsprechend geändert worden ist. Würde man die Grundlage für die Gesetzesausführung dennoch in Art. 87 GG sehen, hätte

---

[53] Uhle, Rn. 209.

[54] Wolff 2022, Rn. 187.

[55] Broß und Mayer 2021; Bäcker 2021, Rn. 140.

[56] Wolff 2022, Rn. 187.

[57] Bäcker 2021, Rn. 140, 2018a, S. 214.

[58] Wolff 2022, Rn. 186; Heintzen 2018, Rn. 99; Thiel 2020, Rn. 19.

[59] Gesetzentwurf der Fraktionen der CDU/CSU und SPD, Entwurf eines Gesetzes zur Änderung des Grundgesetzes, BT-Drs. 16/813, S. 12.

[60] Im weiteren Verlauf der Untersuchung wird der Zweck der Norm noch detaillierter erläutert, für die aktuelle Frage sollen diese Anmerkungen jedoch genügen.

[61] Bäcker 2009, S. 31.

sie schon bestanden, bevor überhaupt eine Regelungskompetenz bestanden hätte.[62] Würde man aber annehmen, die Gesetzgebungskompetenz habe sich schon aus Art. 73 Abs. 1 Nr. 10 GG und die Verwaltungskompetenz aus Art. 87 Abs. 1 S. 2 GG ergeben, so wäre die Einführung von Art. 73 Abs. 1 Nr. 9a GG überflüssig gewesen.[63]

Darüber hinaus wurde auch keine weitere neue Norm eingefügt, die die Verwaltungskompetenz abseits von Art. 73 Abs. 1 Nr. 9a GG begründen könnte.[64] Bei der Erarbeitung der Föderalismusreform wurde die Verwaltungskompetenz gerade nicht gesondert erörtert.[65] Die Verwaltungskompetenz muss daher in Art. 73 Abs. 1 Nr. 9a GG zu sehen sein, sonst hätte der Verfassungsgesetzgeber dem Bund eine Gesetzgebungskompetenz verliehen, die er nicht sinnvoll ausüben könnte.[66]

Aufgrund der Entstehungsgeschichte von Art. 73 Abs. 1 Nr. 9a GG ist davon auszugehen, dass der verfassungsändernde Gesetzgeber eine systematische Friktion in Kauf genommen hat und sich die Bestimmungen für die Ausführung der Gesetze in der Norm selbst finden.[67] Art. 73 Abs. 1 Nr. 9a GG kommt damit eine „zweifache Funktion" zu.[68] Diese Auslegung trägt dem Wortlaut, dem Zweck und der Historie hinreichend Rechnung, die eine bewusste Entscheidung des verfassungsändernden Gesetzgebers für Art. 73 Abs. 1 Nr. 9a GG als Grundlage für die präventive Terrorismusbekämpfung durch das BKA enthalten.

11.2.2.5 Der zulässige Umfang für die Gesetzesausführung durch das BKA im Bereich der Terrorismusbekämpfung

Nachdem im ersten Schritt Art. 73 Abs. 1 Nr. 9a GG als verfassungsrechtliche Grundlage für die Gesetzesausführung durch das BKA identifiziert wurde, ist nun der zulässige Umfang dieses Verwaltungshandelns durch Auslegung dieser Vorschrift zu bestimmen, um zu klären, ob die Einführung von Weisungsbefugnissen des BKA von ihrem Regelungsgehalt gedeckt wäre. Dies wird im Folgenden anhand des Wortlauts (dazu unter 11.2.2.5.1), der Historie (dazu unter 11.2.2.5.2), der systematischen Stellung (dazu unter 11.2.2.5.3) und des Telos (dazu unter 11.2.2.5.4) ermittelt.

---

[62] Wolff 2022, Rn. 193.

[63] Wolff 2022, Rn. 194.

[64] Wolff 2022, Rn. 187; Uhle, Rn. 209; Graulich 2019, Rn. 1.

[65] Wolff 2022, Rn. 187; Uhle, Rn. 209.

[66] Tams 2007, S. 369; Wolff 2022, Rn. 187.

[67] So auch Baldus 2006, S. 8; Bäcker 2009, S. 30–31; Tams 2007, S. 367–369; **[Übl. Abkürzung fehlt!]** 2007, Art. 73 Rn. 11; Gärditz 2022, Rn. 35; Barczak 2023, Rn. 7 A. A. Heintzen 2018, Rn. 99; Degenhart 2021, 48a.

[68] Tams 2007, S. 370.

11.2.2.5.1 Wortlautauslegung

Für die Frage, ob Weisungsbefugnisse des BKA verfassungsrechtlich zulässig sind, ist der Wortlaut des Art. 73 Abs. 1 Nr. 9a GG allein nicht ergiebig. Die Vorschrift spricht insoweit lediglich von Fällen Terrorismusabwehr, „in denen eine länderübergreifende Gefahr vorliegt, die Zuständigkeit einer Landespolizeibehörde nicht erkennbar ist oder die oberste Landesbehörde um eine Übernahme ersucht.“ Teilweise wird in der Literatur die Möglichkeit der Schaffung von Weisungsbefugnissen mit dem Verweis darauf abgelehnt, dass der von Art. 73 Abs. 1 Nr. 9a GG gerade von einem „Ersuchen“ spricht, welcher von einer „Weisung“ zu trennen sei: Das Ersuchen werde proaktiv von den Landesbehörden an das BKA gerichtet, während Weisungen von dem BKA an die Landesbehörden gerichtet würden.[69] Auch wenn diese sprachliche Abgrenzung inhaltlich richtig ist, trägt das Argument als solches nicht, vermischt es doch zwei getrennte Ebenen: Nach dem Wortlaut des Artikels wird durch ein Ersuchen wird zunächst – als eine der drei möglichen Varianten – die Zuständigkeit des BKA begründet. Erst wenn diese Zuständigkeit bereits begründet wurde, stellt sich die Frage, ob das BKA sodann Weisungen gegenüber den beteiligten Landesbehörden erteilen darf.

11.2.2.5.2 Historische Auslegung

Auch die historische Auslegung liefert kein eindeutiges Ergebnis. Die Verfassungskommission hat 2004 die Normierung von Weisungsbefugnissen in Art. 87 Abs. 1 GG abgelehnt.[70] Allerdings lag diese bewusste Entscheidung gegen die Normierung von Weisungsbefugnissen zeitlich vor der Einführung des Art. 73 Abs. 1 Nr. 9a GG und kann daher nicht ohne Weiteres auf die aktuellen verfassungsrechtlichen Normen übertragen werden.[71] Als ein Indiz gegen die verfassungsrechtliche Zulässigkeit von Weisungsbefugnisse könnte dies allerdings dennoch zu verstehen sein.

Andererseits existieren auch Indizien gegen diese Lesart. Die Gesetzesbegründung des Änderungsgesetzes, durch das Art. 73 Abs. 1 Nr. 9a GG eingefügt wurde, sieht etwa ausdrücklich vor, dass die „Einzelheiten des Zusammenwirkens zwischen dem BKA und den Landespolizeibehörden [...] einfachgesetzlich zu regeln“ sind.[72] Da die Weisungsbefugnisse gerade das Zusammenwirken von Bundes- und Landesbehörden betreffen, könnte diese Formulierung der Gesetzesbegründung darauf hindeuten, dass auch die Einführung von Weisungsbefugnissen

[69] Heintzen 2018, Rn. 106.

[70] Wolff 2022, Rn. 19 Kommission von Bundestag und Bundesrat zur Modernisierung der bundesstaatlichen Ordnung, Kommissionsprotokoll 10, S. 2.

[71] Uhle 2010, S. 996 Vgl. Ibler, Rn. 120.

[72] Gesetzentwurf der Fraktionen der CDU/CSU und SPD, Entwurf eines Gesetzes zur Änderung des Grundgesetzes, BT-Drs. 16/813, S. 12.

als einfachgesetzliche Regelung verfassungsrechtlich zulässig wäre. Schließlich wurde die konkrete Ausgestaltung der Zusammenarbeit ohne weitere Vorgaben in die Disposition der Bundesgesetzgebers gestellt.

Auch die Reaktionen der Fraktionen auf die Einführung von Art. 73 Abs. 1 Nr. 9a GG lassen unterschiedliche Schlussfolgerungen zu. Die FDP-Bundestagsfraktion[73] und die Bundestagsfraktion von Bündnis 90/Die Grünen[74] sahen die Gefahr einer „erheblichen Verschiebung in der Kompetenzordnung des bisherigen Systems des Föderalismus zulasten der originären Länderzuständigkeit für die Polizei [...], die in der Form auch von großen Teilen der anwesenden Ländervertreter offensichtlich nicht beabsichtigt ist".[75] Diese heftige Kritik legt den Schluss nahe, dass der Wirkbereich des BKA in Art. 73 Abs. 1 Nr. 9a GG sehr weit verstanden wurde, was ein Indiz dafür ist, dass die Möglichkeit von Weisungsbefugnissen besteht. Dies ist insbesondere an der Stellungnahme der Bundestagsfraktion Die Linke erkennbar:

> „Durch eine einfachrechtliche Regelung ließe sich eine Art Weisungsrecht des BKA gegenüber [...] den Länderpolizeien installieren. Letztere würden nunmehr zu einer Art Unterbehörde einer zentralisierten Gefahrenabwehrstruktur."[76]

Der ehemalige Bundesinnenminister *Schily* (SPD), drückte in der Plenardebatte hingegen sein Bedauern aus, dass dem BKA nur eine minimale Präventionszuständigkeit, eine „Hilfszuständigkeit"[77] zukommen sollte, was wiederum gegen die Annahme der Zulässigkeit von Weisungsbefugnissen spricht. Damit liefert auch die historische Auslegung keine eindeutige Antwort darauf, ob Art. 73 Abs. 1 Nr. 9a GG die Einführung von Weisungsbefugnissen zulässt.

11.2.2.5.3 Systematische Auslegung

In systematischer Hinsicht ist zu bedenken, dass Weisungsbefugnisse eine Ausnahme von der grundsätzlichen föderalen Kompetenzverteilung bilden.[78] Die Art. 83 ff. GG gehen gerade nicht von einer übergeordneten Stellung des Bundes aus.[79] Zwar heben Weisungsbefugnisse nicht die grundsätzliche Zuständigkeit der

[73] Bericht des Rechtsausschusses (6. Ausschuss), BT-Drs. 16/2069, 14, 19.

[74] Bericht des Rechtsausschusses (6. Ausschuss), BT-Drs. 16/2069, S. 37.

[75] Bericht des Rechtsausschusses (6. Ausschuss), BT-Drs. 16/2069, S. 37.

[76] Bericht des Rechtsausschusses (6. Ausschuss), BT-Drs. 16/2069, S. 29.

[77] Deutscher Bundestag, Plenarprotokoll 16/44, S. 4267.

[78] Wolff 2022, Rn. 211.

[79] Gusy 1993, S. 1121.

Länder auf, die weiterhin die lokalen Ermittlungen führen.[80] Mit *Gärditz* kommt es jedoch gerade auf die „*eigenverantwortliche* Aufgabenwahrnehmung" an.[81] Insofern käme der Einführung von Weisungsbefugnissen sogar ein stärkeres Eingriffsgewicht als einer parallelen Ermittlungsbefugnis des BKA zu.

Auch stellen Weisungsbefugnisse eine Ausnahme vom Grundsatz des Verbots der Mischverwaltung dar.[82] Für eine solche Ausnahmen ist grundsätzlich eine ausdrückliche verfassungsrechtliche Regelung zu fordern, um eine Aushöhlung dieses Grundsatzes zu vermeiden.[83] Dementsprechend wird teilweise darauf verwiesen, dass der verfassungsändernde Gesetzgeber Weisungsbefugnisse an anderer Stelle explizit normiert und an bestimmte Voraussetzungen geknüpft hat, beispielsweise in Art. 84 Abs. 5 GG, Art. 85 Abs. 3 GG oder Art. 35 Abs. 3 S. 1 GG. Dies spreche gegen die nur implizite Zulässigkeit von Weisungsbefugnissen im Rahmen des Art. 73 Abs. 1 Nr. 9a GG.[84] Es würde daher nicht in die Systematik des Grundgesetzes passen, wenn die Einführung von Weisungsbefugnissen ohne Gesetzesvorbehalt möglich wäre.[85]

Dem ist jedoch entgegenzuhalten, dass Art. 73 Abs. 1 Nr. 9a GG an eine bewusste Ausnahme von diesen beiden Grundsätzen bildet: Das Verbot der Mischverwaltung wird bereits dadurch durchbrochen, dass die Norm ein Tätigwerden des BKA neben dem Handeln der Landeskriminalämter anordnet und damit zwangsläufig ein Zusammenwirken vorausgesetzt wird.[86]

Schließlich wird in der Literatur als systematisches Argument gegen die Zulässigkeit von Weisungsbefugnissen noch vorgebracht, dass das Fehlen einer ausdrücklichen Verwaltungskompetenz (die dann über Art. 73 Abs. 1 Nr. 9a GG angenommen wird) zeige, dass die Befugnisse des Bundes in diesem Bereich im Rahmen einer Zentralstelle bleiben müssten.[87] Dagegen spricht jedoch, dass die von Art. 73 Abs. 1 Nr. 9a GG gerade nicht weitere Regeln für eine Zentralstelle aufstellt, sondern darüber hinausgeht. Außerdem wird ein zu starker Eingriff in die Länderkompetenzen durch den Zustimmungsvorbehalt in Art. 73 Abs. 2 GG verhindert.[88]

[80] Ibler, Rn. 118.

[81] Gärditz 2019, S. 103. Hervorhebung hinzugefügt.

[82] Siehe dazu auch Kap. 4 unter Abschn. 4.2.

[83] Heintzen 2018, Rn. 106; Hermes 2018, Rn. 49.

[84] Uhle 2010, S. 995; Wolff 2022, Rn. 211; Hermes 2018, Rn. 49; Gusy 1993, S. 1121.

[85] Gusy 1993, S. 1121.

[86] Gärditz 2019, S. 103.

[87] Heintzen 2018, Rn. 98.

[88] Baldus 2006, S. 16.

Die Länder können also die konkreten Voraussetzungen, unter denen Weisungsbefugnisse des BKA möglich werden könnten, mitbestimmen.

11.2.2.5.4 Teleologische Auslegung

Während Wortlaut, Historie und Systematik somit keine eindeutigen Ergebnisse liefern können, sprechen nach hiesiger Ansicht gewichtige teleologische Argumente für die Zulässigkeit der Einführung von Weisungsbefugnissen. Hierbei ist zwar im Ausgangspunkt zu beachten, dass nur „eine eng umgrenzte unmittelbare Exekutivkompetenz des Bundes zur Abwehr des Terrorismus, die die grundsätzliche Zuständigkeit der Länder unberührt ließ" vom verfassungsändernden Gesetzgeber gewünscht wurde.[89] Andererseits war der Zweck der Verfassungsänderung die Sicherstellung einer effektiven Abwehr von Gefahren des internationalen Terrorismus,[90] die ein schnelles und koordiniertes Vorgehen erfordern kann.[91] Art. 73 Abs. 1 Nr. 9a GG soll solchen Herausforderungen der föderalen Kompetenzordnung gerade effektiv begegnen,[92] wie sogar von den Ländervertreter:innen anerkannt wurde. So erläuterte der damalige thüringische Ministerpräsident *Althaus* (CDU):

> „Der internationale Terror nimmt keine Rücksicht auf bundesstaatliche Strukturen und Ländergrenzen. Deshalb ist es wichtig und richtig, dass der Bund die ausschließliche Gesetzgebungskompetenz erhält, wenn es um die Abwehr von Gefahren des internationalen Terrorismus geht. Eine Beeinträchtigung der originären Landespolizeiarbeit ist durch diese Regelung nicht zu befürchten."[93]

Dem BKA müssen zur effektiven Erfüllung seiner durch Art. 73 Abs. 1 Nr. 9a GG vorgesehenen „Risikomanagement- und Monitoringfunktionen"[94] die notwendigen Befugnisse eingeräumt werden.[95] Die Beschränkungen des Zentralstellencharakters wollte der Gesetzgeber mit der Einführung von Nr. 9a gerade umgehen.[96] Aufgrund des „Sondercharakters" von Art. 73 Abs. 1 Nr. 9a GG ist anzunehmen, „dass die

---

[89] Wolff 2022, Rn. 21.

[90] Uhle, Rn. 209. Vgl. Gesetzentwurf der Fraktionen der CDU/CSU und SPD, Entwurf eines Gesetzes zur Änderung des Grundgesetzes, BT-Drs. 16/813, S. 12; Bäcker 2009, S. 31; Kluth 2007, Art. 73 Rn. 11; Tams 2007, S. 370.

[91] Gazeas 2018, S. 19.

[92] Gazeas 2018, S. 19; Uhle 2010, S. 996; Bäcker 2021, Rn. 151.

[93] Bundesrat, Plenarprotokoll 824, S. 246–247.

[94] Bäcker 2018b, S. 8.

[95] BVerfGE 30, 1, 20 (Abhörurteil).

[96] Vgl. Tams 2007, S. 370; Bäcker 2009, S. 31.

Befugnisse des Bundeskriminalamts über das hinausgehen dürfen, was anderen Zentralstellen gestattet ist".[97] Wie *Uhle* zutreffend herausstellt, ist dies auch an der BKAG-Novelle von 2008 erkennbar.[98] Das BKAG unterscheidet seitdem zwischen Befugnissen, die der Zentralstellenfunktion des BKA zugeordnet sind, wie beispielsweise § 2 und §§ 29 ff. BKAG und solchen, die sich auf die präventive operative Terrorismusbekämpfung beziehen, wie § 5 und §§ 38 ff. BKAG.[99]

Dazu ist es, wie an den Fallstudien aufgezeigt, essenziell, dass es eine Stelle gibt, die Unstimmigkeiten schnell und verbindlich auflösen kann. Für die Gewährleistung einer effektiven Gefahrenabwehr durch das BKA muss daher eine Weisung an die Landeskriminalämter möglich sein.[100] Das gilt jedenfalls dann, wenn „ein gegenseitiges Einvernehmen nicht oder nicht rechtzeitig erzielt werden kann".[101] Denn Art. 73 Abs. 1 Nr. 9a GG wurde gerade gefügt, um zu verhindern,

> „dass die Abwehr von Gefahren des internationalen Terrorismus durch positive oder negative Kompetenzkonflikte oder durch mangelhafte Zusammenarbeit der Sicherheitsbehörden Schaden nimmt."[102]

Dies kann, wie durch die Fallstudien aufgezeigt, insbesondere in Fällen von länderübergreifenden Gefahren entscheidend sein. Dieser Sinn und Zweck spricht dafür, dass Weisungsbefugnisse des BKA von Art. 73 Abs. 1 Nr. 9a GG vorgesehen sind. Dies umfasst sowohl Weisungen zu „allgemeine[n] verfahrenstaktische Fragen"[103] als auch „konkrete operative Entscheidung im Einzelfall".[104]

11.2.3 Zwischenergebnis bezüglich der Weisungsbefugnisse des BKA

Die Auslegung hat gezeigt, dass dem BKA auf der Grundlage von Art. 73 Abs. 1 Nr. 9a GG Weisungsbefugnisse eingeräumt werden können.[105] Auch wenn der Wort-

---

[97] Broß und Mayer 2021, Rn. 19.

[98] Uhle, Rn. 209.

[99] Uhle, Rn. 209.

[100] Uhle, Rn. 225.

[101] Uhle, Rn. 225.

[102] Heintzen 2018, Rn. 95

[103] Bäcker 2018b, S. 8.

[104] Bäcker 2018a, S. 217, 2018b, S. 9–10.

[105] Vgl. Bäcker 2018a, S. 215–216, 2009, S. 41; Gusy 1993, S. 1121; Abbühl 2010, S. 326–327 A. A. Wittreck 2015, Rn. 66; Kment 2022a, Rn. 32; Degenhart 2021, Rn. 48; Heintzen 2018, Rn. 106; Rusteberg 2018, S. 6.

laut, die Systematik und die Entstehungsgeschichte der Norm uneindeutig sind, entspricht dieses Ergebnis dem Sinn und Zweck des Art. 73 Abs. 1 Nr. 9a GG. Bedenken, die Landesbehörden könnten in der Folge etwa von Übernahmeersuchen nach Variante 3 absehen, weil sie einen zu starken Eingriff in ihre Kompetenzen befürchten, werden durch Art. 73 Abs. 2 GG abgefedert, der nur für die Gesetzgebung nach Nr. 9a den Zustimmungsvorbehalt des Bundesrats vorsieht. Darüber hinaus sind die Voraussetzungen für eine Übernahme generell eng gestaltet und Weisungen nur im Rahmen der drei von Art. 73 Abs. 1 Nr. 9a GG genannten Varianten einer Übernahme möglich, sodass dem BKA dadurch keine uferlosen Befugnisse zugeschrieben werden können, die den Grundsatz der föderalen Zuständigkeiten aushöhlen würden.

Dennoch ist zu erwarten, dass im Falle von entsprechenden Gesetzesvorhaben die Länder Widerstand bei der Einführung von Weisungsbefugnissen leisten könnten. So lehnte etwa der Bundesrat die auf Art. 73 Abs. 1 Nr. 10 GG basierende[106] Einführung von § 4 Abs. 4 BKAG ab, wonach das BKA in bestimmten Fällen den zuständigen Landeskriminalämtern Weisungen für die Zusammenarbeit im Bereich der repressiven Strafverfolgung erteilen kann. Für eine derartige Weisungsbefugnis sei schlicht kein Raum.[107] Letztlich wurde allerdings der Vorschlag, die Norm aus dem BKAG-Entwurf zu streichen, von der Bundesregierung unter Verweis auf den Ausnahmecharakter der Weisung und die Notwendigkeit der effektive Aufgabenwahrnehmung der Polizeibehörden abgelehnt.[108] Mit derselben Argumentation ist indes auch die Frage nach der Möglichkeit der Einführung von Weisungsbefugnissen des BKA im Bereich der Terrorismusbekämpfung im Ergebnis zu bejahen.

Allerdings ist für die gesetzliche Einführung von Weisungsbefugnissen des BKA auf der Grundlage von Art. 73 Abs. 1 Nr. 9a GG gem. Art. 73 Abs. 2 GG die Zustimmung der Länder erforderlich. Dies steht im Gegensatz zu den Einspruchsgesetzen, die für die anderen Nummern von Art. 73 GG vorgesehen sind und damit auch für die Gesetzgebung im Rahmen der Strafverfolgung des BKA nach Art. 73 Abs. 1 Nr. 10 GG. Es ist aber darauf zu hoffen, dass die Länder möglicherweise positive Erfahrungen mit dem Weisungsrecht des BKA gemacht haben, sodass sie einer Einführung weniger kritisch entgegenstehen. Außerdem muss ggf. im

---

106 Schreiber 1997, S. 2141.

107 Gesetzentwurf der Bundesregierung, Entwurf eines Gesetzes über das Bundeskriminalamt und die Zusammenarbeit des Bundes und der Länder in kriminalpolizeilichen Angelegenheiten, BT-Drs. 13/1550, S. 43.

108 Gesetzentwurf der Bundesregierung, Entwurf eines Gesetzes über das Bundeskriminalamt und die Zusammenarbeit des Bundes und der Länder in kriminalpolizeilichen Angelegenheiten, BT-Drs. 13/1550, S. 55.

Vermittlungsausschuss eine einvernehmliche Lösung gefunden werden, sodass die Länder die konkreten Voraussetzungen für ein mögliches Weisungsrecht mitbestimmen könnten. Dadurch könnten sie unter Umständen eher bereit sein, dem Vorhaben zuzustimmen.

11.3 Einführung von Weisungsbefugnissen für das BfV

Als Pendant zur Frage der Weisungsbefugnisse des BKA gegenüber den Landesbehörden steht die Frage nach derartigen Rechten im Bereich der Nachrichtendienste.[109] Hierbei bestehen einige strukturelle Gemeinsamkeiten, vor allem, weil wie das BKA auch das BfV zugleich als Zentralstelle und als Bundesoberbehörde bezeichnet wird. Dennoch ergeben sich im Vergleich ausschlaggebende Unterschiede zu der Rechtsstellung des BKA. Hierbei sind zunächst wiederum die verfassungsrechtlichen Grundlagen, beginnend mit der einschlägigen Gesetzgebungskompetenz (dazu unter Abschn. 11.3.1), herauszuarbeiten, bevor sodann der zulässige Umfang der Gesetzesausführung durch das BfV (dazu unter Abschn. 11.3.2) und schließlich die verfassungsrechtliche Zulässigkeit der einfachgesetzlichen Einführung von Weisungsbefugnissen bestimmt wird (dazu unter Abschn. 11.3.3). Im Ergebnis zeigt die Untersuchung, dass anders als beim BKA eine Einführung von Weisungsbefugnissen für das BfV verfassungsrechtlich *de lege lata* nicht zulässig ist (dazu unter Abschn. 11.3.4).

11.3.1 Die Gesetzgebungskompetenz des Bundes für das Zusammenwirken von BfV und Landesverfassungsschutzbehörden in der präventiven Terrorismusbekämpfung

In Art. 73 Abs. 1 Nr. 10 lit. b GG wird dem Bund die Gesetzgebungskompetenz für die Zusammenarbeit des Bundes und der Länder im Bereich des Verfassungsschutzes eingeräumt:

[109] Um Missverständnissen vorzubeugen, soll zunächst herausgestellt werden, dass diese Weisungsbefugnisse noch nicht einfachgesetzlich eingeführt worden sind. Die Regelung von § 7 BVerfSchG, der mit „Weisungsrechte des Bundes“ betitelt ist, behandelt die Weisungsrechte der Bundesregierung an oberste Landesbehörden, nicht die des BfV an die Landesämter für Verfassungsschutz.

„Der Bund hat die ausschließliche Gesetzgebung über die Zusammenarbeit des Bunds und der Länder zum Schutze der freiheitlichen demokratischen Grundordnung, des Bestandes und der Sicherheit des Bundes oder eines Landes (Verfassungsschutz)."

Dem Bund komm daher grundsätzlich die Kompetenz zu, das Zusammenwirken von Bund und Ländern gesetzlich zu regeln.

11.3.2 Verfassungsrechtliche Grundlage für die Gesetzesausführung im Bereich der präventiven Terrorismusbekämpfung durch das BfV

Die Grundlagen für die Gesetzesausführung durch das BfV ergeben sich, wie gezeigt wird, nach richtiger Auffassung aus Art. 87 Abs. 1 S. 2 GG in Verbindung mit Art. 73 Abs. 1 Nr. 10 lit. b und c GG.[110]

Die regelmäßige, über die Amtshilfe hinausgehende Zusammenarbeit des BfV mit den Landesbehörden ist schon in der Verfassung, namentlich in Art. 73 Abs. 1 Nr. 10 GG, vorgesehen. Aufgrund der oben dargestellten negativen Indizwirkung ergibt sich daher, dass das BfV als Zentralstelle im Sinne des Art. 87 Abs. 1 S. 2 GG zu klassifizieren ist, denn die zentrale Wahrnehmung der Aufgabe (durch eine selbstständige Bundesoberbehörde) ist damit gerade nicht erforderlich.[111]

Art. 73 Abs. 1 Nr. 10 GG und Art. 87 Abs. 1 S. 2 GG sind in der Zusammenschau zu betrachten.[112] Denn Art. 73 Abs. 1 Nr. 10 GG begrenzt einerseits die Kompetenzen des BfV von vornherein auf die Zusammenarbeit mit den Landesbehörden,[113] setzt aber andererseits gleichzeitig voraus, dass beide Ebenen, also Bund und Länder, überhaupt auf dem Gebiet des Verfassungsschutzes tätig werden dürfen, spricht für die Notwendigkeit einer Zusammenschau beider Normen. Unterstützt wird dies durch die textlichen Überschneidungen[114] und die „weit-

[110] Ibler, Rn. 118; Gusy 1993, S. 1119. Dagegen für Art. 87 Abs. 3 GG Meinel 2018, S. 857; Hermes 2018, Rn. 65; Roth 2019, Rn. 4–5; Droste 2007, 36, 39. Ausschließlich für Art.8 7 Abs. 1 S. 2 GG Burgi 2018, Rn. 43.

[111] Degenhart 2021, Rn. 52; Sachs 2021, Rn. 48; Suerbaum 2023, Rn. 24; Ibler, Rn. 122; Burgi 2018, 43, 49; Wolff 2018, S. 48; Bäcker 2009, S. 215; Gusy 1993, S. 1120; Unterreitmeier 2021, S. 183.

[112] Uhle, Rn. 245.

[113] Hecker 2017, S. 231.

[114] Vgl. Ibler, Rn. 136.

gehend parallel[e]“ Entstehungs- und Änderungsgeschichte[115] sowie den historischen Einfluss des Polizeibriefs auf beide Normen.[116]

Daran ändert auch der Wortlaut des § 2 Abs. 2 S. 1 BVerfSchG nichts. Hiernach unterhält der Bund für die Zusammenarbeit des Bundes mit den Ländern „ein Bundesamt für Verfassungsschutz als Bundesoberbehörde.“ Während diese Bezeichnung des BfV von einigen als *falsa demonstratio* eingeordnet wird,[117] ist tatsächlich nicht davon auszugehen, dass die Norm im Widerspruch zu der hier vorgenommenen Einordnung des BfV als Zentralstelle steht. § 2 Abs. 2 S. 1 BVerfSchG ordnet das BfV gerade nicht als *selbstständige* Bundesoberbehörde, sondern als Bundesoberbehörde ein. Bei dem Begriff der Bundesoberbehörde handelt es aber um einen Oberbegriff, der sowohl Zentralstellen als auch selbstständige Bundesoberbehörden erfasst, da diese sich in bestimmten Merkmalen ähneln.[118]

Darüber hinaus findet sich in der Gesetzesbegründung zur ursprünglichen Fassung des BVerfSchG folgender Absatz:

> „Als Mittel zur Verwirklichung der in § 1 des Gesetzes angeordneten Zusammenarbeit dient eine nach Art. 87 Absatz 1 Satz 2 des Grundgesetzes durch Bundesgesetz zu errichtende Zentralstelle zur Sammlung von Auskünften, Nachrichten und sonstigen Unterlagen für Zwecke des Verfassungsschutzes. *Diese Zentralstelle wird als Bundesoberbehörde* mit der Bezeichnung ‚Bundesamt für Verfassungsschutz‘ errichtet.“[119]

Der Gesetzgeber ging daher bei der Schaffung des BVerfSchG und der vorgenommenen Beschreibung des BfV als Bundesoberbehörde gerade davon aus, dass es sich hierbei um eine Zentralstelle handelt.

Roth argumentiert allerdings, dass der Gesetzgeber dem BfV durch das BVerfSchG sowohl Zentralstellenaufgaben als auch in großem Umfang operative Befugnisse eingeräumt habe.[120] Hierfür sprächen insbesondere die §§ 8a ff. BVerfSchG, die es dem BfV ermöglichen, besondere Auskünfte bei unter anderem Kreditinstitute und Telekommunikationsdiensten einzuholen

---

[115] Rn. 118.

[116] Ibler, Rn. 118; Gusy 1993, S. 1119.

[117] Gusy 1993, 1117, 1120.

[118] Vgl. Uhle, Rn. 146; Kment 2022c, Rn. 5.

[119] Gesetzesentwurf der Bundesregierung, Entwurf eines Gesetzes über die Zusammenarbeit des Bundes und der Länder in Angelegenheiten des Verfassungsschutzes, BT-Drs. 1/924, S. 4 Hervorhebung hinzugefügt.

[120] Roth 2019, Rn. 4–5.

(§ 8a BVerfSchG) und verdeckte Mitarbeitende (§ 9a BVerfSchG) und Vertrauensleute (§ 9b BVerfSchG) einzusetzen.

Dieser Rückschluss vom BVerfSchG auf die verfassungsrechtliche Stellung des BfV überzeugt jedoch nicht. Eine einfachgesetzliche Ausprägung verfassungsrechtlicher Vorgaben mag als Interpretationshilfe dienen, ihr kann jedoch nur eine begrenzte Indizwirkung zukommen. Wenn der einfache Gesetzgeber dem BfV weite operative Befugnisse einräumt, ist dies nicht pauschal als Beleg dafür anzusehen, dass das BfV vom Grundgesetz als selbstständige Bundesoberbehörde eingeordnet wird. Vielmehr muss die Frage gestellt werden, ob sich der einfache Gesetzgeber damit noch an den verfassungsrechtlich vorgegebenen Rahmen gehalten hat. Dies erscheint angesichts der klaren Vorgaben des Grundgesetzes, das dem BfV ausschließlich die Rolle einer Zentralstelle zugewiesen hat, zweifelhaft.[121]

11.3.3 Der zulässige Umfang für die Gesetzesausführung durch das BfV im Bereich der präventiven Terrorismusbekämpfung

Fraglich ist, ob im Rahmen des Verwaltungshandelns des BfV nach Art. 73 Abs. 1 Nr. 10 lit. b und c GG i. V. m. Art. 87 Abs. 1 S. 2 GG die Einführung von Weisungsbefugnissen verfassungsrechtlich zulässig wäre. Dies wird wiederum im Wege der Wortlausauslegung (unter Abschn. 11.3.3.1), der historischen Auslegung (unter Abschn. 11.3.3.1), der systematischen Auslegung (unter Abschn. 11.3.3.3) und der teleologischen Auslegung (unter Abschn. 11.3.3.4) ermittelt.

11.3.3.1 Wortauslegung

Die Wortlautauslegung der Begriffe der „Zusammenarbeit" in Art. 73 Abs. 1 Nr. 10 GG und der „Zentralstelle" in Art. 87 Abs. 1 S. 2 GG scheinen gegen die verfassungsrechtliche Zulässigkeit von Weisungsbefugnissen zu sprechen. Der Begriff der Zusammenarbeit beschreibt schon nach seiner Verwendung im allgemeinen Sprachgebrauch eine gemeinsame Aufgabenbewältigung, ohne dass hierbei eine Hierarchie zwischen den Zusammenarbeitenden anklingt.[122] So versteht auch das Bundesverfassungsgericht unter dem Begriff der Zusammenarbeit

[121] Vgl. etwa Roggan 2017, S. 211–212.

[122] Vgl. Droste 2007, S. 48.

> „eine auf Dauer angelegte Form der Kooperation, die die laufende gegenseitige Unterrichtung und Auskunftserteilung, die wechselseitige Beratung sowie gegenseitige Unterstützung und Hilfeleistung in den Grenzen der je eigenen Befugnisse umfasst und funktionelle und organisatorische Verbindungen, gemeinschaftliche Einrichtungen und gemeinsame Informationssysteme erlaubt."[123]

Die Bezeichnung als Zusammenarbeit sowie die dazugehörige Interpretation des Bundesverfassungsgerichts („wechselseitig", „gegenseitig") legen nahe, dass der Verfassungsgesetzgeber von gleichberechtigten Akteuren ausging, die gleichberechtigt miteinander kooperieren sollten.[124] Auch der Begriff der Zentralstelle, die primär von der Koordinierungsfunktion geprägt ist,[125] lässt kein Hierarchieverhältnis zwischen den beiden Ebenen erkennen.[126]

11.3.3.2 Historische Auslegung

Die historische Auslegung unterstützt dieses Ergebnis. Der Begriff der „Zusammenarbeit" in Art. 73 Abs. 1 Nr. 10 GG war seit der Herrenchiemseer Fassung des Grundgesetzes enthalten[127] und war damit geprägt von dem Verständnis der Nachkriegsgeschichte, in dem die Befugnisse der Bundesbehörden bewusst begrenzt werden sollten. Das Gleiche gilt für den Begriff der Zentralstelle in Art. 87 Abs. 1 S. 2 GG, dem ebenfalls aus historischer Perspektive eine begrenzende Wirkung zukommt.[128]

11.3.3.3 Systematische Auslegung

In systematischer Hinsicht stellen sich ähnliche Probleme wie in Bezug auf Art. 73 Abs. 1 Nr. 9a GG, namentlich, dass die grundsätzliche Systematik der Art. 83 ff. GG und damit auch die des Art. 87 Abs. 1 S. 2 GG gegen ein Unter-/Überordnungsverhältnis spricht und dass Weisungsbefugnisse des Bundes an anderer Stelle explizit normiert sind. Im Gegensatz zu Art. 73 Abs. 1 Nr. 9a GG besteht in Bezug auf Nr. 10 auch kein Zustimmungsvorbehalt des Bundesrats. Die Länder hätten daher kein Mitspracherecht bei der Ausgestaltung von Weisungsbefugnissen des BfV und könnten daher nur im Wege eines Einspruchs nach Art. 77 Abs. 3 GG versuchen, entsprechende Gesetzgebungsvorhaben zu verhindern. Der Bundestag

---

[123] BVerfGE 133, 277, 317 f. (Rn. 97) (Antiterrordateigesetz). Vgl. Uhle, Rn. 231.

[124] Heintzen 2018, Rn. 111; Schwagerl 1985, S. 114.

[125] Gärditz 2019, S. 103.

[126] Gusy 1993, S. 1121; Hecker 2017, S. 232.

[127] Vgl. Eichhorn 1998, S. 64.

[128] Bergemann 2015, S. 1706.

könnte diesen Einspruch jedoch gem. Art. 77 Abs. 4 GG zurückweisen, sodass in der Folge Weisungsbefugnisse entgegen dem Willen der Länder eingeführt werden könnten.[129] Die Ermöglichung eines solches „Übergehens" der Länder bei der Einführung von Weisungsbefugnissen auf Bundesebene wäre in der föderalen Architektur des Grundgesetzes systemfremd.

11.3.3.4 Teleologische Auslegung

Auch die teleologische Auslegung von Art. 73 Abs. 1 Nr. 10 GG und Art. 87 Abs. 1 S. 2 GG vermag die Entscheidung der differenzierten Systematik des Art. 73 GG nicht aufzuheben.[130] Zwar soll dieser „die Möglichkeit schaffen, föderale Zuständigkeitsgrenzen bei der Erfüllung repressiver und präventiver Aufgaben zu lockern".[131] Die Nachrichtendienste sollen rechtlich dazu in der Lage sein, ihre Aufgaben effektiv zu bewältigen.[132] Daher könnte angeführt werden, dass der Bund auch die Möglichkeit besitzen müsse, „auf eine unzureichende länderseitige Beachtung der von ihm erlassenen Kooperationsvorgaben zu reagieren".[133] Zu beachten ist aber, dass sich Nr. 10 im Gegensatz zu Nr. 9a ausdrücklich auf die Zusammenarbeit beschränkt und daher der Zweck dieser Norm die wechselseitige Koordination beider Behörden ist. Auch Art. 87 Abs. 1 S. 2 GG begrenzt den Exekutivbereich des BfV auf eine Verklammerung zwischen den verschiedenen Akteuren auf Bundes- und Landesebene. Dies steht im Gegensatz zu Art. 73 Abs. 1 Nr. 9a GG, bei dem die operative Aufgabenerfüllung der Gefahrenabwehr durch das BKA den primären Zweck bildet. Der Sinn und Zweck von Art. 73 Abs. 1 Nr. 10 GG und Art. 87 Abs. 1 S. 2 GG trägt daher schon in sich die Beachtung der föderalen Kompetenzverteilung und den Grundsatz, dass die Länder eigenverantwortlich tätig werden sollen.[134]

Auch ist zu beachten, dass das Fehlen von Weisungsbefugnissen im Bereich der Verfassungsschutzbehörden in Konfliktfällen in der Regel weniger schwerwiegende Konsequenzen mit sich bringen sollte. Denn die Verfassungsschutz-

---

[129] Bei der Annahme der verfassungsrechtlichen Zulässigkeit von Weisungsbefugnissen des BfV wäre dann auch ein Bund-Länder-Streit gem. Art. 93 Abs. 1 Nr. 3 GG nicht begründet und hätte dementsprechend keine Aussicht auf Erfolg.

[130] Gusy 1993, S. 1121. Andere Ansicht ohne Begründung Kment 2022a, Rn. 35, „soweit dies zum Zweck der Koordinierung erforderlich ist", auch Kment 2022c, Rn. 5; Burgi 2018, Rn. 47; Uhle, Rn. 234; Marscholleck 2015, S. 3612.

[131] BVerfGE 133, 277, 318 (Antiterrordateigesetz).

[132] Lindner und Unterreitmeier 2019, S. 167.

[133] Hecker 2017, S. 232.

[134] Bäcker 2011, S. 843. Vgl. BVerfGE 113, 63, 79 (Junge Freiheit).

behörden werden nicht im Fall von konkreten Gefahren tätig. Kommt es zu Konfliktfällen, besteht daher – im Gegensatz zum Bereich der Polizeibehörden – in der Regel keine erhöhte Dringlichkeit. Das bedeutet nicht, dass die effektive Abwehr von terroristischen Gefahren an sich keine Dringlichkeit und im Falle von Meinungsverschiedenheiten schnelle Koordinierungsmaßnahmen erfordern würde, jedoch sind die Nachrichtendienste im Gegensatz zu den Polizeibehörden im Vorfeld konkreter Gefahren tätig. Es besteht daher die Möglichkeit, Konflikte im Einvernehmen mit den verschiedenen Akteuren aufzulösen, ohne dass die effektive Abwehr einer konkreten Gefahr darunter leiden müsste.

Die Auslegung zeigt also, dass es nicht ersichtlich ist, wieso dem BfV Weisungsbefugnisse eingeräumt werden sollten, wenn die Auflösung von Konflikten durch eine Beteiligung aller Akteure und ohne schwerwiegende Nachteile auf der anderen Seite möglich ist.

11.3.4 Zwischenergebnis bezüglich der Weisungsbefugnisse des BfV

Weisungsbefugnisse sind nicht vom zulässigen Umfang der Gesetzesausführung durch das BfV nach Art. 73 Abs. 1 Nr. 10 lit. b GG in Verbindung mit Art. 87 Abs. 1 S. 2 GG erfasst. Schon der Wortlaut und die Historie weisen den Schlüsselbegriffen dieser Vorschriften, namentlich denen der Zentralstelle und der Zusammenarbeit, begrenzende Wirkung im Sinne einer gleichrangigen Kooperation zwischen Bund und Ländern zu. Auch die grundsätzliche Systematik der Verwaltungskompetenzen als Ausdruck der föderalen Gewaltenteilung spricht gegen ein Hierarchieverhältnis zwischen Bund und Ländern in diesem Bereich. Dies gilt umso mehr, weil sich der Zustimmungsvorbehalt in Art. 73 Abs. 2 GG nur auf Nr. 9a bezieht und so die Gefahr droht, dass der Grundsatz der Länderzuständigkeit ausgehöhlt werden könnte. Auch der Zweck der Normen ist auf die Verklammerung der Tätigkeiten angelegt und lässt im Gegensatz zum Bereich der Polizeibehörden, der durch konkrete Gefahren ausgezeichnet ist, aufgrund mangelnder Dringlichkeit die Suche nach einer einvernehmlichen Konfliktlösung zu.

11.4 Gesamtergebnis

Die vorstehende Untersuchung hat gezeigt, dass der Gesetzgeber dem BKA einfachgesetzlich Weisungsbefugnisse zuweisen dürfte, während dies in Bezug auf das BfV nicht zulässig wäre. Der verfassungsrechtliche Unterschied liegt in

Art. 73 Abs. 1 Nr. 9a GG begründet, der dem BKA eine Sonderrolle in der präventiven Terrorismusbekämpfung zuweist. Die Bedeutung des BKA im Verhältnis zu den Bundesländern ist auch an dem Zustimmungsvorbehalt in Art. 73 Abs. 2 GG erkennbar. Das BfV hat keine vergleichbare Stellung und die Auslegung der maßgeblichen Verfassungsbestimmungen, namentlich Art. 73 Abs. 1 Nr. 10 lit. b GG i. V. m. Art. 87 Abs. 1 S. 2 GG hat ergeben, dass die diese keine Weisungsbefugnisse gegenüber den Landesämtern für Verfassungsschutz zulassen.

Diese unterschiedliche Bewertung für die beiden Bundesbehörden ist aufgrund der funktionellen Unterscheidung auch geboten. Im Bereich der Polizeibehörden, die konkrete Gefahren abwehren müssen, ist ein schnelles Handeln unerlässlich. Konfliktsituationen zwischen den verschiedenen Behörden müssen zeitnah aufgelöst und im besten Fall von vornherein vermieden werden, um ein effektives Eingreifen zu ermöglichen. Dies könnte unter bestimmten Umständen nur durch die Entscheidung des ausnahmsweise übergeordneten BKA gewährleistet werden. Im Bereich der Nachrichtendienste ist in der Terrorismusbekämpfung zwar grundsätzlich auch eine schnelle Abstimmung erforderlich. Es ist jedoch nicht ersichtlich, dass sich bei Konfliktsituationen vergleichbar schwere Nachteile ergeben würden, wenn die beteiligten Akteure einvernehmlich an einer Lösungsfindung beteiligt werden würden.[135] Im Rahmen seines Zentralstellencharakters kommt dem BfV hier auch die vermittelnde Rolle zu. Weisungsbefugnisse benötigt es aber nicht, um seiner Aufgabe effektiv nachzukommen. Eine derartige Verfassungsänderung ist daher nicht zu fordern.

Während im Bereich der Polizeibehörden also strukturelle Änderungen durch die einfachgesetzliche Einführung von Weisungsbefugnissen für das BKA wünschenswert und verfassungsrechtlich zulässig sind, muss im Bereich der Nachrichtendienste die Nutzung bereits bestehender Koordinationsmechanismen faktisch gewährleistet werden. Dem BfV kommt dabei als Zentralstelle eine besonders wichtige Rolle zu.

Literatur

31. Gesetz zur Änderung des Grundgesetzes vom 28.7.1972 („Sicherheitspaket") (28.07.1972), BGBl. 1972 I S. 1305.

Abbühl, A. (2010). *Der Aufgabenwandel des Bundeskriminalamtes. Von der Zentralstelle zur multifunktionalen Intelligence-Behörde des Bundes*. Boorberg.

Bäcker, M. (2009). *Terrorismusabwehr durch das Bundeskriminalamt*. Duncker & Humblot.

[135] Vgl. Schwagerl 1985, S. 116–118.

Bäcker, M. (2011). Das G 10 und die Kompetenzordnung. *Die Öffentliche Verwaltung: Zeitschrift für öffentliches Recht und Verwaltungswissenschaft*, *64*(14), 840–848.

Bäcker, M. (2018a). Weitere Zentralisierung der Terrorismusbekämpfung? *Zeitschrift für das Gesamte Sicherheitsrecht*, *1*(1), 213–219.

Bäcker, M. (2018b). Sicherheitsarchitektur und Terrorismusbekämpfung: Stellungnahme für die Anhörung des 1. Untersuchungsausschusses der 19. Wahlperiode des Deutschen Bundestages am 17. Mai 2018 (Ausschuss-Drs. 19(25)249). https://www.bundestag.de/resource/blob/562146/c729dc13ad9a712709922812bceb5324/19-25-249-data.pdf. Zugegriffen am 25.10.2025.

Bäcker, M. (2021). Abschnitt B.II. Bundesstaatliche Grundlagen der Polizeiarbeit. In Hans Lisken, Erhard Denninger, Matthias Bäcker und Kurt Graulich (Hg.): Handbuch des Polizeirechts. Gefahrenabwehr – Strafverfolgung – Rechtsschutz. 7. Aufl.. : C.H. Beck., Rn. 99–212.

Badura, P. (2018). *Staatsrecht. Systematische Erläuterung des Grundgesetzes für die Bundesrepublik Deutschland* (7. Aufl.). C.H. Beck.

Baldus, M. (2006). Öffentliche Anhörung des Rechtsausschusses des Deutschen Bundestages („Anhörung Föderalismusreform") am 17. 05.2006 (Bereich „Inneres"). https://webarchiv.bundestag.de/archive/2010/0203/bundestag/ausschuesse/a06/foederalismusreform/Anhoerung/02_Inneres/Stellungnahmen/Prof__Dr__Manfred_Baldus.pdf. Zugegriffen am 25.10.2025.

Barczak, T. (2023). BKAG § 5. In *Tristan Barczak: BKAG. Gesetz über das Bundeskriminalamt und die Zusammenarbeit des Bundes und der Länder in kriminalpolizeilichen Angelegenheiten*. Nomos.

Bergemann, N. (2015). Die Freiheit im Kopf? – Neue Befugnisse für die Nachrichtendienste: Das Gesetz zur Verbesserung der Zusammenarbeit im Bereich des Verfassungsschutzes. *Neue Zeitschrift für Verwaltungsrecht*, 1705–1710.

Broß, S., & Mayer, K.-G. (2021). *GG Art. 87. In Jörn-Axel Kämmerer und Markus Kotzur: Grundgesetz Kommentar, Band 2. Art. 70 bis 146 GG* (7. Aufl.). C.H. Beck.

Bundesrat: Bericht über die 383. Sitzung des Bundesrats vom 07.07.1972.

Burgi, M. (2018). *GG Art. 87. In Friedrich Klein, Christian Starck, Peter M. Huber und Andreas Voßkuhle: Grundgesetz* (7. Aufl.). C.H. Beck.

Degenhart, C. (2021). GG Art. 73. In *Michael Sachs: Grundgesetz Kommentar* (9. Aufl.). C.H. Beck.

Droste, B. (2007). *Handbuch des Verfassungsschutzrechts*. Boorberg.

Eichhorn, P. (1998). *Besondere Formen der Zusammenarbeit von Bund und Ländern im Katastrophenfall und zur Aufrechterhaltung der inneren Sicherheit*. Peter Lang.

Gärditz, K. F. (2019). Zentralisierung von Verfassungsschutzaufgaben und bundesstaatliche Kompetenzarchitektur. *Archiv des öffentlichen Rechts, 144*, 81–132.

Gärditz, K. F. (2022). § 22 Innere Sicherheit. In K. Stern, H. Sodan, & M. Möstl (Hrsg.), *Das Staatsrecht der Bundesrepublik Deutschland im europäischen Staatenverbund, Band I. Grundlagen und Grundbegriffe des Staatsrechts, Strukturprinzipien der Verfassung* (2. Aufl.). C.H. Beck.

Gazeas, N. (2018). Schriftliche Stellungnahme zur Vorbereitung der öffentlichen Anhörung des 1. Untersuchungsausschusses des Deutschen Bundestages der 19. Wahlperiode am 17. Mai 2018 zum Thema „föderale Sicherheitsarchitektur" (Ausschuss-Drs. 19(25)252). https://www.bundestag.de/resource/blob/562150/be5b1abfc4980f5d08afcf7c09b59261/19-25-252-data.pdf. Zugegriffen am 25.10.2025.

Gesetz zur Änderung des Grundgesetzes vom 28.08.2006 (Föderalismusreform I) (28.08.2006), BGBl. 2006 I S. 2034.

Graulich, K. (2019). *BKAG § 5. In Wolf-Rüdiger Schenke, Kurt Graulich und Josef Ruthig: Sicherheitsrecht des Bundes* (2. Aufl.). C.H. Beck.

Gusy, C. (1993). Die Zentralstellenkompetenz des Bundes. *Deutsches Verwaltungsblatt*, 1117–1128.

Hecker, J. (2017). Allgemeine Verfassungsfragen der Nachrichtendienste. In J.-H. Dietrich & S. Eiffler (Hrsg.), *Handbuch des Rechts der Nachrichtendienste* (S. 221–248). Boorberg.

Heintzen, M. (2018). *GG Art. 73. In Friedrich Klein, Christian Starck, Peter M. Huber und Andreas Voßkuhle: Grundgesetz* (7. Aufl.). C.H. Beck.

Hermes, G. (2018). *GG Art. 87. In Horst Dreier: Grundgesetz-Kommentar, Band III. Art. 83 bis 146 GG* (3. Aufl.). Mohr Siebeck.

Huber, E. R. (1951). *Quellen zum Staatsrecht der Neuzeit, Bd. 2. Deutsche Verfassungsdokumente der Gegenwart (1919-51)*. Matthiessen.

Kluth, W. (Hrsg.). (2007). *Föderalismusreformgesetz. Einführung und Kommentierung*. Nomos.

Kment, M. (2022a). GG Art. 73. In H. D. Jarass & M. Kment (Hrsg.), *Grundgesetz für die Bundesrepublik Deutschland. Kommentar* (17. Aufl.). C.H. Beck.

Kment, M. (2022b). GG Art. 83. In H. D. Jarass & M. Kment (Hrsg.), *Grundgesetz für die Bundesrepublik Deutschland. Kommentar* (17. Aufl.). C.H. Beck.

Kment, M. (2022c). GG Art. 87. In H. D. Jarass & M. Kment (Hrsg.), *Grundgesetz für die Bundesrepublik Deutschland. Kommentar* (17. Aufl.). C.H. Beck.

Kugelmann, D. (2012). § 52 Polizei und Polizeirecht in der föderalen Ordnung des Grundgesetzes. In I. Härtel (Hrsg.), *Handbuch Föderalismus. Föderalismus als demokratische Rechtsordnung und Rechtskultur in Deutschland, Europa und der Welt, Band III: Entfaltungsbereiche des Föderalismus* (S. 3–45). Springer.

Lindner, J. F., & Unterreitmeier, J. (2019). Grundlagen einer Dogmatik des Nachrichtendienstrechts. *Die Öffentliche Verwaltung: Zeitschrift für öffentliches Recht und Verwaltungswissenschaft, 72*(5), 165–175.

Lisken, H., Denninger, E., Bäcker, M., & Graulich, K. (Hrsg.). (2021). *Handbuch des Polizeirechts. Gefahrenabwehr – Strafverfolgung – Rechtsschutz* (7. Aufl.). C.H. Beck.

Marscholleck, D. (2015). Das Gesetz zur Verbesserung der Zusammenarbeit im Bereich des Verfassungsschutzes. *Neue Juristische Wochenschrift, 68*(20), 3611–3616.

Masing, J. (2018). Nachrichtendienste im freiheitlichen Rechtsstaat. In J.-H. Dietrich, K. F. Gärditz, K. Graulich, C. Gusy, & G. Warg (Hrsg.), *Nachrichtendienste im demokratischen Rechtsstaat. Kontrolle – Rechtsschutz – Kooperationen* (S. 3–19). Mohr Siebeck. https://viewer.content-select.com/pdf/viewer?id=3740&id_type=isbn&identifiers=9783161562341&signatu-

re=e8262135298353fa6430afd6bedba0d4ff56c1ad&frontend=1&language=deu&session=rAj2AgpJclSzfogHtZDi2FWhXvm6NkKggbbJxSjwpx08nGL6OiPW7e4BRL-Go4VWO. Zugegriffen am 25.10.2025.

Meinel, F. (2018). Nachrichtendienstliche Auslandsaufklärung als Kompetenzproblem. *Neue Zeitschrift für Verwaltungsrecht, 41*(11), 852–858.

Protokoll über die Beendigung des Besatzungsregimes in der Bundesrepublik Deutschland vom 23.10.1954 (23.10.1954), BGBl. 1955 II S. 215.

Roggan, F. (2017). Legislative Entgrenzungen im Bereich der „Terrorismusbekämpfung" – Eine unvollständige Bilanz der letzten zehn Jahre. *Zeitschrift für Rechtspolitik, 50*(7), 208–212.

Roth, W. (2019). *BVerfSchG § 2. In Wolf-Rüdiger Schenke, Kurt Graulich und Josef Ruthig: Sicherheitsrecht des Bundes* (2. Aufl.). C.H. Beck.

Rusteberg, B. (2018). Stellungnahme zu dem Thema „Föderale Sicherheitsarchitektur" zur Vorbereitung der öffentlichen Anhörung des 1. Untersuchungsausschusses des Deutschen Bundestages der 19. Wahlperiode am 17. Mai 2018 (Ausschuss-Drs. 19(25)239). https://www.bundestag.de/resource/blob/562140/316090aa9acef9cd3366dcd904459e88/19-25-239-data.pdf. Zugegriffen am 25.10.2025.

Sachs, M. (2021). GG Art. 87. In *Michael Sachs: Grundgesetz Kommentar* (9. Aufl.). C.H. Beck.

Schreiber, W. (1997). Das Bundeskriminalamtgesetz vom 7. 7. 1997 – ein „überfälliges" Gesetz. *Neue Juristische Wochenschrift, 50*(7), 2137–2145.

Schwagerl, J. H. (1985). *Verfassungsschutz in der Bundesrepublik Deutschland*. C.F. Müller.

Suerbaum, J. (2023). GG Art. 87. In V. Epping & C. Hillgruber (Hrsg.), *Beck'scher Online-Kommentar Grundgesetz, 53. Edition, Stand: 15.11.2022*. C.H. Beck.

Tams, C. J. (2007). Die Zuständigkeit des Bundes für die Abwehr terroristischer Gefahren. *Die Öffentliche Verwaltung: Zeitschrift für öffentliches Recht und Verwaltungswissenschaft, 60*(8), 367–375.

Thiel, M. (2020). GG Art. 73 Abs. 1 Nr. 9a. In W. Höfling (Hrsg.), *Berliner Kommentar zum Grundgesetz*. Erich Schmidt Verlag.

Uhle, A. (2010). Die Gesetzgebungskompetenz des Bundes für die Abwehr von Gefahren des internationalen Terrorismus. *Die Öffentliche Verwaltung: Zeitschrift für öffentliches Recht und Verwaltungswissenschaft*, 989–997.

Unterreitmeier, J. (2018). Überwachung durch Polizei oder Nachrichtendienst – kein Unterschied? *Zeitschrift für das Gesamte Sicherheitsrecht, 2018*(1), 1–6.

Unterreitmeier, J. (2021). Funktion und Zweckbindung der Nachrichtendienste. *JuristenZeitung, 76*(4), 175–185.

Verordnung über die Art der Daten, die nach den §§ 8 und 9 des Bundeskriminalamtgesetzes gespeichert werden dürfen vom 04.06.2010 (BKA-Daten-Verordnung – BKADV) (04.06.2010), BGBl. 2010 I S. 716.

Weber, K. (2022). Weisungsrecht, Weisungen, Weisungsgebundenheit (im Verwaltungsrecht). In K. Weber (Hrsg.), *Weber kompakt, Rechtswörterbuch* (7. Aufl.). C.H. Beck.

Wittreck, F. (2015). *GG Art. 73. In Horst Dreier: Grundgesetz-Kommentar, Band II. Art. 20 bis 82 GG* (3. Aufl.). Mohr Siebeck.

Wolff, H. A. (2018). Überblick über die föderale Sicherheitsstruktur: Schriftliche Stellungnahme für die Anhörung des 1. Untersuchungsausschusses der 19. Wahlperiode des Deutschen Bundestages am 17. Mai 2018 (Ausschuss-Drs. 19(25)240 (neu)). https://www.bundestag.de/resource/blob/562142/e10342eb566fc638adb325c6158d7e56/19-25-240-neu%2D%2Ddata.pdf. Zugegriffen am 25.10.2025.

Wolff, H. A. (2022). GG Art. 73 Abs. 1 Nr. 9a. In W. Kahl, C. Waldoff, & C. Walter (Hrsg.), *Bonner Kommentar zum Grundgesetz*. C.F. Müller.

Umstrukturierung der nachrichtendienstlichen Sicherheitsarchitektur

12

Die Sicherheitslage hat über die vergangenen Jahre an Komplexität gewonnen.[1] Dies liegt daran, dass die äußere Sicherheit im Gegensatz zu früheren Zeiten[2] zunehmend durch nichtstaatliche Akteure bedroht wird.[3] Daher lassen sich Gefährdungssachverhalte im Bereich der Terrorismusbekämpfung nur selten streng in „Aufklärung über das Ausland“ oder „Aufklärung über das Inland“ einteilen. Terroristische Akteure vernetzen sich nicht nur über Landesgrenzen, sondern auch über Staatsgrenzen hinweg. Dazu müssen sie nicht zwangsläufig persönlich zusammentreffen, sondern können digitale Kommunikationsmittel verwenden. Überschneidungen zwischen Auslands- und Inlandsaufklärung lassen sich daher nur schwer vermeiden.

Die Trennung der Nachrichtendienste richtet sich derzeit nach dem Schutz der äußeren Sicherheit (durch den BND) und den Schutz der inneren Sicherheit (durch das BfV). Die äußere Sicherheit „besteht in der Abwesenheit von äußeren Eingriffen in die Staatssphäre bzw. der entsprechenden Vorsorge“.[4] Unter der inneren Sicherheit versteht man „den Schutz der Gesellschaft und des Staates vor Kriminalität und vergleichbaren Bedrohungen, die sich aus dem Inneren der Gesellschaft

[1] Hofmann et al. 2020, S. 243–244. Vgl. Gärditz 2019, S. 86.

[2] Vgl. Krieger 2017, S. 57.

[3] Vgl. Gärditz 2017, S. 5–6; EGMR, Urteil vom 13.09.2018 – *Big Brother Watch et al./Vereinigtes Königreich*, Nr. 58170/13, 62322/14, 24960/15, Rn. 323.

[4] Heinrich und Lange 2008, S. 253.

T. Ackermann, *Terrorismusbekämpfung in der föderalen Sicherheitsarchitektur*, Juridicum – Bochumer Schriften zur Friedenssicherung und zum Humanitären Völkerrecht I Bochum Studies on the International Law of Peace and Armed Conflict 69,
https://doi.org/10.1007/978-3-662-72233-6_12

selbst heraus entwickeln".[5] Die Trennung richtet sich damit nach der territorialen Herkunft der Bedrohung.

Diese Aufteilung bildet „den gegenwärtigen Stand der Entgrenzung und Globalisierung von Sicherheitsrisiken nicht mehr in jeder Hinsicht"[6] ab.[7] Dies wurde auch in der Politik bereits herausgestellt. Der ehemalige Bundesinnenminister *Schäuble* äußerte schon im Jahr 2008:

> „Im Grunde operieren heute alle Formen professionell betriebener Kriminalität und erst recht terroristische Netzwerke grenzübergreifend. [...] Die global vernetzte Welt zwingt uns – sicherheitspolitisch und darüber hinaus-, auf die Auflösung des Gegensatzes von innen und außen zu reagieren."[8]

Die Trennung von innerer und äußerer Sicherheit spiele in Fachdebatten keine Rolle mehr.[9] Auch der ehemalige BND-Präsident *Schindler* fordert die Bündelung der nachrichtendienstlichen Terrorismusbekämpfung beim BfV, da sich terroristische Gefährdungssachverhalte nicht mehr strikt in Inlands- und Auslandssachverhalte trennen lassen würden.[10] Daher muss auch die Sicherheitsarchitektur angepasst werden,[11] denn diese ist

> „kein Wert an sich, sondern ein zweckgebundenes Gebäude, das eine der zentralen Aufgaben des Staates sicherstellen soll. Verändern sich die Gefährdungssituationen für die innere und äußere Sicherheit des Staates, verändert sich auch die angemessene Reaktion des Staates zur Aufgabenerfüllung."[12]

Auch die Fallstudien haben exemplarisch aufgezeigt, dass sich Bedrohungen von innen und außen immer mehr überschneiden. Problematisch wird dies dann, wenn – wie in den Fallstudien aufgezeigt – die Kooperation zwischen dem Auslandsnachrichtendienst BND und dem Inlandsnachrichtendienst BfV nicht reibungslos funktioniert. Dies betrifft nicht nur den Informationsaustausch, son-

---

[5] Singer 2009, S. 267. Vgl. Heinrich und Lange 2008, S. 253.

[6] Gärditz 2018, S. 20.

[7] In diese Richtung auch Kahl 2017, S. 149–151, insbesondere: „Es ist daher [...] geradezu geboten, Verfahren zu entwickeln, die die verschiedenen Zuständigkeiten von Inlandsbehörden und BND miteinander verzahnen, dass aus den [...] Zuständigkeitssphären keine Sicherheitslücken entstehen.", S. 149; auch: Heckmann 2011, S. 9.

[8] Schäuble 2008, S. 4–5. Vgl. Fromm 2008, S. 51.

[9] Schäuble 2008, S. 5.

[10] Schindler 2020, S. 225.

[11] In diese Richtung auch Singer 2009, S. 266; Schindler 2020, S. 225.

[12] Wolff 2018, S. 33.

dern auch die Abgrenzung von Zuständigkeiten, etwa bezüglich der Kommunikation mit ausländischen Nachrichtendiensten. Um dieser Dynamik zu begegnen, kommt wiederum die faktische Optimierung von Kooperationsmechanismen durch die Verantwortlichen in Betracht, etwa durch vermehrte Schulungen des Personals oder eine bessere Vernetzung zwischen den beiden Behörden. Jedoch bliebe auch hier ein Restrisiko bestehen, dass diese Mechanismen wiederum nicht genutzt werden (wie auch in den untersuchten Fällen geschehen). Vorzugsweise ist es daher, die bisherigen Strukturen zu überdenken.

Der Staat muss also seine Aufgabenerfüllung an die entsprechenden Umstände anpassen. Um Kooperations- und Kommunikationsprobleme aufzulösen und von vornherein zu vermeiden, wäre es sinnvoll, die Trennung zwischen Inlands- und Auslandsnachrichtendienst aufzuheben. Es kommt in Betracht, BND und BfV zu einer Behörde zusammenzulegen. Zwar werden für die beiden Behörden aktuell unterschiedliche Gesetzgebungskompetenzen in Anspruch genommen. Eine Zusammenlegung ist dennoch prinzipiell vorstellbar. Der Bund kann grundsätzlich eine Behörde mit verschiedenen Funktionen und damit basierend auf verschiedenen Gesetzgebungskompetenzen errichten. Ein Beispiel dafür ist das BKA, das vier verschiedene Funktionen mit jeweils unterschiedlichen verfassungsrechtlichen Grundlagen wahrnimmt, unter anderem die Aufgabe der präventiven Terrorismusbekämpfung (nach Art. 73 Abs. 1 Nr. 9a GG) und die Aufgaben als Zentralstelle (nach Art. 73 Abs. 1 Nr. 10 a E. GG) sowie die der Strafverfolgung (nach Art. 73 Abs. 1 Nr. 10a GG bzw. Art. 96 Abs. 5 GG).

Allerdings dürfen keine verfassungsrechtlichen Gründe gegen eine Zusammenlegung sprechen. Das Grundgesetz enthält jedoch keine expliziten Aussagen dazu. Es erwähnt und definiert auch die Begriffe der inneren und äußeren Sicherheit nicht. Fraglich ist daher, ob die jahrzehntelange Trennung von Auslands- und Inlandsnachrichtendienst lediglich faktischen Umständen geschuldet war, die sich inzwischen geändert haben, oder, ob das Grundgesetz diese Trennung implizit vorgibt.

Die Auslegung der verfassungsrechtlichen Grundlagen für den BND und das BfV ergibt, dass die Verfassung keine solchen Vorgaben enthält (dazu unter Abschn. 12.1). Bei der Zusammenlegung müssten aber bestimmte verfassungsrechtlichen Vorgaben berücksichtigt werden, insbesondere zur Behördenform und zur Verhinderung der übermäßigen staatlichen Machtakkumulation (dazu unter Abschn. 12.2). Insgesamt lässt sich festhalten, dass eine Zusammenlegung von BND und BfV in der vorgeschlagenen Form verfassungsrechtlich zulässig wäre und eine adäquate Antwort auf die Herausforderungen unserer Zeit bieten würde (dazu unter Abschn. 12.3).

12.1 Verfassungsrechtliche Zulässigkeit der Zusammenlegung

Das Kapitel benutzt als Arbeitsbegriff für die Zusammenlegung die institutionelle und informationelle Zusammenführung der Aufgabenbereiche von BND und BfV. Konkret würde dies bedeuten, dass die Aufgabenbereiche nicht nur unter dasselbe Behördendach geordnet werden würden, sondern eine grundsätzliche Zusammenarbeit der Mitarbeitenden aus den Bereichen innere und äußere Sicherheit stattfinden würde. Diese würde auch einen grundsätzlichen und nicht nur einzelfallbezogenen Informationsaustausch beinhalten, was gegenüber der aktuellen Struktur vorzugswürdig erscheint. An der örtlichen Verteilung müsste sich nicht zwingend etwas ändern, sodass die Änderung für die Mitarbeitenden hauptsächlich in der neuen Dimension der Zusammenarbeit liegen würde. Gegebenenfalls wäre es sinnvoll, einzelne Mitarbeitende des früheren BND an die Standorte des früheren BfV abzuordnen und umgekehrt. Dies könnte die Anfänge der Zusammenarbeit einfacher gestalten, indem man das jeweilige Know-how zusammenführt. Diese praktischen Überlegungen sollen jedoch nur am Rande angeführt werden. Das Kapitel widmet sich stattdessen hauptsächlich der Prüfung, ob eine solche Zusammenlegung verfassungsrechtlich zulässig wäre. Explizite Vorgaben finden sich dazu im Grundgesetz nicht, zu klären ist aber, ob sich eine solche Strukturvorgabe dennoch aus der Verfassung ableiten lässt. Um dies zu überprüfen, werden zunächst die verfassungsrechtlichen Grundlagen für die Tätigkeiten des BND und des BfV untersucht.

Die Gesetzgebungskompetenzen des Bundes für den BND ergeben sich derzeit aus dem Begriff der auswärtigen Angelegenheiten in Art. 73 Abs. 1 Nr. 1 GG. Das Kapitel wird im Folgenden klären, ob die auswärtigen Angelegenheiten auch den Schutz der inneren Sicherheit erfassen (unter Abschn. 12.1.1). Die Gesetzgebungskompetenz des Bundes für das BfV ergibt sich aus der Kompetenz für die Zusammenarbeit mit den Ländern in Bereichen des Verfassungsschutzes, die in Art. 73 Abs. 1 Nr. 10 lit. b GG und Art. 87 Abs. 1 S. 2 GG angeordnet wird. Auch dieser Begriff wird daraufhin überprüft, ob er sowohl den Schutz der inneren als auch der äußeren Sicherheit umfasst (dazu unter Abschn. 12.1.2). Über die verfassungsrechtlichen Vorgaben für die beiden Nachrichtendienste hinausgehend werden auch andere Normen des Grundgesetzes daraufhin untersucht, ob sie eine strenge Trennung in innere und äußere Sicherheit erkennen lassen (unter Abschn. 12.1.3). Als Zwischenergebnis (unter Abschn. 12.1.4) lässt sich festhalten, dass das Grundgesetz nicht vorgibt, Inlands- und Auslandsnachrichtendienste zu trennen. Die Zusammenlegung wäre daher grundsätzlich verfassungsrechtlich zulässig. Allerdings wäre dies aufgrund der föderalen Vorgaben nur über Art. 73 Abs. 1 Nr. 10 lit. b GG bzw. Art. 87 Abs. 1 S. 2 GG möglich, indem man die Sicherheitsaufgaben des BND unter den Begriff des Verfassungsschutzes subsumiert. Von der Zusammenlegung wäre daher nur die Terrorismusabteilung des BND erfasst.

12.1.1 Der Begriff der auswärtigen Angelegenheiten in Art. 73 Abs. 1 Nr. 1 GG

Die verfassungsrechtliche Grundlage, auf die der Gesetzgeber den BND in der aktuellen Form stützt, findet sich in Art. 73 Abs. 1 Nr. 1 GG.[13] Dieser lautet: „Der Bund hat die ausschließliche Gesetzgebung über die auswärtigen Angelegenheiten sowie die Verteidigung einschließlich des Schutzes der Zivilbevölkerung". Während die Verteidigung einschließlich des Schutzes der Zivilbevölkerung die Sicherheitsgewährleistung durch militärische Mittel bezeichnet,[14] ist der Begriff der auswärtigen Angelegenheiten derjenige, auf den die aktuellen Aufgaben des BND gestützt werden.[15] Dieser wird im Folgenden im Wege der dogmatischen Auslegung daraufhin untersucht, ob er auch die Aufklärung über das Inland erlauben würde. Dazu werden der Wortlaut (unter Abschn. 12.1.1.1), die Historie (unter Abschn. 12.1.1.2), das *Telos* (unter Abschn. 12.1.1.3) und die systematische Stellung der Norm (unter Abschn. 12.1.1.4) untersucht und die Erkenntnisse in einem Zwischenergebnis zusammengefasst (unter Abschn. 12.1.1.5).

12.1.1.1 Wortlaut

Der hier relevante Begriff der auswärtigen Angelegenheiten[16] erfasst alle Bereiche, „die das Verhältnis der Bundesrepublik Deutschland als Völkerrechtssubjekt zu anderen Staaten und sonstigen Völkerrechtssubjekten betreffen".[17] Dies beinhaltet

[13] Vgl. BVerfGE 133, 277, Rn. 101 (Antiterrordateigesetz); Gesetzentwurf der Bundesregierung, Entwurf eines Gesetzes zur Änderung des BND-Gesetzes zur Umsetzung der Vorgaben des Bundesverfassungsgerichts sowie des Bundesverwaltungsgerichts, BT-Drs. 19/26103, S. 51.

[14] Uhle, Rn. 44; Kment 2022, Rn. 5.

[15] Vgl. Gesetzentwurf der Bundesregierung, Entwurf eines Gesetzes zur Änderung des BND-Gesetzes zur Umsetzung der Vorgaben des Bundesverfassungsgerichts sowie des Bundesverwaltungsgerichts, BT-Drs. 19/26103, S. 51; Kment 2022, Rn. 3.

[16] Der sich darüber hinaus auch in Art. 45a GG findet.

[17] Uhle, Rn. 40. Vgl. BVerfGE 33, 52, 60 (Zensur); BVerfGE 100, 313, 368–369 (Telekommunikationsüberwachung I); Seiler 2023, Rn. 2.

alle Angelegenheiten von „außen- und sicherheitspolitischer Bedeutung".[18] Der Wortlaut der „auswärtigen Angelegenheiten" gebietet ein weites Verständnis des umschriebenen Regelungsgegenstandes, da die Norm keine sprachliche Begrenzung auf bestimmte Fallkonstellationen oder bestimmte Tätigkeiten vorsieht.[19] Dem BND obliegt damit ein umfassender Aufklärungsauftrag über das Ausland.[20] Im Gegensatz zum BfV ist er nicht auf Informationsgewinnung bezüglich verfassungsfeindlicher Bestrebungen begrenzt. Sein Zuständigkeitsbereich ist daher insofern weiter als der des BfV. Der BND wird also momentan für zwei verschiedene Zwecke eingesetzt, zum einen für die Außenpolitik, zum anderen für die Sicherheitspolitik, wobei diese in einem engen Zusammenhang stehen (müssen, wie sogleich erläutert wird).[21]

Der sicherheitspolitische Auftrag des BND beinhaltet auch die Aufklärung über „Vorgänge im Ausland, deren Urheber nicht ausländische Staaten sind, Bedeutung haben können und daher die Einrichtung einer Stelle zur umfassenden Auslandsaufklärung" erfordert.[22] Damit ist auch die Bekämpfung des internationalen Terrorismus erfasst, wenn ein unmittelbarer Bezug zur Bundesrepublik besteht.[23] Die Abteilung TE kooperiert zur Erfüllung ihrer Aufgaben mit Sicherheitsbehörden in anderen Staaten (sog. Partnerdiensten).[24]

Zu beachten ist aber, dass die Sicherheitskomponente durch den Wortlaut in Form des Begriffs der *auswärtigen* Angelegenheiten begrenzt wird. Die Aufklä-

---

[18] Gusy 2019, Rn. 27.

[19] Gusy 2019, Rn. 27; Seiler 2023, Rn. 48.

[20] Vgl. hierzu auch das treffende Zitat des ehemaligen BND-Präsidenten *Schindler*: „Die Kanzlerin kommentierte den Vorfall [die NSA-Affäre, von der auch das Handy der Kanzlerin betroffen war] […] mit dem inzwischen berühmten Satz: ‚Ausspähen unter Freunden – das geht gar nicht.' […] Während das Handy der Kanzlerin in diesen Wochen die Hauptrolle spielte, erhielt ich von der Abteilung Technische Aufklärung eine Botschaft anderer Art, nach dem Motto: Wir haben ein Problem! Unser Problem war, wir hörten Freunde ab.", Schindler 2020, S. 188. Vgl. auch Gusy 2019, Rn. 23.

[21] Siehe u. a. BVerfGE 133, 277, 319 (Rn. 101) (Antiterrordateigesetz); BVerfGE 154, 152, 233 (Rn. 127 f.) (BND – Ausland-Ausland-Fernmeldeaufklärung); BVerfGE 156, 11, 42 (Rn. 80) (Antiterrordateigesetz II).

[22] Uhle, Rn. 41.

[23] Vgl. Gusy 2019, Rn. 29; Brunst 2017, S. 612.

[24] Vgl. Rachor und Roggan 2021, Rn. 110.

rung über das Inland kann nicht als auswärtige Angelegenheit verstanden werden.[25] Diese betrifft nicht die Stellung der Bundesrepublik als Völkerrechtssubjekt. Allerdings muss dem Grundsatz Rechnung getragen werden, dass den Nachrichtendiensten (bzw. staatlichen Stellen im Allgemeinen) ein solcher Handlungsspielraum eingeräumt werden muss, dass sie ihre Aufgabe effektiv erfüllen können.[26] Daher muss der BND ausnahmsweise auch bezüglich Informationen über das Inland tätig werden dürfen, sofern Auslandsbezüge vorliegen (und umgekehrt das BfV im Ausland, wenn Inlandsbezüge vorliegen).[27] Ein Beispiel dafür ist etwa die Beobachtung von internationalen Organisationen im Inland

> „welche schon deshalb dem ‚Ausland' zugerechnet werden können, weil sie unter ausländischer Beteiligung stehen und damit auch unter den Einflüssen ausländischer Staaten und deshalb von außenpolitischer Relevanz für die Bundesrepublik sein können."[28]

Die Beobachtung von internationalen Organisationen mit ausländischer Beteiligung im Inland ist somit zulässig. Allerdings dürfen diese Ausnahmen wegen der Wortlautgrenze[29] nicht uferlos werden. Daher dürfen Ermittlungen zu inlandsbezogenen Sachverhalten durch den BND nur geführt werden, wenn diese „Beifang" zu auslandsbezogenen Erkenntnissen darstellen.[30] Aber auch diese Eingrenzung birgt heutzutage gewisse Schwierigkeiten mit sich, da die Vernetzung der ter-

[25] BVerfGE 133, 277, 319 (Rn. 101) (Antiterrordateigesetz); BVerfGE 154, 152, 233 (Rn. 127 f.) (BND – Ausland-Ausland-Fernmeldeaufklärung); BVerfGE 156, 11, 42 (Rn. 80) (Antiterrordateigesetz II).

[26] Lindner und Unterreitmeier 2019, S. 167; BVerfGE 30, 1, 20 (Abhörurteil).

[27] Siehe dazu §§ 3, 5 iVm § 9 Abs. 2 Nr. 4 G10 und § 3 BVerfSchG. Vgl. Droste 2007, 29, 162. Dies wurde früher anders interpretiert, vgl. Gesetzesentwurf der Bundesregierung, Entwurf eines Gesetzes zur Fortentwicklung der Datenverarbeitung und des Datenschutzes, BR-Drs. 618/88, S. 183; BT-Drs. 11/4306, S. 70.

[28] Gusy 2019, S. 30.

[29] Ständige Rechtsprechung, z. B. BVerfGE 95, 64 (Mietpreisbindung); BVerfGE 99, 341, 358 (Testierausschluß Taubstummer); BVerfGE 101, 312, 329 (Versäumnisurteil); BVerfGE 138, 64, 93 f. (Rn. 86).

[30] Gusy 2019, Rn. 24.

roristischen Akteure inzwischen eher die Ausnahme als die Regel bildet.[31] Unter Beachtung des Wortlautes ist das Tätigwerden des BND auch bezüglich des Inlands aufgrund aktueller Entwicklungen nicht so problematisch, wie auf den ersten Blick vermutet werden könnte.

12.1.1.2 Historie

Die historische Auslegung führt nur zu begrenzten Erkenntnissen. Diskussionen über Art. 73 Abs. 1 Nr. 1 GG im Parlamentarischen Rat und auch die Änderungshistorie betrafen die Verteidigung der Bundesrepublik[32] und damit Diskussionen um die militärische Sicherheitspolitik, die für diese Analyse unbeachtlich ist. Zwar war die „Organisation Gehlen", die die Vorgängerorganisation des BND darstellte,[33] als Aufklärungsinstrument über die Sowjetunion und damit für die Aufklärung über andere Staaten gedacht.[34] Dies muss jedoch im Lichte der damaligen Umstände betrachtet werden: Gefährdungen für die Sicherheit der Bundesrepublik gingen zur Zeit der Gründung der „Organisation Gehlen" im Jahre 1946 in der Regel von anderen Staaten aus, nicht von Einzelpersonen.[35] Die auswärtigen Angelegenheiten werden erst durch die Beziehungen der Bundesrepublik zu anderen Völkerrechtssubjekten geprägt und stellen damit einen dynamischer Begriff dar, der von den tatsächlichen Umständen beeinflusst wird.[36] Dass sich die Sicherheitslage im Vergleich zu damals erheblich verändert hat, hat auch das Bundesverfassungsgericht anerkannt und auch seine Interpretation von Art. 73 Abs. 1 Nr. 1 GG im Lichte der veränderten Umstände angepasst: Auch die Aufklärung über nichtstaatliche, insbesondere terroristische, Gefahren aus dem Ausland kann nach seiner Rechtsprechung vom Mandat des BND erfasst sein.[37] Dadurch ist aber noch keine Aussage für die Terrorismusbekämpfung im Inland getroffen worden. Das Bundesverfassungsgericht erläutert insofern nur, dass sich Aufgabe des BND zur Aufklärung über diese Gefahren daraus ergibt, dass grenzüberschreitende Sachverhalte zu

[31] Goertz und Streitparth 2019, S. 26–27.

[32] Vgl. zu umfassenden Überblick über Beratungen des Parlamentarischen Rates zu Art. 73 Abs. 1 Nr. 1 GG Uhle, S. 8–10

[33] Der BND wurde am 01.04.1965 als Nachfolgeorganisation eingerichtet, vgl. Crome 2007, S. 31–39.

[34] Kesselring 2017, S. 24–25.

[35] Crome 2007, S. 31.

[36] Mosler 1954, S. 253.

[37] BVerfGE 154, 152, 248 f. (Rn. 163 f.) (BND – Ausland-Ausland-Fernmeldeaufklärung). Vgl. auch BVerfGE 156, 11, 42 f. (Rn. 80) (Antiterrordateigesetz II).

innerstaatlichen Gefahrenlagen führen können, wenn diese durch Netzwerke international zusammenarbeitender Akteure begründet sind. Daraus ergebe sich die außen- und sicherheitspolitische Dimension, die für die Arbeit des BND erforderlich ist.[38]

12.1.1.3 Telos

Die teleologische Auslegung spricht jedoch gegen die Zulässigkeit einer umfassenden Inlandsaufklärung terroristischer Gefahren durch den BND (ohne Auslandsbezug). Der Zweck von Art. 73 Abs. 1 Nr. 1 GG wurde im Rahmen der Wortlaut-Auslegung bereits angeschnitten: Es geht um das Verhältnis der Bundesrepublik als Völkerrechtssubjekt zu anderen Völkerrechtssubjekten,[39] nicht um alle Vorgänge mit Auslandsbezug, da der Regelungsbereich ansonsten uferlos werden würde.[40] Nach diesem Verständnis beinhalten die auswärtigen Angelegenheiten also alle Aspekte, die eine außen*politische* Bedeutung für die Bundesrepublik Deutschland aufweisen, denn der Primärzweck des BND ist die Informierung der Bundesregierung in diesen Belangen, da diese die völkerrechtlichen Beziehungen führt.[41] Dies ist auch daran erkennbar, dass der BND in den Geschäftsbereich des Bundeskanzleramts fällt, (§ 1 Abs. 1 S. 1 BNDG), nicht etwa in den Bereich des Auswärtigen Amtes.

Dies schließt die Früherkennung von drohenden Gefahren aus dem Ausland ein, wenn diese sich „ihrer Art und ihrem Gewicht nach auf die Stellung Deutschlands in der Staatengemeinschaft auswirken können".[42] Früher wurde die Auslandsaufklärung über terroristische Gefahren nicht von dem Mandat des BND erfasst gesehen, da es sich dabei nicht um die Informierung der Bundesrepublik in außenpolitischen Belangen handele.[43] Aufgrund der veränderten Sicherheitslage, die durch die Digitalisierung, Globalisierung und die zunehmenden Gefährdungen durch nichtstaatliche Akteure entstanden ist, ist (wie bereits kurz erwähnt) jedoch inzwischen auch die Aufklärung über terroristische Gefahren aus dem Ausland für

[38] BVerfGE 154, 152, 248 f. (Rn. 163 f.) (BND – Ausland-Ausland-Fernmeldeaufklärung).

[39] BVerfGE 100, 313, 368–369 (Telekommunikationsüberwachung I) Vgl. Uhle, Rn. 40.

[40] BVerfGE 100, 313, 368 (Telekommunikationsüberwachung I). Vgl. Uhle, Rn. 39. Eine andere Lesart wäre auch aus systematischen Gründen problematisch, siehe dazu sogleich.

[41] Vgl. BVerfGE 100, 313, 372 (Telekommunikationsüberwachung I).

[42] BVerfGE 156, 11, 42 f. (Rn. 80), 51 (Rn. 104) (Antiterrordateigesetz II). Ebenso BVerfGE 155, 119, 175 (Rn. 117) (Bestandsdatenauskunft II); BVerfGE 154, 152, 233 (Rn. 127) (BND – Ausland-Ausland-Fernmeldeaufklärung).

[43] Vgl. BVerfGE 154, 152, 225 (Rn. 107) (BND – Ausland-Ausland-Fernmeldeaufklärung).

die Informierung der Regierung relevant.[44] Diese Informationen können sich auch auf die Stellung Deutschlands in der Staatengemeinschaft auswirken, denn sie helfen ihr, „sich im machtpolitischen Kräftefeld der internationalen Beziehungen zu behaupten, und kann folgenreiche Fehlentscheidungen verhindern“.[45] Dies gilt auch deswegen, weil ein überragendes öffentliches Interesse an einer wirksamen Auslandsaufklärung besteht.[46] Daher muss man grundsätzlich auch die Aufklärung zur Abwehr terroristischer Gefahren darunter fassen, wie auch das Bundesverfassungsgericht in der expliziten Abkehr von seiner früheren Rechtsprechung anerkannt hat.[47] Der Bundesgesetzgeber muss die Möglichkeit haben, dem BND die gesetzlichen Befugnisse für die Früherkennung terroristischer Gefahren einzuräumen, die für die sinnvolle Ausübung der durch Art. 73 Abs. 1 Nr. 1 GG enthaltenen Kompetenzen unverzichtbar sind.[48] Als notwendige Mittel zur Aufklärung dieser terroristischen Gefahren sieht das Bundesverfassungsgericht auch die Erfassung, Verwertung und Weitergabe von Telekommunikationsdaten an.[49] Auch die strategische Fernmeldeaufklärung ist grundsätzlich verfassungsgemäß.[50]

Allerdings sind aufgrund des *Telos* von Art. 73 Abs. 1 Nr. 1 GG nicht jegliche terroristischen Gefährdungen erfasst, sondern nur solche, die gerade eine internationale Dimension aufweisen.[51] Darunter fallen solche, die tatsächlich geeignet sind, die Stellung der Bundesrepublik in der Staatengemeinschaft zu berühren.[52] Bei der Bestimmung der Reichweite der Gesetzgebungskompetenzen ist daher immer ein Rückbezug zum Primärzweck und damit zu *auswärtigen* Sicherheitsbelangen erforderlich. Das Bundesverfassungsgericht spricht insofern von einem Regelungs- und Verwendungszusammenhang, „der auf die *Auslands*aufklärung

[44] Vgl. BVerfGE 154, 152, 248 f. (Rn. 163) (BND – Ausland-Ausland-Fernmeldeaufklärung).

[45] Vgl. BVerfGE 154, 152, 248 (Rn. 162) (BND – Ausland-Ausland-Fernmeldeaufklärung).

[46] BVerfGE 154, 152, 248 (Rn. 161) (BND – Ausland-Ausland-Fernmeldeaufklärung).

[47] BVerfGE 154, 152, 249 (Rn. 164) (BND – Ausland-Ausland-Fernmeldeaufklärung). Vgl. auch BVerfGE 156, 11, 42 f. (Rn. 80) (Antiterrordateigesetz II).

[48] BVerfGE 154, 152, 248 f. (Rn. 163) (BND – Ausland-Ausland-Fernmeldeaufklärung).

[49] BVerfGE 100, 313, 314, 368 ff. (Telekommunikationsüberwachung I).

[50] BVerfGE 154, 152, Ls. 5, 244 (Rn. 154), 246 (Rn. 159) (BND – Ausland-Ausland-Fernmeldeaufklärung). Hingegen sah das Bundesverfassungsgericht die konkreten gesetzlichen Regelungen als verfassungswidrig an, da die Grundrechtsbindung von Handeln im Ausland nicht erkannt und die Kontrolle nicht ausreichend sichergestellt wurde, siehe BVerfGE 154, 152, Ls. 5, 8 (Rn. 300 ff.) (BND – Ausland-Ausland-Fernmeldeaufklärung).

[51] Vgl. BVerfGE 156, 11, 51 (Rn. 104) (Antiterrordateigesetz II).

[52] BVerfGE 154, 152, Ls. 4, 234 Rn. 128) (BND – Ausland-Ausland-Fernmeldeaufklärung).

bezogen ist und der politischen Information der Bundesregierung dient"[53] Der Bundesregierung soll durch die Auslandsaufklärung in den Stand versetzt werden, Gefahrenlagen rechtzeitig zu erkennen und ihnen (politisch) zu begegnen.[54] Zu diesen Gefährdungen mit internationaler Dimension zählen Terrorakte, die „Ausdruck international verflochtener Konfliktlagen" sind.[55] Dies zeigt, dass schon die Aufklärung über terroristische Gefahren aus dem Ausland durch den BND nur in bestimmten Fallkonstellationen zulässig ist. Daher ist eine Zuständigkeit für die Aufklärung über terroristische Gefahren aus dem Inland erst recht nicht erfasst. Somit können dem BND unter Berufung auf Art. 73 Abs. 1 Nr. 1 GG keine Befugnisse verliehen werden, nur weil sie für die Gewährleistung der inneren Sicherheit erforderlich sind.[56] Die Aufklärung bezüglich „bedeutsamer Straftaten im Inland, allein weil sich hierfür Tatbeiträge oder Erkenntnisquellen im Ausland befinden," ist nicht vom Zweck der auswärtigen Angelegenheiten gedeckt.[57] Befugnisse, die der „Verhütung, Verhinderung oder Verfolgung von Straftaten als solche" dienen, gehen über das Mandat des BND hinaus.

12.1.1.4 Systematik

Die systematische Auslegung ist für die vorliegende Frage, ob der BND auch für die Inlandsaufklärung terroristischer Gefahren eingesetzt werden darf, von besonders großer Bedeutung. Der Regelungsbereich von Art. 73 Abs. 1 Nr. 1 GG erscheint im Vergleich zu Nr. 10 lit. b GG besonders weit.[58] Bemerkenswert ist jedoch nicht nur, dass der Begriff des Verfassungsschutzes enger gefasst ist als der der auswärtigen Angelegenheiten. Relevant ist auch, dass Nr. 10 lit. b dem Bund die Regelungskompetenz ausschließlich für die *Zusammenarbeit* im Bereich des Verfassungsschutzes verleiht. Nr. 1 hingegen nimmt keine solche Eingrenzung vor. Während bei Nr. 10 lit. b die *gleichwertige* Beteiligung der Länder verfassungsrechtlich vorgegeben ist, ist der Bund bei Nr. 1 eigenständig tätig. Damit die grundsätzliche föderale Kompetenzverteilung und damit der Grundsatz der Länderzuständigkeit nicht ausgehöhlt und die ausschließliche Zuständigkeit des Bundes nicht uferlos wird, ist bei der Interpretation von Nr. 1 eine besondere Zurückhaltung

[53] BVerfGE 133, 277, 319 f. (Rn. 101) (Antiterrordateigesetz). Vgl. auch BVerfGE 156, 11, 80 (Rn. 42) (Antiterrordateigesetz II).

[54] BVerfGE 100, 313, 371 (Telekommunikationsüberwachung I).

[55] BVerfGE 154, 152, 233 (Rn. 127) (BND – Ausland-Ausland-Fernmeldeaufklärung).

[56] BVerfGE 154, 152, 233 (Rn. 127) (BND – Ausland-Ausland-Fernmeldeaufklärung).

[57] BVerfGE 154, 152, 233 (Rn. 127) (BND – Ausland-Ausland-Fernmeldeaufklärung).

[58] Vgl. Hecker 2017, S. 226.

geboten.[59] Ansonsten könnte das Erfordernis der Zusammenarbeit mit den Ländern umgangen werden, indem der Bund auf Nr. 1 verweist und dem BND all die Aufgaben überträgt, die er nicht in Zusammenarbeit mit den Ländern erfüllen möchte.

Speziell für die Terrorismusbekämpfung ergeben sich Grenzen für die Tätigkeit des BND im Inland auch aus einem Vergleich mit Nr. 9a.[60] Nr. 9a weist dem BKA eine Sonderrolle in der Terrorismusbekämpfung zu, die in dieser Form weder dem BND noch dem BfV zugewiesen wird. Auch aus der Abgrenzung zu Nr. 9a wird somit deutlich, dass eine restriktive Interpretation des Tätigkeitfeldes des BND angezeigt ist. Die systematische Auslegung gebietet daher ein restriktives Verständnis des Begriffs der „auswärtigen Angelegenheiten".

Interessant ist in systematischer Hinsicht auch, dass der Schutz der auswärtigen Belange, der in Art. 73 Abs. 1 Nr. 10 lit. c GG und Art. 87 Abs. 1 S. 2 GG normiert wird, nicht dem BND, sondern dem BfV zugewiesen wird. Auswärtige Belange sind betroffen, wenn die Sicherheit eines anderen Staates betroffen ist und dadurch Interessen der Bundesrepublik berührt werden.[61] Eine Gefährdung ist dann anzunehmen,

> „wenn ein fremder Staat sich redlicherweise des Eindrucks nicht erwehren kann, die Bundesrepublik könne oder wolle seine Bürger und/oder Repräsentanten nicht gegen Gewalt schützen, die von deutschem Boden bzw. von Deutschen ausgeht."[62]

Im Rahmen des Art. 73 Abs. 1 Nr. 10 lit. c GG geht es also um Bestrebungen von Deutschen oder von deutschem Boden, die einen ausländischen Staat zur Zielscheibe haben.[63] Damit ist der Begriff der auswärtigen Belange abzugrenzen von dem der äußeren Sicherheit, der quasi das Gegenteil darstellt. Die äußere Sicherheit erfasst Bestrebungen von außen, die die Bundesrepublik zur Zielscheibe haben. Allerdings besteht ein Zusammenhang mit der äußeren Sicherheit, denn „die Gefährdung von auswärtigen Belangen der Bundesrepublik [kann] vielfach die Vorstufe einer Gefährdung der Sicherheit der Bundesrepublik sein".[64] Der

---

[59] Bäcker 2011, S. 843–844.

[60] Vgl. BVerfGE 154, 152, 233 (Rn. 126) (BND – Ausland-Ausland-Fernmeldeaufklärung).

[61] Uhle, Rn. 247.

[62] Wittreck 2015, Rn. 74.

[63] Wittreck 2015, Rn. 74; Seiler 2023, Rn. 49.

[64] Deutscher Bundestag, Grundgesetzänderung (Art. 73 und 87 GG) (Schriftlicher Bericht des Rechtsausschusses), BT-Drs. VI/3192, S. 4. Diese Aussage ist der damaligen Mindermeinung im Rechtsausschuss zuzuordnen, dieser wurde jedoch insoweit gefolgt, da dem Verfassungsschutz auch die Zuständigkeit für die Überwachung von Bestrebungen, die von Ausländer:innen auf deutschem Boden ausgehen, übertragen wurde.

Schutz auswärtiger Belange betrifft ein intaktes Verhältnis der diplomatischen Beziehung zu anderen Staaten und damit die Stellung der Bundesrepublik in der Staatengemeinschaft. Die diplomatischen Beziehungen können gefährdet werden, wenn andere Staaten den Eindruck erhalten, dass sich die Bundesrepublik nicht hinreichend um ihre Sicherheitsbelange kümmert. Unter Umständen könnte mit Gegenmaßnahmen aus dem Ausland gerechnet werden, die dann wiederum die äußere Sicherheit der Bundesrepublik gefährden könnten. Dennoch wurde der Schutz auswärtiger Belange nicht in die Zuständigkeit des BND gestellt, was zeigt, dass sein Mandat für die Sicherheitspolitik restriktiv verstanden werden muss.

12.1.1.5 Zwischenergebnis

Die Auslegung hat gezeigt, dass die Inlandsüberwachung durch den BND von dem Begriff der auswärtigen Angelegenheiten in Art. 73 Abs. 1 Nr. 1 GG nicht erfasst ist. Die historische Auslegung bietet zwar wenig Anhaltspunkte. Der Auftrag des BND und seiner Vorgängerorganisation war zwar früher auf Aufklärung bezüglich staatlicher Aktivitäten begrenzt. Diese Begrenzung war aber faktischer Natur. Die Veränderung der faktischen Umstände, d. h. der Sicherheitslage, muss bei der Interpretation berücksichtigt werden.[65] Die Wortlautauslegung hat gezeigt, dass die Aufklärung über das Inland durch den BND an sich kein besonderes Problem darstellt. Diese kann von dem weitgefassten Begriff der auswärtigen Angelegenheiten gedeckt sein, wenn ein Auslandsbezug besteht. Problematisch ist jedoch die vom *Telos* geforderte Beschränkung auf bestimmte terroristische Gefahren. Der Primärzweck der Norm ist, wie oben dargestellt, die Beschaffung von Informationen zur Informierung der Bundesregierung. Zwar ist der Gesetzgeber nicht verpflichtet, die Nachrichtendienste „strikt auf die Rolle von Informationslieferanten für Regierung und Parlament zu beschränken".[66] Alle darüberhinausgehenden Aufgaben, wie auch die Terrorismusbekämpfung, müssen jedoch einen Rückbezug zu dem Primärauftrag aufweisen.

Aus diesem Grund muss bei der Aufklärung von terroristischen Gefahren durch den BND immer ein Regelungs- und Verwendungszusammenhang zur Informierung der Bundesregierung gegeben sein. Daher ist zum einen das Element der internationalen Dimension zu fordern. *Bäcker* bezeichnet dieses Erfordernis als Zielkriterium: Die Erkenntnisse müssen für außenpolitische Zwecke gedacht sein.[67] Die internationale Dimension mag sogar heutzutage in vielen Fällen vorlie-

[65] Vgl. Mosler 1954, S. 253.

[66] Hecker 2017, S. 227.

[67] Bäcker 2011, S. 846.

gen. Problematisch ist jedoch die zweite Anforderung, die *Bäcker* als Anlasskriterium bezeichnet: Die aufzuklärenden terroristischen Gefahren müssen von einer bestimmten Art und von einem bestimmten Gewicht sein. Sie müssen gerade die Stellung der Bundesrepublik in der Staatengemeinschaft betreffen und „zumindest internationale Gegenmaßnahmen oder außenpolitische Reaktionen der Bundesrepublik erfordern".[68] Hierin besteht gerade der Unterschied zum Mandat des BfV. Dessen grundsätzlicher Umfang ist zwar begrenzter, in Bezug auf die Terrorismusbekämpfung jedoch ist er weiter, denn er beinhaltet alle Gefahren für die freiheitlich-demokratische Grundordnung oder für den Bestand und die Sicherheit des Bundes oder eines Landes.

Im Gegensatz dazu erfasst der Begriff der auswärtigen Angelegenheiten grundsätzlich keine Maßnahmen gegen Terrorist:innen im Inland, auch nicht im Sinne einer wechselseitigen Unterstützung der Staaten[69] oder „wenn Erkenntnisse über Auslandskontakte inländischer Terroristen gewonnen werden sollen, um diese Erkenntnisse anschließend an ausländische Sicherheitsbehörden weiterzugeben".[70] Der BND kann daher im Bereich der Terrorismusbekämpfung nicht in dem Maße tätig werden, in dem das BfV tätig ist. Dies ergibt auch die systematische Auslegung. Aufgrund der föderalen Kompetenzverteilung ist das Mandat des BfV auf die Zusammenarbeit mit den Ländern begrenzt. Würde man dem BND im Sicherheitsbereich die gleichen Aufgaben übertragen wie dem BfV, könnte das Erfordernis der Zusammenarbeit unter Rückgriff auf Nr. 1 umgangen werden.

Umstritten ist (jedenfalls in der Literatur) schon für die aktuellen Befugnisse des BND, ob diese noch vom Begriff der auswärtigen Angelegenheiten gedeckt sind.[71] Jedenfalls aber wäre eine Wahrnehmung der Aufgaben des BfV durch den BND nicht vom Begriff der auswärtigen Angelegenheiten erfasst. Daher ist insofern eine Trennung zwischen innerer und äußerer Sicherheit in Art. 73 Abs. 1 Nr. 1GG angelegt. Eine Zusammenlegung des BfV mit dem BND in seiner aktuellen Form nach Art. 73 Abs. 1 Nr. 1GG ist daher nicht verfassungsrechtlich zulässig.

[68] Bäcker 2011, S. 845.

[69] BVerwG, NJW 2008, 2135, 2138 (Strategische Telefonüberwachung durch den Bundesnachrichtendienst); Bäcker 2011, S. 847.

[70] Bäcker 2011, S. 847.

[71] Kritisch Bäcker 2011, S. 845. Andere Ansicht Heintzen 2018, Rn. 9; Degenhart 2021, Rn. 5.

12.1.2 Der Begriff des Verfassungsschutzes in Art. 73 Abs. 1 Nr. 10 lit. b GG und Art. 87 Abs. 1 S. 2 GG

Es muss aber geklärt werden, ob die von Art. 73 Abs. 1 Nr. 1 GG erforderte Trennung zwischen innen und außen eine Grundsatzentscheidung der Verfassung darstellt oder, ob sich diese Trennung nicht vielmehr aus den genannten föderalen Aspekten ergibt. Um dies festzustellen, muss der Blick auf die verfassungsrechtlichen Grundlagen für das BfV gelenkt werden. Führt auch die Auslegung dieser Normen zu einer vorgegebenen Trennung zwischen innen und außen, ist jedenfalls für den Bereich der Nachrichtendienste von einer Grundsatzentscheidung auszugehen.

Als verfassungsrechtliche Grundlagen kommen Art. 73 Abs. 1 Nr. 10 lit. b GG und/oder Art. 87 Abs. 1 S. 2 GG[72] in Betracht. Welche der beiden Normen man als Grundlage für die Errichtung des BfV ansieht, kann für die vorliegende Frage dahinstehen. Beide Normen räumen dem Bund die Kompetenzen für die Zusammenarbeit im „Verfassungsschutz" ein. Ausschlaggebend ist daher, wie der Begriff der Verfassungsschutz zu verstehen ist: Beinhaltet er nur die innere oder auch die äußere Sicherheit? Die Kommentarliteratur scheint in Teilen davon auszugehen, dass der Begriff nur die innere Sicherheit umfasst.[73] Es ist jedoch unklar, ob dies lediglich der Tatsache geschuldet ist, dass rein faktisch bisher nur die Gesetzgebungskompetenzen für die innere Sicherheit auf diese Normen gestützt worden sind. Dies wird im Folgenden durch die Auslegung von Art. 73 Abs. 1 Nr. 10 lit. b GG und Art. 87 Abs. 1 S. 2 GG und damit durch die Interpretation des Begriffs des Verfassungsschutzes geklärt, wobei wiederum der Wortlaut (unter Abschn. 12.1.2.1), das *Telos* (unter Abschn. 12.1.2.2), die Historie (unter Abschn. 12.1.2.3) und die systematische Auslegung (unter Abschn. 12.1.2.4) herangezogen werden, bevor ein Zwischenergebnis präsentiert wird (unter Abschn. 12.1.2.5).

12.1.2.1 Wortlaut

Der Wortlaut der beiden Artikel begrenzt den Kompetenzbereich nicht ausdrücklich auf die innere Sicherheit. Die verfassungsrechtliche Legaldefinition fasst unter den Verfassungsschutz den „Schutz der freiheitlichen demokratischen Grundordnung, des Bestandes und der Sicherheit des Bundes oder eines Landes".[74]

[72] Gesetzentwurf der Bundesregierung, Entwurf eines Gesetzes zur Verbesserung der Zusammenarbeit im Bereich des Verfassungsschutzes, BT-Drs. 18/4654, S. 19. Vgl. Gusy 1993, S. 1119; Ibler, Rn. 40.

[73] Seiler 2023, Rn. 44. So auch Uhle. Siehe die Überschrift zu 13.a. Siehe auch Heintzen 2018, Rn. 108; Degenhart 2021, Rn. 49.

[74] Art. 73 Abs. 1 Nr. 10b GG.

Hieraus lässt sich keine Abgrenzung von innerer und äußerer Sicherheit ableiten. Auch ein Blick auf die einzelnen Schutzgüter der freiheitlich-demokratischen Grundordnung (dazu unter Abschn. 12.1.2.1.1), des Bestands des Bundes oder eines Landes (dazu unter Abschn. 12.1.2.1.2) und die Sicherheit des Bundes oder eines Landes (dazu unter Abschn. 12.1.2.1.3) gibt keine Trennung von innerer und äußerer Sicherheit vor, was sich als Zwischenergebnis für die weitere Analyse festhalten lässt (dazu unter Abschn. 12.1.2.1.4).

12.1.2.1.1 Die freiheitlich-demokratische Grundordnung

Das Schutzgut der freiheitlich-demokratischen Grundordnung, das mit dem in Art. 18 S. 1 GG und Art. 21 Abs. 2, 3 GG identisch ist,[75] beinhaltet die „Summe der zentralen Wertentscheidungen des Grundgesetzes".[76] Davon sind nicht alle verfassungsrechtlichen Vorgaben umfasst, sondern lediglich „jene zentralen Grundprinzipien, die für den freiheitlichen Verfassungsstaat schlechthin unentbehrlich sind".[77] Gemeint sind

> „diejenigen Prinzipien, die unter Ausschluss jeglicher Gewalt- und Willkürherrschaft eine rechtsstaatliche Herrschaftsordnung auf der Grundlage der Selbstbestimmung des Volkes nach dem Willen der jeweiligen Mehrheit und der Freiheit und Gleichheit gewährleisten."[78]

Das Bundesverfassungsgericht zählt zu diesen Prinzipien die im Grundgesetz konkretisierten Menschenrechte, insbesondere das Recht auf Leben und freie Entfaltung der Persönlichkeit, die Volkssouveränität, die Gewaltenteilung, die Verantwortlichkeit der Regierung, die Gesetzmäßigkeit der Verwaltung, die Unabhängigkeit der Gerichte, das Mehrparteienprinzip und die Chancengleichheit für alle politischen Parteien mit dem Recht auf verfassungsmäßige Bildung und Ausübung einer Opposition,[79] die Vereinigungsfreiheit, den Parlamentarismus, freie Wahlen, das Grundrecht auf freie Meinungsäußerung, den freien und offenen Prozess der Meinungs- und Willensbildung des Volkes, die Rundfunk-, Presse- und Informationsfreiheit, das Bekenntnis zu religiöser und weltanschaulicher Neutrali-

[75] Degenhart 2021, Rn. 50; Broemel 2021, Rn. 48; Seiler 2023, Rn. 48.

[76] Uhle, Rn. 242.

[77] BVerfGE 144, 20, Ls. 3, 535 (Rn. 205) (NPD-Verbotsverfahren).

[78] BVerfGE 144, 20, 531 (Rn. 203) (NPD-Verbotsverfahren). So auch schon BVerfGE 2, 1, 12 f. (SRP-Verbot); BVerfGE 5, 85, 392 (KPD-Verbot).

[79] BVerfGE 144, 20, 531 (Rn. 203) (NPD-Verbotsverfahren); BVerfGE 2, 1, 13 (SRP-Verbot); BVerfGE 5, 85, 140 (KPD-Verbot).

tät und die Religionsfreiheit.[80] Darüber hinaus misst es auch der Menschenwürde in Art. 1 Abs. 1 GG eine elementare Bedeutung zu.[81]

Viele der Gefährdungen für die genannten Schutzgüter mögen von Bestrebungen auf dem Bundesgebiet, d. h. von innen, ausgehen. Doch aufgrund von Digitalisierung und Globalisierung ist es auch ausländischen staatlichen und nichtstaatlichen Akteure möglich, die freiheitlich-demokratische Grundordnung der Bundesrepublik anzugreifen. So wurden beispielsweise in den letzten Jahren (nicht nur in Deutschland) vermehrt Versuche bekannt, Wahlen von außen zu beeinflussen,[82] was den freien und offenen Prozess der Meinungs- und Willensbildung des Volkes beeinträchtigt. Auch bewusste Falschinformationen durch ausländische Akteure in den Medien[83] und sozialen Netzwerken[84] haben das Potenzial, diesen freien Prozess zu behindern. Insbesondere im Zuge der Corona-Pandemie wurde die weite Verbreitung von Falschinformationen in den sozialen Medien ersichtlich[85] und inzwischen werden immer mehr Verbindungen zwischen der sog. „Querdenken"-Szene und russischer Propaganda bekannt.[86] Auch die Religionsfreiheit wird dadurch berührt, dass ausländische Akteure versuchen, insbesondere Jugendliche mit Migrationsgeschichte zu indoktrinieren.[87] Ein trauriges Beispiel für die Beeinträchtigung der Meinungsäußerung bildet der Angriff auf Exil-Iraner:innen, die in Berlin vor der Botschaft der iranischen Republik gegen die Gräueltaten[88] protestierten, die das iranische Regime aufgrund von Revolutionsbestrebungen gegen die iranische Bevölkerung begangen hatte.[89]

Auch das in Art. 17 des Internationalen Menschenrechtspakts für politische und bürgerliche Rechte verankerte *right to privacy*, das in der deutschen Verfassung in

[80] BVerfGE 144, 20, 533 (Rn. 203 f.) (NPD-Verbotsverfahren); BVerfGE 2, 1, 13 (SRP-Verbot); BVerfGE 5, 85, 140, 199 f, 230, 236 (KPD-Verbot).

[81] Ständige Rechtsprechung, siehe z. B. BVerfGE 12, 45, 53 f. (Kriegsdienstverweigerung I); BVerfGE 144, 20, 533 (Rn. 204) (NPD-Verbotsverfahren); BVerfGE 87, 209, 228 (Tanz der Teufel). Vgl. auch Grumke und van Hüllen 2019, S. 27.

[82] Levin 2017; Antwort an türkischen Präsidenten – Merkel verbietet sich Einmischung Erdogans in Wahlkampf 2017; Bericht zu Trump-Verbindungen nach Russland - „Offen für Einflussnahme und Manipulation" 2020.

[83] Vgl. Bundesministerium des Innern und für Heimat (BMI) o.J.

[84] Vgl. hierzu auch Calliess 2021.

[85] Nach Übernahme durch Musk: Twitter lässt Fake News zu Corona online 2022.

[86] Reveland und Siefert 2022.

[87] Zurheide.

[88] Kermani 2022.

[89] Staatsschutz ermittelt nach Angriff auf Zeltlager von Exil-Iranern 2022.

Art. 2 Abs. 1 GG i. V. m. Art. 1 Abs. 1 GG als Recht auf informationelle Selbstbestimmung konkretisiert ist, erfährt aufgrund informationstechnologischer Entwicklungen immer häufiger Beeinträchtigungen aus dem Ausland. Ein prominentes Beispiel dafür ist die sog. NSA-Affäre (benannt nach dem Auslandsnachrichtendienst „National Security Agency“ der USA), bei der von amerikanischen Nachrichtendiensten nach Recherchen deutscher Medien an „Spitzentagen“ rund 60 Millionen Telefonverbindungen abgehört worden sind.[90]

Auch wenn es sich bei diesen Beispielen nicht um terroristische Akte handelt: Wie schon die Fallstudien zeigen sie: Die Gefährdungen der freiheitlich-demokratischen Grundordnung sind hybrider als je zuvor. Sie können auch aus dem Ausland stammen. Teilweise erfolgt auch eine (bewusste oder – wie im Fall der sog. „Querdenken“-Szene – möglicherweise auch unbewusste) „Zusammenarbeit“ von ausländischen und inländischen Akteuren gegen die Prinzipien der freiheitlich-demokratischen Grundordnung. Eine Trennung zwischen innerer und äußerer Sicherheit ist daher im Begriff der freiheitlich-demokratischen Grundordnung nicht angelegt.

12.1.2.1.2 Der Bestand des Bundes oder eines Landes

Das zweite Schutzgut des Verfassungsschutzes ist der Bestand des Bundes oder eines Landes. Damit ist die „territoriale Integrität sowie die staatliche Unabhängigkeit von Bund und Ländern“ gemeint.[91] Der Bestand oder eines Landes wird bedroht, wenn ein politischer Personenzusammenschluss versucht, „die Freiheit des Bundes oder eines Landes von fremder Herrschaft aufzuheben, ihre staatliche Einheit zu beseitigen oder ein zu ihm gehörendes Gebiet abzutrennen“.[92] Die Beispiele ausländischer Einflussnahme könnten unter Umständen auch auf die Gefährdung der Freiheit der Bundesrepublik von fremder Herrschaft abzielen. In jedem Fall ist auch in Bezug auf dieses Schutzgut nicht ersichtlich, dass der Bestand des Bundes oder eines Landes nur von Bestrebungen innerhalb des Bundesgebiets bedroht werden könnte.

12.1.2.1.3 Die Sicherheit des Bundes oder eines Landes

Das dritte Schutzgut, die Sicherheit des Bundes oder eines Landes, fungiert als Auffangtatbestand[93] und beinhaltet den Schutz vor Gefährdungen, die den Bund oder die Länder in ihrer Funktionsfähigkeit erheblich zu beeinträchtigen versuchen.[94] Darunter fallen

---

[90] Berichte über NSA-Aktivitäten, Immer mehr Details – immer mehr Kritik 2013.

[91] Uhle, Rn. 243; Heintzen 2018, Rn. 116; Brenner 1990, S. 23.

[92] § 4 Abs. 1 lit. a BVerfSchG.

[93] Broemel 2021, Rn. 48; Heintzen 2018, Rn. 116.

[94] § 4 Abs. 1 lit. b BVerfSchG.

> „die Sicherheit […] der Amtsführung ihrer Organe, ferner die Sicherheit lebenswichtiger Verkehrs- und Versorgungseinrichtungen vor Lähmung und Störung, aber auch die Sicherheit des friedlichen und freien Zusammenlebens der Bürger."[95]

Erfasst sind also essenzielle Einrichtungen und das friedliche Zusammenleben. Der hier verwendete Sicherheitsbegriff ist dabei von dem polizei- und ordnungsrechtlichen zu unterscheiden. Die Beeinträchtigung der Sicherheit des Bundes oder eines Landes muss ein besonderes Gewicht aufweisen, sodass sie gerade nicht von Polizei- oder Strafverfolgungsbehörden abgewehrt werden kann.[96] Angriffe auf essenzielle Einrichtungen oder das friedliche Zusammenleben können sowohl von innen als auch von außen erfolgen. Der Schutz der Sicherheit erfasst daher den Schutz sowohl der inneren als auch der äußeren Sicherheit.[97] Beispiele für die Beeinträchtigungen der Sicherheit des Bundes oder eines Landes aufgrund äußerer Gefährdungen lassen sich in der jüngeren Vergangenheit finden: So wurde im Jahr 2015 das IT-System des Deutschen Bundestages gehackt und eine große Anzahl an E-Mails und Unterlagen, inklusive solcher der damaligen Bundeskanzlerin *Merkel*, ausgelesen. Der Generalbundesanwalt hat aufgrund dieses Cyberangriffs nach dem Mitarbeiter eines russischen Geheimdienstes gefahndet.[98] Im März 2021 wurden erneut Berichte über einen versuchten Hackerangriff auf die Daten von Bundestagsabgeordneten bekannt, hinter denen wiederum ein russischer Geheimdienst vermutet wurde.[99] Auch der Cyberangriff auf das Berliner Kammergericht im September 2019, der Kosten in zweistelliger Millionenhöhe verursachte und die Arbeitsfähigkeit des Gerichts erheblich beeinträchtigte,[100] weist nach Medienberichten Verbindungen zu derselben Hackergruppe, die für den Cyberangriff auf den Bundestag verantwortlich war, und damit wiederum nach Russland auf.[101] Darüber hinaus warnen Expert:innen immer wieder vor möglichen Cyberangriffen insbesondere aus dem Ausland,[102] unter anderem auf die Stromversorgung.[103] Entsprechend ist dem Schutzgut der Sicherheit des Bundes oder eines Landes auch die äußere Sicherheit zuzuweisen. Dies wird auch in der Literatur festgestellt,[104] bemer-

[95] Uhle, Rn. 244. Vgl. Rengeling 2008, Rn. 130; Ibler, Rn. 137.

[96] Kment 2022, Rn. 37; Uhle, Rn. 244; Degenhart 2021, Rn. 50; Seiler 2023, Rn. 48.

[97] Brenner 1990, S. 26.

[98] Flade und Mascolo 2020.

[99] Russische Hacker attackieren offenbar Bundestag 2021.

[100] Kammergericht - Keine Entspannung nach dem Cyberangriff 2020.

[101] Christ et al. 2020.

[102] Einblick in russische Pläne für Cyberangriffe 2023.

[103] Blumenthal 2018; Dowideit und Lindenau 2019.

[104] Uhle, Rn. 244. Vgl. Rengeling 2008, Rn. 130; Ibler, Rn. 137.

kenswerterweise sogar auch von denselben Autor:innen, die den gesamten Abschnitt zuvor als „innere Sicherheit" betitelt haben.[105]

12.1.2.1.4 Zwischenergebnis

Die Wortlautauslegung des Begriffs des Verfassungsschutzes lässt damit keine Begrenzung auf den Schutz vor inneren Gefährdungen zu. Er erfasst „alle Instrumentarien, Einrichtungen und Maßnahmen [...], die dem Schutz der genannten Rechtsgüter dienen".[106] Aktuelle Entwicklungen zeigen, dass auch Bestrebungen von außen die Schutzgüter des Verfassungsschutzes beeinträchtigen können. Damit lässt sich auch der BND als Auslandsnachrichtendienst, der „der Sicherung von Bestand und Sicherheit der Bundesrepublik Deutschland sowie – im Rahmen von Spionageabwehr und Sicherheitsüberprüfung – dem Schutz der freiheitlich-demokratischen Grundordnung zu dienen bestimmt ist", unter den Begriff des Verfassungsschutzes subsumieren.[107] Aus diesem Grund sieht Bundesanwalt beim BGH a. D. *Lampe* Art. 73 Abs. 1 Nr. 10 lit. b GG sogar als Grundlage für die aktuelle Informationsbeschaffung des BND: „Mit der Aufnahme der Elemente ‚Bestand und Sicherheit des Bundes' [...] ist diese Verfassungsnorm auch Grundlage für die Tätigkeit des BND".[108]

12.1.2.2 Telos

Das *Telos* von Art. 73 Abs. 1 Nr. 10 lit. b GG und Art. 87 Abs. 1 S. 2 GG ist der effektive Schutz der dargestellten Schutzgüter als Ausprägung der wehrhaften (oder auch „streitbaren") Demokratie.[109] Als wehrhafte Demokratie bezeichnet man das Rechtsprinzip,

> „die vom Grundgesetz konstituierte Demokratie bzw. freiheitliche demokratische Grundordnung als wertgebundene Ordnung zu begreifen und diese mit den verfas-

---

[105] Uhle, Überschrift zu 13 a.) und Rn. 244.

[106] Brenner 1990, S. 20.

[107] Brenner 1990, S. 20.

[108] Lampe 2015, S. 370.

[109] BVerfGE 162, 1, 73 (Rn. 150) (Bayrisches Verfassungsschutzgesetz); BVerwG, NVwZ 2010, 161, 81 (Sammlung personenbezogener Informationen über Abgeordneten der Partei DIE LINKE durch Bundesamt für Verfassungsschutz – Fall Ramelow); Gesetzentwurf der Abgeordneten *Röttgen* et al., Entwurf eines Gesetzes zur Fortentwicklung der parlamentarischen Kontrolle der Nachrichtendienste des Bundes, BT-Drs. 16/12411, S. 4; Hanning 2012, Rn. 41.

sungsrechtlich zugewiesenen Instrumenten gegen die Feinde der Demokratie zu verteidigen."[110]

Die Verfassung verbietet den Missbrauch der Grundrechte zum Kampf gegen die freiheitlich-demokratische Grundordnung.[111] So stellte das Bundesverfassungsgericht fest: „Verfassungsfeinde sollen nicht unter Berufung auf Freiheiten, die das Grundgesetz gewählt und unter ihrem Schutz die Verfassungsordnung oder den Bestand des Staates gefährden, beeinträchtigen oder zerstören dürfen".[112] Das Konzept der wehrhaften Demokratie ist eine Grundentscheidung der Verfassung und findet sich neben der Erwähnung in Art. 73 Abs. 1 Nr. 10 lit. b GG und Art. 87 Abs. 1 S. 2 GG auch in Art. 5 Abs. 3 GG (Verfassungsmäßigkeit der Lehre), Art. 9 Abs. 2 GG (Vereinigungsfreiheit), Art. 10 Abs. 2 S. 2 GG (Beschränkung des Post- und Fernmeldegeheimnisses), Art. 18 GG (Grundrechtsverwirkung), Art. 20 Abs. 4 GG (Widerstandsrecht), Art. 21 Abs. 2 und 3 GG (Parteiverbot), Art. 61 GG (Anklage vor dem Bundesverfassungsgericht), Art. 87a Abs. 4 GG und Art. 91 GG (innerer Notstand) sowie Art. 98 Abs. 2 GG (Richteranklage).[113] Besonders die Nachrichtendienste als „Frühwarnsysteme"[114] tragen zum Konzept der wehrhaften Demokratie bei,[115] da Maßnahmen gegen Feinde der Demokratie bereits präventiv ergriffen werden müssen, um effektiv wirken zu können.[116] Die Nachrichtendienste leisten daher „einen unverzichtbaren Beitrag zur Wahrung der inneren und äußeren Sicherheit der Bundesrepublik Deutschland".[117] Wie gezeigt wurde, sind Bedrohungen für die Schutzgüter des Verfassungsschutzes keineswegs

[110] Schliesky 2014, S. 853. Vgl. zur streitbaren Demokratie auch BVerfGE 5, 85 (KPD-Verbot); BVerfGE 39, 334 (Extremistenbeschluss); BVerfGE 30, 1, 19 f. (Abhörurteil).

[111] BVerfGE 28, 36, 48 f. (Zitiergebot); BVerfGE 30, 1, 19 f. (Abhörurteil).

[112] BVerfGE 30, 1, 19 f. (Abhörurteil).

[113] Vgl. Roth 2019a, Rn. 3; Schliesky 2014, S. 858.

[114] Meyer-Wieck 2006, S. 356; Hanning 2012, Rn. 41; Droste 2007, S. 5; Bäcker 2021a, Rn. 21.

[115] Gesetzentwurf der Abgeordneten *Röttgen* et al., Entwurf eines Gesetzes zur Fortentwicklung der parlamentarischen Kontrolle der Nachrichtendienste des Bundes, BT-Drs. 16/12411, S. 4.

[116] BVerfGE 162, 1, 73 (Rn. 150) (Bayrisches Verfassungsschutzgesetz); Fuhrmann 2019, S. 17; Schulz 2019, S. 11.

Freilich muss immer das Komplementärverhältnis zwischen Freiheitsgrundrechten und Verfassungsschutz beachtet werden und daher der Eingriff in Freiheitsgrundrechte verhältnismäßig sein.

[117] Gesetzentwurf der Abgeordneten *Röttgen* et al., Entwurf eines Gesetzes zur Fortentwicklung der parlamentarischen Kontrolle der Nachrichtendienste des Bundes, BT-Drs. 16/12411, S. 4.

nur von innen heraus möglich. Es ist nicht ersichtlich, wieso der Schutz auf Bedrohungen von innen begrenzt werden sollte, wenn die Schutzgüter ebenso von außen gefährdet werden können. Um einen umfassenden Schutz im Sinne der wehrhaften Demokratie zu gewährleisten, muss der Begriff des Verfassungsschutzes dahingehend interpretiert werden, dass er auch die äußere Sicherheit erfasst.

12.1.2.3 Historie

Das Konzept der wehrhaften Demokratie und damit des Verfassungsschutzes ergibt sich historisch aus den Lehren der Weimarer Republik.[118] Das Konzept ist davon geprägt, Feinden von innen effektiv begegnen zu wollen und zu verhindern, dass diese unter dem Schutzmantel der Verfassung dieselbige zu beseitigen versuchen.[119] Dies ist jedoch den damaligen faktischen Umständen geschuldet, die sich inzwischen geändert haben. Bedrohungen für die wehrhafte Demokratie können heutzutage ebenso leicht aus dem Ausland erfolgen.

Interessant ist jedoch die Änderungshistorie der Normen bezüglich der auswärtigen Belange. Im Zuge der Grundgesetzänderung 1972 durch das sog. Sicherheitspaket wurden in Art. 73 Abs. 1 Nr. 10 lit. c GG und Art. 87 Abs. 1 S. 2 GG die „auswärtigen Belange“ als neue Aufgabe für das BfV eingefügt.[120] Im Rechtsausschuss des Bundestages wurde das Einfügen der auswärtigen Belange ausdrücklich mit dem Schutz von innerer und äußerer Sicherheit begründet.[121] Dem BfV wurde damit mit der Normierung der auswärtigen Belange als Schutzgut explizit auch die Wahrung der äußeren Sicherheit übertragen.

Doch auch für die anderen Schutzgüter des Verfassungsschutzes liefert der Bericht des damaligen Rechtsausschusses des Bundestages Erkenntnisse. Er erläutert:

> „Keine eindeutigen Zuständigkeiten haben [vor der Verfassungsänderung] hiernach die Verfassungsschutzbehörden dafür, radikale politische Bestrebungen zu beobachten und zu überwachen, die nicht die Aufhebung, Änderung oder Störung der verfassungsmäßigen Ordnung der Bundesrepublik Deutschland zum Ziele haben, son-

[118] BVerfGE 39, 334, 369 (Extremistenbeschluss); Schliesky 2014, 852, 855.

[119] BVerfGE 39, 334, 368–369 (Extremistenbeschluss).

[120] 31. Gesetz zur Änderung des Grundgesetzes vom 28.07.1972, BGBl. 1972 I S. 1305.

[121] Deutscher Bundestag, Grundgesetzänderung (Art. 73 und 87 GG) (Schriftlicher Bericht des Rechtsausschusses), BT-Drs. VI/3192, S. 1, 3. Siehe aber auch Bundesrat, Bericht über die 383. Sitzung (07.07.1972), S. 598–600, wo nur von innerer Sicherheit die Rede ist, die äußere Sicherheit aber auch nicht explizit ausgeschlossen wird.

dern *auf andere Weise* die innere oder äußere Sicherheit oder auswärtige Belange der Bundesrepublik Deutschland gefährden."[122]

Ausschlaggebend ist der Zusatz „auf andere Weise". Dieser belegt, dass davon ausgegangen wurde, dass bereits die Zuständigkeit bestand für Bestrebungen, die durch die Aufhebung, Änderung oder Störung der freiheitlich-demokratischen Grundordnung die innere und äußere Sicherheit gefährden.

Die historische Auslegung spricht damit ebenfalls gegen eine verfassungsrechtlich vorgegebene Trennung zwischen innerer und äußerer Sicherheit. Zwar waren die Erarbeitungen im Parlamentarischen Rat geprägt von der Vorstellung, den inneren Feinden der Verfassung müsse effektiv begegnet werden.[123] Explizit ausgeschlossen wurden Bestrebungen von außen jedoch nicht, ihre fehlende Thematisierung war vielmehr faktischen Umständen geschuldet. Darüber hinaus kristallisierte sich im Zuge der weiteren Änderungshistorie das Verständnis heraus, dass der Verfassungsschutz auch das Mandat zum Schutz der äußeren Sicherheit besitzt.

12.1.2.4 Systematik

In systematischer Hinsicht ergeben sich im Vergleich zum Begriff der auswärtigen Angelegenheiten keine föderalen Bedenken gegen eine weite Auslegung: Art. 73 Abs. 1 Nr. 10 lit. b GG und Art. 87 Abs. 1 S. 2 GG räumen dem Bund nur die Kompetenzen für die Zusammenarbeit und die Einrichtung von Zentralstellen ein. Dadurch ist der Eingriff in die föderale Kompetenzverteilung und in die grundsätzliche Zuständigkeit der Länder weniger stark als bei Nr. 1, denn die Länder bleiben parallel zuständig. Die strengen Anforderungen, die das Bundesverfassungsgericht an die Zulässigkeit der Terrorismusbekämpfung in Nr. 1 stellt, resultieren daraus, dass die Terrorismusbekämpfung nach Nr. 1 die Zuständigkeit der Länder vollständig aufheben würde. Dies ist bei Nr. 10 lit. b und in Art. 87 Abs. 1 S. 2 GG nicht der Fall. Hier wird die Regelungsmaterie bewusst in die doppelten Zuständigkeiten von Bund und Ländern gelegt. Dadurch gebieten es föderale Aspekte nicht, den Regelungsbereich einzugrenzen, um eine Aushöhlung der Länderkompetenz zu verhindern.

Auch die Tatsache, dass das sicherheitspolitische Mandat nach Nr. 1 begrenzt ist, spricht dafür, dass Nr. 10 sowohl die innere als auch die äußere Sicherheit umfasst. Würde man den Teil der äußeren Sicherheit, der nicht von Nr. 1 erfasst ist, auch nicht vom Begriff des Verfassungsschutzes erfasst sehen, hätte dies zur Folge,

---

[122] Deutscher Bundestag, Grundgesetzänderung (Art. 73 und 87 GG) (Schriftlicher Bericht des Rechtsausschusses), BT-Drs. VI/3192, S. 3 (Hervorhebung hinzugefügt.).

[123] Otto 1971, S. 13–14.

dass die äußere Sicherheit im Übrigen nicht explizit geregelt wäre. Das würde bedeuten, dass aufgrund der grundsätzlichen föderalen Kompetenzverteilung die Länder für die Aufgaben der äußeren Sicherheit, die nicht von Nr. 1 erfasst sind, verantwortlich wären. Dies kann jedoch zumindest für den Bestand und die Sicherheit des Bundes nicht gelten. Der Schutz dieser müsste zumindest als Annexkompetenz des Bundes gesehen werden. Dies würde wiederum zu dem Ergebnis führen, dass Bund und Länder beide für den Schutz der äußeren Sicherheit zuständig sind. Dann wären wieder Doppelzuständigkeiten von Bund und Ländern gegeben, die eine Zusammenarbeit beider Ebenen erfordern würden. Im Ergebnis führt dieses Gedankenspiel wieder zur Notwendigkeit einer Regelung zur Zusammenarbeit von Bund und Ländern und damit einer solchen, wie sie in Art. 73 Abs. 1 Nr. 10 lit. b GG und Art. 87 Abs. 1 S. 2 GG bereits zu finden ist. Auch die systematische Auslegung führt daher zu dem Ergebnis, dass der Begriff des Verfassungsschutzes sowohl die innere als auch die äußere Sicherheit umfasst.

12.1.2.5 Zwischenergebnis

Die Auslegung von Art. 73 Abs. 1 Nr. 10 lit. b GG und Art. 87 Abs. 1 S. 2 GG ergibt keine verfassungsrechtlich notwendige Trennung von innen und außen. Die Auslegung führt – mit allen Auslegungsmethoden – im Gegenteil zu dem Ergebnis, dass der Begriff des Verfassungsschutzes sowohl den Schutz der inneren als auch der äußeren Sicherheit umfasst.

12.1.3 Weitere verfassungsrechtlichen Normen

Auch andere relevante verfassungsrechtliche Normen lassen keine beabsichtigte Trennung von innerer und äußerer Sicherheit in der Terrorismusbekämpfung erkennen. Das gilt einerseits für den Begriff der internationalen Verbrechensbekämpfung (dazu unter Abschn. 12.1.3.1) und andererseits für die Vorschriften der sog. Notstandsverfassung (dazu unter Abschn. 12.1.3.2), was den Schluss zulässt, dass eine verfassungsrechtliche Vorgabe zur Trennung zwischen innerer und äußerer Sicherheit zumindest im Bereich der Terrorismusbekämpfung nicht besteht (dazu unter Abschn. 12.1.4).

12.1.3.1 Der Begriff der internationalen Verbrechensbekämpfung in Art. 73 Abs. 1 Nr. 10 GG a. E.

Der Begriff der internationalen Verbrechensbekämpfung, der in Art. 73 Abs. 1 Nr. 10 GG a. E aufgeführt wird, umfasst „Straftaten, zu deren Verhütung und Verfolgung eine internationale Zusammenarbeit erforderlich ist".[124] Es ist umstritten, ob davon auch Ermittlungen im Inland erfasst sind, oder zwingend ein grenzüberschreitendes Element zu fordern ist.[125] Dies erinnert an die Diskussionen um den Begriff des internationalen Terrorismus in Art. 73 Abs. 1 Nr. 9a GG. Richtigerweise ist aufgrund der wörtlichen und teleologischen Auslegung in beiden Fällen die Notwendigkeit eines grenzüberschreitenden Elementes zu bejahen.[126] Allerdings kann es nicht auf den Grenzübertritt von Personen ankommen, sondern auf die Vernetzung und Kommunikation der Akteure über die Grenzen hinweg, denn schon dadurch wird die Zusammenarbeit der Sicherheitsbehörden mehrerer Staaten notwendig. Eine solche Vernetzung wird in der heutigen globalisierten Welt in den meisten Fällen gegeben sein.

Die internationale Verbrechensbekämpfung betrifft ausschließlich den polizeilichen Aufgabenbereich (sowie den der Strafverfolgung)[127] und damit die Zuständigkeiten des BKA, nicht die Zuständigkeitsbereiche der hier untersuchten Nachrichtendienste. Der Begriff und die damit einhergehenden Diskussionen legen jedoch ebenfalls nahe, dass eine Trennung von innerer und äußerer Sicherheit in Bezug auf terroristische Gefahren nicht im Grundgesetz angelegt ist.

12.1.3.2 Die Notstandsverfassung

Die Notstandsverfassung knüpft an die innere und äußere Sicherheit an, daher lohnt sich ein kurzer Blick auf ihre Regelungen, um zu prüfen, ob sich aus ihren Normen Erkenntnisse für das Verständnis in der nachrichtendienstlichen Terrorismusbekämpfung gewinnen lassen. Das Grundgesetz hält verschiedene Regeln für den Notstand als Ausnahmezustand bereit. Der Begriff bezeichnet eine Lage, „in der so schwere Gefahren für den Bestand eines Staates, seine Sicherheit und (Rechts-)Ordnung bestehen, daß deren Bewältigung mit den im Normalfall zu Gebote stehenden Mitteln als nicht mehr möglich erscheint".[128] Es geht also um Situationen, in denen „zumindest die Gefahr besteht, dass nicht mehr das Recht, sondern die Realität zum entscheidenden Herrscher wird, weil Fakten und Umstände als reale Möglichkeiten nicht mehr zu negieren sind".[129] Für diese Fälle hält

---

[124] BVerfGE 154, 152, 233 (Rn. 126) (BND – Ausland-Ausland-Fernmeldeaufklärung); Seiler 2023, Rn. 51; Kment 2022, Rn. 39; Broemel 2021, Rn. 49.

[125] Siehe zu dieser Fragestellung Albers 2001, S. 219–220; Bäcker 2021b, § 137. Nicht eindeutig BVerfGE 100, 313, 369 (Telekommunikationsüberwachung I).

[126] So auch Albers 2001, S. 219–220.

[127] Vgl. Uhle, Rn. 252.

[128] Klein 2014, Rn. 1.

[129] Schwarz 2022, Rn. 1.

das Grundgesetz Regeln bereit, die unter bestimmten Voraussetzungen den Einsatz der Streitkräfte erlauben. Für den Fall, dass ein bewaffneter Angriff auf das Bundesgebiet von außen erfolgt, enthalten die Art. 115a ff. GG außerdem weitreichende Regeln, die unter anderem die Gesetzgebungskompetenzen[130] und grundrechtliche Vorgaben[131] abändern. Aus diesem Grunde werden die dort enthaltenen Regelungen, aber auch Art. 91 GG und Art. 35 GG,[132] als „Notstandsverfassung" bezeichnet.[133] Hintergrund dieser Regelungen ist, eine effektive Abwehr der Gefahren für die Bundesrepublik zu garantieren und gleichzeitig zu verhindern, dass durch die Notstandssituationen die verfassungsrechtliche Ordnung vollständig aufgehoben wird.[134] Somit sollen die Strukturen des freiheitlich-demokratischen Rechtsstaats geschützt und gleichzeitig auf den Ausnahmezustand effektiv reagiert werden können. Darüber hinaus soll die klare Abgrenzung von Notstandssituationen als Ausnahmezustand und dem verfassungsrechtlichen Normalzustand den Missbrauch der Notstandsregeln verhindern.[135] Im Folgenden werden die zunächst die einzelnen Kategorien des Notstands (unter Abschn. 12.1.3.2.1) überblicksartig dargestellt, bevor die Einordnung terroristischer Gefahren und Anschläge unter dieselben erörtert wird (unter Abschn. 12.1.3.2.2).

12.1.3.2.1 Die einzelnen Kategorien des Notstands

Die Notstandsverfassung lässt sich in Regelungen zum äußeren, inneren und zum sog. Katastrophennotstand unterteilen.

Unter den äußeren Notstand fallen gem. Art. 115a GG Fälle, in denen das Bundesgebiet mit Waffengewalt angegriffen wird oder ein solcher Angriff unmittelbar droht. Diese Situationen bezeichnet man als Verteidigungsfall,[136] sodass der Einsatz der Streitkräfte gem. Art. 87a Abs. 1-3 GG zulässig ist. Unter dem Verteidigungsfall wird typischerweise der bewaffnete Angriff eines anderen Staates auf das Bundesgebiet angenommen.[137]

Der sog. innere oder auch innenpolitische[138] Notstand erfasst gem. Art. 91 Abs. 1 GG drohende Gefahren für den Bestand oder die freiheitlich-

[130] Art. 115c Abs. 1 GG, Art. 115d GG.

[131] Art. 115c Abs. 2 GG.

[132] Vgl Klein 2014, Rn. 8.

[133] Krenzler 2019, S. 15.

[134] Vgl Klein 2014, Rn. 4.

[135] Klein 2014, Rn. 4.

[136] Krenzler 2019, S. 39.

[137] Vgl. Fremuth 2021, Rn. 16; März 2014, Rn. 49.

[138] Vgl. zur Bezeichnung Klein 2014, Rn. 16.

demokratische Grundordnung des Bundes oder eines Landes. Traditionell werden darunter nur Gefahren von innen erfasst.[139] Zur Abwehr solcher Gefahren werden grundsätzlich die Polizeikräfte der Länder und der Bundesgrenzschutz, d. h. die Bundespolizei, eingesetzt. Als ausdrückliche Ausnahme im Sinne des Art. 87a Abs. 2 GG dürfen nach Art. 87a Abs. 4 GG ausnahmsweise auch die Streitkräfte unterstützend beim Schutz von zivilen Objekten und bei der Bekämpfung organisierter und militärisch bewaffneter Aufständischer eingesetzt werden.

Darüber hinaus regeln Art. 35 Abs. 2 S. 2 GG und Abs. 3 GG Not-[140] bzw. besonders schwere Unglücksfälle, den sog. „Katastrophennotstand".[141] Dabei wird laut Bundesverfassungsgericht

> „[u]nter einem besonders schweren Unglücksfall im Sinne des Art. 35 Abs. 2 Satz 2 GG [...] im Allgemeinen ein Schadensereignis von großem Ausmaß verstanden, das [...] wegen seiner Bedeutung in besonderer Weise die Öffentlichkeit berührt und auf menschliches Fehlverhalten oder technische Unzulänglichkeiten zurückgeht."[142]

Gemäß Art. 35 Abs. 2 S. 2 und 3 GG können zur wirksamen Bekämpfung eines besonders schweren Unglücksfalles sowohl die Polizeikräfte der Länder, die Bundespolizei und die Streitkräfte zur Unterstützung der Polizei, allerdings in Abgrenzung zu Art. 87a Abs. 4 GG nur zur Unterstützung der Landespolizei, nicht der Bundespolizei, eingesetzt werden. Außerdem lässt Art. 35 GG im Gegensatz zu den Regeln zum inneren Notstand nach Art. 87a Abs. 4 GG i. V. m. Art. 91 GG den Einsatz der Bundeswehr mit spezifisch militärischen Waffen nicht zu.[143]

12.1.3.2.2 Die Subsumption terroristischer Gefahren und Anschläge unter die Notstandsverfassung

Grundsätzlich können terroristische Gefahren, aber auch „punktuelle" Anschläge nicht unter die Notstandsverfassung subsumiert werden.[144] Da es sich bei der Notstandsverfassung um ein eng begrenztes Instrumentarium des Ausnahmezustandes handelt, sind dafür ein entsprechend großes Ausmaß oder eine große Streubreite der Bedrohung für Staat und/oder Bevölkerung zu fordern.[145] Ist diese Schwelle er-

---

[139] Vgl. Klein 2014, Rn. 17; Windhorst 2021, Rn. 1.

[140] So z. B. Schubert 2021, Überschrift.

[141] Klein 2014, Rn. 34.

[142] BVerfGE 115, 118, 143 (Luftsicherheitsgesetz).

[143] BVerfGE 115, 118, 146–147 (Luftsicherheitsgesetz).

[144] Vgl. Fremuth 2021, Rn. 23.

[145] Klein 2014, Rn. 1.

reicht, ist aber umstritten, wie terroristische Gefahren unter die Normen der Notstandsverfassung zu subsumieren sind.[146] Das sog. Luftsicherheitsgesetz[147] und das entsprechende Urteil des Bundesverfassungsgerichts[148] haben diesbezüglich intensive Debatten entfacht.[149] Nach *Schwarz* kann die Bundeswehr aufgrund der grundsätzlichen Sperrwirkung von Art. 87a Abs. 4 GG gegenüber Art. 35 GG nur zur Bekämpfung von terroristischen Gefahren eingesetzt werden, wenn die terroristischen Bestrebungen aufständisch und organisiert sind und damit den Anforderungen von Art. 87a Abs. 4 GG genügen.[150] Nach anderer Auffassung können terroristische Gefahren als besonders schwerer Unglücksfall im Sinne des Art. 35 Abs. 2 S. 2 und Abs. 3 S. 1 GG verstanden werden, sofern durch sie ein Schadensereignis von katastrophalem Ausmaß herbeigeführt wird oder unmittelbar droht.[151] Die Frage danach, wie terroristische Gefahren im Notstandsverfassung einzuordnen sind, erlangte in der jüngeren Vergangenheit besonderes Relevanz,

> „nicht erst durch den Anschlag auf den Berliner Weihnachtsmarkt oder die Attacke in einem Würzburger Regionalzug, sondern bereits im Jahr 2016, mit der in Bereitschaft Versetzung einer Feldjäger-Kompanie durch die damalige Bundesverteidigungsministern Ursula von der Leyen zur Abwehr eines befürchteten terroristischen Angriffs. Die hiermit einhergehende Frage nach den konkreten Kriterien der Abgrenzung von Art. 35 Abs. 2 S. 2, Abs. 3 GG zum Inneren Notstand gem. Art. 87a Abs. 4 GG stellt sich somit immer eindringlicher."[152]

Auch die Frage, ob terroristische Anschläge auch zu einem Verteidigungsfall nach Art. 115a GG führen könnten,[153] ist – seit 9/11[154] – ebenso umstritten wie die Frage nach einem völkerrechtlichem Selbstverteidigungsrecht nach Art. 51 der UN-Charta:[155]

---

146 Vgl. Klein 2014, Rn. 58–60.

147 Gesetz zur Neuregelung von Luftsicherheitsaufgaben vom 11.01.2005 (Luftsicherheitsgesetz), BGBl. 2005 I S. 78.

148 BVerfGE 115, 118 (Luftsicherheitsgesetz).

149 Steinbeis 2012; Stein 2005, S. 89; Gramm 2003, S. 91.

150 Schwarz 2022, Rn. 12.

151 Wolff 2018, S. 24–25; Ganser und Murck 2019, S. 2; Dederer, Rn. 38; Dederer, Rn. 131; BVerfGE 132, 1, 18 (Rn. 47); BVerfGE 115, 118, 145, Rn. 102 f. (Luftsicherheitsgesetz).

152 Epping 2023, Rn. 23.1.

153 Vgl. Volkmann 2018, Rn. 7; Schmidt-Radefeldt 2023, sofern der Anschlag aus dem Ausland gesteuert wird, vgl. Klein 2014, Rn. 7.

154 Vgl. dazu auch UN-Sicherheitsrat, Resolution 1368 (2001), UN Dok. S/RES/1368; UN-Sicherheitsrat, Resolution 1373 (2001), UN Dok. S/RES/1373.

155 von Arnauld 2023, Rn. 1124–1126; Dau 2018, S. 60–62; Tomuschat 2001, S. 535–537; Ruffert 2002, S. 247–249; Klein 2004, S. 9–11.

> „Maßgeblich wäre zunächst, ob der Anschlag von einer deutschen oder einer ausländischen bzw. internationalen Terrororganisation ausgeht, was freilich in der konkreten Situation oft gar nicht feststellbar sein wird, vgl. für den Parallelfall der Anwendbarkeit des Art. 87a Abs. 2. Für den Fall des Angriffs durch eine ausländische Organisation wäre sodann zu klären, ob die Voraussetzungen des Verteidigungsfalls i. S. von Art. 115a I bejaht werden können; das ist nach wie nicht ganz klar."[156]

Eine weitergehende Analyse der Terrorismusbekämpfung im Rahmen der Notstandsverfassung würde den Rahmen dieser Untersuchung sprengen und böte ausreichend Stoff für eine eigenständige wissenschaftliche Arbeit. Bemerkenswert ist jedoch, dass auch, wenn man der traditionellen strengen Trennung zwischen innerem und äußerem Notstand folgen würde, zumindest die Einordnung terroristischer Gefahren und Anschläge nicht eindeutig ist.

Jedenfalls aber bildet der Notstand „die Abweichung vom Normalzustand [...]"[157] und entfaltet damit nur eine begrenzte Regelungswirkung für den Normalzustand, in dem sich die Zuständigkeiten von BfV und BND bewegen. Schließlich ist auch festzuhalten, dass jedenfalls für die Terrorismusbekämpfung kein allgemeingültiger Schluss gezogen werden kann, da die die einzelnen Kriterien für ihre Subsumption unter die verschiedenen Normen der Notstandsverfassung höchst umstritten sind.

12.1.4 Zwischenergebnis zur verfassungsrechtlichen Zulässigkeit einer Umstrukturierung

Eine Zusammenlegung von BND und BfV ist verfassungsrechtlich zulässig. Das Grundgesetz erfordert jedenfalls in der präventiven Terrorismusbekämpfung keine Trennung zwischen innerer und äußerer Sicherheit, die eine Zusammenlegung von BND und BfV verbieten würde.

Zwar erfasst der Begriff der auswärtigen Angelegenheiten in Art. 73 Abs. 1 Nr. 1 GG nicht die Zuständigkeiten für die Aufklärung über terroristische Gefahren aus dem Inland. Auch für solche aus dem Ausland ist das Mandat des BND auf terroristische Gefahren begrenzt, die eine internationale Dimension aufweisen, die über bloße Berührungspunkte zu anderen Staaten hinausgeht. Diese Zuständigkeitsbegrenzung liegt jedoch nicht an einer Trennung zwischen innerer und äußerer Sicherheit, sondern an der Entscheidung der Verfassung für die grundsätzliche Zuständigkeit der Länder. Sie ist föderalen Vorgaben geschuldet und lässt keine

[156] Volkmann 2018, Rn. 7.

[157] Schwarz 2022, Rn. 1.

grundsätzliche Trennung zwischen innerer und äußerer Sicherheit erkennen. Der Begriff des Verfassungsschutzes in Art. 73 Abs. 1 Nr. 10 lit. b GG und Art. 87 Abs. 1 S. 2 GG enthält ebenfalls keine solche Trennung, sondern im Gegenteil sowohl den Schutz der inneren als auch der äußeren Sicherheit. Auch an weiteren Stellen des Grundgesetzes wird deutlich, dass zumindest für den Bereich des Terrorismus eine Aufteilung in innere und äußere Sicherheit nicht vorzunehmen ist. Eine Zusammenlegung beider Behörden ist damit grundsätzlich möglich. Diese könnte aufgrund der föderalen Vorgaben jedoch nur auf Art. 73 Abs. 1 Nr. 10 lit. b GG und/oder Art. 87 Abs. 1 S. 2 GG gestützt werden.

Allerdings würde dies auch eine interne Umstrukturierung des BND erfordern, denn Nr. 10 lit. b überträgt nur die Kompetenzen für die Zusammenarbeit für den Bereich des Verfassungsschutzes, nicht jedoch für jegliche auswärtigen Angelegenheiten. Die neue Behörde könnte zwar *sicherheitsrelevante* Informationen mit Auslandsbezug sammeln, aber nicht für andere außenpolitische Zwecke tätig werden. Die Außenpolitik, die die primäre Aufgabe des BND darstellt, weist keinen Bezug zum Verfassungsschutz auf. Daher müsste der BND in seiner aktuellen Form aufgetrennt werden. Die Abteilung TE, die bislang für die Terrorismusbekämpfung im BND zuständig ist (und die man als „Sicherheits-BND" bezeichnen könnte), könnte herausgelöst und als Teil des Verfassungsschutzes im Sinne des Art. 73 Abs. 1 Nr. 10 lit. b GG und/oder Art. 87 Abs. 1 S. 2 GG an das BfV angegliedert werden. Dabei ist zu beachten, dass auch ein korrespondierender Teil der Aufklärungs- und Auswerteeinheiten zusammen mit der Abteilung TE herausgelöst werden müsste. Der übrige Teil des BND, der dem primären Zweck der Außenpolitik dient (und den man als „Außen-BND" bezeichnen könnte), könnte hingegen wie bisher bestehen bleiben.

12.2 Verfassungsrechtliche Vorgaben für die Zusammenlegung

Eine solche Zusammenlegung, wenn auch verfassungsrechtlich zulässig, müsste aber auch in ihrer konkreten Ausgestaltung den Anforderungen des Grundgesetzes genügen. Dabei kommt dem Gesetzgeber grundsätzlich ein weiterer Spielraum zu. Dieser Spielraum ist erforderlich, „um den – verschiedenartigen und sich ständig wandelnden – organisatorischen Erfordernissen Rechnung tragen und damit eine wirkungsvolle und leistungsfähige Verwaltung gewährleisten zu können."[158]

[158] BVerfGE 63, 1, 34 (Schornsteinfegerversorgung).

Dieser Spielraum erfährt nur Begrenzungen, wenn das Grundgesetz ausdrückliche Regelungen zur Verwaltungsorganisation enthält oder diese sich aus allgemeinen verfassungsrechtlichen Erwägungen ergeben.[159] Solche finden sich für die Einrichtung neuer Behörden. Art. 87 GG stellt Vorgaben für die Organisation der Behörden auf, die bei der Einrichtung der neuen Behörde im Zuge der Zusammenlegung von BfV und BND berücksichtigt werden müssen (dazu unter Abschn. 12.2.1). Aufgrund der verfassungsrechtlichen Entscheidung, staatliche Macht grundsätzliche strukturell zu begrenzen, argumentiert das Kapitel für die Aufteilung in mehrere Behörden, die nach sich nach den verschiedenen Phänomenbereichen richten könnte (dazu unter Abschn. 12.2.1.3).

12.2.1 Behördenform der neuen Behörde

Im Folgenden wird dargestellt, in welcher Form die neue Behörde eingerichtet werden könnte. Art. 87 GG stellt für die bundeseigene Verwaltung spezielle organisatorische Vorgaben auf. Das BfV ist, wie in Kap. 11 herausgearbeitet wurde, bislang als Zentralstelle im Sinne des Art. 87 Abs. 1 S. 2 GG zu charakterisieren.[160] Diese zeichnen sich dadurch aus, dass sie auf die gleichrangige Kooperation mit den Ländern ausgerichtet sind und lediglich verklammernd für deren Unterstützung tätig werden.[161] Wäre auch der BND bislang als Zentralstelle eingerichtet, würden sich keine besonderen Schwierigkeiten ergeben, die neue Behörde könnte dann auch als Zentralstelle eingerichtet werden. In einem ersten Schritt ist deswegen die aktuelle Behördenform des BND zu bestimmen (dazu unter Abschn. 12.2.1.1), bevor im zweiten Schritt die konkreten verfassungsrechtlichen Vorgaben des Art. 87 GG analysiert werden (dazu unter Abschn. 12.2.1.2).

12.2.1.1 Aktuelle Behördenform des BND

§ 1 BNDG bezeichnet den BND als „Bundesoberbehörde". Diese Bezeichnung hilft für die Einordnung aber nicht weiter, da die Zentralstellen einen Unterfall der Bundesoberbehörden bilden.[162] Die aktuelle Tätigkeit des BND müsste eine der den Zentralstellen zugewiesenen Aufgaben (aus Art. 87 Abs. 1 S. 2 GG) entsprechen, an die an dieser Stelle erinnert werden soll:

---

[159] BVerfGE 63, 1, 34 (Schornsteinfegerversorgung) Vgl. Ibler, Rn. 5.

[160] Siehe dazu oben, Kap. 11 unter Abschn. 11.3.3.

[161] Siehe dazu oben, Kap. 11 unter Abschn. 11.3.3.

[162] Der andere Unterfall, von dem sie abzugrenzen sind, sind selbstständige Bundesoberbehörden i. S. d. Art. 87 Abs. 3 GG, auf die sogleich eingegangen wird.

> „Durch Bundesgesetz können Bundesgrenzschutzbehörden, Zentralstellen für das polizeiliche Auskunfts- und Nachrichtenwesen, für die Kriminalpolizei und zur Sammlung von Unterlagen für Zwecke des Verfassungsschutzes und des Schutzes gegen Bestrebungen im Bundesgebiet, die durch Anwendung von Gewalt oder darauf gerichtete Vorbereitungshandlungen auswärtige Belange der Bundesrepublik Deutschland gefährden, eingerichtet werden."

Eine Tätigkeit als Bundesgrenzschutzbehörde oder Zentralstelle für polizeiliche Belange scheidet ohnehin aus. Doch auch die Zwecke des Verfassungsschutzes und des Schutzes auswärtiger Belange sind nicht von den aktuellen Aufgaben des BND erfasst. Zwar wurde zuvor ausgeführt, dass die Aufgaben der Auslandsaufklärung zur Bekämpfung terroristischer Bestrebungen unter die Begriffe des Verfassungsschutzes und Schutz der auswärtigen Belange subsumiert werden *können*. In der aktuellen Form, die die Aufgaben des BND auf Art. 73 Abs. 1 Nr. 1 GG stützt, ist dies jedoch nicht der Fall.[163] Sicherheitsaufgaben können durch den BND nur als Sekundärzweck und unter bestimmten Voraussetzungen übernommen werden. Darüber hinaus kann der BND nur in Ausnahmefällen Aufklärung über Bestrebungen „im Bundesgebiet" betreiben.[164] Der BND ist daher keine Zentralstelle im Sinne des Artikels 87 Abs. 1 S. 2 GG.

Stattdessen könnte der BND als Teil des Auswärtigen Dienste im Sinne des Art. 87 Abs. 1 S. 1 GG zu verstehen sein und damit zur obligatorischen unmittelbaren Bundesverwaltung zählen.[165] Eine verfassungsrechtliche Definition des Begriffes findet sich nicht. In der Kommentarliteratur wird der Begriff so verstanden wie in § 1 Abs. 1 des Gesetzes über den Auswärtigen Dienst (GAD), auch wenn der einfachgesetzlichen Definition freilich als solcher keine bindende Wirkung für die Interpretation der Verfassung zukommt.[166] Nach § 1 Abs. 1 GAD nimmt der Auswärtige Dienst die auswärtigen Angelegenheiten des Bundes wahr und pflegt die Beziehungen der Bundesrepublik Deutschland zu auswärtigen Staaten sowie zwischenstaatlichen und überstaatlichen Einrichtungen. Wäre die verfassungsrechtliche Definition tatsächlich identisch mit der einfachgesetzlichen, so läge es nahe, auch den BND in seiner aktuellen Form als Teil des Auswärtigen Dienstes zu verstehen. Dies ergibt sich daraus, dass die Gesetzgebungskompetenz für den BND auf Art. 73 Abs. 1 GG gestützt wird, der ja gerade die Kompetenzen für die auswärtigen Angelegenheiten einräumt, zu deren Wahrnehmung der auswärtige Dienst vorgesehen ist. Allerdings kann die Beurteilung darüber, ob sich die verfassungs-

[163] Vgl. Ibler, Rn. 157.

[164] Ibler, Rn. 157.

[165] So Hermes 2018, Rn. 28.

[166] Vgl. Ibler, Rn. 64–65.

rechtliche und einfachgesetzliche Definition decken, an dieser Stelle offenbleiben, denn jedenfalls hat der Gesetzgeber den BND in der aktuellen Form nicht als Teil des Auswärtigen Dienstes bestimmt. In § 2 GAD wird festgelegt, dass der Auswärtige Dienst aus dem Auswärtigen Amt (Zentrale) und den Auslandsvertretungen besteht, die zusammen eine einheitliche Bundesbehörde unter Leitung des Bundesministers oder der Bundesministerin des Auswärtigen bilden. Der BND ist davon nicht erfasst und bildet somit keinen Teil des Auswärtigen Dienstes und der obligatorischen unmittelbaren Bundesverwaltung nach Art. 87 Abs. 1 S. 1 GG.

Der BND ist stattdessen als selbstständige Bundesoberbehörde im Sinne des Art. 87 Abs. 3 S. 1 GG zu verstehen.[167] Auch hier sei an den Wortlaut dieser Norm erinnert:

> „Außerdem können für Angelegenheiten, für die dem Bunde die Gesetzgebung zusteht, selbständige Bundesoberbehörden und neue bundesunmittelbare Körperschaften und Anstalten des öffentlichen Rechtes durch Bundesgesetz errichtet werden."

Wie oben bereits ausgeführt, sind die selbstständigen Bundesoberbehörden Teil der fakultativen unmittelbaren Bundesverwaltung und zeichnen sich durch ihre zentrale Aufgabenerledigung und umfassenden operativen Tätigkeiten aus. Der BND erledigt die ihm zugewiesenen Aufgaben zentral, d.Bei dem BND in seiner aktuellen Form handelt es sich daher um eine selbstständige Bundesoberbehörde im Sinne des Art. 87 Abs. 3 S. 1 GG.

12.2.1.2 Verfassungsrechtliche Vorgaben des Art. 87 GG: Sperrwirkung von Art. 87 Abs. 1 S. 2 GG

Da es sich bei dem BND also um eine selbstständige Bundesoberbehörde handelt, könnte man andenken, dass die neue Behörde sowohl als Zentralstelle nach Art. 87 Abs. 1 S. 2 GG (wie das BfV) als auch als selbstständige Bundesoberbehörde Art. 87 Abs. 3 GG (wie den BND) einrichten könnte. Allerdings ist zu beachten, dass Abs. 1 S. 2 explizit vorgibt, dass Behörden für den Verfassungsschutz als Zentralstellen errichtet werden können. Fraglich ist, ob das auch bedeutet, dass sie *nur* als Zentralstellen errichtet werden dürften, ob Abs. 1 S. 2 also insofern eine

[167] Burgi 2018, Rn. 49; Gusy 1993, 1120 (Fn. 27); Hermes 2018, Rn. 28; Brenner 1990, S. 40–41 Anders Dittmann, der die Verwaltungskompetenz des Bundes aus einer Annexkompetenz zu Art. 73 Abs. 1 Nr. 1 GG ziehen will, Dittmann 1983, S. 237 Aufgrund der Notwendigkeit eines Bundesgesetzes war die ursprüngliche Einrichtung des BND ohne entsprechendes Gesetz verfassungswidrig, Brenner 1990, S. 41–43.

Sperrwirkung gegenüber Abs. 3 Satz 1 entfaltet.[168] Dies wird im Folgenden anhand des Wortlauts (dazu unter Abschn. 12.2.1.2.1), des *Telos* (dazu unter Abschn. 12.2.1.2.2), der Historie (dazu unter Abschn. 12.2.1.2.3) und der Systematik (dazu unter Abschn. 12.2.1.2.4) analysiert und im sich anschließenden Zwischenergebnis (unter Abschn. 12.2.1.2.5) bejaht.

12.2.1.2.1 Wortlaut

Der Wortlaut gibt keine abschließende Bewertung vor. Das Verhältnis zwischen den beiden Absätzen wird nicht explizit geklärt. Abs. 3 Satz 1 leitet mit dem Wort „Außerdem" ein. Dies legt nahe, dass kein Ausschlussverhältnis zwischen den Absätzen besteht, da „außerdem" üblicherweise nicht im Sinne von „außer dessen",[169] d. h. außer in den genannten Bereichen, sondern als „und" verstanden wird.[170] Dies spricht eher gegen eine Sperrwirkung und für ein Wahlrecht des Bundes bei der Behördeneinrichtung.

12.2.1.2.2 Telos

Für ein Wahlrecht des Bundes[171] spricht auch, dass Art. 87 GG dem Bund bestimmte Handlungsmöglichkeiten zur Verfügung stellt, um eine effektive Aufgabenerledigung zu gewährleisten, wie das Bundesverfassungsgericht in seinem Beschluss zum Zollkriminalamt festgestellt hat.[172] Durch die Annahme eine Sperrwirkung würde der Bund in seinen Handlungsmöglichkeiten eingeschränkt werden und könnte möglicherweise nicht die effektivste Behördenform wählen.[173] Auch laut *Gärditz* ist zu beachten, dass die Einrichtung als selbstständige Bundesoberbehörde unter Umständen die effektivste Wahl darstellen kann, da

> „es jedenfalls spezifische Aufgaben geben kann, die eine zentrale, auf bundesweite Gesamtszenarien fokussierte, personalstarke und hierdurch viel stärker spezialisierungsfähige Behörde eben auch wesentlich wirksamer und professioneller erfüllen kann."[174]

[168] So Broß und Mayer 2021, Rn. 28; Kugelmann 2012, Rn. 14; Schewerda 2008, S. 115–116.

[169] So *Lerche* in einer früheren Auflage, Lerche 1992, Rn. 170.

[170] BVerfGE 110, 33, 51 (Zollkriminalamt).

[171] So BVerfGE 110, 33, Ls. 1, 50 ff. (Zollkriminalamt) Roth 2019b, Rn. 4.

[172] BVerfGE 110, 33, 51 (Zollkriminalamt).

[173] BVerfGE 110, 33, 50–52 (Zollkriminalamt).

[174] Gärditz 2019, S. 109.

Effektivitätsgründe können somit unter Umständen für die Einrichtung als eine selbstständige Bundesoberbehörde sprechen. Nach Ansicht des Bundesverfassungsgerichts muss der Bund auch den Spielraum haben, „um den – verschiedenartigen und sich ständig wandelnden – organisatorischen Erfordernissen Rechnung zu tragen und damit eine wirkungsvolle und leistungsfähige Verwaltung gewährleisten zu können“.[175] Eine Einrichtung als selbstständige Bundesoberbehörde müsse daher zumindest dann zulässig sein, wenn eine auf Koordination beschränkte Zentralstelle nicht ausreicht.[176]

Gegen eine solche Auslegung und gegen ein Wahlrecht des Bundes spricht jedoch, dass Art. 87 GG gerade bestimmte Vorgaben für das Verwaltungshandeln des Bundes aufstellt. Damit soll der Spielraum des Bundes eingegrenzt werden, um der Gefahr der Aushöhlung der grundsätzlichen föderalen Kompetenzverteilung durch den Bund vorzubeugen.[177] Art. 87 GG „verschränkt föderal-kompetenzielle mit organisationsrechtlichen Gehalten, sofern die Kompetenzzuweisungen zugunsten des Bundes auf bestimmte Organisationsformen begrenzt werden“.[178] Im Rahmen der teleologischen Auslegung stehen sich somit Aspekte der Effektivität und der föderalen Kompetenzverteilung gegenüber. Ein eindeutiges Ergebnis für die Frage nach einem Wahlrecht des Bundes bzw. einer Sperrwirkung lässt sich nicht ableiten.

12.2.1.2.3 Historie

Die Entstehungsgeschichte spricht eher gegen ein Wahlrecht des Bundes und damit für eine Sperrwirkung. Wie bereits aufgezeigt, wurde Art. 87 GG von dem sog. Polizeibrief der Alliierten beeinflusst, der die staatliche Macht (durch Vorgabe des Trennungsgebots) begrenzte.[179] Die tatsächlichen Umstände haben sich seitdem in vielfacher Hinsicht verändert, doch die historische Auslegung unterstreicht die grundsätzliche Entscheidung zugunsten der Länderhoheit im Allgemeinen[180] und im Bereich der Sicherheitsgewährleistung im Besonderen.[181] Veränderte Umstände mögen zwar die Anforderungen an staatliches Handeln und damit Effektivitätsüberlegungen verändert haben. Art. 87 GG ist jedoch – im Gegensatz beispielsweise zu Art. 73 Abs. 1 Nr. 9a GG – nicht primär von Effektivitätsüberlegungen geprägt, sondern auch von denen der Begrenzung staatlicher Macht durch organi-

[175] BVerfGE 97, 198, 217 (Bundesgrenzschutz).
[176] BVerfGE 110, 33, 51 (Zollkriminalamt).
[177] Vgl. Ibler, Rn. 146; Suerbaum 2023, Rn. 13.
[178] Suerbaum 2023, Rn. 13.
[179] So auch BVerfGE 110, 33, 51–52 (Zollkriminalamt); Gusy 1993, S. 1126; Imle 1984, 114.
[180] Gusy 1993, S. 1126.
[181] BVerfGE 110, 33, 51–52 (Zollkriminalamt); BVerfGE 97, 198, 215 (Bundesgrenzschutz).

satorische Vorgaben. Das Gewicht der föderalen Überlegungen wird an der Historie deutlich, die gegen ein Wahlrecht des Bundes und für eine Sperrwirkung spricht.

12.2.1.2.4 Systematik

Die systematische Auslegung zeigt am deutlichsten auf, dass Art. 87 GG kein Wahlrecht des Bundes in den Bereichen des Verfassungsschutzes genießt. Es ergibt keinen Sinn, bestimmte Bereiche in Abs. 1 Satz 2 überhaupt zu erwähnen, wenn der Bund die freie Wahl hätte haben sollen, ob er Zentralstellen oder selbstständige Bundesoberbehörden einrichtet.[182] Abs. 1 S. 2 GG ist somit gegenüber Abs. 3 die speziellere Norm.[183] Es ist nicht nachzuvollziehen, wieso eine gleichwertige Alternative zu den Zentralstellen erst zwei Absätze später erwähnt werden sollte.[184] Zu beachten ist dabei auch, dass die jeweiligen Behördenformen einen unterschiedlich schweren Eingriff in die Länderkompetenzen bedingen. Während Zentralstellen auf die Kooperation mit den Ländern beschränkt sind, zeichnen sich selbstständige Bundesoberbehörden durch ihre zentrale Aufgabenerledigung aus. Als Ausnahme vom Grundsatz der Länderkompetenzen ist Art. 87 Abs. 3 GG daher nur in begrenzten Fällen anzuwenden.[185] Dies steht in Einklang mit der Rechtsprechung des Bundesverfassungsgerichts, das für die Zuständigkeit des Bundes für die Sicherheitsgewährleistung im Rahmen von Art. 73 Abs. 1 Nr. 1 GG strenge Anforderungen aufstellt.[186]

Besonders relevant ist der Zusammenhang zu Art. 73 Abs. 1 Nr. 10 lit. a-c GG, der dem Bund nur Kompetenzen für die *Zusammenarbeit* von Bund und Ländern einräumt. Eine alleinige Aufgabenwahrnehmung durch den Bund scheidet folglich insofern aus. Zumindest in den Bereichen, die in Art. 73 Abs. 1 Nr. 10 a-c GG erwähnt werden, entfaltet Art. 87 Abs. 1 S. 2 GG daher eine Sperrwirkung gegenüber Abs. 3.[187] Jedenfalls die Bereiche, für die Art. 73 Abs. 1 Nr. 10 lit. a-c GG die Zusammenarbeit mit den Ländern vorschreibt, dürfen daher nur als Zentralstellen errichtet werden.

---

[182] Ibler, Rn. 113.

[183] Hermes 2018, Rn. 46. A. A. Abbühl 2010, S. 366 Vgl. BVerfGE 110, 33, 50 f. (Rn. 97) (Zollkriminalamt).

[184] Ibler, Rn. 113.

[185] Zwar ergibt sich aus der bloßen Charakterisierung als Ausnahme kein Automatismus, vielmehr ist auf die Aussagekraft der jeweiligen Norm abzustellen, vgl. Rosenkranz 2015 In diesem Fall steht diese Verfahrensweise jedoch im Einklang mit den sonstigen Erwägungen.

[186] Siehe dazu oben, unter Abschn. 12.1.1.

[187] Gusy 1993, S. 1121.

12.2.1.2.5 Zwischenergebnis

Die Auslegung hat gezeigt, dass Behörden für die in Art. 87 Abs. 1 S. 2 GG genannten Bereiche, zumindest für die, die von Art. 73 Abs. 1 Nr. 10 a-c GG erfasst sind, nur als Zentralstellen errichtet werden können. Die von Art. 87 Abs. 1 S. 2 GG und Art. 73 Abs. 1 Nr. 10 GG aufgestellten Grenzen zugunsten der föderalen Kompetenzverteilung würden leerlaufen, wenn der Bund sie beliebig überschreiten könnte.[188]

Zu beachten ist, dass die Sperrwirkung von Abs. 1 Satz 2 nur für die Bereiche besteht, die dort explizit genannt werden. Daher steht die hier vorgenommene Interpretation auch im Einklang mit dem Beschluss des Bundesverfassungsgerichts zum Zollkriminalamt,[189] die oft gegen eine Sperrwirkung angeführt wird. Die Gesetzgebungskompetenz des Bundes für das Zollkriminalamt ergibt sich aus Art. 73 Abs. 1 Nr. 5 GG[190] und damit für „die Einheit des Zoll- und Handelsgebietes, die Handels- und Schifffahrtsverträge, die Freizügigkeit des Warenverkehrs und den Waren- und Zahlungsverkehr mit dem Auslande einschließlich des Zoll- und Grenzschutzes". Das Zollkriminalamt ist jedoch keine Bundesgrenzschutzbehörde im Sinne des Art. 87 Abs. 1 S. 2 GG. Für die Wahrnehmung der in Art. 73 Abs. 1 Nr. 5 GG genannten Aufgabe des Grenzschutzes ist stattdessen die Bundespolizei (der ehemalige Bundesgrenzschutz) zuständig.[191] Das Zollkriminalamt ist daher nicht für Bereiche zuständig, die in Abs. 1 Satz 2 erfasst sind und konnte somit als selbstständige Bundesoberbehörde errichtet werden. Die Aussagen des Bundesverfassungsgerichts zum Zollkriminalamt lassen sich daher nicht auf den Verfassungsschutz übertragen.[192]

Es ist auch verfassungsrechtlich zulässig, dass eine Behörde gleichzeitig Aufgaben als Zentralstelle und als selbstständige Bundesoberbehörde wahrnimmt, solange die von Abs. 1 Satz 2 genannten Aufgaben als Zentralstelle erledigt werden (sog. positive Sperrwirkung).[193] So ist beispielsweise das BKA gleichzeitig Zentralstelle für das polizeiliche Auskunfts- und Nachrichtenwesen im Bereich der Kriminalpolizei, für die der Bund nach Art. 73 Abs. 1 Nr. 10a GG die Kompetenz besitzt. Für andere Bereiche, etwa für den Zeugenschutz, die Strafverfolgung oder

[188] Gusy 1993, S. 1127.

[189] BVerfGE 110, 33 (Zollkriminalamt).

[190] BVerfGE 110, 33, 47 (Zollkriminalamt).

[191] Vgl. Suerbaum 2023, Rn. 20.

[192] Ibler, Rn. 146.

[193] Ibler, Rn. 114.

die internationale Zusammenarbeit kann es aber als selbstständige Bundesoberbehörde tätig werden.[194]

Für den Verfassungsschutz gibt es jedoch keine Bereiche, die über das Sammeln von Informationen und damit über den Bereich von Art. 87 Abs. 1 S. 2 GG hinausgehen.[195] Daher kommt es für den Bereich des Verfassungsschutzes zu einer Sperrwirkung gegenüber Abs. 3. Die neue Behörde müsste daher als Zentralstelle im Sinne des Art. 87 Abs. 1 S. 2 GG errichtet werden. Praktisch bedeutet dies, dass in Bezug auf die Aufklärung über das Ausland strukturelle Veränderungen vorgenommen werden müssten. Statt dem bisher bestehenden zentralen System müssten auch die Länder in die Auslandsaufklärung involviert und entsprechende Außenstellen der Länder errichtet werden.[196] Dies ist, wenn es auch mit einem höheren Verwaltungs- und Kostenaufwand verbunden sein mag, ohnehin sinnvoll. Die Länder sollten aus Effektivitätsgründen stärker miteinbezogen werden, denn sie sind diejenigen, die über das größte Detailwissen über Gefährdungssachverhalte und möglicherweise auch Kenntnisse über Kontaktpersonen im Ausland verfügen.[197] Mitarbeitende der Länder könnten beispielsweise in die bestehenden Außenstellen integriert und dadurch eine stärkere Rückbindung zu den in den Ländern gesammelten Informationen sichergestellt werden.

12.2.1.3 Strukturelle Begrenzung staatlicher Macht durch die Einrichtung mehrerer Behörden

Schon momentan besteht angesichts der Befugnisse der Nachrichtendienste des Bundes (BfV, MAD, BND) die Sorge, diese könnten zu „einem unberechenbaren Machtfaktor werden".[198] Bei einer Zusammenlegung ist die Gefahr der Machtakkumulation und des Entstehens einer „allwissenden Behörde" umso größer, denn eine Behörde, die terroristische Gefährdungssachverhalte aller Phänomenbereiche sowohl im Rahmen der Inlands- als auch der Auslandsaufklärung behandelt, verfügt über eine große Anzahl an personenbezogenen Informationen. Dies führt zu einer erheblichen Konzentration der Staatsmacht an einer Stelle. Zwar wäre die Staatsmacht im Falle der Zusammenlegung von BND und BfV insgesamt im Vergleich zu vorher nicht erweitert; es wurde gerade nicht für eine Erweiterung der einzelnen Befugnisse plädiert. Die Informationen, die der Staat vorher gesammelt hat und die, die er nach einer Zusammenlegung sammeln würden,

[194] Ibler, Rn. 134.

[195] Ibler, Rn. 134.

[196] Vgl. Lersch und Koch 1991 vgl. Schoen 2000, S. 70.

[197] So auch Ganser und Murck 2019, S. 4.

[198] Droste 2007, S. 27.

sind deckungsgleich. Insofern erfolgen auch keine neuen Eingriffe in Grundrechte. Auch die Eingriffsintensität bleibt gleich. Im Gegensatz zu einer Zusammenlegung von Polizeibehörden und Nachrichtendiensten entsteht durch die Zusammenlegung keine „Superbehörde", die mit weiten Vorfeldbefugnissen und imperativen Befugnissen ausgestattet ist. Den Nachrichtendiensten bleiben nach wie vor imperative Befugnisse verwehrt.

Dennoch muss das Ausmaß einer solchen Konzentration staatlicher Macht berücksichtigt werden, die durch das Zusammenführen und Auswerten von einer immensen Menge an persönlichen Informationen entsteht. Dabei ist auch zu beachten, dass bislang eine Ausweitung der staatlichen Informationsbefugnisse zur Anpassung an technologische Entwicklung zu beobachten[199] und auch in der Zukunft zu erwarten ist. Die Begrenzung der staatlichen Macht ist eine verfassungsrechtliche Grundentscheidung, die in Teil I Kapitel 4[200] bereits detailliert dargelegt worden ist. Für die deutsche Sicherheitsarchitektur gilt: „So viel Bündelung wie nötig und so viel Dezentralisierung wie möglich".[201] Wie aufgezeigt, ist die Bündelung von Inlands- und Auslandsaufklärung notwendig. Es bestehen aber andere Optionen, um die Bündelung staatlicher Macht möglichst gering zu halten. Schon durch die Behördeneinrichtung als Zentralstelle wird durch die Einbindung der Länder diesem Grundsatz Rechnung getragen. Darüber hinaus wäre (statt der obsoleten Auftrennung in innere und äußere Sicherheit) eine sachbezogene Aufteilung denkbar.

In Betracht kommt eine Unterteilung nach Phänomenbereichen, ähnlich der Aufteilung, wie sie bisher im BfV vorgenommen wird. Das BfV hat in seiner aktuellen Form unter anderem Fachabteilungen für

- den Rechtsextremismus/rechtsextremistischer Terrorismus sowie für sog. „Reichsbürger:innen" und Selbstverwalter:innen,
- den Linksextremismus und auslandsbezogenen Extremismus,
- den Islamismus und islamistischen Terrorismus,
- die Spionage- und Proliferationsabwehr und
- die Cyberabwehr.[202]

[199] So darf der BND nun nach § 19 Abs. 8 BNDG in der Auslands-Auslands-Fernmeldeaufklärung eine Datenmenge von bis zu 30 Prozent der bestehenden Telekommunikationsnetze sammeln und nach § 19 Abs. 6 BNDG Telekommunikationsanbieter ohne deren Wissen ausspähen, siehe schon oben, Kap. 3, unter Abschn. 3.6.

[200] Kap. 4, unter Abschn. 4.2.

[201] Hanning 2012, Rn. 88.

[202] Siehe dazu die Website des Bundesamtes für Verfassungsschutz (BfV) 2023.

Der Unterschied wäre, dass diese Bereiche auch institutionell und damit auch informationell voneinander getrennt wären, um eine Machtakkumulation zu verhindern. Damit würden mehrere Zentralstellen für die Erfüllung eines Zwecks, namentlich für die Erfüllung des Zwecks des Verfassungsschutzes, eingerichtet werden. Dies ist verfassungsrechtlich möglich:

> „Die Zuweisung von Aufgaben verschiedener Gegenstände (beispielsweise aus dem polizeilichen Auskunfts- und Nachrichtenwesen und der Kriminalpolizei, so geschehen durch § 2 Abs. 1 BKAG) ist grundsätzlich ebenso möglich wie der umgekehrte Fall der Einrichtung von Zentralstellen, die nur Ausschnitte aus einzelnen Gegenständen wahrnehmen, mit der Konsequenz, dass es mehr Zentralstellen als Gegenstände geben würde.“[203]

Die Zahl der Zentralstellen muss lediglich aus praktischen Gründen, d. h. aus Kostengründen, begrenzt werden. Der Bund trägt gem. Art. 104a Abs. 1 GG die Kosten für die Zentralstellen („Der Bund und die Länder tragen gesondert die Ausgaben, die sich aus der Wahrnehmung ihrer Aufgaben ergeben, soweit dieses Grundgesetz nichts anderes bestimmt.“).

Die Bereiche im BfV wurden dabei nur als eine mögliche Aufteilung aufgezeigt. Die Auswahl der konkreten Phänomenbereiche, für die die Behörden errichtet werden könnten, ist eine rechtspolitische Entscheidung und sollte sich auf Erkenntnisse von Terrorismusexpert:innen stützen. Es soll an dieser Stelle nur darauf hingewiesen werden, dass die Abgrenzung zwischen den Phänomenbereichen immer schwieriger wird.[204] Beispielsweise während der Proteste der sog. „Querdenken“-Bewegung haben sich rechtsextremistische Strömungen mit Anhänger:innen der Esoterik und sog. „Reichsbürger:innen“ vermischt.[205] Darüber hinaus bringen neue Entwicklungen neue Herausforderungen mit sich, wie etwa der Hass auf Forschungseinrichtungen oder Rettungskräfte.[206] Auch wenn nicht aus all diesen

---

[203] Burgi 2018, Rn. 34.

[204] Vgl. auch die Ausführungen des Präsidenten des Bundesamtes für Verfassungsschutz *Haldenwang* anlässlich der Vorstellung des Verfassungsschutzberichtes 2022: „Viele sind weniger ideologisch festgelegt und basteln ihr Weltbild nach einem Baukastenprinzip mit Versatzstücken aus dem Internet zusammen. Wir stellen fest, dass Grenzen innerhalb von Phänomenbereichen verschwimmen und sich Mischszenen bilden.“, Bundesministerium des Innern und für Heimat (BMI), 2023b Vgl. Bundesministerium des Innern und für Heimat (BMI), 2023a, 106, 117.

[205] Vgl. dazu Corona-Demonstrationen – Wer marschiert da zusammen?, 2020; Pöhlmann, 2021.

[206] Siehe dazu z. B. Erklärungen zu Silvester-Ausschreitungen: Warum Feuerwehr- und Rettungskräfte angegriffen werden 2023; Angriff mit Molotov-Cocktail im Oktober: Brandanschlag auf RKI in Berlin – Festgenommener wieder frei 2021.

Bereichen terroristische Gefahren drohen, zeigen diese doch die Dynamik der Bedrohungslagen. Es erscheint daher sinnvoll, für die Aufteilung der Phänomenbereiche und damit für die einzelnen Zentralstellen bestimmte Evaluierungsperioden festzulegen, um neuen Entwicklungen adäquat begegnen zu können.

12.2.1.4 Zwischenergebnis

In Art. 87 GG finden sich ausdrückliche Vorgaben für die Verwaltungsorganisation. Aufgrund dieser Vorgaben kommt als konkrete Behördenform nach der Zusammenlegung nur eine Zentralstelle wie in der aktuellen Form des BfV in Betracht. Zwar ist der BND in seiner aktuellen Form als Bundesoberbehörde zu charakterisieren. Die neue Institution könnte aufgrund der Sperrwirkung von Art. 87 Abs. 1 S. 2 GG gegenüber Art. 87 Abs. 3 GG aber nur als Zentralstelle, nicht als Bundesoberbehörde errichtet werden. Darüber hinaus ist zu beachten, dass das Grundgesetz als Gegenentwurf zum Nationalsozialismus keine übermäßige staatliche Machtakkumulation zulässt. Bei der Zusammenlegung ist zu bedenken, dass in der neuen Behörde eine Vielzahl an Informationen und Befugnissen zusammenfließen würde. Dies ließe sich vermeiden, in dem man die Nachrichtendienste in verschiedenen Phänomenbereiche aufteilt. Dies würde die staatliche Macht begrenzen und die aktuelle Sicherheitslage besser abbilden als die obsolete Auftrennung nach innen und außen. Die Einrichtung verschiedener Zentralstellen ist auch verfassungsrechtlich zulässig.

12.3 Gesamtergebnis

Die Veränderungen der faktischen Lage in der Terrorismusbekämpfung gebieten Veränderungen der Strukturen, denn die traditionelle Aufteilung in Inlands- und Auslandsnachrichtendienst bildet gegenwärtige Herausforderungen nicht mehr ab. *Buchholtz* beschreibt treffend:

> „Recht [ist] eine „unfertige Ordnung“ […], die sich entwickelt und vervollständigt, ohne je „fertig“ zu werden. Das gilt umso mehr für ein sich stetig „entgrenzendes“ Recht in einer sich stetig „entgrenzenden“ Welt.“[207]

Das Recht muss daher regelmäßig daraufhin untersucht werden, ob es gegenwärtigen Umständen noch gerecht wird. Dies gilt insbesondere hinsichtlich der

[207] Buchholtz 2016, S. 1358.

Veränderungen, die die Globalisierung und Digitalisierung mit sich bringen. Es wäre zur Behebung bestehender Defizite sinnvoll, die Trennung in innere und äußere Sicherheit zu überwinden und BND und BfV zusammenzulegen. Die Kontrolle der Nachrichtendienste müsste dann entsprechend angepasst werden.

Die Zusammenlegung der beiden Nachrichtendienste ist verfassungsrechtlich dergestalt möglich, dass eine Auftrennung des BND in einen „Sicherheits-BND" und „Außen-BND" vorgenommen wird, indem die Terrorismusabteilung TE (mitsamt einem korrespondierenden Anteil der Aufklärungs- und Auswerteeinheiten) aus dem BND herausgelöst und in die Strukturen des BfV als Zentralstelle eingegliedert wird. Dies hat einen institutionalisierten Austausch von Informationen über terroristische Gefahren im Inland und im Ausland zufolge. Die bisherige Terrorismusabteilung des BND könnte dabei weiterhin ihre Verbindungen zum Ausland unterhalten, müsste aber die Länder in die Aufgabenerledigung einbeziehen. Dies ist auch aus Effektivitätsgründen von Vorteil, da die Länder gegebenenfalls über bestimmte Sachverhallte und Personen Hintergrundinformationen gesammelt haben, die dem Bund sonst nicht zur Verfügung stehen. Um eine vom Grundgesetz verbotene Machtakkumulation zu verhindern, ist eine Auftrennung in Phänomenbereiche angezeigt. Für die einzelnen Phänomenbereiche könnten verschiedene Zentralstellen errichtet werden. Diese Aufteilung könnte sich an der derzeitigen Organisation im BfV orientieren, allerdings mit dem Unterschied, dass die einzelnen Phänomenbereiche auch institutionell und informationell voneinander getrennt wären. Die hier vorgeschlagenen strukturellen Änderungen würden sowohl den faktischen Veränderungen als auch den verfassungsrechtlichen Anforderungen gerecht werden und könnten daher dazu beitragen, die in Teil II aufgezeigten Defizite zu beheben.

Literatur

Abbühl, A. (2010). *Der Aufgabenwandel des Bundeskriminalamtes. Von der Zentralstelle zur multifunktionalen Intelligence-Behörde des Bundes*. Boorberg.

Albers, M. (2001). *Die Determination polizeilicher Tätigkeit in den Bereichen der Straftatenverhütung und der Verfolgungsvorsorge*. Duncker & Humblot.

Antwort an türkischen Präsidenten. (2017, August 18). Merkel verbietet sich Einmischung Erdogans in Wahlkampf . *Frankfurter Allgemeine Zeitung*. https://www.faz.net/aktuell/politik/inland/merkel-verbittet-sich-einmischung-erdogans-in-wahlkampf-15158186.html. Zugegriffen am 25.10.2025.

von Arnauld, A. (2023). *Völkerrecht* (5. Aufl.). C.F. Müller.

Bäcker, M. (2011). Das G 10 und die Kompetenzordnung. *Die Öffentliche Verwaltung: Zeitschrift für öffentliches Recht und Verwaltungswissenschaft*, *64*(14), 840–848.

Bäcker, M. (2021a). § 28 Sicherheitsverfassungsrecht. In M. Herdegen, J. Masing, R. Poscher, & K. F. Gärditz (Hrsg.), *Handbuch des Verfassungsrechts: Darstellung in transnationaler Perspektive*. C.H. Beck.

Bäcker, M. (2021b). Abschnitt B.II. Bundesstaatliche Grundlagen der Polizeiarbeit. In H. Lisken, E. Denninger, M. Bäcker, & K. Graulich (Hrsg.), *Handbuch des Polizeirechts. Gefahrenabwehr – Strafverfolgung – Rechtsschutz* (7. Aufl.). C.H. Beck. Rn. 99–212.

Bericht zu Trump-Verbindungen nach Russland. (2020, August 18). „Offen für Einflussnahme und Manipulation". *Spiegel Online*. https://www.spiegel.de/ausland/donald-trump-bericht-stellt-russische-einmischung-in-us-wahlkampf-2016-fest-a-02527b0d-07b4-4ce0-b139-fa0453cad011. Zugegriffen am 25.10.2025.

Berichte über NSA-Aktivitäten. (2013, Juni 30). Immer mehr Details – immer mehr Kritik. *Tagesschau*. https://www.tagesschau.de/inland/nsa-deutschland-eu100.html. Zugegriffen am 25.10.2025.

Blumenthal, U. (2018, Juni 14). Angriff auf Stromnetze: BSI warnt vor Angriffswelle. *Deutschlandfunk*. https://www.deutschlandfunk.de/angriff-auf-stromnetze-bsi-warnt-vor-angriffswelle-100.html. Zugegriffen am 25.10.2025.

Brenner, M. (1990). *Bundesnachrichtendienst im Rechtstaat. Zwischen geheimdienstlicher Effizienz und rechtsstaatlicher Kontrolle*. Nomos.

Broemel, R. (2021). *GG Art. 73. In: Jörn-Axel Kämmerer und Markus Kotzur: Grundgesetz Kommentar, Band 2. Art. 70 bis 146 GG* (7. Aufl.). C.H. Beck.

Broß, S., & Mayer, K.-G. (2021). *GG Art. 87. In: Jörn-Axel Kämmerer und Markus Kotzur: Grundgesetz Kommentar, Band 2. Art. 70 bis 146 GG* (7. Aufl.). C.H. Beck.

Brunst, P. W. (2017). Terrorismusaufklärung. In J.-H. Dietrich & S. Eiffler (Hrsg.), *Handbuch des Rechts der Nachrichtendienste* (S. 584–630). Boorberg.

Buchholtz, G. (2016). Entterritorialisierung des Öffentlichen Rechts. *Neue Zeitschrift für Verwaltungsrecht, 39*(19), 1353–1358.

Bundesministerium des Innern und für Heimat (BMI). (2023a). *Verfassungsschutzbericht 2022*. https://www.verfassungsschutz.de/SharedDocs/publikationen/DE/verfassungsschutzberichte/2023-06-20-verfassungsschutzbericht-2022-startseitenmodul.pdf?__blob=publicationFile&v=3. Zugegriffen am 25.10.2025.

Bundesministerium des Innern und für Heimat (BMI). (2023b): *Verfassungsbericht 2022 vorgestellt: Zahl der extremistischen Straftaten auf Höchststand*. https://www.bmi.bund.de/SharedDocs/pressemitteilungen/DE/2023/06/vsb2022.html. Zugegriffen am 25.10.2025.

Bundesministerium des Innern und für Heimat (BMI). (o.J.). FAQ – Desinformation im Kontext des russischen Angriffskrieges gegen die Ukraine. https://www.bmi.bund.de/SharedDocs/faqs/DE/themen/heimat/desinformation/faq-liste-desinformation.html

Deutscher Bundestag: Gesetzentwurf der Bundesregierung: Entwurf eines Gesetzes zur Änderung des BND-Gesetzes zur Umsetzung der Vorgaben des Bundesverfassungsgerichts sowie des Bundesverwaltungsgerichts (25.01.2021), BT-Drs. 19/26103.

Burgi, M. (2018). GG Art. 87. In F. Klein, C. Starck, P. M. Huber, & A. Voßkuhle (Hrsg.), *Grundgesetz* (7. Aufl.). C.H. Beck.

Calliess, C. (2021). Aktionsplan Resilienz und Demokratie. Wie Deutschland Angriffe auf Demokratie und Gesellschaft abwehren kann. In C. Mölling & D. Schwarzer (Hrsg.), *Smarte Souveränität. 10 Aktionspläne für die neue Bundesregierung* (S. 67–73). Forschungsinstitut der Deutschen Gesellschaft für Auswärtige Politik e.V.

Christ, S., Fröhlich, A., Kiesel, R., Jansen, F. (2020, Januar 28). Cyberangriff auf Berliner Kammergericht - Russische Hackerkönnten Justizdaten gestohlen haben. *Tagesspiegel.* https://www.tagesspiegel.de/berlin/russische-hacker-konnten-justizdaten-gestohlen-haben-7115758.html. Zugegriffen am 25.10.2025.

Corona-Demonstrationen – Wer marschiert da zusammen? (2020, Dezember 10). *Deutschlandfunk.* https://www.deutschlandfunk.de/corona-demonstrationen-wer-marschiert-da-zusammen-100.html. Zugegriffen am 25.10.2025.

Crome, H.-H. (2007). The „Organisation Gehlen"as Pre-History of the Bundesnachrichtendienst. *Journal of Intelligence History, 7*(1), 31–39.

Dau, C. (2018). *Die völkerrechtliche Zulässigkeit von Selbstverteidigung gegen nichtstaatliche Akteure.* Nomos.

Degenhart, C. (2021). GG Art. 73. In M. Sachs (Hrsg.), *Grundgesetz Kommentar* (9. Aufl.). C.H. Beck.

Dittmann, A. (1983). *Die Bundesverwaltung. Verfassungsrechtliche Grundlagen, grundgesetzliche Vorgaben und Staatspraxis ihrer Organisation.* Mohr Siebeck.

Dowideit, A., & Lindenau, J. (2019, Februar 17). Ausländische Hacker nehmen Stromversorgung ins Visier. *Die Welt.* https://www.welt.de/politik/article188864277/Cyberangriffe-Wasser-und-Stromversorgung-im-Visier-internationaler-Hacker.html. Zugegriffen am 25.10.2025.

Droste, B. (2007). *Handbuch des Verfassungsschutzrechts.* Boorberg.

Einblick in russische Pläne für Cyberangriffe. (2023, März 30). *Tagesschau.* https://www.tagesschau.de/ausland/europa/cyberkrieg-russland-datenleak-101.html. Zugegriffen am 25.10.2025.

Epping, V. (2023). GG Art. 35. In V. Epping & C. Hillgruber (Hrsg.), *Beck'scher Online-Kommentar Grundgesetz* (54. Aufl.). C.H. Beck.

Flade, F., & Mascolo, G. (2020, Mai 05). Hackerangriff auf Bundestag: Bärenjagd. *Süddeutsche Zeitung.* sz.de/1.4891668.

Fremuth, M. L. (2021). *GG Art. 115a. In Jörn-Axel Kämmerer und Markus Kotzur: Grundgesetz Kommentar, Band 2. Art. 70 bis 146 GG* (7. Aufl.). C.H. Beck.

Fromm, H. (2008). Auftrag und Profil des Verfassungsschutzes im Zeichen neuer Bedrohungen. In Bundesamt für Verfassungsschutz (BfV) (Hrsg.), *Terrorismusbekämpfung in Europa. Herausforderung für die Nachrichtendienste, Vorträge auf dem 7. Symposium des Bundesamtes für Verfassungsschutz am 8. Dezember 2008* (S. 51–57). Bundesamt für Verfasschungsschutz (BfV).

Fuhrmann, M. (2019). *Antiextremismus und wehrhafte Demokratie. Kritik am politischen Selbstverständnis der Bundesrepublik Deutschland.* Nomos.

Ganser, H. W., & Murck, M. (2019). *Innere und äußere Sicherheit.* Den Anspruch des „Comprehensive Approach" einlösen (Friedrich Ebert Stiftung). https://library.fes.de/pdf-files/id/ipa/15610.pdf. Zugegriffen am 25.10.2025.

Gärditz, K. F. (2017). Sicherheitsrecht als Perspektive. *Zeitschrift für das Gesamte Sicherheitsrecht, 1*(1), 1–6.

Gärditz, K. F. (2018). Zustand der föderalen Sicherheitsarchitektur und Terrorismusbekämpfung: Stellungnahme zur Sachverständigenanhörung am 17. Mai 2018 (Ausschuss-Drs. 19(25)251). https://www.bundestag.de/resource/blob/562148/c33699fcb4eb442a45d9637de1f9149b/19-25-251-data.pdf. Zugegriffen am 25.10.2025.

Gärditz, K. F. (2019). Zentralisierung von Verfassungsschutzaufgaben und bundesstaatliche Kompetenzarchitektur. *Archiv des öffentlichen Rechts, 144*(1), 81–132.

Goertz, S., & Streitparth, A. E. (2019). *The new terrorism. Actors, strategies and tactics.* Springer.

Gramm, C. (2003). Bundeswehr als Luftpolizei: Aufgabenzuwachs ohne Verfassungsänderung? *Neue Zeitschrift für Wehrrecht, 26*(3), 89–101.

Grumke, T., & van Hüllen, R. (2019). *Der Verfassungsschutz. Grundlagen. Gegenwart. Perspektiven?* (2. Aufl.). Verlag Barbara Budrich.

Gusy, C. (1993). Die Zentralstellenkompetenz des Bundes. *Deutsches Verwaltungsblatt*, 1117–1128.

Gusy, C. (2019). BNDG § 1. In W.-R. Schenke, K. Graulich, & J. Ruthig (Hrsg.), *Sicherheitsrecht des Bundes* (2. Aufl.). C.H. Beck.

Hanning, A. (2012). § 53 Föderalismus im Politikbereich Innere Sicherheit. In I. Härtel (Hrsg.), *Handbuch Föderalismus. Föderalismus als demokratische Rechtsordnung und Rechtskultur in Deutschland, Europa und der Welt, Band III: Entfaltungsbereiche des Föderalismus* (S. 47–68). Springer.

Hecker, J. (2017). Allgemeine Verfassungsfragen der Nachrichtendienste. In J.-H. Dietrich & S. Eiffler (Hrsg.), *Handbuch des Rechts der Nachrichtendienste* (S. 221–248). Boorberg.

Heckmann, D. (2011). Sicherheitsarchitektur im bedrohten Rechtsstaat: Neue Polizeibefugnisse zwischen gestalterischer Freiheit und grundrechtlicher Statik. In U. Blaschke, A. Förster, S. Lumpp, & J. Schmidt (Hrsg.), *Sicherheit statt Freiheit? Staatliche Handlungsspielräume in extremen Gefährdungslagen* (S. 9–28). Duncker & Humblot.

Heinrich, S., & Lange, H.-J. (2008). Erweiterung des Sicherheitsbegriffs. In H. Hans-Jürgen Lange, P. Ohly, & J. Reichertz (Hrsg.), *Auf der Suche nach neuer Sicherheit. Fakten, Theorien und Folgen* (S. 253–268). VS Verlag für Sozialwissenschaften.

Heintzen, M. (2018). GG Art. 73. In F. Klein, C. Starck, P. M. Huber, & A. Voßkuhle (Hrsg.), *Grundgesetz* (7. Aufl.). C.H. Beck.

Hermes, G. (2018). GG Art. 87. In H. Dreier (Hrsg.), *Grundgesetz-Kommentar, Band III. Art. 83 bis 146 GG* (3. Aufl.). Mohr Siebeck.

Hofmann, H., Lukosek, S., & Schulte-Rudzio, F. (2020). Das Gewicht der Sicherheit als Herausforderung des liberalen Verfassungsstaates: Sicherheit als Staatsaufgabe, Staatsziel, grundrechtliche Gewährleistung? *Zeitschrift für das Gesamte Sicherheitsrecht, 2020*(6), 233–244.

Ibler, M. GG Art. 87. In R. Herzog, R. Scholz, M. Herdegen, & H. H. Klein (Hrsg.), *Grundgesetz Kommentar, 100. Ergänzungslieferung, Stand: Januar 2023.* C.H. Beck.

Imle, W. (1984). *Zwischen Vorbehalt und Erfordernis. Eine historische Studie zur Entstehung des nachrichtendienstlichen Verfassungsschutzes nach 1945.* Tuduv.

Kahl, B. (2017). Aktuelle Herausforderungen für die äußere Sicherheit. In P. E. Sensburg (Hrsg.), *Sicherheit in einer digitalen Welt* (S. 137–166). Nomos.

Kammergericht. (2020, Januar 31). Keine Entspannung nach dem Cyberangriff. *Legal Tribune Online*. https://www.lto.de/recht/justiz/j/kg-berlin-it-sicherheit-cyber-angriff-hacker/. Zugegriffen am 25.10.2025.

Kermani, N. (2022, Dezember 15). Iran: Gehängt im Namen Gottes. *Zeit Online*. https://www.zeit.de/2022/52/iran-proteste-hinrichtungen-regime. Zugegriffen am 25.10.2025.

Kesselring, A. (2017). *Die Organisation Gehlen und die Neuformierung des Militärs in der Bundesrepublik.* Ch. Links.

Klein, E. (2004). Die Herausforderung durch den internationalen Terrorismus: Hört hier das Völkerrecht auf? In J. Isensee (Hrsg.), *Der Terror, der Staat und das Recht* (S. 9–39). Duncker & Humblot.

Klein, E. (2014). § 280 Innerer Staatsnotstand. In J. Isensee & P. Kirchhof (Hrsg.), *Handbuch des Staatsrechts der Bundesrepublik Deutschland, Band XII. Normativität und Schutz der Verfassung* (3. Aufl., S. 935–971). C.F. Müller.

Kment, M. (2022). *GG Art. 73. In Hans D. Jarass und Martin Kment: Grundgesetz für die Bundesrepublik Deutschland. Kommentar* (17. Aufl.). C.H. Beck.

Krenzler, M. (2019). *An den Grenzen der Notstandsverfassung. Ausnahmezustand und Staatsnotrecht im Verfassungssystem des Grundgesetzes*. Duncker & Humblot.

Krieger, W. (2017). Geschichte der deutschen geheimen Nachrichtendienste: eine historische Skizze. In J.-H. Dietrich & S. Eiffler (Hrsg.), *Handbuch des Rechts der Nachrichtendienste* (S. 27–76). Boorberg.

Kugelmann, D. (2012). § 52 Polizei und Polizeirecht in der föderalen Ordnung des Grundgesetzes. In I. Härtel (Hrsg.), *Handbuch Föderalismus. Föderalismus als demokratische Rechtsordnung und Rechtskultur in Deutschland, Europa und der Welt, Band III: Entfaltungsbereiche des Föderalismus* (S. 3–45). Springer.

Lampe, J. (2015). Die Schwierigkeiten mit der Rechtfertigung nachrichtendienstlicher Tätigkeit. *Neue Zeitschrift für Strafrecht*, 361–372.

Lerche, P. (1992). Art. 87 GG. In *Theodor Maunz und Günter Dürig: Grundgesetz Kommentar* (53. Aufl.). C.H. Beck.

Lersch, P., & Koch, D. (1991, November 03). Ein Prozeß der Veränderung. *Spiegel* 45. https://www.spiegel.de/politik/ein-prozess-der-veraenderung-a-03e036dd-0002-0001-0000-000013490836?context=issue. Zugegriffen am 25.10.2025.

Levin, D. H. (2017, Februar 23). Einmischungsversuche in Wahlen werden oft unterschätzt. *Süddeutsche Zeitung*. https://www.sueddeutsche.de/politik/wahlforscher-das-sollte-nicht-verharmlost-werden-1.3390497. Zugegriffen am 25.10.2025.

Lindner, J. F., & Unterreitmeier, J. (2019). Grundlagen einer Dogmatik des Nachrichtendienstrechts. *Die Öffentliche Verwaltung: Zeitschrift für öffentliches Recht und Verwaltungswissenschaft*, *72*(5), 165–175.

März, W. (2014). § 281 Äußerer Staatsnotstand. In J. Isensee & P. Kirchhof (Hrsg.), *Handbuch des Staatsrechts der Bundesrepublik Deutschland, Band XII. Normativität und Schutz der Verfassung* (3. Aufl., S. 973). C.F. Müller.

Meyer-Wieck, H. (2006). Das Verhältnis zwischen Polizei und Nachrichtendiensten – Der Diskurs um das Trennungsgebot. *Die Polizei*, *97*(12), 349–357.

Mosler, H. (1954). Die auswärtige Gewalt im Verfassungssystem der Bundesrepublik Deutschland. In H. Mosler & G. Schreiber (Hrsg.), *Völkerrechtliche und staatsrechtliche Abhandlungen. Carl Bilfinger zum 75. Geburtstag am 21. Januar 1954* (S. 243–300). C.H. Beck.

Nach Übernahme durch Musk. (2022, November 29). Twitter lässt Fake News zu Corona online. *Tagesschau*. https://www.tagesschau.de/wirtschaft/unternehmen/twitter-vorgehen-corona-falschmeldungen-101.html. Zugegriffen am 25.10.2025.

Otto, V. (1971). *Das Staatsverständnis des Parlamentarischen Rates. Ein Beitrag zur Entstehungsgeschichte des Grundgesetzes für die Bundesrepublik Deutschland*. Kommission für Geschichte des Parlamentarismus und der politischen Parteien.

Pöhlmann, M. (2021). *Rechte Esoterik. Wenn sich alternatives Denken und Rechtsextremismus gefährlich vermischen*. Herder Verlag.

Rachor, F., & Roggan, F. (2021). Abschnitt C. Organisation der Sicherheitsbehörden und Geheimdienste in Deutschland. In H. Lisken, E. Denninger, M. Bäcker, & K. Graulich (Hrsg.), *Handbuch des Polizeirechts. Gefahrenabwehr – Strafverfolgung – Rechtsschutz* (7. Aufl., S. 173–228). C.H. Beck.

Rengeling, H.-W. (2008). § 135 Gesetzgebungszuständigkeit. In J. Isensee & P. Kirchhof (Hrsg.), *Handbuch des Staatsrechts der Bundesrepublik Deutschland, Band VI. Bundesstaat* (3. Aufl., S. 567–741). C.F. Müller.

Reveland, C., & Siefert, V. (2022, April 04). Russlands Krieg gegen die Ukraine – „Querdenker" für Putin. *Tagesschau*. https://www.tagesschau.de/investigativ/reaktionen-auf-putin-von-querdenkern-und-verschwoerungsideologen-101.html. Zugegriffen am 25.10.2025.

Rosenkranz, F. (2015). Die Auslegung von „Ausnahmevorschriften". *Juristische Arbeitsblätter, 60*, 783–788.

Roth, W. (2019a). BVerfSchG § 1. In W.-R. Schenke, K. Graulich, & J. Ruthig (Hrsg.), *Sicherheitsrecht des Bundes* (2. Aufl.). C.H. Beck.

Roth, W. (2019b). BVerfSchG § 2. In W.-R. Schenke, K. Graulich, & J. Ruthig (Hrsg.), *Sicherheitsrecht des Bundes* (2. Aufl.). C.H. Beck.

Ruffert, M. (2002). Terrorismusbekämpfung zwischen Selbstverteidigung und kollektiver Sicherheit. Die Anschläge vom 11. 9. 2001 und die Intervention in Afghanistan. *Zeitschrift für Rechtspolitik, 39*(4) 247–252.

Russische Hacker attackieren offenbar Bundestag. (2021, März 26). *Zeit Online*. https://www.zeit.de/politik/deutschland/2021-03/cyberangriff-russland-hacker-bundestag-ghostwriter-geheimdienst-gru-cyberwar. Zugegriffen am 25.10.2025.

Schäuble, W. (2008). *Das Konzept der vernetzten Sicherheit. Rede beim 7. Symposium des Bundesamtes für Verfassungsschutz in Berlin*. https://www.wolfgang-schaeuble.de/das-konzept-der-vernetzten-sicherheit/. Zugegriffen am 25.10.2025.

Schewerda, M. (2008). *Die Verteilung der Verwaltungskompetenzen zwischen Bund und Ländern nach dem Grundgesetz*. Shaker Verlag.

Schindler, G. (2020). *Wer hat Angst vorm BND? Warum wir mehr Mut beim Kampf gegen die Bedrohungen unseres Landes brauchen. Eine Streitschrift*. Econ.

Schliesky, U. (2014). § 277 Die wehrhafte Demokratie des Grundgesetzes. In J. Isensee & P. Kirchhof (Hrsg.), *Handbuch des Staatsrechts der Bundesrepublik Deutschland, Band XII. Normativität und Schutz der Verfassung* (3. Aufl., S. 847–877). C.F. Müller.

Schmidt-Radefeldt (2023). GG Art. 115a. In V. Epping & C. Hillgruber (Hrsg.), *Beck'scher Online-Kommentar Grundgesetz*. C.H. Beck.

Schoen, G.-D. (2000). Zur Organisation des Verfassungsschutzes in der Bundesrepublik Deutschland – insbesondere: Ist die bundesstaatliche Struktur des Verfassungsschutzes noch zeitgemäß? In Bundesamt für Verfassungsschutz (BfV) (Hrsg.), *Bundesamt für Verfassungsschutz – 50 Jahre im Dienst der inneren Sicherheit* (S. 67–84). Carl Heymanns.

Schubert, M. (2021). GG Art. 35. In M. Sachs (Hrsg.), *Grundgesetz Kommentar* (9. Aufl.). C.H. Beck.

Schulz, S. (2019). *Die freiheitliche demokratische Grundordnung. Ergebnis und Folgen eines historisch-politischen Prozesses*. Velbrück Wissenschaft.

Schwarz, K.-A. (2022). § 24 Notstandsverfassungsrecht. In K. Stern, H. Sodan, & M. Möstl (Hrsg.), *Das Staatsrecht der Bundesrepublik Deutschland im europäischen Staaten-*

verbund, Band I. Grundlagen und Grundbegriffe des Staatsrechts, Strukturprinzipien der Verfassung (2. Aufl.). C.H. Beck.

Seiler, C. (2023). GG Art. 73. In V. Epping & C. Hillgruber (Hrsg.), *Beck'scher Online-Kommentar Grundgesetz 53. Edition, Stand: 15.11.2022*. C.H. Beck.

Singer, J. P. (2009). Nachrichtendienste zwischen innerer und äußerer Sicherheit. In T. Jäger & A. Daun (Hrsg.), *Geheimdienste in Europa. Transformation, Kooperation und Kontrolle* (S. 265–292). VS Verlag für Sozialwissenschaften.

Staatsschutz ermittelt nach Angriff auf Zeltlager von Exil-Iranern. (2022, November 13). *Zeit Online*. https://www.zeit.de/gesellschaft/zeitgeschehen/2022-11/angriff-exil-iraner-berlin-staatsschutz-ermittlungen. Zugegriffen am 25.10.2025.

Stein, T. (2005). Rechtssicherheit aus einer Hand? Die verfassungsrechtliche Grundlage des Luftsicherheitsgesetzes. In K. Grupp & U. Hufeld (Hrsg.), *Recht – Kultur – Finanzen. Festschrift für Reinhard Mußgnug zum 70. Geburtstag am 26. Oktober 2005* (S. 85–99). C.F. Müller.

Steinbeis, M. (2012, August 17). Verfassungsgericht ermöglicht ungebremsten Einsatz des Verfassungsgerichts im Inneren. *Verfassungsblog*. https://verfassungsblog.de/verfassungsgericht-ermglicht-ungebremsten-einsatz-des-verfassungsgerichts-im-inneren. Zugegriffen am 25.10.2025.

Suerbaum, J. (2023). GG Art. 87. In V. Epping & C. Hillgruber (Hrsg.), *Beck'scher Online-Kommentar Grundgesetz, 53. Edition, Stand: 15.11.2022*. C.H. Beck.

Tomuschat, C. (2001). Der 11. September 2001 und seine rechtlichen Konsequenzen. *Europäische Grundrechte Zeitschrift, 16*(5-6) 535–545.

Volkmann, U. (2018). GG Art. 91. In F. Klein, C. Starck, P. M. Huber, & A. Voßkuhle (Hrsg.), *Grundgesetz* (7. Aufl.). C.H. Beck.

Windhorst, K. (2021). GG Art. 91. In M. Sachs (Hrsg.), *Grundgesetz Kommentar* (9. Aufl.). C.H. Beck.

Wittreck, F. (2015). GG Art. 73. In H. Dreier (Hrsg.), *Grundgesetz-Kommentar, Band II. Art. 20 bis 82 GG* (3. Aufl.). Mohr Siebeck.

Wolff, H. A. (2018). *Überblick über die föderale Sicherheitsstruktur: Schriftliche Stellungnahme für die Anhörung des 1. Untersuchungsausschusses der 19. Wahlperiode des Deutschen Bundestages am 17. Mai 2018 (Ausschuss-Drs. 19(25)240 (neu))*. https://www.bundestag.de/resource/blob/562142/e10342eb566fc638adb325c6158d7e56/19-25-240-neu%2D%2Ddata.pdf. Zugegriffen am 25.10.2025.

13 Zwischenergebnis zu Teil III: Zulässige Reformen

Der dritte Teil der Untersuchung hat sich intensiv mit zwei möglichen Reformoptionen auseinandergesetzt: erstens mit der Einführung von Weisungsbefugnissen für das BKA und das BfV und zweitens der strukturellen Umstrukturierung der Nachrichtendienste.

Es wäre verfassungsrechtlich zulässig und zur Behebung der herausgearbeiteten Defizite wünschenswert, dem BKA gegenüber den Landeskriminalämtern durch Erlass eines entsprechenden Gesetzes Weisungsbefugnisse einzuräumen. Dies würde dazu führen, dass in Konfliktfällen zwischen den Landeskriminalämtern das BKA eine verbindliche Entscheidung für das weitere Vorgehen treffen könnte. Auf diese Weise könnte ein einheitliches Vorgehen und eine zeitnahe Konfliktlösung gewährleistet werden, was gerade im Falle konkreter Gefahren von essenzieller Bedeutung ist. Die verfassungsrechtliche Zulässigkeit ergibt sich aus der Sonderrolle des BKA in der präventiven Terrorismusbekämpfung, die ihm in Art. 73 Abs. 1 Nr. 9a GG eingeräumt wird.

Außerdem erlaubt die Verfassung auch die Umstrukturierung der Nachrichtendienste, die der Anpassung der Sicherheitsarchitektur an aktuelle Entwicklungen dienen würde. Statt der Aufteilung in einen Inlandsnachrichtendienst (BfV) und einen Auslandsnachrichtendienst (BND) könnten die Nachrichtendienste nach Phänomenbereichen unterteilt werden. Dies würde eine einheitliche Sachbearbeitung garantieren, in denen ein gesamtheitlicher Überblick über terroristische Netzwerke bewirkt werden könnte. Darüber hinaus könnten die Mitarbeitenden für die jeweiligen Fachrichtungen intensiv ausgebildet werden. Die Verfassung er-

T. Ackermann, *Terrorismusbekämpfung in der föderalen Sicherheitsarchitektur*, Juridicum – Bochumer Schriften zur Friedenssicherung und zum Humanitären Völkerrecht I Bochum Studies on the International Law of Peace and Armed Conflict 69,
https://doi.org/10.1007/978-3-662-72233-6_13

möglicht diese Umstrukturierung, denn der Begriff des Verfassungsschutzes in Art. 73 Abs. 1 Nr. 10 lit. b GG umfasst auch Gefahren aus dem Ausland, die die freiheitlich-demokratische Grundordnung oder den Bestand und die Sicherheit des Bundes oder eines Landes bedrohen. Durch die Aufteilung in die einzelnen, durch Expert:innen zu bestimmenden, Phänomenbereiche würde der übermäßigen Akkumulation staatlicher Macht an einer Stelle entgegengewirkt werden. Außerdem müssten die neuen Nachrichtendienste als Zentralstellen nach Art. 87 Abs. 1 S. 2 GG ausgestaltet werden, was wiederum die Anhäufung staatlicher Macht an einer Stelle verhindert, indem die Länder als gleichwertige Partner in die Aufgabenerledigung eingebunden werden (so wie bereits derzeit durch die Landesverfassungsschutzbehörden).

Aufgrund dieser Gleichrangigkeit von Bund und Ländern wäre die Einführung von Weisungsbefugnissen weder für das BfV in seiner aktuellen Form noch für die neu entstehenden Nachrichtendienste zulässig. Es fehlt an einer dem BKA vergleichbaren Sonderrolle in der präventiven Terrorismusbekämpfung. Dies liegt daran, dass im Bereich der nachrichtendienstlichen Bearbeitung im Gegensatz zur polizeilichen Bearbeitung üblicherweise ausreichend Zeit besteht, um Konflikte aufzulösen. Zur Auflösung der Konflikte kann das BfV (bzw. könnten die neu eingerichteten Nachrichtendienste des Bundes) zwar als Zentralstellen vermittelnd tätig werden. Verbindliche Weisungen dürfen von ihnen aber nicht getroffen werden.

Daneben wurden weitere Reformoptionen dargestellt, die keiner eingehenden verfassungsrechtlichen Prüfung bedurften, nämlich die Zusammenlegung der Landesbehörden, die Erarbeitung von Mustergesetzen, die Überarbeitung der aktuellen gesetzlichen Regelungen und die Optimierung der Kontrolle der Sicherheitsbehörden. Während die Zusammenlegung von Landesbehörden zu diesem Zeitpunkt wenig realistisch erscheint, wird derzeit an einem Musterpolizeigesetz gearbeitet, sodass diesbezügliche Reformen in den kommenden Jahren denkbar erscheinen. Die Optimierung der gesetzlichen Regelungen und der Kontrolle der Sicherheitsbehörden werden durch Expert:innen schon seit längerer Zeit gefordert und sollten möglichst umgehend adressiert werden, um die Koordination und Kooperation der Sicherheitsbehörden strukturell zu verbessern.

Ergebnis der Untersuchung und Ausblick 14

Die vorliegende Untersuchung hat sich der Identifikation und Behebung struktureller Defizite der Zusammenarbeit der Sicherheitsbehörden bei der Terrorismusbekämpfung aus verfassungsrechtlicher Perspektive gewidmet. Ihr Fokus lag auf der Zusammenarbeit der Sicherheitsbehörden, die in der Vergangenheit von Problemen geprägt war. Wie aufgezeigt, ist es nicht nur aus praktischen Gesichtspunkten, sondern auch grundgesetzlich geboten, in einem so sensiblen Bereich wie der Terrorismusbekämpfung derartige Probleme zu beheben. Im Folgenden werden in einem Gesamtergebnis die herausgearbeiteten Erkenntnisse zusammengefasst (unter Abschn. 14.1), bevor die Untersuchung mit einem Ausblick (unter Abschn. 14.2) schließt.

14.1 Gesamtergebnis

Die Untersuchung hat gezeigt, dass in der nationalen Terrorismusbekämpfung strukturelle Defizite bestehen, die einerseits daran liegen, dass Kooperations- und Koordinationsmechanismen nicht (ausreichend) genutzt werden und andererseits unzureichend sind. Bestimmte, hier untersuchte und als verfassungsrechtlich zulässig erachtete Reformoptionen könnten den aufgezeigten Schwächen entgegenwirken. Besonders zweckmäßig erscheint die Einführung von Weisungsbefugnissen des BKA gegenüber den Landeskriminalämtern, um Konflikte aufzulösen, die eine

T. Ackermann, *Terrorismusbekämpfung in der föderalen Sicherheitsarchitektur*, Juridicum – Bochumer Schriften zur Friedenssicherung und zum Humanitären Völkerrecht I Bochum Studies on the International Law of Peace and Armed Conflict 69,
https://doi.org/10.1007/978-3-662-72233-6_14

rechtzeitige Gefahrenabwehr behindern. Auch sollte die Sicherheitsarchitektur in Bezug auf die Nachrichtendienste umstrukturiert werden. Die Aufteilung in innere und äußere Sicherheit entspricht jedenfalls im nachrichtendienstlichen Bereich nicht mehr der Realität, in der sich Gefährder:innen im digitalen und analogen Raum mühelos über Staatsgrenzen hinweg vernetzen können. Der Staat muss diese Strukturen anpassen, da es sich bei der Terrorismusbekämpfung um eine Optimierungsaufgabe handelt, wie der erste Teil der Untersuchung gezeigt hat.

Die Aufgabe des Staates zur Terrorismusbekämpfung ergibt sich dabei, wie im ersten Kapitel herausgearbeitet wurde, aus dem Staatszweck und insbesondere den grundrechtlichen Schutzpflichten sowie internationalen Verpflichtungen, nicht jedoch aus einem vermeintlichen Grundrecht auf Sicherheit. Der Staat muss aufgrund seiner Schutzpflichten effektive Strukturen für die Terrorismusbekämpfung schaffen, wobei es nicht ausreicht, dass er diese einmal geschaffen hat. Er muss diese aufgrund der grundrechtlichen Optimierungsgebote stetig evaluieren und, wenn nötig, reformieren. Dem Staat kommt dabei zwar ein weiter Gestaltungsspielraum zu. Dieser wird aber durch die Verfassung begrenzt. Diese Vorgaben wurden in Kap. 3 und 4 behandelt. Als eine dieser strukturellen Vorgaben hat Kap. 3 den Umstand identifiziert, dass das Grundgesetz die Terrorismusbekämpfung als gemeinsame Aufgabe vorsieht. Dies betrifft die parallele Aufgabenwahrnehmung von Bund und Ländern, aber auch der verschiedenen Exekutivbereiche (Polizeibehörden, Nachrichtendienste und Strafverfolgungsbehörden). Die Terrorismusbekämpfung bildet damit eine Ausnahme vom grundsätzlichen verfassungsrechtlichen Verbot der Doppelzuständigkeiten. Durch die Darstellung der Tätigkeitsbereiche der einzelnen Sicherheitsbehörden wurde herausgearbeitet, dass diese Doppelzuständigkeiten in der jüngeren Vergangenheit noch weiter verstärkt worden sind. Denn es kommt vermehrt zu einer Annäherung von präventivem und repressivem Handeln sowie von präventiv-polizeilichem und präventiv-nachrichtendienstlichem Handeln. Auch die traditionelle Abgrenzung zwischen Zuständigkeiten für die innere und die äußere Sicherheit erscheint zunehmend anspruchsvoller. Kooperation und Koordination zwischen den Sicherheitsbehörden sind somit nicht nur zweckmäßig, sondern auch verfassungsrechtlich für die effektive Sicherheitsgewährleistung gefordert. Dies gilt auch, um additive Grundrechtseingriffe zu vermeiden. Für die Zusammenarbeit der Sicherheitsbehörden bestehen mit Gemeinsamen Zenten und Gemeinsamen Datenbanken Kooperations- und Koordinationsmechanismen, die den Informationsaustausch erleichtern sollen.

Obwohl die Verfassung die staatlichen Pflichten zur Optimierung, zur Kooperation und zur Koordination aufstellt, begrenzt sie diese gleichzeitig. Wie Kap. 4 gezeigt hat, ergeben sich diese Grenzen insbesondere aus der Abwehrdimension der Grundrechte und föderalen Vorgaben. Die Abwehrdimension der Grundrechte begrenzt den staatlichen Spielraum, indem sie den Staat in der Auswahl seiner Maßnahmen zur Terrorismusbekämpfung beschränkt und im Sinne der Verhältnismäßigkeit verlangt, dass zunächst das staatliche Handeln auf seine Effektivität hin überprüft wird, bevor neue Grundrechtseingriffe erfolgen. Aufgrund der föderalen Strukturen muss außerdem bei Reformen beachtet werden, dass die Kompetenzen der Länder nicht ausgehöhlt werden. Diese föderalen Vorgaben lassen sich dem übergeordneten verfassungsrechtlichen Grundsatz der strukturellen Begrenzung staatlicher Macht zuordnen. Eine spezifische Ausprägung dieses Grundsatzes bildet das sog. Trennungsgebot, das die Zusammenlegung von Polizeibehörden und Nachrichtendiensten verbietet. Im Wege einer Zusammenschau staatsorganisationsrechtlicher und grundrechtlicher Vorgaben hat Kap. 4 den Verfassungsrang des Trennungsgebots bejaht. Daher muss auch das Trennungsgebot bei der Analyse von Defiziten und Reformoptionen in der Terrorismusbekämpfung berücksichtigt werden. In Kap. 5 wurden die verfassungsrechtlichen Vorgaben für die Terrorismusbekämpfung in einem Zwischenergebnis zusammengefasst.

Der zweite Teil der Arbeit hat geprüft, ob die aktuellen Strukturen der Terrorismusbekämpfung Defizite aufweisen und daher Optimierungsbedarf besteht, dem sich der Staat durch Reformen widmen muss. Dazu wurden im Wege der Replication-Methode zwei Fallstudien terroristischer Akte erarbeitet, die die Effektivität der Strukturen in den Fokus nahmen. Dabei wurde in Kap. 6 zunächst der Begriff der Effektivität in der Terrorismusbekämpfung kritisch beleuchtet und argumentiert, dass die Effektivität der Terrorismusbekämpfung nicht verlässlich an harten Faktoren wie z. B. Opferzahlen festgemacht werden kann. Allerdings lassen sich einige Erfolgsfaktoren identifizieren. Zu diesen Erfolgsfaktoren zählt auch die Koordination, also die Frage, ob ein einheitliches Vorgehen der Sicherheitsbehörden in dem jeweiligen Gefährdungssachverhalt erfolgt ist. Dafür kommt es maßgeblich auf eine reibungslose Kooperation zwischen den Behörden an. Daher wurde anhand des Erfolgsfaktors Koordination die Zusammenarbeit der Sicherheitsbehörden in den Fällen um den sog. Nationalsozialistischen Untergrund (NSU) und um *Anis Amri* (Anschlag auf dem Berliner Breitscheidplatz) untersucht. Diese Fälle wurden aufgrund der Datenmenge und ihrer Vergleichbarkeit als Untersuchungsgegenstand ausgewählt: In beiden Fällen hatten die Sicherheitsbehörden über einen längeren Zeitraum Maßnahmen gegen die Täter:innen ergriffen, die die Anschläge jedoch nicht verhindert haben.

Kap. 7 hat die Koordination und Zusammenarbeit der Sicherheitsbehörden im Fall des sog. NSU beleuchtet. Zunächst wurde die Zusammenarbeit innerhalb der einzelnen Behördenstränge (Polizeibehörden, Nachrichtendienste und Strafverfolgungsbehörden) untersucht, bevor die bereichsübergreifende Kooperation behandelt wurde. Die Fallstudie hat strukturelle Defizite in der Zusammenarbeit der

Sicherheitsbehörden aufgezeigt, die ein koordiniertes Vorgehen verhindert haben. Diese lassen sich in zwei Kategorien unterteilen: Zum einen sind bestehende Kooperations- und Koordinationsmechanismen nicht (ausreichend) genutzt worden. Zu diesen zählen insbesondere die Mechanismen zur Zusammenführung der Ermittlungen an einer Stelle und Verstöße gegen Pflichten zum Informationsaustausch. Dafür hat die Fallstudie verschiedene Erklärungsansätze identifiziert, die in falsch verstandenen Grenzen der Kooperation, Fehleinschätzungen bezüglich des Sachverhalts, Konkurrenzdenken, mangelndem proaktivem Handeln und der Überlastung der Sicherheitsbehörden bestanden. Zum anderen waren die bestehenden Kooperations- und Koordinationsmechanismen nicht ausreichend, wozu das Fehlen einheitlicher Standards, von Weisungsbefugnissen sowie einer effektiven Kontrolle der Behördentätigkeit zählten. Im Anschluss an die Aufarbeitung der Geschehnisse um den sog. NSU hat der Gesetzgeber Reformen ergriffen, um die strukturellen Defizite zu beheben. Diese regelten unter anderem die Stärkung der Zentralstellenfunktion von BKA und BfV, die Zuständigkeit des GBA in Fällen von besonderer Bedeutung, die Einrichtung von Kooperationsplattformen und die Kontrolle der Nachrichtendienste.

In Einklang mit der sog. Replication-Methode hat Kap. 8 die Zusammenarbeit der Sicherheitsbehörden im Fall Amri anhand der zuvor aufgezeigten Defizite untersucht. Der Aufbau der Fallstudie orientierte sich dabei an der Struktur des vorherigen Kapitels. In einem zusätzlichen Schritt wurde die Auswirkung der Kooperationsmechanismen untersucht, die nach der Aufarbeitung der Geschehnisse um den sog. NSU eingerichtet wurden. Die Fallstudie hat belegt, dass sich im Fall Amri dieselben Defizite erkennen lassen wie im Fall um den sog. NSU. Wiederum wurden die vorhandenen Kooperations- und Koordinationsmechanismen nicht (ausreichend) genutzt und Pflichten zum Austausch von Informationen nicht berücksichtigt. Dies gilt auch für die zum damaligen Zeitpunkt neuen Kooperationsmechanismen in Gestalt von Gemeinsamen Zentren und Datenbanken. Zudem haben auch im Fall Amri jedenfalls zum Teil effektive Mechanismen gefehlt. So hat die Studie das Fehlen einheitlicher Standards, von klaren Zuständigkeitsabgrenzungen und von effektiver Kontrolle bemängelt. Diese Erkenntnisse decken sich insofern mit denen der ersten Fallstudie. Als zusätzliches Defizit wurden darüber hinaus veraltete Strukturen identifiziert, die in der Aufteilung zwischen innerer und äußerer Sicherheit (jedenfalls in der Terrorismusbekämpfung) bestehen. Das Kapitel hat argumentiert, dass diese Aufteilung – wie im Fall Amri sichtbar, bei dem ein mutmaßlicher Mittäter sich in Libyen aufhielt und mit *Amri* nur Minuten vor dem Anschlag über einen Messengerdienst kommunizierte – die aktuellen Entwicklungen nicht mehr abbildet. Dieses Defizit wurde auch nicht durch anschließende Reformen behoben, die die gemeinsame Gefährdungsbewertung und die Einrichtung von Staatsschutzstaatsanwaltschaften betrafen.

Die in den beiden Fallstudien herausgearbeiteten Defizite wurden in Kap. 9 anschließend miteinander verglichen und auf ihre Aktualität hin überprüft, um den aktuellen Reformbedarf zu bestimmen. Dazu gehören insbesondere das Fehlen einer einheitlichen Federführung durch die Abwesenheit von Weisungsbefugnissen und die veraltete Aufteilung in Inlands- und Auslandsnachrichtendienst durch das BfV einerseits und den BND andererseits.

Der dritte Teil hat überprüft, welche Reformoptionen zur Behebung der herausgearbeiteten strukturellen Defizite in Betracht kommen, d. h. zweckmäßig und verfassungsgemäß sind. Reformoptionen, die keine detaillierte verfassungsrechtliche Prüfung verlangen, sondern ausschließlich von dem politischen Willen der Landes- und Bundesgesetzgeber abhängen, wurden in Kap. 10 dargestellt. Sie bestehen in der Zusammenlegung von Landesbehörden, der Einführung von Mustergesetzen und der Optimierung der Kontrolle. Auch sollten die gesetzlichen Regelungen überarbeitet werden. Dies betrifft insbesondere Abgrenzung der Zuständigkeiten von BfV und BND und von doppelfunktionalen Maßnahmen sowie die Regelung der Arbeit in den Gemeinsamen Zentren.

Der Fokus der Untersuchung lag aber auf der Analyse von Reformoptionen, die möglicherweise die in Teil I herausgearbeiteten Grenzen betreffen und daher einer detaillierten verfassungsrechtlichen Prüfung bedurften:

Kap. 11 hat die Möglichkeit diskutiert, *de lege ferenda* einfachgesetzliche Weisungsbefugnisse für BKA und BfV einzuführen, damit eine einheitliche Federführung sichergestellt und Konflikte bzw. divergierende Einschätzungen der Landesbehörden überwunden werden können. Dazu wurden Art. 73 Abs. 1 Nr. 9a GG für das BKA und Art. 73 Abs. 1 Nr. 10 lit. b und c i. V. m. Art. 87 Abs. 1 S. 2 GG für das BfV als die verfassungsrechtlichen Grundlagen für derartige Befugnisse identifiziert. Diese verfassungsrechtlichen Regelungen wurden anhand dogmatischer Auslegung darauf hin überprüft, ob die Einführung von Weisungsbefugnissen mit ihnen vereinbar ist. Das Kapitel kam zu dem Ergebnis, dass diese für das BKA, nicht aber für das BfV zulässig ist. Dieser Unterschied liegt darin begründet, dass dem BKA in Art. 73 Abs. 1 Nr. 9a GG eine verfassungsrechtliche Sonderrolle zugewiesen wird, die für das BfV nicht vorgesehen ist. Zwar käme insoweit eine Verfassungsänderung in Betracht. Jedoch ist die Sonderrolle des BKA auch der funktionellen Unterscheidung zwischen Polizeibehörden und Nachrichtendiensten geschuldet: Weisungsbefugnisse für die nachrichtendienstliche Bearbeitung sind in der Regel nicht zweckmäßig, da die Dringlichkeit nicht mit der polizeilichen Gefahrenabwehr verglichen werden kann, die sich gerade durch das Vorliegen einer konkreten Gefahr auszeichnet.

Kap. 12 hat sich mit einer möglichen Umstrukturierung der Nachrichtendienste auseinandergesetzt, die die Sicherheitsarchitektur an aktuelle Entwicklungen, konkret dem Verschwimmen zwischen innerer und äußerer Sicherheit, anpassen könnte. Es wurde geprüft, ob die Zuständigkeitsbereiche des BND und des BfV in einer zentralen Behörde vereint werden könnten, die sowohl die nationale als auch die internationale Dimension eines Gefährdungssachverhalts bearbeiten könnte. Dazu wurden die verfassungsrechtlichen Grundlagen der Arbeit des BND (Art. 73 Abs. 1 Nr. 1 GG) und des BfV (Art. 73 Abs. 1 Nr. 10 GG) nach ihrem Wortlaut, ihrem Zweck, ihrer Historie und ihrer Systematik ausgelegt. Das Kapitel kam hiernach zu dem Ergebnis, dass der Begriff des Verfassungsschutzes auch die auswärtige Dimension der Terrorismusbekämpfung erfasst. Der Begriff der auswärtigen Angelegenheiten hingegen, auf dem die Tätigkeiten des BND beruhen, erfasst die innerstaatliche Dimension der Terrorismusbekämpfung nicht in dem Maß, wie sie derzeit durch das BfV erfolgt. Eine Zusammenlegung der Zuständigkeiten für die nachrichtendienstliche Terrorismusbekämpfung ist nur im Rahmen des von Art. 73 Abs. 1 Nr. 10 GG erfassten Verfassungsschutzes möglich, nicht im Rahmen der auswärtigen Angelegenheiten nach Art. 73 Abs. 1 Nr. 1 GG. Dies ergibt sich insbesondere daraus, dass Nr. 10 für den Verfassungsschutz explizit eine Zusammenarbeit des Bundes mit den Ländern anordnet, während die auswärtigen Angelegenheiten nach Nr. 1 in die ausschließliche Zuständigkeit des Bundes fallen. Die Bedeutung dieser unterschiedlichen föderalen Implikationen wurde an der Behördenform einer hypothetischen neuen Behörde veranschaulicht: Für diese neue Behörde kommt nur die Einrichtung als Zentralstelle im Sinne des Art. 87 Abs. 1 S. 2 GG in Betracht, sodass die Länder in die Bearbeitung eingebunden blieben (im Gegensatz zu einer Einrichtung als selbstständige Bundesoberbehörde nach Art. 87 Abs. 3 GG). Um dem Grundsatz der strukturellen Begrenzung staatlicher Macht zu entsprechen, ist diese Gestaltung aber nicht ausreichend. Stattdessen ist eine Aufteilung in mehrere Zentralstellen anhand der unterschiedlichen Phänomenbereiche zweckmäßig und verfassungsrechtlich geboten, um eine Machtakkumulation zu verhindern. Kap. 13 hat in einem Zwischenergebnis die möglichen Reformoptionen zusammengefasst,

Nach alledem lässt sich als Gesamtergebnis der Untersuchung festhalten, dass der Staat aufgrund grundrechtlicher Schutzpflichten und internationaler Regelungen dazu verpflichtet ist, die Terrorismusbekämpfung strukturell zu optimieren, falls Defizite bestehen. In den Fallstudien wurde aufgezeigt, dass strukturelle Defizite in Gestalt einer mangelnden einheitlichen Federführung und veralteten Strukturen bestehen. Die einfachgesetzliche Einführung von Weisungsbefugnissen für das BKA und die Umstrukturierung der Nachrichtendienste wären verfassungsrechtlich zulässige Optionen, die eine Bekämpfung der identifizierten Defizite bedeuten würden. Ihre Umsetzung hängt vom politischen Willen des Gesetzgebers ab. Vor Lücken in der Effektivität der Terrorismusbekämpfung darf sich dieser allerdings nicht verschließen. Die Optimierung der staatlichen Abwehr terroristischer Bedrohungen bei Beachtung der grundrechtlichen und strukturellen Vorgaben ist seine kontinuierliche Aufgabe.

14.2 Ausblick

Die Welt, in der wir leben, verändert sich und mit ihr auch die ihr innewohnenden Bedrohungen. Das Sicherheitsrecht muss mit aktuellen Entwicklungen mithalten. Dafür sind Anpassungen notwendig. Um das in Teil I eingeführte Bild des Hauses wieder aufzugreifen: Ebenso wie Häusern an neue Umweltbedingungen angepasst werden müssen, muss die Sicherheitsarchitektur den neuen Erscheinungsformen bzw. den neuen Charakteristika der Bedrohungen angepasst werden. Strukturelle Veränderungen der Sicherheitsarchitektur stellen dabei besondere Herausforderungen dar, da diese auf dem verfassungsrechtlichen Fundament gebaut sind. Dieses Fundament soll nicht verändert werden – doch wie ein Haus an veränderte Umweltbedingungen angepasst werden muss, etwa indem man das Dach erneuern lässt, muss auch die Sicherheitsarchitektur an aktuelle Entwicklungen angepasst werden.

Dabei konnte in dieser Untersuchung nur auf einen bestimmten Ausschnitt neuer Entwicklungen eingegangen werden. Zu neuen Erscheinungsformen, die in dieser Untersuchung nicht eingehend beleuchtet werden konnten, gehören auch die Bedrohungen im Cyber-Bereich und durch Staatsterrorismus. Darüber hinaus verlangen die in den Fallstudien festgestellten Probleme auch, einige Reformen außerhalb der Zusammenarbeit und innerhalb der jeweiligen Behörden vorzunehmen. Dazu gehören die Offenheit der Ermittlungsansätze, die im Fall des sog. NSU nicht gewährleistet war und die zu einer langfristigen Unterschätzung des Rechtsterrorismus, aber auch des Netzwerks um den sog. NSU, geführt hat. Auch muss eine bessere Fehlerkultur in den Sicherheitsbehörden etabliert werden, die bei einer Fehleinschätzung dazu führt, dass Bewertungen zeitnah und ohne Rücksicht auf unangebrachte Eitelkeiten angepasst werden.[1] Diese Bereitschaft war beispielsweise im Fall Amri seitens einiger Mitarbeitenden im BKA in Bezug auf die vom LKA NRW eingesetzte Vertrauensperson nicht erkennbar. Auch wurden generell

[1] Vgl. Amri-Untersuchungsausschuss, Abschlussbericht, BT-Drs. 19/30800, S. 1266.

Probleme im Umgang mit Vertrauenspersonen,[2] aber auch mit von Terrorakten Betroffenen[3] bemängelt. Schließlich müssen die Sicherheitsbehörden auch sicherstellen, dass sich nicht Extremist:innen in den eigenen Reihen befinden.[4] Zudem sollten Mitarbeitende geschult werden, Bedrohungen im digitalen Raum ausfindig zu machen und zu verfolgen.[5]

Der Vorwurf bisheriger Defizite ist dabei in erster Linie dem Gesetzgeber zu machen, nicht den Mitarbeitenden in den Sicherheitsbehörden. Wie sollen die Mitarbeitenden vernünftig zusammenarbeiten, wenn die Politik sehenden Auges die systematische Überbelastung der Sicherheitsbehörden zulässt,[6] unklare gesetzliche Regelung erlässt und die Landesgesetzgeber auf länderspezifischen Besonderheiten beharren? Diese Probleme sind freilich nicht nur im Sicherheitsbereich festzustellen. Doch besonders im Sicherheitsbereich lässt sich beobachten, dass die Aufmerksamkeit von politischer wie auch von gesellschaftlicher Seite immer nur in Wellen geweckt wird – nämlich immer nur kurz nach terroristischen Akten. Vergleichbar dem Pflegebereich in der Corona-Pandemie wird auch im Sicherheitsrecht abgewartet, bis es zum Schlimmsten kommt, damit ein Umdenken stattfindet – *falls* es überhaupt stattfindet.[7] Oft wird der Diskurs auch dann lediglich dazu genutzt, Symbolpolitik zu betreiben oder eigene politische Interessen voranzutreiben. Besonders gerne wird auf Überwachungsbefugnisse gepocht, auch wenn die Untersuchung gezeigt hat, dass die Prävention nur selten an den verfügbaren Informationen scheiterte. Ein Beispiel dafür ist der immer wiederkehrende Versuch, die Vorratsdatenspeicherung in unveränderter Form auf nationaler Ebene wiedereinzuführen, auch wenn der EuGH verschiedenfach auf die notwendigen Voraussetzungen (insbesondere die erforderlichen Schutzstandards) verwiesen hat.[8] Dadurch entsteht der Eindruck, dass Maßnahmen in der Terrorismusbekämpfung primär dazu dienen sollen, das subjektive Sicherheitsgefühl der Bürger:innen durch *law-and-order*-Politik zu erhöhen, um die Gunst der Wähler:innen

[2] Siehe NSU Abschussbericht (NSU I), 820 ff., 1004 ff.; Abschlussbericht Amri, (Sondervotum FDP-Fraktion), 1258. Siehe auch Murat Cem alias VP-01 im Amri-Untersuchungsausschuss: „Ich rate jedem davon ab, V-Mann zu werden" 2020.

[3] NSU Abschlussbericht (NSU I), 736 ff.; Abschlussbericht Amri, 134 f.;1055 f.

[4] Vgl. Extremisten in Sicherheitsbehörden – Faeser will Disziplinarrecht anpassen 2022; Bewarder und Flade 2022.

[5] Sensburg 2017, S. 102–104; Wilz und Reichertz 2008, S. 227.

[6] Vgl. Riedl 2018, S. 50.

[7] Vgl. Bug et al. 2012, S. 138.

[8] Siehe z. B. EuGH, Urteil vom 20.09.2022, Verb. Rs. C-793/19, C-794/19 – *SpaceNet*; EuGH, Urteil vom 21.12.2016, Verb. Rs. C-203/15, C-698/15 – *Tele2 Sverige*.

zu gewinnen, anstatt tatsächlich die ursächlichen Probleme anzugehen, auch wenn diese weniger publikumswirksam sind.[9] Für die Politik ist das Verweisen auf mangelnde Befugnisse die vorzugswürdigere Lösung. Anderenfalls müsste man sich – und zwar parteiübergreifend – eingestehen, dass man bislang in der Prävention versagt hat und dieses Versagen, wie die Fallstudien gezeigt haben, nicht an fehlendem Wissen über Defizite, sondern im schieren Unwillen der Politik begründet ist.

Zwar wird sich nie ganz verhindern lassen, dass sich im Haus über die Jahre gewisse Abnutzungsspuren ansammeln. Ebenso werden sich auch Anschläge nie ganz verhindern lassen. Bundesanwalt beim BGH *Beck* äußerte dazu:

> „[W]ir unterhalten uns nicht über das Ob, sondern über das Wann eines Anschlags. Wir werden nicht alles verhindern können. Und vieles ist verhindert worden, sehr vieles. Aber wir werden nicht alles verhindern können. Und es wird auch in Zukunft so bleiben."[10]

Diese Untersuchung hat aber gezeigt, dass in Zukunft möglicherweise mehr Anschläge verhindert werden könnten, wenn strukturellen Defiziten Abhilfe geschaffen würde. Allerdings handelt es sich bei der Terrorismusbekämpfung durch die Sicherheitsbehörden nur um die Symptombekämpfung. Diese wird – wie von *Beck* dargestellt – selbst bei einer umfänglichen Optimierung nur bis zu einem gewissen Umfang Leid verhindern können. Für eine optimale Prävention müsste stattdessen der Blick stärker auf die Ursachen von Terrorismus und der Radikalisierung der Individuen gelegt werden. Dazu wäre es wünschenswert, wenn sich der Umgang der Politik mit der Terrorismusbekämpfung ändern und das Thema zur Abwechslung einmal nicht nur im Wahlkampf oder zur gegenseitigen Schuldzuweisung genutzt werden würde. Essenziell wäre dies insbesondere für Debatten um islamistischen Terror, damit sachliche Debatten über die Prävention aus der Mitte der Gesellschaft heraus geführt werden würden und das Thema nicht von jenen Kreisen aufgegriffen wird, die es für gesellschaftliche Spaltungen missbrauchen. Diese Debatten sollten sich insbesondere der Ursachenbekämpfung widmen. Die Terrorismusbekämpfung durch die Sicherheitsbehörden ist richtig und wichtig, doch letztendlich wird nur die Ursachenbekämpfung langfristig die Sicherheit der Bevölkerung garantieren können.[11] So betont auch der ehemalige Präsident des BND *Schindler*:

[9] Lange und Frevel 2008, S. 143.

[10] Amri-Untersuchungsausschuss, Protokoll 99, S. 117.

[11] Gusy 2004, S. 188; Münch 2019, S. 282.

> „Es gibt inzwischen etliche Untersuchungen zu Fragen der Radikalisierung, warum man also ein Terrorist wird. Die Antwort, meist basierend auf den Lebensläufen der Betroffenen, lautet nicht selten: Perspektivlosigkeit und das damit verbundene Gefühl der Demütigung, der gefühlten Ohnmacht."[12]

Terrororganisation und Extremist:innen locken potenzielle Anhänger:innen mit dem Bild der Macht und dem Gefühl, etwas Wichtiges leisten zu können.[13] Die Präventionsarbeit muss dabei zwingend vor Ort stattfinden und kann daher nur dezentral organisiert werden.[14] Für die wissenschaftliche Beleuchtung der Ursachenbekämpfung sind dabei andere Disziplinen zuständig, doch die essenziellen Instrumente dafür liegen auf der Hand: Sozialarbeit, Integration, Bildung und die Vermeidung gesellschaftlicher Spaltungen.[15]

Bedauerlicherweise lässt sich feststellen, dass dazu offensichtlich kein entsprechender politischer Wille vorhanden ist. Aktuelle Entwicklungen wie Inflation, steigende Mietpreise in den Städten und Bedrohungen durch den Klimawandel verschärfen die Problematiken vielmehr. Das Haus kann noch so stabil gebaut sein – es nützt auch nichts, wenn es auf Sand gebaut ist oder die Erde unter dem Haus wegbricht. Und es nützt ebenso wenig, schimmlige Tapeten nur zu überstreichen und darauf zu spekulieren, dies möge schon nicht auffallen. Es bleibt zu hoffen, dass die Ergebnisse dieser Untersuchung aufgegriffen werden, damit zumindest Diskussionen um die Symptombekämpfungen sachlich und auf wissenschaftlichen Erkenntnissen basierend geführt werden.

Literatur

Amri-Untersuchungsausschuss: 1. Untersuchungsausschuss der 19. Wahlperiode, Stenografisches Protokoll der 99. Sitzung vom 17. September 2020 99.

Amri-Untersuchungsausschuss: Beschlussempfehlung und Bericht des 1. Untersuchungsausschusses gemäß Artikel 44 des Grundgesetzes (21.06.2021), BT-Drs. 19/30800.

---

[12] Schindler 2020, S. 47 Vgl. Ben Slama 2020; Byman 2019, S. 633; Solomon 2021, S. 338–340; Kury 2008, S. 37–38. Siehe auch die Beiträge in Ligante: Fachdebatten aus der Präventionsarbeit 3 (2020).

[13] Schindler 2020, S. 47.

[14] Münch 2019, S. 271.

[15] Vgl. Dreksler 2018, S. 2–3 Vgl. Heinrich und Lange 2008, S. 253, die diese Konnexität von Sicherheit und sozialen Herausforderungen unter den sog. „erweiterten Sicherheitsbegriff" subsumieren. Vgl. auch Goertz 2020, S. 214–216.

Ben Slama, B. (2020). Die psychologische Dimension von Radikalität, Extremismus und Terrorismus. In B. B. Slama & U. Kemmesies (Hrsg.), *Handbuch Extremismusprävention. Gesamtgesellschaftlich. Phänomenübergreifend* (S. 313–349). Bundeskriminalamt.

Bewarder, M., & Flade, F. (2022, Dezember 28). Mutmaßlicher Spion – Die Maulwurfjagd im BND. *Tagesschau*. https://www.tagesschau.de/investigativ/ndr-wdr/bnd-russland-mutmasslicher-landesverrat-101.html. Zugegriffen am 25.10.2025.

Bug, M., Röllgen, J., & Münch, U. (2012). Föderalismus als Problem – Föderalismus als Lösungsansatz. Eine erste Aufarbeitung im Kontext des Skandals um die rechtsextremen Gewalttaten von Mitgliedern des Nationalsozialistischen Untergrunds (NSU). In Europäisches Zentrum für Föderalismus-Forschung Tübingen (EZFF) (Hrsg.), *Jahrbuch des Föderalismus 2012. Föderalismus, Subsidiarität und Regionen in Europa* (S. 138–152). Nomos.

Byman, D. (2019). Counterterrorism strategies. In E. Chenoweth (Hrsg.), *The Oxford handbook of terrorism* (S. 623–639). Oxford University Press.

Dreksler, O. (2018). *Anhörung Sachverständige im 1. Untersuchungsausschuss zur „föderalen Sicherheitsarchitektur" am 17. Mai 2018 (Ausschuss-Drs. 19(25)255)*. https://www.bundestag.de/resource/blob/562152/633d8ec13916563214c16e24dae8925c/19-25-255-data.pdf. Zugegriffen am 25.10.2025.

EuGH, Urteil (GK) vom 21.12.2016, Aktenzeichen Verb. Rs. C-203/15, C-698/15, NJW 2017, 717.

EuGH, Urteil (GK) vom 20.09.2022, Aktenzeichen Verb. Rs. C-793/19, C-794/19, NVwZ 2022, 1697.

Extremisten in Sicherheitsbehörden. (2022, Mai 13). Faeser will Disziplinarrecht anpassen. *Tagesschau*. https://www.tagesschau.de/inland/rechtsextremisten-103.html. Zugegriffen am 25.10.2025.

Goertz, S. (2020). *Terrorismusabwehr. Zur aktuellen Bedrohung durch den islamistischen Terrorismus in Deutschland und Europa*. Springer.

Gusy, C. (2004). Gewährleistung von Freiheit und Sicherheit im Lichte unterschiedlicher Staats- und Verfassungsverständnisse: 2. Bericht. *Veröffentlichungen der Vereinigung der Deutschen Staatsrechtslehrer, 63*, 151–188.

Heinrich, S., & Lange, H.-J. (2008). Erweiterung des Sicherheitsbegriffs. In H. Hans-Jürgen Lange, P. Ohly, & J. Reichertz (Hrsg.), *Auf der Suche nach neuer Sicherheit. Fakten, Theorien und Folgen* (S. 253–268). VS Verlag für Sozialwissenschaften.

Kury, H. (2008). Präventionskonzepte. In H. Hans-Jürgen Lange, P. Ohly, & J. Reichertz (Hrsg.), *Auf der Suche nach neuer Sicherheit. Fakten, Theorien und Folgen* (S. 21–48). VS Verlag für Sozialwissenschaften.

Lange, H.-J., & Frevel, B. (2008). Innere Sicherheit im Bund, in den Ländern und in den Kommunen. In H. Hans-Jürgen Lange, P. Ohly, & J. Reichertz (Hrsg.), *Auf der Suche nach neuer Sicherheit. Fakten, Theorien und Folgen* (S. 115–148). VS Verlag für Sozialwissenschaften.

Münch, U. (2019). Wenn Terrorangst auf Bundesstaatlichkeit trifft: Vor- und Nachteile der föderalen Organisation von Innerer Sicherheit. In H. Pelizäus & L. Nieder (Hrsg.), *Das Risiko – Gedanken übers und ins Ungewisse: Interdisziplinäre Aushandlungen des Risikophänomens im Lichte der Reflexiven Moderne. Eine Festschrift für Wolfgang Bonß* (S. 271–286). Springer.

Murat Cem alias VP-01 im Amri-Untersuchungsausschuss: „Ich rate jedem davon ab, V-Mann zu werden". (2020, Dezember 11). *Spiegel Online*. https://www.spiegel.de/panorama/justiz/murat-cem-alias-vp01-ich-rate-jedem-davon-ab-v-mann-zu-werden-a-2ed0c271-0062-4eba-9337-ba04dd6635bc. Zugegriffen am 25.10.2025.

Riedl, J. (2018). Entwicklungslinien der Politik Innerer Sicherheit in Deutschland: eine Belastungsprobe für das föderale Verfassungsprinzip. In Europäisches Zentrum für Föderalismus-Forschung Tübingen (EZFF) (Hrsg.), *Jahrbuch des Föderalismus 2018. Föderalismus, Subsidiarität und Regionen in Europa* (S. 37–50). Nomos.

Schindler, G. (2020). Wer hat Angst vorm BND? Warum wir mehr Mut beim Kampf gegen die Bedrohungen unseres Landes brauchen. In *Eine Streitschrift*. Econ.

Sensburg, P. E. (2017). Nachrichtendienste im Zeitalter des Terrors 4.0. In P. E. Sensburg (Hrsg.), *Sicherheit in einer digitalen Welt* (S. 99–120). Nomos.

Solomon, H. (2021). Conclusion. In H. Solomon (Hrsg.), *Directions in international terrorism. Theories, trends and trajectories* (S. 335–342). Palgrave Macmillan.

Wilz, S. M., & Reichertz, J. (2008). polizei.de oder: Verändert das Internet die Praxis polizeilichen Arbeitens? In H. Hans-Jürgen Lange, P. Ohly, & J. Reichertz (Hrsg.), *Auf der Suche nach neuer Sicherheit. Fakten, Theorien und Folgen* (S. 221–223). VS Verlag für Sozialwissenschaften.

FSC
www.fsc.org
MIX
Papier | Fördert
gute Waldnutzung
FSC® C083411

Kolibri 360 GmbH
Ferdinand-Jühlke-Straße 7
99095 Erfurt, Deutschland
produktsicherheit@kolibri360.de